北京海淀年鉴

BEIJING HAIDIAN NIANJIAN

2015

《北京海淀年鉴》编纂委员会　编

方志出版社
Publishing House of Local Records

图书在版编目（CIP）数据

北京海淀年鉴. 2015 / 《北京海淀年鉴》编纂委员会编. -- 北京 : 方志出版社, 2015.12

ISBN 978-7-5144-1919-1

Ⅰ. ①北… Ⅱ. ①北… Ⅲ. ①海淀区－2015－年鉴
Ⅳ. ①Z521.3

中国版本图书馆CIP数据核字(2015)第320246号

北京海淀年鉴（2015）

编　　者：《北京海淀年鉴》编纂委员会
责任编辑：杨正宏

出 版 人：冀祥德
出 版 者：方志出版社
地址　北京市朝阳区潘家园东里 9 号（国家方志馆 4 层）
邮编　100021
网址　http://www.fzph.org
发　　行：方志出版社发行中心
电话（010）67110500
经　　销：各地新华书店
印　　刷：廊坊飞腾印刷包装有限公司

开　　本：889×1194　1/16
印　　张：31.5
字　　数：1136 千字
版　　次：2015 年 12 月第 1 版　2015 年 12 月第 1 次印刷
印　　数：0001～1500 册

ISBN 978-7-5144-1919-1　定价：260.00 元

《北京海淀年鉴》编纂委员会

顾　问：崔述强　　关成启　　彭兴业

主　任：于　军

副主任：穆　鹏　　傅首清

《北京海淀年鉴》编辑部

主　　　编：李　强

执 行 主 编：钟　冷

副　主　编：胥天寿　　王少谱　　赵习杰

编　　　辑：（以姓氏笔画为序）

田　颖　　刘江英　　李　苗

陈　斌　　周　勇　　戴金胜

目 录 翻 译：郭　浩

主要撰稿人

（以姓氏笔画为序）

丁　尧	丁　旭	于　淼	于文艳	于佩丽	于晓琳	于清昌	马　达	马　岚
马　然	马希敏	马学兵	马薇冬	卞丽宏	尹大勇	王　华	王　帆	王　京
王　雨	王　奕	王　玲	王　倩	王　珧	王　敏	王　智	王　瑛	王　锐
王　溪	王　瑞	王　鑫	王小民	王东旭	王庆增	王京红	王建强	王洪娟
王海广	王彩虹	王新欣	王殿文	车爱军	邓雪萍	韦节村	丛　茜	丛　琳
丛　颖	付　强	仙博洋	代　韧	冯小泉	厉　钢	田　力	白　洁	白　静
石　军	石　峰	石　悦	石　鑫	乔　捷	乔东升	任克红	任嵩迪	关　欣
刘　水	刘　冉	刘　宁	刘　波	刘　洋	刘　洪	刘　慧	刘　繁	刘　鑫
刘凤山	刘伟杰	刘松雪	刘绍鹏	刘梦瑶	刘爽美子	王承娟	刘蓓蓓	危宏晓
向　华	吕　晶	孙　旭	孙　骁	孙学刚	孙建军	孙剑锋	孙树昆	孙腾飞
孙燕艳	曲　铮	祁明军	何文辉	何建吾	何慧敏	吴　燕	吴小红	吴亚茹
吴向荣	吴丽芸	吴保军	宋亚甫	张　艺	张　伟	张　帆	张　杨	张　炜
张　梅	张　微	张　璇	张　磊	张　蕾	张东阳	张华勇	张丽伟	张丽丽
张丽娟	张宏宇	张怡歌	张贵京	张晓静	张海翔	张雪松	张琳娜	李　冰
李　纯	李　娜	李　莉	李　婧	李　雪	李　萱	李　想	李　蕊	李东霞
李冬妮	李生勇	李华亭	李向红	李国祥	李建霞	李春玲	李春然	李素琴
李堃玮	李晨祺	李媛媛	李晶晶	李蔚然	李燕炜	杜　岩	杨　阳	杨　阳
杨　亮	杨引琴	杨正文	杨明月	杨晓芳	杨晓美	沈成保	肖　洁	苏　洪
苏卿臣	邹立宏	陆丽明	陈　魁	陈子权	陈天昊	陈天鹏	陈以民	陈亚敏
陈育红	周凤红	周志强	周南南	国雪丽	孟　欣	孟凡杰	孟晓妍	尚艺璇
屈连春	林　平	林　挚	罗　勇	范志鹏	郑　珊	姜　哲	姜英鎏	段浩杰
段硕辉	祝岁平	胡文欣	赵　欣	赵　琴	赵　燕	赵子翰	赵灵娟	赵国春
赵知毅	赵振营	郝广智	郝建秀	郝晓霞	钟玉谦	唐晓东	唐馨玲	徐　云
徐　意	徐　新	徐佳伟	殷丽娜	秦　奇	秦书奎	秦冬梅	郭　佳	郭　欣
郭　英	郭胜清	郭晋越	高　洁	高五一	高传辉	高炳波	高鑫鑫	崔清山
常欣欣	梁　冰	梁文钧	梁洪江	黄苗苗	黄看看	彭志生	彭秋艳	惠凝晶
曾　天	曾　军	温力宏	焦　阳	琚亚平	程　霈	程建华	蒋　薇	韩　枫
韩慧新	廉　斯	管建波	樊文辉	魏　璞	魏明昭			

海淀区行政区划图

北京市海淀区民政局　北京市测绘设计研究院　2011年11月联合编制

编 辑 说 明

1.《北京海淀年鉴》是一部年度资料性文献。在中共海淀区委、海淀区人民政府领导下，由《北京海淀年鉴》编纂委员会及其编辑部组织编纂，版权属《北京海淀年鉴》编纂委员会及其编辑部。编辑部设在海淀区党史地方志办公室。

2. 本年鉴以邓小平理论、“三个代表”重要思想和科学发展观为指导，遵循实事求是的原则，准确、客观、全面地记述海淀区的实际情况。

3.《北京海淀年鉴》从2002年开始，逐年编纂。本卷为第14卷，全面记述海淀区2014年经济和社会发展各方面的基本情况和重大事件，记述时限为2014年1月1日至2014年12月31日（部分内容根据实际情况，时限略有前后延伸）。凡在文中直书月、日的，均指2014年内的日期，文中“本年”、“年内”一律指2014年。书中涉及其他年份的时间均标明年份。

4. 本卷设党和国家领导人在海淀、特载、规范性文件选载、区情概述、大事记、中国共产党海淀区委员会、海淀区人民代表大会、海淀区人民政府、中国人民政治协商会议北京市海淀区委员会、民主党派•工商联、群众团体、法治、武装、中关村国家自主创新示范区核心区、综合经济管理、农业•水务•气象、商业服务业•对外经济贸易、旅游、城乡建设、城市管理与服务、文化、教育、科技•卫生•体育、社会民生、社会建设、街•镇、人物、统计资料（选编）、附录共29个类目。类目下设分目，部分分目下设次分目，分目或次分目下设条目。

5. 本年鉴采用文章和条目两种体裁，以条目体为主。用记述文体，直陈其事。

6. 收入本年鉴的烈士按批准时间收入；先进人物一般是按表彰年度（2014年度）收入，不按年度表彰或实际表彰时间较晚、未能收入该年度年鉴的，则按实际表彰时间收入相应年度年鉴。党政机关、民主党派、群众团体、事业单位负责人名录以2014年在职为限，此前任免未记的，本年补记。

7. 本年鉴配有双重检索系统：书前刊有详细目录，书后备有索引。

8. 所用统计资料由海淀区统计局提供，正文中的数据由各相关部门提供。由于统计口径等原因，相关部门的个别数据与统计资料不一致的，以统计资料为准。

9. 本年鉴配有电子版（光盘），主要内容在海淀区党史地方志办公室电子资料库（hdszb.bjhd.gov.cn）推出。

《北京海淀年鉴》编辑部

地址：北京市海淀区长春桥路17号海淀区委办公楼

电话：010－82510073　82510776

邮编：100089

网址：hdszb.bjhd.gov.cn

二〇一五年十二月

数字海淀

辖区面积：430.77平方公里

年末户籍人口：238.5万人

年末常住人口：367.8万人

地区生产总值：4290.0亿元

地区生产总值同比增速：8.6%

第一产业：2.0亿元

第二产业：574.4亿元

第三产业：3713.7亿元

人均地区生产总值：19062.0美元

工业企业总产值（现价）：2211.2亿元

农村经济总收入：257.9亿元

农村经济纯收入：60.8亿元

区域财政收入：2092.85亿元

区级财政收入：373.97亿元

全社会固定资产投资总额：841.7亿元

社会消费品零售额（产业在地）：1960.8亿元

海关进出口总额：342.1亿美元

实际利用外资额：16.0亿美元

房屋施工面积：20404665平方米

房屋竣工面积：4114943万平方米

商品房销售面积：46.2万平方米

私人汽车：864908辆

旅游业营业收入：464.6亿元

地方财政支出中科学技术支出的占比：2.7%

地方财政支出中教育支出的占比：14.6%

专利授权数：22434件

技术合同成交金额：1366.7亿元

高考本科录取率：81.1%

幼儿园数：155所

小学学校数：122所

普通中学学校数:77所

中等职业学校数：11所

区域内高等院校数（含分部）：37所

国有科研院所数：142个

每千人拥有医院床位数：2.9张

农民社会养老保险参保覆盖率：99.3%

地区售电量：1240266.0万千瓦时

地区总用水量：33100万立方米

银行人民币存款：211723302万元

银行人民币贷款：57928143万元

银行个人存款：51878906万元

城镇居民人均可支配收入：50088.4元

农村居民人均纯收入：27098元

人均绿地面积：34.1平方米

海淀园总收入：14449.46亿元

海淀园区企业数：8007家

海淀园上缴税费总额：522.02亿元

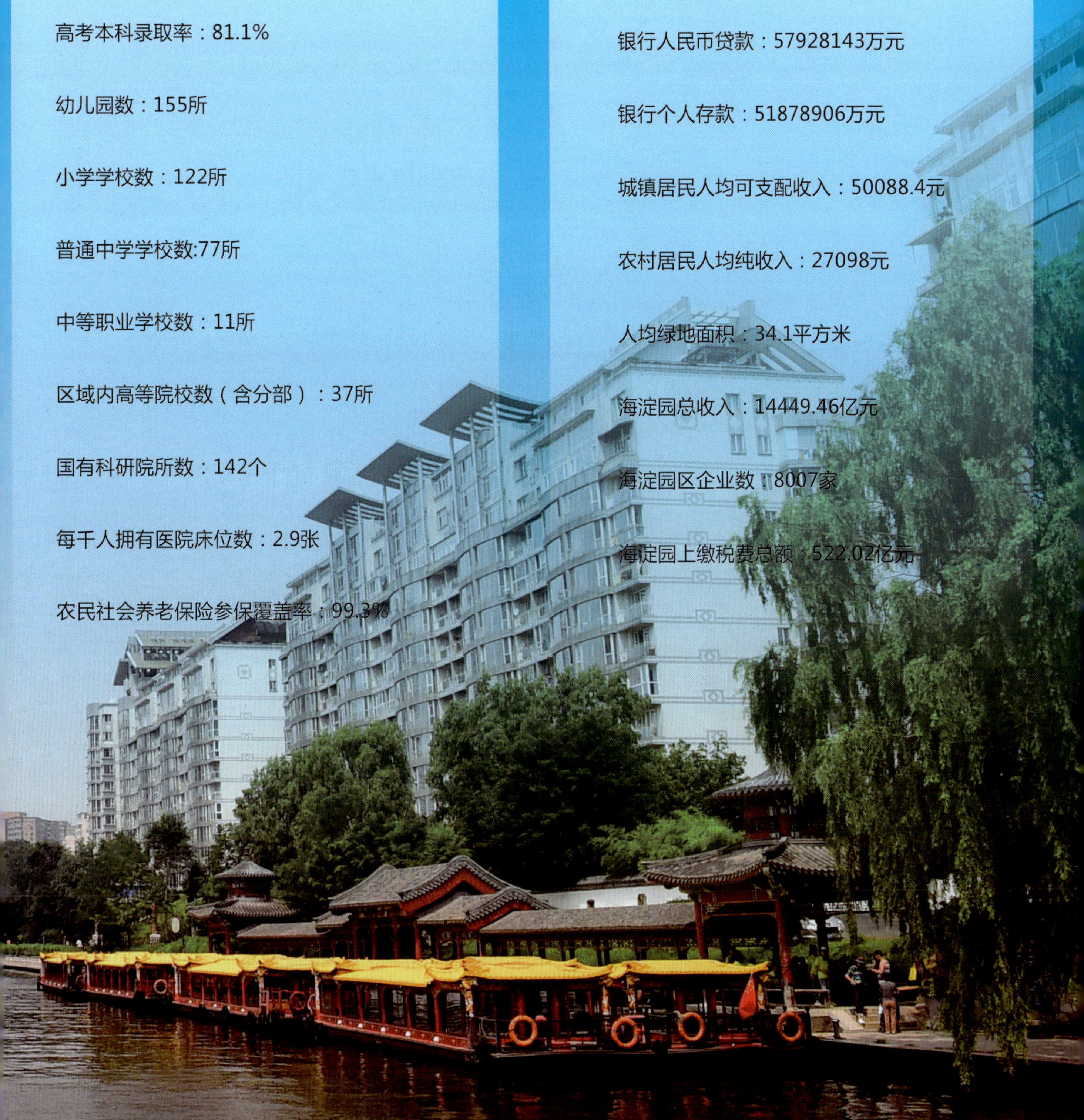

紫竹院行宫（田峰 摄）

数字海淀

地方财政收支及增速（亿元、%）
Local Financial Revenue and Expenditure (100 million yuan,%)

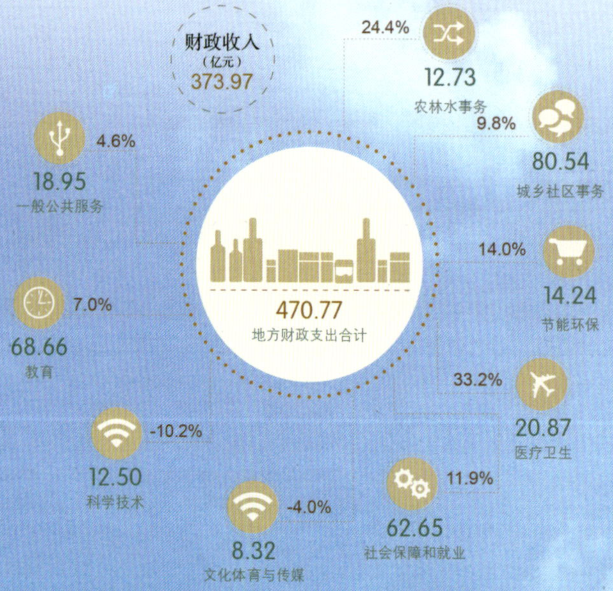

海淀区分行业增加值构成图（亿元、%）
Distinguish Between Haidian Industry Added Value Proportion Chart (100 million yuan,%)

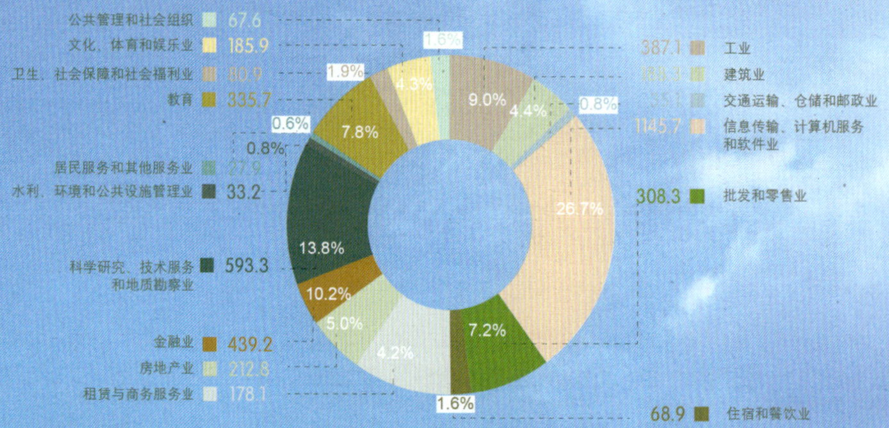

城镇居民家庭人均现金收入构成（元、%）
Cash Income Per Capita of Urban Households (yuan,%)

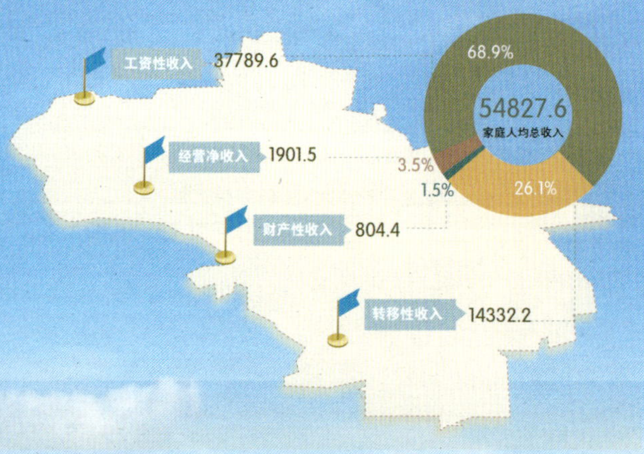

城镇居民家庭每百户主要耐用消费品拥有量
Annual Possession of Durable Consumer Goods Per 100 Households of Urban Households

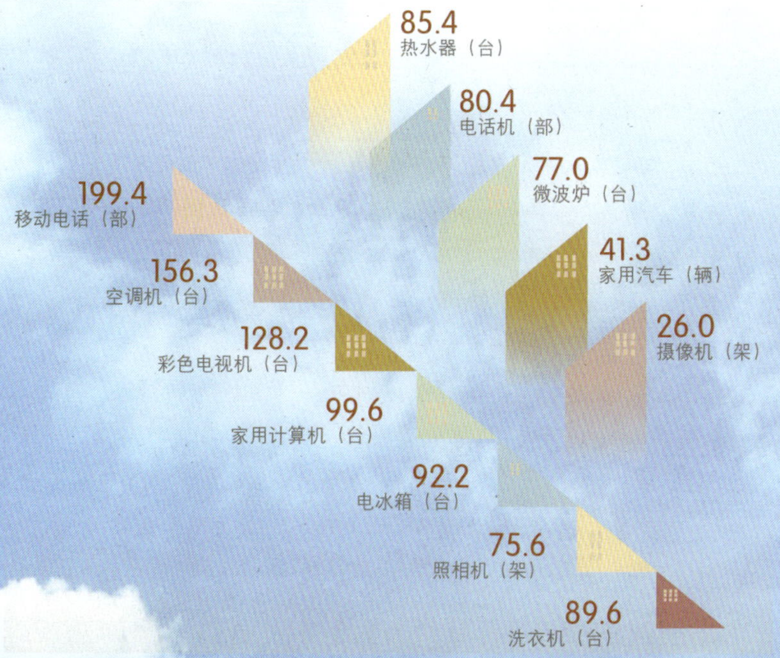

环境治理能力
Environment Management

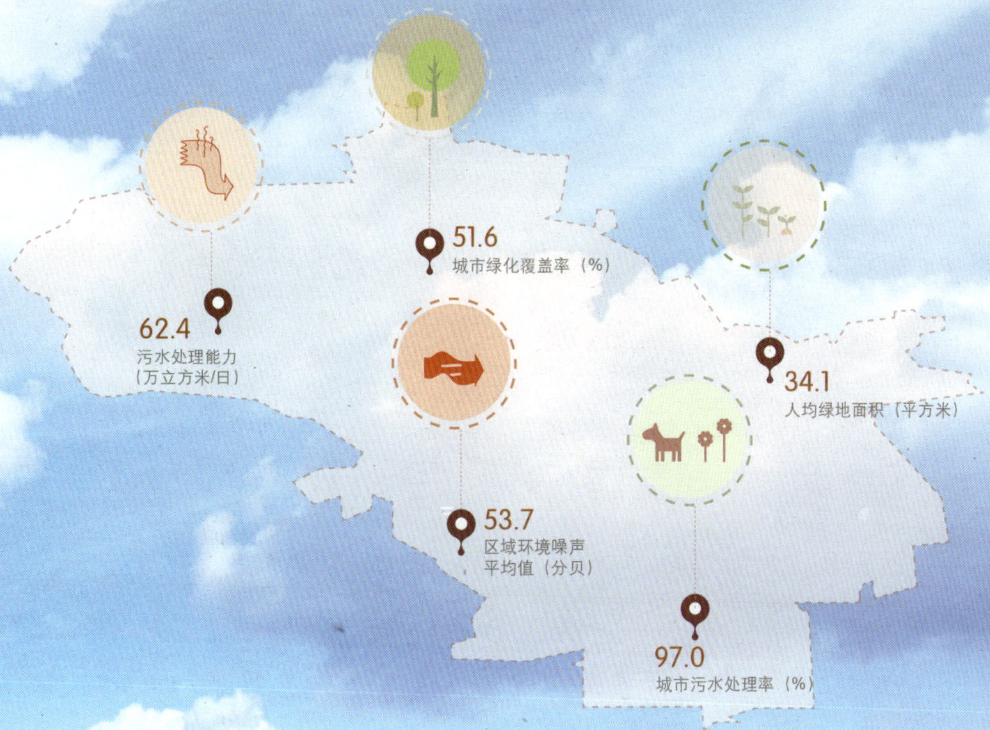

5月14日，市委书记郭金龙（前排右三）到圆明园遗址公园调研（圆明园管理处 张楠 摄）

9月23日，市长王安顺（前排中）检查玉渊潭公园国庆游园活动筹备工作（区旅游委 李微 摄）

6月13日，市人大常委会主任杜德印（中）到北太平庄街道志强北园社区基层联系点调研（李瑞林 摄）

3月28日，市政协主席吉林（中）到海淀政协调研六大工程、六联工作机制、六型机关建设 （区政协 供图）

2月18日，区委书记隋振江（前排右一）到学院路街道走访调研党的群众路线教育实践活动及全国文明城区创建工作开展情况（学院路街道 梁勇 摄）

6月19日，区长孙文锴（前排中）到海淀街道调研，并慰问困难党员（田峰 摄）

1月26日，区人大常委会主任关成启（前排右一）带队进行春节前安全检查（田峰 摄）

1月29日，区政协主席彭兴业（前排中）率联合检查组，到北下关地区检查安全生产情况（北下关街道 供图）

《4月21日，东升科技园集体建设用地房屋项目获得北京市首个正式“房本”（李瑞林 摄）

》5月11日，中关村海淀园秦皇岛分园在秦皇岛经济技术开发区揭牌成立（李瑞林 摄）

《6月12日，全国首个创业大街——中关村创业大街开街，曾以实体书店闻名的海淀图书城变身为创业服务机构集聚的创业一条街（李瑞林 摄）

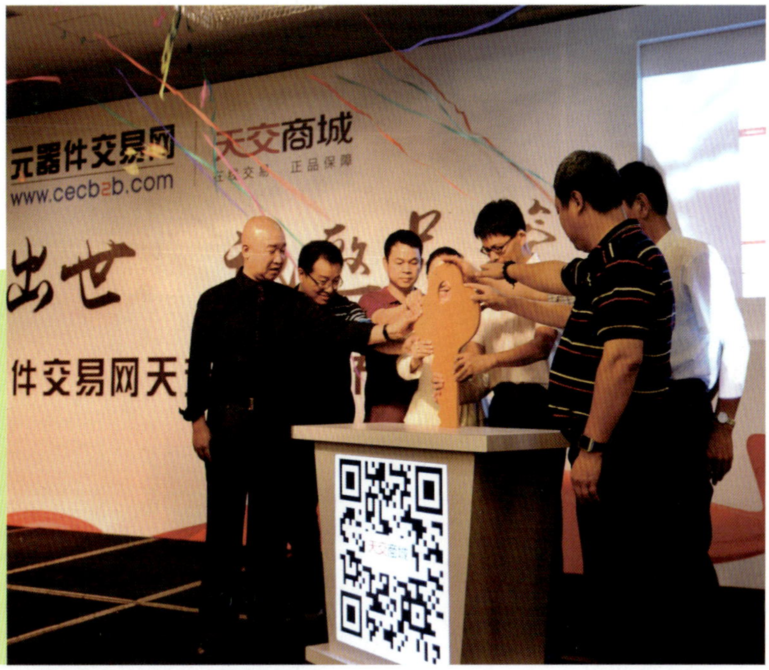

》9月5日，元器件网在北京举行新品发布会，正式推出在线交易平台——天交商城（中关村电子商会供图）

《9月5日，北京市首家军民融合产业联盟——中关村核心区军民融合产业联盟正式成立（田峰 摄）

》11月4日，中关村软件园举办“中以创新日暨中以创新发展基金”揭牌活动（中关村软件园张颖 摄）

3月28日，区建筑行业协会召开诚信企业评定工作大会（区建筑行业协会 于在水 摄）

8月28日，新华社、《人民日报》社、中央电视台、北京电视台等10余家中央及市属媒体就海淀区“政府支持、资源统筹、镇村主导、农民主体”的新型城市化模式进行交流研讨（李瑞林 摄）

9月22日，由温泉开往中关村的商务班车开通（田峰 摄）

9月28日，位于海淀北部的地标建筑—— 中关村壹号结构封顶（田峰 摄）

《9月29日，北京市第二条潮汐车道紫竹院潮汐车道正式开通（田峰摄）

《 改造后的西北旺东路（李瑞林摄）

《10月1日，串起香山、颐和园、圆明园等历史名园，全长36.09千米的“三山五园”绿道全线贯通，正式向市民开放（李瑞林摄）

》改造中的潘庄东路（田峰 摄）

》中坞村回迁小区（四季青镇 供图）

》为疏解非首都核心功能，调整产业布局，消除安全隐患，改善地区环境，10月8日，位于海淀区颐和园东路的西苑万泉河商品市场启动搬迁。该市场占地面积1.9万平方米，约有900户商家（李瑞林 摄）

》1月3日，中共北京市海淀区委十一届五次全体会议召开（田峰摄）

《 4月11日，由中央文明办、中国文联、中国曲艺家协会主办，首都文明办、海淀区承办的2014年全国道德模范故事基层巡演启动仪式暨首场演出在清华大学举行（区文明办供图）

》7月9日，市民政局在海淀区启动全市养老（助残）券“券变卡”试点工作（田峰摄）

》8月21日，“全国道德模范与身边好人现场交流活动”在海淀举行（李瑞林 摄）

》8月22日，中央巡视组参加西三旗街道小营联合社区党支部民主生活会（李瑞林 摄）

》10月8日，区领导收看习近平在中央党的群众路线教育实践活动总结大会上的讲话视频（李瑞林 摄）

》2月28日，全国首家由社会组织组建的先导文化创意产业园区联盟——中关村先导文化创意产业集聚区联盟揭牌成立（李瑞林摄）

》4月4日，中华世纪坛管理中心、区委宣传部、区文明办、詹天佑科学技术发展基金会、羊坊店街道办事处、区双拥办共同举办传薪火、追思远、鲜花祭、颂名篇“2014•清明祭先贤 放飞梦未来”主题活动（区文明办供图）

》5月24日—25日，2014北京国际越野挑战赛在凤凰岭公园举办（凤凰岭公园 祝岁平 摄）

《 6月17日，社区服务者与小学生在巴沟山水园开展“城市山水自然体验”活动（田峰 摄）

《 7月19日—8月20日，玉渊潭公园举办消夏文化节，象征吉祥文化、招财纳福的大金蟾亮相荷香景区（李瑞林 摄）

《 7月22日，在北京市第十四届运动会男足丙组比赛中的海淀运动员（区体育局 供图）

» 8月8日，由北京市体育总会主办的“全民健身挑战日 美丽京城动起来（海淀VS丰台）”活动在海淀区与丰台区同时进行（李瑞林 摄）

» 9月1日—11月30日，海淀区举办第三届中关村金秋演出季。121台、400余场剧目在海淀区17个场馆上演（田峰 摄）

» 10月5日—6日，区体育局、区体育总会主办，区社会体育管理中心、区钓鱼协会承办的“2014年海淀区社区居民家庭趣味垂钓比赛”在苏家坨镇举行（李瑞林 摄）

文化体育旅游

《 10月25日，区体育局和区文明办联合举办"三山五园"绿色骑游活动（李瑞林 摄）

》10月31日，"对流——北京西山中法文化交流史迹展"在原中法大学附属中学旧址、现北京市第四十七中学展馆开幕。图为位于西山的贝家花园碉楼（李瑞林 摄）

︽11月11日，国家主席习近平夫人彭丽媛(右五)邀请来华出席北京APEC会议的部分经济体领导人或代表的夫人参观游览颐和园（区旅游委 供图）

︽12月13日—14日，海淀区体育局与张家口市体育局联合举办"助力冬奥会 海淀—张家口申办2022年冬奥会城市冰雪挑战季"活动（李瑞林 摄）

》4月26日—27日，十九中学生参加北京市纸飞机比赛，创3项记录（区教委 供图）

《8月1日—2日，明天幼稚集团举办基础教育国际化项目暨耶鲁—中国儿童发展项目培训会（区教委 供图）

》8月31日，区教委与12所驻区高校签订合作协议（区教委 供图）

《9月15日，中国地质大学学生赴四川雅安开展地震灾后重建调研（中国地质大学 供图）

》10月16日，北京一零一中学600名高三学生在圆明园大水法前举行成人礼宣誓仪式（李瑞林 摄）

《 10月23日，北京市第三聋人学校教师进行课堂教学（田峰 摄）

《10月28日，北师大实验幼儿园校本部开展首场“健康快乐动起来”健康日活动（区教委供图）

︽11月4日—6日，北大附小举办北京市第九届“京城杯”小学课堂教学交流活动

》11月26日，北京师范大学举办“做党和人民满意的好老师”师德论坛（北京师范大学供图）

《 11月，八一学校学生参加第66届德国纽伦堡国际青少年发明展，获金奖、银奖（区教委供图）

》 12月2日，二十一世纪国际学校承办海淀区戏剧教学现场会（区教委供图）

《 2014年，海淀区新增入园学位2000个。图为海淀乡中心幼儿园的自然科学教室（区教委供图）

》 2014年建成投入使用的二十中永泰分校（田峰摄）

《6月27日，中关村医院开展义诊咨询活动（田峰 摄）

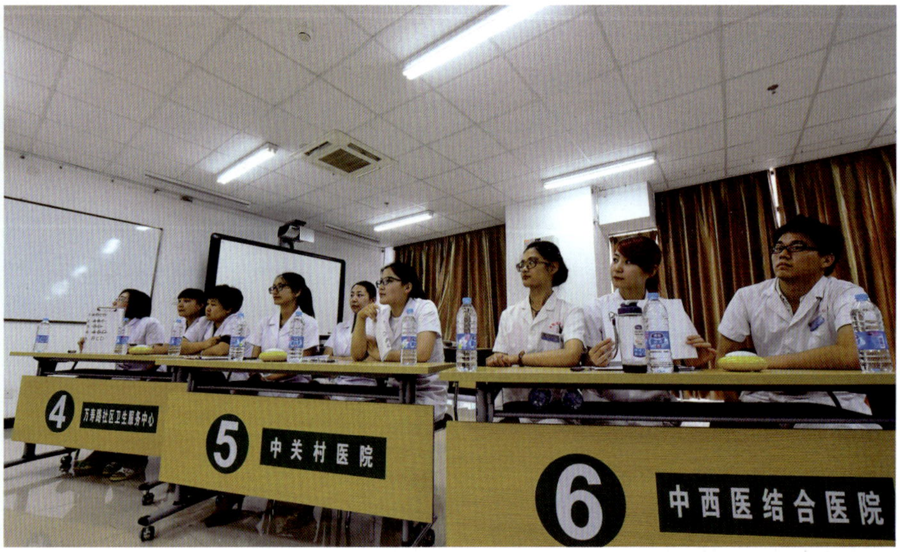

》7月1日，区卫生系统以“忆党史牢记宗旨学榜样服务群众”为主题，开展纪念建党93周年主题教育活动（田峰 摄）

《7月5日—11日，以“幸福家庭，和谐人口”为主题的第三届海淀家庭人口文化周活动举行（田峰 摄）

》7月，曙光街道和北京二十一世纪医院举行“进社区”活动，为80岁以上老人进行健康体检（田峰摄）

《8月18日，东升镇社区卫生服务中心新楼投入使用（田峰摄）

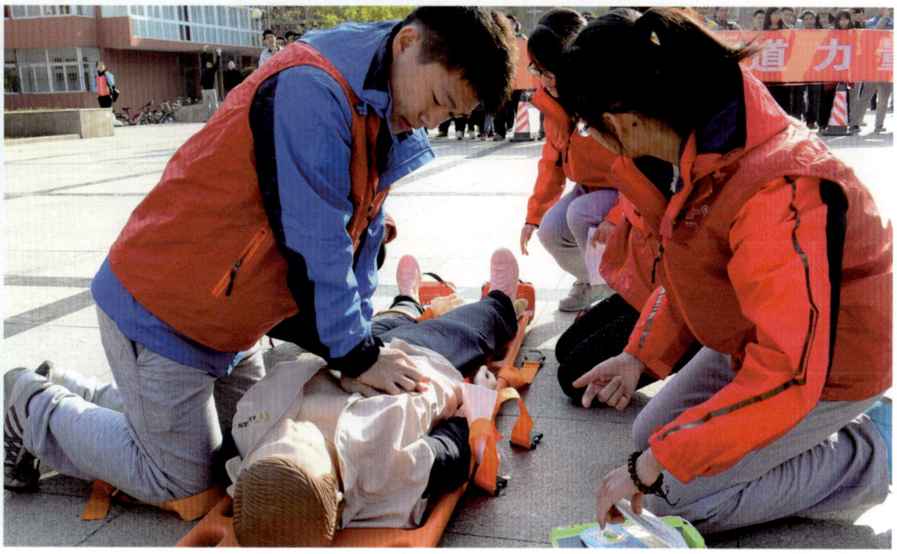

》11月28日，区红十字会、中国地质大学红十字会共同举办以“汇聚人道力量，助力平安校园”为主题的应急救护演练活动（田峰摄）

北京市中西医结合医院常青院区（田峰 摄）

海淀区卫计委在海淀区婚姻登记处向新婚夫妇免费发放“婚育健康服务包”（田峰 摄）

目　录

中国人民政治协商会议
北京市海淀区委员会

民主党派·工商联

群众团体

中关村国家自主创新示范区核心区

综述

园区服务与管理

专业园区建设

产业与企业发展

农业·水务·气象

农业

农业与农村经济

农村经济管理

新农村建设

水务

气象

商业服务业·对外经济贸易

商业服务业

对外经济贸易

旅 游

综述

旅游行业管理

“三山五园”历史文化景区建设

旅游景点

城乡建设

文　化

社会民生

民政

残疾人事业

社会建设

综述

社会领域党建

社区建设与管理

街 · 镇

人　物

统计资料（选编）

附　录

索　引

Contents

People's Government of Haidian District

Beijing Haidian District People's Political Consultative Conference

Democratic Parties and Federations of Industry and Commerce

People's Societies

Rule of Law

Armed Forces

Core zone of Zhongguancun National Innovation Demonstration Zone

Comprehensive Administration of Economy

Agriculture · Water · Meteorology

Commercial Service Industry · External Economy and Trade

Tourism

Urban and Rural Development

City Administration and Service

Culture

Education

Science and Technology · Health · Sports

Society and People's Livelihood

Social Development

Sub-Districts and Townships

People

Statistics （Selected）

Appendix

Index

党和国家领导人在海淀

中共中央政治局常委集体参加首都义务植树

4月4日上午，党和国家领导人习近平、李克强、张德江、俞正声、刘云山、王岐山、张高丽等集体乘车，到位于海淀区南水北调团城湖调节池的植树点参加首都义务植树活动。

中共中央总书记、国家主席、中央军委主席习近平在参加首都义务植树活动时强调，全国各族人民要一代人接着一代人干下去，坚定不移爱绿植绿护绿，把我国森林资源培育好、保护好、发展好，努力建设美丽中国。

植树结束时，习近平向工程负责人了解南水北调水源的水质与保护和调节池施工进展情况。

在京中共中央政治局委员、中央书记处书记、国务委员等参加首都义务植树活动。

习近平到北京大学考察

5月4日，中共中央总书记、国家主席、中央军委主席习近平到北京大学考察。习近平考察了人文学苑，观看了人文社科成果展。展览展示了北京大学文学、历史、哲学、考古学科取得的重要学术成就和北大图书馆馆藏重要文献，包括《共产党宣言》多种译本。习近平对北京大学传承和弘扬中华优秀传统文化取得的成果给予肯定，并与著名哲学家汤一介交谈，了解《儒藏》编纂情况，赞扬他为中华优秀传统文化继承、发展、创新做出贡献。在生物动态光学成像中心，总书记勉励科研人员刻苦攻关、勇于创新。在静园草坪，习近平与学生一起参加纪念五四诗会，聆听学生诗作《聆听青年》和毛泽东词作《沁园春•长沙》的朗诵，希望学生们紧跟时代，既创作出优美的文字诗篇，又创作出壮丽的人生诗篇。在北京大学英杰交流中心，习近平参加师生座谈会并发表重要讲话。他指出，当代大学生是可爱、可信、可贵、可为的。广大青年对五四运动的最好纪念，就是在党的领导下，勇做走在时代前列的奋进者、开拓者、奉献者，同全国各族人民一道，担负起历史重任，让五四精神放射出更加夺目的时代光芒。

习近平强调，每个时代都有每个时代的精神，每个时代都有每个时代的价值观念。确立反映全国各族人民共同认同的价值观，关乎国家前途命运，关乎人民幸福安康。我们要倡导富强、民主、文明、和谐，倡导自由、平等、公正、法治，倡导爱国、敬业、诚信、友善，积极培育和践行社会主义核心价值观。广大青年树立和培育社会主义核心价值观，要在勤学、修德、明辨、笃实上下功夫，下得苦功夫、求得真学问，加强道德修养、注重道德实践，善于明辨是非、善于决断选择，扎扎实实干事、踏踏实实做人，立志报效祖国、服务人民，于实处用力，从知行合一上下功夫。

习近平强调指出，党中央做出建设世界一流大学的战略决策，各级党委和政府要高度重视高校工作，始终关心和爱护学生成长，不断激发广大青年的活力和创造力。要强化就业创业服务体系建设，支持帮助学生们迈好走向社会的第一步。教师承担着最庄严、最神圣的使命，要时刻铭记教书育人的使命，以人格魅力引导学生心灵，以学术造诣开启学生的智慧之门。

王沪宁、刘延东、李源潮、栗战书、郭金龙和中央有关部门负责人参加上述活动。

习近平到海淀区民族小学考察

5月30日，中共中央总书记、国家主席、中共中央军委主席习近平到海淀区民族小学考察。习近平参加“红领巾相约中国梦——今天我入队 争当好队员”主题大队会；参观学校文化长廊；听取学校蒙古族、土家族同学介绍自己的民族，了解学校与藏族、水族小朋友手拉手活动情况，并向开展“爱心义卖”活动的学生购买文具和笔记本；在“墨韵堂”与学生交流书法作品，在“藏书阁”观看孩子们诵读《弟子规》《少年中国说》，在谨行楼与师生家长等代表座谈，座谈会由习近平亲自主持，听取教师、大队辅导员、学生、家长和校外辅导员代表分别介绍学校开展社会主义核心价值观教育的做法以及思考。

在听取发言后，习近平发表重要讲话。他指出，我们倡导的社会主义核心价值观，要在全国人民中培育和弘扬，特别要注重从少年儿童抓起。少年儿童培育和践行社会主义核心价值观，要适应自身年龄和特点，要把社会主义核心价值观的基本内容熟记熟背，融化在心灵里，铭刻在脑子中，结合学习和生活等实践不断加深理解。要学习英雄人物、先进人物、美好事物，在学习中养成好的思想品德追求。要从自己做起、从身边做起、从小事做起，一点一滴积累，养成好思想、好品德。

习近平指出，让社会主义核心价值观在少年儿童中培育起来，家庭、学校、少先队组织和全社会都有责任。全社会都要了解少年儿童、尊重少年儿童、关心少年儿童、服务少年儿童，为少年儿童提供良好社会环境。对损害少年儿童权益、破坏少年儿童身心健康的言行，要坚决防止和依法打击。

王沪宁、刘延东、李源潮、栗战书、郭金龙以及共青团中央、全国妇联、教育部、北京市负责人陪同参加活动。

习近平考察北京师范大学

9月9日上午，中共中央总书记、国家主席、中央军委主席习近平在会见庆祝第三十个教师节暨全国教育系统先进集体和先进个人表彰大会受表彰代表后到北京师范大学，看望教师学生，观摩课堂教学，进行座谈交流，向全国广大教师和教育工作者致以崇高的节日敬礼和祝贺。

习近平在考察北京师范大学时强调，百年大计，教育为本；教育大计，教师为本。全国广大教师要做有理想信念、有道德情操、有扎实知识、有仁爱之心的好老师，为发展具有中国特色、世界水平的现代教育，培养社会主义事业建设者和接班人做出更大贡献。

习近平指出，学为人师，行为世范。广大教师要始终同党和人民站在一起，自觉做中国特色社会主义的坚定信仰者和忠实实践者，忠诚于党和人民的教育事业。各级党委和政府要从战略高度来认识教师工作的极端重要性，把加强教师队伍建设作为基础工作来抓，满腔热情关心教师，改善教师待遇，关心教师健康，维护教师权益，使教师成为最受社会尊重的职业。要加强教师教育体系建设，加大对师范院校的支持力度，不断提高教师培养培训的质量。

习近平最后强调，希望全国广大教师把全部精力和满腔真情献给教育事业，在教书育人的工作中不断创造新业绩。

刘云山出席首届国家网络安全宣传周启动仪式

11月24日，首届国家网络安全宣传周启动仪式在北京中华世纪坛举行。中共中央政治局常委、中央书记处书记、中央网络安全和信息化领导小组副组长刘云山在启动仪式上发表讲话，并参观网络安全公众体验展。他指出，网络信息人人共享、网络安全人人有责，要不断增强全民网络安全意识，切实维护网络安全，着力推进网络空间法治化，为建设网络强国提供有力保障。

刘云山指出，依法维护网络安全，是全面推进依法治国的重要内容。要进一步完善互联网建设管理的法律法规，着力健全国家网络安全保障体系，坚决打击网上违法犯罪活动，切实增强网络安全工作的主动性有效性。要积极参与互联网的国际对话合作，共同构建和平、安全、开放、合作的网络空间，推动建立多边、民主、透明的国际互联网治理体系，更好维护国家网络空间安全和发展利益，维护人民群众网络信息合法权益。

刘云山强调，维护网络安全就是维护每个网民、每个公民自身的安全，设立国家网络安全宣传周就是顺应社会期盼，推动形成共建网络安全、共享网络文明的良好环境。引导人们增强法治意识，做到依法办网、依法上网。要大力倡导积极健康向上的网络文化，弘扬社会主义核心价值观，增强网民的道德自律，让网络更多地发出好声音、传播正能量，使网络空间真正清朗起来。

马凯、刘奇葆、郭声琨出席上述活动。

特　载

在区委十一届六次全会上的报告

中共海淀区委书记　隋振江

（2015 年 1 月 6 日）

同志们：

这次会议的主要任务是，深入贯彻落实习近平总书记系列重要讲话和党的十八届三中、四中全会及中央经济工作会议精神，按照市委十一届六次全会的部署要求，总结 2014 年工作，部署 2015 年任务。现在，受区委常委会委托，我向全会报告工作，请予审议。

一、2014 年工作回顾

区委十一届五次全会以来，在市委的坚强领导下，区委常委会以深入学习贯彻落实党的十八届三中、四中全会和习近平总书记系列重要讲话精神为指引，团结带领全区人民，坚持稳中求进的总基调，全面深化改革，扎实开展群众路线教育实践活动，统筹谋划中关村核心区发展和区域治理，深入推进三大功能区建设和全国文明城区创建等重点工作，全面完成了年初确定的各项目标任务，保持了经济平稳健康发展、社会和谐稳定的良好态势。

一是深入学习贯彻习近平总书记视察北京重要讲话精神和市委对海淀工作新要求，进一步明确发展方向，增强了转型发展的行动自觉。习近平总书记视察北京时的重要讲话，从推进国家治理体系和治理能力现代化的战略高度对首都发展管理做出重要指示，明确了北京“四个中心”的城市战略新定位，强调要坚持和强化首都核心功能，调整疏解非核心功能，促进人口资源环境协调发展，努力建设国际一流的和谐宜居之都。郭金龙书记专门主持召开市委专题会，听取了我区工作汇报，首次明确提出海淀要切实承担起“首都功能核心区”和“全国科技创新中心核心区”的职能，全面提升城市管理水平，积极服务好创新型国家建设大局，主动搭平台、聚人才、接任务、出成果。区委把学习贯彻总书记重要讲话精神和落实市委关于贯彻总书记讲话精神的各项部署作为首要政治任务，通过各种形式深入学习领会精神实质，提高思想认识，不断增强依托核心区服务首都核心功能的责任感、使命感，正确处理“舍”与“得”、“疏”与“聚”的关系，下大力气疏解非核心功能，提高了转型发展的自觉性；不断强化建设全国科技创新中心的责任担当，主动搭建工作载体和服务平台，推动创新引领融合发展和京津冀协同发展；积极破解城市病难题，狠抓生态文明建设，举区域之力创建全国文明城区，形成了新常态下攻坚克难的新状态。

二是深入开展群众路线教育实践活动、不断强化从严管党治党意识，党风政风进一步转变。根据中央、市委统一部署，我们紧扣“为民务实清廉”的主题，贯彻“照镜子、正衣冠、洗洗澡、治治病”的总要求，聚焦整治“四风”突出问题，坚持高标准、严要求，压茬有序推进教育实践活动。坚持开门搞活动，针对联系服务群众“最后一公里”问题，即知即改，立行立改，解决了 562 件群众反映的城市环境秩序问题；坚持问题导向推动深入整改，针对群众反映较突出的农转非难题，实行领导包案，从问题最集中的四季青镇入手，深入调研、勇于创新，形成该镇整建制农转非试点方案，并经市政府专题会批准；坚持贯彻整风精神，严肃党内生活，召开了高质量专题民主（组织）生活会，各级领导干部和广大党员认真撰写对照检查材料，广泛开展谈心谈话，生活会上敞开心扉、“真刀真枪”进行批评与自我批评，普遍受到了一次深刻的思想洗礼；聚焦“四风”突出问题，持续开展正风肃纪专项整治行动，精简了会议文件，减少改进了考核评比，清理了超标办公用房、超标超配公车和会员卡，普遍压缩了“三公”经费，狠刹了公款送月饼、贺卡、节礼和年货等行为；对机关干部纪律松弛和损害群众利益的行为，持续加大明察暗访、通报曝光力度，党风、政风焕然一新。

三是深入推进创新发展、融合发展，中关村核心区建设又上新台阶。深入落实中关村先行先试政策，修订完善促进科技创新的政策体系，加大对战略性新兴产业、信息服务业、科技服务业、互联网金融等业态发展的支持力度，大力改造提升城市服务业。经过主动调整，经济发展更加稳健高效。高新技术企业总收入继续保持15%以上高增长态势，互联网金融机构落地企业数量增长45%；科技创新产业占地区生产总值比重超过一半以上，新兴产业成为经济增长的主要拉动力。不断优化创新创业生态系统，积极搭建协同创新、技术转移转化、知识产权服务、创新创业信息服务等创新平台，与区域单位共建产业引导基金、协同创新研究院、军民融合产业园、产业孵化基地，进一步增强了中关村核心区创新要素聚集和辐射能力。主动融入京津冀协同发展，探索产业跨区域有序转移的利益共享机制，推进了海淀园秦皇岛分园建设。进一步“瘦身健体”，加快建设三大功能区、专特精新产业园和乡镇特色产业园，中国铁塔公司、中国铁路发展基金、中民投新能源、紫光展锐、浪潮全球研发中心、市集成电路设计子基金、市知识产权法院、中国人民银行中关村支行等一批重点企业、平台落地。“一城三街”建设取得新成效，海淀图书城变身中关村创业大街，入驻创业服务机构16家，入孵创业团队近400个。高端产业对低端产业的置换引领能力不断增强，经济转型发展迈出新步伐。

四是全面争创全国文明城区，大力推进城市精细化管理和生态文明建设，打响了治理城市病的攻坚战。区处两级领导带头深入一线解决问题，推动部门和科队站所下沉街镇、社区（村）网格开展联合执法，协调区域单位文明共建，动员社会力量和志愿者广泛参与，形成了创建全国文明城区的强大合力。以传播文明理念、弘扬文明风尚为宗旨，加强社会主义核心价值观宣传及未成年人思想道德教育，实施“诚信守法经营”“遵章守纪出行”“美好家园共建”等专项行动，创新志愿服务项目化运行机制，开展“学习道德模范、做文明海淀人”系列活动，进一步提升了市民文明素质和城市文明形象。加大城市病治理力度，坚持“拆调建管”并举，从问题突出的区域入手，共拆除违法建设160万平方米，关停东升镇明光寺市场、海淀镇西苑市场等商品交易及回收类市场58个，清理群租房6869套，疏解流动人口12.5万人；加大三山五园地区环境整治力度，拆除玉泉山周边建筑10万平方米，完成四王府等一期腾退工作，启动一亩园等地区改造工作。落实创建惠民理念，持续开展环境秩序整治，推进服务管理进大院，加大治理老旧小区力度，清理楼门院5460处、废弃机动车530辆，区域单位和群众满意度明显提升。以“山水林田湖”系统治理为抓手，实施生态文明骨干工程建设，建成三山五园绿道系统36公里、南沙河滨水绿廊30公顷，改造提升西山森林1200亩，新增造林绿化324公顷，新建绿地225公顷，完成翠湖湿地村庄腾退。创新垃圾治理模式，完成中央党校升级版“机械化垃圾分类试点”；深入开展政府购买公共服务改革，委托专业公司实施新工艺改造和管理翠湖再生水厂，稳步推进稻香湖再生水厂和南沙河治污截污等重点工程，完成10条中小河道治理；大气污染治理取得新成效，空气质量优于全市平均水平。

五是统筹谋划、大胆实践，一些重点领域改革取得了新突破。区委成立了全面深化改革领导小组和工作机构，制定了全面深化改革的实施意见，明确了12个方面的改革重点和2014年93项年度改革任务，一些重点领域和关键环节的改革正在扎实有序推进并取得突破。全面清理、规范全区行政审批和政务服务事项，取消36项，精简合并19项；推进“同区通办、三级联动”政务服务体系建设，41个便民服务事项在全区29个街镇、80%的社区（村）上线运行，办事效率大幅提高；深化商事制度改革，开展企业设立“一口受理、同步办理、一口发证”的“多证联办”试点，办理时限大幅缩短；落实了食药监管体制和卫生计生机构改革；整合行政资源，率先在全国建立健全区、镇两级农村集体资产监督管理体系，建章立制，全面开展镇村“三资”审计工作，摸清家底、保证安全；制定两批次34家事业单位改革方案，第一批13家事业单位改革全面展开；完成了区属商业企业、北部园区建设企业的重组，增强了国有企业的市场竞争力和发展后劲。在公共投资和服务领域大力推进“建设—移交”（BT）、“建设—经营—转让”（BOT）、“公私合作项目融资”（PPP）等合作模式，逐步打破了社会资本与企业进入的“玻璃门”。

六是加强公共服务能力建设，办了一批群众关心的实事。在重点抓好今年确定的37件区级和700多件街镇级为民办实事项目落实的基础上，建立了全区为民办实事互动平台，在实事项目确定、办理过程、结果评估中实现与群众的动态互动。认真落实义务教育阶段取消“共建”“择校”，规范“特长”入学和外来人口子女入学等各项政策措施，多措并举扩大优质义务教育资源布局，建立部门与地区协同发展管理公共教育的工作机制，完善预案，加强引导，确保了政策的平稳落地；推行公立医院改革，建立法人治理结构，建成6个医联体，在社区卫生服务站开展社会办医试点，我区荣获“国家慢性病综合防控示范区”；大力实施文化惠民工程，完善基层公共文化设施，整合区域文化资源，建立博物馆与艺术品行业联盟，依托文化演出联盟举办惠民演出700余场，成功承办了“纪念中法建交50周年——北京西山中法文化交流史迹展”系列活动；加大促进就业工作力度，推进社保经办模式改革，提高了城乡居民养老保险待遇，完善社会救助措施；深化养老服务体系建设，新增养老床位1500张，清河敬老院投入使用，建成109个社区老年互助社，启动了养老助残卡的试运行工作；加快保障房建设，探索新型筹建方式，超额完成全年保障房筹集建设任务；完成了91个老旧小区和5个棚户区改造项目。七王坟新农村改造试点方案落地实施，政府扶持、村民自治、就地改造模式得到村民拥护。西北旺镇、温泉镇“一镇一园”项目开工建设。促进基础设施和优质公共服务设施城乡统筹，新增道路16公里，完成15处疏堵点改造；清华附中永丰学校、翠微小学温泉校区等优质校投入使用，北部文化中心、101中学温泉校区等重点项目进入收尾阶段。

七是加强社会主义民主政治和平安海淀建设，保持了和谐稳定的良好社会局面。深入学习领会习近平总书记在庆祝全国人大成立60周年和人民政协成立65周年大会上的重要讲话精神，不断加强和改进人大、政协工作。区人大不断创新监督方式，强化和改进预算监督工作，实施了预算项目事前绩效评估，推行预算监督向街镇延伸、预决算信息公开。区政协充分发挥作为协商民主重要渠道和专门协商机构的重要作用，积极探索双周协商、专题协商、跨区域协商和提案办理协商等多种形式，围绕全区改革发展中的重点难点问题，积极建言献策。加强统一战线工作，在各民主党派、工商联和无党派人士中深入开展“坚持和发展中国特色社会主义学习实践”活动，加强党外代表人士队伍建设，民族、宗教、对台交流和海外统战工作取得新成绩。注重发挥工会、共青团、妇联在法治建设、基层自治、志愿服务中的纽带作用，区总工会积极推动百人以上企业工资集体协商，深入开展劳动争议调解；团区委积极开展区域化团建、青少年权益保护等创新试点；区妇联探索实施“妇女代表联系制”，将工作触角延伸到妇女身边。加强对政法工作的领导，深化平安海淀建设，落实各项反恐防恐措施，推进重大决策社会稳定风险评估，加强拆迁腾退等重点矛盾纠纷排查化解，开展专项整治行动和安全生产大检查，圆满完成国庆65周年、十八届四中全会、APEC会议等重大活动和敏感时期维稳安保任务；探索实施审判长、主审法官责任制以及审判委员会改革，完成检务公开各项试点；完善治安防控体系，群众安全感测评连续三季度在城六区名列前茅。加强国防和后备应急力量建设，深入开展双拥共建、军地融合发展，进一步巩固了军政军民团结。

八是聚精会神抓党的建设，提升了党的建设科学化水平。区委不断增强党要管党、从严治党的思想行动自觉，着力抓好理论武装，持续推进学习型党组织建设，坚持和完善理论中心组学习制度，不断增强“三个自信”；加强舆情分析研判和阵地管理，协同主流媒体对全区转型发展、文明城区创建进行深度报道，增强了干事创业的正能量。着力抓好干部队伍建设，认真落实新修订的干部选拔任用工作条例，树立正确的选人用人导向，注重对处级领导班子结构和运行情况的综合分析，有针对性地调整配备干部；优化干部考核指标体系，加大党建实绩考核权重；多措并举推进干部教育培训，完善军转干部安置管理工作。制定央地人才一体化规划，推进人才特区建设。出台了加强基层服务型党组织建设的实施意见，开展基层服务型党组织建设试点、对口帮扶、机关党员“双报到”活动，集中整顿软弱涣散社区（村）党组织，基层党组织服务群众能力不断增强。组建了区委非公企业和社会组织党建工作办公室，大力推进非公党建工作。严格落实各级党委抓党风廉政建设的主体责任和纪委的监督责任，深入推进惩治和预防腐败体系建设，建立落实党风廉政建设责任制专题评估机制。坚持以零容忍态度惩治腐败，全面加大查办违纪违法案件力度，全年共新立案79件，结案79件，给予党纪政纪处分72人，新立案、结案、处分数量同比均上升一倍。针对“小官巨腐”问题开展农村基层党员干部不正之风和违法违纪行为专项整治行动，查处19件。区委常委会注重加强自身建设，坚持从自身做起认真落实正风肃纪各项规定，讲政治、守纪律、谋全局、议大事，认真贯彻民主集中制，不断提高决策水平。常委会成员不断加强自身思想建设，树“三观”、尚实干、勇担当、严自律的自觉性不断增强。

回顾过去一年，是党的十八大以来我们走过的很不平凡的一年，我们在学习习近平总书记系列重要讲话中思想得到了升华，在教育实践活动中感情贴近了群众，在改革探索中不断攻坚克难，在文明城区创建中凝聚了强大力量，在崇尚实干氛围中收获了来之不易的成绩。我们要倍加珍惜、认真总结，以更加坚定的信念、饱满的信心，迈着坚实的步伐进入2015年。

二、2015年全区工作面临的形势

在中央经济工作会议上，习近平总书记对经济发展新常态做了系统阐述，指出我国经济正在向形态更高级、分工更复杂、结构更合理的阶段演化，经济发展进入新常态，正从高速增长转向中高速增长，经济发展方式正从规模速度型粗放增长转向质量效率型集约增长，经济结构正从增量扩能为主转向调整存量、做优增量并存的深度调整，经济发展动力正从传统增长点转向新的增长点，认识新常态，适应新常态，引领新常态，是当前和今后一个时期我国经济发展的大逻辑。市委十一届六次全会指出，新常态在北京表现得更为突出和明显，要求我们把继续深入学习贯彻总书记视察北京重要讲话精神与学习领会总书记关于新常态的重要论述紧密结合起来，主动把握和积极适应经济发展新常态，更高水平、更富成效地推动首都发展，加快建设国际一流的和谐宜居之都。我们要切实把思想和行动统一到中央和市委的部署要求上来，紧密结合海淀发展实际，主动进入新状态，引领新常态，大有新作为。

经过多年发展，海淀是较早进入发展速度换挡、创新驱动发展和结构深度调整的地区，可以说，海淀已经进入经济发展新常态。一是经济保持了中高速增长。在动态优化经济结构的同时，经济增长速度于2013年回落到个位数，近两年经济增长保持在8%~9%的区间，高于同期全市增速，稳定在中高速上限增长。二是产业显现“高精尖”经济结构的特点。第三产业比重超过87%，信息服务业、科技服务业、金融业、教育培训业、城市服务业五大支柱产业收入占地区生产总值的比重超过65%，战略性新兴产业保持年均20%以上的增速。三是发展动力已从主要依靠投资驱动、要素驱动向消费拉动、创新驱动转变。全社会固定资产投资额已不到社会消费品零售额的一半，投资水平保持在地区生产总值25%左右的良性状态；房地产开发投资占全社会固定资产投资比重从2012年的50%下降到25%，以公共服务设施建设为主的城镇固定资产投资比重上升到72%。科技创新、文化创新对经济发展的引领作用显著增强，园区规模以上企业研发投入占总收入比重达4.2%，相当于发达国家水平；单位用地产出居全市前列，万元地区生产总值能耗、水耗在全市和全国均处于较低水平。四是财税结构不断优化。在认真落实各项减免退税及“营改增”政策下，区级预算财政收入增速仍与经济增速大致相当，优质企业在我区税源结构中所占比重不断上升，214家“十百千工程”科技企业税收贡献超过50%，房地产收入占区级收入下降至8.9%，税源基础稳定。

新常态下，我们面临着有别于传统状态的新挑战。一是人口承载力已成为发展的“天花板”，必须坚持有进有退、疏聚结合，下大力气疏解非核心功能，退出低效业态，提高经济效益，降低人口压力。二是资源环境瓶颈约束加剧，生产要素成本高企，制约区域创新产业孵化能力和生态环境、生活环境改善。三是产业结构内部还需深度调整，原始创新能力还不够强，科技成果转化率还不高，科技服务产业链条还不完善；城市服务业质量效率不高，还不能满足市民不断增长的需求。四是在党风廉政建设、社会治理能力建设、市场法治环境建设等领域还有很多不适应新常态的地方，制约着新常态下的优质高效发展。

新常态下，我们也有许多新机遇。从国际范围来看，虽然国际市场对我国传统出口商品的需求增长放缓了，但我们通过科技成果引进与输出，对外并购与合作，在新一轮国际分工中，迎来了向产业链中高端迈进的历史机遇。从全国来看，结构调整将带来对新技术、新业态的新需求，作为国家自主创新示范区核心区，我们有条件有责任把握这一机遇，推动科技创新、文化创新成果加快向全国转移、转化辐射，实现产业结构进一步向高端化、服务化、集聚化、融合化、低碳化转型。从核心区自身来看，经过多年积淀，我们正迎来科技创新、文化创新爆发期，区域内高校、科研机构、企业、社会组织、创业者等各类主体自主创新、协同创新、融合创新蔚然成风，创新成果不断涌现，大众创业、万众创新的生动局面正在形成。

适应新常态、引领新常态，必须树立新坐标，摆脱旧定势，坚持有所为、有所不为，充分发挥先发优势，把握国际国内机遇，攻坚克难，改革创新，在新常态下开创工作新局面。

三、2015 年全区工作的总体要求和重点任务

2015 年是全面推进依法治国的开局之年，是全面完成“十二五”规划的收官之年，也是全面深化改革的关键之年。全区工作总的要求是：深入贯彻落实党的十八届三中、四中全会和中央经济工作会议精神，以习近平总书记视察北京重要讲话精神为指引，按照市委十一届六次全会的总体部署，立足首都功能核心区和科技创新中心核心区的功能定位，坚持稳中求进的工作总基调，主动适应和引领新常态，着力构建“高精尖”经济形态；加快城市病治理和生态文明建设，着力提高城市建设管理水平；全面深化改革，着力破解制约可持续发展的重点难点问题；贴近群众需求，着力保障和改善民生；加强社会主义民主法治建设，着力提高区域治理水平；坚持从严管党治党，着力提高党的建设科学化水平，为首都建设全国科技创新中心和国际一流的和谐宜居之都做出新贡献。

第一，坚持创新引领、需求牵引，夯实新常态下经济增长基础。一是积极顺应引领新需求，壮大新业态。要主动顺应个性化、多样化消费新趋势，发挥海淀科技创新优势，通过创新激活市场需求，使消费继续在推动经济发展中发挥基础作用。实施养老健康家政、信息、旅游、住房、绿色、教育文化体育等六大领域消费工程，大力扶持互联网创新进入传统产业转型升级增效，大力支持社会投资进入新业态，打造多点支撑的消费增长格局。二是坚持创新引领。要主动适应经济结构从增量扩能转向调整存量、做优增量并举的新变化，通过空间梳理、低端产业置换，加快形成“高精尖”经济结构。要依托三大功能区、“一镇一园”等载体，加快小米科技园等专精特新产业园建设，加快生物医药、智能硬件、云计算和集成电路设计、文化科技融合等战略性新兴产业集群发展；加快国家科技金融创新中心建设，打造互联网金融中心，筹建中关村银行；加快建设中关村互联网文化创意产业园，大力促进文化创意和设计服务与科技、旅游等产业融合发展。要进一步“瘦身健体”，做好“加减乘除法”，大力推广东升科技园利用集体建设用地“调低入高”发展模式，盘活低效集体建设用地，有退有进，发展新型集体经济。大力推进传统卖场和商务楼宇业态升级，向购物中心、大型连锁超市、互联网电商平台等高效城市服务业转型。三是优化科技服务环境。要深入推进中关村新一轮先行先试创新政策落地，大力推进北京协同创新研究院、军民融合产业园、国家技术转移中心等重点平台建设；深化央地人才一体化试点，不断完善人才发现、引进、服务、成长机制，进一步搭平台、聚人才、接任务、出成果。四是推动跨区域协同发展。充分发挥核心区产业示范引领和辐射带动作用，通过举办分园、产业链合作、共建科技服务平台等形式，主动服务“一区十六园”联动发展，主动融入京津冀协同发展，引导相关资源、产业向周边地区有序辐射，融合发展。充分发挥好中关村企业境外并购外汇管理改革政策作用，服务好园区高科技企业“走出去”，通过国际并购与合作，加快国际化步伐。

第二，坚持科学规划、精细管理，持续提升区域治理能力。一要继续抓好三大功能区规划建设。坚持“多规合一、有机融合”的理念，按照南部挖潜、北部集约、中部优化的总体思路，继续完善协作规划模式，深化国土资源综合整治试点，加快中关村软件城、翠湖科技园、永丰基地建设，扎实做好村庄腾退和就地改造工作，完善公共服务设施布局，推进北部地区产城融合发展；进一步完善三山五园地区总体规划及专项规划，推进玉泉山香山周边、“两园”周边等重点区域的城中村改造和环境建设工程；进一步深化南部科学城地区业态调整，抓好驻区大院内改造和城中村、平房棚户区、边角地整治，提升产业效率和城市服务能力。年内要完成北航科技园企业入园和航空科技园、航天科技园、中关村国防科技园等项目交用工作。二要加大城市精细化管理力度。进一步巩固人口调控和全国文明城区创建成果，加快建立以人口调控促进城市发展管理水平提升的倒逼机制、以空间精细化规划为引导的资源统筹机制，形成以产业调整疏解人口、以人口规模控制带动产业升级的良性互动格局。继续深化部门联调联控和综合执法，依托网格化管理平台强化基层、夯实基础，推动城市管理重心下移，重拳出击治理违法建设和非法经营活动，依法治理群租房与地下空间，规范房屋租赁市场秩序，消除各类安全隐患。进一步加强停车管理，推进路侧停车特许经营，开展居住区停车自治，着力解决停车难、停车乱问题。进一步推进垃圾分类和资源化处理模式创新，加快大工村循环经济产业园等重点项目建设，全面提升垃圾减量化、资源化、无害化水平。三要持续加强生态文明建设。全面落实《美丽海淀发展规划纲要》，统筹推进“山水林田湖”生态环境系统治理。大力实施绿屏、绿心、绿道、绿廊等绿色空间工程，深入推进园外园一期工程和昆玉河等市级绿道工程建设，继续推进南沙河滨水绿廊建设，完成翠湖湿地公园二期和西山森林景观提升工程；调整生态林和农田保护补偿标准，提升管护水平。以南水北调工程通水为契机，大力推进蓄水节水治污，继续开展中小河道治理，推行“河长制”，加强涉水联合执法，确保实现南沙河流域“三年还清”目标。加大压减燃煤、控车减油、治污减排、清洁降尘力度，进一步改善空气质量。

第三，以深化改革为动力，努力破解发展治理难题。坚持以问题为导向，针对群众关心、社会关注、发展需要和现实条件，重点从服务型政府建设、行政审批制度改革、国有和集体资产监管改革、集体建设用地利用改革、社会服务管理体制改革、医疗卫生教育等公共服务改革以及惩治和预防腐败体系建设等方面进一步加大改革力度，为创新发展提供动力。要立足市场化导向，进一步激发市场活力，探索推进政府和社会资本合作模式，鼓励社会资本投资基础设施和公共服务领域，通过公开招投标，赋予民营企业在公共服务行业的特许经营权，以政府购买服务等形式把资源配置权交给市场，让各类要素资源通过市场化注入保障和改善民生领域。要制定实施年度重点改革任务，明确目标、措施、时间节点、责任单位，落实督办责任制和评估机制，让群众来评价改革成效，让改革收到促进发展实效。

第四，贴近群众需求，不断保障和改善民生。一是着力解决好群众“家门口”事。坚持以服务群众需求为导向，进一步做实体现群众意愿、动员群众广泛参与、接受群众监督评判，自下而上、上下协调、动态互动的区、街镇、社区（村）三级为民办实事平台；按照量力而行、尽力而为的原则，统筹使用好资金，把解决群众关心的实际问题纳入日常性工作，从群众身边小事、具体事做起，着力解决好关系群众切身利益的问题。二是继续做好就业和社会保障工作。把促进就业作为增加群众收入的基础性工作，继续巩固充分就业区创建成果，推进城乡居民特别是北部地区农民增收。深化社会保障改革，加快构建城乡一体的社会保障体系，深化农村改革，盘活集体土地、增强集体经济，大力推进四季青镇整建制农转非试点并向其他具备条件镇推广，逐步实现“人”的城乡一体化。三是推进公共服务均衡发展。要以学区制改革为突破口，深化教育领域综合改革，统筹整合区域教育资源，优化存量，均衡布局，扩大优质学位供给，规范入学管理，促进教育公平。要承接好市级医改试点，推动公立医院改革和社区卫生服务模式创新，深化区域医疗合作，加大医联体建设力度和深度，鼓励社会办医，完善社区医疗卫生服务体系。积极应对人口老龄化，大力推进以居家养老为基础，社区助老服务为依托，机构养老为支撑的综合养老服务体系，通过政府购买服务、社会化、市场化服务和政策扶持，组织和支持各类主体主办、运营社区养老中心、日间照料中心，从“老年餐桌”等为老服务项目入手，大力培育发展老年服务事业与产业。继续完善以公租房为主的保障性住房供应体系，进一步完善趸租、散租筹集保障房和市场化租赁补助模式，加强住房保障动态监管；继续加大老旧小区改造覆盖面，提高改造质量，落实老旧小区自我服务管理的新机制，不断改善群众居住条件。要围绕公共文化服务体系建设，进一步发挥文化联盟社会化市场化运作优势，整合利用好区域资源，深化文化合作与文化创新，办好惠民文化工程。

第五，落实依法治国方略，大力推进依法治区。一要进一步加强人大、政协工作。要充分发挥人大和政协在依法治区中的重要作用，与时俱进坚持和完善人民代表大会制度，推进协商民主广泛多层制度化发展。加强和改进人大监督工作，加强对依法行政、公正司法的监督，充分发挥人大讨论决定重大事项的作用和预算审查的职能，完善人大常委会讨论决定重大事项的机制和程序，建立健全人大代表联系群众的平台和工作制度。充分发挥人民政协作为专门协商机构的作用，拓展协商内容、丰富协商形式，支持区政协围绕区域重点问题加大调查研究和协商力度，不断提高协商民主制度化、规范化、程序化水平。今年，区委将认真贯彻中央、市委有关精神，认真筹备召开好区委第四次人大工作会、第五次政协工作会，就进一步加强新形势下的人大、政协工作出台专门工作意见。二要加快建设法治政府。严格依法全面履行政府职能，推行政府权力清单制度，明确标准化运行图，使政府事权规范化。深入推进行政审批制度改革，扎实做好审批权精简、下放、整合工作。深化行政执法体制改革，继续推动执法力量向基层下沉，严格规范公正文明执法。强化监察审计等专门监督，完善监督责任制度，狠抓发现问题的查处和整改落实。三要提高司法公信力。把公平正义作为司法的价值追求，加强政法队伍思想政治建设，按照中央和市委关于司法体制改革的部署要求，以审判制度改革为重点，加强探索实践，做好司法体制改革试点工作。四要营造法治氛围。抓好思想舆论引导，大力弘扬社会主义法治精神，建设法治文化。把宪法法律、党规党纪列入中心组学习内容，列入党校必修课，把法治教育纳入国民教育体系，营造守法光荣、违法可耻的浓厚社会氛围。各级领导干部要自觉学法遵法守法用法，成为全面推进依法治国的重要组织者、推动者、实践者，切实提高运用法治思维和法治方法深化改革、推动发展、化解矛盾、维护稳定的能力。五要完善社会治理体系。推进多层次多领域依法治理，鼓励和引导各类社会主体制定乡规民约、行业规章、团体章程等进行有序管理。发挥好社区、村党组织在推进基层依法治理中的领导核心作用。深化平安海淀建设，完善立体化社会治安防控体系，全力维护社会稳定；深入贯彻安全生产“党政同责、齐抓共管”有关要求，强化责任意识，增强底线思维，突出工作重点，加强安全生产、安全知识宣传，全面排查各领域各行业安全隐患，严格执行大型集会等活动审批报备制度，研究制定、完善细化应急处置预案，坚决防范遏制各类安全事故，确保人民群众生命财产安全。全面做好国防动员、军地共建工作，积极争创全国双拥模范城（区）“八连冠”。

第六，坚持从严管党治党，持续提高党的建设科学化水平。从严治党只有进行时，没有完成时。一要严格落实党建工作责任制。健全完善区委统筹、区委班子成员分工负责、系统工委协调一方、各级班子负责落实，基层党组织具体实施的党建工作责任体系，强化上下贯通的完整责任链条，继续推行“三级联述联评联考”机制，形成一级抓一级、层层抓落实的党建工作格局。二要加强宣传思想工作。进一步发挥好宣传思想工作的思想引领、舆论推动、精神激励和文化支撑作用。持续推进学习型党组织建设，着力抓好理论武装，深入学习党的十八届三中、四中全会精神和习近平总书记系列重要讲话精神，做到学深、吃透、领会精神实质。大力培育和践行社会主义核心价值观，不断创新方式，增强实效。加强舆论引导能力建设，围绕全区中心工作，加大正面宣传，传播主流声音，凝聚力量、鼓舞士气。三要加强领导班子和干部队伍建设。加强党性教育和纪律教育，引导党员干部坚定理想信念；从严管理干部，形成事前有预防、事中有管控、事后有监督的常态化制度体系；从严监督干部，以区处两级领导干部为重点，加强经济责任审计和政务监察，发挥人大法律监督、政协民主监督、社会监督、舆论监督作用，形成监督合力；加强领导班子和干部队伍建设统筹规划，深化干部人事制度改革，完善选人用人机制，改进干部培养、使用和选拔工作，不断优化干部队伍结构。加强拟提拔干部的廉政考察，防止“带病提拔”，坚决防止和纠正选人用人上的不正之风和腐败问题。四要驰而不息抓好作风建设。继续巩固和拓展教育实践活动成果，抓好各项整改任务落实，切实兑现承诺。持续保持整治“四风”高压态势，紧盯作风领域出现的新问题，定期开展明察暗访和专项检查，坚决防止“四风”变种、反弹、回潮。严格落实党内民主生活会制度，推动批评和自我批评常态化，切实提高党内政治生活的原则性和严肃性。五要加强基层党组织建设。以服务群众、引领发展为核心，健全基层党组织联系服务群众机制，推进各级党群活动服务中心建设，健全“驻社区（村）联户、结对帮扶”机制，深化“双报到”、选派机关党员干部组建党建工作组活动，提升基层党组织服务能力。继续开展软弱涣散基层党组织的动态排查和整改工作。结合社区和村“两委”换届，加大基层党务专职人员选配力度，强化基层党组织书记队伍、党务工作者队伍、后备干部队伍、基层党员队伍建设，逐步提升基层人员待遇水平，稳定基层工作队伍。积极搭建平台，加大不同领域党建工作交流和资源共享力度，统筹城乡基层党建工作，推动“非公”和社会组织党建工作取得新发展。六要抓好党风廉政建设。强化党风廉政建设主体责任和监督责任，扎实推进惩治和预防腐败体系2013—2017年工作规划方案的实施，健全和完善党风廉政建设责任制专题评估、检查考核、约谈和“一案双查”等行之有效的制度机制，推动责任层层落实。把纪律建设摆在更加重要的地位，严明党的纪律，加强纪律教育和警示教育。强化对权力运行的监督和制约，继续推进廉政风险防控管理，深化政府采购、项目招投标、农村“三资”管理等领域的改革，加大制度执行力。深化纪律检查体制改革，健全反腐败领导体制和工作机制。强化执纪监督，持续保持高压态势，以零容忍态度坚决惩治违法违纪行为，切实营造风清气正的政治生态。

同志们，新常态对我们提出了新要求，带来了新机遇。全区各级党组织和广大党员干部要紧密团结在以习近平同志为总书记的党中央周围，在市委的坚强领导下，奋发有为，扎实工作，全力开创全区改革发展新局面，为首都建设全国科技创新中心和国际一流的和谐宜居之都做出新贡献！

政府工作报告

——2015年1月12日在海淀区第十五届人民代表大会第五次会议上

海淀区人民政府区长　孙文锴

各位代表：

我代表海淀区人民政府向大会报告工作，请予审议。

一、2014年工作回顾

2014年，在市委市政府和区委的坚强领导下，在区人大、区政协的监督帮助下，我们紧紧依靠全区人民，主动适应经济发展新常态，攻坚克难、改革创新、稳中求进，圆满完成了全年任务，经济社会发展取得了新成绩。预计实现地区生产总值4161亿元，比上年增长8.5%左右；城镇居民人均可支配收入约5.0万元，农村居民人均纯收入约2.7万元，分别增长9%、9.5%；城镇登记失业率始终控制在1%以内；万元地区生产总值能耗、水耗分别下降6%、4.8%；区级一般公共预算收入316.2亿元，增长8.5%。提前一年完成了地区生产总值、城乡居民收入、区级财政收入和园区收入等指标的“十二五”规划目标任务。

一年来，我们主要做了以下几方面工作：

（一）坚持强化创新驱动，经济发展稳中提质

科技创新的支撑引领作用实现了再提升，“高精尖”经济结构初步显现。

先行先试改革和协同创新取得新突破。深入落实本市“京校十条”“京科九条”等政策，区域10家单位纳入国家深化科技成果使用、处置和收益管理改革试点，占全国52%，企业境外并购外汇管理改革试点全面展开。修订出台了推动新一轮创新发展的“1+4+1”政策体系，统筹15.1亿元财政资金支持了1000多个项目。协同创新服务、技术转移与知识产权服务、创新创业服务等三大平台上线运行。与北大、市科委等推动成立了北京协同创新研究院。与清华、中科院北京分院、北航等共建技术转移转化中心、产业技术研究院。启动科技产业军民融合发展三年行动计划，组建全市首个军民融合产业联盟，成立军民融合产业园。围绕京津冀协同发展，创新产业跨区域有序转移和利益共享机制，海淀园秦皇岛分园开园。

“一城三街”加快建设，高端创新要素加速聚集。编制了中关村软件城规划，中关村软件园新增产业空间25万平方米，聚集了百度、腾讯等全市60%以上的信息服务企业，小米科技园完成供地前期工作。中关村创业大街正式开街，已聚集天使汇等16家新型创业服务机构，入孵创业团队近400个，初步形成极具影响力的创业生态圈和创业服务集聚区。出台建设科技金融一条街实施意见，中国人民银行中关村中心支行（国家外汇管理局中关村中心支局）落户；互联网金融中心开业，成立全市首家网络小贷公司，有利网、融360等一大批互联网金融机构加速聚集，总数近200家。出台知识产权和标准化服务业支持政策，推动全国首家知识产权法院落户，设立全国首支知识产权运营基金。中关村人才特区建设扎实推进，出台促进央地人才协同发展实施意见，新增161人入选千人计划、海聚工程和高聚工程。

创新活力不断激发，产业结构持续优化。预计新增国家高新技术企业200余家，总数超过5200家；全区发明专利授权量1.1万件，占全市50%；技术合同交易额1367亿元，增长9.5%；高新技术产业总收入1.4万亿元，增长15%，占中关村40%。实施先进工业行动计划，以高技术总部型制造业为主的工业企业总产值实现30%左右增长。科技文化深度融合，全国首个互联网文化创意产业园开园，文化创意产业收入增长9%，占全市40%以上。节能环保、新材料等战略性新兴产业快速发展。加快建设全国创新资本中心，新增上市挂牌企业58家，总数超过370家，资本市场海淀板块不断扩大；总规模20亿元的8支国家、市级战略性新兴产业创投引导基金落户；新增股权投资机构100多家，总数超过800家，我区企业去年获股权投资约340亿元，是2013年的3倍多；参股设立产业基金9支，累计33支，撬动社会资本近百亿元，形成产业基金的“海淀系”。

稳增长的基础进一步巩固。发挥投资的关键作用，聚焦生态环境、市政基础设施、民生改善、重点产业等领域，着力推进重大项目，着力解决手续慢、拆迁难等共性问题，全社会固定资产投资完成837亿元，增长8%左右。着力释放新兴消费、大众消费潜力，小米科技、国美在线等带动互联网零售增长90%以上，社会消费品零售额实现1760亿元，增长9%左右。加强税源建设和企业服务，中国铁路发展基金、中国铁塔公司、中民新能投资公司等60个重点企业和项目落户。“营改增”稳步扩围，试点企业11.7万户，占全市27.5%，减税约131.9亿元；认真落实高新技术企业、小微企业等税收优惠政策，全年减免退税约347.9亿元。

农村发展转型升级。预计实现农村经济总收入256.5亿元，增长9%，集体总资产达1024亿元。开展土地综合整治试点，启动万亩良田工程和美丽乡村建设，整合完善农林生态补偿机制，京西稻申报国家农产品地理标志登记保护通过农业部评审，稻香小镇被认定为“中国美丽田园”。镇级产业园区建设发展和集体产业转型升级进展顺利。

（二）着力优化发展空间，三大功能区建设加速推进

充分发挥三个指挥平台的统筹协调作用，凝聚各方力量，狠抓搬迁腾退、环境整治、产业提升、城市功能完善等重点项目推进，三大功能区对全区发展的基础支撑作用进一步增强。

中关村科学城建设统筹推进。系统梳理南部383块低效用地，通过空间整理和项目建设，新增产业空间70万平方米。新增首农中关村移动智能服务创新园等5个中关村科学城签约项目；北航国际航空航天创新园等3个特色产业园投入运营，70多家企业入驻。东升科技园二期产业用地城市设计方案完成，安置房主体结构施工；学院路、小月河等科技园搬迁腾退加快实施。西三旗（金隅）科技园规划方案获批，园区内传统工业全部关停退出。玉渊潭西南饭店改造结构封顶，五路商务楼抓紧施工。

北部生态科技新区建设全面推进。全年开复工590万平方米，竣工114万平方米。西马坊等第二批8个村庄腾退收尾，南安河等第三批6个村庄已腾退37.6万平方米，全年安置房竣工61万平方米。四维图新等9个产业项目开工建设，华为展示中心等11个项目、53万平方米产业空间竣工投产，中关村壹号（中区）结构封顶。七王坟、车耳营等新农村就地改造试点全面展开；西北旺众唐兴业园等“一镇一园”项目加快建设。重点配套设施建设进展顺利，北部文化中心、101中学温泉校区等结构封顶。

“三山五园”历史文化景区建设深入推进。完成了四王府等香山东部地区一期搬迁腾退，西郊线、西山隧道、香泉路等开工建设。玉泉山周边环境整治全面展开，已拆除各类建筑10万平方米。党校西墙外地区土地一级开发加快，城市设计方案编制完成，北宫门等3个地块完成绿化；启动一亩园搬迁腾退，西苑市场完成撤市；树村安置房开工建设，圆明园周边居民安置房用地范围内集体企业腾退基本完成。

（三）深入开展文明城区创建，城市环境面貌明显改善

全区上下全员参与，全力以赴，攻坚克难，不退不让，全面打响了全国文明城区创建决胜攻坚战役，城市治理能力不断提升，城市环境面貌明显改善，为破解“城市病”难题奠定了坚实基础。

创建为民、创建惠民成效显著。深入背街小巷、社区、农村等，以群众身边环境卫生、环境秩序问题为重点，全面开展街面环境、社区环境、市场经营秩序、交通秩序等专项整治。清理整治街面、胡同、边角地等群众身边脏乱点6000余处，对小月河、笑祖塔院等一批环境问题突出的重点地区实施了大规模综合整治，取缔了违规经营早餐亭151个、餐饮小门店717家，清理了长期占用公共空间的废旧机动车530多辆，治理了3万余处沿街店铺的违规牌匾、店外占道经营等问题，对212条街巷胡同的1000余处破损部位进行了修缮，清理了5460个单元楼门的堆物堆料，招募了一批公共文明引导员、交通协管员、辅警等，对交通、治安秩序加强了管理。通过全区共同努力，创建工作取得明显成效，在全区形成了弘扬和践行社会主义核心价值观的浓厚氛围，城市文明程度不断提升，城市精细化服务管理水平大幅提高；区域共建逐步深化，长效机制逐步建立，群众支持率达97%以上。中央文明办对我区组织了全面验收测评。

生态环境不断提升。编制生态文明建设发展规划纲要，加快推进一批基础性、骨干性生态工程。全年完成绿化998.4公顷，全区森林、城市绿化覆盖率分别提高到36.3%、49.9%。平原造林7785.6亩，西山彩化1200亩；建成36公里“三山五园”绿道，启动园外园一期工程；推进生态绿心建设，南沙河滨水绿廊景观改造30公顷；新改建9处、70公顷公园绿地。不断改善水环境，完成10条、26.8公里中小河道治理，加快南沙河、南旱河流域截污和生态综合治理，翠湖再生水厂完成升级改造，稻香湖再生水厂投入试运行。全面实施清洁空气行动计划，换煤数量占全市25%左右，改造燃煤锅炉603蒸吨，淘汰老旧机动车6万多辆，淘汰8家高污染企业，实现主要污染物减排目标，PM2.5[①]平均浓度比上年下降8%。提升垃圾收集运输处理能力，开展垃圾分类模式创新试点，完成了大工村再生能源发电厂主体工程和设备安装。

城市治理和非核心功能疏解力度不断加大。认真落实市委市政府统一部署，制定实施了2014—2015年增强核心功能调控人口规模工作方案。强化街镇低端业态调整和人口调控目标管理责任制，腾退中关村西区鼎好、海龙等电子市场商户200多家、约1.3万平方米，关停明光寺、四海等低端市场32家、再生资源回收市场26家，同时加强了生鲜连锁超市布局、蔬菜直通车对接、早餐工程建设等便民措施。拆除各类违法建设160余万平方米，集中清理整治一批“五小企业”“六小场所”，治理群租房6800余套，拆除隔断2.4万间。根据市流管信息平台统计，我区常住流动人口减少12.5万人。

城市运行保障能力不断增强。地铁15号线通车，6号线西延全线进场，16号线建设全面展开，稻香湖路北延等12条道路工程完工，新增通车里程16公里。完成15处疏堵点改造、10公里微循环道路和120万平方米道路大中修，优化57条公交线路，在万寿路等街道开展占道停车特许经营试点，落实2600多个错时停车位，新建小区停车位2500多个。加强政务无

---

① PM为英文particulate matter的缩写，翻译成中文叫做颗粒物。pm2.5是指大气中直径小于或等于2.5微米的颗粒物，有时也被称作入肺颗粒物。日常常见的雾霾天气大多数情况下就是由pm2.5造成的。

线专网、云中心、光纤网等“智慧海淀”基础设施建设和城市管理信息系统应用，扎实开展安全生产隐患排查整改和标准化建设，强化食品药品日常监管、专项整治和风险监督，城市运行管理精细程度不断提升。加强基层平安建设，集中整治 46 处治安挂账重点地区，对违法犯罪保持了高压态势，群众安全感综合测评居城六区首位。高质量、高水平完成国庆 65 周年、APEC 会议等重要活动的服务保障。

（四）坚持群众需求导向，各项民生保障持续改善

巩固拓展党的群众路线教育实践活动成果，搭建全区为民办实事网络互动平台，根据群众需求动态增加实事，提高了办实事的针对性和有效性，年初确定的 37 件区级、700 多件街镇级惠民实事，以及互动平台受理的 100 多件实事全部完成。

社会治理体制机制更加完善。深化网格化工作平台，持续推动管理服务力量向网格下沉延伸，出台规范协管员队伍管理意见，在全市率先将各类协管力量纳入街道和社区进行统筹管理，街镇在地区社会治理中的统筹协调作用不断增强。完善社区公共服务，新建 83 个“一刻钟社区服务圈”示范点、80 个社区规范化示范点，社区办公服务用房达标率提高至 95%以上。扶持社会组织发展，在 5 个街镇开展社会组织孵化器试点，向社会组织购买 21 项服务。

就业和社会保障工作不断加强。创建成为本市第 2 个充分就业区，帮扶 1.65 万名就业困难人员实现就业，2.4 万名失业人员实现再就业。五项社会保险基金累计收缴 395 亿元，增长 15.5%。推进社保经办模式改革，96%的单位实现网上办理，48 项业务在街镇社保所就近办理。城乡居民养老保险待遇保持全市领先。深化养老服务体系建设，出台政府购买养老服务实施办法、养老机构建设管理办法、鼓励社会力量投资建设社区托老照料机构支持办法等，新增养老床位 1500 张，建成 109 个社区老年互助社、30 个养老照料中心，清河敬老院投入使用。

加大住房保障和棚户区改造力度。新建、筹集各类保障住房 1.6 万套，竣工 1.6 万套，配租 5481 套。启动环保园自住型商品房销售。全年完成 91 个、196.2 万平方米老旧小区改造，惠及 3.5 万户居民。加快推进 55 个棚改项目实施，完成居民搬迁 3700 多户，西小口等棚改安置房开工建设。

促进社会事业改革发展。实施招生考试制度改革，义务教育招生实行计划管理，新增 4 所九年一贯制对口直升学校，义务教育阶段就近入学率达 90%以上。启动第二期学前教育三年行动计划，新增入园学位 2000 个，落实中小学建设三年行动计划，整合中小学资源，通过名校带动，教育资源均衡度进一步提高，新增学位 1 万余个。医药卫生改革稳步推进，建成航天中心医院等 6 个综合医联体，覆盖 19 家医院和全部社区卫生服务中心，在万柳、世纪城时雨园等两个社区开展了社会办社区卫生服务机构试点，推进海淀医院和北医三院融合发展，海淀医院升级为三级医院。社区“一键式”家庭医生式服务体系基本实现全区 80 岁以上老人全覆盖。创建成为国家慢性病综合防控示范区。扎实推进国家公共文化服务体系示范项目建设，开展了演出联盟优秀剧目展、“海之声”新年演出季等系列文化惠民活动，建立博物馆与艺术品行业联盟，成功举办“北京西山中法文化交流史迹展”等活动。在全市率先将文物巡查纳入网格化工作体系。创建体育生活化社区 172 个，新建全民健身居家工程 315 套。此外，工会、妇女儿童、计划生育、助残、双拥、民防、民族、宗教、侨务、对台、档案、防震、气象等各项工作均取得新进展。

（五）全面深化改革，重点领域关键环节改革扎实推进

认真落实区委全面深化改革实施意见，加大协调推进力度，着力深化改革和体制机制创新。

有序实施机构改革。完善食品药品监管体制，组建区卫计委。制定两批次 34 家事业单位改革方案，第一批 13 家事业单位改革全面展开。加快政务服务中心建设，制定了政务服务中心运行管理办法。

加快简政放权和政府职能转变。全面清理、规范全区行政审批和政务服务事项，取消 36 项，精简合并 19 项。深化工商登记制度改革，启动企业设立“多证联办”试点，全年企业设立登记增长 52.4%。深入推进优化投资项目审批流程市级改革试点，建立四阶段并联审批模块化工作机制，审批时限大幅缩短、效率明显提高。“同区通办、三级联动”政务服务已覆盖全区 29 个街镇、80%的社区（村）。

加强财税审计体制改革。在全市率先试编全口径预算。设立“申报、储备、执行”三级滚动项目库，探索建立跨年度项目预算管理机制。开展了政府部门整体支出预算全过程绩效管理试点，首次面向全社会公开 11 家单位的预算执行情况审计报告。制定了政府购买服务的实施意见和指导性目录。

稳步推进国有企业改革改制。完成了商业企业、北部园区建设企业重组，西山农场、中海投公司、京海联公司等建立了公司制法人治理结构。清理规范了行政事业单位所办 53 家企业。

积极推进农村改革。建立健全区、镇两级农资委组织架构，开展集体土地资源清查和新一轮集体经济审计，农资监管体系不断完善。积极探索新模式新路径，四季青镇整建制农转非试点方案获市政府批准，整建制农转非工作取得重大突破。

此外，社会治理、教育卫生、生态文明、法治建设等领域改革也取得积极进展，激发了发展活力、增强了发展动力。

（六）加强政府自身建设，法治政府和服务型政府建设取得新进展

严格依法行政。认真执行区人大及其常委会决议和决定，认真听取区政协、民主党派和人民团体意见，扎实推进区政协协商会、议政会成果落地，认真办理区人大养老议案及各级各类建议、提案 650 件，解决了万柳地区设立社区卫生服务站等

一批重点难点问题。主动接受各方面监督，认真答复区人大常委会对“智慧海淀”“平原造林”项目资金的专题询问；邀请区人大代表全程参与2015年预算编制，对354个项目开展了事前绩效评估；主动公开政府信息1.6万条。对30个部门、4242项执法职权事项进行了全面梳理，强化全区依法行政考核，开展了执法案卷评查整改。认真做好行政复议和行政应诉。

深入开展党的群众路线教育实践活动。严格落实中央八项规定和市委、区委实施意见，坚决反对“四风”，切实转变政府工作作风，努力把“为民、务实、清廉”的要求贯彻到区政府工作的方方面面。区政府会议减少11%、普发性公文减少16%，坚决取消一批没有实际效果的节庆、论坛、展会活动，严格控制行政运行成本和一般性支出，全区“三公”经费财政拨款比上年压缩5.7%。

坚持勤政廉政、从严治政。加强公务员特别是领导干部的教育管理，狠抓政风行风建设和廉政建设，制定《进一步加强工程建设项目管理明确工作责任的意见》等制度，堵塞风险漏洞，围绕“庸懒散”“吃拿卡要、办事不公、违规收受礼品”“工作人员上班时间访问购物网站”等问题，先后开展了42项专项整治。加强行政效能监察和绩效管理，将区十五届人大四次会议确定的工作细化为122项任务，对落实情况进行了全过程督查督办。

各位代表，2014年全区经济社会发展取得的成绩来之不易，这是市委市政府和区委坚强领导的结果，是区人大、区政协监督帮助的结果，是全区广大干部群众团结奋斗的结果，是驻区党政军机关、高校院所、企业、各民主党派、工商联、无党派人士、人大代表、政协委员、离退休老领导和社会各界关心帮助的结果。在此，我代表区政府，向所有关心、支持和参与海淀建设的同志们、朋友们，致以崇高的敬意和衷心的感谢！

各位代表，一年来，在区委的坚强领导下，我们深入学习贯彻党的十八大和十八届三中、四中全会精神，习近平总书记系列重要讲话特别是视察北京时的重要讲话精神，紧紧围绕市委市政府对我区提出的“首都功能核心区、全国科技创新中心核心区”的新定位和新要求，主动适应发展形势变化，加强顶层设计，采取有力措施，全区经济社会呈现与新常态相适应的发展趋势和特征：一是从发展动力看，创新成为驱动我区发展的主要动力。全年经济增速持续保持全市领先。第三产业比重达87%，其中，信息服务业、科技服务业等支柱行业稳步增长，科技金融、战略性新兴产业快速发展，产品创新、业态创新、商业模式创新迸发出新的活力，区域协同创新格局日益凸显。二是从发展质量看，万元地区生产总值能耗、水耗水平持续保持全市最低，生态环境进一步改善；同时，城乡居民收入水平持续保持全市领先，经济发展成果更多地惠及民生、惠及企业。产业内部结构持续优化，呈现了高端化、服务化、集约化、总部化、高辐射等趋势，“高精尖”经济结构初具轮廓。三是从发展方式看，发展的集约化水平不断提升。狠抓三大功能区建设，高端产业集聚程度不断提高，城乡区域统筹力度加大；加快实施棚户区改造、集体土地腾退、低端业态清退等工作，全面打响治理“城市病”攻坚战，在非核心功能疏解和人口规模调控方面取得突破性进展，环境进一步改善、产业进一步提升、城市功能进一步优化。中央经济工作会系统深刻地阐述了发展新常态九大趋势性变化，对于我们做好今年和今后一个时期的工作具有重大而深远的意义。海淀是创新发展的前沿阵地，我们要紧紧抓住北京建设全国科技创新中心和国家在发展新常态下进一步突出创新驱动的重大战略机遇，深化改革，先行先试，强化服务，优化环境，迎接和引领新常态下的创新发展，这既是推动我区可持续发展的内在要求，也是我们肩负的服务全国科技创新中心建设和创新型国家建设的重大使命。

对照发展形势的要求和人民群众的期待，我们的工作还存在着差距和不足：一是区域科技创新资源优势、创新要素活力尚未充分发挥，需要进一步加大政策机制改革和先行先试力度。二是解决服务群众“最后一公里”等问题与群众期待还有较大差距，全国文明城区创建的成果还需要进一步巩固和提升。三是破解“城市病”难题还需向纵深推进，非核心功能疏解、人口规模调控、安全生产等工作任务仍十分艰巨。四是一些部门和工作人员仍习惯用行政手段管理经济社会事务，深化政府自身改革、加强法治政府建设的任务异常艰巨。对此，我们必须高度重视、强化责任落实，采取有效措施，认真加以解决。

二、2015年主要任务

2015年是全面推进依法治国的开局之年，是全面完成“十二五”规划的收官之年，是全面深化改革的关键之年，也是加快核心区建设、提升城市管理和社会治理能力的攻坚之年。今年政府工作的总体要求是：深入贯彻落实党的十八届三中、四中全会和中央经济工作会议精神，以习近平总书记视察北京重要讲话精神为指引，按照市委十一届六次全会、区委十一届六次全会的总体部署，立足首都功能核心区和科技创新中心核心区的功能定位，主动适应和引领新常态，坚持稳中求进的工作总基调，推进转方式调结构，着力构建“高精尖”经济结构；加快城市病治理和生态文明建设，着力提高城市建设管理水平；全面深化改革，着力破解制约可持续发展的重点难点问题；贴近群众需求，着力保障和改善民生；加强社会主义民主法治建设，着力提高区域治理水平；加强党风廉政建设，着力提高政府工作水平，努力开创中关村核心区创新发展的新局面，为首都加快建设国际一流的和谐宜居之都做出积极贡献。

全区经济社会发展的主要预期目标是：地区生产总值增长7.5%左右；区级一般公共预算收入增长8%左右；城乡居民人均收入分别增长8%左右；高新技术产业总收入增长13%；城镇登记失业率控制在1.5%以内；筹建保障性住房1.3万套；万元地区生产总值能耗、水耗和空气质量改善完成北京市下达任务。

为实现上述目标，今年要重点抓好以下几方面工作：

（一）进一步优化创新创业生态环境，构建“高精尖”经济结构

统筹落实创新驱动发展战略和首都全国科技创新中心核心区新定位，按照“搭平台、聚人才、接任务、出成果”的要求，主动对接好国家新一轮先行先试政策，主动承接好国家重大科技专项和成果转化，推动区域融合发展，着力将核心区科技创新优势转化为“高精尖”产业发展优势和综合竞争力优势。

不断激发科技创新活力。全面落实国家、北京市各项创新政策，持续优化核心区支持自主创新和产业发展政策体系。加强政府政策性基金顶层设计和体系建设，优化提升核心区协同创新、创业服务等平台服务功能，构建全链条的创新创业服务体系。加快国家科技金融创新中心建设，搭建互联网金融综合服务平台，做好中关村银行落户工作，引导金融机构针对中小微企业开展业务创新。推进中关村人才特区建设，搭建央地人才协同发展平台，试点设立一批校企联合人才培养基地；加快北京人力资源服务产业园建设；扩大海英人才品牌效应，推进“按图索骥”工程，实施创业火炬工程。

加快推进“一城三街”建设。高起点规划建设中关村软件城（大上地地区），推进软件园三期规划建设，加强大上地地区环境整治力度，加快完善配套设施和城市功能，优化提升创新创业和商务服务环境。加大中关村创业大街空间腾退力度，引入5家以上创业孵化机构；完善街区创业服务体系，提升创业环境和街区形象。加快科技金融一条街建设，以中关村金融大厦等楼宇为载体，打造全国创新资本中心、互联网金融中心。发掘中关村知识产权大厦、北航科技园等空间资源，引进5家以上国际知名知识产权服务机构，打造知识产权服务集聚区，培育高端知识产权服务市场。

着力打造“高精尖”产业结构。全面落实科技服务业、先进工业三年行动计划，积极开展专利导航试点工程，进一步巩固主导产业在全国的优势地位。推进产业“瘦身健体”，进一步优化第三产业内部结构，聚焦“6+1”战略性新兴产业细分领域，培育集成电路设计、大数据、大健康、智能硬件等新兴产业集群化发展。加快中关村互联网文化创意产业园建设，力争文化创意产业总收入突破5000亿元。高标准规划提升农村集体产业，加快东升科技园二期、玉渊潭科技商务区、北部“一镇一园”建设，鼓励乡镇建立专精特新产业园。结合北京市城市发展总体规划修编工作，抓好区“十三五”规划编制，鼓励各街镇研究制定本地区五年发展行动计划。

优化调整内需结构。提高消费增长质量和效益，出台提升城市生活性服务业发展实施意见。吸引电子商务企业总部聚集，新培育1—2个优质互联网零售企业，打造便利高效的现代商务服务业。加快南部消费聚集区建设，打造1–2个消费聚集辐射区；推进北部地区商业配套设施和网点建设。加大低端市场业态调整力度，关停拆除一批回收市场，清理规范一批商品交易市场。实现全年消费增长6%左右。探索旅游产业升级新模式，办好“三山五园”皇家园林旅游节等活动，开发大西山等系列旅游精品线路。提升政府投资管理效率，健全市政基础设施及民生领域社会资本引入机制，通过特许经营等方式吸纳社会资本参与城市建设,实现全年投资增长4%左右。

促进区域融合发展。进一步完善与驻区高校院所成果转化项目对接机制，建设北京协同创新研究院及智能机器人等8个协同创新中心。继续深化军地合作，设立军民融合专项基金，建设北理工等一批军民融合创新基地。深入推动中关村园区和京津冀协同发展，完善跨区域合作和资源共享平台，促进科技成果在中关村“一区十六园”及京津冀地区辐射转化。

加强新型城镇化建设。落实创新土地整治规划，实施基本农田、万亩良田示范工程。高标准实施园外园生态景观提升工程，保护性恢复“京西稻”种植，提升精品休闲农业水平。开展土地承包经营权确权登记调查。抓好美丽乡村建设，完成新农村新“三起来”工程年度任务。加快七王坟村、车耳营村、常乐村等新农村就地改造。推进四季青镇、东升镇、海淀镇整建制农转非。

（二）进一步加快三大功能区建设，推进城乡一体化发展

继续深化协作规划，按照“南部挖潜、北部集约、中部优化”的思路，全面推进三大功能区建设和发展。

加快中关村科学城建设。深化与驻区单位的战略合作，建设大唐电信信息通信创新园、中科院互联网服务创新园等特色产业园，促进中关村国防科技园等4个特色产业园投入使用，新增产业面积50万平方米以上。深化中关村西区业态调整，加大亿世界等电子市场调整力度。推动8个城中村遗留项目腾退，开工建设西三旗（金隅）科技园，完成小月河科技园拆迁腾退；推进玉渊潭科技商务区宝联体育中心及中裕花园改造，基本建成阜石路商务楼、五路商务楼。

加快北部生态科技新区建设。全年安排155个重点项目，计划投资近300亿元，开复工600万平方米。完成北安河、周家巷等第三批6个村庄腾退，启动徐各庄村、苏一二村等第四批村庄腾退，安置房竣工30万平方米，制定保留村庄的就地改造方案。做好165公顷土地一级开发工作，推进小米科技园、航天恒星等45个项目建设，实现中关村壹号、百度二期等20个项目竣工投产。积极推进温泉云中心等“一镇一园”项目、北部能源中心等12个基础设施及公共服务设施的建设。

加快“三山五园”历史文化景区建设。完成一亩园、挂甲屯、西水磨规划调整工作，完成功德寺、大有庄等地区规划。加快玉泉山周边地区环境整治，拆除11万平方米低端产业空间。加快两园之间地区和香山地区的环境整治，推进一亩园社区搬迁腾退，启动挂甲屯、西水磨等地区改造，中央党校西墙外地区实现供地，树村安置房基本完工；积极推进四王府一期安置房、西山隧道、西郊线建设，启动香泉南路等3条道路建设，实施香山中心区自来水、燃气等市政配套工程。

（三）进一步巩固全国文明城区创建成果，着力破解“城市病”难题

坚持以人为本和精细化、智能化的城市运行管理理念，加大城乡环境治理和生态环境建设力度，积极构建长效机制，不断优化提升宜居环境。

构建全国文明城区建设长效机制。巩固全国文明城区创建成果，持续开展街面环境秩序、社区环境卫生等专项整治，持续保持整洁、有序、文明的城市环境。总结创建工作经验，持续夯实网格化工作机制，在环境综合整治、交通秩序治理、经营秩序管理、老旧小区治理等群众关注度高的重点领域，建立健全社会参与、条块结合、持续投入、督查考核等方面的长效机制，推动创建工作常态化、长效化发展。深入落实创建惠民、创建为民理念，以群众满意为第一标准，及时解决群众反映的突出问题。通过教育引导、实践养成等方式，使社会主义核心价值观入脑入心。开展多类型群众性精神文明活动，加强社会诚信体系建设，促进市民文明素质和区域文明程度不断提高。

加大非核心功能疏解和人口调控力度。坚持“拆、调、建、管”的思路，完成市委市政府下达的人口调控任务。加强人口变化动态监测分析，以低端产业聚集区和城中村为重点，加大打非拆违和传统电子卖场、低端批发零售市场的整治改造力度，清理规范一批群租房和地下空间。

深入开展环境综合整治。继续保持对违法建设、违法占地的高压态势，拆除既有违法建设100万平方米以上，坚决杜绝新生违法建设。严厉打击违法经营和无照经营行为，持续加强区域环境综合治理，实现环境建设从点线集中专项整治到区域整体持续提升的转变，完成15条达标大街、20条背街小巷、10个校园周边地区环境整治。深入开展门前三包、废旧机动车、非法广告牌、违规建筑垃圾运输等专项整治行动，强化环境卫生分级分类管理和检查考核制度，提升环境卫生工作水平和成效。

全面推进美丽海淀建设。实施生态文明建设发展规划纲要，推进生态文明体系建设。实施绿屏、绿心、绿道、绿廊等绿色空间区域工程，新建改造绿地290公顷，推进72.8公顷园外园生态景观一期工程建设，完成南沙河上游绿色生态走廊启动区、翠湖湿地公园二期和西山森林景观提升工程。实施街镇“四个一”工程和昆玉河等5条94公里市级绿道建设，完成田村城市休闲公园等5处22公顷绿地建设，新建改造双清路等10条20公顷道路绿地。完成南沙河流域截污治污工程，实施下游生态修复工程，年底前实现“三年还清”目标。启动上庄再生水厂、温泉地表水厂建设和自来水覆盖地区自备井的置换工作。完成第三批5条中小河道治理，实施10处老旧雨污排水管线升级改造。围绕压减燃煤、控车减油、治污减排、清洁降尘等重点领域，确保完成市政府下达的空气质量改善任务。实施清洁能源改造，年底前实现辖区内无燃煤锅炉目标，加快四环路内平房区燃煤清洁能源改造，完成农村减煤换煤任务。淘汰老旧机动车约3万辆。淘汰落后产能8家，削减挥发性有机物10%。强化施工工地等污染源的监控，提高扬尘污染控制水平。

加强城市基础设施建设和精细化管理。积极推进16号线、西郊线等轨道交通和西三旗南路等7条主干路以及10余条次干路的建设。实施上地、五道口地区停车设施和行人过街设施建设工程，完成成府路等10个疏堵点位改造，实施建安西路等5处微循环改造工程。优化四季青、大上地地区等区域交通设施和交通线路布局，开通“袖珍公交”线路。扩大路侧停车特许经营试点范围，新增1000个小区停车位，鼓励居住区及单位开展立体停车位建设，大力推广错时停车。改进垃圾收集、分类、转运、处理方式，推广北航、中央党校机械化垃圾分类模式，强化垃圾中端处理的技术突破，大工村再生能源发电厂投入试运行。推进“智慧海淀”建设，建设卫生、教育、旅游、文化、房屋管理等服务信息化系统。开展食品药品安全专项整治行动，建设区食品药品风险监控中心，完善食品药品风险监测机制。深入贯彻落实新《安全生产法》，进一步健全完善责任体系和督导机制，强化落实企业主体责任、行业监管责任、属地监管责任和综合监管责任，加大安全隐患排查整改和打非治违力度，切实提升公共安全工作水平。

（四）进一步推进社会治理创新，切实保障和改善民生

坚持群众需求导向，发挥为民办实事互动平台作用，加大区、街镇、社区（村）三级为民办实事力度，从群众身边事抓起，切实解决好关系群众切身利益和服务群众“最后一公里”的问题。

加强社会服务管理创新。全面加强网格化服务管理，推进社会服务管理网格系统与城市管理系统融合，规范各类协管员管理。推动社区治理示范点建设，创建50个社区规范化示范点，在36个老旧小区开展自我服务管理试点，在温泉镇水岸家园等小区开展回迁安置小区社会治理创新试点。加强社区工作者队伍建设，稳步提升社区工作者待遇水平和成长空间。加强生鲜菜店、早餐网点、品牌连锁超市等社区便民服务设施规划布局，新建50个“一刻钟社区服务圈”和12个便民商业网点。完善政府购买服务工作机制，建设区级社会组织孵化器，加强社会组织培育扶持。做好第九届社区居委会换届选举。争创全国双拥模范城（区）“八连冠”，不断提高双拥工作水平。深入推进平安海淀建设，构筑立体化社会治安防控体系，实施信访工作群众走访代理制，健全社区矫正工作机制，保持打击违法犯罪高压态势，确保全区安全稳定。

做好就业和社会保障。继续巩固充分就业区创建成果，加大就业援助力度，推动城乡公共就业服务精细化发展。加大社保基金征缴力度，实现“应收尽收”。大力发展社区居家养老服务，新增1250张养老床位。加大困难群体救助和扶贫助残力度，推进社会救助信息核对平台建设，完善救助工作机制。

推进保障性安居工程建设和棚户区改造。全年新建、收购、筹集保障性住房 1.3 万套，竣工各类保障性住房 7400 套。进一步加大公租房配租和租金补贴力度，提高房源的使用效率，探索发展定向普通商品房，优先面向保障家庭和园区人才配售，进一步加大周边区县配售房源的协调筹集力度，以区内公租房为主，多措并举逐步解决保障家庭的住房困难。继续推进棚户区改造，吸纳大型国有企业共同参与，推进一亩园、京昌路楔形绿地、魏公村小区等重点项目的拆迁。加大保障性住房、安置房小区及其周边市政、环境、配套设施建设力度。完成 160 万平方米老旧小区综合整治工作。

加强社会事业建设。加快基础教育设施建设，实施第二期学前教育三年行动计划，新增 2000 个入园学位。实施中小学基本建设三年行动计划，新建、改扩建六里屯小学等 5 所学校，中关村三小万柳新校区、101 中学温泉校区实现招生，新增 4000 个中小学学位。做好幼儿园、小学入学管理工作，按义务教育均衡要求合理划分学区。加强教师队伍建设，推进教师校际交流。加强区域医疗卫生服务体系建设，新增 18 个社区卫生服务站，扩大“一键式”家庭医生式服务覆盖面；加大与驻区优质医疗资源合作力度，筹建北大口腔医院等 4 家专科医联体；引进优质医疗资源，鼓励社会资本举办医疗机构。加强公共文化服务体系建设，办好中关村金秋演出季、海淀文化节等品牌活动和惠民文化工程，北部文化中心投入使用，推进区域图书馆联盟和博物馆联盟建设，新建 50 家企业流动图书站点。实施圆明园遗址保护等工程，完善文物防护三级管理机制。完善体育公共服务体系，推动全民健身事业发展。

（五）坚定不移深化改革，充分激发内在发展动力

进一步增强深化改革的责任感和自觉性，切实加大改革的力度，努力破解发展治理难题，把区委全面深化改革实施意见落到实处。在经济方面，制定区属国资国企深化改革的意见，深化国资监管审批制度改革，加快企业调整重组，探索在企业法人治理结构下实行经理聘任制，实施国有企业负责人薪酬制度改革；开展互联网金融管理体系试点，探索地方风险控制管理新模式。在加快转变政府职能方面，启用新政务服务中心，建立行政审批事项年度公布制度，深入推进固定资产投资分阶段并联审批模块化改革，推广企业设立“多证联办”改革试点；建立健全“同区通办、三级联动”政务服务组织体系、业务体系和监督考核工作机制，实现三级联动政务服务事项标准化；完成第一批 13 家事业单位改革，推进第二批园林绿化、市容环卫、道路养护领域 21 家事业单位改革；贯彻落实新预算法，完善预算管理制度，细化全口径预算管理，探索建立跨年度预算平衡机制。探索建立规范透明的招投标平台。在科技领域改革与协同发展方面，建立园区创新发展科学决策机制，强化科技智库支撑；健全知识产权资本化运营机制，争取全国知识产权运营公共服务平台落户；进一步深化科技成果转化机制，完善知识产权海外维权机制、协同创新融合发展机制、市场化项目评价机制，营造良好的政策环境。在行政执法改革方面，理顺行政执法层级体系，规范执法自由裁量权，完善执法协作机制，继续探索跨部门、跨行业综合执法新模式。在社会事业改革方面，推进中小学教育质量评价改革，深化考试招生制度改革，推动学区制改革，将中学纳入学区管理，促进义务教育均衡发展；加强医联体内部管理体制机制建设，有序推进公立医院法人治理结构改革，研究制定社区卫生服务机构激励机制，探索社区卫生服务机构引进家医助理工作机制，开展家医服务包综合改革试点；积极引导社会力量开展居家养老服务和兴建养老服务机构。在社会治理体制改革方面，深化街镇社会服务管理体制改革，进一步理顺街镇与专业部门关系，促进执法、监督、服务力量下沉；建立健全社区治理联动机制；建立健全社区多元治理、资源共享机制，推行“参与式协商”模式，畅通社情民意反馈渠道；推进房屋管理职能下沉试点工作。在农村改革方面，进一步加强农村“三资”管理，建立健全集体经济组织内部监督机制，制定股份经济合作社示范章程和股权管理办法，健全法人治理结构和运行机制，支持公开招聘职业经理人，探索规范集体企业薪酬制度体系；研究整建制农转非后集体农用地经营管理办法；推动镇级产权制度改革取得实质性进展。在生态文明体制改革方面，推进大气污染防治体制改革，将大气污染防治工作纳入网格化管理平台，建立分级分类环保管理制度；加快水务管理体制改革，全面推行“河长制”，完善雨水控制利用规划，研究制定雨水设施建设补贴激励机制，探索集中供水体制机制；完善绿化执法、代征地收缴联动机制，落实生态林地补偿机制和分级养护管理办法。

（六）深入推进依法行政，不断加强政府自身建设

深入贯彻落实党的十八届四中全会精神，进一步强化法治思维，深入推进依法行政，不断加强政府自身建设及干部作风建设。

强化对行政权力的制约和监督。严格依照宪法和法律规定的权限和程序行使权力，全面执行区人大及其常委会的决议和决定，依法向区人大及其常委会报告工作；主动加强与区政协的沟通协商，认真听取各民主党派、工商联、无党派人士及各人民团体的意见建议。自觉接受人大法律监督和工作监督、政协的民主监督以及人民群众和新闻舆论监督。完善与人大代表、政协委员联系制度，切实办理好各级各类议案、建议和提案。完善政府内部层级监督、专门监督和纠错问责机制，建立常态化监督制度。建立健全审计制度，逐步实现审计监督全覆盖，加强和改进领导干部经济责任审计，推进审计结果公开机制。

深入推进依法行政。依法全面履行政府职能，坚决纠正不作为、乱作为，坚决克服懒政、怠政，坚决惩处失职、渎职。推行政府权力清单制度，消除权力寻租空间。健全政府法律顾问制度，建立重大决策终身责任追究制度及责任倒查机制。强化执法监督力度，加强执法队伍建设，推进在打非拆违、食品药品安全、工商质监、公共卫生、安全生产、水政管理等领域的综合执法，切实提高依法执法效率和水平。加强行政复议规范化建设，进一步畅通行政复议渠道。加强法治教育和法治宣

传，提高政府工作人员运用法治思维和法治方式解决矛盾和问题的能力，推动全社会增强法治意识，营造良好的法治氛围。

全面推进政务公开。严格落实北京市政府信息公开规定，坚持以公开为常态、不公开为例外原则，依据权力清单公开相关政府部门职能等事项，推进财政预决算、公共资源配置、重大项目建设批准和实施等领域的政府信息公开，公布涉及公民、法人和其他组织权利和义务的规范性文件。推行行政执法公示制度，推进政务公开信息化建设，完善政务信息数据服务平台。

严格落实党风廉政建设主体责任。以落实党的群众路线教育实践活动整改措施为契机，聚焦“四风”突出问题、关系群众切身利益问题和联系服务群众“最后一公里”的问题，持之以恒抓好作风建设。深化政风行风建设，继续引入第三方机构开展群众满意度考评，加大对违规违纪问题的查处力度。加大目标任务落实的督查力度，强化过程监督和绩效管理。加强政府廉政建设，落实重点领域和关键岗位廉政风险防控措施，筑牢制度防线，营造风清气正的政务环境。

各位代表：党的十八届四中全会开启了全面依法治国的新篇章，习近平总书记视察北京时重要讲话为海淀经济社会发展指明了方向，海淀作为中关村国家自主创新示范区核心区，要紧紧抓住经济发展新常态下的战略机遇，让我们在市委市政府和区委的坚强领导下，解放思想，改革创新，真抓实干，攻坚克难，为把海淀早日建成具有全球影响力的科技创新中心和“环境优美、和谐宜居”的高科技核心区而努力奋斗！

规范性文件选载

关于进一步加快核心区自主创新和战略性新兴产业发展的意见

2014 年 6 月 27 日

为深入贯彻落实党的十八大、十八届三中全会关于全面深化科技体制改革的重要部署和首都城市战略定位调整对核心区发展提出的新要求，深入实施创新驱动发展战略，加快建成具有全球影响力的科技创新中心，提出如下意见。

一、重要意义

（一）加快核心区自主创新和战略性新兴产业发展是建设成为具有全球影响力的科技创新中心的根本途径。抢抓全球新一轮科技革命和产业变革机遇，加快建设具有全球影响力的科技创新中心，迫切需要核心区跟踪科技创新发展趋势，因势而谋、应时而动、顺势而为，着力增强自主创新能力、提升产业发展水平、强化创新引领和辐射作用，努力由全球科技创新“跟跑者”、“同行者”向“领跑者”跨越转变。

（二）加快核心区自主创新和战略性新兴产业发展是落实首都科技创新中心定位的必然选择。党的十八大以来，中央对科技创新做出了系列重要战略部署，对首都城市核心功能做出了新的重要指示，尤其是科技创新中心的功能定位赋予了核心区新的战略职责，对核心区提出了新的要求。核心区既要服务国家创新驱动发展战略，担当全国创新驱动发展的排头兵，更要服务首都科技创新中心的功能定位，当好首都科技创新的领头羊。核心区必须充分发挥科技资源优势，加快自主创新和产业发展，为创新型国家建设和首都核心功能的优化调整提供重要支撑。

（三）加快核心区自主创新和战略性新兴产业发展是核心区自身实现转型升级的内在要求。当前核心区正处于转型升级的攻坚期，内部空间资源约束趋紧、先行先试政策优势逐渐削弱，外部竞争压力加剧，再造核心区发展新优势和核心竞争力，亟待核心区自主创新能力实现新飞跃、产业发展水平实现新提升。

二、总体思路

坚持以科学发展观为指导，以统筹服务首都城市功能定位和区域创新驱动发展为主线，以充分发挥市场对创新资源配置的决定性作用和更好地发挥政府对创新的引导作用，明确支持方向、聚焦支持领域、创新支持方式、优化支持力度、细化规范支持标准为原则，以把核心区打造成为各类高端创新创业要素聚集辐射中心、最具吸引力的创业中心和战略性新兴产业策源地为目标，构建聚焦化、特色化、普惠制、结果导向型的创新创业政策支持体系，着力优化创新创业环境、激发创新创业活力、提升自主创新能力、推动产业优化升级，加快构建具有区域特色的创新创业体系和现代产业体系，将核心区打造成为创新创业服务体系更加健全、创新创业激励机制更加完善、高端创新创业要素有机集聚、创新创业人才加速涌现、创新创业活力持续迸发、产业结构与人口资源环境协调可持续发展的创新沃土创业热土，加快向具有全球影响力的科技创新中心进军。

三、重点任务

（一）全面优化创新创业环境，打造最富吸引力创新创业高地

1.强化科技创新服务支撑。支持创新服务平台建设，强化技术创新供需对接和技术研发基础支撑服务，加快构建网络化、特色化、专业化的科技创新服务支撑体系。鼓励大学科技园、孵化器、专业园区等各类创新载体建立“创新导师”队伍，按市场化方式为企业开展技术创新提供专业服务，拓展企业端创新前瞻性。

2.完善创业孵化服务体系。鼓励社会资本投资建设创新型孵化器、加速器、集中办公区等各类创业服务载体和整合创业服务资源的公共平台。支持各类创新型孵化器与加速器、大学科技园、产业园等各类创业服务载体合作对接，加快构建面向创业全过程的服务支撑体系，同步形成高成长性毕业企业跟踪筛选和落地机制。

3.优化创新创业的金融支撑。支持各类金融机构发展，鼓励引导科技金融特色机构面向科技型中小微企业开展金融产品创新和服务创新，拓宽中小微企业融资渠道、降低融资成本。加快建立支持科技创新的信贷风险补偿机制，促使金融机构加

大对早期创新项目的金融服务力度。支持企业上市挂牌、融资交易及并购重组，鼓励企业积极运用资本市场快速发展壮大。

4.营造优质的知识产权服务环境。支持知识产权服务与技术转移平台建设，鼓励平台面向企业、高校院所、产业联盟等创新主体，提供信息发布、竞价交易、服务支撑等基础服务。支持企业购买知识产权高端服务，提升企业知识产权保护和运营水平。加速优质知识产权服务和技术转移机构聚集，支持知识产权服务和技术转移机构发展。

5.加快信用服务体系建设。加快企业信用信息服务平台建设，搭建开放的互联网信息查询应用平台和专业数据分析系统，为营造诚实守信市场环境提供必要的技术支撑。加快推动信用中介服务机构发展，逐步构建以信用中介服务机构为主体的市场信用服务体系。加快信用产品在政府采购、专项资金申报、工程建设项目招投标、信用融资等领域推广应用，鼓励企业购买信用中介机构的信用产品或服务。

（二）激发创新创业活力，培育支撑核心区持续发展内生动力

1.加速存量创新资源聚变。与高校院所合作设立科技成果转化引导基金，联合社会资本撬动高校院所科技成果转移转化，重点支持符合核心区产业发展方向、具有广阔市场前景的重大科技成果就地转化。鼓励拥有科技成果的科研人员或团队“带土移植”、“带技创业”，充分激发创新人才的创业活力。鼓励驻区高校院所设立科技成果转化专职岗位或专门机构，提升科技成果转化服务专业化水平。支持驻区高校院所开展知识产权权属清晰界定，对购买专业服务的费用给予补贴，构建科技成果转化储备库。

2.聚焦支持人才创新创业。强化创新创业人才激励，鼓励各类人才在核心区创新创业，对高层次创新创业人才给予多方位支持，吸引高层次创新创业人才落地生根。强化创新创业人才服务，支持各类人才服务机构发展，鼓励人才服务机构为创新创业人才提供专业化、个性化创新创业服务，加快构建全天候、全方位的创新创业人才服务体系。面向全球遴选高端创新创业人才或团队，形成企业引、社会评、政府跟进配套支持的人才服务新机制。

3.优化初创和高成长企业发展土壤。设立海淀区创业投资引导基金，引导社会资本重点支持区域特色、优势产业领域的创业企业发展。充分发挥初创期股权投资基金作用，重点培育战略性新兴产业领域的初创期和成长期企业，优化初创期和成长期企业的发展土壤，打牢区域创新发展的微观经济基础。

4.支持国际化品牌化的创新创业活动。支持区内企业举办、申办具有国际影响力的创新创业大赛和重要科技会议、产业论坛、行业国际会展等专业交流活动，依托重大创新创业活动不断发现、筛选和储备一批未来的种子企业和项目，为实现区域创新驱动发展和可持续发展储备创新生力军。

5.完善需求拉动创新机制。加快推进新技术新产品推广应用，探索建立新技术新产品推广应用新机制新模式，积极运用定制、首套购买和示范项目等政府采购方式推进企业技术和产品创新。

（三）增强企业创新能力，提升核心区的创新竞争力

1.提升企业自主创新能力。鼓励企业加大研发投入，对研发投入持续增长、拥有自主知识产权成果并形成良好经济效益的企业给予支持。鼓励企业面向社会重大需求开展研发，重点支持企业围绕服务国家战略、化解首都经济社会发展重大难题开展创新。引导龙头企业面向技术创新需求，搭建一批专业领域的产业技术研发平台，促进上下游资源整合和优势互补，提高企业组织技术研发和产品创新的能力。

2.强化企业协同创新能力。鼓励企业与高校院所、产业联盟共建研发机构和开展研发合作，建立联合开发、优势互补、成果共享、风险共担的产学研用合作机制，构筑“学术教授+专职产业研究教授+产业科学家+职业经理人”的协同创新模式，加强对企业技术创新的理论、基础和前沿先导技术支持。鼓励产业联盟、行业协会等社会组织发挥平台作用，促进创新资源共享和供需有效对接。支持企业参与重大军工项目研发和产业化，支持社会机构搭建军民对接平台和提供军民对接服务，促进军民融合创新发展。

3.提升企业技术标准和品牌竞争力。鼓励知识产权运营服务机构开展知识产权运营投资，帮助企业运用知识产权战略提升市场竞争力。鼓励企业、产业技术联盟和行业协会合作建立专利联盟或专利池，增强高新技术企业市场话语权。支持企业、产业联盟和行业协会等积极参与重点产业领域的国际标准、国家标准和行业标准制定，提升行业技术标准竞争力。鼓励支持企业积极开展自主品牌经营，鼓励企业创建和培育知名品牌。

4.提升企业整合全球创新资源能力。鼓励企业通过人才引进、技术引进、合作研发、委托研发、建立联合研发中心、参股并购海外研发机构等方式开展国际创新合作，汇集全球创新能量助推核心区创新发展。

（四）聚焦支持重点产业，构筑质量效益导向产业发展新格局

1.加快构筑具有核心竞争力的现代产业体系。联合社会资本、共同设立产业发展投资基金，支持移动互联网和下一代互联网、云计算、导航和位置服务、生物工程与新医药等重点产业发展，打造具有内生创新动力和核心竞争力的特色产业集群。支持核心区具有发展基础和竞争优势的先进制造等新兴产业发展，抢占未来战略制高点。支持知识产权运营、专利战略布局等智力密集型科技服务业发展，加快建立标准化、专业化、社会化、网络化、规范化、高端化的现代科技服务体系，优化核心区产业发展格局。

2.强化重点企业引进和服务。统筹首都非核心功能疏解和治理“大城市病”，在重点企业引进过程中强化人口、用地、水耗、能耗、环境影响等综合评价，制定严格准入和动态退出机制。吸引国内外战略性新兴领域的龙头企业、总部型企业和总部机构入驻，做好重点企业的协调服务。鼓励各类科技金融要素和主体入驻，支持总部金融机构和科技金融专营机构发展，引导各类科技金融要素支持企业创新，强化科技创新的金融支撑。

3.推动重点产业功能区建设。深入推动中关村科学城、北部科技生态新区等重点功能区，“专精特新”产业园和北部乡镇产业园建设，为战略性新兴产业提供空间支持，持续增强核心区产业承载能力。

4.加快推进产业区域转移和结构升级。坚持政府牵线引导、园区紧密对接、企业主导运行、区域合作共赢原则，加快推动核心区生产、加工等环节跨区域转移布局，推动区域协同创新体系建设，打造京津冀一体化发展的先行示范区。

四、保障措施

（一）加强专项资金统筹协调。加强区委区政府对本意见及政策措施贯彻落实情况的综合督查或专项检查，纳入全区绩效管理体系。加强预算管理和项目统筹安排，建立跨部门的协调联动机制，确保专项资金错位支持、领域互补，避免多头支持和重复支持，使专项资金更好地发挥作用。加强专项资金申报统筹管理，加强对申报支持项目的知识产权前置审核，完善“统一预算安排、统一支持方向、统一申报平台、统一审批权限、统一管理流程”的管理机制，进一步完善规范申报程序，更加便于企业申报。加强产业园区综合配套设施建设，提升园区综合服务水平。

（二）强化资金支持绩效考核评价。加强对支持项目的科学化、规范化评价和绩效考核。建立技术创新市场化、标准化评价机制，在专项资金支持项目选择评价、实施跟踪及绩效考核全过程引入第三方标准化评价，确保技术创新始终面向市场需求，提高专项资金使用效率和效力。

（三）加强支持政策的社会宣传。创新政策宣传方式，综合运用新闻发布会、政策宣讲培训会等方式加强宣传，灵活运用微信、微博等现代社交媒体精准推送，探索与各类重大活动和日常调研走访相结合等行之有效的宣传方式，提高政策宣传的及时性、可及性、有效性和精准性，帮助企业用好用足各项支持政策。

区情概述

海淀区位于市区和近郊区的西部和西北部，面积 430.77 平方千米，海淀区地形西高东低，兼有山地平原，全年降雨量 495.4 毫米。截至年底，辖 7 镇（地区）、22 个街道、84 个村、568 个社区。全区户籍人口 238.5 万人，其中农业人口 7.5 万人，非农业人口 230.9 万人。全年出生 27462 人，出生率 11.5‰；死亡 7254 人，死亡率 3‰；人口自然增长率 8.5‰。计划生育率 98.25%。

2014 年地区生产总值 4290.0 亿元，同比增长 8.6%；人均地区生产总值 19062.0 美元。全社会固定资产投资 841.7 亿元，同比增长 8.6%，其中城镇固定资产投资 604.1 亿元，同比增长 48.5%；基础设施投资 290.0 亿元，同比增长近 1 倍；房地产开发投资 218.1 亿元，同比下降 38.3%，在全社会固定资产投资中所占比重为 25.9%。第一、二、三产业增加值占生产总值比重分别为 0.05%、13.39%和 86.57%。规模以上工业企业实现工业总产值 2211.2 亿元，增长 29.4%。社会消费品零售额 1960.8 亿元，同比增长 9.3%，互联网零售对消费增长的贡献率达 90%以上。城镇居民人均可支配收入 50088.4 元，同比增长 9.0%。农村居民人均纯收入 27098 元，同比增长 9.8%。城镇登记失业率为 0.78%。万元地区生产总值能耗、水耗分别下降 6.47%、4.8%；区级一般公共预算收入 373.97 亿元，增长 11.2%。提前一年完成地区生产总值、城乡居民收入、区级财政收入和园区收入等指标的“十二五”规划目标。

2014 年，海淀区围绕市委市政府对地区提出的“首都功能核心区、全国科技创新中心核心区”的新定位和新要求，主动适应发展形势变化，加强顶层设计，采取措施，全区经济社会呈现与新常态相适应的发展趋势和特征：从发展动力看，创新成为驱动地区发展的主要动力；从发展方式看，发展的集约化水平不断提升，高端产业集聚程度不断提高；从发展质量看，万元地区生产总值能耗、水耗水平持续保持全市最低，生态环境进一步改善；同时，城乡居民收入水平持续保持全市领先，经济发展成果更多惠及民生、惠及企业。

经济建设

先行先试改革和协同创新发展。落实北京市“京校十条”“京科九条”等政策，区域 10 家单位纳入国家深化科技成果使用、处置和收益管理改革试点，占全国的 52%。企业境外并购外汇管理改革试点全面展开。出台新一轮创新发展的“1+4+1”政策体系，统筹 15.1 亿元财政资金支持 1000 多个项目。协同创新服务、技术转移与知识产权服务、创新创业服务三大平台上线运行。启动科技产业军民融合发展三年行动计划，组建全市首个军民融合产业联盟，成立军民融合产业园。

“一城三街”[①]高端创新要素加速聚集。推进软件城（大上地地区）区域重点项目建设和产业发展，中关村软件园新增产业空间 25 万平方米，聚集全市 60%以上的信息服务企业。“中关村创业大街”开街，累计腾退面积达 2.3 万平方米，签约机构 21 家，机构合作的天使投资人和投资机构超过 2000 个，开业的机构吸引创业团队总数达 400 个，123 个团队获得融资，平均融资额 500 万元，初步形成极具影响力的创业生态圈和创业服务集聚区。发布《支持知识产权和标准化服务业在中关村示范区集聚创新发展的办法》。中国人民银行中关村中心支行（国家外汇管理局中关村中心支局）落户；互联网金融中心开业，成立全市首家网络小贷公司，近 200 家互联网金融机构聚集。以中关村知识产权大厦、国际技术转移中心、致真大厦为基点，挖掘空间载体 5 万平方米，集聚各类知识产权服务机构 100 余家。北京知识产权法院落户核心区。设立首支中国知识产权运营基金——睿创专利运营基金。

产业结构持续优化。新增国家高新技术企业 200 余家，总数超过 5200 家；高新技术产业总收入 1.4 万亿元，增长 15%，占中关村科技园区的 40%。实施先进工业行动计划，以高技术总部型制造业为主的工业企业总产值增长 30%左右。科技文化深度融合，全国首个互联网文化创意产业园开园，文化创意产业收入 4785 亿元，增长 13.6%，占全市的 40%以上。节能环保、新材料等战略性新兴产业快速发展。加快建设全国创新资本中心，新增上市挂牌企业 58 家，总数超过 370 家；总规

① 2013 年 9 月，北京市政府提出在中关村核心区建设“一城三街”，即中关村软件城（大上地地区）、知识产权与标准化一条街、创新创业孵化一条街、科技金融一条街。

模20亿元的8支国家、市级战略性新兴产业创投引导基金落户；新增股权投资机构100多家，总数超过800家，地区企业本年获股权投资约340亿元，是2013年的3倍多；参股设立产业基金9只，累计33只，撬动社会资本近百亿元。

投资聚焦生态环境、市政基础设施、民生改善、重点产业等领域，全社会固定资产投资841.7亿元，同比增长8.6%。着力释放新兴消费、大众消费潜力，社会消费品零售额1960.8亿元，同比增长9.3%。中国铁路发展基金、中国铁塔公司、中民新能投资公司等60个重点企业和项目落户。“营改增”试点企业11.7万户，占全市的27.5%，减税约131.9亿元；落实高新技术企业、小微企业等税收优惠政策，全年减免退税约347.9亿元。

农村经济总收入256.5亿元，增长9%，集体总资产达1024亿元。开展土地综合整治试点，启动万亩良田工程和美丽乡村建设，完善农林生态补偿机制，京西稻申报国家农产品地理标志登记保护通过农业部评审，稻香小镇被认定为“中国美丽田园”。镇级产业园区建设发展和集体产业转型升级进展顺利。农林牧渔业总产值为58678.9万元，同比增长1.3%。

中关村国家自主创新示范区核心区

海淀园总收入1.44万亿元，同比增长15%，占中关村国家自主创新示范区的40%。

对核心区自主创新和产业发展政策体系即“1+10”政策体系进行调整，构建“1+4+1”政策体系，包括1个意见、4个支持办法和1个试行评价办法。调整后的政策体系实现“四个转变”：即在专项数量上实现“精简化”转变，在支持方式上实现“效果化”转变，在支持对象上实现“普惠制”转变，在支持领域方面，实现“特色化”转变。

中关村创新中心区（CID）建设。年内，吸引赛尔网络、小米等一批知名企业落户，初步形成以移动互联网与下一代互联网、云计算、新材料新能源、节能环保产业、生物与医疗器械等高精尖产业为核心的战略新兴产业集聚发展的态势。2014年实现落地项目7个，意向落户项目87个，总需求面积739万平方米。CID区域中关村软件园、翠湖科技园、永丰基地三大园区入驻企业约700家，总收入超1800亿元。

推进京津冀协同创新。与河北省秦皇岛市、江苏省溧阳市、山东省齐河县、内蒙古自治区赤峰市签署园区合作共建协议，探索产业有序转移和利益共享模式，初步形成核心区创新能量对外辐射和对内回收的双向对流格局。海淀园首家分园——秦皇岛分园开园。

推进重点项目落地。完成中国铁塔、中民新能源、天骄航空投资等企业落地；协助做好中国人民银行中关村自主创新示范区中心支行、市知识产权法院选址落地工作；鼓励腾讯、百度、小米等优质存量企业新增业务在区内投资；引入浪潮全球研发中心、紫光展锐、市集成电路设计子基金等一批产业项目；完成北林大、北航、北理工等一批中关村科学城项目招商工作。546家企业入选海淀区2014–2015年重点企业名单。

知识产权运用保护。与智谷公司合作成立国内首支知识产权运营基金，由海淀出资2000万元作为引导资金，吸引社会资本进入，基金首期额度2亿元，募集基金1亿元；推动技术转移与知识产权服务平台上线，打造“政府搭台、政策引导、市场择优选择”的技术转移与知识产权服务业的互联网服务新模式；成立中关村核心区知识产权服务协作组织；推进知识产权专利试点，12家海淀区企事业单位认定为北京市第六批专利示范单位；推进知识产权质押融资，征集知识产权质押融资成本补贴专项45项，涉及贷款额度超4亿元。

智慧海淀建设。建成全国第一家政务云平台，13个系统正式上线运行。推进政务光纤专网与政务外网基础设施提升建设。在上地、重点科技园等创业创新区域新增30余个区域无线网络覆盖，公益无线网络接入点达到2000余个；加快推动政务服务类信息化系统建设。综合行政服务中心信息化系统一期通过竣工验收，系统二期完成初步设计方案和追加内容的方案编制。

体制机制创新。会同中关村管委会制定《关于中关村加快建设具有全球影响力的科技创新中心若干改革措施的建议》，配合市委市政府进行自主创新先行先试改革。推进工商快捷注册登记在海淀区试行。推进企业境外并购外汇管理试点改革，纳通科技、合众思壮等5个试点项目申请获得受理，实现外汇登记总额2.1亿余美元。

国际化发展。制订《核心区促进企业国际化发展三年行动计划（2014—2016年）》，将核心区打造为全球创新网络的重要节点；与中关村发展集团、中关村软件园联合创立中以创新发展基金，首期3000万元，集技术引进、成果转化、创业孵化和产业发展功能于一体；全年接待各国来访32批420人次；建立知识产权国际化交流基地，面向核心区企业开展国外知识产权制度宣传。

功能区建设

推进搬迁腾退、环境整治、产业提升、城市功能完善等重点项目，三大功能区对全区发展的基础支撑作用增强。

中关村科学城地区建设。梳理南部383块低效用地，新增产业空间70万平方米。新增首农中关村移动智能服务创新园等5个中关村科学城签约项目。北航国际航空航天创新园等3个特色产业园投入运营，70多家企业入驻。东升科技园二期产业用地城市设计方案完成，安置房主体结构施工。学院路、小月河等科技园搬迁腾退加快实施。西三旗（金隅）科技园规划方案获批，园区内传统工业全部关停退出。玉渊潭西南饭店改造结构封顶，五路商务楼全面施工。

北部生态科技新区建设。全年开复工590万平方米，竣工114万平方米。西马坊等第二批8个村庄腾退收尾，南安河等第三批6个村庄腾退37.6万平方米，全年安置房竣工61万平方米。四维图新等9个产业项目开工建设，华为展示中心等11个项目、53万平方米产业空间竣工投产，中关村壹号（中区）结构封顶。七王坟、车耳营等新农村就地改造试点全面展开。西北旺众唐兴业园等“一镇一园”项目加快建设。北部文化中心、101中学温泉校区等结构封顶。

“三山五园”历史文化景区建设。完成四王府等香山东部地区一期搬迁腾退，西郊线、西山隧道、香泉路等开工建设。玉泉山周边环境整治全面展开，拆除各类违法建筑10万平方米。中央党校西墙外地区土地一级开发完成城市设计方案编制，北宫门等3个地块完成绿化；启动一亩园搬迁腾退，西苑市场完成撤市；树村安置房开工建设，圆明园周边居民安置房用地范围内集体企业腾退基本完成。

城乡建设与管理

创建全国文明城区。全面开展街面环境、社区环境、市场经营秩序、交通秩序等专项整治。清理整治脏乱点6000余处。对小月河、笑祖塔院等环境问题突出的重点地区实施综合整治。招募公共文明引导员、交通协管员、辅警等，加强交通、治安秩序管理。区域共建逐步深化，长效机制逐步建立，群众支持率达97%以上。中央文明办对地区进行全面验收测评。

生态环境建设。全年完成绿化998.4公顷，全区森林、城市绿化覆盖率分别提高到36.3%、49.9%。平原造林7785.6亩，西山彩化1200亩；建成36千米“三山五园”绿道，启动园外园一期工程；推进生态绿心建设，南沙河滨水绿廊景观改造30公顷；新改建9处、70公顷公园绿地。完成10条、26.8千米中小河道治理，加快南沙河、南旱河流域截污和生态综合治理，翠湖再生水厂完成升级改造，稻香湖再生水厂投入试运行。全面实施清洁空气行动计划，换煤数量占全市的25%左右，改造燃煤锅炉603蒸吨，淘汰老旧机动车6万余辆，淘汰8家高污染企业，实现主要污染物减排目标，PM2.5平均浓度比上年下降8%。开展垃圾分类模式创新试点，完成大工村再生能源发电厂主体工程和设备安装。

城市治理和非核心功能疏解。强化街镇低端业态调整和人口调控目标管理责任制，腾退中关村西区鼎好、海龙等电子市场商户200余家、约1.3万平方米，关停明光寺、四海等低端市场32家、再生资源回收市场26家，加强生鲜连锁超市布局、蔬菜直通车对接、早餐工程建设等便民措施。拆除各类违法建设160余万平方米，集中清理整治一批“五小企业”“六小场所”，治理群租房6800余套。2014年，地区常住流动人口102.2万人，较2013年减少12.5万人。

城市运行保障能力增强。地铁15号线通车，6号线西延全线进场，16号线建设全面展开，稻香湖路北延等12条道路工程完工，新增通车里程16千米。完成15处疏堵点改造、10千米微循环道路和120万平方米道路大中修，优化57条公交线路，在万寿路等街道开展占道停车特许经营试点，落实2600多个错时停车位，新建小区停车位2500多个。加强政务无线专网、云中心、光纤网等“智慧海淀”基础设施建设和城市管理信息系统应用，开展安全生产隐患排查整改和标准化建设，强化食品药品日常监管、专项整治和风险监督，城市运行管理精细程度提升。高水平完成国庆65周年、APEC会议等重要活动的服务保障。

科技 教育 文化 卫生 体育

实施产业领航工程，初步梳理核心区国内外具有重大影响的科技成果217项，引进和扶植159位优秀创新人才，培养和引进260家具有全球竞争力的企业，形成120个国际知名品牌。成立全国首个智能硬件产业联盟。实施创新聚变工程，初步搭建中关村核心区协同创新服务平台、技术转移与知识产权服务平台、创新创业信息服务平台三大创新服务平台。实施创业光合工程，累计认定集中办公区47家，吸引入驻创新型企业2000余家。实施圆梦工程，新增130名“千人计划”入选者和31名“海聚工程”入选者，累计有744人入选“千人计划”，236人入选“海聚工程”，126人入选“高聚工程”。全年发明专利授权量约1.1万件，占全市的50%；实现技术合同成交额1367亿元，同比增长9.5%。

区财政教育经费支出686627万元。实行义务教育阶段招生计划管理，新增4所九年一贯对口直升学校，义务教育阶段就近入学率达90%以上。启动《海淀区二期学前教育三年行动计划（2014—2016年）》，支持100余所驻区单位办园。新增入园学位2000个。完成二十中永泰庄分校等4所学校建设并投入使用。调整教育结构布局，扩大优质教育资源覆盖面，增加1万余个中小学学位。实施高校、科研院所、社会力量支持中小学发展项目。认定6所学校为第二期海淀区中小学优秀校长培养基地，成立优秀园长培养基地。落实学历提升“十百千工程”，150 余名中青年教师进入高校攻读硕士研究生学位。普通高等院校统考统招录取考生 11204 人，录取率 92.98%。

推进国家公共文化服务体系示范项目建设，开展演出联盟优秀剧目展、“海之声”新年演出季等系列文化惠民活动，建立博物馆与艺术品行业联盟，举办海淀中法文化交流活动。西山中法文化交流史迹展览馆、贝家花园获“中法友好交流基地”称号。每年扶持 300 支优秀群众文艺团队。全年各类文化活动资金投入 3600 万元，惠及群众 400 余万人次。建设 71 家企业流动图书站（点）。在全市率先将文物巡视检查纳入全区网格化社会管理服务体系。实施村庄遗产保护行动，新增民居、古香道等 13 处文物普查登记项目，征集民俗物品 1000 余件。首次开展文化遗产日主题宣传活动。开展“扫黄打非”工作。

医药卫生改革。在 2 个社区卫生服务站开展社会资本举办社区卫生服务机构试点。新建成 4 个医联体，覆盖 15 家医院和全部社区卫生服务中心。社区“一键式”家庭医生式服务体系基本实现 80 岁以上老人全覆盖。通过全国社区中医药先进区市级期满复核。开展国家慢性病综合防控示范区、全国艾滋病综合防治示范区创建，加强埃博拉出血热疫情防控。推进社区居家精神障碍康复园（中途宿舍）建设，建成“海棠园”等康复园 15 家。将 15 项计生服务事项纳入“智慧政务平台”的“三级联动”审批系统，其中 9 项事项同步实现“同区通办”。

全年开展各类体育比赛活动 35 项，参与人数约 35 万人。更新（新建）全民健身居家工程 315 套，新建 11 个篮球场、6 个网球场、6 个门球场、2 个笼式球类场地、6 个乒乓球长廊、143 个轨道棋，改造多功能公共运动场地 14 块。创建体育生活化社区管理和体质测定与运动健身指导站全民健身试点 2 个、体育生活化社区 172 个。创建社区体育俱乐部 1 个、农村体育特色村 3 个。对 10 多个单位一万余人开展国民体质监测。培训社会体育指导员 1000 余人。开展科学大讲堂 15 次。

社会服务管理和社会保障

完成 37 件区级、700 多件街镇级惠民实事以及为民办实事网络互动平台受理的 100 余件实事。推动管理服务力量向网格下沉延伸，在全市率先将各类协管力量纳入街道和社区进行统筹管理。完善社区公共服务，新建 83 个“一刻钟社区服务圈”示范点、80 个社区规范化示范点，社区办公服务用房达标率提高至 95%。78 个社区申报北京市“六型社区”示范单位，5 个村通过农村社区建设典型示范社区验收。在 5 个街镇开展社会组织孵化器试点，向社会组织购买 21 项服务。清理整顿社会组织 133 家。海淀区被民政部授予“全国和谐社区建设示范城区”“全国社会组织建设创新示范区”称号。全年办理结婚登记 32190 件、离婚登记 9864 件。

2014 年，1.65 万名就业困难人员通过再就业援助实现就业，2.4 万名失业人员实现再就业，地区成为北京市第二个充分就业区。五项社会保险基金累计收缴 395 亿元，增长 15.5%。推进社保经办模式改革，96%的单位实现网上办理，48 项业务在街镇社保所就近办理。城乡居民养老保险待遇保持全市领先。新增养老床位 1500 张，建成 109 个社区老年互助社、30 个养老照料中心，设立许可 5 家养老机构，清河敬老院投入使用。救助流浪乞讨人员和暂时遇到困难人员 1963 人次，救助流浪未成年人 60 人次。确定 5 个街镇作为慈善超市创新建设示范点。新建、筹集各类保障住房 1.6 万套，竣工 1.6 万套，配租 5481 套。启动环保园自住型商品房销售。全年完成 91 个、196.2 万平方米老旧小区改造，惠及 3.5 万户居民。推进 55 个棚改项目实施，完成居民搬迁 3700 余户，西小口等棚改安置房开工建设。

精神文明建设

利用电视、报纸、网络等媒体以及户外电子屏、工地围挡、公园景区展板、楼宇广告、社区宣传栏，宣传社会主义核心价值观。举办“欢乐社区行”文艺演出、“中国梦•我的梦”火炬接力跑等宣传活动。与中央电视台电影频道合作拍摄国内第一个以环卫工人为主题的微电影《我的梦》。拍摄“我们一起来 讲好海淀故事”公益宣传片。与人民日报社合作，安装电子阅报栏 635 台。

开展“身边好人”“北京榜样”“感动海淀文明人物”“首都精神文明建设奖”等评选活动，3 人入选好人榜，7 人入选首都“北京榜样”， 10 人当选感动海淀文明人物，8 人获 2013—2014“首都精神文明建设奖”。在全区建立健全道德学堂 140 个，道德讲堂 1000 个。

2014 年，创建首都文明社区 128 个，创建首都文明村 31 个。开展文化、科技、卫生“三下乡”活动。投资 200 余万元，在 6 个镇建设 7 个乡情村史陈列室，建设 10 个 LED 显示屏。开展“城乡统筹，文明先行”活动，发动全国级、首都各级各类文明单位与郊区村镇结对共建、多方联建，结对率 100%。开展“五个一”创建活动和“五有”达标活动（有图书室、有文体活动室、有荣誉室、有创建品牌、有创建档案）。在全区供电、卫生、税务等公共服务行业开展优质服务竞赛活动。发动区内新行业、新经济组织参与文明单位创建。本年共创建首都文明单位标兵 25 个，首都文明单位 80 个。

建立“两会十二队”[①]志愿服务体系。建立学雷锋志愿服务长效管理机制、信息共享机制和回馈保障机制，推进志愿服务项目化。打造“智”愿服务、“科技雷锋”“好人联盟”“正能量联盟”等一批海淀志愿服务品牌。全年累计服务达20万人次，受益人数达30万人。

启动“学习践行中国梦 做新时代的雷锋传人”主题教育活动，推进未成年人学雷锋活动常态化。开展“我们的节日”主题教育活动，引导青少年在社区学习传统文化。开展“家庭教育公益大讲堂”“家庭成长星”儿童假期训练营、“知礼、守礼、行礼”儿童礼仪展示、“懂知恩、学感恩，讲道德、传美德”等家庭教育活动。开展“争做社区文明小使者”主题实践活动，寒暑假期间共评选出五星级“社区文明小使者”1220名。22所城市学校少年宫和7所乡村学校少年宫正式挂牌。

举办新春系列文化活动、五月的鲜花、夏日文化广场、百姓周末大舞台等文化惠民活动和海淀市民系列文化活动。开展海淀区全民阅读活动，全年开展群众文化活动700余项，惠及群众400余万人次。

民主法制建设

开展党的群众路线教育实践活动，落实中央八项规定和市委、区委实施意见，反对“四风”，切实转变政府工作作风。区政府会议减少11%、普发性公文减少16%，全区“三公”经费财政拨款比上年压缩5.7%。围绕政风行风建设和廉政建设，开展42项专项整治。全年立案87件，其中新立案79件，结案79件，给予党纪政纪处分72人。针对“小官巨腐”问题开展农村基层党员干部不正之风和违法违纪行为专项整治行动，查处19件。

区政府全年办理建议、提案650件。邀请区人大代表全程参与2015年预算编制，对354个项目开展事前绩效评估。将区十五届人大四次会议确定的工作细化为122项任务，对落实情况进行全过程督查督办。接收办理公文7000余件，完成6596项督查任务。全年主动公开政府信息16000件，受理2577件，处理信息公开诉讼案件60件次。对30个部门、4242项执法职权事项进行清理。全年办理行政复议案件1140件，开展行政调解31427件，调解成功19531件。

完善食品药品监管体制，组建区卫计委。第一批13家事业单位改革全面展开。取消行政审批和政务服务事项36项，精简合并19项。深化工商登记制度改革，启动企业设立“多证联办”试点，企业设立登记增长52.4%。推进优化投资项目审批流程市级改革试点。“同区通办、三级联动”政务服务覆盖所有街镇和80%的社区（村）。在全市率先试编全口径预算。开展政府部门整体支出预算全过程绩效管理试点，首次面向全社会公开11家单位的预算执行情况审计报告。完成商业企业、北部园区建设企业重组，西山农场、中海投公司、京海联公司等建立公司制法人治理结构。清理规范行政事业单位所办53家企业。开展集体土地资源清查和新一轮集体经济审计。四季青镇整建制农转非试点方案获市政府批准。

推进重大决策社会稳定风险评估，开展专项整治和安全生产大检查，完成重大活动维稳安保任务。集中整治46处治安挂账重点地区，群众安全感综合测评居城六区首位。探索实施审判长、主审法官责任制以及审判委员会改革，完成检务公开各项试点。破获各类刑事案件23380起。全区受理群众来信总量上升21%，来访总量下降10%。区级领导接待群众26批78人次，处级领导共接待信访群众1312批3208人。开展两次矛盾纠纷大排查和七次专项检查，排查出矛盾2569件。开展法制宣传活动9200场次，受众336万人次。商务楼宇普法工作站增加到80家。开展“法律服务村居行”活动和“村居法律顾问”试点，行政村法律顾问配备率100%，社区法律顾问配备率51%。开展法治专题讲座458场次，义务法律咨询5424场次，参与调解纠纷432件，受众达4万余人次。完成法律援助案件4337件。全区人民调解组织调解各类民间纠纷9.1万余件次，完成人民调解案件32771件。开展“社区矫正规范执法百日行”活动。

（周勇）

[①] “两会”指海淀区志愿者联合会、海淀区义工联合会，“十二队”指敬老志愿服务总队、爱幼志愿服务总队等12支学雷锋志愿服务总队。

大事记

1月

3日　中共海淀区委十一届五次全会召开，区委书记隋振江做题为《以改革创新为引领，全面提升中关村核心区建设和区域治理水平》的区委常委会工作报告；区长孙文锴做《关于全区经济社会发展工作报告》，并部署2014年社会经济发展的主要目标；会议表决通过《中国共产党北京市海淀区第十一届委员会第五次全体会议决议》。

5日—7日　区政协九届三次会议召开。会议审议通过区政协常委会工作报告、提案工作报告，听取并讨论区政府工作报告，通过大会决议。

6日　市委副书记、市长王安顺到四季青镇食品药品监管所属的食品药品监管、检验机构和药品销售企业，调研安全监管工作。

8日—11日　区十五届人大四次会议召开。会议表决通过《海淀区人民政府工作报告的决议》《关于海淀区2013年财政预算预计执行情况和2014年财政预算的决议》《关于海淀区2013年国民经济和社会发展计划执行情况与2014年国民经济和社会发展计划的决议》《关于海淀区人大常委会工作报告的决议》《关于海淀区人民法院工作报告的决议》《关于海淀区人民检察院工作报告的决议》。

10日　2013年度国家科学技术奖励大会在北京召开。海淀驻区单位作为第一完成单位共有53个项目分获国家自然科学奖、国家技术发明奖、国家科技进步奖和创新团队奖（通用项目），占北京市通用项目获奖总数的70.7%，占全国通用项目获奖总数的21.5%。海淀区域内单位（个人）参与的项目共有78个获奖，占北京市通用项目获奖总数的72.9%，占全国通用项目获奖总数的31.7%。

22日　全国首家知识产权服务协作组织——中关村核心区知识产权服务协作组织成立。

23日　海淀区智慧政务综合服务平台暨海淀区同区通办、三级联动系统上线运行。至年底，平台共有25个事项，覆盖全区29个街道和80%的社区（村）。

28日　市委副书记、市长王安顺到中关村街道慰问困难群众。

2月

12日　海淀区召开党的群众路线教育实践活动动员部署大会。按照中央和北京市委关于第二批深入开展党的群众路线教育实践活动的要求，即日起至年底，海淀区开展党的群众路线教育实践活动。区四套班子和127个处级班子、1142名处级以上党员干部、4981个基层党组织、14.46万名党员参加。

17日　天津市武清区区委书记张勇率考察团到海淀参观访问，双方就加强科技、教育、旅游、生态环境等方面合作进行交流座谈。

19日　区纪委十一届四次全会暨全区党风廉政建设和反腐败工作会召开。会议总结2013年全区党风廉政建设和反腐败工作，部署2014年工作。大会表决通过区委常委、纪委书记芦育珠做的题为《聚焦中心任务，强化监督执纪，扎实推进党风廉政建设和反腐败工作》区纪委工作报告和《中共北京市海淀区第十一届纪律检查委员会第四次全体会议决议》。

21日—22日　区四套班子领导举行党的群众路线教育实践活动第一次集中学习会。学习习近平重要讲话和有关教育读本，观看中共中央政治局委员、市委书记郭金龙的党课报告《坚持群众路线，永不脱离群众》。全年共举行7次集中学习会。

28日　全国首家由社会组织组建的先导文化创意产业集聚区联盟——中关村先导文化创意产业集聚区联盟成立。

2月　区委区政府确定2014年全区重点工作，共6大类141项，即实施创新驱动战略，提升区域综合竞争力，31项；三大功能区建设，打造产业集群高地，20项；争创全国文明城区，23项；加强和创新社会治理，保障和改善民生，30项；深化改革，27项；提高党的建设科学化水平，10项。

2月　区住建委确立2014年全区六大类111项重点建设项目，包括市政交通类19项，民生保障类17项，三大功能区产业类43项，环境建设及整治类8项，社会事业类6项，其他类18项。其中在施项目73项，计划开工项目38项。

2月　海淀区成为首批70个“全国社会组织建设创新示范区”之一。

3月

4日　2014年海淀区学雷锋志愿服务活动暨志愿服务项目发布仪式举行，30项学雷锋志愿服务入选，海淀区通过项目化管理、专业化运作、社会化发展，推动学雷锋活动常态化。

12日　河北省委常委、秦皇岛市委书记田向利率党政代表团到海淀调研，双方就加强科技、教育、医疗等方面合作以及创业孵化、产业转移、园区共建等事项进行交流座谈。

12日　区政府与中国科学院在京签订战略合作框架协议，双方从科技创新、成果转化及医疗、教育等民生领域加强合作，打造宜业宜居的中关村东区。

18日　北京大学第三医院海淀院区挂牌，北医三院正式托管海淀医院。11月13日，北京市海淀医院被核定为三级综合医院。

27日　海淀区与小米科技、金山软件签署合作协议。小米科技公司与金山软件公司将在海淀区投资建设移动互联网产业园，共同构建移动互联网生态体系。

27日　海淀区与浪潮集团签署合作协议。浪潮集团全球研发中心及北京总部落户海淀，全面提升企业研发能力，促进海淀区战略性新兴产业发展。

28日　北京市政协主席吉林到海淀调研政协“六型机关建设”“六联工作机制”“六大工程”等工作情况。

28日　区委书记隋振江为全区处级以上党员领导干部做题为“坚定不移地走好群众路线，为海淀改革发展凝聚强大正能量”的党课报告。

28日—7月3日　由区政府主办的“第八届海淀区商业服务业职业技能风采大赛”举行。大赛以“创文明海淀建诚信商业”为主题，500余家商业企业的数万名员工参加。

30日　中法文化年北京地区重要活动——2014年海淀中法文化交流活动全面启动，并持续至年底。活动包括召开西山文化沙龙，中法文化交流研讨会；“和大师一起拍”西山国际摄影季；中法文化交流史迹展；大西山旅游节和圆明园赴法展览。纪念中法建交50周年的4集纪录片《贝家花园往事》同日在海淀西山贝家花园开机拍摄。

31日　作为全市5个试点区县之一，在八里庄一站式服务大厅启动投资项目审批流程改革工作，实现“一口进一口出，并联审批”流程，大幅缩短审批时限。

4月

2日　北京市首个软件企业创业孵化基地在清华同方科技园落成，基地占地建设规模1.43万平方米。基地作为“海淀区创业期科技型企业集中办公区”同时挂牌运营。

3日　“三山五园文化全球巡展——圆明园特展”在杭州开幕。展览采用章回小说的形式，通过数字科技结合历史文物的方式来呈现“万园之园”圆明园的故事，展览持续45天。

11日　由中央文明办、中国文联、中国曲协主办，首都文明办和海淀区共同承办的“2014全国道德模范故事汇基层巡演活动启动仪式暨首场演出”在清华大学举行，示范推动各地以文艺形式宣传道德模范，培育崇德向善的社会风尚。

11日　全国人大常委会副委员长、全国妇联主席沈跃跃就寻找“最美家庭”活动开展情况到中关村街道调研。

21日　东升科技园11栋房屋获得市住建委颁发的房屋所有权证，成为本市首个获得“房本”的集体土地房屋项目。

22日　海淀区召开“五一”国际劳动节表彰大会，表彰获得2014年首都劳动奖章的18名个人、北京市工人先锋号的7个集体、首都劳动奖状的3个集体及全国工人先锋号、全国“五一劳动奖章”获得者。

23日　2014年海淀区全民阅读活动正式启动。阅读活动包括“相遇相知阅读时空”海淀实体书店阅读行动、“遍地书香”阅读故事会选拔赛、“阅读起跑线”少儿阅读活动、“北京阅读季”大学生读书节等20项群众读书活动，活动持续到12月。

25日　全国首支知识产权运营基金——睿创专利运营基金正式成立。该基金由海淀区政府出资2000万元作为引导，首期规模为2亿元，募集基金1亿元。

29日　中共中央政治局委员、国务院副总理刘延东考察北京林业大学和中国地质大学（北京）。

30日　全部由政府购买服务运营的区级养老院——清河敬老院试运营。清河敬老院占地面积5900平方米，建筑面积8984平方米，可同时接收260位老人入住。

4月　海淀区启动政府购买养老服务实施办法，为困难老人提供居家养老服务。服务项目主要包括社区集中照料、入户生活照料、家庭病床、精神慰藉四大类。

4月　国土资源部将海淀区列为开展土地整治实施机制创新的试点区县。海淀区统筹开展万亩良田、城镇更新、农村人居环境提升、产业园区节地、浅山区利用示范五大工程建设。

截至4月底　在海淀区域内工作和居住的中国科学院院士和中国工程院院士共有573名，其中中国科学院院士327名，中国工程院院士246名。海淀区域内两院院士总数占全国两院院士总数的37.09%，占北京市两院院士总数的78.28%。

5月

3 日　市委副书记、市长王安顺到圆明园考察考古发掘工作，提出加强绿化工作、加强遗址考古勘探工作、抓紧完成《圆明园考古遗址公园规划》三项要求。

8 日　海淀区纪委监察局官方网站（www.hdcdi.gov.cn）正式上线运行。

8 日　国务院副总理刘延东到圆明园调研考古遗址公园规划、西洋楼遗址保护等工作。

11 日　中关村海淀园秦皇岛分园开园暨项目签约仪式在河北秦皇岛经济技术开发区举行，这是海淀园在全国建立的首个分园。6 家来自北京中关村的企业签约入驻。10 月 27 日，中关村海淀园齐河科技城建成启用，项目总投资 45 亿元，首批 10 家企业入驻。12 月 17 日，中关村海淀园赤峰分园揭牌。

14 日　中共中央政治局委员、市委书记郭金龙到海淀区调研圆明园大宫门遗址挖掘和一亩园社区情况。

14 日　海淀西南部医疗联合体——航天中心医院医疗联合体启动。7 月 1 日，中西部医联体成立。9 月 29 日，中东部医联体成立。12 月 3 日，西北部医联体成立。共有 15 家医院和 36 家社区卫生服务中心成为医联体成员单位，初步形成资源共享、协调与动的整合型医疗卫生服务体系。

21 日　海淀区创建全国文明城区诚信经营、维护企业合法权益宣传活动暨诚信服务志愿者队伍成立仪式在新中关购物中心举行。

22 日　中共中央政治局委员、市委书记郭金龙到海淀区调研防汛工作情况。

24 日　中共中央政治局委员、市委书记郭金龙到海淀区调研城市精细化管理和交通拥堵缓解情况。

26 日　区政府与北银消费金融公司签署战略合作备忘录。北银消费金融公司加快推进消费金融科技创新建设，开展一系列金融技术革新项目；海淀区政府将鼓励公司在海淀区行政区域内开展消费金融业务，在政策服务上给予全力支持。

29 日　海淀区启动平安建设千人观察员和万人维稳信息员工作机制，千人观察员是一支志愿性质的基层群众队伍。

31 日　具有 598 年历史的北坞金山寺及戏楼二期修缮工程竣工，标志着历经 3 年多的北坞金山寺修缮工程全面完成。

6月

6 日　纪念颐和园对公众开放一百周年活动开幕，持续一个月的海淀区“三山五园”皇家园林旅游节同步揭幕。

10 日　市委副书记、市长王安顺到学院南路明光村等老旧社区调研城市精细化管理工作。

12 日　全国首个创业大街——中关村创业大街开街，曾在全国以实体书店闻名的海淀图书城，变身为创业服务机构集聚的创业一条街。首届“中关村创业大街创业季”活动同时启动。

13 日　市人大常委会主任杜德印到北太平庄街道志强北园社区基层联系点调研。

22 日　市政协主席吉林到海淀区调研中关村创业大街规划工作情况。

27 日　海淀区创新创业和产业发展政策——“1+4+1”政策体系出台。“1+4+1”政策体系包括 1 个意见、4 个支持办法和 1 个评价实施细则，是对 2012 年实施的“1+10”政策体系的调整和完善。

27 日　海淀区与二炮装备研究院签订贯彻军民融合发展战略合作协议并举行军民融合产业园揭牌仪式。

7月

1 日　海淀公安分局预审大队未成年案件审查中队挂牌成立，这是北京市首支专门审理未成年人案件的预审队伍。

1 日　海淀区 2012 年开始试点的“市场化租赁补贴模式”政策覆盖面扩大，增加第八档家庭类型，即将人均月收入 2800 元（不含）至 3400 元（含）的家庭纳入补贴对象。

2 日　青岛高新区管委会、北京中关村软件园发展公司签订合作协议，共建中关村（青岛）国际软件园。

4 日　北京农商银行董事长王金山到海淀，就北京农商银行今后发展计划、预期目标，以及在海淀区的网点分布、业务拓展等工作与区领导交流。

9 日　市民政局在海淀区启动养老（助残）券“券变卡”试点工作，海淀区 590 余个社区首批试点发卡。

14 日　区政府与招商银行北京分行签署战略协约，招商银行将为海淀区的创新企业、基础建设、棚户区改造、院校事业单位提供金融服务。

15 日　设立北京市海淀区卫生和计划生育委员会，为区政府工作部门，不再保留北京市海淀区卫生局、北京市海淀区人口和计划生育委员会。

16 日—18 日　区委书记隋振江带队赴秦皇岛市考察并举行京津冀协同发展交流活动。

24 日　海淀区与首都师范大学签署“同创文明城区，共建文明校园”共建协议。

30 日　天津市南开区区委副书记、区长薛辉率队到海淀交流考察，双方就加强交流合作，推动园区建设和共赢发展等方面进行座谈。

8月

6 日—8 日　区委书记隋振江率海淀区党政代表团到南水北调中线工程

调水源头的湖北省丹江口市和十堰市考察。其间，区委宣传部、区教委、区商务委分别与丹江口市签订对口协作工作协议。

7日　以“融合•数据•体验——高科技企业牵手高品质资源推动智慧旅游发展”为主题的2014中关村科教旅游节开幕。旅游节持续至10月，包含8大主题、5大主题旅游产品和11条体验游线路。

14日　海淀区与中国电力建设集团有限公司正式签署战略合作协议，双方将在棚户区改造、市政道路、能源环保等领域合作、互惠共赢、融合发展。

15日　北京首个移动互联网青年创新创业孵化基地在中关村创业大厦内的创客总部孵化器揭牌，这也是全国第二个中国移动创新创业孵化旗舰示范基地。

19日　北京市委常委、市纪委书记叶青纯到海淀调研纪检监察工作，并听取落实党风廉政建设党委主体责任和纪委监督责任以及查办案件工作情况的汇报。

26日　中关村技术转移与知识产权服务平台上线发布暨新技术新产品展示洽谈会在中关村国家自主创新示范区展示中心举办。买卖双方在注册之后可以通过这个平台，享有信息发布、挂牌公示、展示推介、在线展会、在线交易等在线服务。同期举办的中关村新技术新产品展示洽谈会汇集106家高科技企业覆盖6+1重点产业领域的500余项新技术新产品。

28日　北京协同创新研究院在永丰基地挂牌成立。北京市科委、海淀区政府、北京大学创新研究院共同出资10亿元，组建协同创新母基金；13个协同创新中心建立13只协同创新子基金。每只子基金20%～30%来自母基金，其余来自社会资本。

28日　驻区企业启迪控股股份有限公司发布全球首部《区域创新服务标准体系》1.0版本，包括科技新城服务标准体系、科技园区服务标准体系和企业孵化器服务标准体系。

29日　市委副书记、市长王安顺到海淀区调研科技创新工作。

29日　中央及市属媒体采访海淀区城乡一体化建设情况，区长孙文锴出席新闻通报会。

29日　海淀区青少年权益工作创新研究基地成立。

8月　西冉村砂石坑雨洪利用工程竣工，库容可达40万立方米。

8月　海淀区实施“七大工程”培育和践行社会主义核心价值观，即教育引导、文化涵育、基地建设、融合共建、精品创作、环境营造、治理融入七大工程，到2020年，在全社会形成共同的理想信念、强大的精神力量、良好的道德规范。

8月　海淀区实施为60岁以上的低保失能失智以及80岁以上的失独等特殊老人每人每月提供500元至1500元不等的上门免费服务政策。

9月

1日—11月30日　以“精彩演出荟萃海淀，多彩节目尽在金秋”为主题的第三届中关村金秋演出季举行。在海淀区的17个场馆上演121项、403场文艺演出。本届演出季补贴资金达到800万元，惠民票补贴比例为80%。

2日　北京市人大代表到海淀调研“红、兰”文化，实地考察上庄镇东岳庙、大戏台、纳兰性德纪念馆和曹雪芹纪念馆。

5日　北京市首家以军民融合为特色的产业联盟——中关村核心区军民融合产业联盟在海淀园成立，《海淀区推动科技产业军民融合发展三年行动计划（2014—2016年）》同时发布。

7日—14日　区委书记隋振江带队赴法国参加纪念中法建交50周年系列活动之“圆明重光——圆明园文化法国展”等文化交流活动；赴英国就海淀北部地区引入创新公园项目等事宜进行合作洽商。

16日　军民融合共育新型军事人才教学基地揭牌仪式在国防大学举行。

19日　中关村核心区创新创业服平台启动暨2014年集中办公区授牌仪式在中关村展示中心举行。认定34家创新创业服务机构作为第二批集中办公区，集中办公区总数达45家。

24日　中关村协同创新服务平台启动。协同创新平台在线帮助中小科技企业实现研发需求的供需对接，并以市场为导向进行成果转化。

26日　团城湖调节池通过蓄水验收，具备接水条件。水面面积33公顷，调蓄量127万立方米，可紧急供水12小时。

28日　海淀敬德书院落成。

30日　国家首个烈士纪念日，北京市公祭烈士活动在万安公墓举行。

9月　中关村壹号实现结构封顶。项目包括6个地块，总用地面积25.51公顷，规划建筑面积73万平方米（地上）。

9月　中国—丹麦老年研究中心在海淀挂牌成立。该中心由北京城市学院和丹麦VIA大学共同发起，是我国高校中第一个老年学科领域首个跨国合作项目机构。

10月

1日　“三山五园”绿道全线贯通。绿道北起北旱河，南至昆玉河沿线，东至海淀公园，西至香山公园，全长36.09千米。

13日　圆明园管理处与法国香波堡管理处签订合作协议，双方在文化遗产保护、展示以及文化产业发展等方面展开交流合作。

14日　清河河道综合治理工程基本完成，10项临时治污工程、6段清淤工程、每天补充环境用水等方式让清河的污水排放量降 90%。

16 日 历时两年大修、耗资 3000 余万元的大钟寺古钟博物馆开门迎客。

16 日 清河清真寺举行落成典礼。清河清真寺始建于清朝康熙年间，清光绪二十七年（1901 年）由清河南岸迁至北岸，民国 29 年（1940 年）大修扩建。2012 年 9 月重建，建筑面积 4600 平方米。

21 日 由中宣部主办的“走笔诗词楹联，礼赞伟大祖国”朗诵进社区活动首演式在海淀区举行。

23 日 全国首个综合性政务云平台——海淀区政务云平台正式上线。

31 日 北京市首家老年健康服务指导中心成立，中心可为入住老人提供康复评定及训练指导、中医保健、营养状况的评估和干预、建立健康档案等服务。

10 月 2014 年度“中国标准创新贡献奖”评选公布。海淀区单位获得 5 项一等奖，占全部一等奖的 71.4%；获得 10 项二等奖，占全部二等奖的 50%；获得 9 项三等奖，占全部三等奖的 31%。

11 月

5 日 区政府、中关村管委会举行支持中国人民银行中关村中心支行持续发展备忘录签约仪式。人行中关村中心支行是中国人民银行在全国高新区范围内设立的首家中心支行。

6 日 全国首家知识产权审判专业机构——北京知识产权法院在海淀区正式挂牌成立，法院集中管辖原由北京市各中级人民法院管辖的知识产权民事和行政案件。

11 日 国家主席习近平夫人彭丽媛邀请来华出席 2014 年北京 APEC 领导人非正式会议的部分经济体领导人或代表的夫人参观世界文化遗产颐和园。

19 日—22 日 区委书记隋振江率队到福州、厦门市考察高科技产业发展及预备役建设工作。

28 日 海淀区文物保护中心揭牌。

29 日 中共中央政治局委员、市委书记郭金龙，市委副书记、市长王安顺到海淀区调研全国科技创新中心建设工作，并考察有利网。有利网是中国领先的互联网金融 P2P 平台，于 2013 年 2 月上线，已促成实际投资 52 亿元，支持超过 10 万家小微企业和个体工商户发展。

12 月

2 日 总面积 3.45 万平方米的巴沟山水园二期公园竣工并正式对市民免费开放。

3 日 全国首家互联网文化创意产业园——中关村互联网文化创意产业园在中关村玉渊潭科技商务区开园。

4 日 以“弘扬宪法精神，建设法治海淀”为主题的海淀区“12•4”国家宪法日暨法制宣传月主会场活动在区文化馆小剧场举行。

5 日 《海淀区二期学前教育三年行动计划（2014—2016）》发布实施。

10 日 海淀区综合新闻门户网站、北京市区县最大的全媒体数字平台“海淀网（www.bjhdnet.com）”正式上线运行。

11 日 海淀区与北京市自来水集团签署《合作框架协议书》。双方议定加快推进北部地区供水纳入中心城系统，推进中心城区管网改造等工作，并建立合作协调和联席工作机制。

15 日 第五届“海之声”新演出季在清华大学新清华学堂开幕。演出季持续至 2015 年 2 月 28 日，海淀区演出联盟成员单位在 17 个场馆上演 170 台、411 场演出。

16 日 区政府与北京理工大学签署《战略合作框架协议》《推进产学研合作和成果转化协议》《共建军民融合产业园协议》。

19 日 市委副书记、市长王安顺到海淀区检查党风廉政建设责任制落实情况。

22 日 海淀区启动企业设立“多证联办”试点工作，实现“一口受理、同步办理、一口发证”的“多证联办”，申请人只需在一个窗口一次性提交所有材料，即可一次性领取“四证一章”（营业执照、组织机构代码证、统计证、税务登记证和公章）。

23 日 区十五届人大常委会第二十三次会议决定：接受刘长利辞去海淀区副区长职务的请求，任命王际祥为海淀区副区长。

29 日 清华大学附中体育馆建筑工地发生坍塌事故，造成 10 名工人死亡、4 人受伤。

30 日 海淀区召开安全生产工作大会。区属有关单位主要负责人和区域 1000 余家建设、施工、监理单位主要负责人参加会议。会议通报“12•29”清华附中工地坍塌事故情况，部署全区安全生产工作，决定在海淀辖区内组织开展全面彻底的安全生产大检查，对存在的安全生产隐患进行全面整治。

12 月 中关村科技园区管委会与海淀区联合宣布，“一城三街”格局初步成型。中关村软件园内汇聚百度等 277 家软件企业总部和全球研发中心；中关村创业大街聚集 16 家新型创业服务机构，签约面积近 1.29 万平方米；中关村西区聚集金融机构 396 家。

年内 完成关系群众生活的 37 件实事。

年内 分两批对部分重点领域事业单位进行改革，对从事生产经营活动的事业单位予以转企。第一批改革的 13 家单位进入资产清查阶段，第二批改革的 21 家单位改革方案通过区政府常务会审议。

（钟冷）

中国共产党海淀区委员会

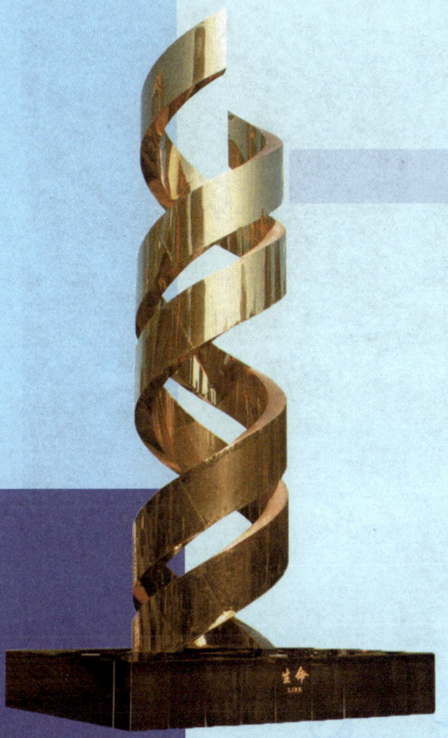

2月19日，海淀区召开第十一届纪律检查委员会第四次全体会议（区纪委 供图）

2月21日,区委党校召开党的群众路线教育实践活动动员会（区委党校 供图）

5月7日，海淀园管委会与北京航天航空大学软件学院签署《人才校企合作联合培养协议书》，启动中关村核心区校企合作人才培养基地建设（区委组织部 供图）

7月1日，区委常委班子召开党的群众路线教育实践活动专题民主生活会（区委组织部 供图）

9月18日，市委宣传部、首都精神文明办和市委讲师团共同举办“最美北京人”百姓宣讲海淀区调讲活动（田峰 摄）

10月9日，海淀区召开落实党风廉政建设责任制党委主体责任工作会（区纪委 供图）

11月18日，区直属机关工委召开学习中共十八届四中全精神专题辅导报告会（李瑞林 摄）

12月9日，海淀区召开四套班子务虚会（李瑞林 摄）

中国共产党海淀区委员会

综　述

【概况】 2014年，中共北京市海淀区委员会围绕建设“首都功能核心区”和“全国科技创新中心核心区”的功能定位，坚持稳中求进的总基调，开展群众路线教育实践活动，统筹中关村核心区发展和区域治理，推进三大功能区建设和全国文明城区创建等重点工作，全面完成各项目标任务。年内召开区委全体会议1次，常委会议42次，专题会议12次。

截至本年年底，海淀区有中共党员157784名（不包括驻区中央、市直属单位和部队单位党员），比2013年增加7286人，增长4.8%。其中女党员73507名，占46.58%；少数民族党员6039名，占3.83%；35岁以下党员32963名，占20.89%；大专以上文化程度党员104252名，占66.07%。区委派出工委24个，党组42个，所属的基层党组织5478个（党委250个、党总支367个、党支部4861个）。全年新发展党员1286名。

思想建设　区委把学习贯彻习近平总书记重要讲话精神和落实市委关于贯彻习近平总书记讲话精神的各项部署作为首要政治任务，通过各种形式学习领会精神实质，提高思想认识，增强依托核心区服务首都核心功能的责任感、使命感，疏解非核心功能，提高转型发展的自觉性；强化建设全国科技创新中心的责任担当，推动创新引领融合发展和京津冀协同发展；破解城市病难题，狠抓生态文明建设，举区域之力创建全国文明城区。

党的建设　区委抓好理论武装，持续推进学习型党组织建设；协同主流媒体对全区转型发展、文明城区创建进行深度报道。着力抓好干部队伍建设，注重对处级领导班子结构和运行情况的综合分析，有针对性地调整配备干部；加大党建实绩在干部考核指标体系中的权重；多措并举推进干部教育培训，完善军转干部安置管理工作。制定央地人才一体化规划，推进人才特区建设。开展基层服务型党组织建设试点、对口帮扶、机关党员“双报到”活动，集中整顿软弱涣散社区（村）党组织，基层党组织服务群众能力不断增强。组建区委非公企业和社会组织党建工作办公室，推进非公党建工作。落实各级党委党风廉政建设的主体责任和纪委的监督责任，推进惩治和预防腐败体系建设，建立落实党风廉政建设责任制专题评估机制。全年立案79件，结案79件，给予党纪政纪处分72人，新立案、结案、处分数量同比均上升一倍。针对“小官巨腐”问题开展农村基层党员干部不正之风和违法违纪行为专项整治行动，查处19件。

经济建设　落实中关村先行先试政策，加大对战略性新兴产业、信息服务业、科技服务业、互联网金融等业态发展的支持力度，大力改造提升城市服务业。高新技术企业总收入继续保持15%以上高增长态势，互联网金融机构落地企业数量增长45%；科技创新产业占地区生产总值比重超过一半以上，新兴产业成为经济增长的主要拉动力。搭建协同创新、技术转移转化、知识产权服务、创新创业信息服务等创新平台，与区域单位共建产业引导基金、协同创新研究院、军民融合产业园、产业孵化基地，中关村核心区创新要素聚集和辐射能力进一步增强。融入京津冀协同发展，探索产业跨区域有序转移的利益共享机制，推进海淀园秦皇岛分园建设。加快建设三大功能区、专特精新产业园和乡镇特色产业园，中国铁塔公司、中国铁路发展基金、中民投新能源、紫光展锐、浪潮全球研发中心、市集成电路设计子基金、市知识产权法院、中国人民银行中关村支行等一批重点企业、平台落地。“一城三街”建设取得新成效，海淀图书城变身中关村创业大街，入驻创业服务机构16家，入孵创业团队近400个。

政治建设　学习领会习近平总书记在庆祝全国人大成立60周年和人民政协成立65周年大会上的重要讲话精神。区人大实施预算项目事前绩效评估，推行预算监督向街镇延伸、预决算信息公开。区政协探索双周协商、专题协商、跨区域协商和提案办理协商等多种形式，围绕全区改革发展中的重点难点问题建言献策。在各民主党派、工商联和无党派人士中开展“坚持和发展中国特色社会主义学习实践”活动，加强党外代表人士队伍建设，民族、宗教、对台交流和海外统战工作取得新成绩。发挥工会、共青团、妇联在法治建设、基层自治、志愿服务中的纽带作用，区总工会推动百人以上企业工资集体协商，开展劳动争议调解；团区委开展区域化团建、青少年权益保护等创新试点；区妇联探索实施“妇女代表联系制”，将工作触角延伸到妇女身边。深化平安海淀建设，落实各项反恐防恐措施，推进重大决策社会稳定风险评估，加强拆迁腾退等重点矛盾纠纷排查化解，开展专项整治行动和安全生产大检查，完成国庆 65 周年、中共十八届四中全会、APEC 会议等重大活动和敏感时期维稳安保任务；探索实施审判长、主审法官责任制以及审判委员会改革，完成检务公开各项试点；完善治安防控体系，2014 年群众安全感测评在城六区排名第一。开展双拥共建、军地融合发展，进一步巩固军政军民团结。

区委成立全面深化改革领导小组和工作机构，明确 12 个方面的改革重点和 2014 年 93 项年度改革任务清理、规范全区行政审批和政务服务事项，取消 36 项，精简合并 19 项；推进“同区通办、三级联动”政务服务体系建设，41 个便民服务事项在所有 29 个街镇、80%的社区（村）上线运行；开展企业设立“一口受理、同步办理、一口发证”的“多证联办”试点，办理时限大幅缩短；率先在全国建立健全区、镇两级农村集体资产监督管理体系，开展镇村“三资”审计工作；制定两批次 34 家事业单位改革方案，第一批 13 家事业单位改革全面展开；完成区属商业企业、北部园区建设企业重组。在公共投资和服务领域推进“建设—移交”（BT）、“建设—经营—转让”（BOT）、“公私合作项目融资”（PPP）等合作模式，逐步引入社会资本与企业进入。

社会建设　推动部门和科队站所下沉街镇、社区（村）网格开展联合执法。以传播文明理念、弘扬文明风尚为宗旨，加强社会主义核心价值观宣传及未成年人思想道德教育，实施“诚信守法经营”“遵章守纪出行”“美好家园共建”等专项行动，开展“学习道德模范、做文明海淀人”系列活动，进一步提升市民文明素质和城市文明形象。拆除违法建设 160 万平方米，关停东升镇明光寺市场、海淀镇西苑市场等商品交易及回收类市场 58 个，清理群租房 6869 套，疏解流动人口 12.5 万人；“三山五园”地区拆除玉泉山周边建筑 10 万平方米，完成四王府等一期腾退工作，启动一亩园等地区改造工作。实施“山水林田湖”系统治理，建成“三山五园”绿道系统 36 千米、南沙河滨水绿廊 30 公顷，改造提升西山森林 80 公顷，新增造林绿化 324 公顷，新建绿地 225 公顷，完成翠湖湿地村庄腾退。完成中央党校升级版“机械化垃圾分类试点”；委托专业公司实施新工艺改造和管理翠湖再生水厂，推进稻香湖再生水厂和南沙河治污截污等重点工程，完成 10 条中小河道治理；大气污染治理取得新成效，空气质量优于全市平均水平。

完成 37 件区级和 700 多件街镇级为民办实事项目。扩大优质义务教育资源布局，建立部门与地区协同发展管理公共教育的工作机制结构，建成 6 个医联体，在社区卫生服务站开展社会办医试点，海淀区被评为“国家慢性病综合防控示范区”；实施文化惠民工程，举办惠民演出 700 余场，承办“纪念中法建交 50 周年——北京西山中法文化交流史迹展”系列活动。新增养老床位 1500 张，清河敬老院投入使用，建成 109 个社区老年互助社，启动养老助残卡的试运行工作；新建、筹集各类保障住房 1.6 万套；完成 91 个老旧小区和 5 个棚户区改造项目。七王坟新农村改造试点方案落地实施，政府扶持、村民自治、就地改造模式得到村民拥护。西北旺镇、温泉镇“一镇一园”项目开工建设。新增道路 16 千米，完成 15 处疏堵点改造；清华附中永丰学校、翠微小学温泉校区等优质校投入使用。

（孙腾飞）

【王安顺调研食品药品安全监管工作】 1 月 6 日，市委副书记、市长王安顺到食品药品监管、检验机构和药品销售企业，调研安全监管工作。在海淀区食品药品监管局四季青镇食品药品监管所投诉接待室，王安顺询问工作人员如何“快速反应”。并察看从受理、投诉到巡查、执法、检测每个监管环节的日常记录和工作机制。四季青镇食品药品监管所是新成立的机构，负责监管 3507 家企业，其辖区是典型的食品、药品集散地。他指出，食品药品安全事关广大人民群众身体健康和生命安全，各级监管机构要加大监管力度，当好人民群众的安全卫士，把好食品药品质量关。

（钟冷　孙腾飞）

【郭金龙调研历史文化景区建设情况】 5 月 14 日，市委书记郭金龙就深入贯彻落实习近平总书记考察北京重要讲话精神，到海淀区调查研究。海淀境内的“三山五园”是北京西郊一带皇家行宫苑囿的总称，区域内散落着 100 多处文物古迹，历史文化价值弥足珍贵。但因其周边属城乡接合部，在城市化进程中形成多个城中村，与这里优美、厚重的历史文化风貌形成强烈反差。郭金龙仔细察看一亩园社区，听取区、镇负责人汇报，详细了解改造思路。并强调圆明园周边地区建设要统筹考虑传承历史文化、保护利用文物古迹、改善群众生活条件和区域可持续发展，以改造的实际成效回应群众关切，造福群众。2012 年，海淀区启动三山五园历史文化景区建设，重点改造香山地区、颐和园和圆明园之间地区、玉泉山周边地区。

（钟冷　孙腾飞）

【王安顺调研城市精细化管理工作】 6 月 10 日，市委副书记、市长王安顺到海淀区、朝阳区、西城区，深入街道社区和交通设施，调研城市精细化管理工作。王安顺对海淀区学院南路明光村、西直门北大街 43 号院、东土城路 1 号院、木樨地北里等老社区进行实地场检查。他指出，低端业态聚集、外来人口集中，环境脏乱、私搭乱建、停车秩序混乱、违法经营等诸多问题，给群众生活和城市管理带来了隐患，也影响着首都的整体形象。要求各区县各单位各部门深入贯彻落实习近平总书记在京考察工作时的重要讲话精神，切实提高城市精细化管理水平。

（钟冷　孙腾飞）

【实施"七大工程"践行社会主义核心价值观】 8月，海淀区实施"七大工程"培育和践行社会主义核心价值观，即教育引导、文化涵育、基地建设、融合共建、精品创作、环境营造、治理融入七大工程，包括21个板块、80多个项目。通过"七大工程"建设，到2016年，在全区形成有利于弘扬社会主义核心价值观的良好政策导向、利益机制和社会环境，使广大党员干部群众自觉践行社会主义核心价值观。到2020年，海淀区把社会主义核心价值观的要求突出体现在经济建设、政治建设、文化建设、社会建设、生态建设和党的建设等各领域，在全社会形成共同的理想信念、强大的精神力量、良好的道德规范。

（钟冷）

【郭金龙考察全国科技创新中心建设工作】 11月29日，市委书记郭金龙一周内第三次就加快全国科技创新中心建设进行调研。在中关村的中国互联网金融中心，创新理念和创投资金通过互联网金融实现直接对接，呈现出高速增长趋势。郭金龙向入驻金融中心的有利网CEO刘雁南详细了解公司运营模式，鼓励互联网金融企业在利用科技手段提高资金使用效率的同时，要有效防控金融风险。2013年2月上线的有利网平台成交额已突破50亿，注册用户数超过200万，促成实际投资52亿元，支持超过10万家小微企业和个体工商户发展。市委副书记、市长王安顺一同调研。

（钟冷　孙腾飞）

区委重要工作及重大活动

【区委十一届五次全会召开】 1月3日，中共北京市海淀区委十一届五次全会召开。区委书记隋振江作题为《以改革创新为引领，全面提升中关村核心区建设和区域治理水平》的区委常委会工作报告，区长孙文锴做《关于全区经济社会发展工作的报告》，会议表决通过《中国共产党北京市海淀区第十一届委员会第五次全体会议决议》。

（孙腾飞）

【2014年全区工作要点】 1月26日，区委召开第93次常委会，确定2014年全区工作总的要求和工作要点。总要求：以党的十八大、十八届三中全会、中央经济工作会、城镇化工作会、农村工作会精神为指导，深入学习贯彻习近平总书记系列重要讲话精神，按照市委十一届三次、四次全会的总体部署，牢牢把握稳中求进的总基调，以改革创新为引领，着力加强对全面深化改革工作的组织领导，统筹推进各项改革；着力推进科技与文化创新，促进产业结构优化升级；着力推动新型城镇化，加快三大功能区建设；着力破解"城市病"难题，创建全国文明城区；着力保障和改善民生，提升社会治理能力；着力提高党的建设科学化水平，扎实开展党的群众路线教育实践活动，为把海淀早日建成具有全球影响力的科技创新中心和"环境优美、和谐宜居"的高科技核心区奠定坚实基础。工作要点：发挥市场配置资源的决定性作用，强化创新驱动；以新型城镇化带动城乡一体化，构建核心区产城融合发展新格局；全力创建全国文明城区，提升城市治理能力；加强民生领域改革，积极回应群众期盼；加强社会主义民主政治建设，推进依法治区；以改革创新精神提高党的建设科学化水平。主要目标：地区生产总值增长8%左右；城镇登记失业率控制在1.5%以内；城乡居民人均收入增长9%左右；高新技术产业总收入增长15%；区级公共财政预算收入增长8.5%；建设筹集保障性住房1.5万套；完成市政府下达能耗、水耗下降等节能减排、环保任务。

（孙腾飞）

【南水北调中心组学习】 4月11日，市委市政府理论学习中心组学习（扩大）电视电话会召开，海淀区设立分会场。会议听取国务院南水北调办党组书记、主任鄂竟平同志关于南水北调工程建设有关情况的报告，观看河南、湖北两省关于南水北调工程建设的专题片。

（孙腾飞）

【区委专题民主生活会召开】 7月1日至2日，区委常委召开党的群众路线教育实践活动专题民主生活会，区委常委隋振江、孙文锴、刘长利、尹燕京、李彦来、吴祖安、刘勇、芦育珠、穆鹏、陈名杰、彭玉敬、傅首清分别做了对照检查。中央第二巡回督导组副组长王庭大出席并讲话，市委副书记、市委第四督导组组长吕锡文出席并对民主生活会情况进行点评，对下一步工作提出要求。区人大常委会主任关成启、区政协主席彭兴业列席会议。

（孙腾飞）

【签署支持人行中关村中心支行持续发展备忘录】 11月5日，海淀区与中关村管委会、中国人民银行举行支持中国人民银行中关村中心支行持续发展备忘录签署仪式。人行中关村中心支行是中国人民银行在全国高新区范围内设立的首家中心支行，其入驻将为海淀区的科技创新资源聚集、科技金融业发展迅猛、金融机构的快速成长有着极大的助推作用。仪式由海淀区区长孙文锴主持，海淀区区委书记隋振江、国家外汇管理局副局长李超、中关村管委会主任郭洪出席并讲话。

（孙腾飞）

【隋振江率队考察福州厦门】 11月19日—11月22日，海淀区委书记隋振江率队到福建省福州和厦门两市考察高科技产业发展及预备役建设工作。海淀副区长孟景伟、徐永全，二炮部队有关领导，区委办、民政局、海淀园相关负责人及部分街镇党工委（党委）书记参加考察学习活动。

（孙腾飞）

区委日常事务

【概况】 中共海淀区委办公室是区委日常工作部门和区委系统工作协调部门。区保密委员会办公室、区国家保密局对外保留牌子，机构设在区委办公室。

值班应急 全年保障中央、市领导调研和检查工作29次，服务区主要领导调研、走访、安全检查等活动52次；服务保障区委常委会、专题会及其他全区性会议70余次，牵头召开“四办”主任协调会54次。处理来件、来函4000余件，督促、办理领导批示反馈件2000余次，协调处理信访事件400余次，协调区四套班子领导出席各类会议和公务活动800余次，通过区OA办公网下载会议、活动通知等800余件全部及时、准确处理。

督查工作 实行台账式管理、项目制负责、销账式督办，主动上门服务，调整任务期限，转变督办方式，提高了督办效率。2014年，共督办落实决策任务、专项任务等重点事项1068项，与区政府督查室联合督办区委区政府年度重点工作任务141项；督办区委常委会议定事项，市区各级领导批示、调研指示事项489项，区政协党派团体委员提案30件，群众路线整改、文明城区创建、农村拆迁腾退等专项工作403件，起草专题报告20余篇，两篇被《北京督查》采纳刊登。开通督查短信系统和督查手机报系统；根据党委信息化要求，开通督查管理系统，提高了督查效率。

协办工作 全年办理区委收文1401件，撰写《关于领导批示件纳入协办程序的建议》90期。在区委办公室协同管理系统信息平台上处理收文1518件。区委收文中，65件区委领导批示件纳入协办事项，协办事项办结率达78%。协调办理清理中科院计算机网络信息中心违章建筑等多项疑难事件，每件协办事项均做到即收即办，事事有反馈，件件有回音。

文秘工作 起草区委主要领导各类会议讲话、活动致辞等文稿共计90余件，玉泉山周边环境整治工作报告等重要报告10余件，《北京工作》约稿材料3篇。起草区委常委会、区委专题会等各类会议纪要45件，区委大事记12期，完成海淀区二轮修志初稿（区委部分）、《海淀年鉴》（2013区委部分）。制发各类公文200件，同比减少30%。

信息工作 上报信息累计被《北京信息》采用781篇次，积4170分，分列各区县第一、二位。其中，76条被上报中办，2条信息得到市委书记郭金龙批示，5条信息被市委办公厅评为优秀信息。编发《海淀信息》普刊240期，专刊56期。海淀信息工作管理系统上线运行。

机要密码工作 推进党委信息化工作，完成“1+4”工程，完成党委系统信息化顶层设计及应用、网络、安全系统设计；区委互联网门户网站正式上线；推进政务内网网络覆盖，第一办公区25家单位的电子政务内网已经接入，区属118家单位在推进；7网整合取得较大进展，其中纪检监察网、公文传输网实现内网互联互通。推进市区两级加密电视电话会议联通。完成创建文明城区档案工作，以及办公室档案移交工作。

保密工作 建成全市首家功能最全、设施一流的现代化保密技术监控服务中心，集成保密监控、防护、服务等15个平台。开展全覆盖保密宣传教育和“10月保密宣传月”、“12•4保密宣传日”活动，联合北京交大保密学院对全区保密干部、辖区涉密军工企业开展集中培训，深入基层开展保密培训和技术演示，通过向领导发送保密警示短信、安装保密桌面系统、发放应知应会手册等深化宣传实效。开展各类资质企业初审83家，实施保密各类检查65家。

交流联络 以两办名义印发《海淀区关于全面加强服务中央单位和驻区部队工作、促进区域融合发展的意见》，整合“四个服务”信息平台，筹备建立区域中央单位和部队大数据平台；召开海淀区服务驻区单位工作座谈会，征询意见建议，为驻区单位解决实际问题，推动与区域单位框架协议的落实。接待外省市、外单位来访35批，服务区领导赴外地考察调研5次。

（孙腾飞）

组　织

【概况】 中共海淀区委组织部是海淀区党的组织工作、干部工作、人才工作的主管部门。2014年，海淀区以开展第二批党的群众路线教育实践活动为主线，推进干部人事制度改革，加强领导班子和干部队伍建设、基层组织建设、人才工作及组织部门自身建设。截至12月31日，全区共有中共党员157784名（不包括驻区中央、市直属单位和部队单位党员），其中女党员73507名，占46.59%；少数民族党员6039名，占3.83%；35岁以下党员32963名，占20.89%；大专以上文化程度党员104252名，占66.07%；区委派出工委24个，党组39个，所属的基层党组织5442个（党委246个、党总支362个、党支部4834个）。全区有846名处级领导干部（含企业领导人员），其中女性处级领导干部229人，占27.07%；少数民族处级领导干部34人（其中，满族14人，蒙古族5人，朝鲜族6人，回族5人，土家族2人，苗族2人），占4.02%；非中共党员处级领导干部32人（其中，民革2人，民盟2人，民建8人，民进4人，农工党5人，致公党2人，九三学社3人，无党派6人），占3.78%。全年共调整处级领导干部235名。选拔75名优秀团职军转干部担任上一级非领导职务。

（白静）

【党的群众路线教育实践活动】 2月12日，根据中央、市委统一部署，海淀区党的群众路线教育实践活动动员部署大会召开。市委第四督导组第一副组长高华出席并讲话，区委书记隋振江、区长孙文锴、关成启、彭兴业、刘长利等区四套班子领导出席会议。区党的群众路线教育实践活动紧扣“为民务实清廉”的主题，贯彻“照镜子、正衣冠、洗洗澡、治治病”的总要求开展学习教育，区四套班子和127个处级班子、1142名处级以上党员干部、4981个基层党组织、14.46万名党员参加。活动聚焦整治“四风”（形式主义、官僚主义、享乐主义、奢靡之风）突出问题，召开专题民主（组织）生活会，各级领导干部撰写对照检查材料，广泛开展谈心谈话，进行批评与自我批评，自觉参加民主评议。针对联系服务群众“最后一公里”问题，即知即改，立行立改，解决562件群众反映的城市环境秩序问题；针对群众反映较突出的农转非难题，实行领导包案，从问题最集中的四季青镇入手，形成该镇整建制农转非试点方案，并经市政府专题会批准；持续开展正风肃纪专项整治行动，精简会议文件，减少考核评比，清理超标办公用房、超标超配公车和会员卡，普遍压缩“三公”经费，狠刹公款送月饼、贺卡、节礼和年货等行为；明察暗访、通报曝光机关干部纪律松弛和损害群众利益的行为，党风、政风焕然一新，教育实践活动取得重要成果。制订区四套班子整改方案，确定98个方面的整改内容，区级领导分别制定个人整改措施，全区127个处级单位累计梳理整改事项1971项，其中立行立改765项，并制定各班子的整改方案和领导同志个人整改措施。10月15日，区委召开党的群众路线教育实践活动总结大会，对全区党的群众路线教育实践活动进行总结。12月4日，区委党的群众路线教育实践活动领导小组审议通过《海淀区关于深化“四风”整治、巩固和拓展党的群众路线教育实践活动成果的工作安排》。年底，全区各单位通过召开党员领导干部整改落实专题民主生活会的形式，对班子和个人整改情况进行“回头看”。

（孙腾飞　白静）

【专题组织生活会】 8月8日，区委组织部召开全区专题组织生活会和民主评议党员工作部署培训会，对127个处级单位进行专题培训。选取20个支部作为民主评议党员试点。全区共有123781名党员参加了专题组织生活会，进行民主评议。中央第二巡回督导组组长杨衍银全程参加8月22日西三旗街道小营联合社区党支部组织生活会和民主评议党员工作。

（白静）

【党代表微信公众平台开通】 10月1日，海淀区党代表微信公众平台正式开通。海淀区党代表联络室通过微信平台，定期向党代表推送党代表任期制微信息，为全区150名基层党代表提供学习交流、信息传播的新平台，全年共发送微信息6期。

（白静）

【党的十八届四中全会专题讲座】 11月21日—12月10日，在区委党校举办4期处级领导干部学习贯彻党的十八届四中全会精神专题讲座，每期半天，邀请国家行政学院法学部副主任杨小军、全国人大常委会办公厅研究室主任万其刚、中央党校政法部教授姜小川等专家学者做专题报告，全区691名处级领导干部参加培训。

（白静）

【干部在线学习】 年内，根据市委组织部《关于干部在线学习学时管理有关事项的通知》要求，区委组织部会同区人力社保局制定下发《关于干部在线学习工作有关事项的通知》，全区127家单位7017名干部参加在线学习。其中，处级干部参学人数为1139名，学时完成率100%；科级及以下公务员参学人数为5878名，学时完成率99.9%。

（白静）

【干部管理】 年内，区委组织部对区属单位党政领导干部在企业兼职情况进行调查摸底，对43名在企业兼职的领导干部进行清理规范。开展超职数配备干部专项核查治理工作，严格按照计划进行超职数配备干部消化工作。对全区“配偶已移居国（境）外”的国家工作人员情况进行摸底调查。首次对全区1155名处级干部个人有关事项报告进行拆封核实、信息录入、汇总综合，并按照一定比例进行抽查核实。

（白静）

【基层党组织建设】 年内，区委组织部发挥党的建设专项改革工作组牵头单位职能，推进全区党的建设专项改革工作，拟定《海淀区2014年重点改革任务》和《中共海淀区委关于贯彻落实党的十八届三中全会和市委十一届四次全会精神全面深化改革的实施意见》中涉及党建专项改革的有关内容。建立“1+8”党建工作体系（区委组织部牵头抓总、八个系统党（工）委具体实施的联系服务群众工作党建工作机制）。开展基层服务型党组织建设试点工作，确定学院路街道二里庄社区党总支、东升镇清河村党总支2个市级试点基层服务型党组织和紫竹院街道车南里社区党委、西北旺镇韩家川村党支部等70个区级试点基层服务型党组织。选派第二批。党建工作组对口深入基层党组织，选派128名区级机关党员干部，会同225名基层党员干部，组成39个党建工作组，对口帮扶39个基层党组织，包括9个农村党组织、17个社区党组织、3个学校党组织、3个医院党组织、2个其他事业单位党组织、2个国有企业党组织和3个非公有制企业党组织。加大对非公企业和社会组织党组织党建工作指导力度，通过非公联合党委和活动中心“捆绑式”联建方式，探索解决非公有制企业和社会组织党组织活动场所不足的难题。

（白静）

【央地人才协同发展】 年内，由区委组织部起草，以区委区政府名义联合市委组织部、市发展和改革委员会等9个市级部门印发了《关于进一步促进海淀区央地人才协同发展的实施意见》（京海发〔2014〕14号），采取市区联动方式，从五个方面探索推进央地人才协同发展。即：争取部分高校院所开展体制机制改革试点，逐步突破专家人才走出大院大所的体制束缚；搭建央地人才协同发展平台，解决人才与企业信息不对称、对接机制不健全的问题；促进央属高端人才（团队）带前沿科技文化成果落地并给予重点支持，增强区域发展对高校院所人才及科技文化成果的吸引力；利用知名院校的理论优势和企业的实践经验，推动央地联合培养产业领军人才、产业技术骨干和战略性新兴产业基础人才；依托央属单位优质资源加强区属人才队伍建设，全面促进区属各项事业发展。同时，建立市、区两级统筹推进机制，组建工作联席会，协调解决该项工作推进过程中的重大问题，形成全社会共同推进央地人才合作和融合发展的工作体系。

（白静）

【中关村人才特区建设】 2014年，海淀区新增130名“千人计划”入选者和31名“海聚工程”入选者，累计有744人入选“千人计划”，236人入选“海聚工程”，126人入选“高聚工程”，分别占北京市总入选人数的67.8%、38.6%和66.7%。加快实施“海英人才”支持办法，将科技服务、知识产权等领域专业人才纳入“海英人才”支持范围。2014年，累计421人入选“海英人才”，近七成来自“6+1”[①]战略性新兴产业领域。新增网秦等6家博士后工作站分站和三正科技等2家博士后（青年英才）创新实践基地工作站，园区院士专家工作站、博士后工作站分站、青年英才基地工作站总建站数达89家，10家企业同时建立“双站”；为81家企业配租公租房1195套。

（白静）

宣 传

【概况】 2014年，海淀区宣传工作贯彻落实习近平总书记系列重要讲话精神和中共十八大精神，开展党的群众路线教育实践活动，培育和践行社会主义核心价值观，加大对外宣传和舆论引导力度，提升区域文化软实力。

通过理论宣讲月、系列座谈会、专题培训班、编发学习手册等方式，加强思想理论武装工作，推进学习型党组织建设。组织区四套班子领导和法检“两长”开展为期17个半天的群众路线教育实践活动的集中学习。区理论学习中心组全年开展学习28次。开展学习型党组织建设品牌活动和示范点评选工作，7家单位受到市委宣传部表彰。北京市哲学社会科学应用对策研究海淀基地组织开展课题研究23项。

社会主义核心价值观公益广告宣传，设置建筑围挡公益广告15.4万平方米，张贴公益广告海报20多万张。与中央电视台电影频道合作拍摄国内第一部以环卫工人为主题的微电影《我的梦》。开设“海淀•故事”微信平台，每周推送一篇海淀模范人物的故事被《人民日报》头版专题报道。普及公共文明礼仪，印发《文明礼仪在身边》丛书11万册，成立“社区文明举止提示队”，设立“遵德守礼”提示牌。推进志愿服务制度化、项目化、常态化、社会化，构建以党员志愿者带头、骨干志愿者组织、专业志愿者支撑、广大志愿者参与的志愿服务队伍体系。

组织首届国际体育影视广告饕餮奖赛事、“黑马大赛”全国总决赛、2014“演艺北京”剧目交易会与“中关村（道略）演艺产业高峰论坛”、第二届中国少儿文

① 2010年，国务院出台《关于加快培育和发展战略性新兴产业的决定》，明确提出战略性新兴产业的七大方向：节能环保、新一代信息技术、生物、高端装备制造、新能源、新材料和新能源汽车。

化作品评选、中关村音乐剧节等活动。举办第五届曹雪芹文化艺术节、中法文化交流系列活动、“三山五园”全球文化巡展等，获得刘云山、刘延东、刘奇葆、郭金龙等领导的肯定和社会各界的热烈反响。依托海淀演出联盟，举办中关村金秋演出季、“海之声”新年演出季、“文明绽放 幸福人生”第五届市民文明艺术节等活动，惠及群众400多万人次。

（陈魁）

【“建功核心区 创新在海淀”主题宣传实践活动】 年内，开展“建功核心区 创新在海淀”主题宣传实践活动。组织“最美北京人”百姓宣讲活动500余场；承办中宣部“走笔诗词楹联 礼赞伟大祖国”首场进社区朗诵活动“我们的节日”系列文化活动。开展文化科技卫生“三下乡”活动，“四月的足迹—海淀区爱国主义教育月”活动。开展典型人物宣传和示范引领，举办“2014感动海淀”十大文明人物评选活动。全面加强未成年人思想道德建设，开展“学习践行中国梦 做新时代的雷锋传人”等教育实践活动。

（陈魁）

【媒体宣传】 年内，在《人民日报》、新华社“内参”刊发海淀区工作的好经验好做法4次，中宣部发通知要求中央、北京市各大媒体报道海淀区新型城镇化的经验。中央电视台《新闻联播》报道海淀各类经济社会建设成就经验8次。“海淀在线”主微博粉丝量超过200万，发布原创微博8500余条。区属媒体全年出版报纸240期，刊发各类新闻稿件1.2万余篇。在北京电视台播发新闻160余条，在中央电视台播发新闻10余条；开通“海淀新闻”移动客户端、微博和微信，升级改版“海淀网”。编送《舆情快报》等刊物300余期，围绕重大突发敏感事件，做好舆情跟踪、分析、研判和应对建议等工作，有效应对全国文明城区创建过程舆论调控等舆情。

（陈魁）

【海淀中法文化交流活动启动】 3月30日，中法文化年北京地区重要活动——2014年海淀中法文化交流活动全面启动，并持续至年底。活动包括召开西山文化沙龙，中法文化交流研讨会；“和大师一起拍”西山国际摄影季；中法文化交流史迹展；大西山旅游节和圆明园赴法展览。纪念中法建交50周年的4集纪录片《贝家花园往事》同日在海淀西山贝家花园开机拍摄，纪录片由区委宣传部与中央电视台纪录频道联合出品、由北京师范大学纪录片中心负责拍摄。

（钟冷）

纪检监察

【概况】 2014年，区纪委监察局受理检控类信访举报1277件次，同比上升91%；立案87件，其中新立案79件，同比上升119%，结案79件，同比上升114%；给予党政纪处分72人，同比上升100%，其中开除党籍27人，开除公职9人；涉嫌犯罪移送司法机关12人，为国家和集体挽回经济损失900余万元。对西北旺镇皇后店村干部挪用资金案、原区市政市容委主任周培芳违纪违法案等案件进行剖析，推动完善农村“三资”监督管理、工程建设管理等方面制度机制。对中央八项规定精神和市委、区委实施意见贯彻执行情况监督检查，开展正风肃纪专项整治行动，解决“违反财经纪律”“借公务之名旅游”等“四风”突出问题。全年查处“四风”问题案件48件，给予党政纪处分38人，组织处理29人，点名通报曝光14人。开展“两规范一提高”（规范执法行为、规范政务服务、提高执法能力和服务水平）活动，继续引入第三方调查机构对109家党政部门和209家窗口单位开展群众满意度考评，推动全区作风建设进一步好转。以领导班子和领导干部为重点强化纪律教育，对党的政治纪律、组织纪律等纪律执行情况进行监督检查。围绕全国文明城区创建、行政审批制度改革、“清洁空气行动计划”、北部地区开发建设、“三山五园”、中关村科学城开发建设等区委区政府决策部署落实情况进行监督检查和专项监察。推进行政审批网上监察，及时督办行政处罚、政府采购等方面预警事件100余件。开展打击违法用地违法建设专项行动，移送司法1人，行政告诫2人，警示约谈17人。

（刘梦瑶）

【区纪委十一届四次全会召开】 2月19日，区纪委十一届四次全会暨全区党风廉政建设和反腐败工作会议召开。会议传达习近平总书记在十八届中央纪委三次全会上的讲话精神、中央纪委和市纪委全会精神，总结2013年党风廉政建设和反腐败工作，部署2014年任务。会议通过区委常委、纪委书记芦育珠所做的题为《聚焦中心任务 强化监督执纪扎实推进党风廉政建设和反腐败工作》的工作报告，形成会议决议。市纪委副书记杨逸铮、区委书记隋振江到会并讲话。区四套班子领导、区属各单位党政主要负责人以及区纪检监察干部等400余人参会。

（刘梦瑶）

【落实党风廉政建设“两个责任”】 年内，区委落实党风廉政建设主体责任，提出20类、79项具体措施，落实到30个牵头单位和43个协办单位。引导和督促全区各级党委（党组）、纪委（纪检组）在落实“两个责任”方面履职尽责。建立落实党风廉政建设责任制情况专题评估机制，对园林、农村、水务、文化等重点单位和领域落实责任制情况进行评估，提出工作建议，推动责任落实。建立区纪委监察局约谈制度，对存在落实责任不力等问题的单位领导干部进行约谈，先后约谈40家单位80余名处级领导干部。对117家处级单位党风廉政建设责任制落实情况进行普遍检查，将检查结果纳入绩效考核。实行“一案双查”，对西北旺镇皇后店村干部挪用集体资金案启动责任追究，给予两名时任主管副镇长、一名镇农经站站长党政纪处分。

（刘梦瑶）

【廉政教育】 年内，在海淀看守所建成反腐倡廉警示教育基地，组织4900余名党员干部到基地接受体验式教育。对区农业科学研究所办公室主任杨满忠受贿案等21起违纪违法案件进行通报曝光。组建“我身边的勤廉榜样”宣讲团在全区巡回演讲，3000余名党员群众听取报告。加强廉政宣传，改版升级区纪委监察局网站，传递反腐倡廉声音，加强舆情研判和舆论引导。在圆明园举办第三届“荷香雅韵廉洁清风”廉政书画笔会活动，推进廉政文化建设。

（刘梦瑶）

【纪律检查体制改革】 年内，落实查办腐败案件以上级纪委领导为主，对全区重要违纪案件线索统一管理。区纪委与公安、检察、审判机关协作配合，形成定期协商、重大犯罪嫌疑案件司法机关提前介入、重大案件跟踪督办等工作机制。建立国土海淀分局、规划海淀分局、区城管执法监察局等部门向区纪委监察局案件线索移送机制。制定区纪委监察局安全文明办案工作规则和办案点管理办法。区属单位纪检监察组织主要负责人的提名和考察以区纪委会同区委组织部为主，要求基层纪委书记、纪检组长不分管纪检监察以外其他业务。规范纪检监察科级领导干部任免程序，提出七个方面的准入条件。加强区纪委对区属单位纪检监察组织的领导，落实下级纪委向上级纪委报告工作制度，实行基层纪检监察领导干部全员述职，建立抽调基层纪检监察干部参与区纪委办案的培养使用新机制。

（刘梦瑶）

【纪检机构调整】 年内，区纪委撤销党风政风监督室（海淀区纠正行业不正之风办公室）、执法和效能监督室、预防腐败室，设立党风政风监督室，加挂海淀区纠正行业不正之风办公室、预防腐败室牌子；信访室不再加挂行政投诉中心牌子，与海淀区行政投诉中心合署办公；撤销干部管理室，设立组织部；撤销宣传教育室，设立宣传部；纪检监察一室（案件管理室）更名为第一纪检监察室；纪检监察二室更名为第二纪检监察室；设立第三纪检监察室；设立案件监督管理室；调研室更名为研究室，不再加挂政策法规室牌子。调整后，区纪委机关、区监察局、区预防腐败局内设机构总数、行政编制总数、领导职数总数均不变，办案部门和人员分别增至总数的72.7%和69.1%。将牵头或参与的议事协调机构清理调整为13个，进一步聚焦党风廉政建设和反腐败工作主业。

（刘梦瑶）

统一战线

【概况】 2014年，全区统一战线学习贯彻中共十八大、十八届三、四中全会、习近平总书记系列讲话精神，以凝聚深化改革共识为核心，以服务区域社会发展为重点，以强化作风建设为保障，不断提高统战工作水平，为海淀区的发展提供广泛的力量支持。

思想建设 开展坚持和发展中国特色社会主义学习实践活动。通过知识竞赛、统一战线大讲堂等形式，增强广大统战成员道路自信、理论自信、制度自信。开展非公经济人士理想信念教育实践活动。围绕“四信”（对中国特色社会主义的信念、对党和政府的信任、对企业发展的信心、对社会的信誉）主题，通过组织企业家赴狼牙山、董存瑞烈士陵园、井冈山接受革命传统教育，促进非公有制经济健康发展和非公有制经济人士健康成长。

服务区域改革发展 区委统战部、各民主党派、工商联承担课题50项，课题涉及首都发展管理和区域中心任务。编报信息545条，比2013年增加60%，120余条分别被中央统战部、市委统战部和海淀区委采用，并荣获全国统战信息工作三等奖、全市统战信息工作一等奖。以京津冀协同发展为主题，组织非公企业赴天津、秦皇岛、承德进行考察签订合作协议。举办“传统服务业对接移动互联时代”论坛，推动协同发展。举办民营企业、国有企业对接座谈会，探索国企混合所有制经济发展。举办新侨沙龙、第十四届“海外侨界高层次人才为国服务团”走进海淀等活动，引进多位高层次海外人才落地创业。各民主党派融入海淀区创建全国文明城区工作中，九三学社向全体社员发出争创全国文明城区倡议书。民进会员参加海淀区“社会主义核心价值观”宣讲，区工商联举办创意舞大赛等，民建启动“智慧出行服务应用示范”进社区活动，民革捐赠87台电脑用于丰富社区居民文化生活，共同形成创建文明城区合力。农工党在白家疃村以及唐家岭、双榆树等社区举行多次健康咨询义诊活动，服务超过500人次；台盟赴温泉镇敬老院看望五保老人；区工商联开展“心贴心，结对子”工程，成立爱心基金，组织企业家走访困难户。民盟赴甘肃援建西部生态园，一期造林1100棵；致公党向青铜峡市慈善基金会捐赠电脑100台、图书1.6万册；区工商联组织企业参加新疆投资项目推荐会。全年各界党外人士捐款捐物、参与光彩事业累计达2600余万元。

落实多党合作制度　完善单月专题讲座和双月情况通报制度，制定各民主党派向中共海淀区委提出意见建议的直通车制度，参与全区深化改革协商民主建设。全年举办协商会6次，分别围绕中共海淀区委党的群众路线教育实践活动方案、政协委员和人大代表候选人建议名单、政府工作报告等与党外人士进行协商；举办通报会7次，分别向各民主党派、工商联和无党派人士通报区委重要人事安排、深化改革、半年经济社会发展等情况；召开座谈会10余次，内容涉及学习交流中共十八届四中全会精神学习体会、无党派人士工作等。

民主党派自身建设　区委统战部协助民主党派做好届中调整增补，充实党派工作力量。开展民主党派、工商联领导班子年度述职评议，召开第十八次民主党派基层组织建设经验交流会，评选19家基层组织建设先进支部，推动党派基层组织建设。协助对申请加入民主党派的非公经济人士20人次开展综合测评。

党外代表人士队伍建设　人才储备工作实施党外代表人士“1020”增长计划（全区党外代表人士在现有基础上增长10%，党外后备人士在现有规模上增长20%），基本完成“三大工程”建设（民主党派“312”，即30名主委、100名委员、200名中青年骨干；新的社会阶层“135”，即100名非公经济企业家、30名职业经理人、50名中介组织党外代表人士；无党派“512”即50名代表人士、100名后备队伍、200名经常联系对象）。选拔民主党派后备干部430人，选拔新阶层后备人士301人，选拔无党派后备人士189人，建立涵盖五大宗教（佛、道、伊斯兰、天主、基督）的后备人才库。与组织部、人力社保局合作，从驻区高校选拔9名少数民族、非中共、硕博士毕业生来区属企业工作，做好前两批18名毕业生的联合培养。教育培养工作。构建社院培训、委托培训、异地培训、学历教育、实践锻炼、统战大讲堂在内的“六位一体”党外人士培训模式。举办党外代表人士暑期读书班、党外中青年骨干培训班等8个主体班次，累计培训1000人次以上。党外干部服务工作。跟进挂职的党外干部的联系服务工作，完成29名非公经济人士参评“北京市留学人员创新创业特别贡献奖”的推荐工作。

民族宗教工作　推进民族团结进步创建和和谐寺观教堂创建工作。在社区开展“民族团结，构建和谐”民族知识政策法规巡展活动，在《海淀报》开设民族团结进步创建工作宣传专栏。参加北京56民族团结日活动、举办海淀区第八届民族社区运动会等活动。以“教风”建设为主题，参与“做讲法制守秩序的好市民”知识竞赛。召开基督教、伊斯兰教教职人员恳谈会，开展和谐寺观教堂创建活动。与有关部门共同加强对重点工作的督导，召开两次专项工作会，实现平时和敏感节点、对重点骨干和一般信徒的两手抓两手都要硬的目标，确保专项工作平稳可控。

联谊交友　调整区委常委联系民主党派、工商联和区四套班子主要领导与党外人士交朋友名单，向区领导和党外朋友印发“交友卡片”，区领导与党外人士通过调研、座谈、电话等不同形式建立联系。通过组织参观、赴革命根据地学习、座谈交流等形式，密切与新社会阶层人士和无党派人士的联系。召开驻区高校、科研院所统战部长座谈会，通报海淀区情，交流统战工作经验，并向各高校通报推荐的党外人士在人大、政协、党派区委等履职情况，共同做好党外人士监督管理工作。

台湾统战工作　承担台湾新党主席郁慕明率领的台湾和平统一团体联合参访团、台湾环保和生态农业产业北京考察团、台湾眷村同胞参访团等10余个台湾参访团的接待任务。全年办理赴台初审237件，522人次。组织“区长接待台商日”活动；举办两岸企业联谊活动；做好台胞投诉纠纷的预警、排查和协调处理工作，为台胞解决创业、经营等方面的困难和问题，妥善处理17起台胞求助事件。以领导干部、青少年学生为重点，开展涉台教育。推动区委党校在各级领导干部培训班上讲授对台知识；与区教委共同印发《海淀区创建青少年涉台教育基地实施办法》。

（王彩虹）

【举办第二十期党外中青年骨干培训班】　4月28日—30日，海淀区委统战部举办第二十期党外中青年骨干培训班，来自各民主党派、工商联的中青年骨干，以及选调到区属企业工作的非中共少数民族硕士毕业生共70余人参加此次培训。

（王彩虹）

【举办党外代表人士井冈山培训班】　5月11日—14日，第四期海淀区党外代表人士井冈山培训班举行。部分民主党派班子成员和后备干部、海淀区新的社会阶层人士联谊会和党外知识分子联谊会部分副会长等40余人参加培训。

（王彩虹）

【举办统一战线大讲堂】　5月30日，海淀区举办统一战线大讲堂活动（第一讲），邀请中央社会主义学院李小宁教授做题为《中国特色社会主义政治发展道路》的报告。区委常委、统战部部长彭玉敬主持讲座。

（王彩虹）

【市涉台教育工作会在海淀召开】　7月3日，北京市涉台教育工作会在海淀区召开。市台办副巡视员马振生、宣传处处长金秀清、区台办主任王锋出席会议。会后，区委常委、统战部部长彭玉敬与马振生就海淀区对台工作交换意见。

（王彩虹）

【举办党外代表人士培训班】　8月20

日，2014年海淀区党外代表人士培训班正式开班。海淀区各民主党派主副委、工商联主席、无党派人士、新阶层联谊会和党外知识分子联谊会会长共68人参加培训班。

（王彩虹）

【牛有成到区调研】 9月12日，市委常委、统战部部长牛有成一行来海淀调研宗教专项工作。市委统战部副部长张洋，市民委副主任、宗教局副局长刘先传，市公安局国保总队副总队长商连魁等有关部门领导陪同调研。区委常委、统战部部长彭玉敬，海淀区副区长陈双及海淀区有关单位负责人参加调研座谈。

（王彩虹）

【台湾新党主席郁慕明到区访问】 9月26日，台湾新党主席郁慕明率台湾和平统一团体联合参访团一行56人到海淀参观中关村国家自主创新示范区展示中心。海协会副会长孙亚夫，市委常委、统战部部长牛有成，市台办主任汪明浩、副主任高振生，区委常委、统战部部长彭玉敬，区委统战部常务副部长杨志洪等陪同参观。

（王彩虹）

【第六届台湾眷村与社区交流节活动举行】 10月27日—31日，由北京市黄埔同学会与台湾台中市复兴文化发展协会联合举办的“黄埔情缘、相约北京”——第六届台湾眷村与社区交流节活动在京举行。28日，在海淀区八里庄街道美丽园社区举行开幕式。以台中市复兴文化发展协会理事长鲍廷璋为团长的21位台中眷村同胞来海淀参访并与社区居民进行交流。开幕式由市黄埔同学会秘书长王兰萍主持，市台办、区台办有关负责人出席开幕式。美丽园社区负责人介绍了小区建设和服务情况，参访团参观了社区环境，并与社区居民进行互动活动。区委常委、统战部部长彭玉敬会见参访团一行。活动期间，参访团参观了中国人民抗日战争纪念馆中关村国家创新示范区展示中心、台湾会馆等。

（王彩虹）

【台湾新同盟会团组到区交流】 10月29日，台湾新同盟会团组到海淀区甘家口街道就社区建设成就、社区管理经验以及社区开展的便民服务、社区医疗及志愿者服务的做法等相关方面进行座谈交流。国台办两岸文化交流中心副主任苗京平，市台办副巡视员杜德平、调研员邓劲松，区台办主任王锋等参加活动。

（王彩虹）

【台湾名品博览会经贸贵宾团到区参访】 11月12日，2014北京台湾名品博览会经贸贵宾团参访海淀。区台办主任王锋会见台盐实业股份有限公司董事长洪玺曜等贵宾团成员。王锋对台湾贵宾的来访表示欢迎，并介绍海淀区情。当天，台湾客人还参观颐和园。市台办经济处处长刘清出席活动。

（王彩虹）

【民主党派基层组织负责人培训班】 12月18日—19日，区委统战部和区社会主义学院联合举办2014年海淀区民主党派基层组织负责人暨信息员培训班。来自海淀区8个民主党派的110名基层组织负责人和有关人员参加此次培训。

（王彩虹）

【党外人士民主协商会召开】 12月24日，海淀区委召开党外人士民主协商会，听取海淀区各民主党派、工商联和无党派人士对《政府工作报告（征求意见稿）》的意见建议。区委副书记、区长孙文锴，区委常委、常务副区长穆鹏，区委常委、统战部部长彭玉敬出席会议。会议由彭玉敬主持。

（王彩虹）

【党派团体协商会召开】 年内，区委统战部组织召开四次党派团体协商会，分别就第九届区政协增补委员情况、第九届区政协常委调整情况和区第十五届人代会代表候选人建议人选与各民主党派进行协商。

（王彩虹）

调查和政策研究

【概况】 中共北京市海淀区委北京市海淀区人民政府研究室（简称区委区政府研究室）是承担全区综合性政策研究和咨询服务的区委机构。2014年，区委区政府研究室共形成文稿和报告200余篇，计50余万字；完成区委群众路线教育实践活动文字组任务，起草材料100余篇；开展和参与调研活动150余人次；对137项调研课题开展跟踪管理服务；编印《海淀研究》6期；编印《2013年海淀区调查研究重点课题集》《2013年海淀区调查研究关注课题选编》和《2013年度海淀区优秀课题集》。

2014年6月，制定区委全面深化改革实施意见和2014年重点改革任务，编印《海淀改革简报》31期，向市、区报送信息90余份协调12个专项改革工作组落实专项改革任务。在全市调查研究工作会议上，海淀区被评为“北京市第十一届调查研究工作先进单位”，区委书记主持的《三山五园历史文化景区建设研究报告》获二等奖。

（孙旭）

【参与重大问题研究决策】 年内，区委区政府研究室调研起草《海淀区积极参与首都经济圈建设的情况报告》《海淀区在新常态下初步显现“高精尖”经济结构的几个特点》《万寿路地区群租房整治报告》《八里庄地区城中村拆迁腾退报告》《四季青镇农转非工作报告》5 篇专题报告，参与《海淀区融合发展研究》《国家科技金融创新中心功能区建设研究》《海淀区农村集体资金、资产、资源管理研究》《落实中央“八项”规定，加强区机关作风建设研究》《美丽海淀发展研究》5 篇关于核心区创新引领、城市病破解、三大功能区建设专题的课题研究。

（孙旭）

【调查研究】 年内，区委区政府研究室起草《关于加强和改进调查研究工作的立行立改措施》，经区委区政府审议通过后以区委教育实践活动领导小组名义正式发文。指导全区各单位开展课题研究、推动成果转化、加强调研成果交流。全年确立重点课题 28 项、关注课题 109 项，评选 2013 年度全区调研工作先进单位 25 家和优秀调研成果 50 篇；举办 2014 年度全区调研工作培训会；坚持开门搞调研，加强与国家行政学院、中关村管委会、北京师范大学、城市学院等区域单位课题的沟通与合作。

（孙旭）

区直属机关党建

【概况】 中共海淀区委区直属机关工作委员会是负责领导直属机关党的工作的区委派出机构，领导 63 家单位（包括 8 个党委、26 个党总支、334 个党支部），所属党员 7146 名，其中在职党员 5402 名，离退休党员 1368 名，其他存档党员 376 名。机关纪工委、机关工会、机关团工委、机关妇工委 4 家机构隶属于区直机关工委，下辖 51 家机关工会分会（小组），有工会会员 2100 名；18 家机关基层团组织，有共青团员 307 名。

2014 年，区直机关工委以开展党的群众路线教育实践活动为主线，以创建全国文明城区为主题，开展“两承诺三争创四表率”[①]活动和区直机关系统“我眼中的文明城区创建”摄影书画评展活动。成立区直机关“服务一线 有我奉献”宣讲团，广泛开展“最美北京人”百姓宣讲活动。建立“区直机关微信群”，开展“俭以养德、向我看齐”微信秀活动等主题活动。举办机关党组织书记集中培训班 1 次、党员发展对象培训班 1 次，132 名入党积极分子参加培训并通过结业考试。评选表彰区直机关系统 10 个文明创建示范党组织、10 个联手共建示范党组织、10 个为民服务示范党组织、10 个创新发展示范党组织和 117 名表率型党员。10 个党组织被评为海淀区典型带动作用强的“五型五好”基层党组织。

（周志强）

【“两承诺三创新四表率”系列活动】 年内，区直机关工委开展“两承诺三创新四表率”打造基层党组织品牌形象系列活动，按照“一单位一品牌”的要求，划分“文明创建示范”“联手共建示范”“为民服务示范”“创新发展示范”等板块，挖掘和选树分类品牌创建典型。7 月份结合纪念建党 93 周年进行表彰。

（周志强）

【基层党组织建设】 年内，完成区直机关系统基层党组织分类定级暨集中整顿工作。所属的 63 个单位评定为“好”的 58 个，“较好”的 4 个，“较差”的 1 个，被评为“较差”等级的，建立整改提高工作台账。指导 14 个基层党组织完成换届及委员调整工作，审批发展党员 98 名，党员转正 32 人，转接组织关系 457 人次。处理 1 名党员。

（周志强）

【关爱帮扶】 年内，机关工委倡导系统内基层党组织实施开展“1+1”手拉手献爱心、“城乡携手、共建文明”、“拉手共建城乡党建”和“改作风、下基层、送温暖”等帮扶实践活动；组织“七一共产党员献爱心”捐献活动，共募集善款 33.8020 万元。全年共帮扶困难党员 23 人，发放困难补助 11.5 万元。

（周志强）

【群团工作】 年内，区直机关工委组织机关党员干部参加鲁艺文化园观澜园绿化工程义务植树活动；举办“2014 年区直机关系统‘建设活力机关’健身项目展示活动”；举行纪念烈士暨庆祝建国 65 周年机关干部“升国旗、唱国歌”活动；组织开展扑克友谊赛、重阳节健身登山、参观植物园温室展览馆、国庆群众游园、APEC 会议期间颐和园群众游园等文体活动。

（周志强）

---

① 即党组织围绕党的群众路线教育实践活动，结合“改作风、下基层、送温暖”活动及党组织党员“双报到”工作，做出一项服务群众的具体承诺；党员结合文明城区创建工作，做出一项志愿服务承诺；党组织以加强先进性、纯洁性建设为核心，以圆满完成各项重点工作任务为目标，以服务群众、服务发展为重点，争创学习型、服务型、创新型党组织；党员做勤于学习的表率、求真务实的表率、服务群众的表率、廉洁自律的表率。

机构编制

【概况】 海淀区机构编制委员会办公室（简称区编办）是海淀区机构编制委员会的常设办事机构，负责海淀区行政管理体制改革以及机构编制日常管理工作。

年内，按照严控总量、盘活存量、优化结构、增减平衡的思路，制定印发区控编减编工作方案，确保全区行政编制和政法专项编制不突破中央和北京市核定的编制总量，事业编制不突破2012年年底总量。区司法局所属司法所及司法助理员政法专项编制全部划转至各街镇，实现司法所属地管理。将环卫、绿化、养路部分事业单位及圆明园管理处的空编全部收回，共计收回全额拨款事业编制665名，差额拨款事业编制657名。开展党政机关和事业单位网站开办审核、资格复核和网站标识管理工作，全年共有122家单位的中文域名申请工作通过审核。

（李堃玮）

【事业单位年度报告公示制度改革】 2月至3月，根据北京市改革事业单位法人年检制度的要求，区编办向全区各有关单位印发《关于改革完善我区事业单位法人年检制度有关事宜的通知》（海编办发〔2014〕4号），将年检制度改为年度报告公示制度，于3月底前完成区822家事业单位的年度报告工作，统一换领新的《事业单位法人证书》。

（李堃玮）

【清理规范行政审批事项】 3月25日，区编办组织召开行政审批事项清理工作部署会，对海淀区行政审批和相关政务服务事项清理工作进行具体部署。4月中旬，各委办局进行清理规范，形成《海淀区政府各部门行政审批事项汇总清单（2014年版）》《海淀区取消的行政审批事项目录》，并向社会公布。海淀区行政审批事项674项（行政许可442项、非许可审批232项），政务服务事项359项。不统计初审与垂直管理部门，海淀区区级部门的行政审批事项为297项，其中行政许可185项，非许可审批112项。

（李堃玮）

【机构和人员编制核查】 5月至10月，区编办开展“机构和人员编制核查，全面推行机构编制实名制管理”工作。5—6月，区编办与区委组织部、人力社保局、财政局召开联席会议，工作方法和责任分工。7—10月，通过单位自查、实地抽查、区县互查等方式，对全区机构和人员编制进行核查，实现机构清、编制清、领导职数清、实有人员清，具体机构设置与审批的情况相对应、实际人员配备与批准的编制和职数相对应。

（李堃玮）

【街道所属事业单位机构调整】 7月10日、16日先后组织街道座谈会，9月上旬三次前往重点街镇进行调研，对街道所属保洁中心、绿化队、社会保障事务所、社区服务中心的现状及发展方向进行深入调研，提出海淀区街道事业单位调整方案，撤销19家街道所属绿化队、保洁中心、香山街道水务管理站、保洁组。各街道成立城市运行服务中心，为街道所属财政补助事业单位。

（李堃玮）

【设立区卫生和计划生育委员会】 7月15日，设立北京市海淀区卫生和计划生育委员会，为区政府工作部门，负责海淀区卫生和计划生育工作，机构规格为正处级；不再保留北京市海淀区卫生局、北京市海淀区人口和计划生育委员会。

（李堃玮）

【街道社保所更名】 8月20日，海淀区启动政务服务事项同区通办三级联动深化试点工作，区编办提出街镇政务服务机构设置意见，街镇社保所更名为街镇便民服务中心，挂社会保障事务所牌子。将试点事项与原社保所业务整合，综合设置业务窗口，梳理服务事项，形成便民服务事项清单。

（李堃玮）

【区委全面深化改革领导小组办公室成立】 9月26日，根据京编委《关于设立区县委全面深化改革领导小组办公室的通知》和京编办《关于同意中共北京市海淀区委全面深化改革领导小组办公室机构设置和处级领导职数核定的批复》精神，成立中共北京市海淀区委全面深化改革领导小组办公室（简称区委改革办），设在区委区政府研究室，一个机构、两块牌子，承办区委全面深化改革领导小组的日常事务。

（李堃玮）

【梳理政府核发证照】 10月21日至10月31日，对区各委办局、街道、乡镇及有关单位实施行政许可、行政确认、非行政许可中以及政府授权或委托中介机构核发的各类证照进行梳理统计。区级政府部门、机构核发各类证照共计120项、涉及20个委办局及29个街镇，证件种类包括法人类证件及自然人类证件。

（李堃玮）

【培训类事业单位整改】 11月，按照全市培训机构整改工作要求，制定《海淀区培训机构整改工作方案》，对列入全市整改范围的8家培训机构进行整改，撤销培训机构6家（区人力社保局所属海淀区培训中心、区教委所属海淀区高等职业技术教育培训中心、西三旗街道所属海淀区西三旗街道社区教育培训中心、区旅游委所属海淀区旅游培训中心、区科协所属海淀区科技培训中心、区司法局所属海淀区法律培训中心），摘牌1家［区文化委所属海淀区文化馆（海淀区文化艺术培训中心）］，调整名称职能1家（区教委所属海淀区海淀中心学区劳动技术教育培训中心），共计收回经费自理事业编制40名。今后不再举办培训类事业单位，确需由政府承担的职能回归政府，相关公益服务主要通过政府购买服务的方式来实现。

（李堃玮）

【行政审批事项标准化建设】 12月25日，区编办制定《海淀区行政审批事项标准化建设工作方案》。由区编办牵头，负责行政审批事项标准化建设工作的组织和统筹，并召开全区行政审批事项标准化建设工作会议，组织45家业务单位负责对本单位各类事项的标准化情况进行梳理，完成事项标准化和权力运行流程图的填报工作。

（李堃玮）

【重点领域事业单位改革】 年内，海淀区分两批对部分重点领域事业单位进行改革，对从事生产经营活动的事业单位予以转企，对职能消失的事业单位予以撤销。第一批改革单位包括区房地中心机关及所属事业单位、区文化委所属海淀剧院、电影管理处、评剧团等13家事业单位，第二批改革单位包括园林绿化、市容环卫、道路养护三个领域共计21家事业单位。截至12月底，房地中心、文化委所属事业单位改革实施方案已经区政府批复，第一批事业单位改革工作正式进入资产清查环节；第二批事业单位改革工作方案已经区政府常务会、区委全面深化改革领导小组会议审议通过，并印发实施。

（李堃玮）

【事业单位登记管理】 全年办理法人设立登记12家，变更登记150家，注销登记9家，年检合格831家，收缴印章16枚。

（李堃玮）

改革33家事业单位名录表

第一批改革单位		
序号	单位名称	
1	海淀区房屋土地经营管理中心机关	海淀区房屋土地经营管理中心所属
2	海淀区房屋土地经营管理中心海淀分中心	
3	海淀区房屋土地经营管理中心北太平庄分中心	
4	海淀区房屋土地经营管理中心甘家口分中心	
5	海淀区房屋土地经营管理中心双榆树分中心	
6	海淀区房屋土地经营管理中心志新分中心	
7	海淀区房屋土地经营管理中心测绘队	
8	海淀供暖和楼房设备经营管理中心	
9	海淀拆迁事务所	
10	海淀房地产交易所	
11	海淀剧院	海淀区文化委所属
12	电影管理处	
13	评剧团	
第二批改革单位		
1	绿化队	海淀区园林绿化局所属
2	绿化二队	
3	绿化三队	
4	园林工程设计所	
5	养路队	海淀区市政市容委所属
6	海淀区环境卫生服务中心机关	海淀区环境卫生服务中

7	海淀区环境卫生服务中心一队	心所属
8	海淀区环境卫生服务中心二队	
9	海淀区环境卫生服务中心三队	
10	海淀区环境卫生服务中心四队	
11	海淀区环境卫生服务中心五队	
12	海淀区清洁车辆场	
13	海淀区环境卫生服务中心垃圾转运堆放站	
14	海淀区环境卫生服务中心机械清扫队	
15	海淀区环境卫生服务中心车辆修理厂	
16	海淀区环境卫生服务中心粪便管理处	
17	海淀区环境卫生科学研究所	
18	海淀区环境卫生服务中心基建维修站	
19	海淀区五路居垃圾压缩转运管理站	
20	海淀区六里屯五路居垃圾处理项目筹建处	
21	海淀区环境卫生服务中心油料供应管理站	

（李堃玮）

老干部工作

【概况】 中共海淀区委老干部局是区委、区政府服务管理全区离休和副处以上退休干部工作的职能部门，下属海淀区老干部活动中心，负责海淀老龄大学挂靠管理工作。截至2014年年底，全区有区属离休干部770人，易地来京安置离休干部94人，副处以上退休干部1403人。

离退休干部政治待遇 依托老干部党校和社区课堂，举办培训班、座谈会、形势报告会、理论辅导和专题讲座等，加强离退休干部的政治理论学习和形势政策教育。全年举办老干部党校培训班4期；举办退休干部培训班1期；参加形势报告会和情况通报会5场。参加各类学习培训的老干部达1000余人（次）。开展离退休党员参加党的群众路线教育实践活动。开展“与党同心，与祖国同行，同心共筑中国梦”主题系列活动。举办离退休干部纪念建党93周年座谈会暨老干部党校2014年暑期培训班，集中组织离退休干部党支部书记学习。召开四套班子领导与老领导暑期座谈会，倾听老领导对海淀社会发展建设的意见建议；老干部理论学习中心组在《海淀老干部》发表5篇文章。年内组建老党员先锋队45支，帮助解决社区居民的实际困难。

离退休干部生活待遇 为14名离退休干部医药费个人负担部分审核办理补助金25万余元。完成1580余名离休及副处级以上退休干部的体检工作。接待老干部工作人员、老干部及其家属有关新老政策的来信、来访、咨询共900余人（次）。走访慰问老红军、红军遗属，行政14级以上离休干部、四套班子老领导、直属离休干部、特困离退休干部、易地离休干部、离退休干部党支部书记等共计370余人（次），送去慰问品、慰问金总计70余万元。

离退休干部服务工作 继续在万寿路街道和中关村街道开展助老员试点工作。将助老员服务报酬从1600元调整为2000元。向两个试点街道的268名离休干部就开展就近学习，就近活动，就近得到关心照顾，就近发挥作用“四就近”专职工作者服务工作进行问卷调查，总体评价很满意及满意的达267人，占调查人数的99.6%。

离退休干部文化活动 举办以“学习贯彻十八大，共建小康乐晚年”为主题的老干部“与党同心，与祖国同行——同心共筑中国梦”文艺会演及书画、摄影展。组织老干部参加市、区文娱、健身项目展示活动。举办老干部电脑、广场健身舞培训班，组织四套班子老领导和老干部参加春节游艺会、茶话会、团拜会、国庆暨重阳联欢会、老干部运动会等活动。老干部活动中心接待老干部2万余人（次）。

（王瑛）

【举行老干部第28届文艺会演】 5月23日，以“与党同心，与祖国同行——同心共筑中国梦”为主题的海淀区老干部第28届文艺会演在区老干部活动中心举行，来自14个单位的300余名老同志参加汇演。共评选出创作奖1名、优秀奖3名和组织奖10名。

（王瑛）

【举办老干部工作人员培训班】 7月23日—25日，区委老干部局举办海淀区老干部工作人员培训班，区委老干部局部分科室就2014年新出台的老干部工作政策和调研工作情况进行业务培训，邀请国家行政学院中国领导科学研究中心副秘书长张国玉做《领导角色转变和领导软权修炼》专题讲座。80余名老干部工作人员参加培训。

（王瑛）

【老领导暑期座谈会召开】 8月5日，海淀区四套班子领导与老领导暑期座谈会召开。区委书记、区长、区人大常委会主任、区政协主席等区领导和23位老领导参加会议。区长孙文锴代表区委、区政府通报全区上半年工作情况和下半年工作安排。区委常委、组织部部长刘勇详细通报2013年区四套班子老领导在暑期座谈会上所提意见建议办理情况。

（王瑛）

【海淀老龄大学建校30周年座谈会召开】 8月29日，海淀老龄大学建校30周年座谈会在区老干部活动中心召开，海淀老龄大学学校校舍建筑面积2050平方米，9个教室，1个展室。共有90个教学班,在读学员2900余人次。历年学习结业的学员达两万余人次，其中有200多人获得文化部艺术等级证书；300多人参加全国书画展获奖；120多件作品被国内外单位收藏。区人大常委会主任、区政协主席等区领导，市政协原副主席、海淀区委原书记沈仁道和全国老年大学协会常务副会长袁新立以及学校校委委员、顾问、教师代表、学员代表及部分离校教师、工作人员200多人参加座谈会。北京市老年大学联谊会副会长杨书章在会上致贺词，张志田校长汇报学校30年发展历程。

（王瑛）

【举办第28届老干部运动会】 10月10日，海淀区第28届老干部运动会在海淀体育场举行。区委书记、区长、区人大常委会主任、区政协主席等四套班子领导及四套班子老领导、区相关单位主要领导、老干部工作主管领导出席开幕式。区属91个单位的1600余名离退休干部参与原地拍球、羽毛球定点投准、保龄球等9项比赛项目。

（王瑛）

党校（行政学院）

【概况】 中共海淀区委党校与海淀区行政学院、海淀区社会主义学院合署办公，是一个机构三块牌子的全额拨款事业单位。承担培养全区党政领导干部和理论干部、公务员、中共统一战线工作干部和民主党派、无党派干部并开展理论研究工作。2014年共完成各级各类培训班114期、10795人次。

（吴小红　赵燕）

【学习习近平系列讲话培训班】 2月17日—3月14日，区委党校举办学习贯彻习近平总书记系列讲话精神培训班4期，学习习近平总书记关于改革开放重要论述的几点体会；关于依法治国和依法行动行政方面的重要论述；关于创新驱动重要论述；关于行政体制改革方面的重要论述；深化土地制度改革；强军梦，实现中国梦的坚强力量保证等系列讲话精神。全区处级领导干部、区属企业领导人员606人参加培训。

（吴小红　赵燕）

【中组部到区委党校调研】 3月25日，中组部干部教育督导组组长、原中央巡视组正局级巡视员宋援朝一行3人到海淀区委党校调研督查指导干部教育培训重点任务落实工作。督导组在听取海淀区贯彻落实中组部《学员管理规定》和干部教育培训特点及学员管理具体做法等情况汇报后，宋援朝对海淀区的干部教育培训工作给予充分肯定。市委组织部干教处处长、电教中心主任闫晓东，中共海淀区委常委、组织部部长、区委党校校长刘勇陪同调研。

（吴小红　赵燕）

【获5项市级科研奖】 12月12日，在北京市委党校（行政学院）2012—2013年度科研颁奖大会上，区委党校获得5项科研奖：区委党校获得优秀科研工作组织奖，许云获得优秀科研成果一等奖，刘尚高、杨艳梅获得优秀科研成果二等奖，杨艳梅获得优秀科研管理工作者奖等。

（吴小红　赵燕）

【开展全员TOT培训】 2014年12月24日至2015年1月28日，区委党校开展全员TOT培训（培训者的培训）。培训主要针对教学、科研、决策咨询、学员管理等工作中存在的问题，聘请资深专家学者讲授、解读并现场答疑。区委党校全体职工35人参加培训。

（吴小红　赵燕）

【开办33期主体班培训】 2014年，党校（行政学院）完成各类主体培训班33期，培训学员2902人。

序号	培训主题	日期	人数
1	第三期贯彻习近平讲话精神轮训班	2月17日—2月21日	173
2	第四期贯彻习近平讲话精神轮训班	2月24日—2月28日	153
3	第五期贯彻习近平讲话精神轮训班	3月3日—3月7日	140
4	基层党代表学习贯彻习总书记系列讲话精神轮训班	3月10日—3月14日	140
5	2014年处级干部进修一班培训班	3月31日—4月25日	52
6	第29期中青年干部职培训班	3月31日—5月30日	42
7	第一期四川广安、青海海西培训班	3月31日—4月20日	40
8	社会治理与养老服务业发展专题培训班	5月28日—5月30日	70
9	2014年处级干部进修二班培训班	6月9日—7月4日	51
10	党的群众路线与“中国梦”专题培训班	6月18日—6月20日	95
11	创新聚变与知识产权保护专题培训班	7月16日—7月18日	60
12	2014年新任正处级领导干部培训班	8月11日—8月15日	18
13	2014年新任副处级领导干部培训班	8月11日—8月15日	32
14	深化国资国企改革专题培训班	8月25日—8月27日	60
15	第二期四川广安、青海海西培训班	9月1日—9月21日	41
16	2014年正处后备干部培训班	9月1日—9月30日	37
17	第30期中青年干部培训班	9月1日—9月30日	28
18	应急管理专题培训班	9月24日—9月26日	80
19	党政正职反腐倡廉专题培训班	10月9日—10月10日	50
20	第14期处级女干部培训班	10月22日—10月24日	178
21	第一期学习贯彻十八届四中全会精神轮训班	11月21日	16
22	第二期学习贯彻十八届四中全会精神轮训班	11月26日	172
23	第三期学习贯彻十八届四中全会精神轮训班	12月3日	177
24	第四期学习贯彻十八届四中全会精神轮训班	12月10日	182
25	2013年度第一期军转干部培训班	3月17日—3月21日	79
26	2013年度第二期军转干部培训班	3月24日—3月28日	59
27	第33期正科级公务员培训班	3月31日—4月25日	55
28	第26期副科级公务员培训班	5月4日—5月30日	98
29	2014年第一期公务员初任培训班	6月9日—6月20日	100
30	第34期正科级公务员培训班	9月1日—9月26日	37
31	第27期副科级公务员培训班	10月13日—11月7日	62
32	2014年第二期公务员初任培训班	11月24日—12月5日	63
33	2014年参照管理、纳入规范培训班	12月8日—12月12日	75

（吴小红　赵燕）

【决策咨询工作】 年内，区委党校共上报咨询报告11篇，区委信息室转发5篇。13名教师、科研人员参与区委区政府新一轮科技创新政策小组工作，协助完成的《关于深圳前海、上海自贸区制度政策创新对核心区启示及建议的报告》，被区委纳入核心区政策体系之中。教研部老师主持完成的《关于进一步推进校地协同创新发展的建议》获得区委书记、区长批示。

（吴小红　赵燕）

【学术活动】 年内，区委党校组织教学科研人员赴天津滨海新区、秦皇岛、唐山等地区参加学术会议5次，研讨京津冀一体化发展、深化改革开放、党校培训工作等议题，签署《十区（市）[①]党校师资库合作协议》。校内组织各类学

① 天津滨海新区区委党校、北京怀柔区委党校、顺义区委党校、上海杨浦区委党校、天津和平区委党校、浙江义乌市委党校、深圳龙岗区委党校、江苏江阴市委党校、北京海淀区委党校、浙江温州市委党校。

术研讨会 15 次，内容涉及中关村的发展模式、技术转移、非公党建等专题。

（吴小红　赵燕）

【培训外地干部】 年内，区委党校共对口支援培训四川广安市和青海海西州处级和中青年干部 81 人，其中海西州干部 40 人，广安市干部 41 人。对口支援的培训方式，受到受援方的普遍欢迎。

（吴小红　赵燕）

【科研工作】 年内，区委党校共立项 47 个课题，公开发表论文 25 篇，在内部刊物发表论文 30 多篇，编辑发行《海淀社会科学》4 期。完成北京市党建研究会重点课题《海淀区联系服务群众创新研究》，北京市科规划办课题《技术转移与产业化研究》，以著作形式出版发行。

（吴小红　赵燕）

精神文明建设

【概况】 海淀区精神文明建设委员会办公室是海淀区精神文明建设委员会的常设办事机构，负责海淀区精神文明建设的组织、协调、指导和督察工作。

2014 年，海淀区精神文明建设以创建全国文明城区工作为重点，围绕社会主义核心价值体系，推进公民道德建设，加强公共文明引导，开展群众性精神文明创建，推进未成年人思想道德建设，加强文明委驻区单位的统筹协调，提高市民文明素质和城区文明程度，为创建全国文明城区奠定坚实的基础，为海淀经济社会全面协调发展提供思想保证、精神动力和舆论支持。

海淀区共创成（含往年）全国文明单位 15 个，全国文明镇 1 个；首都文明标兵单位 25 个，首都文明单位 80 个，首都文明社区 128 个，首都文明镇 3 个，首都文明村 28 个；区级文明社区 176 个，区级文明单位 842 个，区级文明镇 2 个，区级文明村 27 个。

（邹立宏）

【“核心价值观”宣传教育】 年内，区文明办利用电视、报纸、网络等媒体载体，制作“图说社会主义核心价值观”公益广告、“讲文明树新风”公益广告，广泛宣传社会主义核心价值观。协调区域内户外电子屏、工地围挡、公园景区展板、楼宇广告、社区宣传栏，引导社会面的核心价值观宣传。与人民日报社合作，在海淀机关、社区、驻区高校、单位、写字楼等安装电子阅报栏 635 台，宣传社会主义核心价值观和文明城区创建活动。举办 “雷锋——我们与你同在”漫画展十余场。与市文化发展中心联合举办“欢乐社区行”5 场文艺演出，宣传社会主义核心价值观内容。在圆明园公园举办“中国梦 • 我的梦”火炬接力跑活动，老革命家、航天科技人员、企业家、青少年等社会各界的 800 名代表参与活动；在中华世纪坛举行第六届“我们的节日 • 文化海淀 诗意中国——中秋国际原创诗会”，来自海内外数十位著名诗人及高校学生同聚中华世纪坛，抒发对美好生活的热爱。

（邹立宏）

【评选道德模范】 年内，区文明办向首都活动组委会举荐 76 名“北京榜样候选人”，其中任士荣等 7 人入选首都“北京榜样”。向中央文明办推荐“身边好人”推荐 30 人次，张佳鑫等 3 人入选好人榜。任士荣、谭飞、李云林、唐琦、张怀亮、许培军、张京玲、高念东 8 人获 2013—2014“首都精神文明建设奖”。柳春英、于大龙、王红霞、李宗华、李敏、杨淑兰、秦卫平、袁日涉、郭红阳、康晓峰 10 人被评为 2014 年度“感动海淀文明人物”。

（邹立宏）

【宣传模范事迹】 年内，区文明办在 600 多个社区、村张贴图文并茂的举荐榜，报纸、电视、网站、微博都开辟“海淀榜样”专栏和内容，建立“海淀•故事”微信公众号，每周推出一个典型人物，利用新媒体宣传“海淀榜样”先进事迹。承办中央文明办的“全国道德模范故事汇”启动仪式暨首场演出，并在海淀巡演 3 场，2000 名市民参与活动。承办“全国道德模范和身边好人现场交流活动”，邀请近百位模范人物与观众和网民分享“践行核心价值观，讲道德、当好人、做好事”的心得体会。组建道德模范先进事迹宣讲团，深入机关、社区、村、企业、学校巡回宣讲，以榜样力量带动人。通过系列活动，发挥典型的引领示范，培育良好的社会风尚。

（邹立宏）

【基层精神文明阵地建设】 年内，海淀区文明市民学校总校、中心校和分校利用座谈会、文明市民学校校长论坛等形式进行教学经验交流，实现优质教育资源的互补共享，10 万名市民受益。组织开展海淀区第五届文明市民“艺术节”活动，举行演讲、歌咏、书画、厨艺、棋类等各类技艺比赛。

（邹立宏）

【文明社区创建】 年内，区文明办开展文明社区创建。从提高群众的生活质量、改善群众的居住环境入手，发动居民从整治自家楼道、阳台入手，彻底改善社区居民居住环境，增强居民“住社区、爱社区、建社区”的意识，使楼道“净起来、亮起来”，小区“绿起来、美起来”。组织群众性整治行动，清理脏、乱、差，拆除违章建筑，整顿社区内交通秩序，规范社区管理。加强社区教育、繁荣社区文化、发展社区卫生事业，不断提高市民的文明素质、群众的生活质量和社区的文明程度。创建首都文明社区 128 个。

（邹立宏）

【文明村镇创建】 年内，区文明办以“十星文明户”“五好文明家庭”和“文明村民”评选活动为载体，开展文明村镇创建活动。开展以社区公共服务、公益服务、便民服务为主要内容的村镇社区服务体系建设，进一步优化公共服务在农村地区的合理布局。开展文化、科技、卫生“三下乡”活动，利用社会服务组织的专业优势和资源优势，为农民提供法律咨询、政策宣传、技能培训、农业知识服务。投资200多万元，在6个镇建设7个乡情村史陈列室，建设10个LED显示屏。开展“城乡统筹，文明先行”活动，全国级、首都各级各类文明单位与郊区村镇结对共建、多方联建，结对率100%。创建首都文明村31个。

（邹立宏）

【文明单位创建】 年内，区文明办开展“五个一”创建活动和“五有”达标活动（有图书室、有文体活动室、有荣誉室、有创建品牌、有创建档案）的文明单位创建活动工作。在供电、卫生、税务等公共服务行业开展优质服务竞赛活动。发动新行业、新经济组织参与文明单位创建活动。创建首都文明单位标兵25个，首都文明单位80个。

（邹立宏）

【志愿服务规范化建设】 年内，继续发挥海淀区学雷锋志愿服务工作领导小组作用，团区委牵头、相关职能部门和驻区高校、机关企事业单位、社会组织共同参与的，负责统筹协调“两会十二队”的志愿服务体系，通过“1+8+N”[①]工作模式加强网络文明传播志愿者队伍建设。全区组建起一支近万人的网络文明传播志愿者基本队伍，形成党政各部门、社会各方面共同参与的工作格局。修订《海淀区学雷锋志愿服务工作管理办法》等制度，按照“提出申请—专家评定—社会公布—资金支持—督促检查—结项评估”的运行流程，实施志愿服务项目化管理工作全面铺开。建立长效管理机制、信息共享机制和回馈保障机制。每月召开海淀区学雷锋志愿服务工作联席会议，完成“国际志愿者日”“新春为老志愿服务”“学雷锋日”等重点活动。聘请“海淀文明传播使者”利用微博宣传文明，开展“文明的力量随手拍”微博征文、“我的敬老孝老故事”话题讨论等活动，微博数量和转发数量有效放大文明正能量，引领社会文明风尚。

（邹立宏）

【品牌志愿服务活动】 年内，中关村海淀园志愿服务组织开展“智”愿服务和“科技雷锋”项目，鼓励中关村海淀园区高科技企业员工以自身所长积极参与京豫希望小学支教等各项社会公益活动打造“智”愿者特色服务队伍。海淀道德模范组成“好人联盟”，大学生组成“高校联盟”，共同汇聚成海淀“正能量联盟”项目。海淀区志愿者联合会打造“爱在海淀”系列项目，包括“永动的蓝立方”城市志愿服务、“快乐共成长”关爱农民工子女志愿服务、“健康伴你行”社区健康义诊志愿服务、“平安在身边”治安秩序维护志愿服务等板块。由义工联组织的“霞光计划”为老志愿服务项目，定期开展“节日亲情陪伴”“伴老游园踏青”“‘送一缕阳光’为老理发”“重阳逛北京”“义工联艺术团慰问演出”等活动。品牌志愿服务活动全年累计服务达20万人次，受益人数达30万人。

（邹立宏）

【网络文明志愿服务】 年内，加强网络文明传播志愿者队伍建设，充分调动区域高校志愿者积极性，组建近万人的志愿队伍。

（邹立宏）

【“学习践行中国梦做新时代的雷锋传人”主题教育】 年内，区文明办、区教委共同举办“做美德少年 担青春责任 建文明城区”海淀区名家校园文明行宣讲、高中生成人礼仪式等活动，邀请“最美北京人”李成友等道德模范讲美德故事，鼓励孩子们为实现青春梦和中国梦而不懈奋斗。按照“遵循育人规律、体现核心价值、彰显学校特色”的思路，投入9000余万元专项经费，用于校园人文环境培育，着力打造核心价值观教育品牌，推进未成年人学雷锋活动常态化。

（邹立宏）

【建设未成年人教育新阵地】 年内，海淀区确定22所城市学校少年宫和7所乡村学校少年宫的建设方案，投入290万元专项经费用于少年宫建设和开展活动，29所校少年宫正式挂牌，并建立乡村少年宫联盟，形成具有海淀特色的少年宫网络体系。组织辅导教师参与第七届“海淀校外教育理论与实践征文评选活动”，共上报论文170余篇。组织少年宫学员参与“中国梦 我的梦”第二届北京海淀青少年微电影节活动，上报作品100余份，学生们在自导、自拍、自演的过程中，提升观察能力、社会实践能力和综合素质。

（邹立宏）

【传统文化教育】 年内，区文明办开展“我们的节日”主题教育活动，引导青少年在社区学习传统文化，诵读中华经典，体悟中华美德。不断丰富家庭教育内容，打造“家庭教育公益大讲堂”“家庭成长星”儿童假期训练营、“知礼、守礼、行礼”儿童礼仪展示、“懂知恩、学感恩，讲道德、传美德”等一大批核心价值观家庭教育示范活动。开展寒暑假“国学经典之旅”“金帆实践之旅”“科学创新之旅”“艺术殿堂之旅”和“社区文明之旅”等五大板块的“争做社区文明小使者”主题实践活动，评选出五星级“社区文明小使者”1220名，未成年人在潜移默化中受到核心价值观教育，培养文明习惯。

（邹立宏）

【引导垃圾减量分类】 年内，区文明办开展周四“垃圾减量日”活动，协调社会组织进社区开展宣传培训40场次，实现29个街镇宣传全覆盖。设计制作《绿蛙在行动——北京垃圾减量垃圾分类市民读本》发放各街镇。

（邹立宏）

[①] 即建立“一个”网络文明传播工作的组织领导，搭建“八个”枢纽平台，发挥区八大工委系统牵头部门的枢纽作用，发展“N个”传播力量，全区形成了多领域、全覆盖的网络文明传播力量体系。

创建全国文明城区

【概况】 2014年，海淀区创建全国文明城区工作以指标任务为依据，以解决问题为导向，以群众需求为第一标准，开展专项整治、宣传教育和同创共建工作，完成创建的各项指标任务。

专题整治 街面环境秩序专项整治：以街面环境脏乱问题为重点，清除街面卫生脏乱点200余处，修补212条街巷胡同的1000余处道路破损，取缔违规经营早餐亭151个，整顿超范围经营报刊亭431个，小月河、小关西、笑祖塔院等地区的环境面貌明显改善。社区环境秩序专项整治：清理全区5460个单元楼门内居民乱堆乱放的杂物、自行车以及乱贴乱涂的小广告，集中清运192个社区内遗存的建筑垃圾和生活垃圾，拆除21万平方米的社区内违章建筑，取缔280处社区内占道摆摊。集贸市场专项整治：针对全区41个重点集贸市场，提高卫生保洁频次，通过联合执法查处市场内的私搭乱建、乱设广告牌、虚假宣传等违规经营行为1000多起。并根据产业升级的需要，清退关闭批发市场3个。交通秩序专项整治：招募培训572名交通文明引导员，每天早晚高峰在全区132个主要路口对车辆、行人进行秩序引导，劝阻闯红灯、逆行等违规行为，优化设置711个路口信号灯，新增1200名交通协管员到各街镇开展交通秩序维护与管理。小门店经营秩序专项整治：取缔无证无照且问题严重的小门店1755家，组织引导1500余家符合条件的小门店办理相关证照，治理沿街门店违规牌匾及其乱堆杂物、店外占道经营问题3万余处。

弘扬社会正能量 营造浓厚宣传氛围：在全区设置核心价值观宣传公益广告24万幅、97万平方米，设置公交站台公益广告500个，媒体刊播6000余期，建立“海淀好人微信联盟”和“海淀高校正能量联盟”微信群，形成弘扬社会主义核心价值观的浓厚氛围。未成年人思想道德教育：将社会主义核心价值观作为未成年人思想道德建设的重点内容，把社会主义核心价值观的基本内容贯穿到教育教学和日常管理之中，广泛开展“学习践行中国梦 做新时代的雷锋传人”“做美德少年 担青春责任 建文明城区”“核心价值观童谣创编传唱”等主题活动，以学校教育、课外实践、网络教育为载体，让社会主义核心价值观在未成年人心中扎根。发挥先进人物引领示范作用：广泛开展道德模范评选，3人入选中国好人榜，7人被评为北京榜样，10人当选“感动海淀文明人物”，开设道德模范先进事迹讲座，承办3场全国道德模范故事汇基层巡演，组建道德模范先进事迹宣讲团，深入机关、社区、村、企业、学校巡回宣讲，以道德力量感染人，以榜样力量带动人。

同创共建，服务区域融合发展 完善区域共建发展平台：由区创建委、文明委进行统筹协调，建立包括26所驻区高校、29家驻区部队、17个窗口行业及数百家驻区企业的区域共建平台，通过专题会议、定期联席会议、实地走访交流等方式，增强各驻区单位之间的沟通联系，促进区域资源优势互补。同创共建文明城区：与中国人民大学、中国农业大学、首都师范大学全面开展同创共建，帮助解决农业大学快递投送、金码大厦停车问题，协助解决中国人民大学校内违法建设和群租问题，广泛发动高校师生参与社区公益讲座、志愿服务、环境保护、交通引导等创建活动。与1789个社会单位签订文明城区共建协议，共建“诚信经营示范店”，评选首都文明单位标兵25个，首都文明单位80个，银行、宾馆、邮局等窗口行业成为宣传创建工作、展现文明服务的重要阵地。共享文明发展成果：首都师范大学、中国农业大学等高校免费开放图书馆、校史馆等文化资源，促进优质资源的区域共享。同时吸纳社会组织参与创建，成立“海淀文明志愿者协会”“企业家正能量联盟”“中国梦登山队”等团体，共同践行文明行为，共享文明成果。

提升区域文明程度 推动志愿服务、诚信建设制度化：修订《海淀区学雷锋志愿服务工作管理办法》等四项制度，完善注册登记、嘉许回馈、需求对接等长效机制，推行项目化的志愿服务运行机制，面向社会征集开展“暖阳敬老志愿行”“天使之爱”等30个志愿服务项目。建立行业诚信管理、守信激励、失信惩罚等制度，定期发布诚信“红黑榜”。文明旅游宣传教育活动：以海淀区出入境接待大厅为窗口，向市民发放文明旅游宣传折页，制作“文明海淀”微信二维码，普及出境旅游流程、文明旅游常识；在景区普遍设置“文明旅游”遵德守礼提示牌；举办“三山五园旅游文明大讲堂”，提升市民旅游素质和文化内涵。群众性精神文明创建活动：开展“我们的节日”主题活动，春节期间向108万户家庭开展“送福入户”活动，开展中秋诗会、“勿忘国耻 圆梦中华”主题纪念活动。评选首都文明社区128个，首都文明村31个；组织开展道德讲堂、第五届市民文明艺术节等活动，为市民搭建参与文明创建的平台。

（苏丽珠）

【召开迎检工作动员部署会】 12月10日，海淀区召开创建全国文明城区迎检工作动员部署会，通报创建工作情况并对下一阶段工作进行部署。自2012年创建文明城区工作启动以来，全区上下坚持创建为民、创建惠民的基本理念，开展各项创建工作，区域文明环境明显改善，群众满意度不断提升。2014年是创建工作攻坚年，创建工作以问题为导向，加强整改整治，取得更加明显的成效。下一步创建工作要在解决群众身边的问题、推进创建惠民常态化上下功夫。会议强调，要统筹区域单位，形成合力，共同推动创建工作，促进共建共享。区四套班子领导、区属各单位党政主要领导及有关驻区单位领导参加会议。

（钟冷）

党史研究

【概况】 海淀区党史地方志办公室（简称区史志办）成立于2001年11月，承担海淀区地方中共党史、地方志资料的征集、研究、编写、保存、利用工作，负责海淀区地方史的宣传教育工作。

2014年，编辑出版《中国共产党北京市海淀区历史大事记（2001—2013）》，全书25万余字，以编年形式记述2001—2013年期间党和政府的路线、方针、政策在海淀区贯彻执行情况；中共海淀区委、区政府做出的重要决策、措施及产生的效果；海淀区在党的建设、政治建设、经济建设、文化建设和社会建设取得的重大成就、建设项目、获奖项目；发生在海淀区的重大自然灾害重大事故；重要人事任免；党和国家领导人、北京市主要领导人在海淀区的活动情况。收集中共海淀十届区委重要文件、重要会议资料及领导人讲话并进行系统化编排，实现文件的优化收集与保存，汇编共约60万字。

（徐佳伟）

【"党史宣传周"活动】 4月22日，区史志办在北京理工大学车辆与机械学院开办党史讲座，组织题为"海淀的历史与党史"报告会，100多名师生、入党积极分子参加报告会。

（徐佳伟）

【学术研讨交流】 9月22日—25日，区史志办参加中央党史研究室举行第二届全国党史文化论坛，其中获奖论文《抓住文化大发展大繁荣的契机推进党史文化建设》被收入《第二届全国党史文化论坛集》。11月15日，参加"北京经济体制改革的经验与启示"研讨会，并在研讨会做交流发言。

（徐佳伟）

海淀区人民代表大会

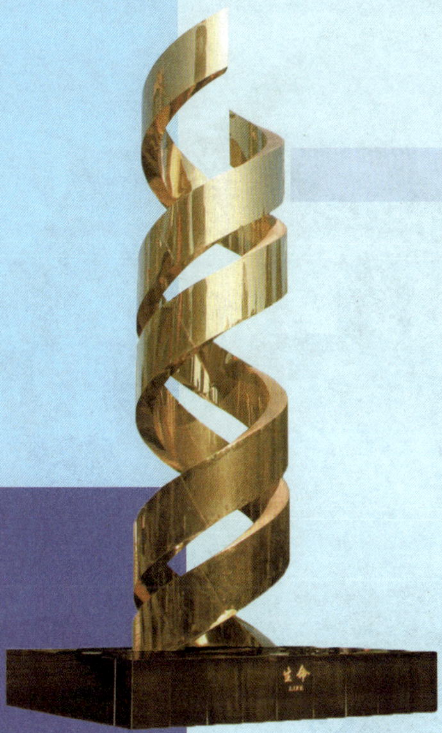

1月8日－11日，海淀区召开第十五届人民代表大会第四次会议（田峰 摄）

6月19日，区人大代表视察清河小营市场（清河街道 周挺 摄）

海淀区人民代表大会

综 述

【概况】 2014年，共筹备召开区人民代表大会会议1次；常委会会议7次、主任会议11次，听取和审议“一府两院”工作报告19项，做出决议、决定6项，形成审议意见书6份；督办议案1项，跟踪督办议案1项，执法检查1项；依法任免国家机关工作人员114人次；依法补选区人大代表10名，接受5人辞去代表职务请求，截至2014年年底，有区人大代表444名，市人大代表100名，完成区十五届四次人代会确定的各项工作任务。

（吴向荣）

【举办代表论坛】 4月10日，区人大常委会举办代表论坛。17位市、区与会人大代表围绕“加强食品药品安全监督管理，保障人民群众生活健康”主题，从监管工作的重要性、完善法律法规、加强队伍建设、加大农村地区食药监管、构建食药监管格局、应用科技力量加强食药监管、加强联合执法以及加大宣传力度等方面提出意见建议。

（吴向荣）

【杜德印到海淀区调研】 6月13日，市人大常委会主任杜德印一行到北京师范大学参观邱季端体育馆及田径场，了解校园体育设施向周边社区居民开放服务有关情况；参观北太平庄街道威凯文体活动中心，了解活动中心运营开放情况，现场参与乒乓球活动。到基层联系点志强北园社区召开座谈会，听取海淀区贯彻实施全民健身相关法律法规工作情况的汇报、区人大常委会检查全民健身相关法律法规实施情况的汇报、北太平庄街道全民健身工作情况和志强北园社区群众健身活动开展和参与情况，与北太平庄地区人大代表、高校代表、体育专家、央企代表、小学代表、体育组织协会代表、企业文化代表及居民代表进行座谈。

（吴向荣）

【召开党组专题民主生活会】 7月4日，区人大常委会召开党组专题民主生活会。区人大常委会党组书记、主任关成启代表区人大常委会党组班子做对照检查，查摆遵守党的政治纪律，贯彻落实中央八项规定、市委十五条意见以及转变作风方面的基本情况，剖析“四风”（形式主义、官僚主义、享乐主义和奢靡之风）方面存在的突出问题，对产生问题的原因进行深入透彻的分析，从加强思想政治建设、密切与人民群众的联系、切实改进工作作风、坚持开拓创新、坚持立行立改五个方面提出整改措施。7月14日，区人大常委会召开党组民主生活会情况通报会。区人大常委会党组副书记、常务副主任王鲁豫从党组开展民主生活会的基本情况、“四风”方面存在的突出问题和具体表现、产生问题的原因分析，以及今后的努力方向和改进措施等四个方面通报党组民主生活会情况。市委第四督导组副组长张金玲参加会议。

（吴向荣）

【区人大常委会组成人员读书班】 8月27日至28日，举办区人大常委会组成人员读书班。读书班邀请市人大代表、北京大学教授张颐武做“中国梦与当下文化发展”的专题讲座，邀请北京小米科技有限公司创始人之一刘德做“互联网经济专题讲座”。区委书记隋振江、区法院院长鲁为、区检察院检察长王伟出席读书班并与常委会组成人员进行座谈交流。

（吴向荣）

【成立4个专业代表小组】 9月28日，区人大常委会成立4个专业代表小组。4个小组在区人大常委会各相关工作委员会办公室的指导和协助下开展相关活动。其主要任务是：介入部门预算监督工作；围绕年度区人大常委会工作要点和人民群众关心的社会热点、难点问题，进行调研、座谈或开展专题视察，为区人大及其常委会审议专项议题以及做出相关决议、决定提供建议意见；协助区人大常委会相关工作机构对议案和建议的办理情况进行督办。专业代表小组的成立有利于扩大代表参与度，保障代表知情权，增强人大监督工作的针对性和实效性。

（吴向荣）

【党的十八届四中全会精神学习辅导报告会】 12月2日，区人大常委会举办中共十八届四中全会精神学习辅导报告会。邀请全国人大常委会办公厅研究室二局副局长万其刚，做题为“贯彻四中全会精神，全面推进依法治国”的学习辅导报告会。万其刚深入解读《中共中央关于全面推进依法治国若干重大问题的决定》的基本精神、主要内容，详细介绍全面深化改革的有关进展情况，对如何充分发挥国家权力机关在全面推进依法治国中的重要作用进行细致的分析。

（吴向荣）

【区领导与市区人大代表座谈】 12月26日，区领导隋振江、孙文锴、关成启、穆鹏、王鲁豫、臧桂武、朱春生、杨莉与部分市、区人大代表就如何更好地推动全区经济社会协调发展进行座谈交流。区委副书记、区长孙文锴表示，2015年区政府将努力在教育事业、法制建设、科技创新、“城市病”治理等方面加大工作力度，为海淀人民办实事、办好事。区委书记隋振江希望各位市、区人大代表不断提高监督效能，通过依法监督进一步加强人大和政府部门的良性互动，建立解决问题的长效机制，为海淀进一步创新发展，在新常态下取得新成绩奠定坚实基础。

（吴向荣）

依法审议决定重大事项

【概况】 2014年，区十五届四次人大会议听取和审议《政府工作报告》《关于海淀区2013年财政预算预计执行情况和2014年财政预算(草案)的报告》《海淀区人大常委会工作报告》《海淀区人民法院工作报告》和《海淀区人民检察院工作报告》，审议《关于海淀区2013年国民经济和社会发展计划执行情况与2014年国民经济和社会发展计划（草案）的报告》，并通过相应决议。

区人大常委会听取和审议区政府关于“2013年财政决算报告”“2013年预算执行和其他财政收支情况的审计工作报告”“2014年国民经济和社会发展计划上半年执行情况和下半年工作安排的报告”“2014年上半年财政预算执行情况和对本级财政预算做部分调整的报告”等，做出相关决议。

（吴向荣）

重要会议

【十五届四次人大会议】 1月8日至11日召开。会议听取和审议《政府工作报告》《关于海淀区2013年财政预算预计执行情况和2014年财政预算（草案）的报告》《海淀区人大常委会工作报告》《海淀区人民法院工作报告》和《海淀区人民检察院工作报告》，审议《关于海淀区2013年国民经济和社会发展计划执行情况与2014年国民经济和社会发展计划（草案）的报告》，通过相应决议。会议期间，组织人大代表询问活动，区四套班子有关领导及区人大常委会、区政府、区法院、区检察院及各委办局共54个单位、约230人参加询问活动；召开核心区建设、社会建设与治理、生态文明建设和文化教育发展四个专题座谈会，区四套班子领导分别参加座谈会，听取代表的意见和建议。13个团的14名代表围绕加强服务型政府建设、推进财政预算改革、推进北部地区农村城市化进程等作大会发言。大会秘书处议案组共收到代表十人以上联名提出的议案30件，其中立案5件，主要内容是“以改革创新为动力，加快推进海淀养老事业的发展”，转为“建议、批评和意见”的共25件，收到代表提出的“建议、批评和意见”475件。会后，区人大常委会将把这些议案和“建议”转交区“一府两院”办理。

（吴向荣）

【区人大常委会第17次会议】 2月25日召开。会议审定通过区人大常委会2014年工作要点，决定印发全体代表监督执行。会议通过相关人事任免事项。

（吴向荣）

【区人大常委会第18次会议】 4月22日召开。会议听取和审议海淀园管委会所做的关于整合区域创新资源，提升融合发展水平，加快核心区建设情况的报告；听取和审议区法院所做的关于知识产权审判工作情况的报告。会议通过相关人事任免事项。

（吴向荣）

【区人大常委会第19次会议】 6月24日召开。会议听取和审议区财政局所做的关于海淀区2013年财政决算（草案）的报告和区审计局所做的关于海淀区2013年度预算执行和其他财政收支情况的审计工作报告，决定批准区政府关于海淀区2013年财政决算的报告；听取和审议区政府所做的关于南沙河治理及北部地区污水治理情况的报告。

（吴向荣）

【区人大常委会第20次会议】 7月22日召开。会议听取和审议区人大常委会关于《北京市全民健身条例》的执法检查报告；听取区政府所做的关于全国文明城区创建工作进展情况的报告；听取区财政局所做的《关于2013年“智慧海淀”和“平原造林”项目资金使用和管理情况的报告》，区经济和信息化办公室所做的《关于2013年“智慧海淀”项目管理情况的报告》及区园林绿化局所做的《2013年海淀区“平原造林”项目管理情况的报告》，就区政府2013年“智慧海淀”项目和“平原造林”工程专项资金使用和管理情况进行专题询问，区财政局、发改委、审计局、经信办、园林绿化局等有关部门负责人进行解答和说明。会议通过相关人事任免事项。

（吴向荣）

【区人大常委会第 21 次会议】 9 月 23 日召开。会议听取和审议区发展和改革委员会所做的关于海淀区 2014 年国民经济和社会发展计划上半年执行情况及下半年工作安排的报告和区财政局所做的关于海淀区 2014 年上半年财政预算执行情况和对本级财政预算做部分调整（草案）的报告，通过关于批准海淀区人民政府部分调整 2014 年本级财政预算的决议；会议听取和审议区人民检察院所做的关于查办和预防职务犯罪工作情况的报告。会议通过相关人事任免事项。

（吴向荣）

【区人大常委会第 22 次会议】 11 月 18 日召开。会议听取和审议区政府所做的关于并案办理“以改革创新为动力，加快推进海淀养老事业发展”议案情况的报告；听取和审议区环保局所做的关于贯彻《北京市大气污染防治条例》及 2014 年《清洁空气行动计划》工作实施情况的报告；分别听取和审议关于区政府、区法院、区检察院办理十五届人大四次会议代表“建议、批评和意见”情况的报告，以及区人大常委会关于十五届人大四次会议代表“建议、批评和意见”办理及检查情况的报告；听取代表资格审查委员会关于个别代表的代表资格的报告；审议通过海淀区人民代表大会常务委员会关于召开海淀区第十五届人民代表大会第五次会议的决定。

（吴向荣）

【区人大常委会第 23 次会议】 12 月 23 日召开。会议听取区审计局所做的关于海淀区 2013 年度预算执行和其他财政收支情况审计查出问题的整改工作报告；听取区财政局所做的关于海淀区 2014 年财政预算预计执行情况和 2015 年财政预算（草案）的报告；听取区统计局所做的关于海淀区 2014 年经济运行情况分析及 2015 年展望的报告；审议通过《海淀区人民代表大会代表建议、批评和意见办理规定（草案）》；讨论通过提请区十五届人大五次会议审议的区人大常委会工作报告；听取关于举行区十五届人大五次会议筹备工作情况的报告；听取代表资格审查委员会关于个别代表的代表资格的报告。会议通过相关人事任免事项。

（吴向荣）

监督工作

【概况】 2014 年，区人大常委会对区政府 2013 年“智慧海淀”和“平原造林”两个项目专项资金的使用和管理情况开展专题询问，询问领域由单一的市级政策项目扩大到区政府自主决策项目，由民生项目扩展到科技信息化、生态环境保护等方面；涉及的资金规模由 1.5 亿元提高到 5.08 亿元；询问目标由资金管理及使用效益，扩展至项目管理全过程；询问内容更加注重对项目整体运行机制的完善。

区人大常委会会议听取和审议区“一府两院”代表建议办理情况的报告，听取和审议区政府关于整合区域创新资源，提升融合发展水平，加快核心区建设情况的报告，关于南沙河治理及北部地区污水治理情况的报告，关于贯彻《北京市大气污染防治条例》及 2014 年《清洁空气行动计划》工作实施情况的报告；听取和审议区法院关于知识产权审判工作情况的报告，区人民检察院关于查办和预防职务犯罪工作情况的报告；听取区政府关于海淀区 2013 年度预算执行和其他财政收支情况审计查出问题的整改工作报告，关于海淀区 2014 年财政预算预计执行情况和 2015 年财政预算（草案）的报告，关于海淀区 2014 年经济运行情况分析及 2015 年展望的报告，听取区政府关于全国文明城区创建工作进展情况的报告。

区人大常委会主任会议听取区政府关于食品药品监督管理，建设最安全城市、打造最廉洁警队，交通疏导，国有企业改革及运行，加强社区建设、夯实社会服务管理基层基础工作，“三山五园”重点工程推进情况，农村社区创新管理，行政执法，律师行业发展及律师工作，中小学建设等工作情况的报告，督促区政府不断提高依法行政水平。

督办“以改革创新为动力，加快推进海淀养老事业的发展”1 项议案，跟踪督办“大力推进生态文明建设，打造和谐美丽海淀”1 项议案。

对《北京市全民健身条例》的落实情况开展执法检查。检查采取市、区人大常委会联动的方式，以推动海淀区全民健身事业更好更快地发展。

（吴向荣）

人事任免

【概况】 常委会依法行使人事任免权，全年共依法任免国家机关工作人员 114 人次，依法补选区人大代表 10 名。

（吴向荣）

【任免事项】 2 月 25 日，区十五届人大常委会第十七次会议，会议经过审议，决定接受王道富辞去海淀区第十五届人民代表大会代表职务的请求。

4 月 22 日，区十五届人大常委会第十八次会议，根据区人民政府区长孙文锴的提请，决定：任命刘志平为海淀区监察局局长，任命李景奇为海淀区体育局局长；免去邹立华海淀区监察局局长职务，免去马士起海淀区体育局局长职务，免去周培芳海淀区市政市容管理委员会主任职务。

根据区人民法院院长鲁为的提请，决定：免去陈琦海淀区人民法院副院长、审判委员会委员、审判员职务。

7月22日，区十五届人大常委会第二十次会议，根据区人民政府区长孙文锴的提请，决定：任命李伟为海淀区市政市容管理委员会主任。

根据区人民法院院长鲁为的提请，决定：任命马克力为海淀区人民法院山后人民法庭庭长；免去贾柏岩海淀区人民法院行政审判庭庭长职务，免去王建国海淀区人民法院山后人民法庭庭长职务，免去刘伟海淀区人民法院上地人民法庭庭长职务，免去武会珍海淀区人民法院立案庭庭长职务，免去马克力海淀区人民法院复兴路人民法庭庭长职务，免去金川海淀区人民法院山后人民法庭副庭长、审判员职务。

9月23日，区十五届人大常委会第二十一次会议，根据区人民政府区长孙文锴的提请，决定：任命甄蕾为海淀区卫生和计划生育委员会主任，任命王澎为海淀区商务委员会主任，任命杨剑飞为海淀区政府公共服务委员会主任，任命田桂茹为海淀区民族宗教侨务办公室主任，任命田一川为海淀区安全生产监督管理局局长，任命陈爱清为中共海淀区委海淀区人民政府信访办公室主任；免去王光贤海淀区人民政府副区长职务，免去甄蕾海淀区商务委员会主任职务，免去段安安海淀区卫生局局长、海淀区政府公共服务委员会主任职务，免去刘彦海淀区人口和计划生育委员会主任职务，免去刘希英海淀区民族宗教侨务办公室主任职务，免去孙鹏中共海淀区委海淀区人民政府信访办公室主任职务，免去王勇禄海淀区安全生产监督管理局局长职务。

根据区人民法院院长鲁为的提请，决定：任命范君为海淀区人民法院副院长，任命李剑为海淀区人民法院审判委员会委员、审判员，任命杨海超、张鹏、秦硕、殷华、王志勇、陈昶屹、谢亮、张敏、郭绍辉、章艳艳、张旸、唐绍芬、唐卫京、张鹤、徐立平、王平、王剑、吴扬传、覃波、曹晓颖、唐铸、魏玮、陈建波、曹丽萍、姚琳、李鹏、刘娜、陆军、李正为海淀区人民法院审判员；免去宋鱼水海淀区人民法院副院长、审判委员会委员、审判员职务，免去王占庆海淀区人民法院审判委员会委员、审判员职务，免去黄禄新海淀区人民法院审判员职务。

根据区人民检察院检察长王伟的提请，决定：任命张华伟为海淀区人民检察院副检察长、检察委员会委员、检察员，任命霍丽娜、王兵、周治成、白磊、郭抗抗、余欢欢、王婵媛、朱璨、熊路、陈晨、魏云、晏旅、邓超、吕晓华、白云山、谢志远、邱刚、李思瑶、吴准、彭胜、孟瑶、王莉、田枢、张蕊、付蕾、管祥润为海淀区人民检察院检察员；免去许永俊海淀区人民检察院检察委员会委员、检察员职务，免去顾景斌、吴学英、余海燕、陈美君、杨崇华、花林广海淀区人民检察院检察员职务。

12月23日，区十五届人大常委会第二十三次会议，根据区人大常委会第36次主任会议提请，决定：王锋、周建欣二人不再担任人大常委会人事工作委员会委员职务，佟刚、王勇禄任人大常委会人事工作委员会委员。王澎不再担任人大常委会羊坊店街道工作委员会主任职务，王国强任人大常委会羊坊店街道工作委员会主任；冯志军不再担任人大常委会海淀街道工作委员会主任职务，陈国启任人大常委会海淀街道工作委员会主任；刘志平不再担任人大常委会学院路街道工作委员会主任职务，刘佩金任人大常委会学院路街道工作委员会主任；于国亮不再担任人大常委会万寿路街道工作委员会委员职务，胡晓冬任人大常委会万寿路街道工作委员会委员。

根据刘长利的请求，决定：接受刘长利辞去海淀区人民政府副区长职务的请求，并报海淀区人民代表大会备案。

根据区人民政府区长孙文锴的提请，决定：任命王际祥为海淀区人民政府副区长。

根据区人民法院院长鲁为的提请，决定：任命张弓为海淀区人民法院副院长、审判委员会委员、审判员，任命李梅为海淀区人民法院立案庭庭长，任命李盛荣为海淀区人民法院民事审判第五庭庭长，任命马民鹏为海淀区人民法院行政审判庭庭长，任命杨靖为海淀区人民法院东升人民法庭庭长，任命周红为海淀区人民法院复兴路人民法庭庭长，任命闫肃为海淀区人民法院上地人民法庭庭长，任命李颖为海淀区人民法院中关村人民法庭庭长，任命马千里为海淀区人民法院劳动争议审判庭庭长，任命李春梅为海淀区人民法院民事审判第六庭庭长；免去周红海淀区人民法院民事审判第六庭庭长职务，免去李盛荣海淀区人民法院劳动争议审判庭庭长职务，免去李梅海淀区人民法院立案庭副庭长职务，免去闫肃海淀区人民法院民事审判第五庭副庭长职务，免去杨靖海淀区人民法院东升人民法庭副庭长职务，免去李颖海淀区人民法院中关村人民法庭副庭长职务，免去马千里海淀区人民法院民事审判第二庭副庭长职务，免去李春梅海淀区人民法院审判监督庭副庭长职务。任命丁冉峰等258人为海淀区人民法院人民陪审员。

（吴向荣）

代表工作

【代表学习培训】 年内，区人大常委会组织开展“十八届四中全会精神”“法治中国建设”“全口径预算”“养老事业发展”“三山五园建设”等培训，邀请市人大代表参与讲课。为人大代表购买《习近平谈治国理政》等书籍，印发《北京市实施〈代表法〉办法》《代表建议及办理报告选编》等学习资料，丰富代表学习内容，为提高代表依法履职水平提供有利条件。

（吴向荣）

【建议督办】 年内，区人大常委会继续坚持常委会重点督办、跨年跟踪督办、代表参与督办、加强复查补办、推进网上督办等做法，强化督办力度，落实督办责任。在区十五届四次人代会上代表提出的500件建议中，由区属各承办系统办理的431件建议全部办复。其中，跟踪督办代表连续多年提出尚未得到解决的建议23件。“万柳地区设立卫生服务站”“向阳小学迁址”“首体南路修建公厕”等建议得到落实。市、区人大代表联动，持续跟进“永泰西区教育配套设施”建议办理工作，北京二十中学附属实验学校于2014年9月1日正式开学，缓解了西三旗地区义务教育的招生压力。

（吴向荣）

【小规模专题视察】 年内，区人大常委会改进代表视察方式，根据代表的关注点，组织小规模的专题视察活动，提高视察活动的实效。针对全国文明城区创建工作，考虑到不同街道的区域差异，三次视察南部建成区、北部城乡接合部和中关村科学城等不同地区的创建工作情况，提高代表的参与率和视察的针对性。

（吴向荣）

【代表届中述职活动】 年内，共有428名区人大代表参加述职，其中，197名代表参加所在地区组织的述职会议；108名代表在原选区述职；123名代表分别通过网络、公布述职报告、递交书面材料等形式述职。述职活动加强了代表与选民的联系，增强了代表自觉接受人民群众监督的意识。

（吴向荣）

【服务市代表履职】 年内，区人大常委会组织海淀团市代表开展年中集中活动，配合市人大常委会征求市代表对市政府拟办实事项目的意见，汇总建议19条；配合做好《北京市基本住房保障条例》《北京市居家养老服务条例》和《北京市控制吸烟条例》等三项法规草案的征求意见工作；协助做好市代表集中培训活动，组织市代表开展“养老工作”、集中视察和市、区人大代表专题座谈等活动；围绕“文明城区创建”“高新技术发展”“区属企业发展”“地震灾害预防救援”和“全民健身工作”等主题，组织4个市代表小组开展视察、座谈、调研等活动，为市人大代表履职创造条件。

（吴向荣）

常委会机关建设

【制度建设】 年内，区人大常委会修订《海淀区人民代表大会建议、批评和意见办理规定》《海淀区人民代表大会常务委员会任免国家机关工作人员的规定》等制度，完善作风建设检查落实制度和机关工作人员考核管理办法，建立可执行、可监督的制度体系。

（吴向荣）

【增强调研实效】 年内，区人大常委会树立调研先行的理念，重点围绕协助筹备区委第四次人大工作会议、重大事项决定权、区县人大常委会组成人员专职化、加强对政府全口径预算监督以及社区居家养老服务体系建设、海淀区应急避难场所的科学利用等事项，深入基层开展调研，把调研中形成的积极成果，及时转化到实际工作中。

（吴向荣）

【信息宣传】 年内，区人大常委会开展人民代表大会成立60周年专题纪念宣传活动，制作《海淀报》人大工作专版11期，“人大在线”节目4期，《海淀人大信息》38期，《代表反映》24期，《海淀人大》刊物4期，宣传海淀区民主法制建设的成就和人大代表的履职风采。

（吴向荣）

【群众来信来访】 区人大常委会全年共受理群众来信来访277件次。加强对群众诉求的综合分析，协调有关部门妥善处理信访个案，督促有关部门落实责任，帮助群众排忧解难。深入区人大常委会永定路街道工委，对信访人周德卫连续反映多年的个人问题，进行分析研判，商讨处理办法，按照信访条例答复信访人。

（吴向荣）

【推进基层民主政治建设】 按照“重基础、讲规范、求实效、创特色”的工作思路，组织召开两次镇人大主席联席会，加强对各镇人大工作的法律监督、业务指导和工作联系。

（吴向荣）

海淀区人民政府

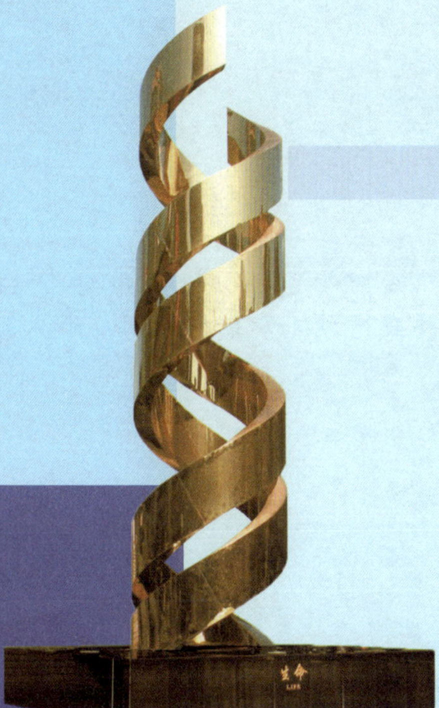

《1月23日，海淀区智慧政务综合服务平台暨同区通办三级联动系统上线启动仪式在西三旗街道便民服务大厅举行，30项个人事务可“就近受理、同区通办、联动审批、通办通结”（海淀区政务综合服务中心供图）

《 1月27日，海淀区领导干部大会召开（李瑞林 摄）

《 1月28日，海淀区启动“文明用餐 节用惜福”文明餐桌行动（李瑞林 摄）

《 3月12日，区政府与中国科学院签署《战略合作框架协议》（田峰 摄）

《 4月24日，市委宣传部、市交通委、市委讲师团和海淀区联合举办“聚焦改革 情系民生”系列形势政策报告会（李瑞林 摄）

《 12月10日，海淀区创建全国文明城区迎检动员部署会召开（李瑞林 摄）

海淀区人民政府

综　述

【概况】 2014年，区政府共召开区政府例会91次，研究议题245项。其中：区政府全体会1次；区政府常务会42次，研究议题113项；区长专题会48次，研究议题130项。围绕党的群众路线教育实践活动，召开区政府党组（扩大）会3次，专题民主生活会1次，专题民主生活会情况通报会1次；召开部门座谈会、工作汇报会、专项调度会等其他会议41次。研究全区经济和社会发展计划、重大项目安排、重要资金使用以及协调日常工作。制发会议纪要134期，其中常务会42期，专题会92期。

经济发展　实现地区生产总值4290亿元，同比增长8.6%；区级一般公共预算收入316.2亿元，同比增长8.5%。全社会固定资产投资完成841.7亿元，同比增长8.6%。社会消费品零售额实现1960.8亿元，同比增长9.3%。

落实“京校十条”“京科九条”等政策，区域10家单位纳入国家深化科技成果使用、处置和收益管理改革试点，占全国的52%。修订出台新一轮创新发展的“1+4+1”政策体系，统筹15.1亿元财政资金支持1000多个项目。启动科技产业军民融合发展三年行动计划，组建全市首个军民融合产业联盟，成立军民融合产业园。编制中关村软件城规划，中关村软件园新增产业空间25万平方米。中关村创业大街正式开街，聚集天使汇等16家新型创业服务机构，入孵创业团队近400个。中国人民银行中关村中心支行（国家外汇管理局中关村中心支局）落户；互联网金融中心开业，成立全市首家网络小贷公司，有利网、融360等近200家互联网金融机构聚集。新增国家高新技术企业200余家，总数超过5200家。全国首个互联网文化创意产业园开园，文化创意产业收入增长9%。全国创新资本中心新增上市挂牌企业58家，总数超过370家。新增股权投资机构100多家，总数超过800家。参股设立产业基金9只，累计33只，撬动社会资本近百亿元，形成产业基金的“海淀系”。海淀园秦皇岛分园开园。实现农村经济总收入256.5亿元，增长9%。启动万亩良田工程和美丽乡村建设。京西稻申报国家农产品地理标志登记保护通过农业部评审，稻香小镇被认定为“中国美丽田园”。

三大功能区建设　中关村科学城。梳理南部383块低效用地，新增产业空间70万平方米。新增首农中关村移动智能服务创新园等5个中关村科学城签约项目；北航国际航空航天创新园等3个特色产业园投入运营，70多家企业入驻。东升科技园二期产业用地城市设计方案完成。西三旗（金隅）科技园规划方案获批。玉渊潭西南饭店改造结构封顶，五路商务楼抓紧施工。

北部生态科技新区。全年开复工590万平方米，竣工114万平方米。西马坊等第二批8个村庄腾退收尾，南安河等第三批6个村庄已腾退37.6万平方米，全年安置房竣工61万平方米。四维图新等9个产业项目开工建设，华为展示中心等11个项目、53万平方米产业空间竣工投产，中关村壹号（中区）结构封顶。七王坟、车耳营等新农村就地改造试点全面展开；西北旺众唐兴业园等“一镇一园”项目加快建设。北部文化中心、101中学温泉校区等结构封顶。

“三山五园”历史文化景区建设。完成四王府等香山东部地区一期搬迁腾退，西郊线、西山隧道、香泉路等开工建设。玉泉山周边环境整治全面展开，拆除各类建筑10万平方米。党校西墙外地区土地一级开发加快，城市设计方案编制完成，北宫门等3个地块完成绿化；启动一亩园搬迁腾退，西苑市场完成撤市；树村安置房开工建设，圆明园周边居民安置房用地范围内集体企业腾退基本完成。

改善民生　创建成为北京市第2个充分就业区，帮扶1.65万名就业困难人员实现就业，2.4万名失业人员实现再就业。推进社保经办模式改革，96%的单位实现网上办理，48项业务在街镇社保所就近办理。城镇居民人均可支配收入约5万元，农村居民人均纯收入约2.7万元，分别增长9%、9.5%；城镇登记失业率控制在1%以内。五项社会保险基金累计收缴395亿元，增长15.5%。新增4所九年一贯制对口直升学校，义务教育阶段就近入学率达90%以上。启动第二期学前教育三年行动计划，新增入园学位2000个；整合中小学资源，通过名校带动，新增学位1万余个。累计建成航天中心医院等6个综合医联体（本年新建4个），覆盖19家医院和全部社区卫生服务中心。海淀医院升级为三级医院。新增养老床位 1500 张，建成 109 个社区老年互助社、30 个养老照料中心，清河敬老院投入使用。创建体育生活化社区 172 个，新建全民健身居家工程 315 套。新建、筹集各类保障住房 1.6 万套，竣工 1.6 万套，配租 5481 套。启动环保园自住型商品房销售。全年完成 91 个、196.2 万平方米老旧小区改造，惠及 3.5 万户居民。加快推进 55 个棚改项目实施，完成居民搬迁 3700 多户，西小口等棚改安置房开工建设。地铁15号线通车,6号线西延全线进场，16 号线建设全面展开，稻香湖路北延等 12 条道路工程完工，新增通车里程 16 公里。完成 15 处疏堵点改造、10 公里微循环道路和 120 万平方米道路大中修，优化 57 条公交线路，在万寿路等街道开展占道停车特许经营试点，落实 2600 多个错时停车位，新建小区停车位 2500 多个。

文明城区创建 开展街面环境、社区环境、市场经营秩序、交通秩序等专项整治。清理整治街面、胡同、边角地等群众身边脏乱点 6000 余处，对小月河、笑祖塔院等一批环境问题突出的重点地区实施大规模综合整治，取缔违规经营早餐亭 151 个、餐饮小门店 717 家，清理长期占用公共空间的废旧机动车 530 多辆，治理 3 万余处沿街店铺的违规牌匾、店外占道经营等问题，拆除各类违法建设 160 余万平方米。完成绿化 998.4 公顷，全区森林、城市绿化覆盖率分别提高到 36.3%、49.9%。平原造林 7785.6 亩，西山彩化 1200 亩；建成 36 千米“三山五园”绿道，启动园外园一期工程；推进生态绿心建设，南沙河滨水绿廊景观改造 30 公顷；新改建 9 处、70 公顷公园绿地。完成 10 条、26.8 千米中小河道治理，翠湖再生水厂完成升级改造，稻香湖再生水厂投入试运行。改造燃煤锅炉 603 蒸吨，淘汰老旧机动车 6 万多辆，淘汰 8 家高污染企业。制定实施 2014—2015 年增强核心功能调控人口规模工作方案。腾退中关村西区鼎好、海龙等电子市场商户 200 多家、约 1.3 万平方米，关停明光寺、四海等低端市场 32 家、再生资源回收市场 26 家，集中清理整治一批“五小企业”“六小场所”，治理群租房 6800 余套，拆除隔断 2.4 万间。常住流动人口减少 12.5 万人。区域共建逐步深化，长效机制逐步建立，群众支持率达 97%以上。形成弘扬和践行社会主义核心价值观的浓厚氛围，中央文明办对海淀区组织全面验收测评。

政府建设 完善食品药品监管体制，组建区卫计委。制定两批次 34 家事业单位改革方案，第一批 13 家事业单位改革全面展开。全面清理、规范行政审批和政务服务事项，取消 36 项，精简合并 19 项。启动企业设立“多证联办”试点，企业设立登记增长 52.4%。“同区通办、三级联动”政务服务已覆盖全区 29 个街镇、80%的社区（村）。清理规范行政事业单位所办 53 家企业。四季青镇整建制农转非试点方案获市政府批准，整建制农转非工作取得重大突破。推进区政协协商会、议政会成果落地，办理区人大养老议案及各级各类建议、提案 650 件，解决万柳地区设立社区卫生服务站等一批重点难点问题。邀请区人大代表对 354 个项目开展事前绩效评估；主动公开政府信息 1.6 万条。对 30 个部门、4242 项执法职权事项进行全面梳理。严格落实中央八项规定区政府会议减少 11%、普发性公文减少 16%，取消一批没有实际效果的节庆、论坛、展会活动，全区“三公”经费财政拨款比 2013 年压缩 5.7%。围绕“庸懒散”“吃拿卡要、办事不公、违规收受礼品”“工作人员上班时间访问购物网站”等问题，开展 42 项专项整治。加强行政效能监察和绩效管理，将区十五届人大四次会议确定的工作细化为 122 项任务，对落实情况进行全过程督查督办。

（于森　李萱）

【区政府与中科院签署战略合作框架协议】 3 月 12 日，中国科学院与区政府签署战略合作框架协议，双方将在科技创新、成果转化及医疗、教育等民生领域加强合作，共同打造宜居宜业的中关村东区。中国科学院副院长、党组成员张亚平和隋振江等海淀区领导出席仪式。

（孙腾飞）

日常政务

【公文处理】 2014 年制发政府公文 665 件，其中海政发 36 件，海政函 282 件，海政报 50 件，海政任 134 件，海行规发 18 件，其他各类政府便函 145 件。制发政府办公文 107 件，其中海政办发 68 件，海政办函 21 件，海政办报 4 件，其他各类政府办便函 14 件。登记办理公文 6466 件，其中市属文件 2291 件，区属文件 4175 件。收集整理区政府、区政府办文件资料，立卷 2013 年文件档案 615 卷，其中永久 290 卷，长期 30 年 294 卷，长期 10 年 31 卷。提供档案查阅服务 42 次。

（于森　刘蓓蓓　杨阳）

【领导调研活动】 全年区领导共参加各类调研、检查、走访慰问等活动 64 次，其中调研驻区企业 18 家、走访基层社区 6 个、走访慰问困难群众 2 次、走访区属单位 12 个、走访驻区大型单位 5 个、视察区属重大项目 10 次，参加各种安全检查 11 次。

（刘水）

【政务信息】 市政府《昨日市情》（专刊、普刊）采用区政务信息 178 条，市政府《今日舆情要闻》采用海淀区摘编的舆情信息 7 条，区报送信息获市领导批示 5 条（次）。与区委办共同编发《海淀信息》刊物普刊 240 期，专刊 57 期。

（李生勇　杨阳）

【建议提案办理】 2014 年，区政府共办理人大代表建议、政协提案652件，涉及主责单位71家。其中办理全国人大代表建议2件、全国政协提案1件；北京市人大代表建议16件、北京市政协提案9件；海淀区人大代表建议439件；海淀区政协提案185件。办理海淀区人大议案1件、海淀区政协建议案2件。全国、市人大代表建议、政协提案满意（同意）率均达到100%；区级人大代表建议、政协提案的解决率达到50%以上，5件区人大代表多年提出未解决的建议得到彻底解决。

（李冰）

【督查工作】 2014年督办的16类6588项市区“折子工程”、市委市政府、区委区政府领导交办等任务按时完成。完成国务院稳增长促改革调结构惠民生政策措施等重点任务的督办落实。在督查工作中，贯彻执行督查任务台账、落实预案、实地检查、报告反馈等工作制度，强化“周督月查月反馈”的工作机制，采取实地督查、跟踪督查、明察暗访、联合督查等方式，推动市区折子和领导交办任务的落实。完成督查督办任务的绩效考核工作。

（张海翔）

【绩效管理】 2014年，海淀区围绕中央、北京市重大决策和区委区政府重点工作进一步优化绩效管理指标体系，推动市区折子、重点任务、重点项目建设、重点改革任务、民生实事工程的落实；设置加减分项，对在三大功能区建设、拆除违法建设、老旧小区改造、集体土地腾退、统筹区域发展、重点活动保障等工作中表现突出的单位予以单项加分，对于推动区委区政府重点任务力度不足、造成较大负面影响的予以减分，激励各单位高标准完成各项工作。优化、精简考评指标，指标数量在2013年度基础上精简30%，将“一票否决”改为“扣分项”，组织年度集中检查，优化考核流程，大幅减轻基层单位迎检负担，增强考核工作的灵活性、针对性、实效性，围绕“重点项目、重点任务和实事工程”建立联动督促和整改落实机制，提升部门履职效率，确保各项重点工作顺利完成。

（廉斯）

【养犬管理】 全年，共办理登记年检犬只91891条，收缴无证犬和流浪犬3490条，查处违规养犬行为1666人，警告养犬户1004人，查处各类举报386件，答复人大代表、政协委员建议5件。发放各种宣传材料20余万份，悬挂横幅3000余条。

（刘水）

【政府信息公开】 全区共开展4次大型业务培训，指导、检查各单位信息公开工作200余次。主动公开政府信息13025条，全文电子化率100%。接受公民、法人及其他组织咨询7000余人次。受理政府信息公开申请2966件，其中当面申请1157件，以信函形式申请1789件，传真申请2件，电子邮件形式申请18件。申请内容主要涉及拆迁补偿、腾退方案、用地规划、征地批复、请示、区政府做出的各类行政复议的证据依据等与群众利益密切相关的信息。全区因信息公开引发的行政复议531件，行政诉讼案113件。

（赵振营）

外事

【概况】 2014年，全区共审批办理因公出国（境）团组84批270人次，批次和人数分别减少31%和39%；其中党政干部团组26批32人，批次和人数分别减少43%和52%；教育系统团组38批191人，批次和人数分别减少34%和39%；海淀园审批办理15批21人次，批次和人数基本持平。支持卫计委、圆明园管理处、绿海能公司等企事业单位5批22人赴外执行研修、项目合作等任务。开展因公出国（境）证照集中整理，团组无超期、无绕道，因公护照100%集中统一保管，无遗失、逾期不上交等问题。

全年政府系统共接待来自北美洲、亚洲、欧洲、非洲、大洋洲国家的党宾、国宾共21批240人，其中区领导会见接待6批50人。海淀园接待来自美、欧、亚洲等11国的来访团组28批395人次。与2013年度相比，对外接待的批次与人数基本持平，礼节性的拜会数量有所减少，深层次、务实性的交流合作及调研座谈活动明显增长。

成立以主管区长为组长，11家单位组成的工作组。组织4次实地演练，1次车辆演练及2次专题教育培训会。完成APEC会议颐和园游园活动观众组织任务。

开展境外非政府组织摸排工作。向全区50家重点单位发放调查表，摸排到与境外组织发生关系的驻区机构57家。

配合开展马航MH370航班失联领事保护工作。顺利完成马航MH370突发事件的应急处理和家属安慰工作，派人参加“海淀区马航家属服务保障工作办公室”，建立后续长效工作机制。

2014年共为乐视网等76家企业办理APEC商务旅行卡168人次，较2013年分别增长153%和121%。共受理辖区企业邀请外国人来华60批共112人次。

（田力）

【韩国首尔西大门区公务研修团来访】 4月21日—22日，韩国首尔西大门区公务研修团一行16人对海淀区为期两天的访问。此次来访的研修团成员涵盖卫生、环境、行政、税务、交通等部门，旨在对海淀区社区卫生服务、教育发展、科技创新等方面情况进行专题研修。

（田力）

【驻京外籍人士旅游资源推介会】 4月25日至26日，区旅游委会同北京市对外文化交流中心举办两天的“北京沙龙•亲历北京之海淀文化之旅”采风活动。

（田力）

【意大利统计学专家代表团来访】 5月7日，海淀区统计局接待意大利统计专家路易吉•毕格力和贵都•法拉里教授等一行3人。双方就意大利或欧盟体系中监测和评估经济的主要指标，有无全国性经济普查及如何开展、动态监测全国的人口数量与结构、物价指数（CPI）测算、科技创新衡量、日常统计的渠道与方式、限上单位的划分及数据审核过程等统计问题进行深入的交流与探讨。

（田力）

【与北京多语言服务中心签署合作协议意向书】 5月23日，区外事办委托海淀区国际交流服务中心与北京外国语大学北京多语言服务中心签署《战略合作框架协议》，搭建专业翻译合作平台，北京多语言服务中心将为海淀区提供多语种口译、笔译服务。至年底，北语多语言服务中心已通过该平台向区经信办、园林局、综治办提供重大外事活动笔译、口译服务，翻译材料涉及语种涵盖英语、法语、韩语、意大利语等。

（田力）

【越南河内干部考察团来访】 7月23日，应中联部及市外办要求，海淀区外事办与万寿路街道办事处共同接待以越南河内市委常委、市委内政部部长阮光辉为团长的越南河内市干部考察团一行30人。双方就社区基层党建及社区基础设施建设服务等方面进行深入交流。

（田力）

【第二届中韩青少年国际交流文化体验活动】 7月28日—31日，海淀区与国际友好城市韩国首尔特别市西大门区共同举办第二届中韩青少年国际交流文化体验活动。由韩国首尔西大门区政府金应植团长率领的代表团一行14人受到了海淀区的热烈欢迎。

（田力）

【圆明园与巴黎香波堡缔结友好关系】 10月23日，圆明园与法国巴黎香波堡缔结友好关系签约仪式在圆明园举行，未来双方将在文化遗产保护、展示及文化产业发展等方面展开交流与合作。出席签约仪式的中方嘉宾有文化部外联局党组书记、常务副局长蒲通，海淀区委书记隋振江。法方嘉宾有法国驻华使馆文化教育参赞周子牧、香波堡管理处主任杜若伟先生等一行5人。

（田力）

【举办“中埃文化交流进海淀”活动】 10月25日，由北京市妇联与埃及驻华大使馆联合举办、海淀区承办的“中埃文化交流进海淀（China Meets Egypt）”活动在海淀区妇女儿童活动中心举行。北京市妇联主席马兰霞、副主席周志军，海淀区副区长陈双，埃及驻华大使麦杰迪•阿米尔，尼日尔驻华大使伊努萨，阿拉伯国家驻华大使夫人协会主席阿曼大使夫人卡瑞玛•奥萨迪等嘉宾，驻华使节家庭、埃及来华留学生及海淀社区居民近300人参加。

（田力）

关系群众生活的37件实事

【概况】 2014年，海淀区围绕广大群众最关心、最直接、最现实的利益问题，通过日常检查、过程监控、现场督查、反馈整改、绩效考评等方式，完成改善群众居住条件、促进劳动就业、提升群众健康水平、改善群众出行环境、营造良好生活环境、丰富群众文化生活、完善公共服务设施、增强社区服务群众能力、保障群众生活安全9个方面37件重要实事，并在区政府网站、《海淀报》、为民办实事平台向全社会公布工作任务和落实情况。

（刘洋）

【37件实事】

1. 新建、收购、筹集各类保障性住房1.5万套，实现配租1.35万套，改善中低收入家庭住房条件。

2. 实施老旧小区综合整治，完成165万平方米抗震节能和环境综合治理任务，改善群众居住条件。

3. 开展棚户区改造和环境整治，启动京昌路楔形绿地等24个棚户区改造和环境治理项目，完成四王府等10个项目5000余户居民的拆迁改造工作。

4. 推进北部城乡一体化建设，加快上庄、大牛坊等安置房项目建设，实现竣工40万平方米。

5. 落实“1+10”促进就业政策，推进精细化就业管理服务，帮助2万名城乡劳动力实现就业，为1400名登记失业人员和本地农村劳动力开展技能和创业培训。

6. 开展城乡妇女综合素质、就业及手工技能培训100场，培训3000人次；扶持有发展前景的项目5个，培养30名城乡妇女致富带头人。

7. 加强养老服务建设，新建、改建30个养老照料中心，新增养老床位1500张；为1000户80岁以上老人家庭进行无障碍设施改造。

8. 为罹患重大疾病或因突发性、不可抗拒性因素导致家庭特殊困难的计划生育低保、领取生活困难补助或低收入家庭按每个家庭5000元标准一次性发放帮困金。

9. 为肺癌、乳腺癌、大肠癌、上呼吸道癌、肝癌5种高危病人群进行筛查和3000例临床检查；开展高血压患者健康体检，为6万人进行半胱氨酸筛查，识别H型高血压人群。

10. 为自愿签约的80岁以上老人家庭安装家庭医生式服务“一键式”互动平台呼叫电话，老年居民足不出户即可享受健康咨询、预约挂号、慢性病管理和急救等服务。

11. 严把食品安全关口，加强对餐饮场所、超市、农贸市场的食品安全监督检查和抽样检测，全区所有餐饮单位量化分级率达到95%以上，监督覆盖率达到100%。食品流通领域重点食品抽检合格率达到98%以上；组建“海淀区肉类批发市场肉类制品产销联合体”，对进入批发市场的牛、羊、猪肉分阶段实施产地与市场挂钩。开发完善“海淀区批发市场畜禽产品跟踪、溯源系统”，确保辖区百姓食品安全。

12. 新建（更新）全民健身工程 250 套，培训社会体育指导员 1000 名。

13. 完成安宁庄南路、上庄东路、东北旺中路等 10 余条道路建设，新增道路里程 16 公里。

14. 对西二旗城铁站、五棵松等重点路段违法停车问题加强综合管理，新增隔离护栏 3 公里，新设违法停车监控设备 100 套；开展单行单停研究，力争云泉路等 5 条小区周边道路实现单行单停，缓解老旧小区周边停车难问题；在上地东路南口等 5 处交通流量大、易发生交通拥堵的路口新设交通信号灯。

15. 利用人防工程为社会提供 1000 个停车位。

16. 实施 10 处道路疏堵工程、10 万平方米道路大中修工程。

17. 完成海淀区循环经济产业园再生能源发电厂建设。

18. 继续深化大气污染防治工作，完成 550 蒸吨燃煤锅炉改造。强化机动车污染防治，监测机动车 60 万辆次。

19. 继续开展农村地区“减煤换煤、清洁空气”行动，通过城市化改造上楼、炊事气化、城市管网辐射、优质燃煤替代等方式，计划完成减煤换煤 10 万吨。

20. 开展文明城区创建，加大环境秩序整治力度，重点实施远大路等 15 条市区达标大街、万寿路西街等 20 条背街小巷、中关村西区和万柳地区两个重点地区的环境整治工作。

21. 遏制新生违法建设，拆除违法建设 100 万平方米。

22. 完成稻香湖再生水厂一期工程，启动上庄再生水厂建设；继续加强雨水利用工程建设，实施苏家坨中心卫生院等 4 处雨洪控制与利用项目；治理上地南路等 19 处积滞水点，改造法华寺路等 11 条雨污老旧管线。

23. 保护水环境，完成南沙河流域污水治理一期、二期工程和南旱河截污工程，铺设污水管线 76 公里，改善河道水体污染。清除南沙河主河道 90 万平方米水面、30 万平方米岸坡进行漂浮物。实施 6 公里北沙河（海淀段）河道治理、绿化工程等，改善河道生态环境。

24. 实施平原造林工程 7987 亩，完成建西苑等 5 处 24 公顷代征绿地建设。建成 57 公顷南沙河滨水绿廊启动区和 36 公里三山五园绿道示范工程，完成紫竹院路、四环路外侧绿地 16 万余平方米景观提升工程。

25. 建立扩大公共 Wi-Fi 覆盖区域，在海淀综合行政服务中心等 8 个政府服务大厅、颐和园等 8 个旅游景区及群众休闲场所、海淀工人文化宫等 2 个文化休闲场所、中关村西区等 2 个创业创新区域、中关村南大街等 5 条道路交通枢纽站点设置 900 余个公益性 Wi-Fi 信号点，适配 2000M 互联网专线，向公众免费开放使用。

26. 在海淀区北部和城乡接合部地区设立 3 个金融服务网点，满足居民需要。

27. 实施 50 个老旧小区无障碍设施改造；350 座公共厕所实施无障碍改造工程，方便老、弱、病、残等群体。

28. 新建、改扩建 7 所幼儿园，新增 1500 个入园学位。建设 3 所由名校承办的九年一贯制学校，扩大优质教育资源覆盖面，增加 10000 余个优质学位。完成中关村三小万柳新校区、西北旺六里屯 LLT-12 地块小学主体建设。改造 5 所学校食堂。

29. 继续办好中关村金秋演出季、“海之声”新年演出季等品牌活动，提供高品质文艺演出 400 场。实施文化惠民工程，组织开展街镇群众性文化活动，举办海淀文化节、海淀公园百姓周末大舞台、圆明园大舞台、农村星火工程等公益性文艺演出 180 场；推动企业图书馆建设，在企业（园区）内建成 50 家企业图书站（点）。

30. 加强企业和基层单位的文化服务工作者、文化骨干的培训工作，年内组织各类培训 3500 人次；扶持 300 支群众文艺团队，实施规范化管理。

31. 完成市政府下达的旅游景区、民俗旅游村厕所、休闲座椅和旅游导览标识、景观标识、服务标识的升级改造工作目标，提升旅游服务质量。

32. 建设社区公共信息发布平台，实现区、街（镇）、社区三级联网，在 90%以上社区安装电子显示屏，社区居民及时获取政务服务、便民服务、应急服务等信息。

33. 新建或改造 150 家固定早餐门店，方便群众早餐需求。

34. 加强社区服务基础设施建设，使 95%以上的社区公共服务用房面积达到 350 平方米以上，开展社区管理服务。改造上庄镇 20 个村的配套公共用房，配置办公设备，提高服务效率。

35. 完成 5 个老旧小区电力设施改造工作，消除电力安全隐患，提高供电可靠性。

36. 清理规范用于租住的 40 处人防工程，消除电线老化、消防设施缺损、通道堵塞等安全隐患。

37. 在海淀少年宫、各街镇社区青少年教育活动基地开展“星光自护”大课堂 60 场，提高未成年人安全自护工作。

（李冰）

综合行政服务

【概况】 2014 年，海淀区综合行政服务中心（简称区政务中心）推进业务整合、流程再造，启动投资项目四阶段并联审批、企业设立“多证联办”及“同区通办三级联动”等多项重点领域政务服务改革。区政务服务大厅办公与服务场地面积共约 1.2 万平方米，设对外服务窗口 110 个，进驻部门 28 个，入驻的行政审批与服务事项 220 个。全年共接待咨询 130 万余人次，受理各项政务服务事项 108 万余件，发放证照 76 万余件。

（王建强）

【“同区通办、三级联动”改革试点】 1 月 23 日，海淀区智慧政务综合服务平台暨海淀区“同区通办、三级联动”系统上线仪式在西三旗街道便民服务中心举行。截至年底，同区通办三级联动工作完成全区 29 街镇、80%社区（村）系统覆盖。平台共有 25 个事项产生 3759 件办事记录，办结 2907 件，其中有 18 个事项能够在平台中完成全流程办理，事项最短办理时间为 4 分钟。

（王建强）

【政府采购】 3 月 4 日，区政务中心启动海淀区公共资源交易平台建设调研工作，聘请团队对全国其他公共资源改革先行省市的建设经验进行调研，形成海淀区公共资源交易平台建设调研报告。区政务中心全年完成区财政局集中采购项目 19 个，采购项目预算金额 4696 万元，实际招标采购结果金额 4583 万元，节约财政资金 113 万元，节约率约为 2.4%。在中国、北京、海淀政府采购网站上发布信息 172 条，完成投标、履约保证金收退 130 余笔约 481 万元。供应商实质性质疑和投诉为零，区属采购单位的满意率达到 100%。

（王建强）

【投资项目四阶段并联审批改革试点】 3 月 31 日，启动海淀区投资项目四阶段并联审批模块化试点工作。此次改革试点设计“一口进一口出、并联审批”的办事流程，落实项目立项、规划设计、土地供应、开工及验收 4 个阶段牵头工作制。

（王建强）

【成立政务服务管理委员会】 7 月 17 日，区政务服务管理的议事协调机构区政务服务管理委员会成立。委员会办公室设在区政务中心。以政务服务管理委员会办公室名义出台相关配套办法，形成“1+N”制度体系，制作制度汇编下发各窗口部门，开启服务大厅制度化管理新模式。

（王建强）

【“三证合一”企业准入登记改革】 8 月 25 日，《海淀区企业设立“多证联办”试点工作实施方案》获第 113 次区政府常务会审议通过。12 月 22 日，海淀区企业设立“多证联办”试点工作正式启动。试点启动后，企业对应部门（窗口）由六个委办局简化为一个综合窗口，提交数据项由 340 多项缩减为 100 多项，往返次数由 6～7 次减少为 2 次，办理时间由 2～3 周缩短到 4 个工作日。12 月 26 日，为审批 6 家企业颁发“四证一书”（营业执照、组织机构代码证、税务登记证、统计证和刻章通知书）。

（王建强）

【智慧政务综合服务平台】 截至年底，区政务中心建设完成集统一数据交换、业务对接、事项管理、流程配置与监控、身份认证、权限管理、资料管理、统计分析等功能于一体的基础平台。基础平台完成同区通办三级联动审批、固定资产投资项目审批、企业设立多证联办审批和大厅综合管理应用系统开发工作，支撑各政务服务业务实现统一架构、资源共享、一个平台运行。完成与市民政局民生平台、市工商局登记系统、市组织机构代码中心登记系统、市统计局登记系统、区人口库以及区电子监察系统等的对接，实现市、区业务联动、数据共享、实时监察。

（王建强）

人事管理

【概况】 2014 年，海淀区科级及以下公务员 5541 名（不含检察院和法院）。录用 57 名应届毕业生、40 名社会人员、12 名大学生“村官”。6923 人参加 2013 年度考核工作，1359 人被评为优秀等次，5265 人被评为称职等次；321 人记三等功，1376 人记嘉奖。全区共有事业单位 595 个，编制 35520 名，其中教委所属事业单位编制 19267 名，实有 17007 人；公共委所属事业单位编制 6688 名，实有 4505 人。事业单位公开招聘应届高校毕业生 672 人，面向社会公开招聘 533 人。全区共有 24903 人参加 2013 年度事业单位考核，其中优秀 4507 人、合格 19992 人、基本合格 10 人、未确定等次 200 人、未参加考核 194 人。事业单位专业技术人员 25701 人，其中，教委共有专业技术人员 17300 人，公共委共有专业技术人员 6842 人，上述两家单位专业技术人员总数占区属单位总数的 94%。

（张丽伟）

【人才引进】 2014 年，区人力社保局围绕核心区“人才金塔”建设目标，持续完善高端人才服务机制，着力打造中关村人才市场优质品牌，加快高端人才聚集。全年引进急需高端人才 400 人，为各类人才办理工作居住证 1.3 万人，续签 3706 人，为 46 个重点企业提供中高端岗位人才寻访服务。

（张丽伟）

【军转干部及随军家属安置】 2014 年北京市下达海淀区计划安置军转干部 358 人，实际报到 121 人（其中团职 42 人，营以下及技术级 79 人），进入公务员队伍 73 人，安置报到率 52.8%。接收 2014 年自主择业干部 302 名，随军家属 276 人。

（张丽伟）

【人力资源市场建设】 2014 年，共举办定期招聘会 180 场，非定期 11 场，参会企业 5938 家次，向社会提供工作岗位 7 万余个；举办“2014 年中关村人才特区高端产业集群大型人才招聘会” 1 期，提供产业集群内各行业中高端招聘岗位 1000 余个；举办高端人才洽谈会 3 场，提供各领域博士、博士后岗位及高层次人才岗位 700 余个；举办“中关村人才特区（核心区）重点企业招聘会”10 场，参会企业 400 余家次，提供中高端岗位 4700 余个；举办“中关村人才特区优势产业集群校园系列招聘活动”29场，参会企业近720家次，提供毕业生招聘岗位6000余个；召开大学生专场招聘会45场，参会企业1600家次，提供毕业生招聘岗位17000余个；举办中关村人才特区优势产业集群香港地区校园宣讲招聘活动2期；开展高端领军人才专项培训10期，400人次的中高层管理者参训；开展40期超市培训，参训人数6769余人。计划专项人才培训5期，开展高端领军人才培养计划高端培训2期；完成8项公务员培训项目，全年共为约2.3万人次提供培训服务。

（张丽伟）

【人事考试】 2014年，完成各类人事考试13类，接待考生19.9万人次，涉及考点95个，考场2554个。接待各类证书领取考生3.2万人次。参与一级建造师、二级建造师、注册税务师执业资格、注册资产评估师执业资格、注册测绘师资格、经济专业技术资格审核6类人事考试资格审核，涉及考生19969人。

（张丽伟）

信息化城市服务管理

【概况】 2014年，全区网格化社会服务管理信息平台累计受理案卷1056872件，社区民情111731条，走访日志945141条；受理各类城市管理问题52.5万件，结案52万件，及时率97.29%，结案率98.94%。受理各类群众及企业诉求121226件，除咨询类直接回复外，分拣转办58154件，及时率99.68%，办结率99.99%；视频监控系统发现问题6.6万件，协助公安部门调取查看录像3145次，累计4700小时。全年共接报并妥善处置突出问题505起，参与现场协调处置各类突发事件74起，组织防汛、烟花爆竹等集中指挥工作10余次。年内，海淀区城市服务指挥中心被授予北京市三八红旗集体称号。

（张磊）

【马航MH370客机应急处置】 3月8日，马航MH370客机失联事件发生，区应急办制定工作方案，启动应急机制，组成工作组协调失联人员涉及街镇，积极做好情况了解、人员摸排及“一对一”家属安抚、慰问等善后工作。保障任务由应急状态转入常态化之后，做好档案整理及工作移交等工作，安排专人继续参与后续相关服务保障工作。

（张磊）

【“5·12”防灾减灾宣传周活动】 5月12日是我国第六个“防灾减灾日”，5月10日至16日，区应急办按照“气象灾害防御”“家庭应急”“防汛抗旱”“消防安全”“应急救护”“公共卫生”六个主题，组织发动全区各部门、各系统、各行业、各街镇统一开展防灾减灾宣传周系列活动。通过发放宣传材料，举办专题展览，组织应急演练、开办专家讲座等主题活动，实现应急管理进社区、进农村、进学校、进企业、进机关、进部队。宣传周期间，全区发动干部、应急工作者、社区工作者8000余人，开展主题宣传活动和应急演练600余场，发放宣传材料10万余份，活动覆盖所有社区（村）。

（张磊）

【参加北京市“12345”热线活动】 6月13日，区长孙文锴带领海淀区9个职能部门“一把手”参加接听北京市“12345”热线活动，受理群众反映问题104件次，内容涉及环境建设、住房、教育、交通、卫生医疗等方面。接听活动结束后，区城市服务管理指挥中心进行“一对一交办”专项工作部署，对部分问题多次进行现场调查，核实情况并召开现场协调会研究部署问题解决方案，跟踪督办典型诉求办理过程，联合媒体进行跟踪报道，促进问题解决；会同区监察局、区政府督查室联合发文，督促并推动民生诉求实质性办结。

（张磊）

【建国65周年应急服务保障】 9月30日至10月8日，庆祝新中国成立65周年期间，全区启动应急机制，区应急办值班干部、座席和技术运维均设双人双岗；将重点公园周边视频探头编组，对重点地区实行分组轮巡，及时协调处置圆明园地铁口拥堵事件、香山公园索道突发停车等突发事件；每日通过800兆电台对全区各单位值班值守情况进行抽查，收集汇总服务保障信息7篇向市、区两级政府进行报送，向区领导发送短信百余条。

（张磊）

【APEC会议服务保障】 11月5日至11日北京APEC会议期间，区城市服务管理指挥中心牵头成立区级联勤指挥部，成员单位每日集中办公，现场协调处置各类突发事件。11月11日颐和园活动当天成立颐和园活动区级现场指挥部，区主要领导及全区27家单位主要领导参加，统筹各类保障力量，形成快速指挥机制；会议期间对工地、工业企业、燃煤锅炉、道路保洁等情况进行重点监控，及时协调处置发现问题，共发现上报各类城市管理问题10123件，按照特事特办、急事急办的原则，对城市管理案件实行快速派遣，全程督促解决，案件办理及时率和结案率均达100%。

（张磊）

【清华附中工地事故应急处置】 12月29日，清华附中工地事故发生后，区应急办协调开展应急处置工作，制订《清华附中施工工地事故善后工作方案》，安排干部进驻各工作组开展工作做好信息了解、家属安抚、善后赔偿等工作，每日收集汇总整体工作信息，更新进展动态专刊13期。应急处置工作结束后，分析应急处置及善后过程，起草完成《清华附中事故应急处置和善后工作总结报告》，总结处置经验，健全防范机制。

（张磊）

【网格化图像系统建设】 年内，区城市服务指挥中心共完成1429个点位基础浇筑，完成自立杆建设1173根，设备箱安装1166个，摄像机安装1325台，图像上传423路；累计完成光缆敷设170万米，电缆敷设40万米，土建施工约4500立方米；完成22个社区533路图像联网整合工作。

（张磊）

【“两网”融合】 年内，区城市服务指挥中心完成社区服务管理网格数据生产、万米单元网格调整和部件属性调整，处理社区服务管理网格数据重叠、缝隙问题626处；处理社区服务管理网格拆分万米单元网格2160个小面积问题；完成3745个万米单元网格和400779个部件编码，更改部件属性1202337条，现场核实学院路等12个街道界线，确认处理40块切割大块绿地社区界线。

（张磊）

【网格化社会服务管理系统平台】 年内，网格化社会服务管理平台数据稳步增加，全区29个街镇通过平台上报各类数据累计达1056872条。在网格化案件的循环层次方面，大循环案件1026件、小循环6156件、微循环73100件，有98.72%的案件都通过小、微循环得到流转解决，实现网格化社会服务管理体系“小事不出网格，大事不出街镇”的顶层设计构想。

（张磊）

【舆情专报】 年内，区城市服务指挥中心拓宽群众诉求渠道，将微博网民的诉求信息统一纳入非紧急服务平台办理程序，共办理舆情督办件590件次，实现5个工作日内有效办结。对舆情案件中心实施专项督查和分析机制，编写《舆情信息案件阅读分析》10期，平均办结率95.66%，及时回复率100%。制定《办理舆情案件的工作规定》，从交接案件、受理立案、办理时限、反馈结案等环节做出详细的规定，形成舆情件的迅速办理和反馈长效机制。

（张磊）

【探索“应急融入网格化”工作机制】 年内，区城市服务指挥中心“应急融入网格化”工作机制，并取得初步成效。依托各街镇网格员实现突发事件应急响应，紧急突发事件能够第一时间发现上报、快速响应、高效处置，提高响应时效，减少信息损耗，提升应急处置效率，风险损害降至最低。通过媒体宣传和深入基层培训讲解，推动“应急融入网格”工作理念深入人心。

（张磊）

【应急视频会商系统扩容】 年内，区应急办应急视频会商系统新增23个委办局分会场，可召开全区58个会场151个单位的多点市、区、街三级高清视频会议并实现双向视频通信，全年平稳保障各类视频会议308场次，为应急响应及指挥提供了稳定、高效的技术支持。

（张磊）

【启动巨灾情景构建】 年内，区应急办探索启动巨灾情景构建工作，与中国安全生产科学研究院、国务院应急办专家组、北京理工大学等合作，通过理论研究与实地调研，提出海淀区巨灾情景构建的基本构想及工作框架，初步完成《巨灾情景构建立项报告》编写，推进课题研究逐步深化，推动海淀区巨灾情景构建工作的开展。

（张磊）

【启动应急标准化体系建设】 年内，区应急办启动海淀区应急宣教培训标准化内容体系建设，依托高校科研力量，走进社区开展问卷调查、面向应急管理干部征求工作意见、走访专业部门开展座谈研究，形成《海淀区应急宣教培训标准化建设指南》《海淀区街道（镇）应急宣教培训标准化建设工作手册》《海淀区社区（村）应急宣教培训标准化建设工作手册》等研究成果。

（张磊）

【应急管理培训】 年内，区应急办举办全区处级干部应急管理专题研讨班，通过专家授课、情景模拟、分组讨论、案例教学、现场参观等形式，提高领导干部应对突发事件和处置工作水平，120余名处级领导干部参加；编写“突发事件应急处置”多媒体教学光盘等一系列参考资料，推进应急宣教培训在各街道（镇）及社区（村）的具体实施及应用；制作以“增强自救互救意识，提高应急避险能力”为主题的应急避险知识宣教展板，在海淀区各办公区及部分街镇巡展，增强机关干部安全意识，提高自救互救能力。

（张磊）

信　访

【概况】 2014年，海淀区信访工作以党的群众路线教育实践活动为契机，以创建全国文明城区为抓手，健全完善源头预防、领导接访、秩序维护等信访工作机制，大量矛盾得到及时解决，切实维护群众的合法权益，实现信访总量下降的工作目标。全区受理群众来信总量上升21%，来访总量下降10%，实现以信代访的预期效果；开设“网上信访”，将互联网作为群众表达诉求的新选择、新平台。建立区委书记信箱，将书记信箱、区长信箱合并纳入新改版的网上信访工作平台，使群众反映问题、表达意愿有更多选择。广泛开展人民建议征集，及时处理，推动建议的办理和成果转化。区政府安排5000万元矛盾纠纷排查化解专项资金，用以解决信访人生活困难，疑难信访积案久拖不决和影响当前社会稳定的重大信访问题，推动息诉罢访。全年区信访办共申请办理信访矛盾纠纷排查化解专项资金550余万元，化解4件矛盾纠纷。

（梁文钧）

【信访宣传月】 5月23日至6月23日，开展以“畅通信访渠道、规范信访秩序、依法逐级走访”为主题的信访宣传月活动。5月23日启动日当天，全区各街道、镇共设立30个宣传站点，制作宣传横幅30条、展板120块；发放各类宣传品2万件；接受群众咨询450人次；发放宣传品5万余件。宣传月期间，召开全区信访工作会，邀请王荣安事迹宣讲团在会上做报告。学习全国依法逐级走访工作电视电话会议精神，引导群众依法逐级走访，及时就地解决群众合理诉求。

（梁文钧）

【非京籍子女入学审核信访维稳】 5月底，全区非京籍子女入学审核工作全面展开，由于部分外来人员子女不符合海淀区小学入学政策，引发大量非京籍家长上访。由区信访办、区教委统筹协调，区维稳办、公安分局、政府法制办等委办局及各街镇密切配合、整体联动，开展非京籍子女入学审核及相关化解稳控工作，受理信访1724批8782人次。通过采取入户宣传、上门疏导、一对一稳控等有效措施，引导学生家长正确认识、充分理解，确保海淀区未出现一例非京籍子女入学引发的越级上访和非正常上访。

（梁文钧）

【政府公众责任险项目启动】 12月2日，海淀区政府机构公众责任保险项目签约仪式暨培训工作会召开，海淀区政府机构公众责任保险项目正式启动。全区118家被保险单位主管领导及工作人员参加会议。区信访办代表海淀区与人保财险北京分公司签订保险协议。之前，区信访办成立专项工作组，协调保险经纪公司，组织召开街镇系统、委办局系统工作会，开展业务培训，对重点单位进行风险踏勘、评估、培训，规范流程，提高全区各单位风险防范和应对的能力。

（梁文钧）

【群众来信来访】 2014年，全区各级信访共受理信访案件30612件次，相比下降10%。受理群众来信21292件，同比上升21%，其中联名信340件14860人次，同比分别下降14%、18%。接待群众来访9320批32650人次（其中非京籍子女入学问题引发1724批8782人次），同比分别下降10%、12%，其中集体访608批20826人次，同比下降17%、19%。区信访办受理信访案件6472件次，群众纸质来信1914件次11327人次，同比件次上升11%，人次下降14%，其中群众联名信213件9366人次，同比件次上升22%，人次下降18%。受理群众通过国家投诉中心、市长信箱、区长信箱写来的电子邮件3134件。接待到区来访1424批12856人次，其中集体访308批11240人次（其中非京籍子女入学问题引发19批171人次、大石桥问题引发56批3360人次），同比批次人次均略有下降。区政府处置室接待318批3484人次，其中集体访116批3064人次。受理群众申请信访复查件100件。

（梁文钧）

【矛盾排查】 2014年，区信访办在全区开展两次矛盾纠纷大排查及七次专项排查，排查出区处重点矛盾纠纷79件，处级以下矛盾2490件，信访重点人144人（其中一级重点人66人），指导属地单位建立化解稳控工作方案，落实“1+1+X”工作措施和“六包”责任制（包调查、包处理、包督办、包结案、包息诉罢访、包稳定）。协调组织召开矛盾纠纷专题会、对账会、现场会、推进会187次，化解处级信访矛盾72件，处级以下重点矛盾1350件。

（梁文钧）

【领导接待信访制】 年内，区信访办推进领导干部接访、约访、下访制度。每月16日、26日由区领导接待信访群众，由区住建委、区人力社保局、区城管执法监察局等15个职能部门和律师等法律专业人士全程参与区领导接访活动。全年共有12名区级领导接待信访群众26批78人次，处级领导接待信访群众1312批3208人次，妥善化解马连洼街道万科如园279个地下停车位管理问题，中关村街道居民反映市容环境、噪音扰民问题等多项重大突出信访问题。

（梁文钧）

【领导包案制】 年内，区信访办对重点矛盾纠纷全面落实领导包案制度。市、区重点案件，区领导能包尽包、应包尽包，坚持“分级负责、分类处置”的工作原则，对涉及面大、群众反映强烈的重点矛盾纠纷，实行领导包案“六包”责任制（即包调查、包处理、包督办、包结案、包息访、包稳定），并加强对包案情况的督查督办。大石桥拆迁历史遗留问题、海淀街道部分居民反映地铁施工扰民问题、小马厂拆迁居民产权证办理问题等一大批重大突出信访问题得到有效推进或化解。

（梁文钧）

【积案化解】 年内，区信访办按照“法、理、情”相结合的原则，建立5000万元的社会矛盾排查化解专项资金，用于解决“无头案”“钉子案”“骨头案”。花园路街道常某住房问题、北下关街道田某要求解决养老保险问题、李某等人因疫苗造成不良后果的赔偿问题、宋某要求享受高原工作人员待遇问题等一批民生领域的重大疑难信访问题得到化解。

（梁文钧）

【人民建议征集】 年内，区信访办及时处理、转化人民建议126条，由海淀区报送的关于大数据应用的建议得到副市长张工的批示，推动了建议的办理和成果转化。制定《海淀区人民建议征集工作办法》，建立50名特邀建议人的工作队伍。指导基层创新人民建议征集工作。

（梁文钧）

【维护驻区单位周边信访秩序】 年内，海淀区加强各单位之间的统筹指挥、部署协调，确保驻区中央国家机关门前及高校周边“四不”工作目标的落实，即：“不能形成聚集，不发生堵门、堵路、拦车等过激行为，不形成事实上的游行示威，不能前往政治中心区聚集滋事”。保证住房城乡建设部、中国铁路总公司等中央国家机关门前及北京大学、人民大学、农业大学等高校周边良好的信访秩序。

（梁文钧）

机关事务管理

【概况】 2014年，区政府机关事务管理处集中管理和保障服务第一办公区、第二办公区、中关村人才发展中心、招商大厦、新海大厦、八里庄一站式服务大厅、曙光办公中心、综合楼办公区、上地办公中心、田村路办公中心、妇女儿童活动中心、西北旺办公中心12个集中办公场所，负责79家处级单位、28家处级以下单位、6600多人的后勤服务保障工作。管理东北旺东馨园1号楼、西北旺春晖园和秋露园公寓等2处机关干部单身公寓。下设北京市海淀区机关住房管理中心、北京市海淀区政府机关幼儿园2个事业单位。完成大学生单身公寓、机关周转住房宿舍分配、使用、调剂、收回等工作。

（李想）

【公共机构节能管理】 4月，在区政府第二办公区开展2014年度海淀区公共机构节能工作培训及研讨会，邀请节能方面相关专家授课。6月，举办主题为“绿动海淀，畅享蓝天”的2014年度海淀区公共机构节能宣传系列活动，活动期间组织“三进”活动（走进办公区、走进街道、走进乡镇）暨节能宣传随手拍拍美丽海淀摄影征集活动、主题海报进基层活动等。10月，组织开展第二批国家级节约型公共机构示范单位创建申报相关工作，参加市发改委组织的初次评审工作。

（李想）

【国有资产管理】 5月至6月，完成2014年北京市行政事业单位产权登记申报工作，申报确权资产314726.30万元。按照海淀区财政局要求，上调知春东里15号楼出租租金，租金金额上调至6.3元每天每平方米。与民防局等单位签订《房屋移交协议书》，接收房产共计9422.89平方米。对艾瑟顿商业广场进行土地权属审查。由北京国勘房地产测绘有限公司进行测绘，划拨房屋面积7899.70平方米，划拨所对应的土地分摊面积1301.32平方米；出让房屋面积352.66平方米（地下二层八个车位），出让对应的土地面积58.09平方米。

（李想）

【日常办公保障】 2014年，机关事务管理处负责全区机要收发、机关公务用车及班车服务工作。有机要交换站交换箱182个，国务院交换站箱1个，双箱2个，已用箱位151个，备用箱位29个，机要收发单位18个，自取机要文件单位67个，外送机要文件单位66个。为149家单位提供文件收发服务，接收、发送机要文件319485件（其中外收文件7743件、外发文件1608件、内部交换文件10134件），普通文件30万余件，接收分发报刊、信件49.5万余件。

（李想）

【区机关幼儿园】 海淀区机关幼儿园是北京市市级示范幼儿园，2014年有小、中、大三个年龄段的8个教学班，250多名幼儿。7月，瀚海蓝天摄制组为幼儿园拍摄建园60周年专题片。9月，龙岗路幼儿园正式开园，共招收两个小班。12月，获得“海淀区解决入园难先进集体”“海淀区社区早教活动站先进集体”称号。获得北京市幼儿园环境创设评比——“低碳环保先锋奖”“海淀区文化建设最优奖”。在海淀区教委组织的第五届“童心杯”征文比赛中，获得1个一等奖，1个二等奖，2个三等奖。

（李想）

中国人民政治协商会议
北京市海淀区委员会

2015
北京海淀年鉴

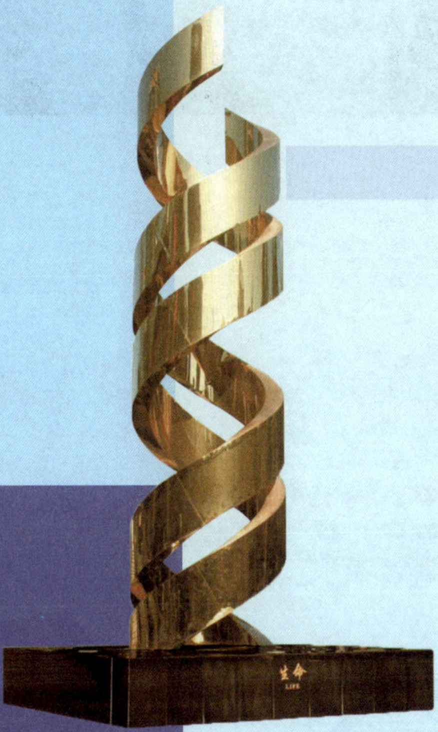

《3月26日，区政协和区委统战部组织党外人士参观海淀云中心和小米科技公司（李瑞林摄）

》9月19日，区政协召开大健康产业发展专题协商会（李瑞林摄）

《10月17日，区政协召开议政会（李瑞林摄）

中国人民政治协商会议北京市海淀区委员会

综　述

【概况】 2014年12月10日，经九届区政协第19次常委会议审议通过，同意19人辞去政协委员职务，同意潘苏彦辞去政协常委职务，同意增补35人为区政协委员。至年底，九届区政协共有委员429人，比上年增加16人；常委会组成人员75人，比上年减少6人。九届区政协全年共召开常委会议6次（第14次至第19次），主席会议6次，秘书长会议4次。

（石峰）

【召开政协委员座谈会】 2月24日，区政协召开全国、市、区三级政协委员座谈会。通报海淀区经济社会发展情况和党的群众路线教育实践活动开展情况、拟请全国政协委员在全国政协会议上呼吁和反映的问题和建议，以及友好城市丹江口市拟请海淀区的全国政协委员带到全国政协会上的意见建议。结合党的群众路线教育实践活动征求政协委员对海淀区委、区政府、区政协领导班子和领导个人的意见建议。全国、市、区三级政协委员15人到会与隋振江、孙文错等区领导座谈交流。

（石峰）

【吉林主席调研】 3月28日，北京市政协主席吉林就海淀政协“六大工程”“六联工作机制”以及“六型机关建设”等工作率队到区政协调研。

（石峰）

【文史工作研讨会】 4月23日区政协文史工作研讨会召开。部分政协委员、文史征集员、专家顾问一共80人参会。传达学习全国政协、市政协文史工作会议精神；组建九届区政协文史顾问和文史征集员队伍；回顾区政协30年来文史工作的经验和做法；研究讨论今后区政协文史工作任务。

（石峰）

【举办第二十六期读书班】 7月24日至26日，区政协、区委统战部与区社会主义学院联合举办区政协第26期读书班。区政协委员、部分党外代表人士和区政协、区委统战部干部共71人参加。听取国家发改委宏观经济研究院副院长马晓河关于《当前经济形势变化与宏观政策分析》清华大学经济外交研究中心教授何茂春关于《中国崛起与爱国主义——兼论经济全球化与大国责任》、中国军事科学学会常务理事兼副秘书长、军事科学院世界军事研究部原副部长罗援少将关于《周边安全环境及软实力建设》、天津师范大学教授谭汝为关于《天津城市文化漫谈》等专题讲座，赴天津生态城服务中心、国家动漫产业综合示范园、天津滨海新区中心商务区和北塘古镇进行现场教学。区委常委、统战部部长彭玉敬传达市委书记郭金龙在听取海淀工作汇报后的讲话精神：按照首都城市战略定位特别是“科技创新中心”定位的要求做好海淀区的工作。构建“高精尖”的产业结构。做好人口规模调控的工作。重点抓好环境建设。全面提升城市管理水平。

（石峰）

【全体委员学习报告会】 11月24日至25日，区政协召开全体委员学习报告会。报告会“庆祝人民政协成立65周年，推进人民政协工作创新”主题，听取全国政协文史和学习委员会驻会副主任、中国人民政协理论研究会副会长兼秘书长陈惠丰关于《以改革创新的精神，推动人民政协和协商民主发展》的辅导报告；围绕“政协履职能力建设”“委员主体作用”“界别工作”等开展专题座谈交流。

（石峰）

重要会议

【**九届区政协第三次会议**】 1月5日至7日召开。会议审议通过区政协常委会工作报告和提案工作报告；听取并讨论区政府工作报告；讨论2013年国民经济和社会发展计划执行情况与2014年国民经济和社会发展计划（草案）报告；讨论2013年财政预算执行情况和2014年财政预算（草案）报告；协商讨论区委、区政府关于九届二次会议以来提案办理情况的报告；审议通过九届三次会议决议。大会应出席委员413人，实际出席404人。

（石峰）

【**常委会议**】

第十四次会议 1月6日召开。听取九届三次会议小组讨论汇报；审议九届三次会议大会决议（草案）；审议通过2014年常委会工作要点和全年政治协商计划、区政协常委会议、主席会议排期。

第十五次会议 3月19日召开。听取区教委关于教育综合改革有关情况的通报、区园林绿化局关于园林绿化工作有关情况的通报、区环保局关于2014年污染物总量减排工作及清洁空气行动计划有关情况的通报；听取区政协开展党的群众路线教育实践活动工作方案有关情况的汇报，并征求各位常委对区委、区政府、区政协领导班子和领导个人的意见建议。

第十六次会议 5月21日召开。听取区司法局关于《政协海淀区第九届委员会常务委员会关于加强核心区法治环境建设的建议案》办理、区发改委关于实有人口调控工作、区住建委关于2014年重大建设项目建设折子工程以及区文明办关于创建全国文明城区工作进展等情况通报。

第十七次会议 7月16日召开。听取海淀园管委会关于2013年《政协海淀区第九届委员会常务委员会关于促进核心区研发服务业发展的建议案》办理情况、国土分局关于全国土地综合整治试点有关情况的通报。通报关于区政协党组群众路线教育实践活动专题民主生活会召开情况。

第十八次会议 9月17日召开。协商中共海淀区委《关于贯彻落实党的十八届三中全会和市委十一届四次全会精神全面深化改革的实施意见》；听取海淀园管委会关于促进核心区自主创新和产业发展“1+10”政策体系落实执行情况的通报；审议通过区政协常委会《关于促进海淀区大健康产业发展的建议案》；审议通过《政协北京市海淀区委员会关于加强政协委员履行职责服务与管理工作的规定》《政协北京市海淀区第九届委员会关于推进网络政协工程的工作意见》修订有关事宜；审议通过区政协专委会工作一室主任、区政协专委会工作四室主任人选；听取区政协党的群众路线教育实践活动的汇报。

第十九次会议 12月10日召开。听取区纪委关于2014年党风廉政建设和反腐败工作的通报，以及区委办、区政府办关于提案办理情况的通报；审议区政协常委会工作报告和提案工作报告，以及九届四次会议议程、日程；协商决定，同意马士起等19人辞去政协委员职务，同意潘苏彦辞去政协常委职务，同意增补王锋等35人为政协委员。

（石峰）

【**主席会议**】

第16次会议 1月6日召开。审议2014年常委会工作要点、政治协商计划，以及常委会议、主席会议排期。

第17次会议 3月5日召开。研究2014年区政协调研课题安排及常委会重点调研课题有关事宜；审议通过2014年区政协常委会工作要点任务分解、各月工作安排表、全年工作一览表、常委会议、主席会议议题计划；审议区政协全面深化改革工作方案；结合党的群众路线教育实践活动，征求各位副主席对中共海淀区委常委会和常委、区政府领导班子和领导个人的意见建议。

第18次会议 5月8日召开。听取区发改委关于海淀区2013年重点建设项目折子工程有关情况、区教委关于海淀区2013年小学入学有关情况、区经信办关于海淀区建设中小企业信用体系有关情况的通报；审议通过拟增补的专委会特邀委员名单；研究常委会组成人员、副秘书长外出学习考察等有关事宜。

第19次会议 7月4日召开。听取区编办关于海淀区行政审批改革工作、区住建委关于海淀区保障性住房工作等情况通报；研究推动京冀协同发展专题协商交流活动和第26期读书班有关安排。

第20次会议 9月3日召开。听取区编办关于区政府职能转变和机构改革方案的通报；审议《政协北京市海淀区委员会关于加强政协委员履行职责服务与管理工作的规定》和《政协北京市海淀区第九届委员会关于推进网络政协工程的工作意见》；审议关于促进大健康产业发展的常委会建议案。

第21次会议 12月10日召开。审议委员调整与增补有关事宜；审议通过《学习和文史委员会工作简则》《关于加强重点提案工作的实施办法》、2014年提案工作和反映社区民意信息工作表彰决定和表彰名单等有关事宜；研究九届四次会议各环节领导分工等有关事宜。

（石峰）

【**秘书长会议**】

第7次会议 2月28日召开。听取2014年区政协常委会主要工作安排、区政协开展党的群众路线教育实践活动工作方案等情况的通报；研究2014年度专题协商会、议政会、常委会重点调研课题等有关事宜；结合党的群众路线教育实践活动，听取各位副秘书长对区政协党组、领导个人和处级党员干部的意见建议。

第8次会议 6月25日召开。研究

2014 年议政会、第 26 期读书班等有关事宜。

第 9 次会议 9 月 10 日召开。审议区政协常委会关于促进大健康产业发展的建议案；研究 2014 年议政会有关事宜。

第 10 次会议 11 月 26 日召开。讨论区政协常委会工作报告（讨论稿）和提案工作报告（讨论稿）；研究 2014 年提案和信息工作表彰、九届四次会议议程（讨论稿）、日程（讨论稿）、大会发言、委员分组及各组召集人等有关事宜。

（石峰）

政治协商

【概况】 年内，区政协按照推进协商民主广泛多层制度化发展的要求，发挥人民政协作为协商民主重要渠道和专门协商机构的作用，利用政协全会、常委会、主席会等协商平台，完善专题协商、对口协商、界别协商、提案办理协商等协商形式，创新组织双周协商座谈会。年初首次制订年度政治协商计划。

（石峰）

【全体会议协商】 在 1 月召开的区政协九届三次会议上集中协商区政府工作报告、 2013 年国民经济和社会发展计划执行情况与 2014 年国民经济和社会发展计划（草案）报告、2013 年财政预算执行情况和 2014 年财政预算（草案）报告等，就科技创新驱动与改革发展、全国文明城区创建与环境整治、社会治理与民生改善等方面内容进行协商议政，提出协商意见 45 条，报区委、区政府研究参考。

（石峰）

【京冀协同发展协商交流活动】 7 月 16 日至 18 日，区政协常委会组成人员赴秦皇岛开展协商交流活动。与秦皇岛市政协联合举办推动京冀协同发展协商座谈会；海淀区和秦皇岛市工商联签署友好商会协议；区政协常委组成人员及“中关村核心区大健康产业发展研究”调研课题组实地考察康泰医学系统有限公司、市第一医院等，与秦皇岛市有关单位进行座谈交流。

（石峰）

【常委会议协商】 9 月 17 日，九届区政协第 18 次常委会议协商中共海淀区委《关于贯彻落实党的十八届三中全会和市委十一届四次全会精神全面深化改革的实施意见》，围绕生态环保、交通、养老机制等八个方面的改革提出建意见建议 11 条；12 月 10 日，第 19 次常委会议协商政协委员增补事宜。

（石峰）

【“海淀区大健康产业发展”专题协商会】 9 月 19 日，区政协召开“海淀区大健康产业发展”专题协商会。围绕精准健康管理服务、传统医药与大健康产业、大力发展海淀区社会资本办医、深化社区卫生工作改革、医疗资源互通互联、以信息化手段加快推进社区居民健康养老管理等提出意见建议。

（石峰）

【政治协商工作专题协商座谈会】 11 月 20 日，区政协召开政治协商工作专题协商座谈会。通报 2015 年开展政治协商工作的基本思路和设想，23 家区属单位负责人围绕“十三五”规划纲要、大健康产业发展、社区治理、社会组织建设、消费品零售业发展、教育事业发展、文化发展、文化遗产保护利用、国有企业改革、农村集体资产管理、保障性住房、交通问题、垃圾处理、医疗事业发展、平安海淀建设、知识经济、养老为老服务网络、设立民族幼儿园、社区矫正、“三山五园”规划建设、人力资源产业园、人才特区建设等方面提出协商意向 52 条。

（石峰）

【党派团体协商会】 12 月 2 日，召开 2014 年党派团体协商会。围绕拟增补与调整的委员名单、区政协常委会工作报告和提案工作报告，以及九届四次全会议程、日程、委员分组等有关事宜进行协商。

（石峰）

【双周协商座谈会】 年内，区政协参照全国政协的经验和做法，在北京市各区县政协中率先组织开展双周协商座谈会。分别就整合科技资源提升创新效率、全国文明城区创建及环境整治、科技金融与创新驱动发展、促进海淀文化大繁荣大发展、海淀区教育改革与发展、海淀区宗教场所的建设等内容召开双周协商座谈会 14 次，形成意见建议专报 12 篇，提出建议 80 余条，其中《区政协委员在“推进改革发展，激发创新活力”双周协商座谈会上的意见建议》《区政协委员在“科技金融与创新驱动发展”双周协商座谈会上的意见建议》《区政协委员在“海淀区宗教场所建设”双周协商座谈会上的意见建议》《区政协委员在“社会治理”双周协商座谈会上的意见建议》《区政协委员在“教育改革与发展”双周协商座谈会上的意见建议》《区政协委员在“养老事业发展”双周协商座谈会上的意见建议》等 6 篇意见建议专报得到区委区政府主要领导批示并责成有关部门研究落实。

（石峰）

【提案办理协商】 年内，区政协坚持把提案办理协商作为推进提案质量和办理质量提升的有效手段。将重点提案办理协商机制、三方沟通协调机制和复查补办、跟踪督办等协商机制纳入提案工作全过程。组织政协委员就中关村示范区海淀核心区建设、社区网格化管理、加强交通建设和城市精细化管理等提案与区食药局、区社会办、海淀园、区交通支队、公安分局、团区委等承办单位开展办理协商活动 30 余次，促进提案办理工作。

（石峰）

民主监督

【2014年议政会】 10月17日，区政协召开2014年议政会。议政会扩大基层群众代表的参与范围，邀请社会组织代表参加会议并发言。发言人和与会委员围绕海淀战略定位、促进混合经济发展、做好大数据应用准备、建立服务型社区治理模式、基层协商民主与社区自治、社会组织发展、文化与科技融合、建设文化创意产业孵化器、商品交易市场管理、绿地和林地养护、停车问题治理、解决老旧小区共建资金、消防安全隐患、残疾人就业创业、部分园区交通不便、北部地区适龄儿童入托难等海淀区重点工作及群众关注的难点、热点问题提出意见建议。区政协、各民主党派、区工商联负责人及社会组织、基层群众代表100余人出席。会后形成《2014年议政会期间各民主党派、工商联、政协委员和群众代表对政府工作的意见建议》，共梳理8个方面45条意见建议，报区政府研究办理。

（石峰）

【视察与监督】 年内，区政协组织政协委员围绕社区煤改电工程、新建养老中心、宗教活动场所建设等社会关注、群众关心的热点、难点问题，开展视察活动112次，参加委员达1227人次。调整8个咨议小组，大幅度充实小组成员，成员总数达到231名，增强了区政协专项监督效能。协调推荐33名政协委员担任9个政府部门的特约监督员，加强对政府工作的民主监督。加强地区政协委员活动小组建设，召开地区政协委员活动小组工作会议，各地区小组全年共组织视察、调研、座谈、研讨等活动57余次，200余人参加，为政协委员开展民主监督活动搭建平台。

（石峰）

参政议政

【常委会建议案】 年内，区政协将关于“中关村核心区大健康产业发展研究”课题作为常委会重点调研课题。组织21次座谈会、专题会和视察调研活动，研究大健康产业发展的市场前景、国家政策导向、海淀区在其中的发展机遇、具体促进海淀大健康产业发展的对策和措施等问题，完成《中关村核心区发展大健康产业调研报告》，在此基础上形成区政协常委会《关于促进海淀区大健康产业发展的建议案》，提出意见建议12条，经九届区政协第18次常委会议审议通过，报区委、区政府研究办理。第16次常委会议、第17次常委会议听取区政府相关部门关于2013年度《政协海淀区第九届委员会常务委员会关于加强核心区法治环境建设的建议案》和《政协海淀区第九届委员会常务委员会关于促进核心区研发服务业发展的建议案》的办理情况。

（石峰）

【其他议政建言活动】 年内，区政协各专委会和相关界别组织政协委员围绕“城市病”中静态交通、街镇博物馆机制、海淀区教育改革与发展、海淀社区义工发展现状、医疗体制改革和社区卫生院站建设、留学人员创新创业环境建设等社会生活中的实际问题，深入北部新区、甘家口、北安河等12个街镇、10个社区开展调查，共召开调查座谈会18次，形成调研报告11篇，为区委区政府科学决策提供参考。组织政协委员就医疗体制改革和社区卫生院站建设多次调研论证，形成《区政协教文卫体委员会关于完善海淀区社区医疗体制改革的建议》，其中“利用移动互联技术加强对社区居民健康管理”等意见建议得到区委区政府领导的高度重视，区卫计委与课题组及时对接，以班子调研和现场会的方式宣传推广，促成全区“家庭医生服务包”社区医疗养老健康指导中心等工作的落实。继续追踪《三山五园历史文化景区中的文物保护与利用》等专委会建议的落实，促使委员建议得到有关部门采纳：海淀区成立文物保护中心，健全文物保护科队所三级体系，新增区级文物109处。

（石峰）

理论研究

【概况】 年内，举办区政协“庆祝人民政协成立 65 周年，推进人民政协工作创新”全体委员学习报告会暨主题研讨会，政协委员、政协之友联谊会成员、政协工作理论研究会会员、提交研讨论文的党派团体成员与会，共收到研讨论文 30 余篇，在履职能力建设、发挥委员主体作用和加强界别工作三个方面形成一批研讨成果。

组织区政协理论研究会会员参加市政协“发挥人民政协作为协商民主重要渠道作用”主题研讨会，向市政协推荐 9 篇研讨论文，其中 8 篇入选优秀论文，3 人在大会上做交流发言。

《海淀政协》全年出刊 6 期，刊载文章 180 余篇、图片 500 余张，总文字量 40 万字，宣传报道委员近 180 余人次。

（石峰）

社情民意信息

【概况】 区政协全年共编报经济体制改革、环境治理、医药卫生体制改革、提高教育质量等社会焦点、难点问题类信息 112 篇。其中，《建议政府慎建烟雾箱模拟研究雾霾天气的形成机理和治理》由全国政协采用并专报给中央有关领导，在全国政协信息直报点会议中被评为优秀信息；《当前海淀区大数据应用面临的挑战和建议》得到区委书记隋振江和副区长孟景伟的批示。

扩充信息工作专家组，由 10 人增加到 21 人；加强信息工作的指导力度。完善特邀信息员队伍，人数增加到 150 人。成立街镇地区信息联系点 20 个。在现有的以各民主党派和工商联为依托的特邀信息员队伍、以各专门委员会为依托的政协委员队伍的基础上，建立起以街镇地区委员活动小组为依托的第三支信息队伍，共建立基层信息联系点 20 个，提高政协信息网络的覆盖面。

（石峰）

专门委员会工作

【提案委员会】 2014 年，提案委员会共征集委员和党派提案 261 件，经审查立案 226 件，所有提案全部办复。其中，提案提出的建议被承办单位采纳、问题得到解决的占提案总数的 50%以上；委员对办理工作的同意及满意率达到 97%。利用会议、界别视察、地区小组活动和公告提案选题参考提纲等方法，让委员全面了解区情、知晓民意，为撰写提案、开展调研提供参考；利用网络优化流程，畅通提案提交程序，增加提案工作的透明度。选取事关全局、影响深远、群众关注的 15 件提案，作为 2014 年的重点督办件；强化提案办理协商，全年召开提案办理协商会 30 余次。针对提案内容相对集中的“交通秩序改善”和“养老事业发展”两大主题，组织召开双周协商座谈会，共提出 22 条建议。

（石峰）

【经济科技委员会】 年内，经济科技委员会围绕“推动改革发展，激发创新活力”“整合科技资源，提升创新效率”“科技金融与创新驱动”等组织召开 3 次双周协商座谈会，提出意见建议 20 余条。承担关于“海淀区大健康产业发展研究”常委会重点调研，组织 21 次座谈视察调研活动，举办以“促进海淀区大健康产业发展”为主题的专题协商会。在调研报告基础上形成常委会《关于促进海淀区大健康产业发展的建议案》。参与组织全国政协委员座谈会，就帮助中关村国家自主创新示范区核心区争取科技创新综合改革试验区试点、支持核心区加快人才特区建设等内容与全国政协委员开展交流，委托全国政协委员根据核心区发展的客观需要向全国政协会议提出提案和建议。反映海淀发展诉求的提案列入全国政协的重点督办提案。

（石峰）

【城建城管和环保委员会】 年内，城建城管和环保委员会围绕“文明城区创建与环境整治”“北部生态科技新区建设”等召开 2 次双周协商座谈会，提出意见建议 10 余条。开展海淀区静态交通问题调研，完成专题调研报告，课题组成员在 2014 年议政会上就缓解海淀区“停车难”问题做专题发言。组织民建、经济、农业等 3 个界别视察部分老旧小区改造项目完成情况。组织委员召开《海淀区“十二五”时期北部生态科技新区建设发展规划》征求意见座谈会。由北部农村“煤改电”、上庄水资源循环利用等项目入手，推动海淀区生态文明建设工作，追踪2012年常委会建议案的具体落实。配合市政协组织对清河流域治理工作的视察。

（石峰）

【教文卫体委员会】 年内，教文卫体委员会围绕“促进海淀文化大繁荣大发展”“海淀区教育改革与发展”“海淀区医疗卫生改革与社区医疗发展”等召开3次双周协商座谈会，提出意见建议20余条。就社区医疗体制改革开展调查研究，完成《关于完善海淀区社区医疗体制改革，当好居民健康“守门人”》的调研报告，形成专委会建议报区委、区政府。组织委员视察海淀区食品药品监督管理局、甘家口社区卫生院、海淀区民族小学、海淀区市民文明总校、温泉海淀区青少年法制教育基地、海淀区实验小学、海淀街道养老院等，为委员们知情参政搭建平台。参加小升初电脑派位活动，协调歌华有限公司与北京城市学院、翠微中学和北京石油附二小联手，将3D技术运用到教学中去，提高学生的动手能力和创造性思维能力。

（石峰）

【社会和法制委员会】 年内，社会和法制委员会围绕“社会治理”“三农问题”等召开2次双周协商座谈会，提出意见建议10余条。围绕法治环境建设组织委员视察青少年法制教育基地，追踪2013年区政协常委会关于《加强核心区法治环境建设建议案》的落实，就海淀区依法行政、法治宣传教育等提出意见建议。围绕社区养老、养老院建设、医养结合、文明城区创建等内容组织委员开展视察活动。举办“三•八”国际劳动妇女节女委员视察活动，以及“缘聚中秋”妇联界委员联谊、视察重点地区社会治安、慰问一线公安干警等界别活动。

（石峰）

【学习和文史委员会】 年内，学习和文史委员会举办2次全体委员学习报告会，举办第26期读书班。开展纪念人民政协成立65周年征文活动，共完成征文18篇3万余字。开展“因地制宜打造街镇博物馆”课题调研，组织调研活动13次，形成《在城乡一体化村落改造中征集民俗遗物建立民俗博物馆》专委会提案。编纂出版《昆明湖畔六郎庄》《首都文史集萃·海淀卷》《北京抗战史料》等文史书籍，组稿202篇，共计70余万字。组织中共、民革、民盟、民建、民进、农工、九三学社、无党派和社会科学9个界别开展参观国家典籍博物馆等界别活动。

（石峰）

【港澳台侨委员会】 年内，港澳台侨委员会以“海淀区留学人员创新创业环境建设”为主题召开双周协商座谈会，提出意见建议9条。开展“海淀区社区义工发展现状调查”和“海淀区海归人才创新创业软环境建设”专题调研，完成《海淀区社区义工发展现状调查与对策研究》和《关于进一步优化海淀海归人才创新创业软环境建设的调研报告》调研报告。组织委员开展小区煤改电、侨资企业等视察活动。

（石峰）

【民族和宗教委员会】 年内，民族和宗教委员会召开“海淀区宗教场所的建设”双周协商座谈会，提出意见建议4条。开展关于海淀区少数民族困难户现状的调研，形成《海淀区少数民族困难户现状的调研报告》，对如何解决少数民族困难家庭问题提出意见建议。围绕宗教场所建设、民族教育、民族文化等组织委员开展视察活动。

（石峰）

民主党派·工商联

2015
北京海淀年鉴

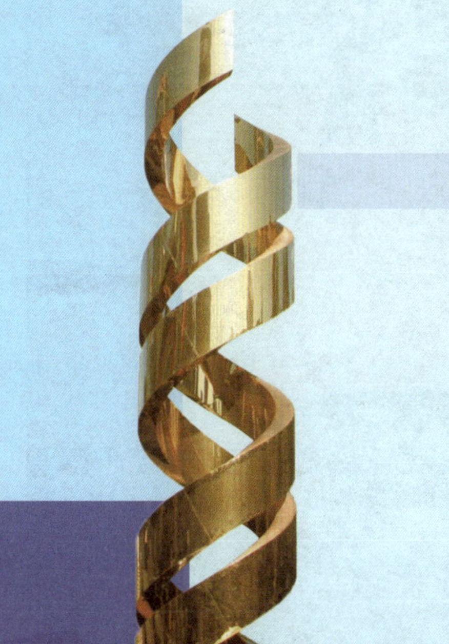

6月14日，民进海淀区委召开信息工作会议（民进海淀区委 供图）

6月21日—29日，民盟海淀区委参加“2014年泥浆足球世界杯中国赛北京站”比赛，荣获季军（民盟海淀区委 供图）

6月25日，民建海淀区委成立金融专委会和科技专委会（民建海淀区委 供图）

10月12日，民革海淀区工委和海淀第十一支部、北京体育大学支部、红丹丹视障文化服务中心等单位举办“健康身心、共筑梦想”为主题的第六届盲人趣味运动会（民革工委 供图）

民主党派·工商联

中国国民党革命委员会
北京市海淀区工作委员会

【概况】 2014年，民革海淀区工委有21个支部、903名党员，其中本年新发展党员40人。党员中有全国政协委员3人，市人大代表2名，市政协委员5名（其中常委2名）；区人大代表1名，区政协委员18名（其中常委2名）。

年内，民革海淀区委开展以下活动：3月22日，全国人大常委会副委员长、民革中央主席万鄂湘，民革中央副主席修福金、傅惠民，秘书长李惠东参加海淀区第十一支部与中央机关总支第三支部联合开展的组织活动，听取获得“中共北京市委统战部基层典型经验”情况汇报，以及民革开展社会服务和法律援助工作情况。7月8日，举办民俗文化讲座，北京师范大学民俗学与文化人类学研究所所长万建中主讲“民俗与我们的生活”。8月29日—31日，赴延安开展“弘扬延安精神，坚定道路自信”为主题的教育实践活动。11月23日—24日，区工委召开全委扩大会议暨新党员培训班，学习中共十八届四中全会精神，并对新党员进行民革党史教育。

（石军）

【参政议政】 年内，在区政协召开的议政会上，做《通过开放现代服务业而加快海淀区发展混合所有制经济的进程》的发言。完成《发展城镇空间绿化，着力打造“美丽海淀”》《创新社会管理加快海淀区智慧社区平台建设的建议》《关于建立海淀区大数据安全农业示范基地的调研与建议》3篇调研报告。向区政协九届四次会议提交《关于加强海淀社区文化建设的建议》《关于通过构建医联体模式以提升区域医疗服务体系能力及所需政策支持的建议》《关于建设海淀虚拟科技园区示范区的建议》《关于通过教育医疗养老等对民资外资开放而加快海淀混合所有制经济发展的建议》4篇提案。报送信息160余条，其中《中小学教师职称评定条件中有关外语考试的限定亟待改革》被全国政协采纳；《首都新机场建设需做好水土资源保持与利用工作》获副市长林克庆批示。

（石军）

【社会服务】 年内，民革区工委和海淀区第十支部到湖北孝感大悟县开展“牵手革命老区群众，促进农村教育发展”捐助活动，为大悟县四姑中学捐赠电脑、打印机、饮水机和图书5000册，共计20万元。民革市委法律服务志愿者联谊会、民革海淀区工委法制专委会举办助盲法律讲座咨询活动。民革区工委和海淀区第十一支部、北京体育大学支部、红丹丹视障文化服务中心等单位举办“健康身心、共筑梦想”为主题的北京第六届盲人趣味运动会，130名视障运动员参加。民革区工委和北京交通大学计算机与信息技术学院向上地、马连洼、北下关社区捐赠电脑。

民革海淀区第十一支部被民革中央评为“全国十佳基层组织”。

（石军）

中国民主同盟
北京市海淀区委员会

【概况】 2014年，中国民主同盟北京市海淀区委员会（简称民盟海淀区委）下属1个基层委员会、3个总支委员会、49个支部，有盟员1467人，其中本年发展新盟员59人。盟员中，有民盟中央委员4人（其中常委2人），民盟北京市委委员11人（其中常委1人）；有市人大代表1人，区人大代表3人（其中常委1人）；有全国政协委员5人，市政协委员3人，区政协委员14人（其中副主席1人、常委2人、副秘书长1人）；院士1人。

2014年，召开主任委员会议2次，全体委员会议4次，调研课题工作会3次。选派百余名中青年盟员参加各类学习班。编发《海淀盟讯》1期，《盟务动态》7期。

（王东旭）

【民盟中央领导到海淀调研】 6月25

日，民盟中央调研组到民盟海淀区委指导工作，与区盟员座谈，听取民盟区委领导从加强盟组织自身建设，不断提高参政议政能力，服务社会、扩大影响，问题与不足的工作汇报，民盟市委领导陪同调研。与会盟员就所在基层组织基本情况、活动情况、发展情况、党盟关系等问题讨论和交流，并对新形势下做好盟的基层组织工作提出新思路、新建议、新举措。民盟市委领导对民盟海淀区委的工作给予充分肯定，希望不断创新基层组织活动形式和内容，提升基层组织的活力、凝聚力和影响力。民盟中央领导希望海淀区委再接再厉，不断加强自身建设，积极发挥参政议政、民主监督的作用，努力扩大盟组织的影响力。

（王东旭）

【社会服务】 7月16日，民盟海淀区经济总支一行20余人赴甘肃定西开展为贫困生捐资助学、援建民盟西部生态园活动。举行与受助学生及其家长见面会，现场为8名中小学贫困生捐助一学期学费和文具，并为一名贫困生送慰问品和慰问金。盟员们在定西市安定区凤翔镇义安村，参加援建民盟西部生态园活动，一期造林1100棵树，共计捐款12万元。

（王东旭）

【举办主题读书班】 8月26日—27日，民盟海淀区委举办“坚持和发展中国特色社会主义、加强民盟组织自身建设”主题读书班。中共海淀区委领导出席并讲话。民盟北京市委领导做题为《加强组织建设　努力履行职能——关于民盟参政议政工作的思考》报告。学员就如何围绕中心，服务大局，为海淀区经济社会发展建良言、献良策；基层组织在盟员发展和基层组织建设方面存在的问题和困难以及解决办法和途径；结合当前开展的坚持和发展中国特色社会主义实践活动，对新形势下如何做好民盟基层组织工作的新思路、新建议、新举措等问题进行讨论。

（王东旭）

【举办井冈山培训班】 10月9日—12日，民盟海淀区委组织32名骨干盟员赴井冈山举办培训班。邀请两位专家分别做了题为《井冈山斗争时期的统一战线》《井冈山斗争与井冈山精神》的报告，使大家了解井冈山革命斗争史和统一战线在革命斗争时期的重要作用。通过现场教学、体验教学、案例教学、互动教学相结合的方式，组织参训盟员到井冈山革命烈士陵园敬献花圈，缅怀先烈，学习革命传统，增强革命斗志。民盟区委领导对与会盟员提出三点要求：把继承和发扬井冈山精神与深入学习中共十八大和十八届三中全会精神结合起来，不断增强道路自信、理论自信、制度自信，建设好中国特色社会主义参政党；把继承和发扬井冈山精神与发展中国特色社会主义学习实践活动结合起来，承担起作为中国特色社会主义事业亲历者、实践者、维护者、捍卫者的政治责任；把继承和发扬井冈山精神与加强民盟自身建设结合起来，服务于北京市海淀区经济社会的发展。

（王东旭）

【参政议政】 盟员、全国政协委员徐世杰、梁晓声、俞敏洪、胡扬、陈力出席全国政协十二届二次会议，并提交十几件个人提案。在区政协九届三次会议上提交《大力保护知识产权，提升核心区专利竞争力》《海淀区养老服务业可持续发展对策建议》2件党派团体提案，个人提案10余件，做题为《海淀区养老服务业可持续发展对策建议》大会发言。完成中共海淀区委统战部《提高海淀区停车场利用和运营效率的分析研究》《关于海淀区发展体育科技产业的建议》《关于推行海淀区社区“参与式”协商自治模式的建议》《社会组织参与创新社会治理的现状及对策》《海淀区文化创意产业知识产权保护现状问题的调研》5篇调研报告，其中《提高海淀区停车场利用和运营效率的分析研究》为中共海淀区委调研关注课题，《对加强基层民主协商制度建设与推行海淀区社区“参与式”协商自治模式的建议》作为区政协恳谈议政会大会发言。全年上报信息102条，《关于加快出版物呈缴立法的建议》被全国政协采用，《关注新疆籍少数民族流动人口生存状况，探索对口援疆工作新模式》被民盟中央和全国政协采用，《中国国际移民的新特点、新问题和新探索》等被中共北京市委采用，《关于少数民族流动人口管理的建议》被市政府采用，并被市政府办公厅选入《内参》。

北京体育大学支部被民盟中央评为2014年先进基层组织，科技一支部等7个支部被民盟北京市委评为先进基层组织，12人被民盟市委评为优秀盟务工作者，民盟海淀区委被民盟市委授予工作创新奖。民盟海淀区委、经济三支部被民盟北京市委评为社会服务工作先进集体，1人被民盟中央评为社会服务工作先进个人，6人获民盟北京市委社会服务工作先进个人称号。盟员范春萍参与的《基因的故事：解读生命的密码》（“芦笛曲丛书”之一）获2013年度国家科学技术进步奖二等奖。

（王东旭）

中国民主建国会
北京市海淀区委员会

【概况】 2014年，民建北京市海淀区委员会有基层委员会3个，支部29个，专委会8个，会员1345人，其中本年新发展会员56人。会员中有民建中央委员2人（其中常委1人），民建市委委员15人（其中副主委3人，常委1人）；全国人大代表1人，各级人大代表12人（其中区人大代表11人，常委1人）；全国政协委员2人，市政协委员11人（其中常委2人），区政协委员26人（其中副主席1人，常委5人）；特约职务45人。

（赵欣）

【结对共建】 2月12日，民建区委与人民政协报联合举办关于"营改增过程中企业如何分享结构性减税成果"财经智库沙龙；3月，接待民建南京市委参观考察海淀区北部生态科技新区，并就园区规划、园区建设、村民安置、自身建设、积极参政议政和服务社会等有关问题进行交流座谈；4月与民建天津市南开区委就如何加强民建地方组织建设、如何发挥基层支部基础作用、如何发挥专委会作用进行交流；9月与民建南京市委共同组织"加快科创特区发展"为主题调研活动，并进行专题座谈。

（赵欣）

【民建中央调研区级组织建设工作】 6月24日，民建中央组织部部长李世杰一行到民建海淀区委，就区级组织建设进行专题调研。李世杰听取民建区委思想建设、组织建设、制度建设及参政议政工作汇报，区委委员、各基层组织负责人进行工作交流。

（赵欣）

【举办2014年读书班】 9月13日，民建区委举办坚持和发展中国特色社会主义暨2014年读书班。民建区委委员，基层组织、专委会负责人以及部分骨干会员等60余人参加。读书班学习《城镇化与北京城市空间结构优化》主题报告、民建全国市级组织建设研讨会的有关精神、中国特色社会主义的辅导报告、民建会史专题辅导。学员们围绕"民建全国市级组织建设研讨会的有关精神""开展中国特色社会主义学习实践活动，积极履行参政党职能"两个主题进行讨论交流。

（赵欣）

【赴沪宁调研组织工作】 10月19日—22日，民建区委组织部分支部主委和组织工作专委会委员共13人，赴上海、南京调研组织工作。分别与民建上海市普陀区委、黄浦区委，就区域状况、人员结构、组织建设、新会员发展等问题进行交流。民建区委与民建南京市委2012年12月结对共建，此次调研组织概况、组织架构、制度建设、基层组织建设、新会员和骨干会员培养、基层组织换届工作进行交流，探讨工作中的疑点难点，加强结对共建活动。

（赵欣）

【参政议政】 2014年，召开主任委员会议4次，全体委员（扩大）会议2次，专委会联席会1次，基层组织联席会1次。编印《海淀民建》4期，报送宣传稿件123篇，其中，60篇被民建中央采用，113篇被民建北京市委采用。报送社情民意信息293篇，被民建中央采用7篇，被民建北京市委采用70篇，被区委统战部采用165篇，其中《网站发布重大新闻前得严格核实新闻内容别误导公众》被中共北京市委书记郭金龙，中共北京市委常委、宣传部部长李伟批示；《北京市地铁票制票价改革需深度吸纳市民参与》被北京市市长王安顺批示；《建议政府加强对于大数据应用的引导》被中共海淀区委书记隋振江批示。2014年获民建北京市委社情民意信息工作特等奖，区政协反映社情民意信息工作先进单位、区统战系统特等奖。

在区政协九届三次全会上提交《关于落实国家现代服务业试点政策、助力海淀区电子商务产业发展的有关建议》《进一步提升核心区（海淀园）企业创新环境的建议》2件党派团体提案，12件委员提案；做题为《进一步提升核心区（海淀园）企业创新环境的建议》大会发言，并被评为年度优秀党派团体提案，3人被评为年度优秀提案人。

年内，完成参政议政调研报告25篇，其中《制约中关村核心区企业成为技术创新主体的外部因素研究》为海淀区委研究室关注课题；《关于中关村科技园中小企业知识产权质押融资状况调研分析》《加强风险监控，促进互联网金融可持续发展》《"北京市内科医师多点执业"执行困难的原因调查及分析》《园区内科研机构专家在科技成果转化和产业化过程中激励机制及制度安排》为中共海淀区委统战部一般课题。《关于以市场为导向，促进海淀区文化创意和设计服务与科技产业融合的建议》作为民建区委在海淀区议政会的发言。

（赵欣）

【社会服务】 年内，"民建海淀同心基金"捐助贫困学生60名。组织会员为北京SOS儿童村献爱心。参加第三届"为爱而走"——2014年打工子弟快乐夏令营募捐慈善健走大会，并参加慈善捐款。清河支部举办"特困帮扶•温暖行动""关爱长者•春风行动""共建文明城区"系列活动。地震局支部"地震科普"系列活动为1200名学生授课。三综支部慰问龙泉老年公寓。科技园支部为连体姐妹手术筹集善款1.06万元。文教一支部举办第六期"企业家进校园"活动。文教二支部"文教善小，南充助学"筹集8万余元款项物资捐助1400名学生。

（赵欣）

中国民主促进会
北京市海淀区委员会

【概况】 2014年，中国民主促进会北京市海淀区委员会（简称民进海淀区委）有区属基层委员会1个（下属支部4个），区属支部38个，会员923人，其中本年发展新会员43人。会员中，有民进中央委员4人（其中常委1人），民进市委委员8人（其中常委5人）；全国人大代表（常委）1人，全国政协委员1人；市人大代表1人，市政协委员5人（其中常委2人）；区人大代表2人（副主任1人），区政协委员17人（其中常委4人）；各类特约监察员20人；长江学者1人。

2014年，民进区委召开主委会6次，全委（扩大）会2次，暑期读书班暨新会员培训会1次，基层组织负责人异地培训1次，其他会议9次。组织300余名骨干会员参加各级各类学习培训。

（王玲）

【民进市委调研组织建设工作】 5月24日，民进北京市委主委庞丽娟、常务副主委李焕喜、副主委张颐武到民进海淀区委，就组织建设工作进行调研。民进海淀区委领导班子成员、支部主委和基层组织骨干会员参加座谈。民进海淀区委主委从民进海淀区委基层组织建设的历史、现状、经验与发展等方面作汇报。北航基层委员会一支部、企业支部作为优秀支部代表分别介绍支部组织建设的先进工作经验。101中学、育英学校、八一中学、英才、地质大学等支部做了发言。民进市委组织处处长鲁剑、办公室主任李长青、民进西城区委副主委等苍玉清等陪同调研。

（王玲）

【举办2014年读书班】 8月23日—24日，民进区委举办2014年读书班暨骨干会员新会员培训班，民进区委委员、支部负责人和部分专委会委员、中青年骨干会员、2013年新入会会员100余人参加。培训的主题是“坚持和发展中国特色社会主义，学习践行社会主义核心价值观”。民进北京市委常务副主委李焕喜等领导参加。读书班邀请中央社会主义学院、民进市委、区统计局等分别作中共十八届三中全会、社会主义核心价值体系、民进会史、海淀区情、生命教育专题报告。

（王玲）

【参政议政】 完成中共海淀区委关注调研课题《关于海淀区低端市场业态现状与对策研究分析》，完成民进海淀区委2项重点调研课题《海淀区高校文化设施纳入海淀区公共文化服务体系建设中共享的体制机制创新研究》《为未来争夺身体，走向身心合一的舞蹈教育——以海淀区几所中小学为试点的舞蹈教育改革的探索》，完成2项一般调研课题《中国传统文化教育如何在实施立德树人工程中发挥作用》《北漂的特殊群体——“蚁族”问题研究》。提交《高校文化设施在海淀区公共文化服务体系建设中发挥作用的有效模式》《关于系统实施海淀中小学传统文化教育》2份党派提案，《高校文化设施在海淀区公共文化服务体系建设中发挥作用的有效模式》被区政协评为2014年度优秀提案，并转化为海淀区政府九届三次会议大会发言。《关于海淀区商品交易市场现状与对策的研究》，为政协议政会大会发言。出版第44期《海淀民进》。民进区委被评为全国组织建设先进地方组织，民进海淀企业支部被评为全国组织建设先进基层组织，1人被评为全国组织建设先进个人。101中学支部、北京外国语大学支部、北航基层委员会一支部被民进北京市委授予优秀支部优秀综合奖，中国地质大学（北京）支部、北京舞蹈学院支部被民进北京市委授予优秀支部突出进步奖，2人被评为优秀会务工作者。

（王玲）

【社会服务】 年内，民进北京舞蹈学院支部与北京石油学院附属第二实验小学联合开展“舞动心灵 放飞梦想”舞蹈艺术进校园系列活动；海淀企业支部对河北省赞皇中学捐资支教；101中学支部和民建海淀文教二支部承办丰宁优秀教师培训班；北京外国语大学支部和小教北支部到熊儿寨中心小学举行捐资助学；海淀区委中西医结合医院卫生支部到四季青敬老院、四季青常青园开展医疗咨询、义诊活动；海淀企业支部开展“弘德圆梦”中国传统文化交流活动；中国地质大学（北京）支部在房山良乡镇詹庄村和长沟镇北甘池村开展“第24个全国土地日”科普宣传活动。推荐会员参加海淀区“社会主义核心价值观”宣讲团；海淀企业支部承办“2014 北京民进互联网思维交流会”。

（王玲）

中国农工民主党
北京市海淀区委员会

【概况】 2014年，农工党海淀区委有支部26个，党员633人，其中本年新发展党员31人。党员中有农工中央委员2人（其中常委1人），农工市委委员9人（其中常委4人），市人大代表1人，区人大常委1人，全国政协委员1人，市政协委员2人，区政协委员17人（其中常委4人）。国务院参事1人，长江学者2人。

年内，组织农工党海淀区委委员、基层组织负责人、党员骨干等共31人赴江西井冈山教育实践基地培训。

选派10名后备干部参加北京市民主党派新成员培训班和海淀区党外中青年骨干培训班；安排11名信息员参加民主党派基层组织负责人暨信息员培训班；组织后备干部参加区政协举办的暑期学习班。

【社会服务】 4月16日，农工党海淀区委医委会及海淀一支部党员到唐家岭社区，为当地居民进行义诊咨询，共接诊177人次，发放宣传材料300余份。6月16日，与海淀区卫生局、海淀区中关村街道办事处承办2014中国环境与健康宣传周“慢性病防治知识宣传义诊”活动在双榆树社区举行，区委所属11名医疗专家进行义诊与咨询。6月20日，开展2014“中国环境与健康宣传周”活动。做题为“动脉粥样硬化的中医药养生”专题报告。7名医疗专家进行义诊咨询。11月15日，本区委所属9名医疗专家到温泉镇白家疃村文化园开展“国际和平周暨健康服务手拉手”活动，共接诊村民100余人。

（魏明昭）

【第九期暑期干部读书班】 9月14日，

农工党海淀区委举办第九期暑期干部读书班，基层组织负责人、后备干部以及部分党员骨干 60 余人参加，中央党校党建部蔡志强教授作“全面深化改革，建成小康社会——学习习近平总书记关于改革的重要思想”专题讲座。

（魏明昭）

【参政议政】 2014 年，农工党海淀区委召开 3 次调研会议，完成 13 篇调研课题，其中《关于海淀区护工队伍现状调研》被中共海淀区委区政府研究室列为关注课题，《北京市园林绿地节水问题及精准灌溉对策的调研报告》《北京及周边地区农业源大气污染物排放量、对雾霾的贡献及对策》被农工党北京市委列为重点调研课题；《海淀区平原绿化的政策机制问题与对策研究》《新医改背景下零售药店的现状及发展策略》在中共海淀区委统战部立项。《加强城乡绿地和林地养护管理，打造绿色海淀“金名片”》被列为海淀区政协高端议政会大会发言。《关于在社区推广建立“精神残疾人康复之家”的建议》提案得到国家、市残联领导关注和认可。《关于提升海淀区网格化社会服务管理水平的建议》被区政协评为 2014 年度优秀党派提案，3 人被评为区政协 2014 年度优秀提案人。

全年上报信息 161 条，被农工党中央采纳 2 条，被全国政协采纳 2 条，获北京市委常委牛有成批示 2 条，被中共北京市委统战部采纳 1 条，被农工党北京市委采纳 65 条，被中共海淀区委统战部采纳 20 条，被区政协采纳 5 条。出版《海淀农工》两期。

（魏明昭）

中国致公党北京市海淀区委员会

【概况】 2014 年，致公党海淀区委有支部 18 个，党员 655 名（其中本年新发展党员 32 名）。党员中，有致公党中央委员 8 人（其中常委 1 人），各专门委员会委员 107 人；全国政协委员 5 人；致公党北京市委员会委员 10 人（其中常委 4 人）；市人大代表 1 人，市政协委员 3 人（其中常委 2 人）；区人大代表 5 人（其中常委 1 人），区政协委员 21 人（其中常委 5 人）；担任全国、北京市、海淀区各类特邀人员 15 人。

（李冬妮）

【程津培到致公区委调研】 5 月 28 日，致公党中央副主席程津培到致公党海淀区委，就坚持和发展中国特色社会主义学习实践活动情况进行调研。致公党海淀区委副主委徐晓兰就如何贯彻落实致公党中央和致公党北京市委有关精神，开展好学习实践活动做汇报。致公党海淀区委副主委王继华做致公党海淀区委近年来开展社会服务的工作汇报。程津培要求致公党海淀区委要带领广大致公党员认真学习，通过大量的思考，找出当前社会上存在的问题，有针对性地建言献策，发挥好参政党的作用。致公党中央宣传部副巡视员赵晓萍，致公党北京市委副主委谢朝华、秘书长刘学增参加调研。

（李冬妮）

【参政议政】 在区政协九届三次全会上，提交党派提案《关于促进海淀区电子信息产业发展的若干思考和建议》《关于建设法治海淀 创建全国文明城区的建议》，做题为《关于高校科技创新与成果转化工作中的问题及建议》大会发言。《关于促进海淀区电子信息产业发展的若干思考和建议》被列为区政协重点提案。副主委徐晓兰撰写的《创新驱动促进高端装备制造业发展》调研报告获得国务院总理李克强，副总理马凯、刘延东的批示。完成《关于促进水电资源开发与环境保护和谐发展的建议》《关于促进长江流域黄金水道建设的建议》《关于加快出台航道法的建议》3 篇调研报告。在海淀区政协、区委统战部议政会上，做题为《关于海淀区加强建设文化创意产业企业孵化器的建议》发言。2014 年区委申报《海淀区科技创新的文化支撑力调查研究》《海淀区创建全国文明城区思路研讨》2 个调研课题，《海淀区科技创新的文化支撑力调查研究》被确定为区委统战部重点关注课题。推荐部分党员参加区政协京津冀一体化调研。全年报送信息 63 条。《关于禁止在娱乐节目中使用歧视性语言的建议》被中央统战部、市委统战部采用。关于逐步将日常生活中禁止性规范转换为指导性规范的建议被区委采用。关于发展县域电子商务推动新型城镇化进程的建议被区委采用。

（李冬妮）

【社会服务】 年内，致公党海淀区委向宁夏青铜峡市慈善基金会捐赠电脑 100 台、图书 6000 册。北京联合大学应用文理学院图书馆为宁夏青铜峡市慈善基金会捐赠图书 1 万册。部分致公党员到西北旺镇走访慰问贫困户并送去慰问金。第二综合支部、民族大学支部、清华大学支部、第五综合支部及北医支部为北京市智光特殊教育培训学校的学生捐款捐物。致公党中央民族大学支部和海淀区第二综合支部被致公党北京市委评为优秀支部。

（李冬妮）

九三学社北京市海淀区委员会

【概况】 2014年，九三学社海淀区委有基层委员会5个，支社(小组)49个，成员1621人，其中本年新发展社员66人 。成员中有九三学社中央委员 7 人(其中副主席 1 人)，九三学社市委委员9人(其中常委1人)；市人大代表4人，区人大代表3人(其中常委1人)；全国政协委员 4 人(其中常委 1 人)，市政协委员7人，区政协委员27人(其中政协副主席 1 人、常委 3 人)。有院士2人、长江学者3人。

出版《海淀九三》4期，向九三学社北京市委网站、《九三北京社讯》投稿106篇。举办基层干部和中青年骨干学习班、“五四运动与九三学社主题座谈会”、以“坚定理想信念，凝聚思想共识”为主题的基层干部井冈山培训班、学习中共十八届三中全会精神专题报告会等教育活动。

(赵国春)

【开展“走基层、讲科普、送服务”活动】 7月10日，九三学社海淀区委在学院路街道办事处二里庄社区启动“走基层、讲科普、送服务”活动。在启动仪式上，九三学社社员、中国中医科学院西苑医院心血管内科主任医师王承龙为社区 60 名居民讲解心血管病的预防知识。10 月 29 日，在紫竹院街道社区服务中心举办第二期“走基层、讲科普、送服务”活动，邀请九三学社中央科普工作委员会副主任、北京大学医学部公共卫生学院社会医学与健康教育系教授、全国著名公共卫生专家钮文异，为辖区居民作题为“健康生活，幸福人生”的科普专题讲座。

(赵国春)

【参政议政】 在区政协九届三次会议上，做题为《扬长避短，为我所用——利用外资机构促进核心区创新发展的对策建议》发言，提出利用外资机构促进核心区创新发展的建议。该建议被海淀园管委会采纳，并制订《核心区促进企业国际化发展三年行动计划(2014—2016)》；提交《建立分级综合评价体系，推进美丽海淀建设》《关于海淀区促进生态文明融入文化建设的建议》2 篇书面发言。完成《充分利用多维信息技术创新美丽海淀建设与管理的建议》《海淀文化的时代记忆与卓越追求——关于海淀文化传承与发展的思考》《NGO 在核心区国际化创新中的作用研究》《外向型国际教育服务贸易产业发展对策研究》《对推进海淀绿色技术创新和绿色发展的建议》5 篇调研报告。全年编报信息43篇。其中全国政协采用2篇，九三学社中央采用1篇，区委统战部采用38篇。

(赵国春)

【社会服务】 年内，中国农科院委员会第一支社与延庆县大庄科乡董家沟村开展科技助农工作。北京外国语大学支社对 1 名新疆维吾尔族学生进行资助。中国农业大学委员会举办“九三讲堂”。西苑医院委员会社员专家在海淀区统计协会进行健康科普宣传。九三学社海淀区委和中国农业大学委员会等 5 个基层组织获九三学社北京市社会服务工作先进集体称号，21名社员获九三学社北京市委社会服务工作先进个人称号。

(赵国春)

台湾民主自治同盟北京市海淀区工作委员会

【概况】 2014年，台湾民主自治同盟北京市海淀区工作委员会(简称台盟海淀区工委)有3个支部，有盟员75人，其中本年新发展盟员2人。盟员中有全国人大代表1人，全国政协委员2人(其中常委1人)；市人大代表1人(常委1人)，市政协委员 4 人(其中政协副主席 1 人、常委 1 人)；区人大代表 1 人(常委 1 人)，区政协委员 9 人(其中常委1人，副秘书长1人)。

(曾军)

【参政议政】 2014年，完成中共海淀区委关注课题《关于加强和完善海淀区社区义工工作的建议》《海淀区社区社会组织现状及培育机制研究》《台资医疗机构及从业队伍发展现状与问题》。向区政协提交党派提案2件，委员提案11件，在区政协议政会上，做题为《海淀区社区社会组织现状及培育机制研究》发言，上报信息 65 条。其中全国政协采用1条，市级采用 22 条，区级采用17条，《海淀区社区社会组织发展现状与培育机制研究》《海淀区社区义工发展现状与建议》获台盟北京市委优秀调研报告三等奖。台盟海淀区工委获台盟中央 2014 年地市级参政议政先进集体称号。

(曾军)

【社会服务】 全年组织盟员参加区统战部组织的“统一战线大讲堂”3 次、各类培训班5次、报告会 3次、座谈会3次和领导干部读书班3次。年内建立海淀区台盟参政议政微信群。台盟海淀区工委与温泉镇开展“城乡手拉手”活动，为温泉镇敬老院送去两台冷藏柜，并为每位五保老人购买衣服和鞋袜。与北京市涉台法律事务研究会共同开展“台湾学生在大陆就学就业所涉法律问题的调研”。组织两期以中青年盟员为主到井冈山异地培训。组织盟员到西山森林公园英雄广场向在台湾隐蔽战线上牺牲的英雄纪念碑敬献花圈，凭吊先烈。

（曾军）

北京市海淀区工商业联合会

【概况】 2014年，海淀区工商业联合会有会员近1800户。会员单位法人代表中有全国人大代表2人，全国政协委员4人；市人大代表4人，市政协委员15人；区人大委员11人，区政协委员59人。有团体会员7个：中关村软件国际孵化软件协会、海淀区户外广告行业协会、海淀区种子商会、海淀区饮食服务行业协会、海淀区商业联合会、中关村高新技术企业协会、北京市民营企业家协会。有基层组织分会14个：苏家坨分会、西北旺分会、田村路分会、清河分会、学院路分会、青龙桥分会、上地分会、中关村分会、西三旗分会、马连洼分会、八里庄分会、温泉分会、紫竹院分会、曙光分会。有园区分会3个：留学人员分会、中关村翠湖科技园分会、中关村多媒体创意产业园。有行业分会4个：医药业分会、文化创意产业分会、传统服务业分会、中介服务业分会。有联谊会1个：青年企业家联谊会。

召开执委会，传达学习贯彻中共十八届三中、四中全会和习近平总书记在北京调研时的重要讲话精神。组织青年企业家联谊会赴河北狼牙山开展“四信”理想信念教育活动；以“百年风云”为题，为青年企业家讲党课；组织非公党员企业家赴董存瑞烈士陵园，开展以“缅怀先烈，感恩生活”为主题的迎“七一”爱国教育活动；组织赴井冈山开展爱党爱国教育活动。实行非公党员企业家列席党组会议制度，召开“牢记四信，坚定信念”为主题的党组扩大会。通过会议、网站、会刊、短信平台等多种途径，及时宣传海淀区创建全国文明城区工作情况。

参政议政　确定“京津冀一体化中海淀区战略定位”“民营经济如何参与混合经济”等重点参政议题，并成立课题组。参加区政协组织的双周协商会，就如何推进区域经济可持续发展出谋划策；向区政协九届四次全会提交《关于构建海淀区高精尖产业新格局的建议》《多策并举，支持传统服务业转型升级》两个提案；完成《海淀区青年民营企业家成长状况调查研究》课题调研报告；参加全国工商联主席王钦敏、中央统战部副部长陈喜庆等领导来京调研，汇报海淀区民营企业发展情况。

服务区域经济社会及公益事业　与区国资委等部门联合举办民营企业与国有企业对接座谈会，搭建民营企业与区属国有企业沟通平台，促进海淀区混合所有制经济发展。为会员企业解决工商登记、市场准入、劳动纠纷、人才引进等问题；举办民营经济双月论坛，首期论坛主题是“传统服务业对接移动互联时代”，联系会员单位金五星集团，总结企业转型经验，形成调研材料，得到区领导的认可，为清退其他市场和推动劳动密集型企业转型升级提供了经验。拓展企业发展空间，与贵州遵义市、河北省秦皇岛市和承德市工商联签订合作协议，与天津北辰区、湖北省丹江口市、安徽萧县等地区建立友好关系，组织会员企业参加新疆投资项目推介会。组织社会服务专委会成员和非公党员企业家，到西北旺镇屯佃村走访慰问困难户，送去慰问金4万余元；工商联妇委会与区慈善协会共同建立“爱心基金”，定向帮助在海淀区生活困难的母亲和儿童。妇委会“六一”前夕到北京市儿童福利院进行慰问，捐助六台柜式冷暖空调。八一前夕举行“非公企业家老兵进军营”双拥活动，签订军民共建协议，并向部队赠送10套学习用书。

会员服务工作　邀请专家学者举办养老政策培训、“1+10”政策培训、财政部研究所的讲座等各类培训。通过网站会刊及时将市、区最新经济政策传达到会员企业。举办主题为“与阳光起舞•和梦想同行”民营企业舞蹈大赛；联合区文化委等部门，在白家大院、二十一世纪等9家企业建立流动图书馆；组织非公企业团购惠民演出票，惠及30多家企业员工。召开产品推介会，利用网站、微信、短信等多渠道宣传企业和产品。5家企业被评为海淀区“巾帼文明岗”，16名女企业家被评为区“巾帼建功标兵”，2人被评为市“三八红旗手”，安网沐泽、用友软件被评为市“三八红旗岗”。3家企业分别获得2014年中华全国工商业联合会科学技术奖一等奖和三等奖。

组织建设　全年召开主席、会长会议4次。增补2名副主席、1名副会长、17名执常委。开展党的群众路线教育实践活动，坚决纠正“四风”方面存在的问题。成立紫竹院分会、曙光分会等2家地区分会以及1家行业分会——中介服务业分会。

原工商业者工作　帮助原工商业者解决生活上的困难，全年为原工商业者困难补助发放共计87500元，79人次。走访慰问老工商业者10人次。

（张雪松）

群众团体

2015
北京海淀年鉴

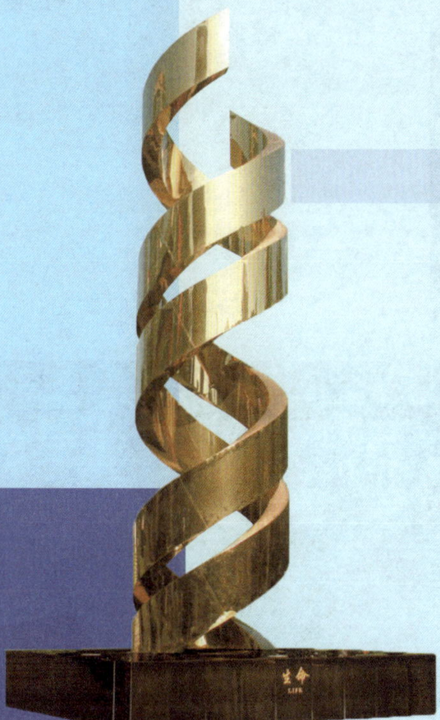

《 4月，团区委和海淀区志愿者联合会共同举办海淀区“绿色环保推广月”主题志愿服务活动（李瑞林 摄）

》7月19日，区金融办举办“玫瑰之约 牵手海淀”青年男女联谊会（田峰 摄）

《 7月25日，海淀区第三届新侨乡文化节“家庭厨艺大赛”在中关村学院举行（区侨联 供图）

》8月29日，海淀区委、北京大学社会学部、海淀区彩虹之家青少年服务中心联合成立“海淀区青少年权益工作创新研究基地”，并举办首次学术沙龙（李瑞林 摄）

》9月4日，区红十字会在社区举办“应急救护培训助力平安海淀”“唱响人道曲、共筑中国梦、红十字与文明海淀同行”活动（区红十字会供图）

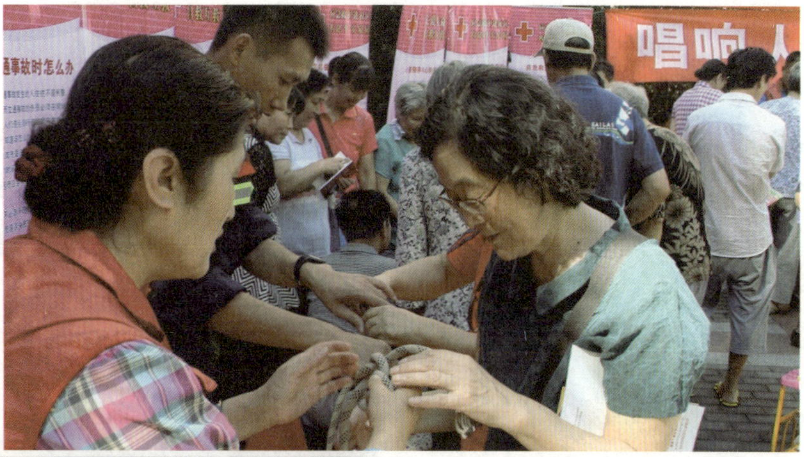

《 9月23日，区科协举办全国科普日海淀主场活动暨2014年海淀科普行活动（李瑞林 摄）

》12月6日，肖家河畔社区青年汇正式揭牌（李瑞林 摄）

《 区妇女儿童活动中心举办读书活动（李瑞林 摄）

群 众 团 体

海淀区总工会

【概况】 北京市海淀区总工会（区总工会）下属海淀工人文化宫、海淀职业介绍所、海淀区职工休养服务部、海淀区技术交流站4个直属事业单位。2014年，基层直属工会有117家。

2014年，全区有1人获“全国五一劳动奖章”，1个集体获“全国工人先锋号”称号，18人获“首都劳动奖章获得者”称号，3个集体获“首都劳动奖状”，7个集体获“北京市工人先锋号”称号。惠远霖被评为工资集体协商工作全国先进个人，中关村科技园区软件行业被评为工资集体协商工作全国先进集体。

（胡文欣）

【职工文体活动】 年内，区总工会举办第22届职工艺术节活动、第二十六届职工“长春杯”越野赛；在全区开展职工“健步走”活动和国家体育锻炼标准测试工作。全区各基层工会围绕“建功核心区 创新在海淀”“我的梦 中国梦”等主题，开展职工文化艺术活动。五一期间，为职工提供多项免费服务，开展职工速度钓鱼比赛、5元优惠观影等活动。摄影分会举办以“走近身边的劳模”为主题的南海子摄影采风和讲评活动、“中国梦之幸福海淀”为主题的摄影大赛活动；声乐分会举办首届声乐培训班；舞蹈分会深入企业开展舞蹈培训；棋牌分会举办海淀区第二届职工中国象棋和围棋比赛、第三届职工扑克牌（双升）比赛等。成立书画分会，并举办为期两周的农民工子女免费书画培训。

（胡文欣）

【第二十二届职工艺术节】 3月—9月，区总工会开展以“建功核心区 创新在海淀”为主题的海淀区第二十二届职工艺术节。艺术节包括职工歌手大赛、舞蹈大赛、摄影大赛、文艺会演4个部分，5万余名职工参与。9月26日，区总工会在海淀工人文化宫举办第二十二届职工艺术节“中国梦•祖国颂”闭幕文艺会演。

（胡文欣）

【职工第二十六届“长春杯”越野赛】 11月15日，由区总工会举办的第二十六届海淀区职工“长春杯”越野赛在圆明园举行。比赛分越野竞赛组和全民健身组，来自全区不同行业的4000多名职工参加。最终，区教育工会获越野竞赛组团体冠军，海淀街道总工会和当代商城工会分别获得团体亚军、季军。

（胡文欣）

【工会组织建设】 年内，区总工会坚持“贯彻二分法、坚持两手抓”的工作思路，发挥已建立的社区、村级联合工会、商务楼宇和高科技企业联合工会作用，广泛吸纳小微企业加入工会组织；同时以税务代收促进建会工作开展。全年新增工会组织1477家，新增会员单位2581家，新增会员23168人。截至年底，累计采集工会组织信息5659家，采集企业信息7550家，采集会员信息237427人，为163308名职工办理“京卡•互助服务卡”。

（胡文欣）

【职工素质建设工程】 年内，区总工会为取得国家承认的大专学历或本科学历的本区持“京卡”80多名会员，分别给予1000元和2000元的学费资助，资助总额达10万余元；把通识能力培训、各类大课堂、讲座辅导等活动送到企业和职工身边，资助基层工会23场公益大讲堂；继续推进农民工大学生助推计划，10名农民工通过助推计划资格审查，参加全国成人高考；继续开展“知识型职工标兵”选树活动，评选出海淀区“知识型职工标兵”20名，“知识型职工标兵”提名10名；继续推进“职工书屋”建设：北冶功能材料有限公司获得“全国职工书屋示范点”，花园路街道社区服务中心职工书屋等8家职工书屋获得“北京市职工书屋示范点”称号，19家基层工会职工书屋被评为区级职工书屋。区总工会共投入39万元向全区137家职工书屋赠送图书。

（胡文欣）

【帮扶工作】 节日期间，区总工会向在册困难职工每人发放1000元的温暖包，涉及380余人次，发放慰问金38万余元。春节期间对2000余名农民工进行慰问。开展“金秋助学”活动，资助25名学子圆梦。为412名困难职工及国有企业待岗职工免费体检。临时应急救助因高昂医药费或火灾等情况陷入困境的求助职工73人，使用专项帮扶资金37.4万元。全年新增职工互助保险会员9530人，会员总数达13万人，收缴保费499万元，受理赔付1333人次，发放赔付金188.67万元。

（胡文欣）

【职介工作】 年内区总工会共举办146场招聘会，共有参会单位2596家，提供就业岗位81935个,参会个人14468人，其中初步达成就业意向 4376 人。主要有 85 场“已建工会组织”用人单位专场招聘会、8 场“春风行动”专场招聘会、4 场“就业援助”活动专场招聘会、14 场“北京市总工会、海淀区总工会就业援助送岗位系列活动”专场招聘会、16 场“家政服务公司”专场招聘会、12 场“民营企业招聘周”专场招聘会、1 场走近门头沟区王平镇大型失业人员招聘会、1 场走进门头沟清水镇联合招聘会、1 场庆三八女大学生专场招聘会、1 场大学生兼职专场招聘会。受邀参加全国总工会的“2014 全国工会就业援助月”活动、丰台区秋季就业援助招聘会、2014 年全国部分省区市工会区域性劳务协作活动暨内蒙古（通辽）就业招聘会。

（胡文欣）

【工资集体协商】 年内，各街镇及海淀园工会共计 4885 家企业开展工资集体协商工作，覆盖职工 21.99 万人，企业覆盖率 84.4%，职工覆盖率 90%，其中，通过区域性、行业性工资集体协商覆盖企业 4305 家，覆盖职工 61072 万人;企业单独开展工资集体协商 361 家，覆盖职工 83670 万人。百人以上企业完成工资集体协商 392 家,覆盖职工 13.89 万人，企业和职工覆盖率均为 91%。

（胡文欣）

【劳动争议调解】 年内，区总工会劳动争议调解中心共受理劳动争议调解案件 803 件，调解成功 640 件，其中涉及群体案件 21 件，为职工挽回经济损失 565.425 万元。6 月，区劳动争议调解中心参与并成功调解海淀区人民法院在审的劳动者诉华锐风电公司重大劳资纠纷争议案，避免隐性群体诉讼的发生。区劳动争议调解中心深入街道社区开展普法宣传活动，与海淀园工会定期开展针对企业 HR 的劳动法普法讲座，共举办 3 期，1000 余人次参与。

（胡文欣）

【厂务公开】 年内，海淀区厂务公开推行率在公有制企业达到 100%，已建会非公有制企业达到 83%，教育和卫生系统达到 100%。职代会或职工大会建制率在公有制企业达到 98%，已建会非公有制企业达到 81%，教育和卫生系统达到 100%。区公共委（卫生局）工会出台职工代表大会实施细则，加强卫生系统民主管理工作。

（胡文欣）

【为职工办 11 件实事】 年内，区总工会为广大会员和职工办理 11 件实事，即：举办单身职工大型交友活动和大龄单身职工交友会；免费为职工举办集体婚礼；为获得全国、市级命名的“职工书屋”赠送书籍；为取得国家承认的大专学历或本科学历的本区持“京卡”工会会员，分别给予 1000 元和 2000 元学费资助；为基层工会承担相关财务软件服务费和升级维护费；为在职职工承担《在职职工医疗互助保障计划》费用；开展 30 场下基层放映电影活动；帮助在册困难职工家庭成员及国有企业待岗职工就业，为已建工会组织的用人单位举办免费 85 场招聘会，举办 13 场就业援助走进街镇专场招聘会；免费为区属退休劳模进行健康体检；为区总工会直属基层工会主席、专职副主席免费做专项体检；开展每月为直属基层工会主席、副主席送一本好书活动。

（胡文欣）

中国共产主义青年团北京市海淀区委员会

【概况】 2014 年,海淀团区委围绕“提高团组织的吸引力和凝聚力”“扩大团的工作有效覆盖面”两大核心任务开展工作。截至年底，全区共有团员 73771 人，基层团组织 3715 个，其中团委 141 个，团工委 26 个，团总支 307 个，团支部 3241 个。

2014 年，海淀团区委被评为“2014 年北京共青团信息工作先进单位”“2014 年度海淀区法制宣传教育工作先进集体”。1 人被评为全国优秀团干部，2 个基层团组织被评为北京市五四红旗团委,2 个基层团支部被评为北京市五四红旗团支部，4 人获北京市优秀团干部称号，1 人获北京市优秀团员称号。

海淀区青年联合会设有 9 个界别组，委员总数达 428 名。海淀区青联之友联谊会、各系统联谊会和地区青年联谊会是海淀青联的外围组织。年内，海淀青联引导委员、会员参与捐资助学、义诊、植树、城市志愿服务等社会公益活动。开展“走进委员企业系列活动”分别到汇智博创、大唐高鸿、海淀检察院、京兆建设公司等企业走访，为委员搭建一个研究解决具体问题的平台。承接团中央、团市委、市青联发起的“增绿减霾”慈善类捐助活动，组织青联委员捐款 15 万元。

海淀区未成年人保护委员会（简称未委会）办公室设在团区委，现有成员单位 38 家，街镇未委会 29 家。2014 年，海淀区未委会继续深化青少年法治宣传教育工作，共聘任法制校长 270 名，中小学配备率达到 100%。组织开展未成年人权益保护调研，报送调研报告 24 篇，内容涉及青少年社工发展、社会化维权体系、社区青年汇等多个主题。深入社区开展星光自护、青春红丝带等品牌活动 60 场次,辐射青少年 2000 人次。强化涉诉未成年人司法保护体系，推动区公安分局成立全市第一家未成年人预审中队，签署涉诉未成年人隐私信息限制公开办法。

希望工程北京捐助中心海淀区工作站全年共筹集款物累计 35 万元，捐助覆盖青少年 1300 人次。

北京市海淀区志愿者联合会办公室设在团区委。海淀区志愿者联合会共有团体会员 209 家。社区志愿服务示范站 109 家，其中市级示范站 34 家，新建区级示范站 75 家。新建 84 个首都学雷锋志愿服务站、5 个示范站，88 个首都学雷锋志愿服务岗，7个示范岗。2014年，海淀区志愿者累计上岗约13万人次，累计服务时间380多万小时，累计服务群众近520万人次。海淀区通过验证的注册志愿者556843人，占全市注册人数的22%；注册志愿服务团队7527个，占全市的19%；登记志愿服务项目7172个，占全市的17%。

（孙骁）

【青年创新创业】 7月到10月，区青年联合会承接2014北京“邮青时贷”创富大赛活动、2014联通U谷杯创新创业大赛，推动近100个团队参加市级创业大赛。11月，区青年联合会与“创业家传媒”开展创业大赛活动。大赛聚焦文化创意行业，吸引优秀的文化创意创业项目和高校文化创意项目参赛，为创业项目提供投融资对接、创业培训等服务。

（孙骁）

【“激扬青春汇海淀，文明城区共创建”活动】 9月25日至年底，团区委举办“激扬青春汇海淀，文明城区共创建”主题系列活动。各基层团组织、社区青年汇、社会志愿组织、驻区高校志愿者、志愿家庭、社区群众等志愿服务力量，通过三大行动，传播文明理念，助力文明城区创建。一是“志愿服务宣传”行动，包括“蓝立方”城市志愿服务和“文明随手拍”微行动。二是为让行人遵守交通规则、使交通更加有序，人们出行更加安全，带动广大市民参与到全面提高社会文明素质和城市公共文明程度志愿服务活动中来，开展以宣传文明出行的快闪活动、在重点路口开展的“跟我等”和“跟我走”行动等为主要形式的文明交通倡导行动。三是推动围绕垃圾清理、小广告清理、环保宣传等的城市清洁行动、“三山五园”环保巡回志愿服务、志愿家庭行动计划等形式的环境秩序维护行动，组织志愿者围绕海淀“三山五园”线路及区属公园，开展“倡导文明行为，杜绝不良习惯”活动。

（孙骁）

【“汇聚青春正能量 奉献文明核心区”主题教育实践活动】 年内，团区委以“汇聚青春正能量 奉献文明核心区”为主题，开展系列主题教育实践活动。召开高校团委书记联谊会，整合驻区高校志愿服务资源，及时了解高校青年思想动态，完善区校共建机制。举办第十届青年歌手大赛，共有16人从上万名选手中脱颖而出进入决赛。组织开展“青春·文明·汇海淀”系列活动，助力文明城区创建。

（孙骁）

【“两新”组织团建】 2014年新建“两新”团组织225家，其中，新经济组织213家，新社会组织12家，超额完成年度任务。截至年底，海淀区共建两新团组织3180家，其中新经济组织建团3087家，新社会组织建团80家。

（孙骁）

【社区青年汇建设】 全年新建市级示范社区青年汇30家，新增社工岗位84个，全区市级示范社区青年汇达90家。开展新青年城市体验营、新青年学堂、温暖衣冬、登塔体验、警犬基地安全教育等活动。90家市级示范社区青年汇共计开展活动4196次，参与活动青年达109555人次。加强专职社工人才队伍机制建设，建立片区制统筹管理、街镇主导、事务所督导的三方监督管理机制，明确街镇团（工）委为专职社工日常管理第一责任人。2014年团区委共组织开展培训20余场次，培训学员2100余人次。

（孙骁）

【区域化团建】 年内，团区委选取8个街镇为区域化团建试点街镇，对驻区重点单位和全部社区进行走访调研。组建新一届街镇团（工）委班子，建立由驻区单位团干部组成的区域团组织共建委员会。推动所有社区建立团支部，配齐书记、委员，通过楼宇企业建团、青年自组织建团、社区青年汇建团三种方式开展青年内生建团工作。发展16名来自企业和社区的优秀团员青年成为预备党员。结合“我的中国梦”主题教育实践活动，制定区域团组织联合活动机制和活动方案，指导社区结合自身特点设计开展品牌活动。

（孙骁）

【重点青少年管理工作】 海淀区作为北京市唯一一家开展“关爱青少年彩虹行动示范项目”的试点城区，继续开展重点青少年教育帮扶活动。建立海淀区青少年权益工作创新研究基地，引入北京大学、中国青年政治学院等高校社会工作专业的学术资源，合作开展课题研究专业培训督导，形成“专职团干部+青少年社工”的重点青少年帮扶队伍。承接全市重点青少年帮扶试点工作：选取6个具有代表性的街镇、8家社区青年汇，为20名闲散青少年提供专业帮扶，建立“街（镇）—区—市”三级平台。开展面向各类特殊青少年群体的“青少年活动空间”“深宵外展”等服务，帮助青少年克服不良心理行为倾向、预防犯罪、健康成长。截至年底，全区纳入北京市重点青少年群体服务管理系统和社区青年汇服务管理系统、实现日常联系和重点帮扶的青少年780人。

（孙骁）

【未成年人司法保护】 年内，团区委开展社会调查和合适成年人工作，召开司法社工专业培训6次，合适成年人到场服务1464人次，社会调查377例，其中92例贯穿公检法全过程。在海淀看守所设立“青春观护站”，针对违法未成年人开展个案帮教服务。在海淀看守所和海淀寄读学校组建青少年司法社工站，与公安分局等合作在海淀寄读学校挂牌“海淀区青少年法制教育基地”，引入专职司法社工开展法制宣传和帮扶矫正。推进青少年法律援助工作站建设，案件质量不断提升。2014年海淀区法律援助中心共办理未成年人法律援助案件289件，其中经过法律援助律师的介入，不予起诉的案件达到27件，取保候审的案件为41件。

（孙骁）

【志愿家庭行动计划】 年内，区志愿者联合会开展“志愿家庭行动计划”，倡导以家庭为单位共同参与志愿服务的理念，组织志愿家庭参与“社区邻里节”“文明交通”“城市清洁”“文明劝导”等志愿服务活动，记录《志愿家庭日志》。寻找优秀志愿家庭参与“最美家庭”评选活动，并向社区群众宣传志愿家庭的感人事迹。

（孙骁）

【志愿服务长效机制建设】 年内，区志愿者联合会起草并推动出台《海淀区关于促进志愿服务长效机制建设的实施意见》。撰写《海淀区志愿服务长效机制及有效性研究》调研报告，对海淀区志愿服务经验成果和体制机制进行总结归纳。规范提升570个社区、84个村对志愿服务站。选拔培育75家区级志愿服务示范站，重点扶持优秀社区志愿服务项目，努力实现“一站一品牌，一站一特色”。依托志愿服务站开展“海淀社区志愿者嘉年华”，将专业志愿服务队引入社区，开展文艺会演、健康义诊、义务理发、应急救助等志愿服务，为社区志愿服务和专业志愿服务团队搭建交流平台。

（孙骁）

【志愿者服务活动】 年内，团区委组织志愿者参与“国际篮联三对三大师赛”“国庆65周年群众游园”“2014曹雪芹文化艺术节”等大型赛事和活动的服务保障，招募高校大学生志愿者，服务于赛场区域、会场引导、外宾接待、应急救助、志愿服务站、志愿者之家等岗位。依托社区志愿服务站在“海淀社区志愿日”开展“学习雷锋榜样月”“尊师重教感恩月”等主题志愿活动，共计两万余人参与活动。

（孙骁）

【志愿服务项目】 年内，团区委开展“邻里守望 爱在海淀”系列志愿服务项目，包括：“永动的蓝立方”服务项目，在旅游景点、交通枢纽、购物场所等重点区域设置城市志愿服务站点，为市民提供语言翻译、信息咨询、便民服务等基本服务，同时结合各站点位置开展特色宣传。“快乐共成长”服务项目，志愿者在农民工子女学校，建立“七彩课堂”，开展课业辅导、亲情陪伴、阳光运动等服务。“温情暖夕阳”服务项目，志愿服务团队与对海淀区26所敬老机构对接，实现全覆盖。“健康伴你行”服务项目，联合区红十字会、公共委、卫生局开展应急医疗志愿者培训。“平安在身边”服务项目，在全国两会等重要时间节点，组织社区志愿者、文明引导员、青年志愿者，在代表驻地周边，参加社会治安巡逻等服务。

（孙骁）

海淀区妇女联合会

【概况】 海淀区妇联下属海淀区妇女儿童活动中心、海淀区三八家政服务中心等2个事业单位和海淀区家庭教育研究会1个法人社团。截至2014年年底，共有区直机关、教育工委、公共委、国资委、民主党派（民建合在其中）、工商联等6家妇工委，1家非公企业妇工委，区级工会女职工委员会1家，设有区域女性人才联谊会、女领导干部联谊会、女司法工作者联谊会、中小学女校长联谊会、台港澳侨胞姐妹联谊会、女教授联谊会、女村长女书记联席会、女企业家联谊会、女医务工作者联谊会、中关村核心区女企业家沙龙（2012年3月7日成立）等10个女性联谊组织。

2014年，区妇联开展《海淀区非公高新企业女性领导者发展需求调查》《关于父亲在家庭教育中的作用及角色缺失状况调查》和《社区儿童活动阵地内运行情况的调查》。推荐、表彰4户全国“五好文明家庭”，1户全国“最美家庭”，300户海淀“平安家庭”。推选北京市系统先进个人15人、先进集体9个，北京市“三八”红旗奖章30名、集体17个。评选300名区级巾帼建功标兵、100个区级巾帼文明岗，评选表彰94名区级“好家长”和61个区级“示范家长学校”。申报北京周家巷农业发展有限公司、北京英成懋金园果树种植中心、北京市香御四季农业发展有限公司、北京宏远顺达果树种植场、北京大道农业有限公司、北京上庄创新种植技术中心为北京市“双学双比”示范基地。组织开展多种活动：“三八”期间组织开展“基层服务月”相关活动667场；结合国际家庭日组织“家庭文化宣传月”活动593场，参与人数达8万余人次；举办“海淀区妇女儿童发展成果展”，收集图像和实物资料800多件；推进儿童伤害干预项目，开展儿童伤害案例征集活动，组织20所幼儿园和试点社区开展“学习安全知识，预防伤害小创意”制作和预防儿童伤害主题的文艺节目编演。

海淀区妇女儿童工作委员会开展新一轮妇女两癌筛查工作、0～3岁早教进社区、儿童伤害干预试点项目等工作。

（唐馨玲）

【家庭成长星假期训练营】 1月13日，海淀区妇女儿童活动中心举办的第八届家庭成长星假期训练营正式开营。本届活动设1个中心主场和青龙桥街道韩家川社区、羊坊店街道永红社区、四季青街道常青园社区以及甘家口街道甘东社区和花园路社区等5个社区分场同时进行，共开设魔术、魔方、茶艺、剪纸、儿童画、中国画、珠算启蒙、儿童益智八类课程。1月份假期训练营共有儿童1000余人次参加。7月，家庭成长星假期训练营开课，课程有魔术、珠算、儿童画、中国画、魔方、沙画5类课程，共开课50次，受益1650人次。

（唐馨玲）

【寻找“最美家庭”活动】 2月—10月，参加全国寻找“最美家庭”活动。区妇联发动基层妇联组织、各大妇工委、幼儿园等共同参与，开展“走进学校、幼儿园，寻找最美家庭”、家庭故事会、美德宣讲会、好家长评选等活动300余场，征集展示优秀家风家训1482条、“最美瞬间”照片2531张。举办区级“最美家庭”示范活动，邀请“最美家庭”代表讲述感人故事。在寻找“最美家庭”活动过程中，挖掘、宣传一批典型家庭，其中四代同堂、常年坚持家庭党支部活动的陈先觉家庭被推选为全国“最美家庭”。

（唐馨玲）

【扶贫助困】 3月6日，海淀区妇联、妇女儿童活动中心携手濮存昕爱心基金“让孩子笑起来”公益项目，在妇女儿童活动中心举行“‘让孩子笑起来——小小图书室’山西平遥站图书捐赠”仪式。来自北京石油学院附属小学、海淀区八里庄小学、东北旺中心小学、彩和坊小学以及“海之星”小志愿者服务队的代表上台捐书，共募集图书 1 万余册。3月17日至3月21日，海淀区妇女儿童活动中心赶赴平遥县贫困地区，搭建完成3所图书室。

（唐馨玲）

【未成年人思想道德建设】 6月—9月，区妇联开展海淀区“好家长”评选活动，共评选出区级“好家长”94名。开展未成年人行为守则调研，通过召开研讨会，发放调查问卷等形式，针对家庭教育中存在的重难点和热点问题，进行深入的调查研究和理论探讨。

（唐馨玲）

【承办“中埃文化交流进海淀”活动】 10月25日，区妇联承办由北京市妇联与埃及驻华大使馆联合举办的“中埃文化交流进海淀（China Meets Egypt）”活动。北京市妇联、海淀区，埃及驻华大使麦杰迪•阿米尔，尼日尔驻华大使伊努萨，阿拉伯国家驻华大使夫人协会主席阿曼大使夫人卡瑞玛•奥萨迪等，以及驻华使节家庭、埃及来华留学生及海淀社区居民150余人参加。双方分别进行舞蹈表演，嘉宾还参观了海淀妇女儿童活动中心的 10 余个特色功能教室以及巧娘作品展、亲子活动中心、心理咨询、维权、健身室等各种综合服务展示，并体验了中国厨艺、茶艺、编织、踢毽子等课程。

（唐馨玲）

【“书香海淀• 阅享人生”读书活动】 年内，区妇联开展“书香海淀 • 阅享人生”读书活动。邀请妇女代表和妇联执委互相推荐好书，共同分享阅读乐趣。编写《海淀区妇联少儿国学经典系列图册•弟子规》，印制3万册发放到各街镇妇联和各社区（村）家长学校，以图文并茂的形式向少年儿童宣传普及国学经典。6月—8月，开展“畅享阅读，启迪童心”儿童经典诵读季活动，各级妇联组织开展各类亲子诵读活动百余场。通过开展读书倡议、儿童经典诵读、亲子阅读、读书心得分享等活动，在广大妇女和家庭成员中营造尊重知识、热爱阅读的良好，促进海淀家庭文化建设。

（唐馨玲）

【实施妇女代表联系制】 年内，区妇联实施“妇女代表联系制”，将 340 名妇女代表分为 11 个代表团，成立地区妇女代表小组，联系所在地、系统、单位的妇女群众，将工作触角延伸到 170 多万妇女身边。妇女代表联系制建立分层管理制度、代表走访调研制度、妇女工作通报制度、代表学习培训制度、代表接待制度五项制度。区妇联将推行代表联系制与加强妇联基层组织建设相结合，在西三旗街道通厦集团和上地街道明天控股集团成立“妇女之家”，以非公企业妇委会为代表联系点，使代表联系制具有区域特色。

（唐馨玲）

【妇女维权工作】 年内，区妇联与区法院、区检察院合作建立妇女儿童权益保护联动工作机制。以“维权服务在身边”为活动载体，举办普法讲座140场，与 10 家律师事务所合作，为妇女提供专业法律服务。全年受理群众来信来访来电共100件，信访量同比下降32%。

（唐馨玲）

【关爱妇女】 年内，区妇联推荐海淀区京绣巧娘申请北京市非物质文化遗产。征集海淀巧娘手工艺精品参加“2014年APEC领导人会议周北京巧娘手工艺精品展”。组织有创业项目的巧娘申报“母亲创业循环金”项目，有 2 个项目分获5万元资金支持。与市、区水务局携手开展管家岭“妇”字号基地帮扶项目立项。2014年为海淀区户籍适龄妇女开展两癌筛查19252人，宫颈癌筛查18364人，诊断宫颈癌1例，癌前病变 40 例；腺癌筛查 19149 人，诊断乳腺癌15例，癌前病变2例。

（唐馨玲）

【“妇女之家”建设】 年内，区妇联申请设立区妇女活动经费 332 万元用于“妇女之家”建设，辖区妇女人均2元钱活动费。针对不同需求，培训妇联执委、基层妇女之家负责人、处级女干部等群体近 300 人，提升妇女干部素质。设立“妇女之家”开放日，邀请不同群体的女性走进各类妇女之家参观体验。

（唐馨玲）

【开展公益培训】 年内，区妇联举办各类公益类培训 1370 期，开展主题志愿服务活动19次，受益妇女儿童28629人次；举办农产品女经纪人培训班，培训39人；举办巧娘手工培训班47期，培训1800人次。

（唐馨玲）

海淀区归国华侨联合会

【概况】 海淀区归国华侨联合会（简称区侨联）下设联络宣传、经济科技、参政议政、维护侨益4个专委会，下属海淀区华侨咨询中心1个事业单位。海淀区现有16个街道侨联组织及海淀园1个园区侨联组织。

2014年，区侨联获“北京市侨联工作先进集体”称号，获市侨联理论研究和调查研究优秀成果奖。1个侨界科研团队获“中国侨界贡献奖（科技创新团队奖）”，2个侨界科研项目获“中国侨界贡献奖（科技创新成果奖）”。6名海淀区侨务工作者被授予“北京市侨联工作先进个人”称号，17名海淀区侨界人士被授予“北京市归侨侨眷先进个人”称号；1名侨界人士获“北京市首届华侨华人京华奖”、1名侨界人士获“北京市三八红旗奖章”、1名侨界人士获“首都劳动奖章”。

（李东霞）

【成立侨界空巢老人互助会】 4月14日，区侨联在紫竹院街道北外社区成立全市第一家空巢老人社区互助会。6月26日，在紫竹院街道北京理工大学社区成立归侨侨眷空巢家庭互助会。侨界空巢老人互助会将通过结对互助方式为空巢老人搭建一个既能解决生活困难，又能满足“精神养老”的“暖巢”服务平台，让侨界空巢老人安享晚年。

（李东霞）

【第三届新侨乡文化节】 4月—10月，区侨联联合区人大、区政协、区民宗侨办、致公党海淀区委、区文明办、区文化委、区体育局等单位共同举办主题为“同筑中国梦 共建文明区”的“海淀区第三届新侨乡文化节”。通过组织征文、书画笔会、文化体验、厨艺大赛、体育活动、文艺会演等活动吸引驻区高校、科研院所、新侨企业和街道、社区等3000余名侨界群众和侨务干部的参与。

（李东霞）

【参政议政】 年内，区侨联在区政协九届三次全会上获优秀党派团体和先进个人提案，并做题为《海淀北部经济薄弱地区发展问题及对策》的主题发言。会同区政协对海淀区归国留学人员创业情况开展系列专题调研，提出进一步完善核心区创新创业软环境建设的建议，并在区政协双周协商会上研讨。全年报送提案、信息、舆情等共计100余件（条），44条被相关部门采用。

（李东霞）

【联谊交流】 年内，区侨联接待中国侨联、北京市侨联“海外侨领中国国情研修班”及第十四届“海外侨界高层次人才为国服务团”共计60余人，其中来自美、英等11个国家的28位学者、企业家带来31个高新技术项目，有3位侨界高层次人才在海淀落地创业；邀请由欧洲12个国家的30位女侨领、女企业家组成的代表团走进海淀；以2014年中法建交50周年为契机，推动海淀区与法国普罗旺斯—阿尔卑斯—蓝色海岸大区建立战略合作伙伴关系，加强双方在文化、旅游等领域的合作和互访活动；组织来自美国、新西兰等国家在京过暑假的华裔少年参加假期训练营活动，体验中国传统文化。加强与中科院等20余家辖区内科研院所、大专院校的联系，通过多项活动调动驻区单位侨联关心、参与海淀发展建设的积极性。与兄弟侨联加强合作，与扬州市侨联签署《建立友好交流与合作协议书》。组织留创企业赴唐山、衡水、石家庄、沧州等地进行交流考察和项目对接活动，推动京津冀协同发展，为新侨企业搭建平台，帮助新侨企业进行技术成果转移和产业化发展。

（李东霞）

【群众文化活动】 年内，区侨联举办海淀区第三届新侨乡文化节系列活动、“艺术与美”新侨沙龙活动。组织海淀区侨界合唱团参加“首都侨界纪念抗战胜利歌曲大联唱”演出，组织侨界人士到北京西山，瞻仰无名英雄纪念广场，到中国抗日战争纪念馆参观《伟大贡献——中国与世界反法西斯战争》专题展览及卢沟桥，开展爱国主义和革命传统主题教育活动。参加区委宣传部“建功核心区 创新在海淀”征文比赛、区纪委廉政书画笔会等活动。

（李东霞）

【依法护侨】 年内，区侨联法律援助服务中心接待来访来电涉侨法律咨询20件，及时做好矛盾化解和维稳工作。开展“普法宣传角”活动，发放普法宣传手册500余册。与区司法局签署法律援助合作协议，将区侨联法律援助服务中心列为海淀区法律援助工作站，纳入司法局法律援助体系，为维护侨益获取更多的法律资源支持。

（李东霞）

【关爱侨界群众】 年内，区侨联开展“重阳敬老”“送温暖 献爱心”“心贴心 结对子”“侨界空巢老人互助会”等活动，完善服务侨界群众的长效机制，区侨联委员、驻会干部和街道侨务专干与困难归侨、空巢家庭、重点人士、老干部结对子，入户走访慰问。全年共计走访慰问2000余人次，发放慰问品和慰问金共计22.68万元。

（李东霞）

【服务侨界企业】 年内，区侨联针对近年来海淀区以高层次留学人才为主的新侨创新创业企业迅速增加的特点，研讨侨情的新变化，拓展新侨工作。通过走访调研了解留创企业的需求，举办“新侨沙龙”活动，搭建侨企之间、企业与政府相关部门之间沟通交流的平台，帮助企业解决创业中的实际困难。组织新侨企业参加“首届新侨创新创业成果展”和“新侨创新成果与专利项目推介会”。帮助新侨企业进行技术成果转移和产业化生产，组织留创企业赴河北唐山、衡水、石家庄、沧州等地进行交流考察并参加项目对接活动。

（李东霞）

海淀区科学技术协会

【概况】 2014年，海淀区科协利用科协全方位、多层次科普工作网络，开展群众性、社会性和经常性的科普活动，5月启动全国科普统计工作。全年开展科普影视展映场次127场，观影人数5000余人。开展海淀科普文化讲堂40余场，科普巡展36场。编印并发放《药食同源》《坚决向PM2.5宣战》等8套科普展板共计1568块，科普小册子7万册。共征集科普项目39项，支持金额达437万元。区科协获“北京市科学技术普及工作先进集体”称号。

（李纯）

【开展“三下乡”活动】 1月22日，海淀区2014年文化科技卫生“三下乡”

活动在上庄镇李家坟村启动。区科协为村民送去科普书籍《颐享百年不是梦》《为您简释“转基因”知识》，科普光盘《健康生活》等宣传品，展出《引水知源——南水北调工程》科普展板。区科协与苏家坨镇科协联合组织开展针对未成年人的科普巡展。

（李纯）

【获 18 项北京青少年机器人竞赛奖】 1月22日—24日，在第十四届北京青少年机器人竞赛上，海淀区获一等奖2项，二等奖11项，三等奖5项。海淀区科协获得竞赛优秀组织奖。

（李纯）

【专家建议工作】 3月20日，区科协召开2014年专家建议工作会，总结2013年专家建议工作，部署2014年工作重点，表彰专家建议工作先进集体和先进个人。2013年共编报专家建议75期，其中10项建议分别获2013年度北京市科协系统优秀建议一、二、三等奖，约占全市获奖建议总数的三分之一。其中中国铁道科学研究院报送的《关于发展城市现代化有轨电车的建议》被时任中共中央政治局常委、国务院副总理张德江同志批示，并获2013年度北京市科协系统优秀建议一等奖。这是区科协开展专家建议工作以来，第一次受到国家最高层级领导中央政治局常委的批示。

（李纯）

【海淀区第十六届“科普之春”活动】 3月27日，区科协主办的主题为“科普惠农 科技兴村”的海淀区第十六届“科普之春”主场活动在西北旺镇启动，活动现场摆放向雾霾宣战及自然灾害认知与应急等系列展板，向现场居民发放有关资料及科普书籍。由302医院组成的专家医疗队现场为群众义诊。北京市科普发展中心的手蓄电池、神秘的磁力、静电乒乓等科普设施吸引了许多居民参与。中国林业科学院、军事文摘科学少年杂志社、奥景邑阳科技有限公司参与本次活动。

（李纯）

【获北京青少年科技创新大赛奖】 3月27日—30日，在北京工商大学举行的第34届北京青少年科技创新大赛上，海淀区有3名学生获创新大赛的最高荣誉奖——市长奖；1人获“十佳”科技辅导员称号；4所学校获“十佳科技教育创新学校”称号。获得中学项目一等奖20项，二等奖28项，三等奖26项，国内专项奖20项。区科协获得竞赛优秀组织奖。

（李纯）

【召开科普工作联席会】 4月9日，区科协召开海淀区2014年科普工作联席会议，会议传达北京市全民科学素质纲要实施工作会精神，审议《海淀区2013年科普工作总结》《2014年海淀区科普工作要点》和《2014年海淀区科普项目征集方案》。2013年海淀区公开征集科普项目109个，通过专家评审，58个单位申报的项目共资助金额437万元。海淀区2013年公民科学素质比例达到19.67%，位居全市第一。

（李纯）

【举办科普工作者培训班】 4月25日，区科协与区科技中心联合举办2014年海淀区科普工作者培训班。邀请中国科普研究所、中科院网络中心、果壳网等单位的专家分别作题为《科普活动的策划与设计》《互联网的科普之旅》《怎样结合社会热点开展科普活动》的讲座。来自各街镇科协干部、社区科普工作者、科普基地工作者、学协会科普工作者近百人参加。

（李纯）

【开展社区科普巡展活动】 4月29日，由区科协主办、上庄镇政府承办的海淀区社区科普巡展活动在上庄镇上庄家园社区举行，活动现场数百人参与。活动现场发放《科学简释转基因》《坚决向雾霾宣战》《颐享百岁不是梦》等数百本科普书籍，展出20余种高科技科普展教品，包括磁悬浮、立体成像、手电池、手眼协调等传统互动科普设施以及语音提示十四经穴电动针灸模型、数字触摸终端、体感视频游戏、3D打印机等新型科普设施。

（李纯）

【2013年度科普统计工作】 5月15日，区科协组织召开海淀区2013年度科普统计工作培训会，来自全区各街道、镇、委办局以及区属64个科普教育基地的百余名科普统计工作具体负责人参加。正式启动2013年度全区科普统计工作。截至6月底，区科协完成对120家单位的科普统计数据的审核、整理、汇总，并上报市科委。

（李纯）

【承办“第一届中国中关村机器人科技运动会”】 5月27日，区科协与国家体育总局、教育部、中国机器人科技运动工作委员会、中国科学院北京分院、北京航空航天大学、北京科技大学等单位在京联合举行新闻发布会，宣布“第一届中国中关村机器人科技运动会”（简称机器人科运会）于2014年11月至2015年3月在海淀区举行。第一届机器人科运会由国家体育总局青少年体育司、国家体育总局社会体育指导中心、教育部体育卫生与艺术教育司、中国人工智能学会、中国科学院北京分院、北京市海淀区人民政府、中国人民解放军总参谋部军训部军事体育局、北京航空航天大学、北京科技大学、中国机器人运动工作委员会联合举办，海淀区科学技术协会和神州通信集团联合承办。泰华伟业科技有限公司、机器人发展基金会共同协办。主题是“运动炫科技，智慧赢未来”。10月23日，第一届中国中关村机器人科技运动会观摩赛在人大附中举行。

（李纯）

【开展2014年科普项目征集工作】 5月，依据《海淀区科普项目管理办法》，区科协制定关于公开征集2014年科普项目的通知，面向全区区属各单位各部门，驻区高等院校、科研院所、中小学校、企业、团体（组织）公开征集2014年科普项目。截至年底，通过专家评审，征集立项，科普联席会讨论通过，支持项目为39项，支持金额为437万元。

（李纯）

【举办第三届“科协文化——中关村论坛”】 7月16日，区科协举办以“科协文化的内涵与价值”为主题的第三届“科协文化——中关村论坛”。本届论坛阐述建设和发展科协文化的重要性，分析当前科协文化建设的现状，并讨论科协文化创新问题。论坛邀请5位专家、学者，分别做《把握团体血脉 构建精神家园》《科协文化的创新》等报告。区科协专家建议组成员、《科协文化》编委会专家、《科协研究》编辑部老师等50余位专家、学者参加。

（李纯）

【第十六届北京科普之夏海淀主场活动】 7月30日，由区科协主办的以“提高科学素质，乐享美好生活”为主题的第十六届北京科普之夏海淀主场活动在世纪金源时代购物中心南广场启动。此次活动旨在通过多渠道的传播，向社区居民宣传节约能源资源、保护生态环境、保障安全健康、促进创新创造等科学理念，提高社区居民对科学生活的关注度，促进全民科学素质的提高和全社会创新精神的培养。

（李纯）

【全国科普日海淀主场活动】 9月23日，区科协在北京植物园温室前广场举办以“创新发展，全民行动”为主题的全国科普日海淀主场活动暨2014年海淀科普行活动，现场设置与生态环境主题相关的科普知识展板及高科技产品体验区，包括智能体检机、3D打印机、体感互动、语音十四经络模型展示等展品，激发公民学科学、爱科学、用科学的热情。

（李纯）

【第四次区域院士统计调查】 年内，区科协对区域内的院士状况开展第四次统计调查，截至4月底，在海淀区域内工作或居住的两院院士总数为573名。其中中国科学院院士327名、中国工程院院士246名。海淀区域内两院院士数占全国两院院士总数的37.09%，占北京市两院院士总数的78.28%。

（李纯）

【青少年科技人才培养】 年内，参加第十四期北京青少年科技后备人才早期培养计划，共选拔出88名优秀学生进大学、科研院所等国家实验室，参加青少年科技人才早期培养。海淀区科协获得优秀组织奖。

（李纯）

【科普惠农、科普益民计划】 年内，在市科协的科普惠农、科普益民两个计划工作中，海淀区共有8个优秀科普社区、2个优秀科普基层场馆、1个农村科普示范基地、12个优秀科普宣传员、1个农村科技服务专家获得市财政支持，获得奖补资金共124万元。青龙桥街道林科社区、西三旗街道社区服务中心获得市科委社区科普体验厅建设项目资助各30万元。区科协申请市财政科普项目，为100个社区配送价值50万元的科普图书。

（李纯）

【“科技套餐”工作】 年内，区科协开展“科技套餐”工作，组织北京土壤学会、北京食品学会、北京系统工程学会分别对接四季青镇、温泉镇、北京理工大学开展新型肥料的技术应用、富硒水果生产技术及配套优质生产、现代农业管理知识培训项目。

（李纯）

【组织开展5项调研课题】 年内，区科协利用专家建议平台组织各科研院所、大专院校专家完成《空气污染对公众健康危害的调研和建议》《巩固平原造林成果，营造健康可持续发展的城市林业》《海淀区温泉镇地热综合开发调研与建议》《缓解北京市地铁高峰时段客流滞留拥堵的建议》《庭院绿化的生态文明建设》5项调研课题，其中《海淀区温泉镇地热综合开发调研与建议》被海淀信息采用。《关于建设科学公园的建议》正式转化为市、区政府决策。

（李纯）

海淀区红十字会

【概况】 2014年，海淀区红十字会拓宽博爱募捐工作渠道，募集爱心捐款410万元，其中为云南省鲁甸灾区建设募集137万元。红十字博爱救助由原来每年1~2次的集中救助，转变为“即报即救”。全年救助困难家庭1285户，同比增长101%。

2014年，全区有基层红十字组织200个，红十字团体会员单位157个，包括街（镇）红十字会、区红十字会学校工作委员会以及玉渊潭农工商总公司红十字会，有红十字志愿者5012名。海淀区171所中小学、职业高中建有红十字组织，有青少年会员181300人。形成区、街道（镇、学校、行业）、社区（村委会）三级红十字组织工作网络。区红十字会和5个基层红十字会获“2010—2014年北京市红十字系统先进集体”称号；区红十字会获北京市卫计委、北京市红十字会等六部门联合授予的“首都无偿献血工作先进集体”称号。

（郭胜清）

【学雷锋志愿服务系列活动】 3月5日为学雷锋纪念日，区红十字会启动历时1个月的“五个一”学雷锋志愿服务系列活动，即：组织1次街头宣传志愿服务活动，开展1次造血干细胞捐献、器官捐献等科普宣传讲座活动，组织1次逃生避险、自救互救培训活动，开展“博爱在京城”送温暖活动，组织1次国际红十字运动宣传活动。3月5日当天，区红十字会在甘家口地区中海馥园社区前广场举办学雷锋志愿服务活动，启动“学雷锋志愿服务月”系列活动。红十字志愿者讲解应急救护、逃生避险知识，手把手传授心肺复苏、创伤包扎等技能，为群众开展义诊、咨询等服务。

（郭胜清）

【红十字应急救援队建设】 3月9日，海淀红十字会地质大学红十字救援队招募新队员，完成部分新老队员的更替，救援队继续保持25名队员。举办红十字应急救护知识、野外生存、野外急救、户外运动、攀岩等特色培训。10月26日，区红十字会举办应急辅助救援队骨干培训班，蓝天救援分队、地质大学红十字应急辅助救援队骨干50余人参加培训，聘请国家地震应急救援搜救中心教官、中国红十字资深讲师分别讲授救援案例、野外生存技能及救援知识，应急救护及反恐知识、创伤救护技能及心肺复苏等内容。

（郭胜清）

【“博爱在京城”募捐】 5月8日为世界红十字日，区红十字会开展“红十字与文明海淀同行暨2014年‘五八’世界红十字日人道博爱月主题宣传活动”，走进社区设置宣传台，发放红十字宣传资料2000多份，向辖区居民传播“人道、博爱、奉献”红十字精神和无偿献血、捐献造血干细胞公益项目，动员辖区各界参与红十字募捐救助。2014年共募集善款273.77万元。资金主要来源于街镇系统、卫生系统、企业系统、学校系统组织的捐款。

（郭胜清）

【“幸福天使红十字救护站”凤凰岭站落成】 12月28日，“幸福天使红十字救护站”凤凰岭站落成揭幕仪式在海淀区凤凰岭公园举行。这是区红十字会与中国红十字基金会幸福天使基金合作，在海淀区建成的第一家红十字救护站。中国红基会幸福天使基金通过海淀区红十字会向海淀区捐赠总价值160万元的现金和物资，用于救护站医疗设备的配置以及在海淀区开展“以爱育爱 金童计划”，为贫困家庭新生儿做先天性重大疾病筛查等活动。

（郭胜清）

【博爱救助】 2014年，“博爱在京城”募捐救助项目设立6个人道惠民子项目，即：博爱灾害救助，为灾区群众提供救灾款物，支援灾后重建；博爱天使圆梦，对贫困家庭0~18岁患有白血病、血友病、再生障碍性贫血、恶性肿瘤和肾衰竭等大病患儿的医疗救助；博爱点亮生命，为患有重特大疾病的城乡困难居民提供医疗救助；博爱温暖一家，救助因突发事件、疾病、残疾等原因致使生活处于贫困的家庭；博爱携手夕阳，用于改善孤寡老人的基本生活状况；博爱助飞梦想，为义务教育阶段贫困家庭的孩子提供必要的生活和学习救助。全年实施博爱救助困难家庭1285户，受益人数3394人。

（郭胜清）

【红十字公益文化传播】 年内，区红十字会在《海淀报》开辟专栏，开展“红十字与文明海淀同行”主题宣传活动。与海淀新闻中心合作制作红十字工作宣传片，倡导红十字公益文化理念，宣传红十字募捐救助、人道救护、捐献造血干细胞、无偿献血等公益活动。改版区红十字会网站，网站点击率呈现明显增长趋势。全区红十字各级组织被中国《红十字报》《首都之窗》《海淀报》等媒体采用信息177篇次。

（郭胜清）

【应急救护培训】 年内，区红十字会在学校、机关、企事业单位、重点行业普及防灾应急、心肺复苏、创伤包扎和避险逃生等知识技能，举办应急救护培训班223期。重点推进应急救护培训进社区活动。在社区举办培训班和普及班60场，普及人数38790余人，培训初级急救员660人。举办取证班141期，普及班82期，13850人获得急救员证书，普及人数81290人。

（郭胜清）

【红十字青少年活动】 年内，区红十字会与区教委合作开展“人道、博爱、奉献”主题实践活动，在全区中小学开展“博爱在京城”募捐活动，开展助人为乐、敬老助残、绿色环保等志愿服务活动。在师生中开展应急救护培训，培训红十字初级急救员，组建学校红十字会辅助救援队，在学校大型活动、突发事件中，开展自救互救，营造平安校园；在大专院校开展红十字运动知识、无偿献血、捐献造血干细胞、器官捐献等宣传和志愿服务。

（郭胜清）

法治

2015

北京海淀年鉴

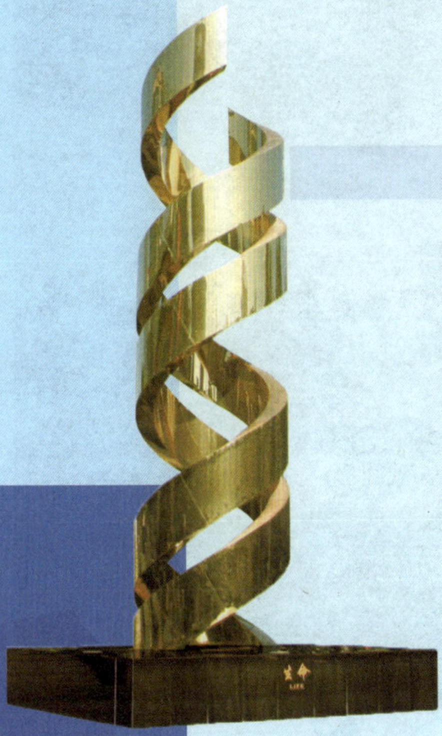

1月10日，海淀公安分局民警在“110”宣传日活动中向群众讲解户籍政策(海淀公安分局 供图)

5月13日，区司法局组织领导干部法治思维培训班（区司法局 闫国平 摄）

» 7月3日，海淀公安分局组织反恐防恐实战演练（海淀公安分局 供图）

» 12月4日，区司法局在海淀剧院开展宪法日宣传（区司法局 闫国平 摄）

» 12月5日，海淀法院23名初任法官进行宪法宣誓（田峰 摄）

法 治

政法工作综述

【概况】 2014年，海淀区政法系统推进平安海淀、法治海淀、过硬队伍“三大建设”，完成各项工作任务，维护全区的安全稳定。

维护社会稳定 完成APEC会议等重大政治活动以及敏感期间的安保任务。成立区安保维稳工作指挥部，对重大活动安保和敏感期维稳工作进行统一指挥，确保对突发情况快速反应、妥善处置。适时启动战时情报会商、社会面等级防控、矛盾排查化解、重点人教育稳控、检查督导等工作机制，确保街巷楼群有人巡、矛盾纠纷有人解、重点部位有人看、重点人员有人控、突出问题有人管、敏感事件有人报。发动专群力量，人防、物防、技防相结合，对重大活动驻地、敏感时期重点场所和周边及重点部位、线路加强防控，在重大活动期间和重点敏感日期间，平均每天投入警力2200人，组织300余名民兵对区内立交桥、过街桥、铁道桥和地下通道等重点部位的看护，发动13万多人的群防群治力量，确保重大政治活动的顺利进行和敏感期的顺利度过。

推进反恐防恐工作常态化 按照市委“将反恐纳入维稳体系”的部署，成立由37个委办局和29个街镇主管领导为成员的海淀区反恐怖工作领导小组，领导小组办公室设在区公安分局，负责全区反恐工作的组织领导和统筹协调。全区形成“政府主导、公安牵动、部门协同、武警配合、群众参与、联防联控”的防恐反恐维稳体系，促进防恐工作的常态化。在重大政治活动和敏感日期间，把反恐工作与安保维稳工作同部署、同检查、同落实，使反恐工作有效融入各项安保维稳任务的全过程。加强情报信息的收集研判，建立平安建设千人观察员和万人维稳信息员机制，启动战时情报会商95天，搜集有效情报信息700余条，为市、区完成重大活动安保任务、打击暴力恐怖活动提供重要的情报信息保障。

社会矛盾预防化解 推进重大决策事项风险评估，完成市区折子工程、区委区政府重点任务的项目建账报备，实现全区45项重大决策项目的“应评尽评”。完成8家驻区中央单位的风险评估报告的评审。在重点项目拆迁拆违工作中，协助主责部门，处置一批滞留多年的“钉子户”，确保现场平稳可控和“四个不发生”[①]。加强群体性社会矛盾纠纷的防范处置，对全区75件区处级重点矛盾和49名信访重点人，逐一建立台账，完善防范措施，落实监管责任。妥善处置马航MH370客机失联、西郊汽配城等454起群体性涉访事件，涉及访民1.7万余人次。加强重大敏感案（事）件的维稳和善后处置，确保社会面的安全稳定。

社会治安综合治理 加强立体化社会治安防控体系建设，在人口聚居区加装监控探头，给17个社区的老旧楼房安装防爬刺设施，88个高发案社区加装监控探头，全区入室盗窃发案下降7.4%。加强社会治安重点地区排查整治，对全区5处市级挂账、41处区镇级挂账地区，开展8次大规模的集中整治，对“三无”[②]、“三非”[③]人员、违法出租房主、安全隐患等进行整改，疏解流动人口1万多人。查处一批黑导游、黑出租车、无照游商。集中开展第二次清剿火患战役、“打通生命通道”等系列消防安全专项整治，检查单位1.19万多家，督促整改火灾隐患1.65万多起。推进流动人口和出租房屋治理，建立“2+N”[④]违法出租房屋清理整治领导机制，治理违法出租房屋6800余户，租住人数减少80%。加强对邪教组织摸底排查，开展“百日会战”专项整治行动。开展“六型社区创建”[⑤]“社区村安全月”[⑥]创建等平安创建活动，调动群众参与平安建设。

建设公平公正的法治环境 推进司法体制改革，承担合议制、独任制改革、审委会工作机制等北京市改革试点工作。10项区级法制专项改革任务均取得明显成效。试点工作受到中央政法委、市委政法委的肯定，开展公平公正执法司法活动，区公安分局刑事拘留各类犯罪嫌疑人6437人，行政拘留各类

---

① 腾退拆迁“四个不发生”：不发生有影响的重大群体事件、不发生重大刑事案件、不发生个人极端行为、不发生大规模媒体恶意炒作。

② 指无合法有效证件、无合法职业、无固定住所。

③ 指非法入境、非法就业、非法居留。

④ “2+N”：街镇一把手、派出所所长共同牵头主抓，辖区职能部门全部纳入地区出租房屋治理专项工作领导体系。

⑤ “六型社区创建”：指环境整洁、管理规范、服务完善、安全稳定、健康幸福、文化繁荣。

⑥ “社区村安全月”创建活动：指3月1日至3月31日，在全区开展的为期1个月的“社区安全月”创建活动。

违法人员13976人；破案23380起，铲除涉恶犯罪团伙109个、职业侵财犯罪团伙93个，为受害群众挽回损失3100余万元。区检察院审查批捕案件2800余件3600余人，受理审查起诉案件3100余件4000余人，职务犯罪立案侦查41件46人。区法院新收各类案件48953件，审结、执结4.7万余件，同比上升6.8%，法定审限内结案率达到99.7%。交通支队开展130余次交通秩序整治，处罚现场违法行为60余万起。开展“小手拉大手，共创首都文明交通环境”“安全生产月消防宣传”“普法惠民进万家”等系列宣传教育活动。组织律师、公证员、志愿者等法律服务工作者，开展法制专题讲座、法律咨询等活动，全区84个行政村实现法律顾问配备100%。

政法队伍建设水平 开展群众路线教育实践活动。进行基层服务型党组织创建试点，完善“上级党组织服务下级党组织、党组织服务党员、党员服务群众”帮扶机制。持续开展“双报到”[①]工作，区委政法委与区委组织部、公安分局合作，选派5个党建工作组进社区，帮扶基层党建，解决基层难题。加强政法宣传和舆论引导，借助“海淀政法综治网”网络平台，及时宣传报道政法队伍建设、先进典型和政法工作的动态信息，在市以上媒体刊发4000余篇信息。

（王海广）

法治政府建设

【概况】 2014年，海淀区政府法制办公室发挥法制机构参谋助手作用，做好政府法制工作。推进海淀区行政执法体制改革，研究拟定行政执法工作任务安排，加强和改善执法各项工作。共审查各部门报送文件68件，主要涉及小区商业设施建设、饮用水源保护、智慧教育建设、信息基础设施建设、社会救助、占道停车管理、自主创新和产业调整等政府工作。提出法律建议150余条。区政府全年制发行政规范性文件13件，各委办局报备行政规范性文件20件。审核区城管监察大队报送强制拆除违法建设119件，批准117件。区政府法律顾问参与区政府涉法事项处理17件，主要涉及社会投资项目房屋征收资金、办理区重点项目临时用地、清理长期停放废旧车辆、区自主创新和产业调整等方面，出具法律意见书7份，其他法律建议20余条。全年开展行政调解31427件，成功19531件。

（吴亚茹 郝广智）

【联合北京大学开讲法治大课】 5月13日—16日，“海淀区领导干部法治思维养成与法治政府建设专题培训班”在北京大学开班。此次培训将法治专题培训开进高校，是海淀区委组织部、区政府法制办、区司法局为提升领导干部法治综合素养的新尝试。共有90名处级领导干部学员参加，培训主要围绕法治国家、法治政府、法治社会建设以及领导干部法治思维的养成等内容，设置国学与热点时事问题，北京推进依法行政工作的形势、任务及要求，有关法学理论与法律知识等课程。

（吴亚茹 郝广智）

【举办“中国梦·法治梦·我的梦”演讲比赛】 5月29日，区政府法制办牵头30个行政执法单位，在中关村国家自主创新示范区展示交易中心举办以“中国梦•法治梦•我的梦”为主题的演讲比赛活动。经过初赛，共评选出一等奖1名，二等奖2名，三等奖3名和优秀奖9名。

（吴亚茹 郝广智）

【《行政处罚案卷标准》专题培训】 7月4日，海淀区法制办组织全区41个行政执法部门的法制工作人员和执法业务骨干开展《行政处罚案卷标准》专题培训，共170人参加培训。培训采取理论授课和现场答疑相结合、案例分析和经验介绍相结合的方式进行。培训以问题为切入点，旨在解决行政执法和案卷制作过程中存在的问题。

（吴亚茹 郝广智）

【案卷评查分析会】 8月13日至15日，海淀区政府法制办组织召开行政处罚案卷问题集中反馈和分析培训会。海淀区各行政执法单位法制科长、执法科室（队、所）负责人及案卷评查人员共62人参加。评查培训采取“学、评、辩、研”相结合的方式进行。此次评查活动共涉及全区32个行政执法部门，抽取案卷共96卷，其中行政处罚案卷72卷，行政许可案卷24卷。抽取的行政处罚案卷中，优秀卷55卷，占总卷数76.4%；合格卷17卷，占总卷数23.6%。评查结束后，对存在问题进行梳理和评析，制作评查反馈意见书，并下发各执法单位学习借鉴、整改提高。

（吴亚茹 郝广智）

【行政复议业务培训】 8月26日—27日，区法制办举办2014年度行政复议工作培训会。各委办局、街镇150余名行政复议办案人员参加。培训会邀请海淀法院行政庭、国家行政学院和北京高警兵律师事务所专业人员，分别就如何办理行政复议和行政诉讼案件作专题辅导，并结合近期办理的实际案例，介绍各类行政复议案件的主要审查内容和关键问题。

（吴亚茹 郝广智）

【行政规范性文件管理培训】 9月11日，区政府法制办组织区属47个相关委办局的主管法制领导及业务科室人员，进行行政规范性文件管理工作相关业务的培训。培训会邀请北京大学教授对行政规范性文件的基本概念、制定程序、各项形式要件、审核和清理等方面进行系统阐述。采取典型案例分析会的形式，为参训人员提供文件制定的实际经验。这是法制办创新规范性文件合法性审查模式的一次探索，在文件起草阶段提前介入，提供法律方面的意见建

[①] 指党委（总支）到单位所在地社区报到、在职党员到居住地所在社区报到。

议，进一步确保文件的合法性。

（吴亚茹 郝广智）

【执法岗前培训】 9月23日，区政府法制办组织有关执法委、办、局新调入执法岗位、拟取得执法资格人员等共计140余人进行公共法律知识培训和考试。采取理论授课、案例分析、现场答疑等方式，重点对《中华人民共和国行政许可法》《中华人民共和国行政处罚法》《中华人民共和国行政强制法》《国务院全面推进依法行政实施纲要》和《北京市人民政府关于进一步加强和改善行政执法工作的意见》等法规制度进行解读。组织有关执法委、办、局新调入执法岗位的140余人进行公共法律知识培训和考试，成绩全部合格。

（吴亚茹 郝广智）

【市电动车立法课题组到地区调研】 9月25日，市电动车立法课题组到海淀区进行实证调研。清华大学法学院、世界卫生组织驻中国代表处项目官员、市政府法制办等课题组成员、海淀区政府法制办、经信办、质监局、工商分局、交通支队、交通委及环保局等单位相关人员参加座谈会。主要围绕各自的职能分工及行政执法中存在的现实问题进行探讨。上半年，北京市政府法制办与清华大学法学院公法研究中心开展合作，启动北京市电动车立法的课题研究工作。

（吴亚茹 郝广智）

【第一个“宪法日”宣传活动】 12月4日，是中国第一个“宪法日”，区政府法制办牵头，工商海淀分局、区发改委、区水务局等29个行政执法单位，在区政府机关大楼内，开展“学习贯彻十八届四中全会精神全面推进依法行政”法制宣传活动。通过59块展板的文字资料及图片，介绍了各单位学习宣传中共十八届四中全会精神情况、2014年度法制宣传教育工作落实情况和行政执法情况等内容。

（吴亚茹 郝广智）

【行政复议案件首次突破千件】 2014年，全区行政复议案件数量急剧增加，共受理复议案件1140件，较2013年同期409件同比增长178.73%。显示海淀区多措并举，积极畅通复议主渠道化解行政争议已见成效。面对如此大量的案件，区政府法制办探索流程化办理案件新模式：将案件受理阶段、办理阶段、送达阶段进行区分，由专门工作人员负责办理立案结案手续及送达工作，而办案人员只需负责案件调查审理，极大提高了办案人员的专业素质和工作效率；按照案件类型区分为几大重点类型，如信息公开类、行政处罚类、不履责类等，研究梳理出不同类型案件的审查要点，既保证审查质量，又提高了办案效率。

（吴亚茹 郝广智）

公　安

【概况】 2014年，海淀公安分局围绕争创全国文明城区和市公安局“两最”[①]建设的战略目标，完成全国“两会”、四中全会、APEC会议等重要会议活动的安保任务。在“两最”建设中核心考核目标全部达标，群众安全感在城六区保持前列。落实各项动态管控措施，推动矛盾化解消除，到市级重点地区上访预警率达到市局优秀标准，重点时期预警率达到100%。全年共接报“110”警情318307件，同比下降6.2%。刑事拘留各类犯罪嫌疑人6437人，行政拘留各类违法人员13976人，同比分别增长11.4%和9.1%；破案23380起，同比增长3.9%。两类[②]命案侦破率保持100%；抢劫、抢夺、强奸等八类危害严重刑事案件破案率87.6%，同比提高13.1%。铲除涉恶犯罪团伙109个，抓获涉案人员612人，同比分别增长10.1%和57.7%；打掉抢劫、盗窃、诈骗等职业侵财犯罪团伙93个，刑拘1688人，为受害群众挽回损失3100余万元。侦破各类经济案件2711起，为驻区单位、企业挽回经济损失2300余万元。打击整治突出治安问题，共检查行业场所3.9万家次，发现存在问题场所1528家、取缔93家、处罚554家、当场责令整改753家。协调主承办单位举办大型活动161项606场次，接待观众225万人次。依托社区警务室规范化建设，创新社区“零距离”服务形式，将5类21种户政服务项目前移至社区警务室，在433个社区警务室配备便民服务指导手册、安装服务宣传展板，为群众提供咨询4.3万余次，代办证件服务1.4万余次，化解矛盾纠纷4200余件。按照公安部、市公安局“执法不公，群众不满”大整顿专项工作部署，网上督察巡检共计80余万次，涉法涉诉信访投诉率、检察院纠正执法率分别同比下降3.7%和52.2%，全年未发生重特大执法过错问题。年内，分局以规范行政复议带动规范全局行政执法，不断提高基层民警的执法理念，发生的行政复议案件无一被市公安局、海淀区政府撤销、变更，行政诉讼案件无一败诉，未发生实际国家赔偿案件。

2014年，分局机关有室、处、队、所23个，原网络安全保卫大队撤销划归市公安局网络安全保卫总队，警卫处、消防支队为武警现役建制；派出所44个，其中户籍派出所35个，治安派出所9个。

（周南南）

【青少年法制教育基地揭牌】 3月4日，海淀公安分局与海淀区寄读学校联合举办“走进春天警民联谊会暨海淀区青少年法制教育基地揭牌仪式”。教育基地主要职能为：对有违法犯罪行为的未成年人员进行帮教转化，联合区法院、区检察院、区司法局对寄读学校学生进行法制教育。海淀团区委权益部、北京超越青少年社工事务所出席活动。分局预审大队与海淀区寄读学校建立帮扶长效机制，有关民警利用自身职能

① 即：建设最安全城市、打造最廉洁警队。
② 即：故意杀人、伤害致死。

优势，探索未成年人行为矫正与保护的工作方法。

（周南南）

【涉外清理整治主题日专项行动】 5月15日，海淀公安分局组织全局35个派出所围绕涉外重点部位及外国人涉足场所集中开展海淀区涉外清理整治主题日专项行动。行动中，共出动警力420余人，检查46个社区的出租房屋578户、门店场所29家、旅店7家；检查流动人口751人、外国人813人；查处"三非"人员37名、非法聘用外国人的培训机构2家、介绍外国人非法就业的公司2家。

（周南南）

【成立"蓝色盾牌"禁毒志愿者联盟】 6月23日，海淀分局在北京航空航天大学举办海淀区高校"蓝色盾牌"禁毒志愿者联盟揭牌仪式。区委、区禁毒委、市公安局禁毒总队、天堂河自愿戒毒所、团市委相关领导参加。海淀区高校"蓝色盾牌"禁毒志愿者联盟是由400余名在校学生组成，主要职责为：在各大院校对大学生进行禁毒宣传，组织禁毒志愿者进行社会公益活动，配合区禁毒办开展相关工作。

（周南南）

【培训网络舆论引导小教员】 8月25日，海淀公安分局举办"网络舆论引导小教员"培训班，100余名青年民警参加培训。邀请市公安局专业人员讲解使用微博、微信等社交软件的注意事项，强调传播新闻的纪律要求，传授快速应对、妥善处置突发舆情事件的方式方法，并进行现场实战操作演练。公安分局要求参训民警回到各单位立即开展舆论引导教学和分局微博微信平台的推广工作，全面提升海淀公安舆情引导的能力和水平。

（周南南）

【开展防电信诈骗活动】 8月29日—9月底，海淀公安分局与清华大学等知名院校、金融主管部门及各大主流媒体网站合作，开展"警民携手，共防电信诈骗"主题宣传活动。活动推出"海小博""海小薇"微博、微信公关卡通形象和一系列防骗专题节目，受宣传群体达250余万人，增强了群众防范意识和识破犯罪技能。活动期间成功拦截6起群众被骗警情，避免250余万元的经济损失。

（周南南）

【建立两个市局直属派出所】 9月10日，海淀公安分局举行双泉堡、宝山地区市局直属派出所揭牌仪式。直属派出所是北京市公安局为切实解决局部地区流动人口比例严重倒挂、案件高发、秩序混乱、隐患突出等治安问题，专门设置的派出机构。通过直属派出所的专项治理，全面加强治安、消防、交通等秩序整治，消除各类隐患，确保辖区安全稳定。

（周南南）

【成立9个分局直属中心警务站】 9月10日，永丰屯、韩家川、肖家河、正白旗、朱房、西冉、西山、一亩园、圆明园东里9个中心警务站揭牌。分局直属中心警务站是参照北京市公安局直属派出所的工作思路和运行模式，对治安复杂地区进行全面管理控制和秩序整治，以解决群众反映强烈的突出治安问题。

（周南南）

【"猎狐行动"境外逃犯投案自首】 12月2日，海淀公安分局在首都机场受理在北京市公安局"猎狐2014"专项行动中被成功劝返的境外逃犯孙某某投案自首。2012年2月，犯罪嫌疑人孙某某伙同他人，以转让矿权为名，用篡改伪造的铜矿详查报告，与北京某公司签订股权转让协议，骗取该公司股权转让款4000万元人民币后潜逃加拿大。"猎狐2014"专项行动中，海淀公安民警严格执行劝返政策，经过不懈工作，促使潜逃的孙某某最终同意回北京投案自首。

（周南南）

【配合处置清华附中安全责任事故】 12月29日，清华附中一在建工地脚手架倒塌，事故造成10人死亡，4人受伤。事故发生后，10名死者的160余名家属到京处理后事。海淀公安分局迅速组织180余名警力配合政府有关部门开展处置工作，在事故现场协调校内安保力量，做好门区秩序维护工作，处置突发情况。在10处伤亡家属住地配合工作组做好化解稳控工作，防止矛盾激化。分局依托常态备勤处突力量，在清华附中周边加强重点地区治安防控。

（周南南）

【反恐防恐体系建设】 年内，海淀公安分局搭建具有海淀特色的反恐防恐工作体系，实现专业处置和社会防范两种力量的整合。在涉恐重点地区创建"一分钟快反应急机制"，严密重点地区防范控制。会同区属有关职能部门组织开展83次反恐演练。针对涉恐重点部位、销售易制爆物品行业场所开展"对抗式"暗访检查，累计检查单位4700余处，发现并纠正各类问题360余件，最大限度消除反恐防恐工作的盲区死角。

（周南南）

【调整安全警卫机制】 年内，海淀公安分局针对警卫工作定位提高、中央领导住地警卫任务大幅增加的形势，提出对重要会议、住地坚持"专项工作安保中心区"警务机制。成立专项警卫指挥部，组建多警种参与的专职警卫队伍，确保中央领导的绝对安全和出行顺畅。全年累计投入警力10.9万人次，完成4000余次中央领导的警卫任务，同比分别增长26%和33.4%。

（周南南）

【维护涉访秩序】 年内，海淀公安分局与区属有关部门及各街镇配合，进一步完善合成维稳机制，整体提升对不稳定因素的稳控能力。通过情报搜集预警，将各类涉访因素纳入视线，提前采取有力措施，推动矛盾化解消除，及时妥善化解150余件矛盾纠纷。全年妥善处置涉访群体性事件710余批次2.6万人次，依法处理非访人员2400余人，对于104名实施极端行为或暴力的访民依法刑事拘留，维护地区涉访秩序。

（周南南）

【打击黄赌毒违法犯罪】 年内，海淀公安分局建立健全违法犯罪线索举报机制，及时筛查涉黄、涉赌、涉毒可疑情况，加大对相关场所的暗访检查力度。全年依法取缔93家，停业整顿128家，责令整改753家。打掉黄、赌犯罪窝点355个，抓获涉案人员1880人，同比均有不同幅度增长。刑拘贩毒人员

568 人，治拘吸毒人员 1148 人，收缴各类毒品 47 公斤，同比分别增长 61%、124.7%、438.6%。

（周南南）

【街面整体防控】 年内，海淀公安分局落实巡逻民警固化街头的工作部署，强化巡逻系统在日常巡逻、盘查、核录、堵卡中的职能作用。全年抓获各类违法犯罪人员 7951 人，同比增加 17.6%。27 个巡逻警务站实行 24 小时工作制，主动盘查和快反出警共抓获各类违法犯罪人员 662 人，同比增加 9.1%。在涉恐维稳、治安复杂重点地区，开展 30 次联动查控专项行动，投入专项警力 9800 余人次，盘查核录可疑人员 2.2 万余人次，检查可疑车辆 1.1 万余辆。全年街头警情均呈下降走势，街面防控效能稳步增强。

（周南南）

【整治突出治安问题】 年内，海淀公安分局会同区属有关部门，围绕繁华复杂场所、公园景区、主要交通支干道路口、交通枢纽等治安复杂地区，整治突出治安问题。共组织各类执法力量 16.2 万人次，拘留各类扰序人员 5300 余人，查扣黑车 1400 余辆，查获非法揽客人员 530 余人，清理取缔无照游商 8100 余摊。经整治，全区 11 个流动人口倒挂地区秩序类警情呈现下降走势，治安秩序转好。

（周南南）

【社区安全防范】 年内，海淀公安分局针对部分居民小区存在的各类安全隐患，封闭居民小区 30 个，加装楼房门禁 2100 余个、防爬刺 1200 余套，安装监控探头 2300 余部，居民区封闭率、门禁安装率、技防设施安装率分别提升至 91.8%、79%、92.7%。派出所与区属有关部门和属地街镇配合，在各社区组织开展安全隐患排查整改专项行动，推动解决各类安全隐患 300 余件，使在册的隐患解决率达到 94.1%。

（周南南）

【治理违法群租】 年内，海淀公安分局与区属有关部门配合，依法采取查封重罚、关停取缔等措施，整治今日家园、新地标、紫金庄园、韦伯豪等一批重点小区，治理违法群租房 6800 余户，拆除隔断 2.4 万余间，处罚违法出租房主和二房东 471 人，依法关停取缔黑旅店 34 家，治理率达到 99.1%。

（周南南）

【开展“三无”专项整治行动】 年内，海淀公安分局以 33 个流动人口聚集区、人口比例严重倒挂的社区为重点，采取派出所“日日清”，分局职能部门“周周清”的工作措施，会同区综治办组织 29 个街镇、35 个户籍派出所以及区工商分局、城管执法大队、食药监局等部门集中开展 30 次大规模联合整治行动。全年摸排发现流动人口“三无”人员 1351 人，列管为流动人口关注管理人员 2175 人；处罚违法出租房主 685 人，整改消防隐患 853 处，关停取缔无照违规门店 463 家，打击处理各类违法犯罪人员 158 人。

（周南南）

【维护就医秩序】 年内，海淀公安分局落实医院保卫部门、驻院警务室、派出所应急处突联动机制，在区属 8 家二级医院全部安装紧急报警系统，加强对医院重要诊室在重点时段的巡视检查力度。开展打击涉医违法犯罪专项工作，清除医院周边散发小广告者、无照商贩、乞讨卖艺人员 72 人，抓获“医托”“号贩子”141 人。8 家医院警务室接报警求助 800 余次，摸排化解医患纠纷 24 起，组织应急处突演练 14 次，整改各类安全隐患问题 128 件。

（周南南）

案例选辑

【破获特大网络现货白银投资诈骗案】 5 月 2 日，海淀公安分局会同有关单位，破获“2•8”特大网络现货白银投资诈骗案。抓获浙江省建德市人何某（女）、何某（男）、朱某某（男）等 14 名违法犯罪嫌疑人，为事主追赃减损折合人民币 200 余万元。经工作，嫌疑人交代利用电话、以现货白银投资高额回报为诱惑、通过网络骗取事主 310 余万元的犯罪事实。

（周南南）

【破获系列持刀抢劫案】 6 月 6 日清晨，事主张某某行至海淀区中国农业大学东校区北门石板房南路过街天桥时，被一名男子持刀划伤颈部、抢走一部手机及钱包，造成恶劣社会影响。接报后，海淀公安分局在有关单位配合下迅速抓获犯罪嫌疑人郭某某（男，山西盂县人，现役军人）。经工作，嫌疑人交代 6 日当天先后在朝阳区双泉堡过街天桥和海淀区石板房南路过街天桥上持刀抢走 3 名事主手机及钱包、并将其中 1 名事主颈部划伤的犯罪事实。

（周南南）

【打掉一特大诈骗团伙】 6 月 27 日，海淀公安分局在有关单位的配合下，打掉一特大诈骗团伙。抓获车某某（男，陕西渭南人），王某某（女，北京人）、于某某（男，山东文登人）等 15 名团伙成员。经工作，犯罪嫌疑人交代利用北京幼儿园升小学非京籍学生择校问题凸显的机会、以帮助孩子上学需缴纳会费 3 万元为名，诈骗多名学生家长 200 余万元的犯罪事实。

（周南南）

【破获绿化带系列抢劫案】 7 月 9 日，海淀公安分局破获上地软件园绿化带系列抢劫案，抓获犯罪嫌疑人梁某某（男，河北承德人）。经工作，梁交代：2013 年 12 月至 2014 年 7 月期间，其在海淀区上地软件园东侧绿化带附近，先后三次用铁丝勒住独行女子脖子向树林深处拖拽并击打威胁，抢劫其随身财物，造成 3 名事主颈部、面部多处受伤。

（周南南）

【破获“8·24”昆玉河杀人碎尸案】 8 月 25 日，海淀公安分局在有关单位的配合下，破获昆玉河杀人碎尸案，抓获犯罪嫌疑人闫某某（男，1961 年 2 月出生，北京人）。经工作，闫交代：24 日凌晨，其打电话约娱乐场所从业人员卞某某（女，湖北人）到自家中卖淫，因嫖资纠纷，其将卞某某杀害并碎尸后抛入蓝靛厂北路附近的昆玉河内。

（周南南）

【破获冒充警察抢劫案】 10月23日，海淀公安分局破获一起冒充警察抢劫案，抓获犯罪嫌疑人李某（男，1980年6月出生，河南张村人）。经工作，李交代：其在网上购买警用装备，在海淀区普惠南里一居民楼内，冒充警察以包裹内有违禁品为由拦截一快递人员，用手铐将事主强行锁拷并抢走包裹内多部苹果、三星手机，总价值1.7万元。

（周南南）

【破获系列驾车抢劫抢夺案】 11月5日，海淀公安分局会同市局相关单位破获系列驾车抢劫抢夺案，抓获犯罪嫌疑人苏某某（男，河南淮阳人）、刘某某（男，河南周口人）。经工作，嫌疑人对2014年9月以来在海淀区月泉路八家小学、西三旗永泰地铁站、昌平区回龙观及朝阳区星火西路等地6次驾车抢劫抢夺单身女性财物的犯罪事实供认不讳。

（周南南）

【破获“12·13”特大盗窃案】 12月27日，海淀公安分局会同有关单位破获一起物流公司苹果手机被盗案，抓获犯罪嫌疑人常某某（男，河北唐山人）、姜某（男，黑龙江肇州人）、雷某某（男，黑龙江肇州人）。经工作，嫌疑人对12月13日在海淀区土井村一物流公司库区内凿墙入室、窃得240部金色iPhone6 64G手机（总价值约146万余元）并全部倒卖非法获利130余万元的犯罪事实供认不讳。

（周南南）

检　察

【概况】 2014年，海淀区检察院开展队伍建设，优化工作模式，着力破解制约发展的突出问题，促进各项检察工作平稳健康发展。

全年共受理审查逮捕案件2849件3676人，同比分别下降2.66%和0.73%；受理审查起诉案件3169件4013人，同比分别下降5.15%和7.60%。依法惩治“两抢一盗”、诈骗等多发性犯罪，批准逮捕犯罪嫌疑人989人，提起公诉1264人。开展打击利用“伪基站”设备破坏公用电信设施犯罪、生产销售有毒有害食品犯罪等专项行动，批准逮捕犯罪嫌疑人49人，提起公诉68人。提前介入公安机关侦查新型侵犯知识产权犯罪案件21件32人。建立社会观护基地，对5名涉罪未成年人进行考察和矫治。与异地检察机关协作，对非京籍未成年人开展考察帮教和犯罪记录封存，得到最高人民检察院的肯定。开展帮教105人次。海淀区检察院依托“守护青春”网站开展未成年犯罪预防工作受到中央综治办、共青团中央等单位的联合表彰。

区检察院制作的宣传片《敢担正义可堪重托》被中共中央组织部评为全国党员教育电视片观摩交流活动一等奖，被北京市委组织部评为全市党员教育电视片观摩交流活动一等奖；宣传片《人才的力量》被北京市委组织部评为二等奖。区检察院报送的《弘扬廉政文化，护航检察工作》视频短片获海淀区廉政文化示范点创建活动大赛第一名，区检察院被确定为海淀区廉政文化示范点单位。

（付强　徐云）

【律师阅卷电子化】 2月17日，区检察院开展律师阅卷电子化的工作。借助本院开发的电子卷宗系统，案管处律师接待人员可以根据律师需求即时为其提供现场阅卷或刻录光盘两项服务。改变以往律师阅卷受限于纸质卷宗，需要与承办人约定时间才能阅卷、现场阅卷时间长、复印或者拍摄卷宗困难等一系列问题，同时也减轻了办案人员的工作压力。

（付强　徐云）

【与北京大学检学共建】 3月20日，区检察院与北京大学法学院举办检学共建签约仪式暨区检察院检察业务人才培训班开班仪式。双方领导对未来合作前景看好，希望双方在人才培养交流、应用法学理论研究、教学实践基地等领域循序渐进、实实在在地展开合作。这标志着区检察院与北京大学法学院合作举办为期两个月的检察业务人才培训班正式启动。

（付强　徐云）

【官方微博全程直播“检察开放日”】 4月13日，区检察院以“为基层送法律、促核心区建设”为主题开展“检察开放日”活动。部分区人大代表、政协委员，以及来自企业、学校的50余名代表应邀参观交流。区检察院拥有4万多名粉丝的官方微博全程直播“检察开放日”活动全过程，受到广泛关注。

（付强　徐云）

【首次举行羁押审查听证会】 5月23日，区检察院监所处在海淀看守所首次就一起故意伤害案件举行听证会，就2名犯罪嫌疑人的羁押必要性进行公开审查。听证会由驻所检察室检察员主持，犯罪嫌疑人辩护律师、公安机关法制承办人、看守所管教民警参与现场听证并发表独立意见。此次听证会是区检察院推动驻所检察检务公开，特别是羁押必要性审查程序公开的一次有益尝试。

（付强　徐云）

【开展法律宣传进社区活动】 6月26日，区检察院在美丽园社区开展“依靠群众惩治职务犯罪，公开检务强化自身监督”主题法律咨询、宣传活动。区检察院通过摆放职务犯罪案例展板、张贴宣传挂图、发放宣传资料、接受群众咨询、举报等方式，向社区居民宣传检察机关近年来查处职务犯罪的工作情况，宣传举报的正确途径与方法，以及保护举报人、奖励举报有功人员的相关法律规定。本次活动共发放宣传材料132份，接受社区居民现场咨询 26 人次，展出预防职务犯罪展板17块。

（付强　徐云）

【完成两项类案调研】　6月，区检察院以常见、多发类型犯罪为切入点，对典型类罪进行实证研究。公诉一处撰写《性侵害案件证据问题实证研究及对策》，形成 7 万字性侵害案件证据标准及审查认定、20个性侵害案件实体问题典型案例选编、6 点性侵害案件办案注意事项、2 个表格化性侵害案件侦查阶段证据调取要点等调研成果。公诉二处撰写《诱惑侦查的过度适用及其限制——海淀区 2011—2013 年诱惑侦查案件的实证分析》，以刑事程序法定原则为基础，对侦查权发动程序以及行使侦查权的人员、个案侦查范围、侦查方法所应遵守的程序事项及侦查方式等相关程序的规范进行设定。这两项调研成果对案件办理具有重要的指导意义。

（付强　徐云）

【会签《关于建立羁押必要性审查协作机制的意见》】　6月，为规范捕后侦查阶段的羁押必要性审查工作，加强检察机关与公安机关的沟通协作，区检察院与海淀公安分局会签《关于建立羁押必要性审查协作机制的意见》。该意见拓宽区检察院监所处羁押必要性审查案件的来源；进一步明确羁押必要性审查的重点对象和不宜提请进行羁押必要性审查的案件类型和人员范围；完善区检察院监所处与海淀分局法制处的工作联动协作机制；保证区检察院办理羁押必要性审查案件的规范性与严肃性。

（付强　徐云）

【参加“扫黄打非·护城河工程”联络员工作会】　7 月 22 日—24 日，2014 年“扫黄打非•护城河工程”联络员工作会在河南洛阳召开，来自全国扫黄打非办的相关领导及北京、天津、河北、山西、内蒙古、辽宁、山东、河南八省区的党委宣传部门领导和扫黄打非联络员共计30余人参加会议。“护城河工程”相关八省区的扫黄打非办通报各省市跨区域重点案件查处情况及联防协作机制建设情况。区检察院作为检察机关受邀人员参会并就新浪阅读涉嫌传播淫秽物品牟利案和深圳快播公司涉嫌传播淫秽物品牟利案的办理情况做主题发言。

（付强　徐云）

【赴清华附中事故现场指导事故调查工作】　12 月 29 日，北京市海淀区清华大学附属中学体育馆及宿舍楼工程工地作业人员在基坑内绑扎钢筋的过程中，筏板基础钢筋体系失稳后整体发生坍塌，造成作业工人 10 人死亡，4 人受伤。接报后，区检察院第一时间赶赴现场进行实地调查，研究部署介入事故调查有关工作。

（付强　徐云）

【查办和预防职务犯罪】　区检察院全年立案侦查贪污贿赂犯罪案件 41 件 46 人，其中，大案 17 件，要案 7 人；立案侦查渎职侵权犯罪案件2件2人。为国家挽回经济损失 1100 余万元。参与国家能源局腐败窝案等多个专案的办理，立案6件6人。与军事检察机关配合，立案侦查发生在军队工程建设、医药购销领域的职务犯罪 8 件 10 人。查办农村征地拆迁领域职务犯罪 3 件 3 人，移送公安机关立案2件2人。查办干扰司法公正、滥用执法权的窝串案，立案 7 件 10 人。加大对行贿犯罪的打击力度，立案23件25人。参与国际追逃追赃“猎狐”专项行动，抓获1名潜逃7年的犯罪嫌疑人，劝返1名潜逃2年的犯罪嫌疑人归案。建成反腐倡廉警示教育基地，4500余人接受教育。

（付强　徐云）

【诉讼监督】　区检察院全年办理刑事立案监督 51 人，追诉漏罪 139 起；纠正漏捕47人，追诉漏犯 31 人，其中 3 人被判处十年以上有期徒刑。刑事审判监督提起抗诉8件，法院改判1件。共办理民事诉讼申请监督案件116件，提请抗诉8件，发出再审检察建议1份，法院改判9件。审查办理刑事申诉案件11件，刑事赔偿案件8件。对在押人员羁押期限、交付执行等情况进行动态检查 1 万余人次。开展“三类罪犯”[①]减刑、假释、暂予监外执行专项检察，对不符合保外就医条件的建议依法收监执行4人。注重诉讼监督规范化建设，编制《诉讼监督工作指导手册》，将审查起诉各阶段需要重点关注的监督事项进行明示，进一步突出监督的重点。加强内部联动，建立信息共享、类案研判、线索移送等工作机制，形成监督合力，提升监督实效。

（付强　徐云）

【涉检信访排查化解】　区检察院全年共接待来访 9770 人次，开展 3 次涉检信访矛盾纠纷排查，筛查出 27 件可能出现矛盾激化的案件并进行重点化解。强化部门联动，明确联合接待的案件范围和职责分工，合力化解矛盾纠纷，全年接访 25 次。定期召开部门联席会，明确案件受理流程及标准。在检务接待大厅配备专职安保人员，维护接访秩序。主要业务部门全部制定释法说理工作细则，强化对法律文书的释法说理。

（付强　徐云）

【检务公开】　年内，区检察院完成市检察院确定的检务公开试点工作，在律师阅卷电子化、审查逮捕、申诉案件办理、监所羁押必要性审查等多项工作中引入公开听证制度。制定《案件信息公开操作规定》《对外法律文书审核责任制规定》等制度规范，向社会公开各类法律文书400余份。加大案件公开审查力度，在审查逮捕、申诉案件办理、监所羁押必要性审查等工作中引入公开听证制度，共组织公开听证 23 次，听取涉案各方的意见建议，确保办案的公开、公正。加强检察宣传，向基层群众发放普法宣传资料 2.5 万余份，刊发法宣稿件 73 篇，发出微博广播 305 条，制作法宣电视节目 20 期，编发手机报14份。开展举报宣传周活动，奖励2个举报有功单位和4名举报有功人员。

（付强　徐云）

[①] 即：职务犯罪、破坏金融管理秩序和金融诈骗犯罪以及组织、领导、参加、包庇、纵容黑社会性质组织犯罪等三类罪犯。

法 院

【概况】 2014年，海淀区人民法院以审判业务、人才队伍、司法公开为抓手，把握司法为民、公正司法的工作主线，继续坚持“两个保持”工作[①]标准，开展各项工作。

2014年新收案件48953件，共办理各类案件51155件；审结、执结47868件；其中，刑事案件收案3145件，审结3144件；民事案件收案20385件，审结19963件；商事案件收案8860件，审结8434件；知识产权收案3904件，审结3809件；行政案件收案584件，审结578件；执行案件收案11940件，执结11807件；申诉、再审案件收案134件，结案132件。国家赔偿案件收案1件，结案1件。办理人大代表建议6件、政协委员提案2件。

年内，区法院改造完成高清数字化审判法庭132个。依法做好立案诉讼服务，全年接待引导群众5万余人次，同比上升15%。化解信访案件171件，同比增长3倍多。

全年在核心刊物发表数十篇文章，1篇论文获全国法院学术讨论会一等奖；编写出版《刑事疑难问题典型案例评析》《侵权责任案件裁判方法与规范》《服务合同案件裁判方法与规范》司法实务丛书。16名法官和书记员分别被评为北京市模范法官、先进法官和司法业务技能标兵。区法院被评为“全国先进法院”“北京市模范法院”；未成年人案件审判庭被评为“全国法院少年法庭工作先进集体”；劳动争议审判庭被评为“北京市先进集体”。石金平获第一届“北京市审判业务专家”称号；陈昶屹法官被评为“北京市优秀青年人才”。

（张璇 林挚）

【裁判文书公开上网】 自1月1日起，区法院上网公布生效裁判文书。截至年底，除涉及国家秘密、个人隐私、未成年人犯罪以及调解结案的文书外，共上网公布生效裁判文书4300余份。

（张璇 林挚）

【首次实现庭审视频直播】 4月24日，区法院首次依托移动录播系统，采用全媒体宣传模式与技术在北京法院审判信息网就一起知识产权案件进行庭审视频直播。

（张璇 林挚）

【全面保护涉诉未成年人信息】 5月28日，区法院牵头组织区相关单位签署《海淀区涉诉未成年人信息限制公开工作办法》，对限制公开的对象、内容、方式与范围进行规范，最高人民法院将该文件印发全国法院学习参考；20余家中央、市属主流媒体响应并签署《关于在新闻报道中保护涉诉未成年人合法权益的共同声明》。

（张璇 林挚）

【发布劳动争议审判情况白皮书】 7月22日，区法院召开新闻发布会，发布《海淀区劳动争议审判情况白皮书——劳资双方败诉情形分析暨十大典型案例（2014）》，以劳资双方的诉讼结果为切入点，集中分析劳动关系从建立到履行直至解除、终止等各个阶段双方败诉的情形与原因，以此敦促劳资双方谨慎行使权利、践行义务。

（张璇 林挚）

【承担两项司法改革试点任务】 7月29日，区法院被北京市高级人民法院确定为全市唯一一家承担合议制和独任制改革、审判委员会工作机制改革两项试点的基层法院。完善司法人员分类管理和司法责任制是此次试点工作的重点。为配合试点工作，区法院出台《关于推进审判权运行机制改革试点工作的实施方案》和审判组织运行、法官选任、考评奖惩等3个配套文件。

（张璇 林挚）

【开通诉讼档案网上查询平台】 8月14日，区法院作为北京市“创新档案查阅模式、提供远程网络利用”工作首批试点单位之一，开通诉讼档案网上查询利用平台，借助互联网向查档者提供电子诉讼档案查阅服务。符合查询条件的当事人及代理人可登录北京法院审判信息网在线申请查阅、打印或下载在区法院的诉讼档案。

（张璇 林挚）

【承办未成年人保护与司法制度改革研讨会】 8月29日，区法院与中国预防青少年犯罪研究会等单位共同承办未成年人保护与司法制度改革研讨会，旨在探讨如何抓住少年司法改革机遇，加强对少年司法理论与实践研究，升华少年司法制度改革，推动少年司法工作机制创新。最高人民法院、最高人民检察院、司法部以及全国著名高校共20余家单位进行交流，进一步推动未成年人家庭教育、社会观护[②]等制度的发展完善。

（张璇 林挚）

【建立审判长联席会议制度】 11月4日，区法院建立审判长联席会议制度。通过审判长联席会议制度对重大分歧、疑难复杂案件进行研讨，发挥明确审判思路、统一法律适用、监控审判质量等方面的积极作用。

（张璇 林挚）

【推出“网络公开课”】 12月3日，区法院录制的首期网络公开课在腾讯和新浪两大平台同步上线，首期网络公开课分为“未成年人教育”和“劳动争议”两个系列，共10节。

（张璇 林挚）

---

① “保持重点工作走在全国前列，保持整体工作走在全市前列”。

② 刑事意义上的未成年人社会观护，是对涉罪未成年人采取非监禁措施，交由社会力量组成专门的观护组织，在诉讼期间接受观护人员的辅导、监督、观察、矫正、保护、管束等，以达到改善行为、预防再犯、保证诉讼顺利进行的目的，并为司法处理提供依据。民事意义上的未成年人社会观护，主要指由人民法院聘请社会观护员对未成年人民事审判中涉及未成年人合法权益保护的问题，在庭前进行社会调查、关心及保护，与涉及未成年人权益的社会部门进行沟通、协调乃至交涉，参与调解、判后跟踪执行以及对侵犯未成年人权益的行为进行社会干预等。

【未成年人案件审判创新】 年内，区法院创新未成年人案例审判工作。在审判中开创社会调查、心理疏导和亲职教育相结合的工作方法，对每一件案件进行再犯风险评估，实现科学化的定罪量刑。

（张璇 林挚）

【院校共建合作】 年内，区法院选派41名法官到高校讲授司法实务课，13人被中国人民大学、中国政法大学等高校聘为兼职教授和硕士生导师；选派37名法官到全区105所中小学校讲授法制课，12人被评为优秀法制校长。

（张璇 林挚）

【区域诉调对接工作】 年内，区法院与区劳动争议调解中心合作开展区域诉讼调解对接工作。在促成四名劳动者与某集团公司达成和解的示范效应下，有效化解类似的6000余起潜在纠纷。与中关村科技企业家协会合作调解商事纠纷122件，成功率超过80%，当事人全部主动履行义务。

（张璇 林挚）

【裁判文书获三项奖】 年内，区法院法官撰写的韩寒诉百度公司关于百度文库侵害著作权纠纷案、避风塘公司诉东新思晟公司关于“避风塘茶楼”不正当竞争纠纷案、绫致公司诉崔某和杜某侵犯“杰克•琼斯”商标权纠纷案文书分别获得全国知识产权优秀裁判文书评选活动一、二、三等奖。

（张璇 林挚）

【发还执行案款18亿元】 年内，区法院向申请执行人发还执行案款18亿余元；开展涉民生案件专项集中执行活动，对32件该类案件的150万余元案款全部执行到位。

（张璇 林挚）

案例选辑

【审结首例适用外国法的涉外商事案】 4月28日，区法院审结原告克兰克•古斯塔夫•沃尔特（以下简称克兰克，芬兰共和国国籍）与被告中国首钢国际贸易工程公司（以下简称首钢国际公司）股权转让纠纷案，并进行公开宣判。此案系区法院审结的首例适用外国法即芬兰法的案件。

斯蒂特姆公司是于1987年5月6日在芬兰注册的一家有限公司，克兰克为公司唯一自然人股东。2010年，首钢国际公司与斯蒂特姆公司、克兰克就股权转让事宜进行协商。双方相继签订《意向书》《确定的资本投资及股权购买前期协议》（简称《前期协议》）等文件，并约定如果没有特别情形，双方均须履行本协议义务，直至签订最终协议；如果任何一方由于任何其他原因不履行本协议的义务，则向另一方支付100万欧元；协议适用芬兰共和国法律。2010年12月，双方就股权收购事宜进行进一步磋商，明确交易最终协议需获得首钢董事会批准、向中国政府提交投资申请等。后双方谈判破裂。2013年7月11日，克兰克诉至区法院，请求判令首钢国际公司支付克兰克违约金100万欧元。2013年11月13日庭审结束后，在主审法官主持下，双方当事人进行调解，但最终未果。区法院依据已有事实，认定在最终协议未签署等问题上，首钢国际公司并无违反《前期协议》以及双方会议纪要之情形，故克兰克基于此产生的违约金诉请不能成立。区法院依据《芬兰共和国合同法》第一条等规定，判决驳回克兰克的诉讼请求。当事人未提起上诉。

（张璇 林挚）

【审结北京大学诉邹恒甫名誉权纠纷案】 8月2日，区法院依法审结北京大学诉中央财经大学中国经济管理研究院院长邹恒甫名誉权纠纷一案，并进行公开宣判。2012年9月7日，北京大学向区法院起诉邹恒甫在微博上发表对北京大学不利的言论，恶意捏造事实，请求判令邹恒甫立即对北京大学的名誉权停止侵害，立即在其微博中删除侵权文字；判令邹恒甫以公开、书面形式在其微博中、在其侵害北京大学名誉权影响所及的相应媒体范围内为北京大学消除影响、给北京大学恢复名誉、向北京大学赔礼道歉。邹恒甫认为，北京大学的诉讼请求没有事实及法律依据，北京大学不是适格的原告，北京大学并非邹恒甫批评言论的直接对象。即使北京大学是适格的原告，北京大学也不享有民法上的名誉权，该言论与北京大学之间没有直接关系，故北京大学的请求应当全部予以驳回。

8月2日，区法院开庭审理此案。经审理，区法院综合认定邹恒甫未尽到对微博言论负有的注意义务，利用新浪微博平台发表针对北京大学及北京大学院长、系主任及教授群体的诽谤、侮辱言论，使公众对北京大学产生一定误解，造成北京大学就此事上的社会评价明显降低，该言论不构成公民合法行使批评监督权利的免责事由，其行为已构成侵犯名誉权，故邹恒甫应就此承担停止侵权、删除侵权言论，消除影响、恢复名誉，赔礼道歉的侵权责任。区法院依法判决被告邹恒甫停止侵权，并删除分别于2012年8月21日9:19和2012年8月21日21:20在实名认证为“邹恒甫V”的新浪微博中公开发表的两篇涉诉微博内容；自本判决生效之日起十日内，邹恒甫在其实名认证新浪微博首页公开发表致歉声明，向北京大学赔礼道歉，消除影响、恢复名誉，持续时间为连续七天（声明内容需经本院核准，如被告邹恒甫拒不履行该义务，本院将在全国公开发行的媒体上公布本判决的主要内容，费用由被告邹恒甫负担）。10月17日邹恒甫上诉至北京第一中级人民法院。12月23日，北京第一中级人民法院二审判决驳回上诉，维持原判。此案系2014年度人民法院十大民事案件之一。

（张璇 林挚）

【审结首例硬件厂商屏蔽视频广告引发的不正当竞争案】 10月28日，区法院依法审结北京爱奇艺科技有限公司诉被告北京极科极客科技有限公司不正当竞争纠纷案。

北京极科极客公司是“极路由”路由器的生产者和销售者。“极路由”用户在极路由云平台下载“屏蔽视频广告”插件，再通过“极路由”路由器上网，可屏蔽北京爱奇艺科技有限公司网站视频的片前广告。7月9日，爱奇艺公司诉极科极客公司至区法院，爱奇艺公司认为极科极客公司的行为构成不正当竞争，极科极客公司则认为与爱奇艺公司不存在竞争关系，不构成不正当竞争。

区法院9月10日开庭审理认为，极科极客公司综合利用“屏蔽视频广告”插件和“极路由”路由器屏蔽爱奇艺网站视频的片前广告，导致双方在商业利益上此消彼长，使本不存在竞争关系的双方因此形成竞争关系。极科极客公司为获取商业利益，利用“屏蔽视屏广告”插件直接干预爱奇艺公司的经营行为，超出正当竞争的合理限度，损害了爱奇艺公司的合法利益，违反诚实信用原则和公认商业道德，构成不正当竞争。10月28日，区法院依据《中华人民共和国反不正当竞争法》第二条的规定，判决极科极客公司停止不正当竞争，并赔偿爱奇艺公司经济损失40万元。一审宣判后，极科极客公司向北京知识产权法院提起上诉。北京知识产权法院二审判决驳回上诉，维持原判。

此案的判决结果意味着拦截视频网站广告的硬件厂商不被法律支持，将直接影响相关硬件厂商对自身商业模式的调整。此案被评为“2014年中国十大最具研究价值知识产权裁判案例”之一。

（张璇 林挚）

【审结欧莱雅侵权案】 2013年12月16日，区法院依法审结李某诉欧莱雅、百度著作权侵权纠纷案件。

2009年，李某注册取得“契尔氏及图”商标并于同年授权广州市望莎精细化工有限公司（以下简称望莎公司）使用该注册商标。“契尔氏及图”商标核定使用类别为第三类，包括洗发液、洗面奶、去污剂、上光剂、芳香剂、香水、化妆品、增白霜、牙膏。而在日常生活尤其是网络搜索中，“契尔氏”作为欧莱雅公司商标Kiehl’s的中文翻译被人们广泛使用。

2013年7月29日，李某及望莎公司诉至区法院，称欧莱雅公司在其网站上擅自使用“契尔氏及图”作为网页标题、关键词及网页描述，自行设置网页搜索关键词契尔氏，并通过支付费用的方式成为百度公司的百度推广技术（竞价排名服务）客户，以契尔氏为关键词在百度网上对其经营的网站进行推广，使相关公众对品牌及产品来源产生混淆误认，已经构成商标侵权。故请求区法院判决欧莱雅及百度公司停止侵权，消除影响，赔偿损失和维权费用共计100万余元。区法院经审理后认为，申请人成功注册商标并不意味在先使用人无权使用相关文字。在李某商标申请注册之前，欧莱雅公司已经实际使用“契尔氏”在互联网上作为其商标“Kiehl’s”的中译名或与“Kiehl’s”“科颜氏”共同搭配使用并拥有一定的知名度，已经构成对“契尔氏”字样的在先使用。故李某及望莎公司无权禁止欧莱雅公司继续使用。在上述情况下百度公司已尽到注意义务，且百度公司为用户提供关键词搜索服务，除明显侵权的行为外，对于用户所选择的关键词不负有全面、主动、事先的审查义务，亦无法对推广的网站一一实施监督、控制。百度公司对于欧莱雅公司非侵权行为的推广行为自然不构成商标侵权。区法院判决驳回李某及望莎公司的诉讼请求。2013年12月16日，李某及望莎公司上诉。2014年7月1日，北京市第一中级人民法院驳回上诉，维持原判。

（张璇 林挚）

【审结央视国际网络有限公司相关著作权及不正当竞争纠纷案】 2013年12月18日，区法院依法审结央视国际网络有限公司（以下简称央视国际公司）诉北京我爱聊网络科技有限公司（以下简称我爱聊公司）侵犯著作权及不正当竞争纠纷案。2013年，央视国际公司诉我爱聊公司称其为中央电视台的网络传播中心以及中央电视台官方网站（域名cctv.com和cntv.cn）即“中国网络电视台”的运营机构，经中央电视台授权，独占享有通过信息网络向公众转播中央电视台的全部频道及提供各频道播出的全部电视节目的权利。央视国际公司发现，我爱聊公司未经许可，擅自通过其提供的名为“电视粉”的安卓系统手机客户端软件和信息网络，向用户实时转播中央电视台的“CCTV-1”等共计16个电视频道。同时，我爱聊公司在前述软件中设置“2012伦敦奥运专区”专题页面，向用户实时转播中央电视台播出的大量伦敦奥运会比赛的电视节目，并在歌华高清交互数字电视平台投放的开机广告中，对前述未经许可的侵权行为进行大幅画面持续的推广和宣传。我爱聊公司的行为严重侵犯央视国际公司依法享有的广播组织者权，属不正当竞争行为，给央视国际公司造成巨大的经济损失。故请求法院判令被告赔偿经济损失及合理开支100万元。法院经审理认为，中央电视台系涉案CCTV1到CCTV15、CCTV22系列频道的运营方，亦为上述节目的广播组织权人，央视国际公司作为中央电视台的下属公司，经中央电视台授权获得相关权利，有权禁止未经其许可将中央电视台播放的电视转播。链接行为仅指向用户提供链接地址，在用户点击链接后，应跳转至第三方来源网站，否则该行为将实质性替代来源网站进行播放。我爱聊公司系涉案手机客户端“电视粉”的运营者，其辩称设置链接将软件播放地址直接指向央视网相关内容，但并未提交相应的证据予以证明，该指向行为是否真实亦缺乏证据予以佐证。即便该链接行为指向央视网，但我爱聊公司向公众提供在线直播服务，未跳转至来源网站，且在链接过程中对于涉案链接进行排列、整理，对于播放的节目进行相应的编辑。故其对于涉案的侵权行为主观恶意程度较高，其对于侵权行为系明知。用户在观看电视台节目过程中无须跳转至央视网，势必会降低央视网的点击量。我爱聊公司的上述行为侵害到央视国际公司的相关权益，应当承担相应的赔偿责任。2013年12月18日，区法院判决被告我爱聊公司赔偿原告央视国际网络有限公司经济损失及合理开支40万元。2014年5月26日，北京市第一中级人民法院驳回我爱聊公司上诉，维持原判。

（张璇 林挚）

司法行政

【概况】 2014年，海淀区司法局下辖3个公证处、1个法律援助中心以及阳光中途之家，局机关设有13个科室。全区有26个街镇司法所和3个大院街道司法所。管理律师事务所366家，基层法律服务所12家；执业律师4476人，基层法律服务工作者86人。年内，区司法局围绕海淀区创建全国文明城区法制宣传、人民调解、法律援助指标和窗口单位建设，提高服务质量；落实市司法局三年行动计划，突出司法所规范化建设，发挥法律宣传、法律服务和法律保障职能作用，提升司法行政工作水平。全区有80家商务楼宇普法工作站，涵盖企业4000余家，员工约8万人，覆盖了中关村西区、上地等重点科技商务区。

3月，区法律援助中心被司法部确定为全国32个案件质量评估试点单位之一。2014年，海淀区被评为“六五”普法中期全国先进区。区司法局被评为“北京市司法行政系统先进集体”“北京市司法行政系统社区矫正和律师公证管理人员岗位练兵活动先进集体”“北京市司法行政系统社区矫正和律师公证管理人员岗位练兵活动先进集体”。

（周凤红）

【在看守所设立律师工作站】 1月26日，区司法局在海淀看守所设立律师工作站，启动司法援助工作。区律师协会每天委派1~2名律师轮换值守，为在押人员家属免费提供法律咨询、法律援助，保障新刑事诉讼法顺利实施，保障在押人员合法辩护权。此外，律师工作站还不定期地开展法律知识讲座，通过案例分析，把法律知识与实际生活结合起来，为在押人员及家属普及法律知识，提高其法律意识。

（周凤红）

【启动村居法律顾问制度试点】 2月26日，区司法局在全区正式启动村居法律顾问试点工作，固化“法律服务村居行”一村一居一律师的工作成果。按照全市“一年推试点、两年全覆盖”的整体工作思路，村居法律顾问工作将分两年逐步落实。2014年度完成动员部署、调查摸底、开展试点等阶段工作，重点做好建立工作机制、开展法律服务、完善台账记录、开展业务培训。

（周凤红）

【举办商务楼宇法律知识竞赛】 4月28日，由海淀区司法局、海淀睿搏社会工作事务所联合主办的海淀区商务楼宇“4•26世界知识产权日 一站到底”法律知识竞赛决赛在青东商务区多功能会议厅进行。参加比赛的18支商务楼宇代表队由小组赛选拔产生。题目以知识产权法律为主要内容。经过角逐，紫竹院街道商务楼宇代表队获得一等奖。

（周凤红）

【与北京林业大学签订共建协议】 5月9日，北京林业大学法律系与海淀区司法局签约共建暨揭牌仪式在北京林业大学举行。司法局在北京林业大学成立法律援助工作站，北京林业大学在海淀区司法局设立法学实习基地，双向交流互动，为学校培养具备实务技能的法律人才搭建实践平台，也为法律援助开拓多元化渠道。

（周凤红）

【举办处级干部法治专题培训班】 5月13日—16日，由海淀区委组织部、区司法局、区法制办联合主办的“海淀区领导干部法治思维养成与法治政府建设专题培训班”在北京大学凯原楼举行。90名处级领导干部学员参加典礼。培训设置国家治理现代化背景中的法治建设、当前法治基本态势、行政执法与实务等课程，以提升全区领导干部法制宣传教育层次和水平。

（周凤红）

【人民调解员协会成立】 5月23日，北京市首家区县人民调解员协会在海淀区成立并揭牌。协会有70名会员，主要承担辖区内人民调解工作研究、指导、服务、管理和创新发展，孵化调解类社会组织，统筹协调人民调解资源，承接政府购买调解类服务项目等职能。

（周凤红）

【举办“老年人法律援助维权季”活动】 6月13日，海淀区老年人法律援助维权季启动仪式在清华大学老年人活动中心举行。律师、公证员、普法志愿者、社区居民代表100多人参加活动。与会领导向社区居民发放老年人法律援助卡，赠送法律援助书籍。“海淀区老年人法律援助工作站”同时揭牌。活动至9月13日结束。其间为城区80周岁以上的老年人制作法律援助IC卡5万张，方便老年人就近咨询、“刷卡”申请法律援助，享受免费便捷的法律援助服务。选派50名在婚姻家庭、财产继承、医疗事故、交通事故、赡养扶养等法律领域有专业特长的律师组成老年人法律援助律师团，采取进社区、预约上门等方式为老年人服务。

（周凤红）

【召开律师恳谈会】 9月11日，海淀区以“共议海淀律师工作、共商海淀律师行业发展大计”为主题召开律师恳谈会，区领导针对海淀区律师行业发展现状和面临的困境提出建议，与会律师代表就如何进一步保障律师的辩护权和代理权，共同促进司法公正和推动司法公开的长效机制等问题，进行研讨交流。

（周凤红）

【首家商务楼宇示范普法工作站揭牌】 9月11日，海淀区城建大厦商务楼宇示范普法工作站依托楼宇党建工作平台正式揭牌成立。城建大厦普法工作站作为全区第一家示范工作站，在创建商务楼宇法律援吧、商务楼宇法律咨询中心、法律图书角的基础上，聘请专业律师，利用“暖心咨询日”每周开展一次法律咨询；招募中国政法大学志愿者常年开展企业法制宣传教育工作。

（周凤红）

【全国送法入校园大型巡回宣讲活动在海淀区启动】 9月23日，由司法部、市司法局、市教委主办，海淀区司法局、海淀区教委、海淀区寄读学校协办的“送法入校园全国大型巡回宣讲活动暨北京市青少年法制宣传月启动仪式”在海淀区青少年法制宣传教育基地举行。司法部、北京市司法局、16个区县司法局及师生代表等300余人参加。司法部、北京市司法局分别部署送法入校园全国大型巡回宣讲活动和北京市青少年法制宣传月启动活动方案，举行“青春船长”与学校签约仪式，向师生代表赠送法律书籍。

（周凤红）

【举办领导干部法治建设专题培训班】 9月23日—24日，区司法局联合区委党校举办第三期领导干部法治建设专题培训班。55名区法制宣传教育领导小组各委办局成员单位法制宣传负责人参加培训。邀请中国政法大学、北京大学、国防大学、北京市委党校教授就依法行政加强法制政府建设、北京市推进京津冀一体化发展思路举措、国家形势与中国国家安全环境以及领导干部的法律观念与法治意识等专题进行讲解。

（周凤红）

【举办国家宪法日暨法治宣传月主会场活动】 12月4日，海淀区举办国家宪法日暨法治宣传月主会场活动。北京市司法局、区人大、区司法局、区委宣传部、区文化委等领导出席，区法宣领导小组成员单位主管、负责人、各街镇主管领导、司法所、大学生代表、群众代表共300余人参加。活动总结2014年全区法制宣传教育工作，举办法治文艺获奖作品颁奖仪式和优秀作品展演。宣传月从11月下旬持续至12月下旬，活动包括：组建普法讲师团，宣讲中共十八届四中全会精神；在大型市场、超市门店、园区企业、商务楼宇等重点地区持续开展“做讲法治守秩序的好市民”主题宣传活动；发放每月一期的《百姓法律生活》读报10万份，发送到10万个家庭；开展法治微电影、普法公益宣传片下社区（村）活动；组织模拟法庭展示，组织中小学生参观海淀区青少年法治宣传教育基地；利用户外广告牌和电子显示屏进行国家宪法日宣传。

（周凤红）

【启动“农民工法律援助”维权季活动】 12月4日，海淀区落实市司法局关于开展法律援助专项维权季活动的部署，推进法律援助工作，维护农民工的合法权益，针对年尾岁末农民工劳动纠纷案件高发的实际，启动“农民工法律援助维权季”活动。活动以“劳动法释解”为主题，以现场咨询、现身说法为形式，在农民工相对集中的紫竹院街道为主会场，其余28个街镇为分会场，多角度、多渠道深入劳动力市场、建筑工地等农民工聚集地开展维权宣传活动，畅通维权绿色通道，提高对外来务工人员尤其是农民工群体的法律援助服务水平和质量。

（周凤红）

【北仲与律协合作签约】 12月18日，北京仲裁委员会与海淀律师协会举行共建高效争议解决机制论坛暨合作签约仪式。双方建立合作机制，就商事仲裁领域的有关实体和程序性问题进行广泛的研究交流、宣传推广；进行不定期的商事仲裁知识、商事仲裁代理、仲裁员业务及其他相关的专题培训和沙龙活动，提升海淀律师的仲裁理论和实务水平；向海淀区企业推广仲裁，建议企业在订立合同或纠纷发生后，选择商事仲裁程序处理商事争议纠纷，既能高效、专业、保密、公正合理的解决企业纠纷，维护自身合法权益，又能有效保障高新技术企业知识产权和专有技术秘密，维护企业的良好声誉。

（周凤红）

【法制宣传教育】 年内，区司法局健全完善“1+10+82+N”[①]的普法工作组织领导体系。召开海淀区贯彻落实四中全会精神，加强法治宣传教育工作座谈会。建立西北旺镇唐家岭新城普法广场。举办领导干部法治思维养成与法治政府建设专题培训班及领导干部法治建设、法治建设与社会维稳专题培训班等以领导干部和公职人员为重点对象的法制宣传教育。在海淀区青少年法制宣传教育基地举行全国“送法入校园大型巡回宣讲活动暨北京市青少年法制宣传月”启动仪式。举办“12•4”国家宪法日暨法治宣传月活动。利用区域法律实践和法学理论资源，开展“1对1”普法志愿者服务对接，74个岗位的870名志愿者结对，北大法学院与海淀青少年法制宣传工作基地共建、清华大学和北航与77个区属科技商务楼宇普法工作站结对。各街镇新建法治文化长廊、法治文化广场、法治文化公园等法治文化阵地16个，全区普法宣传阵地达到272个。全年开展法治宣传教育活动9200场（次），发放宣传资料360多万份，受众336万人（次）。

（周凤红）

【法律服务】 2014年，全区律师代理民事案件9363件、刑事案件2332件、行政案件1299件，其他非诉法律事务120813件。3家公证处办理公证事项125632件，同比增长10.1%，收费4800余万元，接待140540人次，其中，国内37546件，涉外87615件，涉港澳471件。开展“法律服务村居行”活动和“村居法律顾问”试点工作，区属173家律师事务所、652名律师与全

---

① “1”是指区法宣领导小组及其办公室。“10”是指确立区委政法委、区直机关工委、海淀园工委、区国资委、区农委、区社工委、区教委、区公共委、区住建委、区法制办为法制宣传十个牵头单位，“82”是指将区属53家部委办局和全区29个街镇纳入区法宣领导小组成员单位。N是指参与普法的各支社会力量。

区 651 个村居委会签订“1+1”法律服务协议，农村法律顾问配备率 100%，社区法律顾问配备率达到 51%。全年律师开展法制专题讲座 458 场（次），义务法律咨询 5424 场（次），参与调解纠纷 432 件，受众达 4 万多人（次）。举办“共建和谐社会，公证在你身边”主题宣传月活动，发放公证宣传材料近万份，举办公证专题咨询活动 20 余场（次），受众 8000 余人（次）。依托“法律援助关爱行”活动关注困难群众、弱势群体法律服务，为全区 80 岁上的老年人发放法律援助 IC 卡 5 万张，为 1300 名妇女、290 名未成年人、130 名残疾人和 45 名少数民族群众提供法律援助支持，努力使群众享受公益性、均等性、普惠性和便利性法律服务。全年受理指派法律援助案件 4337 件，为当事人挽回经济损失 3000 多万元；接待“148”法律服务电话咨询、来人来访、网络咨询等 11 万人次；发放法律援助办案补贴 331 万元。

（周凤红）

【人民调解】　年内，各级人民调解组织共调解各类民间纠纷 9.1 万多件（次），完成人民调解案件 32771 件，涉及当事人 82849 人，成功率为 98%；调解涵盖婚姻家庭、邻里关系、房屋宅基地等多类型、多领域。区司法局和万寿路街道人民调解委员会等 8 个集体获“北京市人民调解工作先进集体”称号。建立全市首家区县人民调解员协会，创建市级规范化人民调解委员会 162 个，开展人民调解“双百”（100 个模范人民调解委员会和 100 名人民调解员之星）评选活动。

（周凤红）

【社区矫正安置帮教】　全年接收社区服刑人员 237 人，解除 314 人，现有 410 人；新接收刑满释放人员 498 人，解除 457 人，现有 2650 人。安置“三无”刑释人员 10 余名，帮扶 11 人就业，为 5 名落户困难的帮教人员成功协调建立集体户口，为 40 余名刑释人员协助办理最低生活保障，生活困难“两类”人员提供临时救助经费 5.2 万元，为 30 余人成功申请保障性住房。在全区开展“社区矫正规范执法百日行”和岗位大练兵活动，集中检查、及时整改。在区司法局矫正帮教科加挂“北京市海淀区司法局社区矫正管理支队”牌子，负责全区社区矫正的管理和指导工作。发挥特殊人群专项组作用，做好社区服刑人员集中教育、心理矫治、关怀帮扶工作，履行监督管理、教育矫正、社会适应性帮扶职责，做到“不脱管、不漏管、管得住、管得好”。“阳光中途之家”全年共开展 48 次常规集中教育课程，累计培训社区服刑人员 1536 人次，平均每名社区服刑人员一年参加 16 学时常规教育。

（周凤红）

案例选辑

【30 亿元投资纠纷调解案】 2014 年 1 月 6 日，申请人某投资管理有限公司与被申请人某人寿保险股份有限公司签署《某投资基金（有限合伙）有限合伙合同》，被申请人应依据合同约定履行 30 亿人民币的出资义务，但被申请人一直未能履行合同内容，双方就此发生争议。申请人于 9 月 18 日提请上地地区企业商事纠纷专业人民调解委员会调解。提出 3 个调解请求：

1. 调解协议签订后 5 日内，被申请人向申请人指定账户支付承诺部分出资款人民币 2 亿元。

2. 调解协议签订后 10 日内，被申请人向申请人指定账户支付承诺剩余出资款人民币 28 亿元。

3. 被申请人如未能按时足额支付，应自逾期之日起至实际支付之日止，以违约额为基数，按每日万分之五计算向申请人支付逾期违约金。

由于合同标的额过大，商事调委会特别邀请中关村科技企业家协会首席顾问张本正作为此案的调解员为双方企业进行调解。调解员通过和双方分别进行沟通，了解到阻碍合同顺利履行的唯一障碍是被申请人公司上层人事变动，对出资达不成一致意见，拖延了合同的履行。

双方有利益共同点，并有调解意图和协商余地。调解员认识到本案久拖未决的症结就在于：双方都需要拿到一纸具有法律强制执行力的文书来修复由于一方公司人事变动所引起的商业信任危机。为此，调解员依据《中华人民共和国合同法》的规定进行调解，并对调解协议书的内容给出建议：不以投资标的额为协议书内容，而是在调解协议书之前，双方先签订一份和解协议书，调解协议以履行和解协议书内容为重点，并以不履行和解协议内容就支付高额违约金来督促被申请公司主动履行合同内容。

经调解，双方于当日签订人民调解协议书，自愿达成如下协议：1.自本协议书签订之日起 7 日内某保险股份有限公司履行与某投资管理有限公司签订的和解协议书内容；2.如某保险股份有限公司不履行，需支付某投资管理有限公司违约金 5000 万元整。

（周凤红）

【解除收养关系纠纷法律援助案】　殷大爷、周老太婚后育有一女。1989 年 3 月 17 日，殷大爷在自家门口捡到一名被遗弃男婴，将其收养，取名殷大望。但殷大望长大后不务正业、染上赌博恶习。为筹集赌资，殷大望经常偷拿父母的钱，又到处借钱。老夫妻俩经常苦口婆心教育大望且替他还部分赌债。但殷大望屡教不改。2013 年 10 月，殷大望离家出走，不知去向；2014 年年初，债主找到老两口门上催债。殷大爷、周老太于 2014 年 2 月 17 日诉至海淀区法院，要求解除与殷大望之间的收养关系。

海淀区法律援助中心指派律师为殷、周提供法律援助。3 月 25 日，海淀区法院开庭审理，殷大望未出庭。

经审理认为，本案收养关系发生于 1989 年，《中华人民共和国收养法》尚未实施。根据 1992 年最高人民法院《关于学习、宣传、贯彻执行〈中华人民共和国收养法〉的通知》的规定，两原告与被告之间的收养关系的认定应适用当时最高人民法院《关于贯彻执行民事政策法律若干问题的意见》之第28条规定："亲友、群众公认，或有关组织证明确以养父母与养子女关系长期共同生活的，虽未办理合法手续，也应按收养关系对待"。两原告与被告长期共同生活，该情况得到群众公认，依法应当认定两原告与被告形成收养关系。

两原告辛苦养育被告成年，被告非但未尽赡养义务，反而沉迷赌博、不知悔改，至两原告起诉时，被告被逼离家出走在外躲债。被告的行为，对两原告的生活造成了严重的影响，据此法院认定两原告与被告关系恶化，无法共同生活，依据《中华人民共和国收养法》第二十七条、最高人民法院《关于贯彻执行民事政策法律若干问题的意见》第28条、《中华人民共和国民事诉讼法》第一百四十四条之规定，法院做出缺席判决：解除原告殷某、周某与被告殷大望的收养关系。

（周凤红）

社会治安综合治理

【概况】 2014年，海淀区社会治安综合治理工作以争创全国文明城区为载体，以深化平安海淀建设为重点，落实综治领导责任制，推动平安海淀建设。在重要会议、重大活动和敏感时期，启动社会面等级防控和战时会商机制，每天组织发动18种群防群治力量17.5万余人次参与社会面防控，共启动社会面等级防控10次64天，确保全区社会面安全稳定。围绕影响群众安全感的突出问题，全面开展反恐防暴、严厉打击刑事犯罪、社区压发案、重点地区整治、校园及医院周边综合整治、平安建设宣传六项专项行动。

年内，区综治办完成的《新形势下海淀区社区治理方式创新研究》被评为首都综治工作重点调研课题一等奖。在全市群众安全感调查中，海淀区名列城六区第一名。

（刘鑫）

【"社区（村）安全月"创建活动】 3月，海淀区开展以提升群众安全感满意度为主题的"社区村安全月"创建活动。在72个社区（村）的重要部位、地下空间等点位安装646个监控探头，为457栋老旧小区楼房安装防爬刺。通过社区（村）的人物技防建设和社区（村）综治委、治保会、调委会、服务站建设，基本实现"社区（村）无刑事案件，无重大治安和安全生产事故，无影响政治稳定的案事件，无群体性事件，无上访事件，无邪教组织活动事件，群众治安满意率达95%以上"的目标。

（刘鑫）

【消除占压输油气管线重大安全隐患】 3月—7月，针对区内两处占压输油气管线形成的重大安全隐患，多次组织公安、属地四季青镇和占地企业进行实地踏勘、召开协调会和推进会，推进整治工作的落实。通过整治，清理占压面积110平方米，占压管线16米，并通过市液化石油气公司的验收，彻底消除存在10多年之久的重大安全隐患。

（刘鑫）

【清理国图门前无照游商】 6月—8月，针对国家图书馆周边大量维吾尔族无照游商扰乱市场经营秩序、导致社会治安案件多发的问题，区综治办协调公安、城管、属地紫竹院街道以及新疆和田、喀什驻京办事处进行联席会商。通过采取排查摸底、政策法律宣传、设置隔离桩和综合执法岗亭、增加安保人员等措施，21户维吾尔族无照游商全部清理干净，环境、治安秩序得到改善。

（刘鑫）

【成立全市首个未成年人案件审查中队】 7月1日，海淀公安分局预审大队组建未成年案件审查中队，成为全市首个专门审理未成年人案件的预审队伍。该中队与海淀法院的"少年法庭"、海淀检察院的"少年检察处"、海淀看守所的驻所"青少年司法社工站"构成公、检、法、司涉案涉诉未成年人司法保护"一条龙"服务的海淀模式。通过这种机制更好地保护未成年犯罪嫌疑人在司法实践中的合法权益，更大限度地使其接受矫治回归社会。

（刘鑫）

【城乡接合部人口倒挂重点地区专项整治】 7月—10月，区综治办统筹协调相关部门对11个市级挂账[①]的人口倒挂重点社区（村）、7个区级挂账城乡接合部重点地区[②]和15个重点关注地区[③]，分3个阶段开展8次大规模的集中专项清理整治行动。共出动专业和辅警力量10082人次，处罚违法出租房主139人，整改安全隐患145处，疏解流动人口0.7万余人。

（刘鑫）

【"铁路交通安全月"活动】 8月—9月，区综治办组织16个有铁路护路任务的街镇[④]开展"铁路交通安全月"活动，组织护路联防员、护路联防志愿者

---

① 双泉堡社区、肖家河社区、朱房社区、正白旗社区、一亩园社区、宝山社区、西冉村、西山村、圆明园东里、韩家川村、永丰屯社区。

② 半壁店第二社区、四王府社区、明光村社区、石佛寺社区、西钓社区、上庄村、清缘里社区。

③ 马北路1号院、东馨园社区、第一社区、第二社区、西北旺社区、水磨成府社区、福缘门社区、厢红旗安河、挂甲屯社区、四街社区、田村社区、屯佃村、西玉河村、冷泉村、八家村。

④ 羊坊店街道、八里庄街道、田村路街道、北下关街道、北太平庄街道、花园路街道、中关村街道、学院路街道、青龙桥街道、上地街道、清河街道、四季青镇、东升镇、西北旺镇、上庄镇、苏家坨镇。

制作铁路安全宣传展板、发放铁路安全宣传材料和宣传品，提高群众知路、爱路、护路意识。在北京北站周边的笑祖塔院、净土寺和半壁店等地区开展专项清理整治行动，重点治理破坏铁路线护网、私搭乱建、违法经营、人行穿越铁路等突出问题，维护铁路沿线公共安全。

（刘鑫）

【整治铁路安全隐患】 11月，针对铁路大台线锦绣大地批发市场附近沿线因私家车乱停逼停火车的乱象，区综治办协调北京铁路局北京西工务段、海淀交通支队、四季青镇和宝山村委召开安全隐患路段综合治理现场会，研究制定整治方案和推进措施。通过安设水泥隔离墩、加装视频监控、拆除违建临建、设置警示标志、加强安全宣传教育等措施，清除了各类安全隐患，确保了铁路运输安全。

（刘鑫）

【评选“最整洁楼道”】 11月—12月，区综治办联合区委宣传部、区文明办、区社会办开展海淀区“最整洁楼道”评选活动。评选活动采取资料评审和现场评审相结合的方式进行。经过评选，58个楼道楼门无杂物、无存放自行车、无小广告，消防器材完好、门禁系统完好的社区楼道当选“最整洁楼道”。

（刘鑫）

【整治高校校园周边快递扰序乱象】 年内，针对部分高校门前及周边自发形成的快递收发点造成的占用行人通道、影响交通秩序等问题，区综治办先后3次协调高校保卫部门和属地街镇进行会商，确定“大学引导为主，街镇外围清整，综治办组织协调”的整治思路。通过推广清华大学、北京科技大学在校内划定区域规范管理快递秩序的经验做法，加强快递高峰时段的看护力量，加大宣传教育力度，使全区30所公办大学、15所民办大学周边的“快递扰序”乱象得到有效治理，校园周边的环境秩序得到明显改善。

（刘鑫）

【46处挂账社会治安重点地区销账】 年内，依据首都社会治安重点地区认定标准和工作程序，区综治办统筹协调相关部门对全区5处市级挂账[①]、11处区级挂账[②]、30处街镇级挂账[③]的社会治安重点地区进行重点整治。通过召开专题会议、健全联席会商机制、领导包片机制、每月通报评价机制、督查督办机制等工作机制，46处三级挂账社会治安重点地区年底全部实现摘牌销账，地区的社会治安秩序有所好转。

（刘鑫）

【完成“创文”主责指标】 年内，区综治办围绕创建全国文明城区工作组织开展消防安全隐患整治、规范药店经营秩序、安全生产检查等专项整治，督导各成员单位落实下沉基层指导，及时解决群众反映强烈、影响群众生活的各类疑难问题。区综治办围绕全国文明城区创建主责的五项指标[④]，以破解楼道堆放杂物、校园周边治安和交通管理不到位、未审批小幼校园管理等创建难题为重点，建立领导包片、干部包点工作模式，强化对基层的督查指导。至年底，主责的5项创建指标达到创建要求。

（刘鑫）

【组建平安建设观察员维稳信息员队伍】 年内，为解决综治工作联系群众不够、发动群众不充分的问题，全区29个街镇组建1019人的平安建设千人观察员队伍和11089人的万人维稳信息员队伍。发挥观察员、信息员人头熟、地域熟的优势，广泛收集和了解群众对平安建设的真实感受、需求和意见建议，及时发现涉访涉诉、民族宗教、交通枢纽、腾退拆迁等领域的可疑人、可疑事、可疑物，最大限度地调动群众参与平安海淀建设的主动性。

（刘鑫）

【消减社区（村）三类[⑤]可防性案件】 年内，区综治办联合区公安分局，每月对社区（村）三类可防性案件的发案情况以《治安警情通报》的形式印发，每月组织属地综治、派出所等部门在发案高的属地街镇召开现场会，研究制定压发案措施。通过分时分区分级布控、强化警力投入等措施，对社区（村）三类可防性案件实现“严打、严控、一下降”。全区三类可防性案件发案数共2821件，比2013年的3287件下降14.2%。

（刘鑫）

---

① 北太平庄地区、上地地区、万寿寺地区、马连洼地区、中关村西区海龙大厦及科贸电子城周边地区。

② 羊坊店地区、空军总医院周边、大钟寺周边、曙光辖区、温泉地区西六环外环145—148公里处、首体家乐福周边、五道口城铁周边、五棵松及301医院周边、颐和园东宫门北宫门新建宫门周边、西苑挂甲屯地区、双泉堡地区。

③ 军博地铁站、金马大厦周边、紫金庄园社区及周边、人大东门、玉泉路超市发超市周边、晨月园社区、四道口路周边、阜成路北三街、厢红旗地区、武警总医院周边、超市发双榆树店、安河桥地铁4号线、定慧西里、西直门北大街-枫蓝国际周边、清河中街、清华大学东门、西二旗城铁站周边、上庄镇政府街、永泰庄地铁站周边、香山买卖街、中关园社区、万寿寺路、天下城市场周边、小关街、玉泉山路部分路段、宝盛里小区周边道路、太舟坞商业区、锦绣大地物流港、温阳路（西小营段）、冷泉村东路冷泉驾校周边。

④ 社会面、重点单位及社区物防、技防、人防、消防水平符合安全要求；社区警务室建设和治安辅助力量配备到位，并充分发挥作用；社区居委会普遍建立治保会、调委会等群防群治队伍，并充分发挥作用；群众安全感；校园周边治安和交通秩序。

⑤ 即：入室盗窃、入室抢劫、盗窃机动车。

流动人口和出租房屋管理

【概况】 2014年，海淀区流管办落实中央、国务院关于严格控制特大城市人口规模的总要求，根据区委区政府提出的城市管理“拆”“调”“建”“管”的总体部署，以人口规模调控为主线，以违法群租房治理专项行动为抓手，发挥统筹协调作用，推进全区流动人口和出租房屋管理工作。截至年底，全区共登记流动人口116.3万人，同比减少17.8万人。

（张丽丽）

【流动人口法制宣传月】 3月15日—4月15日，区法宣办、区司法局、区流管办等9家单位联合在全区开展以“法律伴我行，安居在海淀”为主题的流动人口法制宣传教育月活动。宣传月期间，编印《新居民安居首都法律常识100问》等与流动人口工作、生活密切相关的法律宣传资料，制作宣传品，通过多种途径发放到流动人口手中。制作流动人口普法宣传片及普法微电影光盘发放到各街镇和流动人口管理服务部门，利用户外屏幕、办事大厅电子显示屏幕、网络等宣传载体和平台进行循环播放，在海淀电视台黄金时段进行播放，并利用街道电影流动放映车和镇村电影放映厅在全区各社区、村进行放映宣传。

（张丽丽）

【“真爱家园，拒绝黑中介，远离群租房”宣传活动】 5月15日，区流管办组织开展“真爱家园，拒绝黑中介，远离群租房”集中宣传活动。在市级挂账的7个街道9个社区和区级挂账29个街镇的50个重点社区设立宣传站点，属地派出所、房管所、工商所等部门及社会组织、房地产中介公司和1.28万余名居民参加宣传活动，发放各类材料1.3万余份，摆放宣传板380余块，设立咨询台500余台，张贴宣传标语幅8万余张，悬挂宣传横幅130余条。

（张丽丽）

【召开违法群租房治理工作推进会】 8月13日，区流管办组织区综治办、区公安分局、区房管局、区工商分局主管领导以及29街镇主管领导、属地派出所所长召开全区违法群租房治理工作调度通报推进会。会议通报全区违法群租房治理工作进度，截至8月13日信息平台掌握的楼房数据：违法群租6539户，总隔断间数29087间，总租住人数55194人。已完成治理5055户，占全区违法群租房总户数77.3%；已拆除隔断间数17053间，占全区违法群租总隔断间数73.86%；减少租住人数38173人，占全区违法群租总居住人数69.16%。

（张丽丽）

【召开人口规模调控专题座谈会】 10月，为全面掌握本区人口调控工作进展情况，根据区领导指示要求，区实有人口办会同区发改委、统计局、公安分局等部门，4次组织召开19项重点任务牵头责任单位、建成区街道、城乡接合部镇街、北部四镇人口规模调控专题座谈会。会议针对重点任务进展情况、镇街调控目标完成情况、流动人口数据采集及流管员队伍管理、当前工作难点问题等事项进行研讨。其中拆违、群租房整治、西区业态调整等重点任务已完成预期任务量；其他重点任务多数已完成超过75%的预期工作量，正在按折子工程加紧推进。工作难点主要有协调联动不够、整治后反弹、拆迁腾退及市场关停维稳和诉讼风险、人口数据动态监测困难。

（张丽丽）

【人口规模调控】 年内，各街镇及区相关部门以“增强核心功能、调控人口规模”为中心，围绕着拆违打非、撤市场调业态、城中村整治和拆迁腾退、以房管人等5个方面19项重点措施任务各自落实责任，形成调控人口规模的合力。区实有人口办（流管办）会同区发改委制订下发《海淀区增强核心功能调控人口规模工作方案》。该方案以区域整体建设为出发点，明确细分人口规模调控工作19项重点任务，建立部门联动、属地负责、条块衔接、责任分工、目标考核的人口调控工作机制，协力推进人口规模调控工作。区实有人口办（流管办）建立相关责任单位调度协调机制，每月召开一次调度会。

3月13日，区实有人口办（流管办）会同区统计局、区公安分局等部门根据北京市下达给海淀区的人口调控目标，确定海淀区两年内疏解常住外来人口15.2万人的调控目标，并按照“与2015年全区人口规模控制目标相衔接、与三大功能区建设的进程相衔接、与地域特点和流动人口分布现状相衔接”的原则，将人口调控指标细化至相关职能部门。7月，向15个委办局和29个街镇下达“2014—2015年人口规模目标管理任务书”。

截至2014年年底，海淀区常住人口为337.8万人，其中户籍人口236.3万人，比2013年底235.3万增加约1万人；常住外来人口为101.5万人，比2013年底（114.7万人）减少13.2万人，下降11.6%。出租房屋13.5万户，比2013年底15.7万户，减少2.2万户，下降14.0%。

（张丽丽）

【群租房整治】 年内，区流管办根据市、区工作部署对全区违法群租房进行集中治理。此项工作于2013年8月开始，分前期准备、动员部署、调查摸底、全面治理、集中攻坚、验收巩固6个阶段进行。至2014年年底，实现“四个下降、四个提升、一个消除”[①]的目标。全区共发现违法群租房6869户，全部完成治理；总隔断间数24208间，全部拆除；总租住人数58902人，减少租住

[①] 违法违规出租房屋数量下降，出租房屋登记率提升；出租房屋安全隐患下降，社区宜居程度提升；出租房屋治安案件下降，群众安全感提升；租住人员总量下降，结构素质提升；彻底消除群众反映强烈的群租热点问题。

人数53568人，占群租房总租住人数的90.94%。市级挂账（7个街道9个社区）1098户，全部完成治理。涉及违法群租房工作的22个街镇治理率均达到100%，提前完成市里提出的9月底前治理率达到90%以上的目标。

（张丽丽）

【群租房治理新模式】 年内，在群租房治理工作中，个别街镇按照调查摸底、宣传动员、约谈业主、自行拆除、委托帮拆、联合强拆等工作步骤探索出一批新模式。西三旗街道做法是：实行常态化管理，防止群租房反弹。西三旗街道依托业主、物业、居委会等“一线”力量，联合房管、公安、消防等部门，实行“终端管理”治理群租房的新路子。海淀街道探索出“政策破冰，约谈攻心，合力执法，长效管理”的群租房治理新模式，并利用网络化社会管理新成果，以街道协调指挥为核心、以职能队所执法为依托、以社区网格具体住址实施为主体，上账、约谈、签订委托书、自拆或帮拆、核实留照、销账，流水作业，快速行动，完成辖区违法群租房治理工作。同时，依托网格，铲除反弹，探索“社区管人、物业管房、政府执法”的出租房屋管理模式，建立以社区自治为核心的长效管理机制。八里庄街道建立群租房整治“五个一”工作体系，即建立一个领导机构、设立一个现场工作组、组建一个执法保障队伍、建立一套信息反馈机制、采取一揽子措施手段，加强地区群租房整治工作的组织领导力度、工作推进力度、执法保障力度、信息掌控力度和整治实效，实现地区违法群租房的有效治理。

（张丽丽）

【流动人口服务管理宣传工作】 年内，区流管办与区新闻中心协作，在《海淀报》《北京商报》《首都综治研究》等报纸杂志上刊载人口规模调控和违法群租房治理信息10余篇，海淀电视台报道7次；制作漫画扑克等形式对房屋出租相关法规进行宣传；制作群租房治理专题汇报片《以群租房治理为突破口，打响破解“城市病”攻坚战——海淀区群租房治理工作纪实》。

（张丽丽）

【实有人口融合度调研】 年内，区流管办开展“实有人口融合度的调查研究”。根据调查对象及调研需求科学设计调查内容，协调团区委与曙光街道、四季青镇等9个街镇开展，共发放问卷2045份，调查对象涉及工作在不同领域的户籍人口和流动人口。向区教委、人口计生委等11个公共服务部门发放“公共服务与促进流动人口融合”的主题调研提纲。通过调研分析，梳理出影响流动人口融入的主要因素，提出进一步加强服务和管理的建议：一是实有人口融合尚停留于表层融合的初级阶段，对流动人口和本地人口均需加以引导；二是流动人口和本地人口对公共服务和社会管理的需求共性与差异并存，政府应重视在不同层面提高服务管理水平；三是实有人口融合应以人口资源环境的协调、可持续发展为前提，现阶段应从合理调控人口规模入手，提升实有人口融合度。

（张丽丽）

武装

2015
北京海淀年鉴

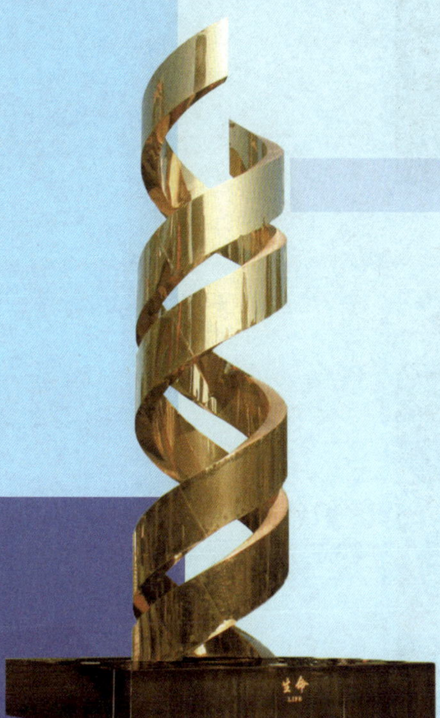

《 2月24日，区委副书记、区委政法委书记、副区长刘长利（前排中）带队检查全国“两会”消防安全（消防支队供图）

《 3月10日，航天城发生火灾，消防战士救出一名男童(消防支队供图)

《 9月3日，海淀新兵入伍欢送大会现场（田峰 摄)

9月10日，清河一小的学生到消防支队参观（田峰 摄）

10月1日，香山景区缆车因故障停运，消防支队营救46名被困群众（消防支队 供图）

武　装

人民武装

【概况】 2014年，中国人民解放军北京市海淀区人民武装部以改进作风为重点，以改革创新为动力，着眼“三个特别”[①]建设目标，按照上级决策部署和“目标引领、稳中求进”的工作思路，狠抓落实，完成各项工作任务，国防后备力量建设取得新的发展和进步。在重要活动和重要时段采取重点目标守护、重要地段巡逻、在岗应急备勤、参加维稳等形式，配合公安和武警部队维护社会治安，维护安定团结的政治局面。

（刘洋　张艺）

【民兵整组】 3月至5月，海淀区人武部按照上级统一部署完成调整精简任务，形成以应急队伍为骨干、支援队伍为支撑、储备队伍为补充的新型基干民兵力量体系。

（刘洋　张艺）

【兵员征集】 年内，区武装部调动青年大学生携笔从戎的积极性，完成征集任务，大学生新兵比例达到新兵总数的80%以上。总结宣传北京大学优秀毕业生程春晓应征的典型事迹，在《解放军报》、中央人民广播电台等新闻媒体做连续报道。

（刘洋　张艺）

【思想政治建设】 年内，海淀区人武部开展党的群众路线教育，在全体干部职工中开展“牢记强军目标、献身强军实践”主题教育，推进“海淀民兵忠于党”系统教育。修订完善“海淀民兵忠于党”系统教育教案，抓好兼职政治教员队伍和教育阵地建设，增强教育针对性，扩大覆盖面，强化民兵预备役人员听党指挥的政治自觉。紧贴“三个联合”[②]任务，修订完善政治工作预案，深化战斗精神培育，开展群众性心理战战法创新活动，拓展“三战”[③]实战能力建设和运用。推进两个《规定》[④]和北京市《关于加强民兵预备役政治工作的意见》的学习贯彻，定期组织检查考评，提升政治工作水平。

（刘洋　张艺）

【日常战备训练】 年内，区武装部在日常战备训练工作中加强应急方案预案体系建设，坚持在经济社会建设中考虑国防动员要求，在城市基础设施建设中落实战时防空要求，全区五环内防空警报系统覆盖率和鸣响率实现“双百”目标。探索新型编组模式和流动民兵预备役人员管理办法，规范高校、科研院所和非公企业编兵制度，逐步完善“市建大队、区县建连、街乡建排，村（社区）建班组”应急力量体系，推进应急分队制度化、规范化、实案化建设。开展基础性训练和使命课题演练，加强与现役部队、地方专业力量联演联训，开展基地化、网络化、模拟化训练探索，战斗力水平得到提升。党委机关两次参加北京卫戍区组织的训练考核，总评成绩良好，高炮分队民兵骨干训练考核成绩合格。

（刘洋　张艺）

【国防教育】 北京市海淀区人武部和市教委组织编写并出版发行《海淀区中小学国防教育实验教材》，这是唯一一套在国家新闻出版和广电总局审批报备的中小学国防教育应用实验教材，受到国家教育部、国家国防教育办公室和北京市相关职能部门的好评。该读本分为上、中、下三册，分别作为小学、初中、高中学生的辅助教材。内容主要涉及勿忘国耻、祖国疆土、军事思想、国防法规等，还包括对军训、军队以及应急救援知识的掌握。

（刘洋　张艺）

【双拥工作】 年内，区武装部探索军民融合深度发展的新路子，推进经济、科技、教育、人才等领域交流合作。开展“驻海淀、爱海淀、建海淀”教育实践活动，协调组织驻区部队和民兵预备役人员，在国防教育、维护社会治安、绿化美化环境、铲冰除雪、抢险救灾等任务中当先锋、打头阵，为地方经济社会建设做贡献。100多支部（分）队与地方单位结成共建对子，开展军营开放日、军训、少先队辅导员、义诊、便民服务、文艺辅导等爱民活动。为驻区部队服务，协调组织多次随军军属专场招聘会，为军属提供就业岗位。

（刘洋　张艺）

① 即：特别忠诚特别过硬特别稳定。

② 即：联合防空，联合防卫，联合防暴。

③ 舆论战、心理战、法律战。

④ 《民兵政治工作规定》和《中国人民解放军预备役部队政治工作规定》。

人民防空

【概况】　2014年，区民防局以“准军事化”建设为主线，以“争创全国一流民防”为目标，完成各项工作任务，被国家人防办评为“2014年度人民防空通讯报道先进单位”。

（吕晶）

【民防工作会议召开】　4月24日，海淀区召开全区民防工作会议。会议总结2013年度全区民防工作，部署2014年度6项重点工作：加强区预备指挥所建设，提升人防工程建设管理水平，加强地下空间的综合管理，大力开展民防进社会活动，抓好应急训练，强化各部门作风建设和勤政廉政工作。区民防局与区房地中心及各街道、镇共29个单位签订人防工程安全管理责任书。

（吕晶）

【参加“京盾—2014”人民防空袭演习】　9月20日，区民防局组织近500人参加北京市“京盾—2014”人民防空袭演习。演习以信息化条件下首都联合防空作战为背景，依托人防指挥信息系统进行研究性防空防灾综合演习。演习组织了指挥所开设、人防工程平战转换室内推演和人民群众防空袭疏散实兵演练三个科目。本次防空袭演习从筹备到演练历时9个月，先后组织2次指挥所内推演、3次战时人员紧急疏散实兵演练预演，修改完善方案和脚本20余次，协调区10多个部委办局参与演习，动用装备车辆60余台次，组织人员共计2000余人次。

（吕晶）

【推动“民防进社会”】　年内，区民防局将“民防进社会”作为挖掘和利用民防资源、融入百姓生活的重要抓手，制定《海淀区社区民防建设标准》《人防工程应急疏散路线、入口、区域标示悬挂规范》《社区民防应急疏散预案要点》《海淀区社区防空防灾教育培训内容》《海淀区社区民防工作站建设规范》等建设规范，编辑印发《社区民防工作站手册》和《社区居民防空防灾应急指南》等知识读本。完成汤泉逸墅社区的人防疏散标志悬挂；选定西木社区作为试点，建成北京市第一个社区民防工作站——西木社区民防站。

（吕晶）

【公共安全知识教育巡讲】　年内，区民防局邀请市民防局“平安生活讲师团”5名专家深入海淀区上地东里社区、北京金源燕莎时代有限公司等驻区企业和区属机关，组织公共安全知识教育巡讲3次。巡讲采取体验式培训、互动式讲座、流动式培训、模拟式演习以及基地体验等方式，对紧急救护、紧急救援、应急疏散、防空防灾等方面的知识进行讲授。

（吕晶）

【人防工程管理】　年内，投入1099万元，对全区公用人防工程进行维护和保养，工程完好率达到98%。普查全区人防工程设备设施，建立海淀区人防工程设备设施管理台账。推进人防工程的公益化进程，为社会建设并提供1000个人防停车位。开展人防工程“强基础、严整治、重实效”火灾防控专项行动、“安全生产月”、人口调控等专项整治活动，关停非法使用工程45处，减少租住人员7014人。对存在电线老化、消防设施缺损、通道堵塞等安全隐患工程进行综合整治。入汛前完善《海淀区民防局人防工程防汛应急预案》，及时增配防汛物资，参与市、区两级防汛应急联合演练，进行道路积水和人防工事进水抢险作业，完成险情排除和组织指挥等具体科目，提高险情处置能力、汛期保障能力和各部门的联动能力；汛期实行值班领导24小时带班制，应急抢险队时刻待命。全年全区人防工程未发生一起安全责任事故。

（吕晶）

【人防工程行政审批】　年内，区民防局行政审批窗口共受理人防工程建设申请53件，规划人防工程20处；批准人防工程易地建设7项，受理人防工程建设初步设计条件审查18处，批准人防工程免建申请1项；人防工程备忘录审查1项；竣工备案22项，验收新建人防工程59处，接收公用人防工程31处。全年受理人防工程规划咨询服务120多人次，服务评价发起率和企业满意率均为100%。

（吕晶）

【民防知识宣传教育】　年内，区民防局形成主题宣传、阵地宣传、媒体宣传、网站建设“四位一体”的宣教工作体系，组织全区民防干部观看民防公益话剧《守望》；在海淀电视台播放人防系列电影科教片《居安思危　备战人防》；编印《防空防灾知识手册》；创刊《海淀民防工作动态》，共计出刊12期。开展“国际民防日”“5•12防灾减灾日”宣传周、“安全生产月”的社会宣传活动。海淀区人民防空展馆等宣教基地接待17批次、共计600多人次学习考察交流和现场教学培训。在《中国人民防空》《北京民防》《海淀报》等报纸杂志和新闻媒体发表民防信息21篇。

（吕晶）

消　防

【概况】　海淀区公安消防支队又称“中国人民武装警察部队北京市海淀区消防支队”，接受北京市公安局消防局和海淀区公安分局的双重领导。主要担负海淀区辖区消防行政审批、消防监督检查、灭火救援和反恐处突等职能任务。海淀区防火安全委员会办公室设在支队。2014年，区消防支队以重大安保维稳工作为主线，以基础信息化、警务实战化、执法规范化、队伍正规化建设为目标，坚决预防和遏制重特大火灾事故。海淀区消防支队下属清河、颐和园、采石路（特勤中队）、双榆树、香山、航天城、五棵松、西二旗、首体南路、向阳、凤凰岭、杨庄（供水中队）、四季青、八家、北安河15个中队。

2014年，全年共接处警4632起，其中火警2325起、抢险救援2307起，出动车辆11416车次、官兵79912人次，疏散被困人员2026人，挽回经济损失3100万元。2014年全区实际发生火灾572起，同比增加91起，增长18.9%。死亡8人，其中1起涉嫌纵火，死亡2人。无生产经营性亡人火灾，不计入火灾亡人控制指标，亡人数同比减少1人；受伤5人，同比减少2人。直接财产损失334.68万元，同比减少65.25万元。挽回经济损失3100余万元，抢救疏散群众2026人。共检查单位11884家，督促整改火灾隐患或违法行为16471处，下发责令改正通知书7184份，下发临时查封决定书155份，责令三停单位[1]93家，罚款531.1万元，拘留100人。

（苏卿臣　尚艺璇）

【地下空间消防安全检查】　1月8日，消防支队联合全区公安派出所开展地下空间消防安全检查。检查出租住人的地下空间消防安全管理制度、消防疏散通道、居住人员房间使用电器情况、消防设备设施性能情况、日常用火用电管理等，并查看部分出租房用火用电是否规范，随机抽查居住人员消防安全知识掌握和消防器材使用情况。要求属地派出所和地下空间物业管理公司加强日常消防安全管理，及时发现和消除各类消防安全隐患。

（苏卿臣　尚艺璇）

【“110宣传日”活动】　1月10日，海淀区在世纪金源购物中心举办“110宣传日”主会场活动。消防支队联合各地区派出所开展消防安全常识进万家活动，普及消防安全常识。共发放宣传材料1万余份，举办消防宣传活动10余场，解答居民咨询问题20余个，受教育群众达到1.5万余人。

（苏卿臣　尚艺璇）

【消防志愿服务平台获年度最佳实践奖】　1月，消防支队公益消防协理志愿服务智慧云平台获全国年度“云计算”最佳实践奖。2013年11月9日，北京市海淀区公益消防协理志愿服务平台正式上线运行。群众可通过安卓市场、百度手机助手等移动应用分发渠道，下载手机移动应用“公益消防行动”，随时随地举报身边的火灾隐患。

（苏卿臣　尚艺璇）

【重点地区消防安全隐患整治工作部署会】　3月24日，海淀区组织召开重点地区消防安全隐患整治工作部署会。共计200余人参加。会议部署自即日起至8月底，重点地区消防安全隐患整治工作，消防支队做表态发言。

（苏卿臣　尚艺璇）

【开展跨区域地震救援拉动演练】　4月18日，消防支队轻、重型地震救援搜救队在八家村开展地震应急救援拉动演练，演练以响应集结、指挥调度、现场通信、徒步奔袭、后勤保障为主要内容。此次演练共调集采石路、西二旗、向阳、航天城、八家5个中队，80余名官兵，开展长途奔袭、营地搭建、狭小空间救助等科目演练，检验部队跨区域地震救援准备工作。

（苏卿臣　尚艺璇）

【火灾隐患整治专项行动第三阶段启动】　7月21日，北京市火灾隐患集中排查整治专项行动第三阶段启动仪式在五棵松体育馆南广场举行，启动多警种“大兵团”作战和“地毯式”排查整治行动。海淀区相关委办局、街镇及社会群防群治力量共计1000余人参加启动仪式。此次排查整治火灾隐患行动以零容忍、零懈怠的态度对火灾隐患进行大兵团、地毯式围剿，以各单位自行组织、消防局组织力量配合的方式进行。市消防机关、培训基地集训的学员和训管干部共同组成230人的支援力量，分赴海淀、丰台、石景山3个消防支队支援集中排查行动。

（苏卿臣　尚艺璇）

【举行处置突发事件消防应急演习】　9月24日，消防支队、市地方海事局、颐和园派出所联合颐和园公园在八方亭地区、昆明湖水域举行八方亭消防、水上防暴、水上救生、弃船及水上消防预案演练。共出动消防战士、民警及公园职工150余名，动用消防车2辆，大型游船3艘，非自航船5艘，海事执法船1艘，公安专用艇、消防艇、救生艇共计13艘，配备对讲机30台、喊话器4个、警戒线4盘、疏导牌示8面、担架2副、信号弹2枚、防暴毯1块、救生衣100余件，灭火器20具、消防泵4台、消火栓2座、消防水枪10支。

（苏卿臣　尚艺璇）

【夜查娱乐场所消防安全】　12月15日，区消防支队联合区公安分局等部门开展以KTV、网吧等公共娱乐场所为重点的集中夜查行动。组成16个检查组，共出动警力167人次。共检查各类场所60余家，发现火灾隐患和消防安全违法行为271处，临时查封三停单位3家，罚款7万余元。

（苏卿臣　尚艺璇）

【消防安全“零点夜查”行动】　12月

[1] 停止施工、停止使用或者停产停业。

31日晚，区政府办、安监局、综治办、公安分局、消防支队联合开展消防安全“零点夜查”行动，重点检查宾馆，饭店，商市场及大型超市，影剧院、礼堂、歌舞厅、酒吧、电子游艺等娱乐场所及休闲场所。海淀支队派出30个检查组，共出动警力80人，海淀公安分局出动检查组5个，出动警力30人，检查节庆活动场所2个、宾馆饭店25家、商市场18家,其他人员密集场所50余家。发现消防安全隐患335处,整改隐患211处，临时查封3家，依法拟行政处罚9万元，三停3家。

（苏卿臣　尚艺璇）

案例选辑

【韩家川村绿都市场火灾】 5月24日19时24分，市“119”指挥中心接到报警，位于海淀区韩家川绿都市场发生火情，“119”指挥中心迅速调集海淀消防支队全勤指挥部、颐和园、西二旗、航天城、向阳、杨庄、采石路、北安河中队及昌平消防支队北七家、回龙观、沙河中队，消防总队后勤部战勤保障大队共11个队，47部车，329名消防官兵赶赴现场进行处置。经现场核实，起火单位位于西北旺韩家川路1号北京东方绿都综合市场有限公司,该市场共有A、B、C、F、G厅和百货厅、副食厅7个厅，总建筑面积约3万平方米。产权为西北旺镇韩家川集体所有。起火地点为该市场的百货厅，百货厅为地上一层，砖混结构，建筑面积1500平方米。经调取监控录像，并现场走访及询问相关人员，起火部位位于百货厅东侧粮油区由北向南数第三家商铺内，燃烧物为百货厅内的调料、衣服等日常用品，过火面积约1100平方米，无人员伤亡，火灾于21时25分被扑灭。

（苏卿臣　尚艺璇）

中关村
国家自主创新示范区核心区

2015
北京海淀年鉴

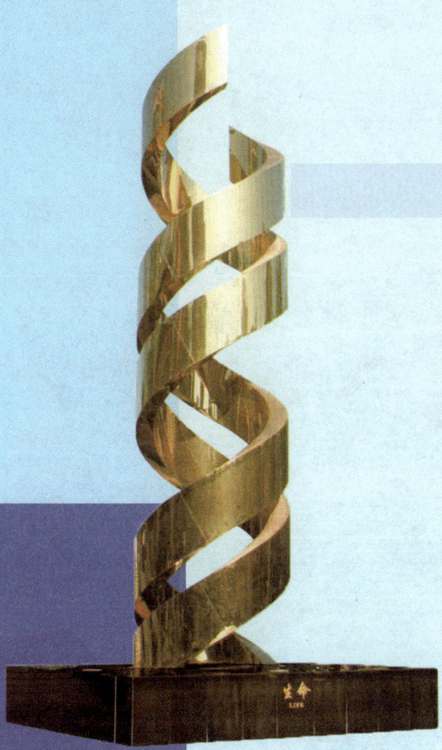

4月18日，中关村翠湖、永丰产业园重大项目开工开业仪式在中关村环保园举行（李瑞林 摄）

10月16日，“生态城市、智慧生活”北部生态科技新区新技术新产品项目推介会在永丰产业基地举行（田峰 摄)

⌃10月30日，海淀北部指挥平台与搜狐焦点产业新区共同主办题为“海淀北部新区如何打造创新中心”的沙龙活动（区北部办 屈连春摄）

⌃12月16日，北京理工大学与海淀区人民政府战略合作框架协议签约仪式在国际教育交流中心举行（李瑞林 摄）

建设中的翠湖科技园云中心（李瑞林 摄）

益园文化创意产业园（四季青镇 供图）

院士专家工作站进站院士指导企业研发工作（区委组织部 供图）

中关村创业大街的车库咖啡（田峰 摄）

中关村国家自主创新示范区核心区

综　述

【概况】 2014年，中关村科技园区海淀园（简称海淀园）全面实施创新驱动发展战略，加快体制机制改革创新，完善政策服务支持体系，全面提升协同创新和区域融合发展水平，构建"高精尖"产业结构，打造具有国际影响力的科技创新中心。3月，根据市编办《关于同意中关村科技园区海淀园管理委员会加挂中关村国家自主创新示范区核心区管理委员会牌子的函》批复，中关村科技园区海淀园管理委员会加挂中关村国家自主创新示范区核心区管理委员会牌子，简称"核心区管委会"。2014年，园区全年实现总收入1.44万亿元，同比增长15%，占中关村示范区的40%。海淀区规模以上工业企业总产值2020多亿元，同比增长27.6%。

（刘伟杰）

【"1+4+1"政策体系出台】 6月27日，海淀区创新创业和产业发展政策——"1+4+1"政策体系出台。"1+4+1"政策体系包括1个意见、4个支持办法和1个评价实施细则，即《关于进一步加快核心区自主创新和战略性新兴产业发展的意见》《海淀区优化创新生态环境支持办法》《海淀区激发科技创业活力支持办法》《海淀区提升企业核心竞争力支持办法》《海淀区促进重点产业发展支持办法》和《海淀区技术创新项目市场化评价实施细则（试行）》。"1+4+1"政策体系是对2012年实施的"1+10"政策体系的调整和完善，主要集中在支持方式、支持对象和支持领域三方面。在支持方式上提高注重绩效的"事后补贴"专项比重，实现支持方式"效果化"转变；在支持对象上实现"普惠制"转变，突出对各类创新平台的支持，弱化对单个项目、单个企业或机构的散点式支持；在支持领域方面，突出对高校院所创新效能释放、重点产业发展、军民融合创新发展等的支持。

（钟冷）

【推动区域协同创新】 年内，海淀区加强院地、校地、军地合作，搭建完成中关村核心区协同创新服务平台、技术转移与知识产权服务平台、创新创业服务平台三大创新服务平台，并正式上线运行；与市科委、中关村管委会、北航等共建"北京先进产业技术研究院"与"增材制造创新中心"；联合市科委推动北京大学建立北京协同创新研究院，研究院下建成仿真与设计、智能机器人、先进制造、智能电网等9个协同创新中心，涵盖9所高校和20多家企业，在孵重大科技成果50余项；与中国科学院北京分院签约共建中科海淀先进技术转移转化中心，促成落地北京重大科研成果9项，投资额2.6亿元，促成中关村核心区重要合作项目9项，成交额1.1亿元。推动清华大学、北京大学在海淀区北部建立产业化基地；累计设立各类科转母基金、参股基金20余只，政府出资6.8亿元，带动社会投资72.6亿元，孵化、转化一批具有可观市场前景的高精尖项目；加快推进国际技术转移聚集区建设，吸引120家国内外知名技术转移机构入驻中国国际技术转移中心。

（刘伟杰）

【实施创业光合工程】 年内，海淀园实施创业光合工程，支持亚杰商会、36氪等一批新兴产业孵化器建设。与清控科创等合作推动跨境孵化服务，增强企业海外孵化能力，成功吸引18家创业项目及2家协会组织入驻科创硅谷孵化器。新认定36家机构为集中办公区，累计认定集中办公区47家，吸引入驻创新型企业2000余家；实施创业火炬工程12个团队获得支持，金额共计780万元；举办创启未来环保创业大赛、启迪之星、中关村天使投资人大会、互联网大会等各类创业大赛及行业分享活动，宣传海淀创新创业文化。创启未来创业大赛共征集项目228个，其中已落地海淀项目28个。

（刘伟杰）

【中关村创新中心区建设】 年内，中关村创新中心区（CID）吸引赛尔网络、小米等一大批知名企业落户，初步形成以移动互联网与下一代互联网、云计算、新材料新能源、节能环保产业、生物与医疗器械等高精尖产业为核心的战略新兴产业集聚发展的态势。实现落地项目7个，意向落户项目87个，总需求面积739万平方米。CID区域中关村软件园、翠湖科技园、永丰基地三大园区入驻企业约700家，总收入超1800亿元。

（刘伟杰）

【"一城三街"建设[①]】 年内，中关村创业大街开街，累计腾退面积达2.3万平方米，签约机构21家，机构合作的天使投资人和投资机构超过2000个，创业团队总数达400个，123个团队获得融资，平均融资额500万元。以中关村知识产权大厦、国际技术转移中心、致真大厦为基点，挖掘空间载体5万平方米，集聚各类知识产权服务机构100余家。以北京知识产权法院落户核心区为契机，完善知识产权运用、保护、商用化新环境。设立首支中国知识产权运营基金——睿创专利运营基金，首期募集1亿元；编制中关村软件城发展建设规划方案，加快推进软件城（大上地地区）区域重点项目建设和产业发展，新增产业空间25.3万平方米。

（刘伟杰）

【跨区域合作】 年内，海淀园与河北省秦皇岛县、江苏省溧阳市、山东省齐河市、内蒙古赤峰市签署园区合作共建协议，与各园区实质性推动试点园区建设，探索产业有序转移和利益共享模式。海淀园秦皇岛分园开园，实现落地项目1个，与6家企业签订合作协议；推动山东齐河科技城正式启动；推动江苏溧阳分园开园，与5家企业签订合作协议并开展干部交流等工作；推动内蒙古赤峰分园开园，在云计算、砂产业等领域与多家企业合作洽谈。初步形成核心区创新能量对外辐射和对内回收的双向对流格局，在推进产业结构调整、跨区域合作发展、京津冀协同发展方面探索出一条新路。

（刘伟杰）

【60个重点项目落地】 年内，完成中国铁塔、中民新能源、天骄航空投资等60个重点企业和项目落户；协助中国人民银行中关村自主创新示范区中心支行、市知识产权法院选址落地；鼓励腾讯、百度、小米等优质存量企业新增业务在区内投资，持续快速发展；引入浪潮全球研发中心、紫光展锐、市集成电路设计子基金等一批优质产业项目落地；完成北林大、北航、北理工等一批中关村科学城项目招商工作。完成2014—2015年海淀区重点企业推荐工作，共遴选546家企业入选重点企业名单。

（刘伟杰）

【智慧海淀建设】 年内，海淀区完成全国第一家政务云平台建设，13个系统正式上线运行。推进政务光纤专网与政务外网基础设施提升建设。扩大My-haidian公益性Wi-Fi的覆盖，在上地、重点科技园等创业创新区域新增30余个区域无线网络覆盖，公益无线网络接入点达到2000余个；推动政务服务类信息化系统建设。综合行政服务中心信息化系统一期通过竣工验收，完成系统二期初步设计方案和追加内容的方案编制工作。

（刘伟杰）

园区服务与管理

【清华创源孵化器被评为美国硅谷孵化器24强】 1月，美国硅谷评选出美国硅谷地区最强24家创业孵化器。清华科技园创源孵化器作为唯一一家致力于培育中美初创企业的创业孵化器登上榜单。清华科技园创源孵化器是美国硅谷第一家中美高科技孵化器及科技产业加速器，由清华科技园、瑞安集团、北极光创投和硅谷银行于2012年1月8日在硅谷联合创建。创源投资16家创业公司，投资总额约为200万美元，其中80%为美国创业公司。

（刘伟杰）

【“启迪之星创业营”计划启动】 2月27日，由清华科技园主办的第一期“启迪之星创业营”计划正式启动。“启迪之星创业营”作为面向全球创业者发起的大型公益性创业培训与天使投资计划，分为北京、苏州、上海、西安、广州、硅谷、南京等7个赛区，在清华科技园20周年庆典大会上将正式发布2014年“启迪之星”企业。通过“创业培训+孵化服务+开放平台+天使投资”等方式，培养科技创业领军人才，发掘推动科技创新创业项目，培育“世界级企业”。参加创业营的项目或企业，将免费获得创业集训、6个月集中孵化服务，百次培训机会，百亿资金关注。依托清华科技园全球科技园区网络以及超500万平方米孵化空间支撑，创业者入驻清华科技园即可实现一站式全球布局。

（刘伟杰）

【14家孵化器纳入国家级孵化器管理系统】 2月，科技部火炬中心同意将创新工场等17家中关村示范区创新型孵化器纳入国家科技企业孵化器的管理体系及相关科技计划项目的支持范围。海淀区有14家机构入围，即：创新工场（北京创新方舟科技有限公司）、车库咖啡（北京创业之路咖啡有限公司）、AAMA亚杰商会（北京亚杰商会咨询有限公司）、3W咖啡（北京三大不六文化传播有限公司）、《创业家》杂志社（北京创业未来传媒技术有限公司）、创业邦［爱奇清科（北京）信息科技有限公司］、联想之星（北京联想之星创业投资有限公司）、云计算产业孵化器（北京云基地云计算科技发展有限公司）、36氪（北京协力筑成传媒科技有限公司）、微软云加速器［微软（中国）有限公司］、中关村数字设计中心（北京中关村国际数字设计中心）、厚德创新谷（北京厚德科创科技孵化器有限公司）、创客空间（北京创客空间科技有限公司）、天使汇（北京益新速创科技发展有限公司）。

（刘伟杰）

【移动互联网创业者基地成立】 3月21日，由上地科创孵化器主办的“移动互联网创业者基地”的揭牌仪式举行。

[1] 即“中关村软件城”“知识产权与标准化一条街”“创新创业孵化一条街”“科技金融一条街”。

移动互联网创业者基地可为移动互联网创业者提供包括代理注册、代理记账、商务服务、投资融资等服务，并提供“四免一减”扶持政策，包括免费办公、住宿、推广和减免注册等具体项目。通过移动互联网创业者基地提供的“技术+服务”孵化双模式，可以让每一位移动互联网创业者施展自己的创意，带动国内移动互联网产业的发展。

（刘伟杰）

【中关村海淀园创业服务中心获国家级奖项】 3月22日，2014年中国技术创业协会年会、科技创业贡献奖颁奖暨科技项目投融资对接会在北京举行。中关村海淀园创业服务中心荣获国家级“科技创业服务社会机构奖”。海淀园创业服务中心拥有孵化面积8万平方米，形成1个创业中心，留学人员海淀创业园、留学人员海淀发展园、中关村生物医药园3个园区，一个留学人员子女教育基地；建立商务服务平台、人才服务平台、管理咨询平台、投融资平台和专业技术服务平台。创业服务中心创办的留学生创业园从1997年成立以来，累计孵化800多家企业，其中留学生创业700多家，已经培育10家上市公司。

（刘伟杰）

【“37健康”获千万元天使投资】 3月27日，尚奇浩康（北京）科技有限公司的慢性病管理健康服务平台，即“37健康”获千万级天使投资发布会在中关村厚德创新谷召开。本轮融资由秉鸿资本领投，英诺天使基金作为种子期投资人跟投，北软天使基金、五岳资本、中国青年天使会成员天使投资人赵志平参投，共获得1000万人民币投资。“37健康”是厚德创新谷“扬帆计划”的第一个入选项目。厚德创新谷以“服务换股权”的方式参与对其第一轮的种子投资，在37健康团队公司注册和运营、商业模式优化、路演辅导、融资对接辅导等方面给予服务支持，配备一对一创业导师进行辅导，安排次参加创业路演、创业类电视节目录制、创业大赛、媒体采访等一系列活动，使其创始人和团队在短时间内得以快速成长和提升。

（刘伟杰）

【北京市首家软件企业创业孵化基地创立】 4月2日，北京市经济和信息化委员会和中关村科技园区海淀园管委会在同方科技园联合举办“北京市软件企业创业孵化基地”暨“海淀区初创期科技型企业集中办公区”启动仪式。北京市首家软件企业创业孵化基地定位于下一代互联网及其产业集群中关键技术及应用项目的孵化，将为入孵企业提供包括1亿元专项发展基金、项目申报绿色通道、房租优惠等一系列政策，让企业在创业初期有效地降低创业成本，并获得快速成长及发展支持。基地建设将围绕建设“具有全球影响力的科技创新中心”这一战略蓝图，促进海淀区形成以软件与信息服务业为主导的专业性国际化地区、世界城市北京的产城融合示范区、科技创新、人文和谐的宜居宜业生态之区，提升核心区创新能力。

（刘伟杰）

【5人入选“科技北京百名领军人才培养工程”】 4月，北京市科委网站公布2014年“科技北京百名领军人才培养工程”入选人员名单，共有28人入选。核心区企业共有5人入选，占北京市企业入选者的35.7%，占全部入选者的17.9%。“科技北京百名领军人才培养工程”是《首都中长期人才发展规划纲要（2010–2020年）》确定的重点人才工程，是实施科技人才战略的重要内容之一。自2011年起连续评选4年，累计118人入选，其中核心区企业人才31人（15人为“海英人才”），占全部入选人数的26.3%。

（刘伟杰）

【海淀园秦皇岛分园开园】 5月11日，中关村海淀园秦皇岛分园开园暨项目签约仪式在秦皇岛市经济技术开发区举行。合作双方建立区域性联合推动机制，以科技创新、产业化项目合作为重点，集中资源引进优势产业、战略新兴产业和现代服务业项目。双方在秦皇岛分园的发展方向选择、规划制定、资金投入、开发建设、招商引资、运营管理等方面进行合作。来自中关村的千方科技、碧水源、闪联信息技术工程中心、清控科创、漫游世纪5家公司和北京服务外包企业协会入驻秦皇岛分园。

（刘伟杰）

【“中关村创业大街”开街】 6月12日，“中关村创业大街开街暨首届中关村创业大街创业季”启动仪式举行。中关村创业大街位于中关村西区，前身是海淀图书城步行街，长约200米。按照核心区打造“一城三街”的发展构想，从梳理空间资源、加快业态调整升级入手，采取“政府引导、市场化运作”模式，汇聚10余家创业服务机构，为科技型创业者、初创团队提供政策支持、知识产权管理、培训机构、投资机构等专业化创业服务。

（刘伟杰）

【签署小微企业综合金融服务协议】 6月12日，海淀园管委会与北京银行中关村分行签署“小微企业综合金融服务协议”。根据协议，双方将在持续专属金融服务、小微创业企业融资推荐机制、中小企业信用体系试验区建设、科技载体集成服务能力提升等方面开展深度合作。北京银行将重点针对科技型中小微企业创业、成长、成熟、腾飞四个不同发展阶段，以创业贷、信用贷、智权贷、股权质押等拳头产品为核心，将结算业务、国际业务、投行业务有效衔接，为科技型企业提供差异化综合性金融服务。

（刘伟杰）

【国内首个公益“天使投资人”培训项目落地】 6月，国内首个公益性质的“天使投资人”培训项目“天使成长营”在中关村开营。“天使成长营”由中关村天使投资协会联合青年天使会、天使投资百人会、联想之星、亚杰商会、创新工场等多家知名机构和组织共同发起，旨在以公益的方式打造高品质的天使投资培训产品。

（刘伟杰）

【中国移动互联网青年创新创业孵化基地揭牌】 8月15日，北京首个中国移动互联网青年创新创业孵化基地在海淀创业园创客总部揭牌。基地以公益性、专业性为主要特征，致力于成为开展培训认证、赛事活动、就业实践、精品运营、风投撮合等一站式服务的就业创业帮扶平台。中国移动互联网青年创新创业孵化基地是该项目在北京实施的首个、全国第二个旗舰示范基地，将为创客总部的开发者提供移动应用创新大赛平台以及百度、“360”、联想等数十家大型互联网公司组成的首发联盟分级测试和推广渠道、风投撮合会，另有MM[①]大讲堂、梦想巡讲团、在线培训学院等高效、落地的服务和中国移动开发者俱乐部线下深度交流平台。

（刘伟杰）

【核心区创新创业服务平台启动】 9月19日，中关村核心区创新创业服务平台启动暨2014年集中办公区授牌仪式在展示中心举行。平台主要由五大系统构成：面向企业、人才在线提供各类创新创业活动所需的服务的创新创业在线服务系统；面向区内各类服务机构提供标准化管理支撑的服务机构运行管理系统；面向园区领导及工作人员提供管理与决策支撑创业服务管理与决策支持系统；以及服务效能评价指标体系和手机端服务APP。认定34家创新创业服务机构作为第二批集中办公区，总面积46863平方米，可为约500家小微企业提供办公空间及各项创业服务。作为海淀区改善创业环境、支持中小微企业发展的重要载体，集中办公区将为创业企业在工商、税务、创业咨询、投融资等方面提供服务。

（刘伟杰）

【中关村协同创新平台启动】 9月24日，中关村协同创新服务平台启动暨政策发布仪式在展示中心举行。平台网站创驿网正式上线，首批13家创新驿站获得授牌，近50位专家受聘创新导师。同步发布平台相关支持政策。中关村协同创新服务平台包括线上线下一站式平台，基础服务资源、公共服务支撑和产业技术服务等三大服务支撑体系，公共服务、产业技术服务、成果转化服务、创新引导服务和科技政策支持五大服务功能。平台按照市场化方式推动研发服务资源整合，政府以研发服务补贴方式支持企业与高校院所展开合作；平台按开放原则不断整合高校院所技术创新资源、专家人才资源为企业技术创新提供服务，服务范围由核心区扩展到整个中关村、京津冀地区乃至全国企业；平台按产业技术领域搭建研发创新服务链条，围绕产业链部署创新链，成为在全国具有一定影响力的协同创新服务平台。

（刘伟杰）

【举办“创业马拉松”赛】 10月18日，“2014 第二届创业马拉松暨运动主题”大会在中关村创业大街举行，来自全国的300多名创业者、创业服务机构和投资人参与活动。本次“创业马拉松”赛由中关村创业大街和6628创友会主办，活动当天在Binggo咖啡、飞马旅、黑马会、3W咖啡、车库咖啡、亚杰汇等6家机构分别举行启动仪式、运动分享主题演讲、创业戈壁行分享、6628运动生活分享、“北马”赛前辅导、马拉松技术交流会、创业运动主题交流会等活动。

（刘伟杰）

【海淀园齐河科技城揭牌】 10月27日，中关村海淀园齐河科技城举行揭牌仪式。中关村海淀园齐河科技城由山东齐裕投资发展有限公司投资45亿元兴建，定位于发展电子商务、研发设计等五大产业，创建投融资公共服务平台、电子商务公共技术服务平台等六大平台，建立以创新驱动为主、吸引新兴产业集聚的发展格局。1.5万平方米的综合楼已完成主体建设，部分投入使用。漫游世纪（北京）科技孵化器有限公司与海淀园齐河科技城达成初步合作协议。两地政府搭建合作平台，就分园建设、联合招商、干部挂职、建立联席会议和合作交流制度等达成共识。

（刘伟杰）

【4家孵化器成为国家级科技企业孵化器】 12月10日，国家科技部火炬中心认定全国104家单位为国家级科技企业孵化器。海淀区北京厚德科创科技孵化器有限公司、北京交大科技孵化器有限公司、北京人大文化科技企业孵化器有限公司、北京东升科技企业加速器有限公司4家孵化器通过2014年度国家级科技企业孵化器认定，升级成为国家级科技企业孵化器。海淀累计有17家国家级孵化器，15家参照国家级孵化器管理的孵化器。

（刘伟杰）

【海淀园赤峰分园揭牌】 12月17日，中关村海淀园赤峰分园揭牌仪式在赤峰市经济开发区红山园区管委会举行。赤峰分园依托赤峰东部产业带，以红山园区作为核心园区，涵盖12个旗县区。红山园区规划2000亩土地作为中关村海淀园赤峰分园的发展用地，中关村海淀园在元宝山区、巴林左旗的科技孵化器已经落地运行。赤峰分园将在有色金属加工、电子信息、生物制药、装备制造、新材料、新能源和节能环保、绿色农畜产品供销、企业孵化器等产业方面与海淀园开展深度合作，接受中关村海淀园的带动和辐射。

（刘伟杰）

【开启国内首个虚拟现实孵化器】 12月22日，中关村虚拟现实空间暨Strong VR启动仪式在北京上地信息产业基地实创创新孵化中心举行。虚拟空间将每周3邀请开发者、行业内专家及高校社团参与虚拟现实体验展。将走进园区、服务园区，普及虚拟现实技术在科教领域的应用。虚拟现实技术是指通过计算机模拟三维空间，营造出一个接近真实的虚拟世界，借助头盔、眼镜耳机等设备进行显示和交互。

（刘伟杰）

【天使汇成中国最大的天使投资平台】 截至12月底，天使汇已为近300个创业项目完成融资，融资总额超过10亿元人民币。平台上注册的创业者超过8万人，登记创业项目近3万个，认证投资人有2000多人，全国各地合作孵化器超过200家，成为国内最大的天使投资平台。在天使汇平台注册的创业项目主要集中在互联网及移动互联网领域，

① 指中国移动建立的“Mobile Market”平台。

涵盖社交网络、企业服务、游戏、电商、O2O、教育、健康等门类。平台上已获得融资的项目融资额度多集中在100万元—500万元人民币。天使汇已打造SpeedDating闪投、100X Accelerator壹百倍加速器、天使汇大屏幕三大明星品牌服务于创业者和投资人。

（刘伟杰）

专业园区建设

【概况】 2014年，海淀园推进以大学科技园、专精特新产业园建设为载体的产业聚集，通过搭建公共服务平台，成立协同创新研究中心，推进校地协同创新和科技成果就地转化。

（孙树昆）

【北京实创高科技发展有限责任公司】 2014年，公司资产总额为194.37亿元，净资产15.81亿元，其中归属母公司净资产15.57亿元；实现总收入7.51亿元，实现利润总额1.11亿元，净利润6842万元，上缴税金8057万元。控股参股公司25家，企业员工1500人。协调街镇和相关单位编制完成2015年大上地项目开发建设计划。

（孙燕艳）

【永丰基地新园】 永丰基地新园位于西北旺镇，规划总用地面积约501.85公顷，规划总建筑面积372.13万平方米。年内实现北部新增资源C地块率先收储，020、044、058三宗地块实现供地；B地块改由城市学院独立选址开发；项目建设完成大牛坊等五个村征地协议的签订工作。政府投资项目永丰北环路、永丰西滨河路、辛店东路三条城市次干路达到使用条件，大牛坊中街、唐家岭路、永丰东环路、皇后店中街前期手续办理取得进展。C4、C5公租房项目实现开工，成为北京市绿色居住区示范项目和住宅产业化试点工程。全年实现融资51亿元，还款8亿元。

（孙燕艳）

【北京海淀科技园建设股份有限公司】 公司控股公司有北京德成置地房地产开发有限公司、北京德成兴业房地产开发有限公司、北京盛世翌豪房地产经纪有限公司。2014年，公司实现开复工面积29.92万平方米，其中新开工面积18.62万平方米，竣工面积4.37万平方米。公司主要承担西北旺新村（百旺新城）综合开发和百旺杏林湾商品房的开发建设。百旺新城项目完成A3地块规划指标调整和茉莉园G区4.3万平方米的安置房转商品房任务。原百旺杏林湾项目改名为冠城大通百旺府。该项目荣获“2014年中国最具价值楼盘奖”“中国城市最宜居生态住宅奖”“安居客最具品质楼盘”等荣誉。

（程建华）

【北京实创科技园开发建设股份有限公司】 北京实创科技园开发建设股份有限公司主要负责中关村翠湖科技园、中关村永丰产业基地等北部产业园区的开发建设。2014年，公司实现总收入26.62亿元，净利润1.98亿元；完成投资75亿元；现金流入144.88亿元，其中经营性现金流入89.12亿元。所属园2014年共承担70个开发建设项目，计划总投资75.4亿元，实际完成投资75亿元。实创股份作为责任主体完成固定资产投资55.8亿元。重点二级项目中关村壹号、北部服务大厦、科技企业加速器、国际学校、北部文化中心等完成投资15.6亿元。

截至年底，公司所属园区签约入驻企业411家，从业人员5.6万人。入驻企业实现总产值614.9亿元，实现税收总额28.6亿元。平均产出强度2.33亿元/万平方米，其中购地企业产出强度2.19亿元/万平方米，加速器企业产出强度为4.42亿元/万平方米。开复竣工面积169.13万平方米，其中，新开工项目面积4万平方米、复工项目面积155.50万平方米、竣工项目面积9.63万平方米。新签约重点企业共13家，占地面积15.16公顷，购（租）房面积15万平方米。形成以导航与位置服务、移动互联网与下一代互联网、云计算、集成电路设计、生物医药、新能源新材料及能源环保六大优势产业为主的产业格局。六大产业板块企业共计369家，从业人员5.04万人，企业总产值602.6亿元，实现税收27.2亿元。园区总收入上亿元的企业共有50家，实现总收入591.9亿元，实现税收24.2亿元。超十亿元的企业9家，入选“十百千”工程的企业8家，入选“瞪羚计划”的企业21家。上市企业共有23家，实现总产值为285.8亿元。入驻企业累计获得授权专利6024件，同比增长82.6%；累计获得软件著作权1402件，同比增长70.7%；累计获得国家发明奖数98个、国家科技进步奖269个、全国科技大会奖90个、国家重大成果奖53个、省部级以上重大科技成果奖1611个、国家认定企业技术中心35个。建成科技企业加速器34.29万平方米。

（陈天鹏）

【中关村科学城】 年内，中关村科学城14个项目共计54.6万平方米建成投入使用；10个项目在建；推动北林中关村生态产业园、北师大教育科技产业园、北外国际文化产业创新园等项目的招商工作，已有亿利资源、深圳铁汉等70多家企业入驻；协调推动北航集成电路产业园和北理工军民融合产业园的规划和招商；加强产城融合建设规划，制定完善中关村科学城工作手册和中关村科学城创新资源分布图。梳理南部383块低效用地，新增产业空间70万平方米。

（刘伟杰）

【中关村软件园】 年内，中关村软件园新入驻企业51家，3家企业上市。园区企业总数达到295家，园内上市企业达31家，在园人数达3.89万人；“十百千工程”企业26家，国家规划布局重点软件企业21家；园区总产值达1409亿元，企业总利润135亿元；园区企业拥有知识产权19095项，比上年增加2791项，软件著作权3522项；专利总量14175项，国际授权专利254项；注册商标总量为1398项，国际授权171项；科技成果转化305项，较上年增长33.8%。开复工总规模28.8万平方米（其中一期6.6万平方米，二期22.2万平方米），累计完成开复工193万平方米，开工率为94%（其中一期开工率达到100%，二期开工率达到90%）。竣工项目9个，竣工面积22.27万平方米，累计竣工项目44个，竣工率为49%。被国家外国专家局授予"国家软件与集成电路人才国际培训基地（中关村软件园）"。

（张蕾）

【中关村软件园成为首批智慧园区试点单位】 2月11日，"中国软件园区发展联盟2014年会暨智慧软件园区建设工作会"在西安举办。中关村软件园成为首批9个试点园区之一。中关村软件园智慧园区建设包括从利用信息化手段，建立独立的业务系统，提高企业日常工作处理能力到利用网络技术、互联网等技术，以互联互通、资源共享为核心建立服务平台，为企业提供数字化服务体系，再到利用下一代互联网、物联网、云计算、大数据等战略性新兴技术，应用智慧化思想，建设全面感知—主动识别—智能干预—优化改善的智慧化体系，全面高效提升企业办公水平和效率，系统实现智慧化办公。

（孙树昆）

【亚太空间合作组织教育培训中国中心成立】 3月20日，亚太空间合作组织教育培训中国中心在北京航空航天大学成立。这是亚太空间合作组织在各成员国建立的第一个中心。该中心将承担亚太空间合作组织在中国开展的教育培训工作，并接受工业和信息化部军民结合推进司的业务指导。亚太空间合作组织教育培训中国中心的建立，对进一步巩固和扩大中国空间技术与应用教育的国际品牌知名度和在亚太空间合作组织成员国的影响力具有重大意义。

（孙树昆）

【东升科技园获全市首批集体土地房产证】 4月21日，东升科技园11栋集体土地房屋获得北京市住建委颁发的房屋所有权证，涉及面积7.3万平方米，成为北京市首批获得正式"房产证"的集体土地房屋项目。为集体土地房屋颁证是北京市集体建设用地范围内房屋登记试点工作的内容之一，仅在海淀、平谷和大兴三区开展。

（孙树昆）

【东升科技园设创业驿站】 5月27日，中关村东升科技园设立的创业驿站——泰利驿站正式营业。泰利驿站占地2000多平方米，设190多个工位，主要针对电子信息、新能源、文化创意产业等产业的早期创业者，孵化期为一年。泰利驿站为初创企业搭建公共服务平台、金融服务平台和专业服务平台，为企业提供工商注册、知识产权、人力资源、管理咨询、IT服务、政策咨询、基金补贴申报等初创企业成长所需的服务。驿站与律师事务所和会计师事务所签订协议降低企业创业成本等，针对早期创业者所需要资金、人力、法律、培训等提供一条龙服务。

（孙树昆）

【中关村软件园与青岛高新区签约】 7月2日，北京中关村软件园发展有限公司与青岛高新区管委、青岛优通通讯设备有限公司签订合作协议，共建中关村（青岛）国际软件园。青岛国际软件园将建设以软件研发、总部经济、科技服务业为主体的新型都市产业园区，集孵化器、加速器、高科技企业总部及教育培训、配套商务为一体的特色精品园区，构建服务外包、云计算、物联网、移动互联网大数据特色产业集群。

（孙树昆）

【国家大学科技园研究会成立】 8月28日，由清华大学国家大学科技园、北京航空航天大学国家大学科技园等14家单位共同发起成立的国家大学科技园研究会成立。国家大学科技园作为国家创新体系的重要组成部分和自主创新的重要基地，是区域经济发展和行业技术进步以及高新区二次创业的主要创新源泉，是中国特色高等教育体系的组成部分，是高等学校产学研结合、为社会服务、培养创新创业人才的重要平台。

（孙树昆）

【全球首部《区域创新服务标准体系》推出】 8月28日，在清华大学举办的第六届启迪创新论坛暨第二届全球科技园区领导者圆桌会议上，启迪控股公司推出全球首部《区域创新服务标准体系》1.0版本。《区域创新服务标准体系》包括科技新城服务标准体系，科技园区服务标准体系和企业孵化器服务标准体系。其中每一个服务标准体系都包含服务保障与服务提供两个标准体系，涵括相关定义、内容和标准的阐述，不仅为科技服务业服务内容和质量控制体系的建立创造条件，也为企业孵化器、科技园区、科技新城运行模式的形成和复制铺平道路。

（孙树昆）

【中关村壹号一期C区工程封顶】 9月6日，中关村壹号一期C区工程举行结构封顶仪式。该工程是实创公司为赛尔网络有限公司"下一代互联网及重大应用技术创新园"开发的首个定制项目。这是海淀北部地区的首个企业定制项目，共3栋楼，总建筑面积10.5万平方米。

（孙树昆）

【清华紫光集成电路产业园落户南京】 9月22日，清华紫光集团南京市举行浦口区高端智能装备产业发展论坛暨重点项目签约仪式，紫光集团将在南京市浦口区投资90亿元建设以芯片设计为核心，产、学、研应用为一体的集成电路产业基地。该项目涉及建设南京紫光创业孵化基地、成立集成电路产业发展基金、筹建南京紫光微电子学院、整合旗下纳斯达克上市企业展讯通信和锐迪科微电子落户产业园等多个领域。

（孙树昆）

【北大科技园南区正式运营】 10月31日，北大科技园南区北大创业孵化营、创业谷•光华（G-lab）和智能互联创新孵化器正式揭牌。北大科技园南区占地1300多平方米，分为产业研究区、集中办公区、项目交流区和项目展示区四大部分。

（孙树昆）

【中关村软件园"信用园区"建设】 年内，中关村软件园探索"信用园区"建设新模式，助力园区企业与金融机构的有效对接。中关村软件园的“信用园区”建设系列工作启动于 2012 年，通过推广信用知识、建立信用档案、制定信用园区评价体系，面对处于不同发展阶段的企业，园区创新不同的信用服务内容，初步构建特色信用服务体系。截至年底，中关村软件园已有 23 家小微企业建立信用托管工程，67 家企业建立信用档案，85 家企业使用信用评级报告，累计获得金融机构的信用贷款 1.86 亿元。

（孙树昆）

【园区规划】　年内，优化专项规划，初步形成空间规划、产业功能提升规划、景观规划、生态规划、交通规划“五位一体”的综合规划；编制完成城市设计导则，完成生态环境景观设计和示范河道规划设计工作；推进生态园区建设设计工作，构建绿色生态指标体系；启动园区固废资源化工作。推进智慧园区建设。联合工信部电信研究院启动北部生态科技新区智慧园区顶层设计，与移动、联通、电信三大电信运营商签订战略合作协议，统筹北部园区通信网络、数据增值等运营服务；建设上地云中心，推动云计算和大数据技术在上地园区公共服务和重点行业的应用推广。

（孙燕艳）

【上地能源中心煤改气工程】　年内，实创高科技发展有限责任公司自筹资金 4.5 亿元，实施上地供热厂煤改气工程，完成新锅炉房及上地地区供暖路由的拆、改、建、供工程，每年减少二氧化硫排放 24 吨，减少烟尘排放 100 吨，按期完成海淀区“十二五”期间主要污染物总量消减责任目标。

（孙燕艳）

产业与企业发展

【概况】　2014 年，海淀园按照海淀区战略性新兴产业技术路线图的指导，围绕产业链部署创新链，围绕创新链部署资金链，通过搭建完善产业平台、成立产业联盟、设立重大科技成果转化基金等，加快打造核心区“高精尖”产业结构。

（刘伟杰）

【中关村国家自主创新示范区展示交易中心】　2014 年，中关村国家自主创新示范区展示交易中心（简称展示交易中心）集中中关村“641”[①]产业精选的 200 余家重点企业 1000 余项科技创新成果，侧重展示 3D 打印、集成电路、节能环保、大数据和信息安全、新型显示和终端、生物和健康内容。全年共接待中央和国家机关、省市领导、外国政要、国外企业、国内高等院校和知名企业等各类参观团体 1254 批次 5.4 万余人次。年内，北京市股权交易中心、北京市中小企业服务中心进驻展示交易中心西区会议中心。展示交易中心获得“全国中小学质量教育社会实践基地”“北京市科普基地（2014—2016 年）”“北京高校青年教师社会实践基地”“中国人民解放军国防大学现地教学基地”“2014 年科普之旅开放单位”。

（彭志生）

【北京中关村国际孵化软件协会】　2014 年，北京中关村国际孵化软件协会有会员企业 400 余家。年内，协会开展二大活动：创建中关村诚信市场机制。协会在中关村电子卖场开展“可信商户.诚信市场”共建行动，涵盖中关村硅谷、鼎好、科贸、中海、海龙五大电子商城，内容主要有创建三大中关村诚信市场的机制，即（可信认证机制、黑名单机制、行业制裁机制）；成立“商户联盟”；建立并推行“可信码”机制；评选“海淀区电子市场诚信提升”可信商户。发起中关村精品强国工程。工程核心是用中关村精品惠民强市，同时帮助中关村可信精品走出中关村，打通地方政府采购通道，为企业开拓国内政府市场牵线搭桥。50 多家软件企业成为加入中关村精品强国工程的企业。其中可信精品项目——长城云教室通过精品通道，成功开拓山西、河北、河南等地的教育市场。

（张晓静）

【中科海淀先进技术转移转化中心成立】　1 月 14 日，由海淀区和中科院北京分院合作设立的中科海淀先进技术转移转化中心揭牌仪式在中关村西区鼎好大厦国际技术转移中心举行。中科海淀先进技术转移转化中心，将初步组建若干个特色鲜明、具有一定规模的产业技术创新平台；孵化或引入 10—20 个拥有自主创新产品、管理规范、市场竞争力强的科技型企业，打造一支由中科院科技骨干为核心的创新创业人才团队；初步形成中科院在海淀区地理集聚、领域集聚、资源集聚的创新与转化集群，为海淀区乃至北京市战略性新兴产业培育和传统产业升级改造起到骨干和引领作用。建成后，将形成科技创新、成果转化、企业孵化、产业聚集的可持续发展能力。

（刘伟杰）

【阿里巴巴全资收购高德公司】　2 月 10 日，阿里巴巴集团宣布已向高德控股有限公司提出收购建议书，以每股美国存托股票 21 美元的价格，对高德公司股票进行现金收购，高德成为阿里巴巴 100%子公司。阿里巴巴全面进军互联网和移动地图领域。

（刘伟杰）

【首都创新大联盟成立】　2 月 21 日，半导体照明产业技术创新联盟等 23 家

[①] 641 产业：6 大优势产业、4 大潜力产业和现代服务业。“6”是六大优势产业，即：下一代互联网、移动互联网和新一代移动通信、卫星应用、生物和健康、节能环保、轨道交通。“4”是四大潜力产业，即：集成电路、新材料、高端装备与通用航空、新能源和新能源汽车。“1”是现代服务业。

联盟和服务机构发起的首都创新大联盟成立。首都创新大联盟首批共有成员单位 68 家，涉及新一代信息技术、新材料、节能环保、生物医药、现代农业、高端装备制造6大战略性新兴产业。“首都创新大联盟”作为一个联盟之间跨界融合、协同创新的平台，将致力于协调解决联盟发展和产业发展的共性问题，成为联盟及其所代表的创新主体与政府对接的渠道。

（刘伟杰）

【先导文创产业集聚区联盟成立】 2 月 28 日，全国首家由社会组织组建的中关村先导文化创意产业集聚区联盟在中关村核心区正式揭牌成立。中关村先导文化创意产业集聚区联盟，由中央新影集团、清华科技园、人大文化科技园、东升文化创意产业园等 30 家发起单位组成，是经中关村管委会和市民政局批准成立、具有独立法人资格的社会团体，着力发展高端、高值、高效、高辐射力的文化创意产业。至此，海淀区已经拥有中关村数字电视产业园、益园文化创意产业基地、中间艺术园区、中国人民大学文化科技园、中关村多媒体创意产业园、中关村东升文化创意产业园、五棵松文化休闲产业集聚区、768 创意园、中海动漫游戏孵化基地、清华科技园、中关村软件园、中关村创意产业先导基地 12 个区级文化产业集聚区。

（刘伟杰）

【华胜天成签订“智慧城市”建设合同】 2 月，中关村核心区 IT 综合服务企业华胜天成公司与武汉经济技术开发区签订总价 1.75 亿元的“智慧城市”建设合同。华胜天成将作为智慧城市项目总集成商，基于微软 CityNext 模型，通过大数据、云计算、物联网、智慧应用、信息安全等创新科技，助力武汉经济技术开发区构建未来智慧城市基础设施和智慧场景平台，推动武汉经济技术开发区工业化和信息化的融合，协助武汉经济技术开发区建立“智慧城市创新中心”和创新生态环境，将武汉经济技术开发区建设成为宜居、宜商的智慧新城。

（刘伟杰）

【华胜天成与 IBM 签订战略协议】 3 月 10 日，华胜天成公司与美国 IBM 公司签订战略合作协议。根据协议，双方合作开拓 CAMP[①]大数据产品线市场，推进智慧城市领域的应用创新和应用推广，并在存储业务上、数据中心运营和管理服务等方面广泛开展合作。

（刘伟杰）

【浪潮集团全球研发中心落户】 3 月 27 日，海淀区政府与浪潮集团举行合作签约仪式，浪潮集团将在海淀区中关村创新中心建设全球研发中心。该中心围绕云计算核心装备技术、大数据分析及应用、信息安全、电子商务四大领域展开前沿技术、装备的研发。浪潮是中国领先的云计算整体解决方案供应商和云服务商，业务涵盖系统与技术、软件与服务、半导体三大产业群组，首批获得国家系统集成特一级资质，综合实力位居中国 IT 企业前两位。

（刘伟杰）

【共建移动互联网产业园】 3 月 27 日，海淀园管委会与小米科技公司签署合作发展协议，建设移动互联网产业园。根据规划，移动互联网产业园位于大上地地区，占地面积 22 万平方米，园区建成后，形成小米系统的互联网产业基地，通过园区开发与运营带动周边相关产业发展。投产后预计实现销售额 1000 亿元以上，将成为中关村核心区最大的互联网产业园之一。

（刘伟杰）

【大型飞机协同创新中心成立】 3 月，由北京航空航天大学牵头组建的大型飞机协同创新中心通过工信部协同创新中心认定，成为 7 个首批工信部协同创新中心之一。大型飞机协同创新中心由北京航空航天大学牵头，中国商用飞机有限责任公司、上海交通大学、南京航空航天大学、北京民用飞机技术研究中心、上海飞机设计研究院等多家高校、企业和科研院所共同组建。该中心按照教育部高等学校创新能力提升计划（2011 计划）的相关精神，以大型飞机国家重大需求为牵引，围绕重大协同创新任务，开展人才培养、学科建设、科学研究三位一体协同创新。

（刘伟杰）

【国内首个移动技术专利公司成立】 4 月 11 日，TD 产业联盟在深圳市举办的第二届中国电子信息博览会上宣布构建移动专利体系，防御和应对未来可能的专利纠纷，加大 TD-LTE 海外市场拓展力度。TD 产业联盟联合 TD 产业链上下游核心企业，组建专利公司，以市场化运作机制推动移动技术专利合作，降低 4G 准入门槛，加速 TD-LTE 商用发展步伐，尤其是降低千元多模 4G 终端的专利费，推动移动通信技术与市场的发展。

（刘伟杰）

【桑德公司与保定市政府签订合作协议】 5 月 10 日，桑德环境资源股份有限公司与保定市政府签署《保定静脉产业园战略合作框架协议》。保定市政府支持桑德环境公司在保定市投资建设保定静脉产业园，参与环卫市场化作业和城乡环卫一体化项目；支持桑德环境公司在保定市投资城乡一体化系统项目，逐步建立街道清扫、保洁、垃圾收集转运以及终端处理处置的城乡环卫一体化运营模式。保定静脉产业园项目总投资约 30 亿元，规划建设为“一园两区”，固废处理处置园区和再生资源回收利用园区。

（刘伟杰）

【“去哪儿”网落户东升科技园】 5 月，“去哪儿”网与中关村东升科技园正式签署三年合约，签约面积 9800 平方米。其机票业务部已正式入驻园区。去哪儿网是中国领先的旅游搜索引擎，获得百度战略投资 3.06 亿美元，百度为去哪儿网的第一大机构股东。2013 年 11 月 2 日，去哪儿网在纳斯达克股票交易所成功挂牌上市。

（刘伟杰）

---

① CAMP 全称“project CAMP-天合计划”，是一种云计算解决方案。

【中国首个北斗海事国际标准获批】 5月，在国际海事组织（IMO）伦敦总部召开的海上安全委员会第93次会议上，由我国制定提交的"船载北斗系统接收机设备性能标准"获得正式批准。这是国际组织批准通过的第一个北斗卫星导航系统（简称北斗）在相关领域应用的国际标准。

（刘伟杰）

【核心区首个军民融合产业园成立】 6月27日，第二炮兵装备研究院与海淀区签订全面贯彻军民融合发展战略合作协议，中关村核心区首个军民融合产业园挂牌成立。双方按照"政府搭台、军队采购、企业响应、市场运作、依法保障、共创双赢"的工作思路，依托海淀区自主创新和产业资源优势，发挥第二炮兵研究院军事装备论证和技术攻关作用，共谋军民融合发展新路子。双方建立信息互通和定期会议制度，在军事采购、资源动员、产业支撑、科研攻关等多个领域深化合作、协调推进，推动第二炮兵武器装备发展创新和高新技术成果产业化。

（刘伟杰）

【国内首个EB级存储实验室建立】 6月，曙光EB级存储实验室在曙光信息产业股份有限公司正式建立。EB级云存储系统作为下一代云计算的关键技术，是云计算系统的基础支撑部分，对云计算系统的运行效率、可靠性、可用性、安全性等各项性能指标有着至关重要的影响。曙光EB级云存储系统采用先进的容错架构、高效的数据容错算法，配合用户认证和数据加密策略，用于应对数据的"丢""错"和"偷"的问题，保证EB级存储系统在公网应用环境下的可靠性和安全性。曙光EB级存储实验室还将各行业云的实际存储需求在实验环境中进行模拟，开展大规模云计算示范应用，将领先的存储技术与云平台的市场需求融合。

（刘伟杰）

【国内首家智能硬件创新平台落户】 10月10日，国内首家智能硬件创新平台落户四季青镇益园文化创意产业基地创业公社。智能硬件创新平台由创业公社联合安卓越科技有限公司、北京邮电大学、缪斯智能硬件创新引擎、东旭光电科技股份有限公司、美国硅谷无线协会共同打造，为智能硬件创业团队提供产品参考设计、技术研发、专利共享、产品生产制造、供应链管理、线上线下整合推广、金融服务等多种全产业链创业服务。创业公社作为创新型孵化器，以"基地+基金""股权+债权""政策+市场""孵化+投行+投资"为核心运营理念，为智能硬件创业团队提供全方位的创业服务。智能硬件创新平台将为创业团队提供超过3000平方米的办公使用面积，提供创业辅导、创业公寓、政策支持、人才支持、金融服务等配套服务，以助力创业团队快速成长。

（刘伟杰）

【天合科技成果转化促进中心运营】 10月，由玉渊潭农工商总公司参与组建的中关村天合科技成果转化促进中心对外运营。中关村天合科技成果转化促进中心致力于科技转化全服务的创新服务机构，依托中关村科技企业家协会和中关村开放实验室等优质资源，开展以产业项目策划、企业需求对接、区域合作促进、科技资源代理、科技人才代理为内容的科技转化逆向促进服务以及以种子工程、良种工程、育苗工程、育才工程、推介工程为内容的科技转化正向促进服务。中心的服务大厅由科技成果路演区、转化项目展示区、项目研讨会议区、科技服务培训区、客户安全数据查询终端和科技成果与市场需求大数据服务中心等构成，为中心从技术到市场以及从市场到技术双向转化提供有力的硬件保障。中心还设有中关村天合科技育成工场、中关村天合科技成果转促基金等为科技成果转化提供全方位服务。

（刘伟杰）

【清华脑起搏器研究获重大突破】 10月，"北京市重大科技成果'清华可充电脑起搏器'"发布第二代国产脑起搏器——清华可充电脑起搏器，获得国家食品药品监督管理总局颁发的医疗器械产品注册证。可充电脑起搏器通过电磁耦合的方式，采用无线方法给植入体内的刺激器充电，大大延长了脑起搏器的使用寿命，和采用原电池供电的脑起搏器4至6年的使用寿命相比，将使用寿命提高到10年以上。

（刘伟杰）

【国内首款全自主可控龙芯3B服务器诞生】 10月，曙光信息产业股份有限公司正式推出国内首款基于龙芯3B处理器的服务器、桌面终端产品以及全自主可控可信计算服务器产品，实现我国在信息安全领域的全自主可控。曙光此次推出的产品包括基于龙芯3B处理器dansheng的L620-G15、L640-G15、TC4600L 3款服务器产品和1款L300-G10桌面办公终端产品。4款产品均采用国产的龙芯LoongSon3B处理器，采用国产操作系统，是具有完全自主知识产权的服务器产品。曙光龙芯3B服务器有助于解除及对信息安全性要求较高的行业的电子政务、高性能计算、关键应用处理等众多战略领域的安全隐患，改善金融、证券、交通、邮政、电信、能源等对服务器安全性、可扩展性及可靠性要求苛刻的行业数据中心和远程的企业环境，建立自主可控的信息产业体系。

（刘伟杰）

【中关村互联网文化创意产业园开园】 12月3日，中关村互联网文化创意产业园在中关村玉渊潭科技商务区开园。园区通过两到三年的建设和发展，将形成以新媒体文化产业为主导，互联网广告与创意设计产业为支撑，科技、金融、文化融合发展，多层次、多类别的产业格局。广传播集团、引力传媒等单位入驻签约。

（刘伟杰）

经济信息化建设

【概况】 2014年，海淀区经济和信息化办公室（区经信办）以“深化决策智能服务和公众集成服务水平、提高重点领域智能协同服务水平、提升信息基础设施集约发展水平”为重点任务，在城市治理、民生服务、经济运行和政府执政水平等方面积极探索智慧城市管理新模式。加强综合行政服务中心信息化系统、中关村核心区企业综合服务平台、全区网站群、区交通委TOCC项目、“智慧卫生”、基础设施等项目的审核和建设管理，提升统筹管理能力。

（何建吾）

【“智慧海淀”项目管理】 5月，“智慧海淀”项目管理系统上线，智慧海淀管理项目专项资金支持项目共27个，处于设计阶段的项目有10个，处于招标阶段的项目11个，处于实施阶段的项目有6个。完成10个委办局申报的共51个信息化运维项目方案的技术审核工作。

（何建吾）

【全国首个政务云平台正式上线】 10月23日，全国第一家政务云平台——海淀区政务云平台正式上线。区政务云平台项目已完成ECS云服务器、RDS云数据库、OSS开放存储服务、SLB负载均衡、VPC专有网络、云盾、云监控等产品以及运维运营管理平台的部署工作，生产环境及预发环境共部署18个委办局的55个系统；ECS云服务器共计开通110台、RDS云数据库存储量达到3440G，可以满足未来5年海淀区信息化建设对网络、服务器、存储等IT基础设施的需求。政务云平台一方面实现面向区政府、各委办局及街道政务系统提供信息共享平台及云计算平台，满足其计算和存储的需求，另一方面也满足医疗和教育行业高并发访问和海量数据存储的需求，为将来的数据分析，进而优化政务决策做好准备。

（何建吾）

【综合行政服务中心信息化系统建设】 年内，系统已实现个人事项的三级联动同区通办，完成41个个人事项在全区29个街镇（含社区）推广工作，22个事项在平台中完成全流程办理，完成56个社保事项在系统中的固化；建成固定资产投资项目协同审批系统，3月31日启动试点，实现试点项目的立项、规划、用地、开工四阶段多部门模块化联动审批；建成企业设立多证联办协同审批系统，12月22日正式启动试点，实现支撑科技类企业设立一口受理、联动审批；启动大厅综合管理系统建设，12月9日开始试点，在街镇窗口人员和综合行政服务中心管理人员范围内试运行，已完成5个试点街镇的推广。

（何建吾）

【核心区企业综合服务平台建成】 年内，海淀区建成中关村核心区企业综合服务平台。平台整合优化海淀园区的各类服务应用，包括企业信用融资服务子平台、企业信息化服务子平台、创新营销服务子平台，同时整合中关村创新创业服务平台、海淀区支持核心区自主创新和产业发展专项资金项目申报平台、中关村高新技术企业认定系统等服务应用。平台已汇聚信用服务、金融服务、信息化服务、创业孵化服务、科技中介服务等各类服务机构约500家，聚合服务产品约300项。

（何建吾）

【网站建设】 年内，海淀区共有112家网站，其中区统建101家，自建11家。海淀区网站统筹集约化建设比例达到96%，利用大数据监测技术，分析访问用户行为，升级改版“北京海淀”门户网站，为全区各单位提供网站建设技术支撑，为公众提供各领域网络政务便捷服务；完成党委系统信息化顶层设计工作，搭建统一的海淀区电子政务内网网络平台，建立海淀区概况、新闻、政务、办事、服务、互动、专题栏目，提供政府信息公开、依法行政办事、公共服务、政民互动交流和搜索功能，特设为民办实事、区长信箱、行政投入、海淀区非紧急救助服务（“96181”热线）栏目，为市民提供高效、便捷的政务服务。

（何建吾）

【搭建企业信用信息服务平台】 年内，区经信办搭建企业信用信息服务平台，收集全区约14万家企业的基础信息和近千家“海帆企业”的各类信用信息，实现政府部门间信用信息交互共享，初步建立起覆盖核心区企业的信用评价体系，推动优质企业与金融机构对接，促进科技与金融融合，“信用海淀”品牌效应日渐显现。

（何建吾）

【扩大公益无线网络覆盖区域】 年内，区经信办完成13个区域的无线网络覆盖，“My-Haidian”公益性无线网络已扩大至70个公共区域的覆盖，包括政府服务大厅38个区域、旅游景区及群众文体休闲场所16个区域、医疗卫生场所2个区域、创业创新园区7个区域、道路交通枢纽站点6个区域以及具备开通条件的公共区域。公益无线网络接入点达到2000余个，租用互联网带宽4000M。海淀区成为全市首个在全区范围内大规模开通公益性免费无线网络的区县，让市民随时随处可以享受到“智慧海淀”的建设成果。

（何建吾）

【民生服务信息化系统建设】 年内，区经信办全面参与教育信息化相关工作，制定教育项目的审批、审核流程。启动园区大数据平台建设，建成海淀园区的“一网、一库、一平台”，[①]实现对所有面向企业的25个服务系统的整合。平台将向全区企业提供企业信用评级、信用融资、新技术、信息化服务管理、政策咨询、知识产权等相关服务。

（刘伟杰）

---

① “一网”是指整合中关村热线“96181”以及社区服务热线“96156”等平台搭建海淀区社会管理和社会服务综合信息网。“一库”是指建立共享、交换、应用的海淀区社会管理和社会服务综合数据库。“一平台”是指建立海淀区社会管理和社会服务应用平台。

国际交流与合作

【概况】 2014年，海淀园制订《核心区促进企业国际化发展三年行动计划（2014—2016年）》，设立国际化创新发展基金，实施高层次人才引进计划，推进核心区企业融入全球创新网络；与中关村发展集团、中关村软件园联合创立“中以创新发展基金”，首期3000万元，打造集技术引进、成果转化、创业孵化和产业发展功能于一体的具有全球影响力的高科技创新与转移平台；加强国际科技合作和交流，全年接待各国来访32批420人次；建立知识产权国际化交流基地，围绕核心区重点发展的“6+1”产业，面向核心区企业开展国外知识产权制度宣传。

（刘伟杰）

【保加利亚总统参观展示中心】 1月13日，保加利亚总统罗森•普列夫内利耶夫代表团一行60余人到中国访问期间，莅临中关村国家自主创新示范区展示中心参观。罗森•普列夫内利耶夫一行参观3D打印、集成电路、新一代信息技术、智能终端与新型显示、生物与健康、新材料、节能环保与新能源等展区。保加利亚客人对中科院的纳米发电、百度的大数据应用、仁创的透水砖等展项都产生浓厚的兴趣，表示非常希望与这些企业对接和洽谈。

（梁冰）

【中法固废处理技术对接交流会召开】 2月12日，海淀园对外合作处携手法国驻华使馆和北京市可持续发展科技促进中心，在海淀科技大厦召开中法固废处理技术对接交流会，两国8家环保企业参会。交流会上，法国威立雅环境集团（Veolia）公司亚洲研究与创新经理Goulven介绍了公司基本情况、主营业务、创新模式，以及应对环保问题挑战的案例，并表达与中国企业展开合作的愿望。中国7家参会企业介绍各自公司的业务领域、技术特点、工程案例，以及在固废处理领域取得的进展。法国驻华使馆科技专员Xavier BAILLAD、科技项目主管LIU HUI、科技项目官员Celine LAPLASSOTTE参加此次交流。

（梁冰）

【IBM中国客户中心开幕】 3月24日，IBM中国客户中心在北京中关村开幕。该中心是IBM以客户体验为中心而设计的，支持云端演示，旨在为客户提供一个协作式和浸入式环境，通过云、大数据分析、移动、社交技术、安全解决方案，以及Watson等认知创新，助力决策者应对其行业的关键挑战，找到最佳科技实现基础。

（梁冰）

【渥太华国际孵化中心成立】 4月16日，中关村发展集团渥太华国际孵化中心正式成立。中心由中关村发展集团与渥太华投资署合作，采取异地孵化模式，吸引加拿大的重大科技成果在京产业化。Inano医疗、海微科技、GR能源和JP Canshielding公司4家加拿大企业已入驻该中心，涉及下一代信息技术、新能源、新材料、高端医疗器械等。中关村发展集团与渥太华投资署围绕挖掘颠覆性、原创性的创新技术项目，以渥太华孵化中心为载体，初步形成由天使创投基金、国内平行投资基金、孵化办公空间、创业辅导导师、专家顾问团队为一体的项目挖掘、筛选、孵化、投资、1+1回国落地发展的架构体系，为集团海外战略的顺利实施发挥示范和借鉴作用。

（梁冰）

【北美创业大赛中国行海淀站交流会举行】 4月30日，第四届北美创业大赛中国行海淀站交流会在清控科创旗下移动互联与文化创意产业早期孵化平台——厚德创新谷举行。北美高层次人才创业大赛是海外华人最高层次的创业大赛，是海外第一个针对回国创业、拓展中国市场的峰会。清控科创旗下国际孵化平台——中关村科创硅谷孵化器（TIParkSiliconValley）作为2014年第四届北美创业大赛协办单位之一，推动与大赛项目资源的对接，帮助清控科创园区体系及各业务平台与硅谷高端人才、技术、企业互动与合作，带动国内创新创业服务体系真正接入到全球创业生态圈中。

（梁冰）

【德国科技与能源部访问海淀创业园】 4月30日，德国科技与能源部一行6人参观访问海淀创业园。双方就科技孵化、投资基金、孵化期限、企业信用、企业融资等方面进行探讨，就鼓励和吸引德国年轻人到中关村创新创业进行友好交流。代表团还参观了海淀创业园创业谷和在园留创企业北京黔龙泰达科技有限公司。

（梁冰）

【国际计生联专家考察海淀科技中心】 5月7日，国际计生联亚太地区管理与评估部部长罗西尼•普拉沙德女士、国际计生联管理与评估部主任孙萨拉女士及成员国家政府官员、专家一行来到海淀科技中心考察交流。科技中心老师介绍了“首都青少年性健康教育基地”建设及青春期主题教育的开展情况，现场回答专家的提问，讨论交流科技中心和国内关于青春期教育的经验、发展前景以及性安全、性价值观。在参观“生命的春天”青春期教育主题展览的过程中，专家对展览教育的内容设置、展示方式、组织开展情况，以及科技中心和计生系统的合作模式等方面提出建设性建议。展览已打造成国内首个权威、全面、系统、富有创意的青春期教育展示平台，涵盖青春期生理、青春期心理、人体生理和心理常识、青春期自我保护、生命教育、拒绝毒品、远离艾滋病、性道德和性安全、老师家长须知等内容。

（梁冰）

【联合国网络安全专家团考察360互联网安全中心】 6月5日—6日，中国与联合国首次联合举办的网络问题国际会议——信息与网络安全问题国际研讨会在北京举行。会议以“构建和平、安全、开放、合作的网络空间”为主题，深入探讨规则制定、互联网治理、联合国作用、区域合作、能力建设等问题。20余个国家，联合国裁军事务办公室、国际电信联盟等联合国系统相关机构，国际知名智库等数十位代表参会，并到360互联网安全中心考察全球网络安全的发展趋势和最前沿技术。

（梁冰）

【国际青年科技创业大赛】 6月12日，“创启未来”2014国际青年科技创业大赛在中关村创业大街和美国硅谷同时举行。本次比赛是创投史上首次真正意义上的全球路演，在位于中关村创业大街的黑马全球路演中心，中方领导、评委通过视音频设备与硅谷联通，实时转播比赛进程和实况，并与海外创业者进行对话、提问。6月24日—25日，“创启未来”2014国际青年科技创业大赛总决赛在北大博雅国际酒店举行，闯入决赛的65个项目参加最终对决。

（梁冰）

【中韩技术交易中心成立】 6月，由清华大学启迪控股公司与韩中交流协会共同发起成立的“中韩技术交易中心”在清华科技园成立。“中韩技术交易中心”旨在推进中韩两国企业在产品、技术和服务等方面的合作发展，促进科技成果转化。

（梁冰）

【百度与巴西签署合作协议】 7月17日，巴西科技和创新部与百度签署共同合作协议，百度将在巴西建立研发中心推动巴西互联网发展；加强培养互联网领域专业人才，为培养巴西青年工程师计划提供支持；为巴西创业公司提供支持。在移动端，百度的产品已经开始服务于印尼、巴西、泰国、印度、美国和菲律宾的广大用户。

（梁冰）

【主办欧盟“龙星计划——北京站系列活动”】 10月27日—28日，由中国国际技术转移中心、欧盟委员会、欧洲企业网、希腊北部工业联盟联合主办的欧盟“龙星计划——北京站系列活动”在中国国际技术转移中心举行。“龙星计划（Dragon Star）”是基于中国—欧盟科技合作协议和中国—欧盟创新合作对话，在欧盟第7框架计划的资助下，欧盟开展的中欧科技合作项目。为期两天的技术项目洽谈对接会、技术项目投资对接会共组织34项涉及软件、生物医药、医疗设备、废水管理等领域的国际领先技术交流，吸引欧盟代表团20余家企业近30人以及来自北京、广东、山东、天津等省市机构代表100多人参会。中方参会企业对城市废水利用、动画动作捕捉技术、杀虫剂载体技术、陶瓷制品处理技术等技术有强烈的合作意愿，并与丹麦农业科技园等机构探讨整体合作事宜。

（梁冰）

【参加“2014东盟（曼谷）中国进出口商品博览会”】 11月6日—8日，海淀区文化创意产业协会及十余家社会组织和企业组团赴泰国参加“2014东盟（曼谷）中国进出口商品博览会”。展会期间举办中泰文化产业博览会、高新科技材料与设备博览会、老年用品博览会、东盟经贸论坛等活动。代表团一行参加“中国东盟经贸论坛暨中国电子产品走进东盟洽谈会”，海淀代表团与泰国有关商协会、电子进出口经销商进行贸易洽谈。

（梁冰）

园区投融资

【概况】 2014年，海淀园完善投融资管理体系，鼓励与引导互联网金融、第三方支付平台等新兴业态健康发展，聚集各类高端科技金融要素，推进科技与金融紧密结合。截至年底，海淀区聚集各类金融机构2300余家，其中股权投资机构超过850家；企业获得股权投资案例358起，获投金额409.13亿元。聚集天使汇、人人贷等互联网金融机构近200家，互联网金融产业实现税收4.74亿元，同比增长63.4%。

（刘伟杰）

【中关村国际化大讲堂活动启动】 1月23日，中关村国际化大讲堂活动启动。国家发改委、科技部、世界银行等机构专家围绕“国际合作•气候变化•国际金融机构”的主题展开演讲。国家发改委应对气候变化司司长苏伟、科技部国际合作司司长靳晓明和世界银行首席环境专家、农业林业及环境部主任Garo Batmanian分别发表了题为“国际合作与气候变化”“以国际视野谋划科技创新”“世界银行与低碳经济/可持续发展”的主题演讲。科技部火炬中心组织互动对话，与3位嘉宾就国际金融机构如何支持中关村国家自主创新示范区企业参与国际科技合作及企业如何利用节能环保技术推动传统产业升级改造等进行探讨，为中关村示范区企业与政府机构、国际组织专家提供交流机会，企业了解了相关政策，开阔了国际视野。中关村管委会与英国《金融时报》集团旗下的FT中文网开展合作，共同举办中关村国际化大讲堂。双方将在中关村国际化大讲堂活动的课程设计、专家邀请、宣传推广等方面展开深入合作，为中关村示范区企业的创新发展和国际市场开拓打造一流的学习与交流平台。

（梁冰）

【小米公司与银行签署移动金融全面合作协议】 2月19日，小米公司与北京银行签署移动金融全面合作协议。双方基于小米公司互联网平台的综合金融服务，在移动支付、便捷信贷、产品定制、渠道拓展等方面合作。北京银行将针对小米公司客户群设计专属产品流程，通过手机等终端开展移动金融业务合作，并为小米公司股东和员工提供个人信贷融资服务及个人理财、投资服务等。合作范围包括基于近距离无线通信技术（NFC）功能的移动支付结算业务、理财和保险等标准化产品的销售、货币基金的销售平台以及标准化、个贷产品在手机、互联网终端申请等。

（梁冰）

【全国股份转让系统与科技部火炬中心签署协议】 2月27日，全国中小企业股份转让系统有限责任公司（简称“全国股份转让系统公司”）与科技部火炬高技术产业开发中心（简称“科技部火炬中心”）签署战略合作协议，双方将在推动科技型中小企业融资模式创新、产品创新、服务创新和组织创新等方面开展深度合作。打造“科技型中小企业成长路线图计划”升级版本，共同推进科技型中小企业培育工作。

（梁冰）

【北京银行与中关村互联网金融行业协会签署战略合作协议】 3月25日，北京银行与中关村互联网金融行业协会签署战略合作协议。北京银行借助互联网企业技术、渠道优势，为企业提供普惠金融服务。推出为小微企业量身定制、基于账单流水实现融资的信用贷款产品——“小微贷”。该产品主要面向广大小微企业无须抵押担保，依靠日常业务结算流水即可向银行申请“信用贷款”；方案灵活多样，日常结算流水既可是企业的账单流水，也可以是企业主个人的结算流水；融资成本可控，除支付贷款利息外，企业无须支付评估、抵押、担保等其他费用。

（梁冰）

【“中以创新发展基金”创立】 5月8日，“中以创新发展基金”（以下简称“基金”）创立大会暨第一次合伙人会议在中关村软件园国际会议服务中心召开。中关村软件园和以色列施拉特公司于2011年合作共建“中以国际技术创新合作转移中心”。依托该中心，为更好地吸收引进以色列和欧美优秀高科技创新技术，中关村软件园公司与中关村发展集团发起设立“中以创新发展基金”，首期3000万元，专注于投资以色列早期高科技成果，扶持其落地中关村软件园、与国内相关企业对接，最终带动国内高科技产业的发展。

（梁冰）

【区政府与北银消费金融公司签订《战略合作备忘录》】 5月26日，海淀区政府与北银消费金融公司签订《战略合作备忘录》。北银消费金融公司加快推进消费金融科技创新建设，开展一系列金融技术革新项目；海淀区政府将鼓励企业开展消费金融业务，在政策服务上给予全力支持。

（梁冰）

【海淀园管委会与北京银行中关村分行签署小微企业综合金融服务协议】 6月12日“中关村创业大街”开街暨首届“中关村创业大街创业季”启动仪式在中关村核心区举行。中关村海淀园管委会与北京银行中关村分行签署小微企业综合金融服务协议。根据协议，双方将在专属金融服务、小微创业企业融资推荐机制、中小企业信用体系试验区建设、科技载体集成服务能力提升等方面开展深度合作。

（梁冰）

【成立首家医疗器械领域专业投资基金】 6月22日，海淀区首家医疗器械领域专业投资基金——天峰启航基金开始运营，出资人包括天智航医疗科技有限公司、东升博展集团、中关村创业投资发展有限公司等机构和个人。基金依托中关村医疗器械产业技术创新联盟，侧重但不局限于投资海淀区的优质创业企业。该基金募集目标为人民币1.5亿元，基金存续期为最长9年，已签署协议并转账的资金规模为人民币5500万元。基金将为被投企业提供包括税收优惠、税收减免、贷款贴息、房租补贴、公共技术平台建设资助等附加服务。天峰启航整合天智航、九芝堂、千金药业等区内外营销资源，为企业产品提供销售渠道。

（梁冰）

【举办“债权融资”银企对接会】 10月22日，海淀创业园联合北京银行、工商银行、中国银行、交通银行相关支行在中关村创业大厦举办“债权融资”银企对接活动。北京银行、工商银行、中国银行、交通银行相关负责人分别对各行针对中小企业的贷款及理财服务产品进行推介，并与到场企业进行互动与交流。北京银行上地管辖行为到场企业推荐“创业保”“小微小额专项融资”“北京银行信用卡上班族i分期”“创业者个人房产抵押贷款”等产品。

（梁冰）

【北京银行首家智能银行启动】 12月26日，北京银行首家智能银行在中关村西区启动。智能银行使用体感技术、人脸识别、3D成像、远程视频等多种先进技术，客户可自助完成开卡、办理网银、购买理财、申请贷款等多项业务。当申请贷款时，既可现场查询和打印个人征信报告，也可以线上办理“金贷宝”业务，实现即时申请、即时审批、即时签约，10万元以内贷款可即时到账。

（梁冰）

【海淀企业获北京银行500亿元信贷支持】 年内，北京银行与中关村互联网金融行业协会签署战略合作协议。北京银行从搭建服务管理架构、增强平台建设能力、支持金融业务发展、提升产品研发能力、探索风险防范举措、提供大资管服务平台6方面，加大对互联网金融业务的支持，力争3年内为中关村科技企业提供信贷支持不少于500亿元，为中关村示范区近2万家中小微科技企业提供全面金融服务。与广联达软件股份有限公司签署5亿元意向性合作协议，支持其电子商务采购平台企业融资；与北京卡联科技股份有限公司签署5000万元业务合作协议，支持其平台上的小微商户线上融资；与天使汇签署业务合作协议，支持其众筹平台资金支付结算与投贷联动等业务；与“91金融超市”签署合作协议，在其平台上建立北京银行金融服务专区。

（梁冰）

中关村西区

【概况】 中关村西区于2000年6月20日启动建设，2006年规划占地面积51公顷，2009年调整为95公顷，公共建筑（写字楼）规模约250万平方米，已建成楼宇59座。共驻有单位8000余家，从业人员约10万人。2014年新增入驻企业933家，注册资金亿元以上企业有54家。现有科技研发类企业、科技金融类企业、文化创意类企业、中介服务类企业、教育培训类企业和商业等6种产业形态。是以技术创新与科技成果转化和辐射为核心，以高端人才服务、中介服务和政府公共服务为支撑的创新要素聚集功能区。

（郭佳）

【整合空间资源】 年内，中关村西区办承担区委区政府2014年重点工作任务第34项和2014—2015年海淀区人口调控重点任务即撤市场和业态调整领域第8项的任务。西区办将业态调整、撤市场、人口调控任务列为重点工作，推进中关村西区业态调整工作。腾退海淀图书城、华奥饭店、鼎好、海龙等大厦共计25557平方米，减少商户422家，涉及从业人员1680余人。鼎好、海龙市场共计清退电子市场204家商户，腾退面积12953平方米，分别引进渤海银行、学而思、人才中心、中国移动等企业入驻。

（郭佳）

【海淀图书城业态升级】 年内，加快海淀图书城业态升级，建设成中关村创业大街。以海淀置业为主体，通过回租、回购等方式整合海淀图书城空间资源，累计投入约1.5亿元，累计腾退房屋面积22010平方米。中关村创业大街已聚集16家新型创业服务机构，形成涵盖早期办公、投融资对接、创业培训等服务新型创业生态体系。累计入驻创新创业项目395个，新增入驻项目84个，毕业项目79个，累计融资额超过22亿元。

（郭佳）

【科技金融要素聚集】 年内，西区办加快推进金融机构聚集，拓展中关村亿世界、互联网金融中心等新空间载体，科技金融一条街金融机构达到378家，股权投资机构达282家；建设互联网金融中心，有利网、趣分期等12家机构正式签约入驻；推进中关村亿世界科技金融中心建设，已完成建设方案的制定。

（郭佳）

【国际技术转移聚集】 年内，中国国际技术转移中心、中国技术交易所等2家技术转移机构共新增技术交易挂牌项目54项，挂牌金额7686.5万元；新增技术合同登记项目751项，成交31亿元；新增融资服务挂牌项目8项，挂牌金额29亿元；新增与北京产权交易所联合挂牌科技企业并购项目240项，挂牌金额149亿元，成交240项，成交金额159亿元。合计成交金额190亿元。

（郭佳）

【电子市场综合整治】 年内，组织工商、公安、发改、商委、文委等部门共开展联合执法80余次，出动检查人员400多人次。工商部门针对市场开展日常巡查8688户次，接到消费举报400件，办结372件，消费申诉1183件，成功调解642件，为消费者挽回经济损失73.8万元。全年立案查处90件，罚没款金额67.1万元，移转公安机关立案1件，涉案金额150万元。西区办牵头组织两次专项行动，重点打击强买强卖、黑导购等违法违规行为，抓获黑导购等违法行为人80余人，处以拘留以上处罚32人，警告48人。检查写字间各类经营主体500余户次，对其中23户现场给予行政指导，对16户存在异地经营、超范围经营行为的经营主体下发“责令改正通知书”要求限期改正并纠正违法经营行为。处理楼宇写字间消费投诉、举报33起，为消费者挽回经济损失合计2.26万元。

加大市场商户监管力度。西区办组织工商、公安约谈鼎好、海龙市场主办方，要求采取措施重点整改无照经营、导购拉客、转型欺诈等违规行为，共对50家有问题商户开具“限期整改通知书”，清退8家问题较为严重的商户。建立“红黑名单”制度，每周公布红黑商户名单。建立每月例会制度，查摆市场主办方经营管理中存在的问题和疏漏，指出存在问题，提出整改意见。建立两支志愿者队伍，在西区主要商场宣传创建文明城区及诚实守信、维护企业合法权益相关法律法规和知识。

（郭佳）

【中关村西区环境提升】 年内，西区办提升中关村广场喷泉、中关村一号桥西南角景观水池亮点工程。协调区绿化队在海淀西街、东三街、善缘街、北一街等13条道路以及广场绿地内的植株进行修建和补种，共补植1.9万余株树木，更换中关村广场破损的地砖、盲道等石材共计400平方米，栏杆进行维修。协调区养路队对180余处盲道占压区域进行维修和整改。

（郭佳）

园区党建与精神文明建设

【概况】 2014年，海淀园工委以开展党的群众路线教育实践活动为主线，以加强非公企业党建工作和加强机关干部队伍建设为重点，提升党建服务保障中心工作的能力和水平。分类指导非公企业开展党的群众路线教育实践活动，建立处级领导干部联系点34个，组织园区830个基层党组织召开专题组织生活会，在2万多名党员间开展民主评议党员工作，查找失联党员，做好不合格党员处理工作，对非公企业5名不合格党员给予除名处理。加大党建经费对基层党员活动阵地的支持力度。推荐园区18家党组织参与海淀区百家典型带动作用强的基层党组织创建活动评选，共有13家党组织入选。新奥特党委作为海淀唯一的服务型党组织建设案例入选市委宣传部党员电教片拍摄计划；高能时代党委作为全市4家党组织活动点之一受到市委组织部、市网信办的重点宣传。截至年底，园区工委直属党组织573家，党员25850人；工会1181家，工会会员108298人；团组织196家。

（吴丽芸）

【园区党建工作会召开】 1月15日，海淀园工委召开2014年党建工作会。会议发布工委《关于进一步发挥海淀园非公企业党组织“两个作用”的实施意见》，该意见对非公企业党组织发挥“两个作用”的内涵、基本标准、工作途径、工作载体、基础保障5个方面做了具体阐述。会议对90个先进基层党组织、107名优秀党务工作者、286名优秀共产党员和84名党建之友进行表彰。会议提出保证工作开展站位高、依托创新驱动促发展、夯实党建基础强根基三方面的意见。

（吴丽芸）

【党的群众路线教育实践活动】 2月—10月，海淀园开展党的群众路线教育实践活动，园区领导班子和机关所属16个部门，30名处级以上领导干部，141名基层党员干部，819个非公企业基层党组织，2.3万名党员参加，以“为民、务实、清廉”为主题，聚焦整治“四风”，完成教育实践活动各环节的工作任务。在对海淀园领导班子的民主测评中，机关全体党员干部对园区开展教育实践活动情况的好评率达到99.38%。

（吴丽芸）

【工会服务站通过市总工会验收】 10月29日，中关村科技园区海淀园工会工作委员会下属的首家工会服务站——中关村软件园工会服务站通过市总工会的检查验收。中关村软件园企业以民营为主，职工人数达到4.5万人，工会服务站为园区企业和职工提供组建工会、来访接待、政策咨询、法律援助、京卡服务、教育培训、文体活动、先进评比、互助保障等全方位的服务。

（吴丽芸）

【非公企业党建】 年内，海淀园坚持扩大非公科技企业组织覆盖与加强党组织管理同步推进，以服务型党组织建设为抓手，扩大非公企业“两个覆盖”（党的组织覆盖和工作覆盖）。依托大学科技园、孵化器、行业协会等组织新建8个党建管理孵化平台，开展党工团工作，党建管理孵化平台累计达30个。重点推动党建平台所覆盖企业和园区规模以上科技企业建立党的组织，全年新建联合性质党组织23个，独立企业党组织65个，园区党的组织覆盖近7000家科技企业。建立独立工会20个，覆盖职工5005人，发展会员3792人；联合工会3个，覆盖企业797个，职工11640人；新建团组织18个。开展《非公企业党建工作促进核心区经济发展和科技创新的具体举措研究》《关于严格非公企业党员管理有关问题研究》两个党建课题研究。举办党组织负责人、优秀基层党务干部培训班，对党建平台新任党建指导员进行多批次培训。对397名入党积极分子开展培训。七一前，组织园区企业的100名新党员到中关村国家自主创新示范区展示中心举行入党宣誓活动。

（吴丽芸）

【培育和践行社会主义核心价值观】 年内，海淀园围绕建设具有全球影响力的科技创新中心目标，重点在加强机关文化建设、党员队伍建设、精神文明建设、氛围营造等4个方面培育和践行社会主义核心价值观。9月16日，海淀园工委在鑫泰大厦举办社会主义核心价值观专题讲座，海淀园机关全体人员和高科技企业党组织书记共400多人听取讲座。

（吴丽芸）

【启动经济技术创新工程】 年内，海淀园坚持开展劳动竞赛活动，推动职工经济技术创新。引导园区职工参与重点工程、重大项目建设，推动企业节能降耗、创新增效。评选出“经济技术创新工程”活动成绩突出的先进企业43家，创新标兵194名，优秀成果130项，优秀合理化建议105项。发挥园区高新技术企业集群优势，提倡创新工作的常态化，北京中电华强焊接工程技术有限公司崔江涛创新工作室等7个工作室被评为区“职工创新工作室”，北京金色农华种业科技股份有限公司阳庆华等3人被评为区“知识型职工标兵”。

（吴丽芸）

【法律培训】 2014年，海淀园组织法律培训讲座4次，园区748家企业1151人次参加，定期培训活动提升了企业劳资委员的法律意识和维权意识；组织园区高新技术企业工会劳资委员到海淀区劳动争议仲裁院，现场观摩劳动争议仲裁庭审16次，634家企业的668人次参加。

（吴丽芸）

【团组织建设】 年内，海淀园团工委结合党的群众路线教育实践活动，履行组织青年、引导青年、服务青年职能。全年新建团组织18个，累计达到196个。5月，组织“青春点亮中国梦、金歌唱响核心区”第八届中关村海淀科技园区青年歌手大赛。11月，主办“爱在中关村 牵手核心区”中关村科技园区海淀园青年联谊会。北京铁血科技有限责任公司总裁蒋磊被评为海淀区“十大杰出青年”。北京鼎普科技股份有限公司团支部被评为北京市青年文明号集体。海淀园团工委被团区委评为“五四”红旗团委。

（吴丽芸）

综合经济管理

2015
北京海淀年鉴

1月10日，海淀区第三次全国经济普查电话热线现场（区统计局 何雯 摄）

3月26日，北京市质量技术监督局、北京市教育委员会、北京电视台在海淀区魏公村小学联合举办“正确乘用电梯、保障学生安全”的电梯安全宣传教育公开课（区质监局 供图）

4月8日，中央第十二巡回督导组到海淀检验检疫局专题调研党的群众路线教育实践活动（区检疫局 供图）

4月22日，区知识产权局、商务委、工商分局、文化委、质监局五部门组成知识产权联合执法工作组，到金源燕莎MALL开展执法检查（李瑞林 摄）

4月27日，区审计局对区城市服务管理指挥中心进行审计（区审计局 苏立杨 摄）

8月13日，北太平庄工商所整治重点大街餐饮售货亭（北太平庄工商所 供图）

10月，中关村国际数字设计中心被授予“中关村智能硬件产业集聚区孵化基地”称号（区国资委 供图）

11月，区国税局正式启用中关村办税服务区（区国税局 供图）

12月3日，北京市互联网地税局在海淀区地税局正式启动上线（区地税局 供图）

综合经济管理

经济社会发展与经济调控

【概况】 2014年，海淀区发展和改革委员会完成全社会固定资产投资任务，完善和强化经济社会发展研究和指标监测，启动“十三五”规划研究编制工作，开展人口规模调控和产业结构调整工作，加大对口帮扶与企业服务力度，推动节能减排工作，加强电力供应和保障，统筹开展物价调控和监管。全年牵头主办市、区各项“折子工程”、重点任务共32项；报送决策性督查320件次；接办区领导的各类批办件372件；办结市区两级人大代表建议、政协提案13件；接收城市综合管理系统交办事项1071件，非紧急救助信访868件；网上主动更新各类信息951条。

（张东阳）

【制定国民经济和社会发展年度目标】 2014年，海淀区国民经济和社会发展的预期目标是：地区生产总值增长8%左右；城镇居民人均可支配收入增长9%，农村居民人均纯收入增长9%；区级公共财政预算收入增长8.5%；全社会固定资产投资增长8%左右；社会消费品零售额增长7%左右；海淀园总收入增长15%；城镇登记失业率动态控制在1.5%以内；建设筹集保障性住房1.5万套；万元生产总值能耗下降2.23%，水耗下降4%；空气中细颗粒物PM2.5浓度下降5%。

（张微）

【国民经济和社会发展6项任务】 年内，海淀区国民经济和社会发展的主要任务：坚持以提高质量和效益为中心，加快转变经济发展方式；坚持以深化改革为引领，增强发展活力和动力；坚持以创新要素建设为着力点，推进核心区跨越发展；坚持以三大功能区建设为载体，全面改善城乡环境；坚持以改善民生为落脚点，全面推进社会事业发展；坚持以文明城区创建为带动，全面建设宜居美丽海淀。

（张微）

【国民经济和社会发展完成情况】 年内，海淀区国民经济和社会发展的实际完成情况：全区实现地区生产总值4290亿元，同比增长8.6%；社会消费品零售额实现1764.8亿元，同比增长9.3%；全社会固定资产投资841.7亿元，同比增长8.6%；区级公共财政预算316.2亿元，同比增长8.5%；城市居民人均可支配收入50088元，同比增长9%，农村居民人均纯收入27098元，同比增长9.8%；万元生产总值能耗下降6.7%，水耗下降4.8%；空气中细颗粒物PM2.5浓度下降8.2%；城镇登记失业率为0.78%。

（张微）

【医药卫生体制改革】 年内，海淀区稳步推进公立医院改革，建立海淀医院法人治理结构；鼓励和促进社会资本办医；完善区域医疗卫生服务体系，建成北医三院中东部、世纪坛医院东南部、航天中心医院西南部、人民医院、海淀医院、309医院6个综合医联体，覆盖19家医院和全区所有社区卫生服务中心。提升基层卫生服务能力，全面铺开“一键式”家庭医生式服务体系。

（张贵京）

【政府投资项目管理体制改革】 年内，区发展改革委牵头开展《海淀区政府投资项目管理办法》编制工作，系统梳理政府投资项目管理流程、简化审批手续、强化监督管理、提升投资效率，在资金管理、项目管理、监督管理方面完善体系、突破创新、凸显重点，对政府投资项目管理的界定政府投资范畴、明确相关单位职责、细化投资具体分类、规范投资管理流程、明晰投资管理要求五大方面进行完善，形成投资主体多元化、资金来源多渠道、投资方式多样化、投资决策科学化的投资管理体系，更好地发挥政府投资在经济社会发展中重要的引导、放大、推动作用。

（张贵京）

【项目立项审批】 年内，区发展改革委完成立项审批261项，包括审批118项，审批投资约81亿元；核准81项，投资约66亿元；备案79项，投资约100亿元。报送市发改委立项请示37项，其中审批请示13项、核准请示24项，涉及总投资193.07亿元，其中涉及审批投资16.26亿元、核准176.81亿元。报送市发改委年度投资计划85项，涉及总投资292.96亿元；完成节能登记115个，节能专篇20个。

（尹大勇）

【申报市级绿色审批通道项目】 年内，海淀区分四批次申报市级绿色通道项目，共申报110个项目，总投资1555.13亿元，计划投资242.59亿元。共有51个项目纳入2014年市级绿色通道，涉及总投资496.11亿元，实现计划投资128.22亿元。主要包含海淀区上庄镇中心区B10地块自住型商品房项目、中关村软件园新浪总部、上庄镇“一镇一园”、大北农生物农业创新园、小米移动互联网产业园区等园区创业项目。

（尹大勇）

【高新技术专项管理】 年内，区发展改革委完成高新技术专项备案320件，涉及计划总投资204.28亿元，包括市发改委专项19个专项，涉及96家企业，总投资68.97亿元；其他部委专项8个，涉及164家企业，总投资56.23亿元；上市募投涉及16家企业58个项目，募集金额79.77亿元。完成市发改委13个专项138个项目推荐工作。完成项目中期评估85件，涉及17个专项，85家企业，总投资33.6亿元。核拨资金58件，涉及57家企业，核拨政府补助资金6.8亿元，其中，核拨北京市工程实验室创新能力建设项目政府补助资金19件，核拨补助资金1.8亿元；其他高新技术专项39件，核拨补助资金5亿元。完成项目验收40件，涉及总投资15.8亿元。

（韩枫）

【对口支援】 年内，海淀区与湖北省丹江口市正式结为“一对一”协作关系建立双边定期会议制度；海淀区安排专项资金200万元支持丹江口市沧浪洲生态湿地保护区建设项目；完成“1+4”[①]在结对学校、医院、园区间多方面开展合作、扶持；两地宣传、教育、商务、旅游、民政、文化、乡镇、园区等部门间签订对口协作框架协议，落实各领域协作工作；捐赠资金60万元支持当地幼儿园建设及福利院购买设备；开展干部双向挂职交流；组织海淀区企业考察当地产业园，2家企业签约落地；组织当地企业来京参加推介展卖活动，在当地建立蜜橘直供基地；通过赴当地送教、承接人员来京进修培训等方式开展智力协作工作。

安排专项资金200万元用于内蒙古敖汉旗四家子镇城区道路建设；开展干部双向挂职交流；通过赴当地送教、承接当地来京培训等方式开展智力帮扶工作；赴当地开展义诊、健康教育等活动，承接当地医护人员来京培训；组织当地企业来京参加招商活动，帮助敖汉旗联系走访海淀区产业联盟，开展经贸推介、寻求投资合作意向；通过捐赠物资等方式开展对口帮扶工作。

安排专项资金1000万元援助西藏拉萨市尼木县各乡镇部分公共设施采暖工程项目，安排专项资金100万元援助拉萨市城关区海淀小学附属幼儿园项目。

（王瑞）

【节能工作】 2014年，海淀区万元地区生产总值能耗同比下降6.7%，能耗总量为834.5万吨标准煤，提前一年完成“十二五”整体任务指标。“十二五”以来，海淀区以年均2.6%的能耗增速支持11.5%的地区生产总值增长。连续三年超额完成节能任务指标，被北京市评为节能先进区。做好节能降耗与应对气候变化工作。修订节能减排支持办法，突出新能源和可再生能源利用，支持“三高”企业退出，支持循环经济创新实践。推动示范区建设，组织项目对接，开展项目备案，推动项目落地，协调解决并网发电、申报程序等相关问题，东升科技园北领地分布式光伏发电等9个项目正在实施，全区总装机容量达到8.21兆瓦。组织全区85家重点用能单位开展能源利用状况报告和能源管理负责人备案工作。组织全区78家重点排放单位开展碳排放报告报送核查及履约工作、160家一般排放单位碳排放数据填报工作。组织全区35家重点用能单位开展能源审计，30家企业开展清洁生产审核。配合市节能监察大队对28家重点用能单位开展节能监察，对4家企业资源综合利用认证申报材料进行初审。

（刘波）

【压减燃煤】 年内，区发展改革委组织编制《海淀区2013—2017年加快压减燃煤和清洁能源建设工作任务2014年任务措施》。2014年度完成全区燃煤锅炉改造641.5蒸吨，其中工业锅炉改造372蒸吨，采暖锅炉改造269.5蒸吨；8家企业列入“三高”企业退出计划，均已签订永久停产协议书，其中2家企业完成主要设备拆除工作；城市化改造上楼完成拆迁腾退9218户，其中南部地区棚户区改造项目拆迁3741户；北部村庄完成拆迁腾退4097户；“三山五园”历史文化景区建设拆迁腾退1062户；中关村科学城建设签腾退协议318户。全区全年实现压减燃煤20.39万吨，2013—2014年实现压减燃煤38.62万吨，超额完成市压煤办下达的32万吨压煤任务，提前完成市压煤办下达的2013—2017年38万吨压煤任务。区发展改革委被北京市政府授予“首都环境保护先进集体”。2013—2014采暖季完成优质煤替代7.56万吨，超额完成市农委下达的2014年优质煤替代6.87万吨的任务。

（黄看看）

【电力建设】 年内，区发展改革委加快办理2013年电力配套专项资金项目前期手续，重点推进展春园小区5个老旧小区电力设施改造。完成展春园小区、中关村105号、龙岗路粉丝厂平房宿舍、金谷园小区、永泰西里小区等5个老旧小区电改工程。梳理2014年项目储备情况。争取市发改委政策和资金支持，储备2014—2016年老旧小区电网改造项目45项。拨付市发改委对海淀区老旧小区电力改造配套资金2965万元。

（殷丽娜）

【电力监管】 年内，区发展改革委开展电力行业安全环境综合整治工作，将电力行业打非治违、有限空间和地下管线安全管理结合起来，完成电力安全生产各项任务。制定电力迎峰度夏保障方案，实施迎峰度夏应急演练，提升应对突发事件能力；细化电网运行方式，加强电网风险管控；深化隐患排查治理，提升电网健康水平，地区供电形势平稳。2014年度夏期间，海淀地区最大负荷为266.8万千瓦，电网最大负荷未超过历史最高水平。申报28项北京市电力需求侧管理城市综合试点项目，总投资8.8亿元，节约电力负荷1.6万千瓦。

（殷丽娜）

【价格管理】 年内，区发展改革委开展2013年度行政事业性收费许可证年审工作，核发380个收费许可证（其中正本185个，副本195个），未发现有违反价格政策行为，年审率100%；以日报、

---

① 各区县在与协作地区大结对的前提下，安排一所中学、一所职业高中、区（县）医院、工业开发区与协作地区建立四项小结对关系。

周报、旬报、月报、节假日报等形式开展全天候价格监测工作；完成民办学历教育学费、住宿费标准审批10户；完成非学历收费标准备案103户；办理民办幼儿园备案15户；对全区141家停车场进行了机动车收费标准核准工作。

（林平）

【价格监督检查】 年内，区发展改革委以民生价格检查为重点，完成教育收费、医药价格收费、机动车停车收费、商超价格、行政事业性收费、人才职介机构收费、涉企价格收费、银行收费、电子产品和商品房明码标价以及节假日和重大活动期间的价格专项检查。全年共计检查企事业单位、个体工商户1077户，其中商品生产、经营单位394户，服务收费行业679户，行政事业单位4户。查处各类价格违法案件19件，经济制裁总金额185.69万元。全年共受理各类价格信访、投诉和举报1324件，为群众挽回经济损失29.40万元。

（管建波）

【课题研究】 年内，区发展改革委完成《海淀区产业结构调整升级研究》《海淀区吸引社会资本参与市政设施与民生领域建设对策研究》《北京市区县间税源竞争问题研究》3项委重点课题。全年编辑发行4期《海淀发展与改革研究》（季刊）。

（祁明军）

【价格鉴定】 年内，区发展改革委（价格认证中心）共受理涉及机动车、机动车维修、电动自行车、电子产品和假冒产品等司法机关委托的价格鉴定4449件。

（车爱军）

金融服务管理

【概况】 2014年，区金融办承担市、区政府“折子工程”、重点任务9项，受理并办理人大代表建议、政协委员提案8件。报送决策性督查39件次，建议提案办理满意率100%。

截至年底，海淀区各类金融机构及分支机构达到2422家，同比增加221家，增长10.04%。其中法人金融机构新增62家，总数达到920家。

全区金融业总税收完成801.83亿元，同比增长15.45%，占全区区域财政收入（2093.4亿元）的38.3%；金融业区级税收达到33.88亿元，同比增长18.8%，占全区公共财政预算收入（316.2亿元）的10.71%，同比增长0.92%。金融业总税收和区级税收增速分别高于同期全区区域财政收入和全区公共财政预算收入增速。其中，区级税收增幅高于同期全区公共财政预算收入增幅10.3个百分点，区级贡献率达到21.66%。纳税总额前四名的金融行业为：银行业（740.84亿元）、财务公司（25.46亿元）、保险业（9.55亿元）、证券业（8.47亿元），合计784.32亿元，占金融行业总税收的97.82%。区级税收排名前四名的行业为：银行业（17.52亿元）、财务公司（7.06亿元）、保险业（2.48亿元）、证券业（1.63亿元），合计28.69亿元，占金融行业区级税收的84.71%。与2013年相比，保险业和证券业区级税收分别增长63.42%、44.16%，成为2014年金融业区级税收增长的主要拉动力。

（段浩杰）

【银行业】 年内，海淀区驻区银行机构及其网点总数766家，占全区金融机构总数的三分之一。2014年度新增银行网点46家，其中新设立社区银行20家，北部地区新增银行网点4家。区域期末银行存款余额达21172.3亿元，同比增长8%；区域期末银行贷款余额5792.8亿元，同比增长6.9%。银行业存贷差为15379.5亿元，银行业存贷比为27.36%，低于上年同期存贷比0.29个百分点。

（段浩杰）

【股权投资】 年内，海淀区新设立140家股权投资机构，股权投资机构累计达836家，同比增长20.1%；其中，股权投资管理机构440家，占全市的46%；披露金额的管理资本量累计达2286.21亿元，比2013年增加146.1亿元，同比增长6.8%，占全市的18.1%。海淀区企业成功获得股权融资案例358起，占全市的41.4%，占全国的12.5%。其中披露融资金额的企业共获得409.13亿元股权融资，占全市的23.7%，占全国的9.5%。股权投资机构已披露管理资本总量累计达到2286.21亿元人民币，同比增加146.1亿元。

（段浩杰）

【互联网金融】 年内，海淀区聚集天使汇、拉卡拉、人人贷等互联网金融机构近200家，第三方支付牌证机构22家，占全市的40%，占全国的8%；完成人民银行企业征信备案机构12家，占全市的近六成；中诚信、拉卡拉2家机构开展个人征信业务准备工作，占全市的二分之一，占全国的四分之一；网络借贷（P2P）57家、股权众筹14家、网络金融超市16家、网络金融大数据挖掘30家。产业税收贡献高速增长，全区互联网金融产业全年实现税收（国地税合计）4.74亿元，同比增长高达63.4%。其中，第三方支付实现税收1.36亿元，同比增长63.9%，大数据金融（金融电商）实现税收1.26亿元，同比增长121.1%。

（段浩杰）

【上市企业累计371家】 年内，海淀区新增上市、挂牌企业63家，上市、挂牌公司总计371家（不包括四板公司）。境内上市、挂牌308家（沪、深市主板38家、中小板22家、创业板34家，新三板214家），占北京40%；境外上市63家（中国香港25家、美国36家、其他地区2家）。四板展示类企业110家，占全市（321家）的1/3。按照2014年12月31日收盘价计算，境内上市公司流通股市值7585.84亿元，总市值20906.94亿元。

（段浩杰）

2014年海淀区新上市(挂牌)企业名录(63家)

序号	公司名称	上市板块	上市日期
1	北京安控科技股份有限公司	创业板	2014-1-23
2	北京力码科信息技术股份有限公司	新三板	2014-1-24
3	北京地林伟业科技股份有限公司	新三板	2014-1-24
4	北京星立方科技发展股份有限公司	新三板	2014-1-24
5	北京金天地影视文化股份有限公司	新三板	2014-1-24
6	北京中电方大科技股份有限公司	新三板	2014-1-24
7	北京星通联华科技发展股份有限公司	新三板	2014-1-24
8	北京英富森软件股份有限公司	新三板	2014-1-24
9	北京联创种业股份有限公司	新三板	2014-1-24
10	东方网力科技股份有限公司	创业板	2014-1-29
11	北京神州绿盟信息安全科技股份有限公司	创业板	2014-1-29
12	天健创新(北京)监测仪表股份有限公司	新三板	2014-2-18
13	北京蓝科泰达科技股份有限公司	新三板	2014-2-20
14	北京联合永道软件股份有限公司	新三板	2014-3-7
15	北京三多堂传媒股份有限公司	新三板	2014-3-20
16	北京绿伞化学股份有限公司	新三板	2014-3-20
17	达内时代科技集团有限公司	纳斯达克	2014-4-3
18	微博公司	纳斯达克	2014-4-17
19	海芯华夏(北京)科技股份有限公司	新三板	2014-4-23
20	北京九五智驾信息技术股份有限公司	新三板	2014-5-6
21	北京欣易晨科技发展股份有限公司	新三板	2014-5-29
22	北京波智高远信息技术股份有限公司	新三板	2014-5-30
23	北京蓝山科技股份有限公司	新三板	2014-6-20
24	中智华体(北京)科技股份有限公司	新三板	2014-6-25
25	飞天诚信科技股份有限公司	创业板	2014-6-26
26	畅捷通信息技术股份有限公司	香港主板	2014-6-26
27	北京联众互动网络股份有限公司	香港主板	2014-6-30
28	北京迪信通商贸股份有限公司	香港主板	2014-7-8
29	奥测世纪(北京)技术股份有限公司	新三板	2014-7-16
30	北京华图宏阳教育文化发展股份有限公司	新三板	2014-7-24
31	北京安证通信息科技股份有限公司	新三板	2014-7-25
32	北京三联虹普新合纤技术服务股份有限公司	创业板	2014-8-1
33	北京北方空间建筑科技股份有限公司	新三板	2014-8-12

序号	公司名称	上市板块	上市日期
34	北京汇能精电科技股份有限公司	新三板	2014-8-13
35	北京合锐赛尔电力科技股份有限公司	新三板	2014-8-14
36	北京智明恒石油科技股份有限公司	新三板	2014-8-14
37	北京东润环能科技股份有限公司	新三板	2014-8-15
38	北京元鼎时代科技股份有限公司	新三板	2014-8-21
39	北京卓华信息技术股份有限公司	新三板	2014-8-21
40	北京岳能科技股份有限公司	新三板	2014-8-22
41	鑫干线（北京）科技股份有限公司	新三板	2014-8-29
42	北京易讯通信息技术股份有限公司	新三板	2014-9-11
43	中节能风力发电股份有限公司	主板	2014-9-29
44	北京圣海林生态环境科技股份有限公司	新三板	2014-10-17
45	北京宏景世纪软件股份有限公司	新三板	2014-10-22
46	北京市金龙腾装饰股份有限公司	新三板	2014-10-23
47	北京九强生物技术股份有限公司	创业板	2014-10-30
48	北京金视和科技股份有限公司	新三板	2014-11-3
49	同力天合（北京）管理软件股份有限公司	新三板	2014-11-5
50	汇智光华（北京）文化传媒股份有限公司	新三板	2014-11-6
51	北京蛙视通信技术股份有限公司	新三板	2014-11-11
52	北京朗悦科技股份有限公司	新三板	2014-11-11
53	北京雷力海洋生物新产业股份有限公司	新三板	2014-11-17
54	北京帜扬信通科技股份有限公司	新三板	2014-11-20
55	北京华创网安科技股份有限公司	新三板	2014-12-1
56	华油阳光（北京）科技股份有限公司	新三板	2014-12-3
57	中持依迪亚（北京）环境检测分析股份有限公司	新三板	2014-12-4
58	北京拂尘龙科技发展股份有限公司	新三板	2014-12-5
59	数据堂（北京）科技股份有限公司	新三板	2014-12-10
60	北京约顿气膜建筑技术股份有限公司	新三板	2014-12-19
61	北京远方动力可再生能源科技股份公司	新三板	2014-12-22
62	北京盈建科软件股份有限公司	新三板	2014-12-25
63	北京高能时代环境技术股份有限公司	主板	2014-12-29

（段浩杰）

【专营机构】 年内，海淀区5家专营机构累计为1393户中小企业发放贷款99.88亿元，其中为海淀区的555户中小企业发放贷款44.37亿元，成为支持科技创新发展的主力军。

（段浩杰）

【小额贷款】 年内，海淀区有小额贷款税源户11家，注册资本总额23.15亿元，全年累计发放贷款52.20亿元，贷款余额22.50亿元，农户发放贷款2.6亿元，中小微企业10.6亿元。净利润1.93亿元，实现税收（国税地税合计）

1.12亿元，同比增长72.3%（含区级收入0.28亿元，同比增长64.7%）。

（段浩杰）

【融资担保】 年内，海淀区有融资性担保公司20家，占全市的15.38%；注册资本共计129.12亿元，占全市的23.33%。融资性责任余额389.1亿元，净利润5.97亿元，实现税收（国地税合计）3.7亿元，同比增长27.6%。

（段浩杰）

【金融功能区建设】 年内，金融功能区聚集效应显现。中关村西区金融机构达到396家，较上年增加48家，增长13.79%。其中，新增股权投资机构占西区新增金融机构总数的一半以上，总数达到299家。中关村PE大厦聚集股权投资机构226家，管理资本量超过770亿元，实现税收7.77亿元，区级税收2.91亿元。西直门外科技金融商务区聚集金融机构达到131家，较上年增加21家，增长19.09%，实现税收5.06亿元，区级税收1.40亿元。

（段浩杰）

统 计

【概况】 2014年，海淀统计局（队）紧扣统计系统工作和服务区域经济社会发展“两大主题”，围绕上级机关、同级部门、基层站所、调查对象和社会公众五大服务对象需求，实施“二、三、五、十”[①]路线图计划，统计改革发展各项工作取得良好成绩。

（王倩）

【开展“雾霾天气对群众生活影响度”调查】 3月中旬，海淀局队在全区范围内开展“雾霾天气对群众生活影响度”调查。调查对象为年龄在16周岁以上的群众，调查方式是运用计算机辅助电话调查（CATI）系统随机抽样进行一次性电话调查。在海淀区29个街道、镇中的号码库中各随机抽取30个样本，样本量总计870个。

（王倩）

【完成第三次经济普查】 年内，海淀统计局队完成第三次全国经济普查工作，共登记法人和产业活动单位14.1万家，个体经营户5.3万户，核查率在全市朝阳、海淀、丰台三个大区中位居第一，单位登记率和个体经营户登记率双双突破100%。在普查资料的开发应用方面，搭建局所共享的数据开发平台，完成主要指标数据的加工、普查公报的发布和“短平快”资料分析，确定海淀高精尖经济结构要素和路径研究、海淀区小微企业发展统计分析研究、海淀区人口结构分布及疏解路径研究、以人口调控为目标的海淀区产业结构升级研究4项课题。组织召开全区经普工作总结会，万寿路街道等12家单位被评为先进集体，各街、镇及相关单位共计107人被评为先进个人。

（王倩）

【统计服务】 年内，海淀统计局队加强统计信息服务和分析监测。共编发统计专报233篇，19篇报告获区领导批示，发送“统计海报”手机彩信服务24期。在全市统计系统分析评比中，荣获一等奖2篇，二等奖1篇；编印《区情手册》1.5万册，主动公开数据信息300余条，对外提供数据约230万笔。《海淀统计年鉴》获得北京市首届年鉴综合质量评比三等奖。

（王倩）

【2项统计课题获奖】 年内，海淀统计局队组成包括中国人民大学统计学院、科技部高技术研究发展中心等专家在内的智库团队，推动数据开发和课题研究。共设立调研课题28项，其中“工业统计管理流程再造”被确定为市统计系统重点课题，“电子商务时代的商业统计制度”被选定为国家级关注课题。“基于智能手机的统计局城乡住户一体化调查信息系统平台项目”获北京市统计优秀信息技术应用成果奖二等奖、《电子商务时代的商业统计制度研究——基层视角》获优秀课题论文奖三等奖。

（王倩）

【统计执法】 年内，海淀统计局队完成700家单位的执法检查任务，对80家单位的违法行为做出行政处罚。发放通知书近7000份，印发《统计法》经普宣传手册和经普条例1万份，对57家不配合经济普查的企业依法查办。

（王倩）

【建成统计数据信息管理平台】 年内，海淀统计局队为解决统计数据分散存储、基层历史数据查找困难等影响统计服务效率的现实问题，开发“统计数据综合管理平台”。该平台从在对历史数据资源进行初步清理后，开发普查专题库、年定报专题库以及年鉴专题库，实现多年历史数据的连续查询，定制了按功能区、按新兴产业、按国民经济行业分类、按登记注册类型等常用固定分组查询，开发了按表单、按指标、按计算公式等灵活个性化查询。共加载54种常用分类汇总，建立可视化的图形分析专题。平台架构及功能开发初见实效。

（王倩）

---

① 紧扣统计系统工作和服务区域经济社会发展“两大主题”，加快推进2013年打基础、2014年见成效、2015年上台阶“三步走战略”，紧紧围绕上级机关、同级部门、基层站所、调查对象和社会公众“五大服务对象”需求，全面实施改革领航、四风整肃、服务拓维等“十大工程”。

质量技术监督

【概况】 2014年，海淀区共有工业产品生产企业3241家，其中许可证企业76家，CCC企业174家，共持有561张有效证书。取得制造计量器具许可证的企业共有77家，全市为280家，占比为27.5%，其中海淀区质监局发证企业为51家，市局发证为26家。海淀区在用特种设备42119台（套）。海淀区质监局备案企业标准1590份，登记标准49份，企业标准备案数量占全市24%。

（于晓琳）

【国家食品质量安全监督检验中心】 全年完成各类政府监督抽查和专项抽查17746批次。作为北京市食品安全预警监测平台，追踪食品安全的新动向，每月发布食品安全预警信息。发布《化妆品中苯扎氯铵含量的测定高效液相色谱法》《化妆品中污染物双酚A的测定液相色谱—串联质谱法》和《化妆品中脱氢醋酸及其盐类的测定高效液相色谱法》3项国家标准，另有8项国家标准修订项目获批立项，3项科研项目通过主管单位验收，10项科研课题的完成并提交验收申请。组织开展展示、交流活动，全年共接待600余人参观学习。

（于晓琳）

【实施标准化战略】 2月，区质监局结合海淀区标准化工作实际，牵头制订《加快推进〈首都标准化战略纲要〉的实施意见》。两个国家级示范项目——北下关街道社区居家养老服务标准化与中央电视塔旅游服务标准化体系均已搭建完成。与北京市标准化交流服务中心合作设立标准创新咨询电话专线，为海淀区企业和产业联盟参与标准创新活动提供技术、政策方面的咨询指导。海淀区24项标准获2014年“中国标准创新贡献奖”，其中一等奖7项，均为全国最多。59个标准获得北京市标准制修订补助，占全市的40%。推进农业标准化工作，打造四季青镇“一河十园”国家观光休闲农业综合标准化示范区和国家森林多功能经营综合标准化示范区。起草并联合区农委发布《海淀区农业标准规范管理办法》，加强对海淀区农业标准规范的管理。10月，海淀区的第四个农业标准规范《无公害农产品蓝莓生产技术规程》通过专家审查。

（于晓琳）

【创建“全国质量强市示范城市”】 5月，海淀区创建“全国质量强市示范城市”工作基本完成，并通过北京市质监局组织的预验收，提前半年向国家质检总局提出验收申请。引入第三方评价机制，委托相关机构对创建工作进行跟踪、评测，开展“市民质量满意度调查”和“海淀区生产性服务业顾客满意度测评”。完善质量安全多元救助体系，协助人保等保险机构推出“产品责任保险”等责任保险产品，引导辖区企业投保。

（于晓琳）

【质量安全执法监督】 年内，区质监局加强与区经信办、信息办以及工商、公安、商务等部门的协调合作，建立全区性的质量安全协调机制。全年完成执法活动1764起，立案查处案件54起，结案率为100%。受理申诉和举报共555件，办结率达100%。未发生系统性、区域性质量安全问题。海淀区在全市率先实现组织机构代码证书免费办理，所需费用由区财政统一承担，年内共受理行政许可及相关事项2647件，为82996家组织机构办理代码业务，海淀区质监局被评为全国质监系统依法行政示范单位。

（于晓琳）

【产品质量监管】 年内，区质监局结合“质量平安”创建工作，依托组织机构代码信息资源，对全区3241家工业产品生产企业进行全面摸底调查。编制《2014海淀区工业产品质量安全重点监管目录》，对212家高风险产品生产企业实施重点监管。开展无烟煤炉具生产企业比选工作，强化对供煤企业的质量监测和用煤单位的抽样监测力度。

（于晓琳）

【特种设备安全监管】 年内，区质监局会同区经信办，以中关村西区为核心，选取部分高层楼宇、大型商场、超市及住宅用电梯共计150部，启动电梯物联网试点项目。联合多部门开展电梯安全、液氨制冷企业专项督查和餐饮场所燃气安全和气瓶充装检验单位专项治理。

（于晓琳）

【计量监管】 年内，区质监局对辖区内的加油站、商场超市、集贸市场、制造计量器具许可证企业、计量认证实验室、香山买卖街等300多家单位进行检查，检查各类在用计量器具2500余台件。完成辖区内重点用能单位能源计量审查工作，组织各单位能源计量管理人员参加岗位培训。对已实现电子计价秤统配统管的集贸市场开展“回头看”检查，巩固诚信计量成果，在京港水产市场推广诚信计量工作。

（于晓琳）

安全生产监督管理

【概况】 2014年，海淀区安全生产监督管理局以压减事故总量为目标，以落实企业主体责任为重点，深化专项治理，严抓关键时期保障工作，全区安全生产形势总体平稳。全年共发生交通肇事、火灾、生产安全死亡事故76起，比上年减少2起、下降2.6%；死亡92人，同比增加10人、上升12.2%；占全年控制考核指标（103人）的89.3%。其中：发生交通肇事死亡事故65起，同比增加4起、上升6.6%；死亡72人，同比增加8人、上升12.5%。未发生生产经营性火灾亡人事故，同比减少1起1人。发生生产安全死亡事故11起，同比减少5起，下降31.3%；死亡20人，同比增加3人，上升17.6%。发生1起重大安全生产事故。

（李婧）

【“两会”安全生产保障】 3月上旬全国两会安全保障工作期间，区安全监管局制定重点保障时期应急预案；建立健全驻地周边200米范围内生产经营单位台账，24小时内查处驻地周边企业安全生产隐患举报，加强对驻地周边危化企业的安全生产检查监控和突发事件的应急处置；联合相关部门，对驻地周边人员密集场所、建筑施工、危险化学品、工业企业、职业健康等重点行业和领域的重点部位、薄弱环节进行“横向到边、纵向到底”全面细致的“拉网式”大检查，抽查生产经营单位364家，查处安全生产隐患53处，全部及时整改完毕；执行24小时领导到岗带班制度，确保一旦发生安全生产领域突发事件，立即启动应急救援预案，第一时间报送信息并赶到事发现场准确定性、稳妥处理。

（李婧）

【建筑施工专项执法监察】 4月1日—5月31日，区安全监管局对辖区内在建施工工地开展专项执法监察，随机抽查55家在建施工工地。重点检查现场安全生产规章制度建立情况、从业人员安全生产教育培训情况、特种作业人员持证上岗和管理情况、劳动防护用品配备及管理情况。对发现的建筑施工单位存在安全生产规章制度不健全、从业人员安全生产教育培训档案不健全、劳动防护用品管理不完善、特种作业人员未正确佩戴劳动防护用品上岗作业等问题，下达执法文书55份。对检查中发现的安全生产隐患，全部按期进行复查，整改率为100%。对专项执法监察工作中发现的问题，采取措施对行业主管部门进行提示指导。

（李婧）

【职业卫生培训】 5月，区安全监管局面向四季青、北下关、马连洼、上地、苏家坨、西北旺等6个街镇的企业开展职业卫生工作培训，共168家企业的职业卫生主要负责人和职业健康管理员参加培训。培训以企业职业卫生工作的基本要素、企业如何做好职业卫生工作和职业卫生案例等内容为基础，重点讲解用人单位基础建设达标、监督执法年5项百分之百工作目标，职业健康监护档案“一人一档”的建立等工作

（李婧）

【全国“安全生产月”活动】 6月，第13个全国“安全生产月”的主题为“强化红线意识、促进安全发展”。区安全监管局组织开展警示教育周、隐患排查治理周、安全文化周、应急演练周、咨询日等全国“安全生产月”专题系列活动，以“安全文化示范企业经验推广”为主题，召开全区企业安全文化建设工作交流论坛。其间共检查生产经营单位5500余家次，出动检查执法人员11819人次，发现安全隐患4559处；开展系列应急演练483次；张贴、发放各类宣传材料（宣传品）25万份；在市、区各级新闻媒体、网络发布安全月新闻、安全生产常识600余条。全区4500多家单位、33余万人参加安全月的各项活动。

（李婧）

【明光村地区隐患治理】 6月至11月，区安全监管局会同相关街镇、委办局对明光村地区开展安全隐患安全隐患集中整治工作。共建立165家企业、单位的基本情况台账，治理重点为企业安全生产隐患治理、生产经营用房安全治理、店外堆货加工治理、区域安全环境治理、流动商贩治理、拆除改造工程监管等6项内容。关停2家幼儿园，对安全用电、防火、消防设备设施、安全出口通道是否畅通、燃气安全使用，“三合一”“多合一”占道经营等情况，出动检查人员185人次，排查隐患92处；关停明光村市场，商户全部清退、市场全部封闭，拆除所有非砖混结构的临时建筑；联合辖区街道执法部门，整治明光寺果品批发市场周边环境问题，共出动执法人员128人次、执法车辆33车次，暂扣无照三轮车12辆；对该地区食品生产经营单位日常巡查108户次，处罚无证经营商户9户次，罚没款共计23700元，食品生产经营秩序明显好转。

（李婧）

【液氨制冷专项整治】 7月，区安委会办公室牵头协调相关单位和部门对辖区4家液氨制冷企业开展专项治理。专项整治工作开始前进行审查备案、培训考核、安全交底、责任区分；整治工作中做到组织领导到位、制度保障到位、监督管理到位、事故预防措施到位；整治工作结束后实施涉氨单位内部和施工监理组的竣工验收、区安委会办公室组织的专家验收“两级验收”，确保消隐工程进展过程每一个方案、每一个环节、每一个步骤都按计划落实。3家涉氨企业共计投入1740余万元完成消隐工程，对未完成隐患整改的1家企业

进行行政处罚，责令该单位限期整改存在的安全隐患并通过专家验收。

（李婧）

【打非治违专项行动】 9月—12月，区安全监管局在建筑施工、危险化学品、人员密集场所、交通运输、油气管道、燃气使用、“三合一、多合一”场所消防安全等重点行业领域，以及城乡接合部地区“五小企业、六小场所”、商品批发零售市场、仓储场所及群租房屋等重点部位，开展“六打六治”（打击、整治危险化学品、涉粉尘企业和城乡接合部等领域的非法违法、违规违章生产经营建设行为）、打非治违安全生产专项整治。全区共出动检查组662次，组织跨地区联合执法98次，采取暗查暗访69次。

（李婧）

【清华附中重大生产安全事故】 12月29日8时20分左右，清华大学附中A栋体育馆等三项工程在进行地下室底板钢筋施工作业时，上面的钢筋突然坍塌，塌落面积约2000平方米，将工程分包单位安阳诚成建筑劳务有限公司的14名作业人员砸压在底层，造成10人死亡4人受伤。所有受伤人员被立即送往医院进行救治。事故发生后，国务院领导、市委市政府领导立即做出重要批示和指示，市委书记郭金龙、市长王安顺等赶赴现场指挥救援。当日，海淀区迅速启动应急预案，组织开展抢险救援和善后工作；全区所有工地停工，待区住建委和区安全监管局联合检查合格后方可复工。30日，市住建委发布通知，要求全市所有工地从即日起全面停工整改，进行为期1个月的施工现场安全质量大检查。市政府成立由市安监局、公安局、住建委、人力社保局、监察局、检察院、总工会等部门组成的联合事故调查组，对事故原因展开进一步调查。

（钟冷 李婧）

【召开安全生产工作大会】 12月30日，海淀区召开安全生产工作大会。区领导孙文锴、龚宗元、王际祥，区安委会、防火委、交通安全委成员单位主要负责人以及全区1000余家建设、施工、监理单位主要负责人参加会议。会议通报“12•29”清华附中工地坍塌事故情况，部署全区安全生产工作。会议决定：在海淀辖区内组织开展全面彻底的安全生产大检查，对存在的安全生产隐患进行全面整治。检查重点：建筑施工、危险物品、特种设备、地下空间、燃气、供电、供水、交通运输、消防等重点行业领域生产经营单位，学校、幼儿园、车站、商场、市场、网吧、歌厅、电影院、医院、宾馆、饭店等人员密集场所以及城乡接合部“三合一、多合一”建筑、“十小场所”、城市棚户区和易燃物品密集区，严肃查处各类非法违法生产经营建设行为。检查内容包括六个方面：即严查建筑施工安全、加大火灾隐患排查整治力度、强化人员密集场所安全监管、加强危险化学品和烟花爆竹安全监管、严查道路交通运输安全隐患、确保城市运行安全。区长孙文锴就切实做好全区安全生产工作提出五点要求。

（钟冷）

【烟花爆竹安全管理】 年内，区安全监管局发放烟花爆竹经营许可证148家，完成烟花爆竹零售点语音视频监控设备的运行维护工作。实行烟花爆竹零售经营安全生产责任保险制度，所有销售网点均办理安责保险，签订安全责任书。利用烟花爆竹视频监控平台及社会面1900余个视频监控探头，实现对各零售网点的视频实时监控和双向语音沟通。区安全监管局组织4个烟花爆竹检查组，对27个街镇实行分片包干负责，进行不间断检查；23名安全生产专职检查员对烟花爆竹销售零售网点进行不间断检查，开展销售前、销售中的重点时期、撤棚回收等阶段的三批拉网式全覆盖检查。区安监局共检查烟花爆竹零售网点450个次，发现安全问题及隐患92个，隐患整改率达100%。实现“不爆炸、不燃烧、保安全、零事故”的目标。

（李婧）

【安全生产“党政同责”】 年内，区安全监管局推进“党政同责、一岗双责”安全生产责任体系建设，细化区政府各部门、各街镇主要领导、主管领导、其他领导的安全生产职责，厘清安全生产监管责任，实现安全生产责任全覆盖。

（李婧）

【查处安全生产举报隐患111件】 年内，区安全监管局查处群众举报生产安全隐患111件，其中：市安全生产举报投诉中心转办87件，区非紧急救助中心转办9件，直接接收群众投诉举报15件。按监管行业分：人员密集场所68件，建筑业15件，烟花爆竹类6件，危险化学品类1件，工业企业类2件，其他类19件。截至12月底，已办结163件，立案调查10起，办理结果均答复署名举报人，办结率达100%。

（李婧）

【安全生产宣教】 年内，区安全监管局多渠道开展安全生产宣教工作。利用户外电子广告屏制作安全生产月宣传广告，“您的平安是对家人最好的爱”“强化红线意识、促进安全发展”宣传语已于“安全生产月”期间在西四环权金城休闲家园户外广告屏和海淀京粮广场户外广告屏滚动播出；制作《安全生产教育培训》《有限空间安全作业》两部视频宣传短片，搭载区文化委流动电影展播活动，播放两部宣传短片4800场，同时在辖区重点社区、学校、企事业单位等有播放条件的公众场所进行循环播放；联合超市发连锁股份有限公司，投放印有安全生产提示标语塑料购物袋100万个；向全区29个街镇、13个区机关办公区、9个道口发放167条宣传横幅并要求各重点单位悬挂；定制290套宣传挂图，在重点社区宣传栏进行张贴，定制1万个印有安全生产提示语的无纺布环保购物袋，免费向市民发放。

（李婧）

【安全环境综合整治】 年内，区安全监管局按照“整体部署、分区划片、立体整治、分步实施”的工作思路，组织完成安全环境综合整治暨城乡接合部地区安全生产专项整治工作，实现“地上、地下”联合治理，“安全、环境”共同推进。共建立重点整治单位动态台账 1239 家，关停违法违规生产经营单位 1833 家，行政处理人员 319 人，清退人员 5646 人。

（李婧）

【建立专职安全员队伍】 年内，区政府投入近 5000 万元用于专职安全员队伍建设，计划分两批招聘 558 名街镇安全生产专职安全员。第一批 291 名专职安全员的招录、培训工作已全部完成，于 2015 年 1 月 1 日正式上岗。

（李婧）

【安全生产标准化建设】 年内，区安全监管局扩大企业安全生产标准化创建范围和数量，重点推进工业、危险化学品经营、商业等行业（领域）企业标准化建设工作。分批次完成对行业、属地、区级评审人员的业务培训，各属地、行业管理部门组织对本地区、本行业岗位达标、三级标准化创建企业负责人和安全管理人员进行培训，全年完成三级标准化达标企业 196 家、小微企业岗位达标 3166 家。

（李婧）

【安全生产执法监察】 年内，区安全监管局以重点行业、领域安全生产检查和重点时期、重大活动安全生产保障为核心，组织开展以危险化学品、有限空间作业、职业危害、建筑工地、商业零售企业、餐饮企业、文化娱乐场所、工业企业、燃气安全等 9 大重点行业领域为主的专项执法检查 35 次，协调配合区安委会各成员单位开展人密场所、轨道交通、人防工程、燃气使用等行业领域联合执法检查 92 次，完成 APEC 会议等大型活动活动保障任务 56 次。共执法检查生产经营单位 2600 家，街镇委托执法检查生产经营单位 4150 家，安全生产志愿者检查生产经营单位 14215 家。发现并查处各类安全隐患 2546 项，下达执法文书 664 份，检查行政罚款 130.15 万元。实现颁发许可企业执法检查覆盖率达 100%，区重点检查单位执法检查覆盖率达 100%，发现的违法行为查处率达 100%，安全隐患整改率达 100%。

（李婧）

财　政

【概况】 2014 年，区级一般公共预算总财力 429.7 亿元，其中：一般公共预算收入 316.2 亿元，完成调整预算的 100%，同比增长 8.5%；上年专项结转 27.1 亿元，净结余 2.3 亿元，市下达资金 84.1 亿元；区级一般公共预算总支出 405.1 亿元，其中：区本级支出 364.1 亿元，完成调整预算的 103.9%；补助下级支出 41.0 亿元，完成调整预算的 100%；区级公共预算结转下年继续使用资金 24.6 亿元，其中：专项结转 22.6 亿元，净结余 2.0 亿元。区级一般公共预算收支平衡。结余结转资金规模较上年下降 16.6%。

（王珧　白洁）

【盘活存量资金】 2014 年区财政局加大财政资金统筹力度，盘活存量资金，用好增量资金，减少资金沉淀。

（王珧　白洁）

【税源建设】 年内，受“营改增”税制改革、空间资源稀缺等因素影响，涵养税源和财政增收面临诸多困难。区财政局提升区域税源精细化服务水平。统筹对区域内上市公司、金融企业、楼宇、央企、总部型企业等存量单位进行分类梳理，建立企业分级走访和服务责任制，促进存量企业更好的发展。协调中国铁路发展基金、中国铁塔公司、中民新能投资公司等 60 家重点企业或项目落户。

（王珧　白洁）

【促进核心区发展】 年内，区财政安排资金 15.1 亿元财政资金落实核心区“1+4+1”产业促进政策体系，优化创新环境、构建创新服务链条，增强创新驱动能力。加大权益类资金投入力度，新增基金规模 4.2 亿元，引导社会资本促进核心区创新发展；加快推进核心区企业生产、加工等环节跨区域转移布局，推动中关村海淀园秦皇岛分园建设，打造京津冀一体化发展的先行示范区；加大资金保障，统筹支持低端业态调整、人口调控和非核心功能疏解等重点工作顺利开展。

（王珧　白洁）

【“营改增”试点改革】 2014 年，海淀区“营改增”试点企业达 11.7 万户，占全市的 27.5%，试点企业实现减税 74.8 亿元，税负下降 41.3%，带动传统增值税纳税企业减税 57.1 亿元，合计影响区级收入约 44.5 亿元。实施“营改增”过渡性财政扶持政策，协助税负升高企业平稳转换税制，2012 年—2014 年累计受理企业申请 342 户次，补贴金额 1.2 亿元。

（王珧　白洁）

【民生事业保障投入 54.4 亿元】 年内，区财政局安排社会保障和就业资金 54.4 亿元，继续加大对困难就业群体的扶持力度，建立健全覆盖城乡居民的保障体系，落实养老事业保障政策。医疗卫生与计划生育支出共安排经费 20.3 亿元，推进公立医院改革，保障社区医疗机构的发展，加大公共卫生投入；教育经费投入总规模共计 92 亿元，促进教育均衡发展、改善办学条件、校舍综合修缮、信息化建设以及校园文化建设。

（王珧　白洁）

【环境建设投入 64 亿元】 年内，区财政局安排资金 64 亿元，统筹推进三大功能区建设。支持西马坊等 14 个村庄搬迁腾退，实施玉泉山等重点地区环境整治，关停明光寺等 58 个低端市场和再生资源回收市场，有效疏解低端产业，拓展高端产业发展空间；安排资金 7.1 亿元，用于大气污染防治工作；安排资金 8.9 亿元，用于城乡环境卫生改善、垃圾填埋场综合治理等工作。

（王珧　白洁）

【滚动预算编制】 年内，区财政局建立“申报、储备、执行”三级项目库，实现项目申报、评审、储备、预算批复、项目执行、资金拨付的有效衔接。探索建立中长期重大项目科学论证和跨年度财政规划管理机制，提升项目预算资金安排的完整性和准确性，增强财政政策的前瞻性和可持续性。出台《海淀区教育改革与发展专项资金项目管理办法（试行）》，对 2015 年的 16 大类、314 个教育项目实行项目论证、分类、滚动管理，实现从“资金等项目”到“项目等资金”的转变。

（王珧　白洁）

【国库集中收付改革】 年内，区财政局启动 34 家单位纳入国库集中收付改革工作，完成新纳入改革单位国库集中收付账户开设及 2015 年预拨经费额度下达，推进“横向到边、纵向到底”国库集中收付管理制度改革终极目标的实现。

（王珧　白洁）

【部门整体支出预算绩效管理试点】 2014 年，区财政局按照“先行试点、逐步扩面、有序推进”的原则，开展部门整体支出预算绩效管理试点工作，选取四家单位作为第一批试点部门。对试点部门的所有预算支出（包括基本支出和项目支出）进行绩效目标管理、绩效跟踪监控、事后绩效评价和结果应用等全过程管理，推动海淀区预算绩效管理工作向“全方位、多层次、大范围”拓展、最终实现对所有部门整体支出的全过程预算绩效管理。

（王珧　白洁）

【项目支出事前绩效评估】 年内，区财政局从 2015 年度区级预算申报项目中选取 41 个项目进行评估，共涉及 14 个部门，资金需求约 1.85 亿元；对 2015 年预算中教育资金进行事前项目论证，包括 16 大类 314 个项目，涉及资金 7.6 亿元。评估报告对全部评估项目提出改进的意见与建议，为财政部门决策、预算单位改进预算编制和预算执行的管理工作提供参考依据。

（王珧　白洁）

【财政信息公开】 年内，海淀区政府四套预算向社会公开，推进部门决算公开和部门行政经费支出情况，公开支出科目细化到项级，实现政府和部门两个层面的预决算信息与“三公”经费信息公开全覆盖；59 家区政府所属部门及街道办事处公开 2013 年度部门决算以及“三公经费”“行政经费支出”信息，比上年更详细、更全面。

（王珧　白洁）

【事业单位改革】 年内，区财政局配合推进事业单位分类改革，制发《关于海淀区事业单位改革（第一批）财政保障的指导意见》。开展文委系统和房地中心资产清查工作，确保单位权属清晰、国有资产安全完整。完成 53 个区属行政事业单位所办企业清理工作。开展 320 家事业单位及 17 家事业单位所办企业产权登记工作，全面反映海淀区事业单位对国有资产的占有及使用情况。

（王珧　白洁）

【政府采购竞价试点】 年内，区财政局开展政府采购竞价试点工作，加强对区属预算单位政府采购行为的监督管理，降低政府采购价格。即：达到一定资金限额的服务类采购项目，采购人组织定点供应商再次进行报价，并确定报价最低者为中标供应商。建立供应商竞争机制，加强管理与监督，达到操作便捷、程序简化、有序竞争、节约财政性资金的目的。

（王珧　白洁）

【政府债务管理】 年内，区财政局按照国家审计署认定的口径，实施债务分类分口管理，完善债务管理体系。开展政府债务清理甄别、分口管理工作，强化资金使用单位的管理责任，落实“借、管、用、还”机制。

（王珧　白洁）

税　务

国家税务

【概况】 2014 年，区国税局累计登记纳税人 274101 户，其中处于开业状态 206560 户，占登记户数的 75.36%；非正常状态 62208 户，占登记户数的 22.69%；非正常注销状态 5327 户，占登记户数的 1.94%，停业状态户数 6 户。注销状态 39046 户。全年完成各项收入 1494.5 亿元，同比增长 12.2%。其中，税收收入 1460 亿元，同比增长 11.9%；地方级收入 280.2 亿元，同比增长 19%；区级收入 140.1 亿元，同比增长 19%。税收规模居全市第二，为区财政贡献占比近一半。2014 年，区国税局获 2014 年度首都劳动奖状。

2014 年海淀区国税局收入情况表

项目名称	本年累计（万元）	上年同期（万元）	增长率（%）
总　　计	14944727	13320836	12.2
一、*税收收入合计	14603030	13055558	11.9
其中：税收收入（不含营改增）	12453804	12091127	3.0
其中：中央级收入	11800799	10700276	10.3
其中：地方级收入	2802231	2355282	19.0
*地方级收入（不含营改增）	1641203	1390851	18.0
增值税	4225825	2847347	48.4
消费税	24753	23883	3.6
营业税	261615	1672930	–84.4
企业所得税	9749691	8224066	18.6
个人所得税	1891	1956	–3.3
城市维护建设税	143000	91443	56.4
车辆购置税	195337	193933	0.7
印花税	918	0	——
二、其他收入合计	341697	265278	28.8
稽查入库	52388	31908	64.2
自查补税	42031	12600	233.6

（缪静）

【公益微电影获奖】 5 月，在国家税务总局办公厅、中国税务报社主办的“2013 公益微税收作品推广活动”作品征集中，区国税局选送的公益微电影《我的青春我的所》荣获“2013 公益微税收作品推广活动”三等奖，系北京国税系统内唯一获奖作品。

（缪静）

【发票网上验旧项目获改革创新一等奖】 7 月，区国税局在全市范围内率先实现通用机打发票网上验旧，以信息管税提升征管效率，真正做到“提速发票领用、提速多元办税、减轻资料报送负担”，同时规范海淀 6 万户使用税控器具的开票行为，持续推进“票表比对”工作，规范经济秩序，净化税收征管环境，为增收增效、防范风险提供保障。此项目荣获北京市国家税务局改革创新一等奖。

（缪静）

【中关村办税服务区正式启用】 11 月 1 日，区国税局位于中关村互联网产业园的中关村办税服务区正式启用，管辖海淀区 12 个街道（镇）、92000 余户纳税人。中关村办税服务区拥有 1 个全国最大的办税服务厅和 3 个管理税务所，开创“一拖三”的全新征管模式。办税服务厅作为区域纳税服务中心，主要受理纳税人申报、缴税、发票领用等日常涉税事项，以实现日常业务受理快速、扁平、规范，推进一站式纳税服务；3 个管理税务所作为区域税源管理中心，主要负责实地勘察、纳税评估、税源监控核查等管理事项，以实现后续管理专业化、类别化。

（缪静）

【优化纳税服务】 年内，区国税局开展“便民办税春风行动”，持续优化纳税服务。涉税事项再规范将涉税事项前推至办税服务厅，实现 9 大类 202 项事项全部在办税服务厅一窗受理、内部流转、限时办结、一窗出件的工作模式，全面推进征收管理职能转变。手续资料再减负，将 22 张表格列入免填单业务；与区地税局联合，实现税务登记合署办公、一窗通办，结束纳税人“两头跑”的局面。业务办理再提速，推广网上办税，减并各种报送资料共计 40 余项；设立自助办税区，为纳税人提供 24 小时的“全天候”服务。

（缪静）

【税收风险管理】 年内，区国税局开展纳税申报数据具有高风险的货物运输企业、开具作废发票与接受作废发票具有高风险的企业调查核实，对“营改增”企业进行税收风险监控。共补缴增值税 253.14 万元，补缴所得税 3244.14 万元，加收滞纳金 30.11 万元。

（缪静）

【税务稽查】 年内，区国税局以落实一级稽查、狠抓两重案源为重点，采取分类分级稽查方式，推广电子查账方式，开展各类专项专案检查。共审理各类税务稽查案件 180 件，审结 171 件，涉及应补税款 5.26 亿元，罚款 0.23 亿元。

（缪静）

【税务登记新规】 年内，区国税局依托北京市国税局网上办税平台，为纳税人提供网上办理设立税务登记和变更税务登记服务，共受理网上办税业务 300 余户次。12 月 22 日起进行海淀区"设立登记多证联办"，试行"国地税联合税务登记"便民措施。海淀区"企业设立多证联办试点第一批企业发证仪式"在中关村创业大街举行，首批申请企业一次性领取"四证一章"。

（缪静）

【货物和劳务税管理】 年内，区国税局按月开展"营改增"试点纳税人收入情况分析，了解并跟踪"营改增"企业的政策效应执行情况。对 96 户典型性企业进行案例分析。推进减免税后续管理，完成对安置残疾人就业企业、军工系统企业、跨境免税企业、批发零售图书企业、享受"四技"收入免税企业的核查工作。10 月起推行小规模"票表比对"试点工作，通过"票表比对"清理了一批申报用票异常的纳税人，净化了小规模纳税人的申报环境。

（缪静）

【企业所得税管理】 年内，区国税局从预缴、汇算清缴、后续管理三方面强化企业所得税全程管理。开展企业所得税预缴期间相关因素对预缴税款影响的分析和预测工作，掌握企业所得税入库情况及增减变化原因；加强汇算清缴管理，全年申报 95855 户，申报率 99.53%，受理减免税优惠备案 3463 户次，受理资产损失专项申报 288 户，涉及金额 340 亿元，受理资产损失清单申报 2125 户，涉及金额 79 亿元；强化后续管理，复核高新技术企业 1035 户，境外所得抵免 13 户，审核研究开发项目 356 户次，补缴税款 456.22 万元。复核特殊业务重组 13 户，补缴税额 1275 万元。复核软件企业税收优惠，累计补缴税款 16.19 万元。

（缪静）

【国际税务管理】 年内，区国税局入库非居民税收 41.48 亿元，同比增收 9.06 亿元、增长 28%。共受理境外非居民间接股权转让 24 户，完成 3 户，征缴税款 4.8 亿元。完成股权转让等五大类共 407 条核查信息，补缴税款 119.1 万元，落实纳税人当期申报入库税款 1830 万元。办理核定征收审核 202 户，入库所得税 4950 万元。

（缪静）

【大企业税务管理】 年内，区国税局开展大企业情报核查工作，补征税款 29.91 万元。加强反避税工作，对企业同期资料开展转让定价调查，调查企业 100 户，补税 6600 余万元。开展预约定价企业跟踪管理，督促企业补缴 2013 年度企业所得税 5800 万元。开展企业走访、税收调研、座谈交流、专题辅导等活动。

（缪静）

【进出口税收管理】 年内，区国税局退税登记总户数 2155 户，办理出口退税金额 61907 万元，同比减少 4679 万元，降幅 7%。接收核实函件 555 份，涉及发票份数 2888 份、金额 8.56 亿元、税额 1.45 亿元。开具《出口货物退运已补税（未退税）证明》96 份，补办出口报关单证明 8 份。

（缪静）

【个体集贸税收管理】 年内，区国税局组织个体集贸税收 6329 万元。7 月开始推行个体工商户使用税控机打发票工作，共完成机打票发行 1202 户。探索银税实时保留的征收方式，实现个体工商户联网扣税，杜绝收假币的风险以及往银行送款的安全隐患等问题。

（缪静）

【车辆购置税管理】 年内，北京市小客车数量调控再出新规，由一个月摇号一次改为两个月摇号一次，严格控制新增小客车数量，车辆购置税的征收因此受到一定影响，上半年出现小幅负增长的现象。4 月之后，汽车销售市场逐渐恢复，车购税征收数量和征收税额慢慢回暖。截至年底，征收车辆 80386 辆，下降 7.5%，完成车辆购置税 19.45 亿，征收税额基本与往年持平，完成计划的 108%。

（缪静）

【税收执法】 年内，区国税局做好取消税务行政审批项目的落实和后续管理工作。全年共核实疑点信息 27 项，确认过错 80 户次，整改 53 户次。审理重大税务案件 11 件，决定追缴税款 50047 余万元，罚款 1734 余万元。通过审议重大税务事项 11 件，受理行政复议案件 2 起，行政诉讼案件 3 起。

（缪静）

【落实税收优惠政策】 年内，区国税局有 42745 户企业享受到小微企业免征增值税政策，免征增值税额为 5500 万元。办理软件产品退税 563621 万元，安置残疾人就业退税 2951 万元，即征即退共计退税 1863699 万元。

（缪静）

地方税务

【概况】 2014 年，海淀区地税局办理开业税务登记 37122 户，其中内资企业 36038 户，外资企业 367 户。注册资金 1000 万元以上的 5498 户，注册资金 5000 万元以上的 1511 户。截至年底，累计管户达到 232684 户，其中正常纳税户为 218915 户，非正常纳税户 13769 户。

全年累计完成各项收入 569.2 亿元，同比增加 51.2 亿元，增幅 9.9%，其中，完成中央级收入 179.3 亿元，同比增加 32.9 亿元，增幅 22.5%，完成收入任务的 100.1%；完成地方公共财政预算收入 372.6 亿元，同比增加 17.1 亿元，增幅 4.8%，完成收入任务的 100.2%；完成区级收入 159.9 亿元，同比增加 6.2 亿元，增幅 4.1%，完成收入任务的 100.6%。

在三大主体税种中，营业税入库 133.1 亿元；个人所得税入库 242.4 亿元，同比增加 46.1 亿元，增幅 23.5%；企业所得税入库 55.0 亿元，同比增加 9.1 亿元，增幅 19.8%。

（马希敏）

【纳税辅导】 4 月 23 日，区地税局与区国税局联合创办的"海淀区纳税人学校"成立。针对不同类型的纳税人采取有针对性的辅导措施，强化专题辅导，特别是加强对新户的辅导力度。全年共举办高新技术企业辅导、小微企业政策答疑等现场辅导会 25 次，辅导纳税人约 1.1 万人次。新增网上视频辅导，内容涵盖所得税汇算清缴等纳税人关注的问题，全年浏览量 7.5 万人次。全年有 2000 多户纳税人参加辅导培训。

（马希敏）

【启动征管改革】 9 月 1 日，南部办税服务厅（第四税务所）正式对外办公，集中受理南部 7 个税务所 8.5 万纳税人发起的涉税事项，初步实现纳税服务专业化。成立国际税务管理科，实施涉外税收专业化管理，开展重点企业外籍个人调查，补缴外籍员工个人所得税 1013 万元。优化稽查机构设置，充实稽查一线力量，一线检查人员比例 64%提高到 81%。健全大企业税源分级分类管理，根据企业之间的实际关系调整部分企业成员单位的主管税务机关。

（马希敏）

【落实税收优惠政策】 年内，区地税局落实中关村“新四条”及中小高新技术企业股权激励等税收政策。为海淀区内重点企业改制、重组提供涉税服务。落实文化创意、节能环保、小微企业以及大学生就业等税收优惠政策，全年共减免税收 2.5 亿元。落实小微企业税收优惠政策，为小微企业减免税款 1.33 亿元，惠及纳税人 51390 家。

（马希敏）

【税种税源管理】 年内，区地税局开展税种税源调查清理，加强对外籍个人、央企高管、律师事务所等特殊主体的个人所得税管理，规范企业年金和职业年金的申报纳税；对在京机关事业单位纳税以及未分配利润转增股本情况进行统计分析，提高管理质效；引入第三方服务加强土地增值税清算管理，完成 44 个项目清算，入库税款 8.14 亿元；与区住建委配合加强建筑安装业营业税税源管理，组织入库税款 4500 万元；对房产交易环节缴纳契税企业进行跟踪，催缴入库房、土税和滞纳金 942.4 万元；加强房产交易环节税源监控，掌握外省市企业和个人在京房地产税源情况，加大对房产税追缴力度；对全区高尔夫项目用地土地使用税纳税情况进行调研，共对 12 家企业进行纳税评估，入库税款、滞纳金 712.5 万元。

（马希敏）

【税务信息化建设】 年内，区地税局搭建“税务综合管理监控指挥平台”，在南部办税服务厅（第四税务所）运行“窗口综合管理信息系统”，全面应用排队叫号、业务量统计、窗口服务分析监控等功能，提高纳税服务质效。开展纳税人基础信息调查修改工作，累计更新纳税人信息 20 余万条；通过智能数据筛查监控手段，发现疑点数据 8.5 万余条，核实更新 7 万余条，提高核心征管系统中企业信息的准确度，为后期风险识别、分类分级管理等工作提供依据。参与海淀区“财政数据分析平台”建设，梳理上报 167 项业务。

（马希敏）

【扩展纳税服务平台】 年内，区地税局 搭建和完善网上办税平台，推进网上预约服务，推广使用自助办税终端，全局共安装自助办税机 20 台，南部办税厅（第四税务所）开通 24 小时自助办税服务。通过各类自助办税终端，全年共开具个人完税证明 22.5 万份，占全局个税完税证明开具总量的 95%。筹建微信公共服务账号，随时随地为纳税人提供服务。

（马希敏）

【执法监督】 年内，区地税局开展基建审计、信息化审计、减免税备案和行政处罚自由裁量权督察等项目的执法监督，重点加强对行政管理、行政执法重点岗位和关键环节的监督检查。共检查 895 份案卷，重点对研发费备案、行政处罚自由裁量权、稽查案卷等执法行为实施督察，发现各类问题 431 项，整改 418 项。

（马希敏）

审 计

【概况】 2014 年，区审计局完成审计及专项审计调查项目 35 个，涉及单位 187 个（次），查处违规资金 366 万元，应调账处理金额 732 万元，管理不规范资金 52.33 亿元；向纪检监察机关移送处理事项 1 件；编发各类审计信息、审计专报 127 篇，被区委、区政府领导批示 35 次，听取工作汇报 5 次。通过审计整改，各相关单位上缴、追回资金 6394.25 万元，调整规范账务处理 5133.99 万元，采纳审计建议 50 条。

（乔捷）

【预算执行审计】 年内，区审计局加强对财政存量资金规模与构成、转移支付资金的预算管理、分配和使用情况审计。审查发现财政资金管理中仍存在部门预算审核不够严格、批复部分项目支出预算不够细化、部分代分资金执行进度慢或使用范围不明确等问题。集中开展区农委、区园林局等 11 个部门 2013 年度预算执行审计。聘请中介机构对区审计局本部门预算执行进行检查，共延伸审计所属 32 个单位。审计发现区属部门、单位在预决算管理、财经制度执行等方面仍存在预算编制和管理还不够完善、预算执行还不够严格、部分单位会计基础工作还较为薄弱、部门决算草案部分内容编报不准确等问题。区审计局审计针对问题进行分析研究，对强化财政收入管理、盘活财政存量资金、优化财政支出结构、保障重点支出、促进区域经济社会协调发展、规范部门预算编制和执行等方面提出意见建议，促进增强预算的公开透明度。

（乔捷）

【专项审计】 年内，区审计局加大民生领域重点资金和项目专项审计调查。教育方面，对海淀区学前教育发展及资金管理使用情况开展专项审计调查。审查全区“学前教育三年行动计划”落实完成、“入园难、入园贵”情况的缓解改善、全区学前教育事业发展、学前教育资源分配合理性、专项资金管理使用、各类幼儿园收支资产等情况。针对全区教育资源分布不均、各类幼儿园经营状况存在差异、专项资金管理不足等问题，上报《关于 2013 年学前教育资金管理使用情况的报告》。医疗方面，开展社区卫生医疗机构建设及运营情况专项审计调查。审计覆盖全部 24 家社区中心、85 家卫生站点，以摸清相关机构管理现状、布局覆盖、经费投入等情况，重点审查标准化建设、内控管理制度建设及执行、运营效果、财务核算的真实性四方面内容，分析存在问题和制约因素，促进优化布局，规范财务管理，助推全区基本医疗和公共卫生服务的健康发展。

（乔捷）

【经济责任审计】 年内，区审计局成立海淀区经济责任审计领导小组，推行经济责任审计结果报告区领导阅示机制，加强审计结果的利用。完成对 12 名领导干部的经济责任审计，共查出管理不规范金额 3068 万元。拓展审计领域，重点检查“三公经费”“会议费”等行政成本支出和厉行节约情况，加大对假发票等问题的查处力度，综合分析评价各单位部门落实中央“八项规定”相关内容。把贯彻落实中央八项规定精神、厉行节约反对浪费、廉洁从政相关要求作为重要审计内容，严肃查处损失浪费和管理漏洞；审查行政事业单位机构设置、编制使用以及有关规定的执行情况，规范机构编制管理。针对部分单位三公经费预算执行不够严格、公务用车定点加油维修制度未严格落实、出国经费预算与事项脱节、公务招待费核算不规范等问题，及时督促整改，促进提高财政资金使用绩效和反腐倡廉建设。

（乔捷）

【政府投资审计】 年内，区审计局开展做好老旧小区综合治理及抗震加固、平原地区造林、中小河道治理等政府投资重大项目跟踪审计，审查工程立项、招标等项目管理，以及资金的投入和使用情况。首次启动街道小型工程项目中介审计机构招标工作，选取 15 家中介审计机构对各街道小型工程实施审计。

（乔捷）

【参与审计署大型审计项目】 年内，区审计局选派 16 名业务骨干参加审计署统一组织的全国土地出让金收支及耕地保护情况审计调查项目，对北京市朝阳区土地出让收支、土地征收、储备、供应、整治、耕地保护及土地执法等情况进行审计；协调配合审计署兰州特派办、北京市审计局对海淀区进行土地出让收支和耕地保护情况的审计，提供海淀区土地管理与调控的基础资料。

（乔捷）

【审计信息化建设】 年内，开发海淀区联网审计三期系统，依托该系统开展审前调查和审中分析工作，开发设计审计相关的数据分析模型、数据分析报告、审计预警等模块，减少基础数据汇总、统计、分析等工作。继续探索联网审计，利用联网审计技术开展部门预算执行审计“全覆盖”。推广京 OA 系统（北京市审计项目管理系统）和署 AO 系统（审计署现场实施系统）使用，全部项目都用这两个系统开展辅助审计，总结对国有企业、三甲医院开展信息系统审计的良好做法，着手制定操作指南。

（乔捷）

【首次公布审计结果】 年内，海淀区首次公告部门预算执行审计结果，通过媒体向社会公布 11 家单位部门预算执行审计结果，发挥社会各方面监督作用，形成倒逼机制，提高监督效能。区审计局做好应急准备和舆情监测。加大审计结果的宣传力度，提升审计成果的综合运用水平。

（乔捷）

国有资产监管

【概况】 2014 年，海淀区国有资产监督管理委员会（简称区国资委）围绕城市服务业、科技服务业，推动企业改革调整与转型升级，规范做好国资监管。直接监管企业 15 家。区属国有企业主要从事商业服务业、园区建设业、地产开发经营业、基础设施建设业及科技金融服务业等。截至年底，区属国有及国有控股企业资产总额 1175.47 亿元，国有净资产 238.42 亿元；实现营业总收入 204.34 亿元，利润总额 19.70 亿元，上缴税金 17.95 亿元。

（杨晓美）

【北京市海淀区国有资产投资经营有限公司】 北京市海淀区国有资产投资经营有限公司是经海淀区政府授权对国有资产行使出资权力的国有独资企业，拥有全资、控股、参股及托管企业 36 家，注册资本 10 亿元。2014 年 9 月，经营范围变更为投资管理、资产管理、汽车租赁（不含九座以上客车）。

公司成员企业一览表

	企 业 名 称	所属行业	企业性质	持股比例
全资企业[①]（11家）	北京市海淀区海阔咨询公司	服务业	全民所有制	100%
	北京信茂房地产开发有限公司	房地产开发经营	有限责任公司	100%
	北京常兴海广会展有限责任公司	服务业	有限责任公司	100%
	北京海淀水务有限责任公司	自来水生产和供应	有限责任公司	100%
	北京香颐鑫源经贸有限公司	贸易	有限责任公司	100%
	北京中技商业保理有限公司（新成立）	商业保理	有限责任公司	100%
	北京鑫泰锦绣投资有限公司	投资管理	有限责任公司	100%
	北京鑫泰汇海投资有限公司	投资管理	有限责任公司	100%
	北京中技所知识产权服务有限公司	服务	有限责任公司	100%
	北京中技知识产权融资担保有限公司	担保	有限责任公司	100%
	北京市海淀区钢管厂	制造	全民所有制	100%
控股企业[②]（9家）	北京海淀科技发展有限公司	科技及房地产开发	有限责任公司	40%
	北京中关村互联网金融信息服务中心有限公司（新成立）	金融信息服务	有限责任公司	40%
	北京稻香湖投资发展有限责任公司	旅游饭店	有限责任公司	73.72%
	北京海国投物业管理有限公司	物业管理	其他有限责任公司	80%
	北京八大处房地产开发集团有限公司	房地产开发经营	其他有限责任公司	51%
	北京海淀鑫泰世纪文化发展有限公司	旅游管理	有限责任公司	70%
	北京海鑫百思特房地产开发有限公司	房地产开发经营	有限责任公司	51%
	北京海贷金融信息服务有限公司（新成立）	金融信息服务	有限责任公司	80%
	北京鑫泰世纪置业投资发展有限公司	项目投资	有限责任公司	80%
参股企业[③]（15家）	北京银行股份有限公司	金融	股份有限公司（上市）	0.49%
	北京国翔资产管理有限公司	投资管理	其他有限责任公司	6.87%
	北京科技风险投资股份有限公司	风险投资	股份有限公司	10.75%
	北京锦绣大地农业股份有限公司	农贸	股份有限公司	2.73%
	北京海淀科技园建设股份有限公司	房地产开发	股份有限公司（非上市）	31%
	北京中科软件股份有限公司	科技	股份有限公司（上市）	16.68%
	北京市绿化隔离地区基础设施开发建设有限公司	公用事业	有限责任公司	12.8%
	北京天润典当有限责任公司	金融	有限责任公司	15%
	北京地铁四号线投资有限责任公司	公用事业	其他有限责任	19.62%
	北京地铁十号线投资有限责任公司	公用事业	其他有限责任	1.48%

	企 业 名 称	所属行业	企业性质	持股比例
	北京海开房地产股份有限公司	房地产	股份有限公司	14.9%
	北京绿海能环保有限责任公司	公用事业	其他有限责任公司	8%
	北京众信金融信息服务有限公司（新成立）	金融信息服务	其他有限责任公司	20%
	北京海淀科技金融资本控股集团股份有限公司	金融	股份有限公司	20.67%
	北京三聚环保新材料股份有限公司	化学原料和化学制品制造业	股份有限公司（上市）	5.43%
托管单位	北京市海淀区老干部休养所	服务业	事业单位	

注：①全资企业由上年的 12 家变更为 11 家：

北京宏城鑫泰置业有限公司股权于 6 月划转给八大处公司，北京皇苑大酒店于 6 月完成全部变更移交手续转让给国家行政学院，新注册成立 1 家公司：北京中技商业保理公司

②控股企业由上年的 7 家变更为 9 家：

注册成立北京海贷金融信息服务有限公司、北京中关村互联网金融信息服务中心有限公司，北京华海讯通信设备销售有限公司调整为三级控股企业，增加对北京鑫泰世纪置业投资发展有限公司的出资额由参股企业变为控股企业

③参股企业由上年的 14 家变更为 15 家：

北京鑫泰世纪置业投资发展有限公司增资后变为控股企业，新参股成立北京众信金融信息服务有限公司，新参股北京三聚环保新材料股份有限公司。

公司在成员企业的持股情况表

企业名称	原持股比例	现持股比例	股权变化原因	备注
北京鑫泰世纪置业投资发展有限公司	30%	80%	注册资本金增加	
北京银行股份有限公司	0.6%	0.49%	总股本增加	

2014 年，对产业定位、盈利模式、发展战略、治理结构等进行全面调整，公司资产总额 410.45 亿元，实现收入总额 48.69 亿元，实现利润总额 9.62 亿元，完成年度计划的 152.7%，同比增幅 85.71%；资产收益率 12.9%，完成年度计划的 117.27%，同比增幅 30.3%；公司本部实现收入 7.19 亿元，完成年计划的 156.99%，同比降幅 24.87%；实现利润总额 4.09 亿元，完成年计划的 204.5%，同比增幅 91.12%；实现净利润 3.29 亿元，完成年计划的 201.84%，同比增幅 91.28%；上缴税费 6885.5 万元，同比降幅 37.56%；上缴利润 3383.1 万元，完成年计划的 100%，同比增幅 62.44%。公司拓宽融资渠道， 12 月发行北京市国资系统首笔 20 亿额度私募永续债，是国内首家成功发行私募永续债。资产负债率比上年下降 3.58%，融资成本下降 0.24 个百分点。成立三个专业化的产业投资基金。其中，海科润丰环保产业基金，基金规模 5 亿元，已投资项目 7 个，投资收益率超过 20%；金陵华软投资基金，基金规模 10 亿元，投资收益率超过 15%；知识产权基金，完成可行性论证和组织搭建工作，基金初始规模 5 亿元。

12 月，公司在全国首家发布“评估—投资—担保—贷款—交易”五位一体的知识产权金融服务体系。其中，知识产权服务平台—中技服务公司已正式运营，中技知识产权保理公司已完成组建工作，中技知识产权评估公司已完成框架方案设计和比较工作；中技知识产权基金—中技高科财富投资中心已完成工商注册工作，中技知识产权担保公司年初正式运营、担保额突破 13 亿元。

公司构建全国首家环保 P2P—众信金融，注册用户数突破 12 万户、实现融资超过 10 亿元。公司投资组建“线下信贷线上化模式”海贷网 P2P。牵头组建全国首个区域互联网金融平台——中关村互联网金融服务中心。加大对科技企业的股权投入，两次参与三聚环保的定向增发，持有三聚环保公司 5.43%的股权。控股企业八大处集团在市场应用中发掘的水性环保油漆产品，具有广阔的市场空间，投资的天津宝骏涂料公司的专利品和市场占有率在水性环保涂料行业中均处于国内领先水平。

全面调整房地产业务结构，收缩传统业务，加快养老、教育、旅游等特色地产转型，规避市场风险。控股企业八大处集团持有的天津会展酒店、北塘项目、嘉海一期等合计建筑面积达 75 万平方米的项目退出方案，取得区国资委的项目立项批复和评估核准批复。天津嘉海二期住宅项目可售面积已实现 80%的销售率。教育地产——文凯兴国际学校项目，完成规划报建及方案设计工作。海南琼海白石岭风景区 19 万平方米的旅游养老地产项目开工建设，三亚曙光石材厂项目已获取 24 万平方米

的土地储备。宝山村综合改造项目完成整体改造规划方案。贝伦科技孵化器6.5万平方米建设项目，完成规划报建工作。海南海甸岛2.2万平方米项目开始施工建设。

以稻香湖酒店及3家快捷酒店为一体的酒店服务体系，全年实现收入2.1亿元。通过收购大地花园酒店和大地科技大厦项目，公司持有的总物业资产超过12.8万平方米。

海国鑫泰获得AA+主体信用等级，全年共实现融资80.96亿元，协助所属企业融入各类资金122.6亿元。

完成北京宏城鑫泰置业有限公司股权转让工作，启动北京海淀科技园建设股份有限公司股权退出转让工作，收回所欠分红款；北京富深伟业股权退出完成北交所挂牌程序；科技风险投资公司启动清算工作。

（赵灵娟）

【北京中海投资管理有限公司】 北京中海投资管理有限公司是海淀区国资委出资和监管的国有独资企业。2014年，公司资产总额为6.8亿元，同比增长8%；所有者权益4.46亿元，同比增长1.36%；国有资产达到保值增值，资产负债率为26%；收入总额1.9亿元，同比增长9%；利润总额1200万元，净资产收益率1.4%，均按计划完成各项经济考核指标。2013年公司实施改制，本年完成改制工作，由全民所有制改为国有一人公司，建立现代企业制度。

政府政策基金管理。基金管理团队连续第5年获得CLPA（中国有限合伙人联盟）颁发的"全国政府引导基金管理团队二十强"称号，首次获投中集团颁发的"2013年度政府引导基金Top10"称号。完成海淀区创业投资引导基金第三批合作机构投资协议签署和基金落地工作，开展第四批引导基金申报工作，重点扶持互联网金融、科技成果转化、天使投资、文化创意等领域。前三批合作机构共17家、出资4.2亿元，吸引社会资本近70亿元，参股基金已投资项目近百家（上市企业2家），其中海淀区项目48个（上市企业1家，报证监会市批2家）。与国家母基金共同发起设立"集成电路产业发展（设计和封测子基金）子基金"；以众筹方式成立的"育龙计划投资基金"，重点投资网络领域，投资孵育一批市值超10亿美元的科技类境内外上市公司中走出的高管创业团队。海淀区初创期企业股权投资基金完成两批基金投资企业的出资工作，合计出资约1.7亿元，出资企业基本属于海淀区重点发展的"6+1"战略性新兴产业领域，完成第三批50余家企业筛选、评审和尽职调查工作。2014年，海淀区重点产业化项目股权投资专项资金已全部进入管理退出期，两批19家企业涉及电子信息、航空航天、生物医药、节能环保、先进制造等多个领域的新技术创新企业，实现股利分红企业1家，累计取得分红收益25万元；年底，第一批基金扶持企业启动退出工作。

中关村国际数字设计中心被授予"中关村智能硬件产业集聚区•孵化基地"。中心参股设立天使聚场（北京）科技有限公司。采用天使机构分时办公，天使投资实战训练营，天使合投，天使众筹为主要业务方式，打造专业服务平台、国内领先的天使成长平台。2014年举办的第三届中关村数字设计创业大赛共征集项目458项。

与北京东方灵盾、银川中小在线设立中阿（宁夏）科贸服务有限公司，通过技术转移和商贸交流，有效连接中关村企业和阿拉伯地区的市场、资金等产业资源。与北京理工大学合作设立北京理工光电技术研究院有限公司，启动2项技术成果的产业化工作。

由公司控股的中海纪元公司申请发明专利2项、申请商标1项、著作权6个。获得中关村标准创新试点企业、国家高新区百新企业、2014年度中国智慧城市信息化最佳服务商等称号。

（李娜）

【北京海淀科技金融资本控股集团股份有限公司】 北京海淀科技金融资本控股集团股份有限公司（简称海科金集团）是北京市首家面向科技型中小企业的集投、保、贷、典、孵相结合的金融服务平台。注册资本金人民币15亿元。集团下属10家子公司。

2014年，海科金集团实现经营收入39409万元，增长18%；实现利润总额14191万元，增长55%，完成全年预算的136%；实现净利润9356万元，增长76%，完成全年预算的134%；实现归属于母公司的净利润7007万元，增长65%，完成全年预算的150%。继"投、保、贷、典、孵"之后，开展资产管理、贸易融资、互联网金融等业务。创投板块开展并购重组业务，设立三板和环保两个专业子基金，累计投资总额4.6亿元，在投企业16家，其中完成上市1家，4家正在进行上市筹备，新三板企业4家；担保板块入围北京市高级人民法院信用担保机构名单，全年累计放款超过360笔42亿元，在保企业434家，在保余额近50亿元；小贷板块累计发放贷款221笔92337万元；典当板块累计发放约30笔超过1亿元贷款，月均典当余额超过2100万元，平均资金使用率85%。孵化器共有入驻企业82家，吸引落地投资总额人民币5亿元，美金668万元；吸引高层次人才入园创业，千人计划10人，海聚工程人才10人，留学生企业18家；物流板块企业提供贸易融资金额超2亿元；资产公司积极探索开展业务创新，形成实物资产、信贷资产、债券资产等多元化资产管理格局。7月23日，成立北京海金仓金融信息服务有限公司（简称海金仓公司）开展互联网金融业务，在线交易额突破3亿元，注册会员近1万人。全年为超过800家中小微企业提供融资服务超过60亿元，所服务企业在海淀区纳税超过10亿元。

（任嵩迪）

【国有企业改革】 年内，当代商城、甘家口大厦重组并入翠微股份公司，区属商业企业整合重组成为上市商业集团，形成协同效益与规模竞争优势。实创股份公司、实创有限公司、威凯公司3家园区建设企业实施股权重组与业务整合；区国资中心出资2.09亿元收购城建集团所持实创股份公司股权，成为实创股份公司的第一大股东（持有63.98%股权）。完成西山农场、中海投公司、京海联公司3家企业公司制改革。推进六一仪器厂、羲和物业公司、实创房地产公司、实创经服公司等二三级企业实施改制。发展混合所有制经济，促进区属国企和非公企业的沟通交流与合作发展。协同相关部门做好事业单位转企改制、街道集体企业改制及行政事业单位所办企业划转等工作。

（杨晓美）

【国有企业经营发展】 年内，区属国有企业调整投资结构，实现产业转型发展。海国投公司、海科金集团分别设立“众信金融”“海金仓”等互联网金融公司，拓展互联网金融服务业务。海国投公司联合中国技术交易所搭建知识产权金融服务体系。海国投公司取得全市首批商业保理准入资格，组建商业保理公司。海科金集团以组合融资服务助力区域经济发展，全年为超过800家次中小微企业提供融资服务60余亿元，所服务企业在海淀区纳税10亿余元。实创有限公司、实创股份公司、海科金集团共同出资设立股权投资基金，专项用于投资新三板市场挂牌企业。中海投公司与北理工大学合作设立光电产业技术研究院。海淀置业集团建设中关村创业大街，为创新创业要素聚集孵化提供平台。实创股份公司、实创有限公司承担的北部生态科技新区建设取得较大进展，“中关村壹号”项目提前实现全面结构封顶；实创上地能源中心煤改气工程完成施工，改建后可供热面积由260万平方米扩展至480万平方米；上地云中心项目建设完成。绿海能公司加快建设大工村再生能源发电厂，完成土建结构施工及设备安装等工作，与北控集团合作设立北控绿海能公司。海融达公司全年完成投资25.77亿元，拆迁房屋建筑面积4.88万平方米。海开集团推进棚户区改造项目。相关房地产企业做好上庄、苏家坨及西北旺辛店等地区保障房项目建设工作。昊海建设公司全年开复工面积达到130余万平方米，连续5年被评为全国安康杯竞赛优胜企业。海淀置业集团推进“菜篮子”工程，恢复便民服务网点15处。实创有限公司、工业公司、海淀置业集团、物资回收公司等企业开展有形市场调整疏解、小门店清理整顿等工作，疏解人口1083人。区国资中心为区属企业融资提供担保，通过短融、私募债等多种方式融资46.5亿元，支持区域重大项目建设。

（杨晓美）

【国企监管】 年内，区国资委完成海融达公司、海科金集团等11家一级企业的董事、监事人员委派调整工作，委派正处级干部担任企业监事会主席。推行企业董事会报告评价工作，国资委听取15家一级监管企业2014年度董事会工作报告，提出建议及要求。出台《海淀区属国有及国有控股企业外部董事管理办法》，修订《海淀区属国有企业监事会工作报告实施细则》，完善董事会、监事会工作制度体系。与区属企业签订业绩考核责任书，将国有资产保值增值等任务分解到各企业。改革国资系统审计监管方式，由国资委统一聘请中介机构，实施对区属国有企业年度财务决算的审计工作，在国资委内部设立专职审计部室，负责对区属国有企业的审计工作。执行企业领导人员薪酬制度，开展2013年度企业领导人员年薪执行情况专项检查和整改工作。开展区属企业产权登记年检、资产情况专项调查。会同区财政局、审计局等部门修订国有资本收益收缴管理暂行办法，规范做好国有资本收益收缴及预算支出工作，区属企业全年上缴收益9165万元，安排预算支出1.5亿元。推进解决困扰多年的实创有限公司为亚都公司担保问题、超市发连锁公司重组纠纷、海开公司滞纳金和京门公司破产和解等企业遗留问题。

（杨晓美）

出入境检验检疫

【概况】 2014年，海淀检验检疫局完成出入境工业产品检验17505批次，同比增加3.6%；货值21.66亿美元，同比增加19.4%（其中，完成入境工业产品检验17359批，同比增加13.1%；货值21.4亿美元，同比增加23.7%。完成出境工业产品检验146批，同比减少90.6%；货值2612.0万美元，同比减少65.5%）。完成出入境动植物产品、食品等类货物检验检疫2577批次，同比增加6.7%；货值11214.6万美元，同比减少17.8%。检出出入境不合格商品42批，金额216.5万美元，退运或对外索赔39批，金额192.1万美元。出具各类证单19256份。

（李素琴）

【进出口医疗器械监管】 年内，海淀检验检疫局深化进口医疗器械分类管理工作。在产品风险分析的基础上，依据收货人产品质量保证能力和追溯能力，形成产品风险分级、收货人分类、境外制造商评价等多种检验模式有机融合的全新进口医疗器械检验监管模式。完成《北京地区进口医疗器械收货人日常监督检查表》与《进口医疗器械进行抽批检验的规则》两个配套性文件，细化进口医疗器械的分类管理工作。检查进口医疗器械注册证及产品中文标签、中文说明书不合格情况。全年共发现进口医疗器械不合格432批，货值2368.1万美元，分别为2013年的

13.1 和 11.2 倍；发现其他工业品不合格 65 批。

（李素琴）

【出口禽肉监管】　年内，海淀检验检疫局对出口禽肉及其制品生产企业和饲养场实施备案管理。全年共备案出口禽肉及其制品生产企业 3 家，备案饲养场 35 家。对出口禽肉及其制品生产企业落实企业主体责任，督促出口禽肉及其制品生产企业完善以 HACCP 为核心的食品安全卫生控制体系。对出口禽肉及其制品实施批批抽样检验；建立食品链安全信息追溯机制，如实记录禽肉及其制品生产过程的安全管理情况；实施食品安全防护计划，预防人为故意污染风险及可能的突发问题。

（李素琴）

【加强窗口标准化建设】　年内，海淀检验检疫局加强窗口标准化建设，完善窗口服务。解决为民服务最后一公里问题，坚持“首问负责制”“服务承诺制”“限时办结制”“一次告知制”“24 小时预约报检”等制度；召开企业座谈会，倾听企业意见和建议，对企业提出的要求逐条落实；对管理水平高、信誉好的企业落实绿色通道，提高通关效率。北京华都肉鸡公司等多家企业直通放行实施审核与备案，企业享受到通关便利化。

（李素琴）

食品药品监督管理

【概况】　2014 年，海淀区食品药品监督管理局（简称区食药局）严格主体准入标准，推进药品、医疗器械 GMP、GSP 认证工作。加强客体准入监管，强化高风险类食品药品企业主体严格落实实施各类产品准入标准的责任、主动监管的力度和对相关违法违规行为的惩戒力度。

（郝晓霞）

【食品药品网格化监管】　年内，区食药局运用区食品药品监管局、街镇政府、食品药品监管所的三级网络监管模式，食品药品监管所执法力量下沉至网格，协调配合属地街镇政府组织开展专项治理，加强属地监管职责，做到基础台账和监管数据达到动态性准确。重点查处无证门店，加大对药品、医疗器械、保健食品、化妆品案件线索的查处。

（郝晓霞）

【实施风险管理模式】　年内，区食药局实施分级分类和风险管理模式，重点对食品药品高风险领域开展针对性风险监测。通过落实食品生产企业信用分值、风险评估、黑名单等制度，强化对食品生产企业的源头监管力度。重点推行药店分级分类，全面规范药品、医疗器械生产经营行为。

（郝晓霞）

【食品药品专项整治】　年内，区食药局开展食品药品专项整治。利用区食品药品监管局、街镇政府、食品药品监管所的三级网络监管，食品药品监管所执法力量下沉至网格，协调配合属地街镇政府组织开展专项治理，查处食品无证经营行为。在食品领域，以餐饮服务集中区、批发集散地、城乡接合部以及集体用餐单位、建筑工地食堂、学校食堂及周边、繁华商业区等区域以及网上销售服务等为重点区域；以乳制品、肉制品、食用油、白酒、食品添加剂、儿童食品等为重点品种。在药品领域，以制售假劣药品、互联网违法服务及交易药品、保健食品非法添加、化妆品非法使用禁限物资以及无证生产经营或生产经营无证医疗器械为重点。节日期间对大型物流配送、商场、超市、农贸市场、批发市场等有形市场的食品及旅游景区、民俗旅游村、庙会等销售北京特色食品的监督检查力度，做好全国“两会”等大型会议活动期间代表驻地饮食用药安全工作。

（郝晓霞）

烟草专卖与管理

【概况】　2014 年，北京市海淀烟草公司资产总额 113012.66 万元，同比增长 9.95%；净资产为 107133.31 万元，同比增长 7.03%；固定资产 6700.91 万元；流动资产 106311.75 万元。

（杨亮）

【烟草专卖经营】　全年实现卷烟销售收入 30.98 亿元，同比增长 7.68%；实现税利 6.72 亿元，同比增加 5.91%；销售卷烟 11.79 万箱，单箱销售额 3.11 万元，同比增长 10.26%；实现利润 3.87 亿元，同比增长 9.32%；税金 2.85 亿元，同比增长 7.14%。一、二、三类卷烟销量分别提升 11.88%、22.3%、2.41%，销量占比分别提升 2.74%、2.11%、1.65%。重点品牌销量比重同比提升 1.28 个百分点。“双十五”[①]一至三类卷

① “一至三类烟销量排名前十五品牌”及“销售收入前十五品牌”。

烟同比提升 4.42 个百分点。25 个全市培育规格卷烟销量同比增长 5.29%，15 个区县自主培育规格卷烟销量同比增长 5.49%。共建成现代卷烟零售终端 213 户，比上年增加 160 户，占总户数的 5.16%，实现市烟草局（公司）规定的 5%工作目标。

（杨亮）

【烟草市场监管】 年内，区烟草局（烟草公司）创新完善专销互动工作机制，全面推行“三化合一”（网络化、差异化、信息化）网格化监管模式，开展“异地、隐身、交叉、错时”日常监管。全年专卖执法案件累计立案 886 起，同比上升 26.03%。其中一般程序案件立案 237 起，同比降低 64.15%；简易处罚程序案件 649 起，同比上升 1445.24%。涉及假烟案件 27 起，同比降低 64.94%；走私烟案件 5 起，同比降低 82.14%；真烟案件 854 起，同比上升 42.81%。查获 5 万元以上大要案 21 起。先行登记保存违法卷烟 981.32 万支，同比降低 18.09%，其中假冒伪劣卷烟 37.64 万支，同比降低 58.17%；走私卷烟 27.78 万支，同比降低 53.79%；非渠道卷烟 915.9 万支，同比降低 12.4%，假私非占比分别为 3.84%、2.83%、93.33%。依法刑拘 11 人，判刑 5 人，结案率 99%。移送公安局大要案 13 起，移送工商局无证经营案件 57 起，抄备检察院大要案 13 起，案件移送、抄备率达到 100%，全年无行政复议和行政诉讼案件发生。

（杨亮）

【办理烟草行政许可 3413 起】 区烟草局（烟草公司）全年共办理行政许可 3413 起，其中新办行政许可 564 起，变更行政许可 88 起，延续行政许可 1581 起；注销户 953 户；全区有效户 4241 户，正常经营户 4222 户。

（杨亮）

【预警调查处理】 2014 年，区烟草局（烟草公司）向专卖部门发送《问题反馈函》96 份，其中涉及非渠道卷烟线索信息 15 条，根据线索查获 10 起案件，查获违法卷烟 11.22 万支，案值 4.48 万元；向营销部门发送《改进建议书》27 份，及时暂停供货或注销共计 14 户。全年卷烟跨区外流 205.66 万支，同比下降 11.12%，流通控制率为 0.38‰。接收系统异常零售户预警 15782 条，筛选出销售能力异常、利润异常等情况共计 120 条预警进入内管预警调查处理流程，未发现不规范经营问题，预警处理完成率达到 100%，异常预警处理优秀率达到 100%。

（杨亮）

案例选辑

【侦破“9·15”跨区网络贩烟案】 9 月 15 日，在北京市烟草局专卖处打网办的统一协调下，海淀、丰台区局联合当地公安部门成功破获一起以河南人某夫妻为首的跨区贩卖高档真品卷烟网络案件。此次网络案件查处历经 4 个多月，出动警力 16 人、烟草专卖稽查人员 21 人，捣毁卷烟窝点 6 个，查扣涉案车辆 4 辆，查获真品卷烟软中华、硬黄鹤楼 1916、钻石（荷花）等卷烟总计 110.78 万支，案值近 132 万元，抓获涉案人员 8 名，刑事拘留 4 人，网上追逃 2 人，取保候审 1 人，移交丰台工商局 1 人（行政处罚）。

（杨亮）

工商行政管理

【概况】 北京市工商行政管理局海淀分局（以下称分局），是北京市工商行政管理局在海淀区的派出机构。分局下设“12315”投诉举报中心等 11 个业务职能机构，下设 16 个派出机构，另有海淀区私营个体经济协会、海淀区消费者协会、海淀工商管理学会 3 个挂靠机构。

2014 年，工商分局共实施行政指导 8246 次，其中行政提示 4766 次、行政告诫 798 次、行政约见 225 次、行政建议 245 次、案件披露 3 次，助成性行政指导 761 次，调停性行政指导 400 次，责令改正 1048 次。核审完全通过一般程序案件 2160 件，罚没款共计 2154.53 万元。华澜园市场、盛宏达市场、玉泉东市场和居然之家市场 4 个市场被评为市级诚信示范市场。

（王京）

【国家工商总局商标局驻中关村国家自主创新示范区办事处】 2014 年，办事处共受理各类商标申请 54082 件，同比增长 5.8%。其中，受理商标注册申请 43259 件，同比增长 9.8%。5 月 1 日，新《中华人民共和国商标法》实施，办事处不再为申请人现场发放《商标受理通知书》，1～4 月，办事处收取各类商标申请 22791 件，同比增长 91.97%；收取商标注册申请 18633 件，同比增长 115.46%；现场发放受理通知书 15825 件，同比增长 152.63%。

加强商标宣传指导。办事处将工作重心下沉到企业、园区，走访北京爱德发科技有限公司、闪联信息技术工程中心有限公司、北京市老才臣食品有限公司、北京天使汇金融信息服务有限公司等企业，宣传商标知识和政策，引导企业做好商标品牌建设工作，提高企业商标创造、运用、保护和管理能力。

普及商标知识。3 月 27 日，在中关村科技企业工商政策宣讲会暨中关村创业讲坛特别活动中面向中关村企业进行新《商标法》修法背景及主要特点的宣讲，解答现场提问，250 家企业代表，50 多名区县工商干部参加论坛。

深入区县、中关村园区调研培训。2 月 18 日，办事处赴延庆调研，针对延庆县“县景合一”“沟域经济”的商标规划提出具体操作建议；5月12日，办事处到大兴区调研企业商标注册、使用等情况，为相关企业解答商标以及新商标法相关的疑问。

支持企业盘活商标无形资产，为企业商标质押贷款提供便利。通过商标专用权质权登记，为中关村企业融资、贷款、抵押等商标资本化运作拓展渠道，为北京家美迪克浴室设备有限公司、北京嘉和一品企业管理股份有限公司等30家企业和个人办理商标权专用权质权登记，涉及商标191个，质押总金额5.058亿元，同比增长70%。

（杨晓芳）

【商事登记制度改革】 3月，海淀工商分局按照国务院、国家工商总局商事登记制度“降低准入门槛，加强事后监督”改革方案的要求，为企业申请人提供便捷高效服务。改革的主要内容之一是年报公示制度取代企业年度检验制度和个体工商户年度验照制度。为确保登记注册和监督管理工作衔接顺畅，实行登记部门和监管部门的“每日一碰头”。登记部门逐条梳理登记政策改革情况，掌握最新政策精神和操作要点；利用咨询电话、网络预约系统、登记大厅公告、指示牌、纸质告知单等多种渠道和方式进行宣传告知，扩大新政策的影响力；以“落实注册资本登记制度改革”为主题，组织“工商开放日”活动，加强与企业群众的互动；设置咨询回访办公室，每周回访200户办事企业，听取企业意见建议4项措施，保证商事登记制度新政策平稳实施。3月3日，工商分局发出北京市首份新版营业执照，中央电视台《新闻联播》进行了报道。商事登记制度使工商登记注册数量迅速增长。全年共办理名称登记105887户次，同比增长48.1%；办理企业设立登记36821户次，同比增长51.6%；变更登记71587户次，同比增长22.1%；办理网上登记业务304402户次，同比增长4.25%。监督部门通过咨询电话、服务平台、对外窗口等多个渠道向来访企业群众做好宣传工作，发放海报、宣传册及规范文书累计5万余份，做好政策的解释工作。10月1日正式开展企业信息年报告公示、即时信息公示和个体工商户、农民专业合作社年度报告公示工作。至年底，工商分局辖区内资企业已年报25588户，年报率15.4761%，个体已年报11625户，其中纸质报送7户，年报率27.4256%；2013年度应报外国企业常驻代表机构389户，已报代表机构349户，年报率90.89%，未按期进行年报的代表机构已严格按照法规执行成批吊销程序。海淀区的商事登记制度改革得到国家工商总局的肯定。

（王京）

【手机售假专项整治】 5月，工商分局联合中关村西区工商所、中关村工商所，以鼎好、海龙、e世界、科贸等电子市场为重点，开展为期1个月针对手机电子产品售假行为的大规模专项整治行动。通过联系权利人、走访市场主办单位、询问消费者等摸底工作，以经营小米、华为、苹果、三星等手机的商户为突破点，开展多波次、多角度的拉网式专项整治行动，查扣涉嫌侵权手机6台，立案2起。

（王京）

【互联网领域侵权假冒专项整治】 8月，工商分局集中开展互联网领域侵权假冒专项整治行动。重点检查经营汽车配件、儿童玩具及用品、农资、服装、箱包、室内装饰装修材料、小家电、通信器材和浓硝酸、浓硫酸、甘油、硝酸钾等商户，出动人员594人次、车辆141车次，检查各类相关企业和经营者2168户次，行政指导315户次。浏览相关网站（页）2.5万余次。联合各工商所，对辖区内经营网店的注册地、网店经营地、销售主要商品、主要品牌进行核实，建立台账。至年底，已对40余家网店进行核实备案。共查处商标假冒侵权案件189件、罚没款207万余元，移送司法机关追究刑事责任案件3件，移送涉嫌犯罪人员4人。

（王京）

【工商登记服务】 年内，工商分局继续做好“绿色通道”等特色登记业务，服务优秀团队企业落户发展，第一时间促成首家成功孵化的创业团队北京奇点同舟餐饮管理有限公司成功落户。针对商业保理、预防保健咨询、养老服务等新兴领域和热点产业，多次与海淀区商务、卫生、民政等相关部门沟通，争取北京市工商局政策支持。与区金融服务办公室协调，为阿里巴巴旗下北京蚂蚁云金融信息服务有限公司等30余户金融信息服务企业办理登记注册。服务城市功能定位，对一般制造业、燃煤发电、区域性物流基地、区域性专业市场等产业进行禁止或限制。引导符合条件的个体工商户向现代企业制度转换，全年办理个体转企业登记110余户。

（王京）

【小门店专项整治】 年内，工商分局开展小门店经营秩序专项整治工作，通过约谈无证照经营户、劝诫出租房主、引导办照、拆除违建、开展综合执法行动等形式开展联合治理。从社区获取“未取得营业执照，擅自从事经营活动”的案件线索74件。对无证照小门店摸排检查4363户次，行政指导469户次。对2431户未亮照经营主体进行整改。开展联合整治1173次，整改主干道小门店2824户次，非主干道小门店4360户次，背街小巷小门店6470户次，引导办证照934户次，责令停业764户次，取缔124户次，引导合法经营32户次，取缔无证无照小门店1217户，取缔拆除涉及无证照经营的违法建设960平方米。

（王京）

【有形市场监督管理】 年内，工商分局开展以“巩固监管基础、严格市场准入、强化存量管理、落实开办责任和打击违法行为”等内容的有形市场监督管理工作，为26个市场办理相关变更手续；各类展销会备案36期；下发业务指导14期；行政指导80次。开展市场专项整治，出动人员822人次、车辆406车次，检查市场397个次，开具行政执法检查单8份；对市场内商户立案28件，罚没款8.7万元。全年共查处市场内各类案件235件，罚没款共计52万余元；其中，对疏于管理，造成市场秩序混乱的市场主办单位罚款18.4万元；对在市场内从事违法行为的经营商户罚款34万余元。按照北京市、海淀区政府的部署，加大对低端业态企业的淘汰、调整和升级力度，关停11个市场。到年底，全区总计关停18个市场，现有实际经营的市场数量为93个。

（王京）

【治理非法交易市场】 年内，海淀工商分局集中整治“非法商贩集中交易区”和“市场业态企业”“两类场所”开展集中整治。要求辖区内存在“两类场所”的工商所，建立“两类场所”专项台账，单独建立监督档案。依法开展对无照商贩、“交易区”开办者及土地出租方“三个层次”的查处、取缔和限期整改。全年共查处无照经营案件174件，罚没款11万余元；查处主办方案件10件，罚没款8万余元，采取定期约谈场地产权人，对出租场地非法获利的产权人进行立案调查。至本年底，全区23个“非法交易区”关闭6家，腾退非法占地10900平方米，拆除违法建设2400平方米；疏解商贩273户。

（王京）

【商品质量监测】 年内，工商分局配合北京市工商局检测中心在各类有形市场抽取家具样品20个、床垫样品10个、室内装饰材料样品30个、刹车油、刹车片等样品29个、冷却液及玻璃水样品各3个、计算机配件样品10个、日化用品样品14个、家用小电器样品35个、塑料制品样品20个、消防器材样品20个并进行送检。15个工商所对全区加油站抽取汽油样品154个、柴油样品28个进行送检。全年共出动人员822人次、406车次，检查有形市场397个次，开具执法检查单8份，对市场内商户立案28件，罚没款8.7万元。到年底，工商分局完成北京市工商局下派抽检和海淀工商分局自行抽检各大商场、超市、卖场商品累计403组，出具报告307组，不合格商品138组。其中北京市工商局抽检任务319组，已出具报告的为223组，其中不合格商品83组，海淀工商分局抽检任务84组，已出具报告的为84组，其中不合格商品55组。立案21件，结案20件，罚没款82.84万元。

（王京）

【开展反垄断执法】 年内，根据国家工商总局、北京市工商局的工作部署，工商分局对辖区汽车配件售后市场进行核查，发现部分“汽车配件”市场涉嫌达成纵向垄断协议，排斥其他经营者进入该市场的公平竞争权利，限制消费者的自由选择权。到2014年底，工商分局已收集、整理大量的证据材料，形成工作汇报报至北京市工商局和国家工商总局竞争执法局，为“汽车配件”市场的垄断调查处理奠定了基础。

（王京）

【规范公平交易】 年内，工商分局集中力量查办涉及重大风险、严重危害社会经济秩序、关系社会民生以及具有社会影响力的典型示范案件，达到“查处一种行为、规范一个行业、净化一片领域”的执法效果。全年共办结公平交易类案件53件，其中虚假宣传案件、巨奖销售案件、商业贿赂案件、商业秘密案件等不正当竞争案件46件，其他案件15件，罚没款共计398万余元；完成行政指导案件6件，处理“12315”和信访办转来群众举报情况27件，处理北京市工商局交办任务和协助外省市工商局执法20余件。

（王京）

【整治电商不正当竞争】 年内，工商分局针对网络交易平台不正当竞争行为频发的情况，以接收投诉举报、情报员报送案件为线索，对京东、百度、“滴滴打车”、“360”、天猫、当当、苏宁易购、中粮我买网等多家大型知名电商企业以及互联网企业涉嫌存在的虚假宣传、巨奖销售、销售假冒伪劣产品、违法广告等违法行为进行集中整治。全年对电商、互联网企业涉嫌不正当竞争行为立案20件，结案10件，罚没款总计65.1万余元。

（王京）

【打击传销 规范直销】 年内，工商分局设置专人专组查处传销和违规直销行为，设立专门档案及巡查记录，建立“科所两级通报机制”，依托国家工商总局打传规直信息系统，有效实施动态监管。组织开展专项宣传活动1次，张贴宣传画100余张、发放宣传资料800余份。全年共接到涉嫌传销的投诉举报20余件。工商分局通过定期和不定期的执法巡查和法规宣教，引导直销企业规范经营，对玫琳凯、李锦记、完美等多家直销企业开展相关活动的备案书进行审查，未接到一起对违规直销等行为的投诉举报。

（王京）

【“海淀商标大讲堂”】 年内，“海淀商标大讲堂”面向辖区企业、个体商户开展商标基础知识、商标授权经营制度、商标注册、司法保护等内容的宣传。从2013年10月成立以来，“海淀商标大讲堂”采取集中授课、业务指导、行政指导、网上展示等方式面向全社会开展宣传，组织各类集中宣讲活动12次，印制发放普法宣传材料1300余份，重点对保护注册商标专用权、打击侵权的条款结合执法中的典型案例进行解析，发出行政告诫和行政指导书989份。以“海淀商标大讲堂”为载体开展“海淀优秀品牌”示范展示活动，发掘海淀区优秀的品牌以及他们的品牌文化。7月，“海淀商标大讲堂”在海淀区组织的学习型城区建设工作中被评为“海淀区市民学习品牌”。

（王京）

【广告监管】 年内，工商分局共受理广告经营许可证登记、变更150件，户外广告登记、变更60件，共监测各类广告42468条。对全区户外广告进行梳理，建立户外广告台账，做到“底数清、情况明”。

（王京）

【社会热点领域广告监管】 年内，工商分局转变执法导向，将广告监管重点放在查处危害人民群众人身财产安全和社会热点领域的违法案件方面，加大对药品、医疗器械、保健食品、医疗、化妆品及房地产等广告的查处力度。以互联网为切入口，查处一批有影响力的互联网公司发布违法广告案件，包括搜房网等专业房地产网站发布违法房地产广告案件，新浪、凤凰等综合性门户网站发布违法保健食品广告案件，查处乐视网和搜狐视频发布违法药品广告案件。全年共查处违法广告案件130件，罚没款311.5万元。

（王京）

【互联网IP定向广告监管】　年内，工商分局加强对互联网IP定向广告新型广告形式的研究，探索IP定性广告的监管模式。IP定向广告是以IP为依据，向特定的区域投放的广告。针对海淀区内的部分网站以IP定向的手段在北京以外的地区发布违法广告，从而逃避海淀工商分局广告监测的情况。工商分局采取三项举措加强对IP定向广告的监管：请求外地工商部门予以协助，将违法广告的发布证据进行固化，再转交海淀工商分局；探索在外地租用服务器对部分网站发布的广告进行监测；效仿平面媒介的监管方式，由网站向海淀工商分局提交其发布的广告样件的电子版，由工商分局对其提交的电子版进行事后审查，并对其提交样件的情况进行不定期的抽查。

（王京）

【合同监管】　年内，工商分局开展房地产经纪机构违法经营行为、万南社区出租房、餐饮行业和美容美发行业不公平格式条款等治理工作。为解决房屋中介投诉居高不下的状况，保护委托人和中介双方的合法利益，起草《房屋购买居间服务合同》推荐文本；召开《美容美发行业预付费服务交易合同（试行）》推介会，在全区全面推广使用。开展“守合同 重信用”企业推荐工作，9家企业全国“守合同 重信用”企业。工商分局经纪人备案率65.3%，新增备案232户，变更449户；其中房地产经纪人存量1860户，同比增加18户。新成立房地产经纪278户，不从事房地产经纪项目的企业核减经营范围260户。有拍卖企业52户，工商分局共办理拍卖活动备案944次，拍卖成交额26亿元，同比分别增长56.8%和8.3%。办理动产抵押登记数量为77件，主债权金额51亿元，同比增加22.2%和4.9%。变更登记10件和注销登记28件，同比分别为增长100%和减少6.7%。“动产抵押登记网上查询、申请系统”企业使用率达100%。成功调解合同纠纷10件，涉案金额44.98万元，解决争议22.62万元。办结合同案件161件，其中不公平格式条款案件108件，同比增长96.4%；办理房地产经纪人违法案件45件，同比增长400%；办理拍卖案件6件，同比增长100%；办理特许加盟案件2件。

（王京）

【工商执法】　年内，工商分局坚持行政处罚案件核审专人负责制、领导二次把关制和重大复杂集体会审制。全年核审通过一般程序案件2160件，罚没款2154.53万元。案件数前五位案件类别为：无照经营994件、广告228件、商标215件、合同119件、假冒伪劣108件，共占总案件数的78.56%。其中，无照经营、超范围经营、商标、假冒伪劣、合同、外资、其他类案件数量较2013年有所上升，擅自改变登记事项、广告、逾期年检、不正当竞争、虚假文件、食品、市场、消保类案件数有所降低。召开案审会15次，受理出证1079件次，咨询指导6530人次。代理行政复议案件81件，代理行政诉讼案件54件。全年共实施行政指导8246次，其中，行政提示4766次、行政告诫798次、行政约见225次、行政建议245次、案件披露3次、助成性行政指导761次、调停性行政指导400次、责令改正1048次。

（王京）

案例选辑

【卡尔森亚太酒店擅自开业案】　4月15日，海淀工商分局对卡尔森亚太酒店管理有限公司未经核准登记，擅自从事生产经营活动的违法行为依法做出没收非法所得348950.13元，并处罚款3万元的行政处罚。2011年10月12日，海淀工商分局执法人员在对位于海淀区西翠路17号院23号楼的北京万拓投资有限公司紫金丽亭酒店（简称紫金丽亭酒店）进行检查中发现，卡尔森亚太酒店管理有限公司未在北京市工商行政管理部门申请开业登记，涉嫌未经核准登记擅自开展经营活动的违法行为。2007年12月15日，卡尔森亚太酒店管理有限公司与北京万拓投资有限公司（简称万拓公司）签订酒店委托管理协议。协议规定，由卡尔森亚太酒店管理紫金丽亭酒店，并依据协议规定收取管理费用。经卡尔森亚太酒店确认，从2009年10月16日开业至2011年9月底，其收取基本管理费410529.56元，缴纳税款61579.43元，故卡尔森亚太酒店违法所得为348950.13元。执法人员认为，卡尔森亚太酒店管理有限公司上述行为，违反《外国（地区）企业在中国境内从事生产经营活动登记管理办法》第三条第（三）项的规定，已构成未经核准登记，擅自开业从事经营活动的违法行为。2013年9月29日，执法人员向卡尔森亚太酒店送达《听证告知书》。2014年1月14日，海淀工商分局举行听证会，卡尔森亚太酒店在听证会上提出罚款金额过高和人工成本、差旅开支、办公室租金及相关费用应作为合理的经营成本予以扣除，以及具体计算方式及金额等申辩意见。听证会认为，根据《工商行政管理机关行政处罚案件违法所得认定办法》规定，办案单位对本案当事人的违法行为认定事实基本清楚，罚款适当。4月15日，海淀工商分局《中华人民共和国企业法人登记管理条例施行细则》第六十三条第一款第（一）项的规定做出没收违法所得和罚款的行政处罚。

（王京）

【飞狐公司发布违法药品广告案】　4月15日，海淀工商分局对飞狐信息技术（天津）有限公司（简称飞狐公司）通过互联网发布违法药品广告的行为，依法做出责令停止发布违法药品广告、没收广告费用与罚款的处理决定。2013年12月15日，海淀工商分局执法人员例行检查中发现飞狐公司通过互联网涉嫌发布违法药品广告。经查证，网址为www.sohu.com的搜狐网是北京搜狐互联网信息服务有限公司的网站，搜狐视频是搜狐网的子域名，飞狐公司负责搜狐视频的日常运营，并与广告代理公司签署网络广告发布合同。2013 年 12 月，飞狐公司与广州白云山制药股份有限公司广州白云山制药总厂的代理公司上海剧星文化传播有限公司签订网络广告发布合同，为广州白云山制药总厂的“抗之霸”系列药品在搜狐网视频频道发布广告。经查证，“抗之霸”药品广告没有取得药品监督管理部门的审查，违反《中华人民共和国广告法》第三十四条之规定，构成发布药品广告未依照有关法律、法规由药品广告审查机关审查广告内容的违法行为。2014 年 4 月 15 日，海淀工商分局依据《中华人民共和国广告法》第四十三条的规定，责令飞狐公司停止发布违法药品广告，并给予其没收广告费用 12 万元和罚款 36 万元的行政处罚。

（王京）

【香港彩视（中国）公司北京代表处商业贿赂案】 6月4日，海淀工商分局执法人员在对香港彩视科技（中国）有限公司北京代表处（简称北京代表处）进行现场检查时，发现其财务账册中其他应收款数额较大，执法人员要求其对此做出说明。香港彩视公司北京代表处在书面《情况说明》中承认部分费用是为了使其设立单位香港彩视科技（中国）有限公司（简称香港彩视公司）获得交易机会，而购买礼品赠送客户所产生的。香港彩视公司代理美国 IBM 旗下一个品牌的芯片业务，而香港彩视科技（中国）有限公司北京代表处主要负责香港彩视公司在国内相关业务的联络活动。北京代表处为促成与深圳市新旭龙通信实业有限公司（简称新旭龙公司）合作，在新旭龙公司法定代表人罗某某于 2013 年 1 月到北京出差时，北京代表处委派职员程某向其提出为新旭龙公司营销活动提供奖品赞助。而后，程某以个人借款名义从北京代表处财务提出现金，委托他人从香港购买价值折合人民币 44612.52 元的礼品。2013 年 2 月 20 日再次到北京时，程某将上述物品交给了罗某某。罗某某未开具任何收条或收据，也未记入公司账目。新旭龙公司于 2013 年 5 月在南京中心大酒店举办的公司活动中将上述物品作为抽奖奖品使用。北京代表处的上述行为，违反《中华人民共和国反不正当竞争法》第八条第一款之规定，已构成经营者采用财物进行贿赂以销售商品的不正当竞争行为。2014 年 9 月 4 日，海淀工商分局依据《中华人民共和国行政处罚法》第二十三条之规定和《中华人民共和国反不正当竞争法》第二十二条之规定，责令香港彩视科技（中国）有限公司北京代表处立即改正违法行为，并给予其罚款 10 万元的行政处罚。

（王京）

消费者权益保护

【概况】 北京市海淀区消费者协会（以下称区消协）是依法维护消费者合法权益的社会团体。2014 年，工商分局共接到消费者投诉 20627 件，办结 20382 件，办结率 98.81%。其中工商受理 7270 件，调解成功 5864 件，调解成功率 80.66%，投诉转立案 133 件，为消费者挽回经济损失 1094.41 万元。海淀区绿色通道企业数量为 914 户，涉及行业 23 个，已经开通网上受理 464 家。绿色通道成员单位接收工商部门通过网上工作平台转办投诉 10830 件，占全区投诉总量的 52.50%，和解率达 89.72%。接到群众举报 3285 件，办结 3069 件，其中立案 121 件，罚没 46.23 万元。区消协及所属分会共调解消费纠纷 7087 件，占工商分局投诉总量的 88.5%，为消费者挽回经济损失 800 余万元。

（王京）

【“3・15”主题宣传活动】 “3•15”期间，区消协以中消协确定的“新《消法》、新权益、新责任”年主题和北京市工商局确定的“凝聚多元力量 维护消费权益”年主题为重点，开展“3•15”国际消费者权益日系列宣传活动。3 月 14 日，工商分局和区消协召开“3•15”凝聚多元力量 维护消费权益”主题宣传活动大会。工商分局同海淀区创建全国文明城区总指挥部办公室、区消费者协会联合向海淀区广大经营者发出文明、诚信经营倡议。会上，国美在线、中关村在线、百度、去哪儿网、糯米网、窝窝团等十余家知名电商企业现场公布海淀区电子商务企业响应倡议和落实新消法的六项新举措：信息披露保真、格式条款清理保公平、先行赔付保求偿落实、快速解决保高效率、特定商品无因退货延三日、部分老三包商品执行新三包规定。其中第五、第六项措施高于新消法对经营者的法定要求。“3•15”期间，超市发举办“3•15”银发节专题促销活动，国美在线举办“3•15”超级黄金周活动，各消协分会联合联络站企业开展进社区、进学校、进商场、进超市、进景区等系列宣传活动。

（王京）

【建立消费教育基地】 7 月 29 日，工商分局和区消协联合海淀区 13 家企事业单位共同建立 13 个海淀区消费教育基地，包括电子商务企业、商场超市、专业市场、高等院校、行业协会等行业及业态。到年底，13 家消费教育基地利用网络论坛、网络在线访谈、微博、微信等新媒体教育手段，开展线上消法知识有奖问答、摄影沙龙、网络消费、数码产品、日用消费品、家居装饰装修、家居建材、服装知识等消费教育活动。

工商分局将这一系列消费教育活动常态化规范化，形成具有海淀特色的消费教育品牌。

（王京）

【开展大学新生消费教育】 9月，工商分局和区消协分别在中国人民大学、中国政法大学针对大学新生展开消费教育。在志愿北京网站开设“海淀区大学新生入学消费教育志愿服务”项目，召集海淀区大学生志愿者开展消费教育，联合中关村电子商会及百度网讯科技有限公司，在数码产品消费和网络消费方面，对大学生进行专业指导，在中消协的指导下对大学生开展科学餐饮安全消费课堂。区消协在教育培训、数码产品消费、网络购物等八个消费领域，指导大学生理性、科学、文明消费。此次大学新生消费教育志愿服务项目共涉及大学生志愿者达226人，为中国人民大学、中国政法大学解答消费咨询129人次，发放“大学生消费维权手册”1000余册。

（王京）

【宣传新《消法》】 年内，新修订的《中华人民共和国消费者权益保护法》(简称新《消法》)颁布实施。区工商分局联合区消协分别在电子商务企业、大型商场企业、家居卖场、中关村电子市场、街道社区等重点行业、企业、社区进行新《消法》系列宣讲活动，共开展活动9次，累计受众约2000人次。1月7日，区消协共召集100多家企业及6个行业协会，共200余人参加培训新《消法》相关内容。5月8日，联合海淀商业联合会举办“第八届海淀区商业服务业风采大赛新《消法》知识竞赛”。举办海淀区大学生志愿者新《消法》主题知识竞赛。各高校分别与驻地学校、街道、社区共同开展“速递新《消法》”“新《消法》进行时”“新《消法》有奖趣味竞答”“新《消法》讲座”等活动，发放新《消法》宣传手册1万册，印制《文明消费》动漫宣传片光盘1000张，新《消法》宣传海报500份、展板30块。利用电视、广播、报纸、网络、微博、微信等媒体资源，开展普法宣传活动。

（王京）

【规范职业打假受理程序】 年内，工商分局梳理职业打假人投诉举报受理工作中存在的问题，制定《职业打假人投诉举报处理要点规范》。明确处理投诉的时限要求、出具文书的注意事项、对赔偿要求的处理等；同时明确举报回复的时限、立案与否的程序、书面告知的注意事项等。该项规范的实施有效地加强了与工商所的协同和联动，克服行政答复工作中“重实体，轻程序”的弊端，减少了职业打假人投诉引起的复议和诉讼。

（王京）

【查处21件典型消费侵权案】 年内，工商分局对经营者对商品或者服务作虚假宣传，故意拖延或者无理由拒绝消费者提出的修理、重做、更换、退货、补足商品数量、退还货款和服务费用或者赔偿损失的要求，在产品中掺杂、掺假、以假充真、以次充好、以不合格产品冒充合格产品，销售不符合保障人体健康和人身、财产安全的国家标准、行业标准的产品等侵犯消费者合法权益的21件典型案件进行立案调查处理，结案20件，罚没款共计82.84万元。其中，北京乐语世纪商贸有限公司于2014年3月31日在“1号店”商铺内销售手机时与消费者发生纠纷，对消费者提出的退还货款和服务费用并赔偿损失的要求，无理由拒绝不成又故意拖延的行为，被工商分局依法给予责令停止违法行为，并罚款10000元的行政处罚，是工商分局依据新《消法》查处消费侵权的第一案。

（王京）

工 业

【概况】 2014年，海淀区规模以上工业企业实现工业总产值2026.6亿元，同比增长27.6%（全市增长5.7%，如剔除小米通讯，全区工业产值同比增长6.5%），较2013年增加14.8个百分点；工业增加值同比增长21.6%（全市增长6.2%），较2013年增加8.4个百分点。实现出口交货值82.8亿元，同比下降6.2%，较2013年扩大0.6个百分点。全区工业固定资产投资54.5亿元，同比增长27.6%，实现工业销售产值1951.0亿元，同比增长26.6%，规模以上工业总产值中高技术制造业产值占比59.0%，较上年提高5.2个百分点，工业用电9.4亿千瓦时，同比增长1.1%。

2014年工业总产值排序在前六位的行业首位是电子信息产业，实现工业总产值1058.9亿元，同比增长45.8%，占海淀区工业比重为52.2%（上年42.8%），实现出口37.2亿元，同比增长0.8%（上年下降16.4%）。重点企业小米通讯实现产值561.8亿元，同比增长163.6%；联想（北京）产值186.8亿元，下降18.8%；同方股份产值61.4亿元，下降12.5%；大唐移动产值31.3亿元，增长67.1%（上年增长42.0%）；瑞萨半导体产值22.1亿元，增长9.1%。

第二位为装备产业，实现工业总产值541.3亿元，同比增长8.4%，占海淀区工业比重为26.7%（上年29.8%）；实现出口34.2亿元，同比下降14.0%。重点企业国电联合动力，实现产值89.8亿元，同比增长40.7%；四方继保工程产值31.4亿元，增长20.3%；华锐风电产值30.0亿元，下降13.0%；同方威视产值29.7亿元，下降4.8%；四方继保自动化产值28.5亿元，增长7.8%。

汽车与交通设备产业保持在第三位，实现工业总产值174.8亿元，同比增长74.7%，占海淀区工业比重为8.6%；实现出口0.4亿元，同比增长18.0%。重点企业纵横机电实现产值94.7亿元，同比增长175.2%；中国长安产值57.9

亿元，增长26.4%；经纬信息产值4.4亿元，增长222.3%；新联铁产值3.4亿元，下降18.7%；新兴东方自动控制产值3.1亿元，增长34.3%。

基础与新材料产业、都市产业和医药产业分列第四、五和六位，实现工业总产值135.7亿元、79.3亿元和36.5亿元，同比分别下降9.9%、增长0.7%和增长9.3%。基础与新材料产业重点企业蓝星石油实现产值38.8亿元，同比下降17.7%；长城润滑油产值13.7亿元，下降13.5%；金隅混凝土产值10.5亿元，下降18.3%。都市产业重点企业大北农科技实现产值13.3亿元，同比下降12.0%；二商王致和产值8.1亿元，增长4.2%；钢研高纳产值6.7亿元，增长20.2%。医药产业重点企业双鹭药业实现产值11.3亿元，同比增长2.5%；科兴生物产值7.1亿元，同比增长40.4%；九强生物产值4.2亿元，增长18.0%。

年内，数码视讯公司被认定为2013—2014年度国家规划布局重点软件企业。联想集团入围“2013—2014”全球消费电子50强。中关村企业和联盟创制标准4882项，其中国际标准130项。

（刘宁）

【海淀区工业公司】 海淀区工业公司系海淀区国资委监管的一级企业。2014年完成营业收入6482万元，实现利润735万元，净资产收益率5.5%，营业收入同比增长20%，成本费用利用率完成10%。下属21家企业。年内，六一仪器厂改制为北京六一生物科技有限公司，由工业公司和32位自然人共同出资组成（工业公司占60%股份）。成立工业公司企业离退休人员管理服务中心，将水泥厂等5个非正常生产、经营及停产的国有及国有控股企业的离退休人员实行集中化管理。对下属企业的99份出租合同审核备案，规范企业出租行为。9月底全面完成砂轮厂台湖厂区土地收储拆迁腾退工作。

（王殿文　王鑫）

【安全生产管理】 年初，工业公司与所属21家企业签订安全生产责任书。建立安全员联席检查制，公司安委会扩大组成范围，将所属企业主管安全领导纳入公司安委会组成人员。加强对重点企业的监督检查，配合区政府和区国资委完成下属企业证照不全出租房屋清理、雪花厂天下城市场和风机二厂西三旗厂区消防挂账整治方案、雪花厂天下城市场业态提升调整方案制订工作。雪花厂天下城市场消防挂账问题已部分解决；风机二厂西三旗厂区消防隐患得以控制。开展重大活动、节假日期间安全普查与防火、防汛、地下空间、安全月活动以及区级火灾隐患单位风机二厂、雪花厂的督促整改等专项安全检查，对存在安全隐患的企业共发放隐患整改通知书8份。启动八一湖旅社房屋的加固改造和气枪厂主楼改造施工。

（王殿文　王鑫）

【白细胞低下症药物取得重大突破】 1月6日，北京美福源生物医药科技有限公司对外宣布，在白细胞低下症治疗领域取得重大突破，有望改善国内外同类药物药效短、毒性大、成本高等问题。北京美福源生物医药科技有限公司将白细胞低下症治疗原创新药长效重组人血清白蛋白融合蛋白在美国及其属地生产和销售的非独家专利许可，授权给世界前十大制药集团公司之一的以色列悌瓦制药集团，同时保留公司在中国开展临床试验中的新药《注射用血清白蛋白/粒细胞刺激因子融合蛋白》在美国生产销售的权利。这是中国民营科技企业首次向海外顶尖制药集团授权发明专利实施许可，表明我国民在生物医药研发领域的新药研发技术已处于世界先进水平。北京美福源在创新基因药物领域已在美国、中国和PCT发明专利申请共20项，建成企业完全自主拥有的治疗用生物制品国家I类畅销新药研发专利技术平台，基于该平台已有10余种生物治疗药物的正在开展临床前和临床研究。

（刘宁）

【飞机移动通信技术获得国际认可】 1月8日，在中关村标准化推动大会透露，由北京威信技术系统集成部自主研发的空对地飞机移动通信技术，获得国际电信联盟（简称：ITU）各成员国的一致认可，该项技术正式成为全球空对地飞机移动通信国际标准。该公司最新研发的空对地飞机移动通信技术，如同手机上网般操作简单、便捷，乘客只需打开手机，即可实现空中正常通信。此项技术就是在天空与地面之间，实现飞机机载安全信息系统与地面安全信息系统的宽带数据传输。该技术已经在一些航线上进行试验。

（刘宁）

【联想首获全年“世界PC之王”】 1月9日，IDC公布的最新市场数据显示：联想连续第三个季度成为全球PC出货量第一名，继续拉大和第二名的差距，第一次成为全年的“世界PC之王”。在美国本土市场，联想的PC销量第一次超过其主要竞争对手苹果公司。近年来，全球PC市场走势依然疲软，2013年全年销量同比下降10%。在全球5大PC制造商中，联想是唯一保持市场份额和PC发货双增长的厂商，其全年市场份额达到17.1%，发货5377万台。

（刘宁）

【1个项目获国家科学技术进步特等奖】 1月10日，2013年度国家科学技术奖励大会在北京人民大会堂举行。大北农集团北京金色农华种业科技有限公司参与的“两系法杂交水稻技术研究与应用”获国家科学技术进步特等奖。该项目是继三系法杂交水稻之后的又一重大创新，是国际首创的拥有自主知识产权的科技成果，水稻亩产量由700公斤提高到988公斤，为农作物遗传改良提供了新的理论和技术方法，确保了我国杂交水稻研究与应用的世界领先地位。

（刘宁）

【北京先进产业技术研究院成立】 1月13日，由市科委、中关村管委会、海淀区人民政府与北航合作共建的北京先进产业技术研究院揭牌成立。研究院将针对国家科技发展的战略需求，结合当前战略性新兴产业发展现状和布局，坚持“需求源于企业、技术源头培育、政府政策支持、成果共同孵化”，政府、大学、企业和社会资本共同打造科技产业融合发展的综合改革试验区，面向激光增材制造、航空发动机、自旋电子、大数据、有机光电材料等重点领域设立创新中心，突破技术发展瓶颈，服务首都经济社会发展。

（刘宁）

【国内首款商业化碳化硅二极管诞生】 1月20日，泰科天润半导体科技（北京）有限公司发布国内首款商业化碳化硅二极管。这是国内第一次碳化硅大功率器件批量生产，在以美欧日为主导的半导体领域中打开了关键突破口，标志着中国首款商业化第三代半导体肖特基二极管研制成功并推向市场。

（刘宁）

【联想收购摩托罗拉】 1月30日，联想集团宣布，将以29亿美元从谷歌收购摩托罗拉移动公司。摩托罗拉移动公司的3500名员工、2000项专利、品牌和商标、以及全球50多家运营商的合作关系都归入联想移动业务集团。根据双方达成的协议，收购价约为29亿美元，包括在收购完成时支付14.1亿美元，其中包括6.6亿美元的现金，以及7.5亿美元的联想普通股股份支付，而余下15亿美元将以三年期本票支付。联想集团手机业务主要是在中国、印尼、俄罗斯等新兴市场国家，而收购摩托罗拉移动将使得联想集团快速进入全球主要的手机市场，尤其是美国和欧洲等成熟市场。

（刘宁）

【全球首款可升级智能电视问世】 3月27日，联想集团正式发布全球首款可升级智能电视，支持用户智能电视升级CPU（中央处理器）、GPU（图形处理器）和操作系统。该款智能电视的主机里面预留出一个插槽，只需要插上一个名片盒大小的升级卡，就可以实现CPU、GPU和操作系统的升级。电视屏幕能正常使用，芯片处理速度跟不上潮流的情况将不再困扰智能电视用户。

（刘宁）

【国内首个应用北斗技术的物流信息运营平台问世】 4月11日，中国航天科工集团二院宣布，该院706所承研的煤炭物流北斗车联网信息系统及北斗车载终端在山西省晋中市某矿业集团试点运行成功。这是国内首个应用物联网北斗卫星技术的物流信息运营平台。该系统由车辆注册管理系统、物流计划管理系统、煤炭装运管理系统、在途监控管理系统、煤炭卸载管理系统等多个分系统组成。各分系统通过综合服务信息平台，与北斗车联网煤炭物流指挥调度中心进行实时联动，实现煤炭产量运量精确统计、煤炭凭证电子化监管、煤炭车辆运行状况实时监控，以及煤炭车辆快速通关检验。

（刘宁）

【百度宣布对外开放“大数据引擎”】 4月24日，百度公司在举行的第四届技术开放日上，正式宣布对外开放“大数据引擎”。包括开放云、数据工厂、百度大脑三大组件在内的核心大数据能力，通过大数据引擎向外界提供大数据存储、分析及挖掘的技术能力，这是全球首个开放的大数据引擎。

（刘宁）

【国内首支知识产权运营基金成立】 4月25日，中关村知识产权聚集区政策发布暨国内首支知识产权运营基金成立会议在中关村国家自主创新示范区展示交易中心召开。国内首支专注于专利运营和技术转移的知识产权运营基金睿创专利运营基金正式成立。首期规模2亿元，由海淀区政府和中关村管委会共同出资引导，社会资本参与，开展跨境知识产权交易和技术转让。同时，发布知识产权和标准化一条街政策——《支持知识产权和标准化服务业在中关村示范区集聚创新发展的办法》。首批知识产权和标准化一条街意向入驻机构代表签订入驻协议书。

（刘宁）

【高科技产品服务世界杯足球赛】 6月13日—17日，巴西世界杯足球赛举行，中关村企业的多项技术在赛事中运用。清华大学同方威视公司作为本届世界杯安检设备供应商，12个举办场馆中的9个球场提供安检设备和服务，囊括揭幕赛、半决赛、季军赛和决赛赛场。华为公司承接12座世界杯主办城市的通信系统工程项目。该项目由五个运营商联合共建，涉及2G、3G、4G、WIFI等各种制式的网络，需求达到上百套设备。

（刘宁）

【计算机病毒防治技术国家工程实验室成立】 7月13日，计算机病毒防治技术国家工程实验室——云计算与虚拟化平台病毒防治技术研发与试验平台在北京中关村海淀园企业瑞星公司正式挂牌成立。新成立的国家工程实验室下含9个基础工作平台，包括计算机病毒监测预警及应急处理平台、移动互联网病毒防治技术研发与试验平台、下一代互联网病毒防治技术研发与试验平台、APT威胁分析及攻防实验平台。瑞星公司此次承担云计算与虚拟化平台病毒防治技术研发与试验平台的承建工作，主要研究下一代互联网、特定目标攻击、云计算和虚拟化等环境下的计算机病毒检测、病毒特征提取、病毒捕获分析和取证、病毒防护和监测等关键技术。

（刘宁）

【全球首颗AVS+高清编码芯片研制成功】 8月22日，由中关村海淀园企业北京博雅华录视听技术研究院有限公司和北京大学数字视频编解码技术国家工程实验室合作研制的全球首颗AVS+高清编码芯片“博华芯BH1200”在中关村发布。该芯片对完善AVS+产业链，促进我国高清电视发展具有重大意义。BH1200是一款专业级AVS+高清编码芯片，支持1路高清或4路标清视频的实时编码，于下半年正式量产商用。

（刘宁）

【海水淡化成套技术通过验收】 8月，由中关村海淀园企业北京赛诺水务科技有限公司、碧水源公司等实施的中关村新能源海水淡化关键技术装备示范项目（膜法）通过专家组验收，该项目关键技术和关键装备及材料均为国产化，已形成具有自主知识产权的海水淡化成套技术。该项目的顺利实施，不但可以打破国外企业的技术垄断，还可将海水淡化制水成本降低10%以上。

（刘宁）

【睿芯联科成为国内首批提供国标读写器单位】 10月16日，在工业和信息化部组织召开的射频识别国家标准产业化推进会上，中关村核心区企业睿芯联科（北京）电子科技有限公司作为GB/T 29768-2013《信息技术射频识别 800/900MHz空中接口协议》的主要制定单位，成为首批能够提供符合国标读写器的单位。通过初步的芯片实测验证其提出并被国标采纳的“互质因子返回速率调整方案”不仅具有独创性，同时还回避了现有国际标准中的专利技术。对于提高无源超高频 RFID 的关键指标——灵敏度，具有显著的效果，可以在同等条件下，提升读取距离 10%~30%。睿芯联科公司拥有关于此项技术的原理和电路实现的两项发明专利。

（刘宁）

【国内首家智能硬件产业联盟成立】 10 月 22 日，国内首家智能硬件产业联盟——中关村智能硬件产业联盟成立。中关村智能硬件产业联盟由 21 家单位发起成立，联盟将在中关村核心区重点建设以智能硬件为主题的“平台+孵化+投资”创业孵化器，建设检测认证、研发合作、知识产权与标准、大数据服务、电商推广五大公共技术和服务平台，推动组建投资智能硬件的产业投资基金和创投资金，谋求将中关村的互联网优势转化为智能硬件创新优势。

（刘伟杰）

【推出国内首款全自主可控龙芯 3B 服务器】 10 月 22 日，曙光信息产业股份有限公司正式推出国内首款基于龙芯 3B 处理器的服务器、桌面终端产品以及全自主可控可信计算服务器产品，实现我国在信息安全领域的全自主可控。曙光此次推出的产品包括正式基于龙芯 3B 处理器的 L620-G15、L640-G15、TC4600L 三款服务器产品和一款 L300-G10 桌面办公终端产品。这 4 款产品均采用国产的龙芯 LoongSon3B 处理器，采用国产操作系统，是具有完全自主知识产权的服务器产品。

（刘宁）

【解决企业遗留问题】 年内，区工业公司下属企业铸钢厂、风机二厂分别赢得官司。铸钢厂配合海淀法院实施清退铸钢厂承租户的强制执行工作，完成厂区地面的平整工作，为企业创意园合作项目启动创造条件。风机二厂赢得与唐山保全解除租赁合同诉讼权，为后续清理及解决唐山保全腾退问题奠定基础。雪花厂宿舍楼外墙保温工程、砂轮厂清河职工宿舍区 4 栋宿舍楼中 3 栋楼的外墙保温工程完工。在区国资委和财政局支持下，解决海佳利企业管理中心拖欠多年的职工供暖费问题，全部清偿了 2013 年及之前历年拖欠的供暖费。协调中安电子集团出资 160 余万元为中安集团职工办理个人房产证。协调企业出资近 7 万多元，解决困扰多年的水泥厂、华都厂合住职工家属楼楼顶漏雨防水处理问题。

海淀区工业公司所属企业一览表

序号	企业名称	企业性质	企业地址	企业状况
1	北京砂轮厂	国有	丰台区高楼村 49 号	租赁经营
2	北京市海佳利企业管理中心	国有	海淀区车道沟南里小区	停产
3	北京领先饮食品有限公司	国有	海淀区温泉太舟坞 408 号	正常运营
4	北京市海淀八一湖旅社	国有	海淀区东钓鱼台甲 1 号	正常运营
5	北京市海淀区铸钢厂	国有	海淀区温泉白家疃东口	停产
6	北京市海淀区水泥厂	国有	海淀区北安河寨口	政策性关闭
7	北京海工物业管理有限公司	国有	海淀区东王庄小区 33 号楼 6 层	正常运营
8	北京市康而富商贸中心	国有	昌平区科技园区中兴路 10 号	租赁经营
9	北京市华都换热设备厂	集体	大兴区黄村镇芦城	正常运营
10	北京市海淀区机电设备厂	集体	海淀南路 23 号	租赁经营
11	北京长城节能锅炉厂	集体	海淀区苏家坨柳林村	正常运营
12	北京市第二皮鞋厂	集体	海淀区新街口外大街文慧园南路 2 号	租赁经营
13	北京市雪花冷冻箱厂	集体	海淀区田村路 28 号	租赁经营
14	北京风机二厂	集体	海淀区西三旗东路和昌平区南邵	正常运营
15	北京中安电子集团	集体	海淀区东王庄小区 33 号楼 6 层	正常运营
16	北京气枪厂	集体	海淀区青龙桥西街 67 号	租赁经营
17	北京海淀电子医疗仪器厂	集体	中科院职工宿舍 70 号楼西平房	停产

序号	企业名称	企业性质	企业地址	企业状况
18	北京国友实业总公司	集体	海淀区双榆树东里10号楼院内	租赁经营
19	北京六一生物科技有限公司	股份制	丰台区造甲街128号	正常运营
20	北京第一机床电器厂有限公司	股份制	海淀区中关村大街32号	正常运营
21	北京市工控计算机有限公司	股份制	海淀区五道口东王庄甲1号	正常运营

（王殿文　王鑫）

【品牌战略成绩斐然】 2014年，海淀区继续实施品牌战略，开展品牌创建，通过宣传培训、包装推介及“引进外援”等举措，使“海淀品牌”和“中关村品牌”在高新技术、文化及消费等领域逐渐享誉全国乃至世界。截至2014年年底，海淀区拥有“中国名牌”和“北京名牌”39个，在北京市区县排名首位，位居全国同等级城市前列；6家企业获得北京市质量管理先进奖，为全市最多。中国驰名商标和北京市著名商标总数分别达35件和113件。2013年全区国家级高新技术企业新认定通过785家，累计达5005家，约占全市总量的55%；技术合同成交额突破1200亿元，占全市50%以上；自主品牌、自主知识产权产品出口额位居全北京市第一。在海淀区，品牌企业的生产总值已占全区生产总值的30%以上，成为促进区域经济发展的重要力量。

（刘宁）

【国际标准数量首次破百】 年内，中关村企业和联盟共创制标准4882项，其中国际标准达到130项，数量上首次破百，在某些领域拥有国际话语权。如何达到全球影响力，抢占国际话语权，国际标准为其中一项重要内容。

（刘宁）

【神州数码连续五年上榜财富中国500强】 年内，《财富》(中文版)公布2014年中国企业500强榜单，神州数码控股有限公司凭借2013年的690.9亿港元收入荣登榜单第104名，在电子和电子元器件分行业榜单中位居第一。这是神州数码连续第五年入选中国企业500强。

（刘宁）

农业·水务·气象

2015
北京海淀年鉴

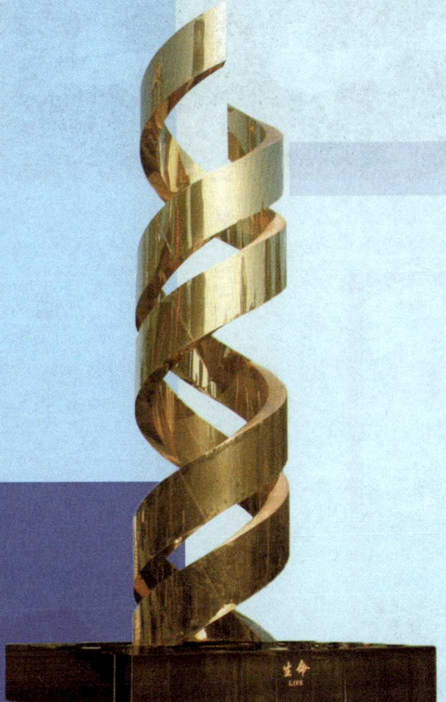

《 1月25日，东升博展股份经济合作社召开2013年度分红大会（区农经站供图）

》 3月26日，海淀区召开城乡一体化工作会（田峰 摄）

《 9月26日，北京南水北调配套工程——团城湖调节池主体建成并通过蓄水验收。调节池调蓄容积127万立方米，水面面积33公顷（李瑞林 摄）

农业·水务·气象

农　业

农业与农村经济

【概况】 2014年，全区农村经济总收入257.9亿元，同比增长9.6%。农村居民人均纯收入27098元，增长9.8%。针对个别镇设施农业非农利用和闲置的状况，开展设施农业专项整治工作。鼓励农田向集体流转，落实区级农田保护与流转补偿机制政策。全区农田面积56564.16亩，拨付资金3324万元用于种植补贴和流转补贴。

（秦冬梅）

【北京西农投资有限责任公司】 4月，北京市西山农场改制为北京西农投资有限责任公司（简称西农公司），企业性质由全民所有制变更为国有法人独资企业。西农公司完成改制后对下属企业实行改制改革，5月将北京市西山果林公司改名为北京市西山农场，8月投资成立北京大美西山文化传播有限责任公司和北京京海龙物业服务有限责任公司。

西农公司是由海淀区国资委监管的国有法人独资企业。占地面积18525亩（1235公顷），其中平原8918.1亩、山地9606.9亩。拥有北京凤凰岭自然风景公园、北京大美西山文化传播有限责任公司、北京京海龙物业服务有限责任公司（原北京市西山农场物业管理中心）、北京市西山农场（原北京市西山果林公司）、北京市海淀区西山公墓管理处、北京市海淀区聂各庄敬老院、北京长建西山建筑工程公司、北京市西山孵化设备厂8家直属单位，北京市长安园、北京小西保健食品有限公司2家合资企业。西农公司产业结构以旅游业为龙头，涵盖一、二、三产业。2014年公司实现营业收入8081.2万元，利润总额2367万元。

年内，西农公司新开发樱桃蓝莓采摘季、端午文化节、重阳节金婚夫妇相聚凤凰岭、凤凰岭新春文化节等大型活动；首次举办具有凤凰岭自主品牌效应的商业赛事，承办TNF100国际越野挑战赛、联想休闲徒步健身活动、海淀区民宗侨届人士登山友谊赛等赛事及健身活动。凤凰岭公园门区环境改造项目建设进程，填土6万多立方米，修建挡土墙860米，修复路面3787.51米，完成门区高压线路改造和部分区域的绿化植树工作。凤凰岭公园幸福广场、体育广场项目投入使用，对公园环卫设施和指示标识系统进行改造升级，实施中线商圈改造工程。

（程霈）

【“一河十园”获批第八批国家农业综合标准化示范区项目】 1月3日，北京市批复，由区质监局组织申报的四季青镇“一河十园”获批第八批国家农业综合标准化示范区项目中的“国家观光休闲农业综合标准化示范区”项目开工建设（国家批复项目时间为2013年12月19日）。该项目以四季青镇“一河十园”都市观光休闲农业产业带为载体，建设以技术标准为核心以及管理标准、工作标准和服务标准相配套的标准综合体，并整体推进标准的有效实施。四季青镇“一河十园”都市观光休闲农业产业带在旱河路两侧打造约6.6千米、面积200余公顷的都市农业观光产业带。实现一产三产的深度融合及“一园一品一景”的产业架构，拥有12家集采摘休闲、文化科教、餐饮娱乐等功能于一体的观光采摘园区和1家汽车主题公园。该项目计划执行时间为3年，将于2016年年底完成。

（钟冷）

【节日联合执法】 1月和9月，为加强节日期间重大动物疫情防控、农产品质量安全和农业安全生产监管，区农委、区食品药品监督管理局、区城市管理综合行政执法监察局组织开展联合执法检查。对海淀区种养殖生产基地、上庄镇早市及农药配送中心进行联合执法检查。通过详细询问、实地查看和查阅养殖档案等方式对养殖场封闭管理的落实、强制免疫的实施、防疫消毒、申报检疫、病死动物无害化处理以及粪污处理设施安全使用情况进行逐一检查。种植基地主要检查生产记录、农药使用、农产品快速检测以及卷帘机等安全生产措施落实情况。农药配送中心主要检查农药经营许可证、农药毒性标识、产品有效期等农业投入品生产经营情况。查获上庄镇早市两个活禽宰卖摊点，对查获的鸡、鸭、鹅和鸽子等57

只活禽进行异地登记保存并责令相关人员立即停止活禽宰卖行为。

（秦冬梅）

【保护消费者合法权益宣传】 3月14日，区农委组织区动物卫生监督所、动物疫病预防控制中心、植保站、农科所、水产技术推广站、种子站等部门开展以“3•15”消费者权益保护、农资打假、食品安全等为主题的宣传活动。活动以悬挂主题横幅、发放宣传材料、设置展板、现场解答群众疑问等形式展开，重点宣传农业法律法规、重大动物疫病防控、农产品质量安全、农机安全生产以及农资打假等内容。共发放各类宣传材料42种、5000余份，设置宣传展板29块，为群众提供现场咨询服务1000余人次。区农委与区食安办、区食药局、区卫生局等部门联合开展食品安全宣传活动。

（秦冬梅）

【推介农产品】 5月17日—18日，区农委在西山农场凤凰岭公园组织以“魅力海淀　‘樱’你精彩”为主题的2014年海淀区第十四届樱桃文化节暨春夏果品凤凰岭大集活动。9月30日，在翠微大厦牡丹园店门前广场组织以“漫步金秋海淀，乐享五色田园”为主题的海淀区第十三届金秋采摘节，开展金秋果菜产品宣传促销活动。以上两个活动通过向市民展示、请市民品尝果品等方式，推介海淀区自产优质农产品，发放园区介绍及周边休闲旅游线路等宣传资料，引导市民参与体验各镇、各园区春秋系列活动。

（秦冬梅）

【京西稻胭脂米重回海淀种植】 5月25日—6月15日，第四届京西稻农耕文化节在上庄镇举行。作为文化节的亮点，消失半个世纪的京西稻珍品胭脂米将重回海淀种植。海淀区在清代曾是京西稻的主产区。中华人民共和国成立后，海淀区约有京西稻田1.32万亩，但因为城市建设、产业调整、水资源保护等多方面原因，京西稻田大面积消失，胭脂米、紫金箍等“康乾时期”培育的珍贵京西稻种濒临灭绝。近几年来，在北京市农林科学院水稻育种专家的培育下，上庄京西稻育种基地实现紫金箍等京西稻品种的提纯复壮和传承种植。此次将散落民间半个多世纪的胭脂米稻种重新迎回海淀，在上庄京西稻育种基地进行培育和种植，力求还原“康乾时期”的稻田景象，并加快推进京西稻种子资源库的建设。

（钟冷）

【检查农产品生产企业】 6月19日，根据市、区关于开展食品安全宣传周和农机安全生产宣传月活动的要求，区农委组织渔政部门、农机部门、区动物卫生监督所、区植保站等执法单位对辖区内蔬菜种植、畜禽养殖场、水产养殖场等农产品生产企业开展联合执法检查。检查人员检查各镇农产品质量管理站建站及各项制度落实情况，种、养殖基地的生产记录和农（兽）药库房的农业投入品储存、使用情况，有无违禁、不合格和过期的农（兽）药，生产基地的农业机械安全使用情况；发放农产品质量安全宣传手册100余本。检查中发现有个别企业存在记录不规范现象，执法人员当场予以纠正。

（秦冬梅）

【举办农村基层干部廉政教育专题培训】 7月15日，区纪委、区委农工委联合召开2014年农村基层干部廉政教育暨农村财务管理专题培训会。参训对象为各镇纪委书记、农经工作主管领导、各镇农经站站长、各村党组织书记、全体托管站会计等共180人。主要内容包括通报西北旺镇皇后店村征地补偿费案案情，结合案情对农村财务制度建设及正确履职进行培训。

（秦冬梅）

【“7·16”暴雨受灾情况】 7月16日的暴雨、冰雹、大风，导致多个农业园区受灾，大面积果树、蔬菜不同程度受损，数百亩正处于生长期、成熟期的桃、葡萄、苹果、梨等果实基本被冰雹砸毁；钢架大棚、日光温室、连栋温室等设施农业遭受不同程度损坏，棚内作物被雨水淹没浸泡，全区农业经济损失十分严重。灾情发生后，区农委从排除积水、清洁田园、施肥、用药、设施修复等环节对农业园区灾后恢复生产进行具体指导，聘请北京市农林科学院专家在受灾农业园区现场指导灾后恢复生产，组织各镇农服中心工作人员及各农业园区技术人员现场学习。海淀区参加政策性农业保险的保户因“7•16”受灾获得保险理赔金额为141.68万元。

（秦冬梅）

【基本农情】 2014年，全区农田面积5.68万亩，同比减少9%。果园28141亩、露地蔬菜2766亩、设施农业8346亩、粮食6288亩、苗圃10865亩、其他414亩。果树产量504万公斤，同比减少2%，总收入7071万元，同比增加0.96%；樱桃产量94.3万公斤，同比增加33%，产值3589余万元，同比增加9.96%；蔬菜播种面积12598亩，产量2658万公斤，总收入6131万元，同比增长-3.5%、0.6%、-0.4%；粮食收获面积5203亩，同比减少25.3%，总产量206.2万公斤，其中：小麦540亩，玉米2947亩，水稻1716亩。

（秦冬梅）

【菜篮子工程】 年内，区农委开展菜田定位定量管理，对各镇、各村、各地块的菜田位置和面积重新核定。稳定5800亩菜田保有量，区政府与西北旺、上庄、苏家坨、温泉4个镇政府签订菜田保有量责任书。

（秦冬梅）

【农业标准化基地建设】 年内，全区新建标准化基地5个。累计建设标准化基地84个，累计建设面积为16772.94亩，现保留51个。

（秦冬梅）

【政策性农险】 年内，全区政策性农业保险参保面积3928亩，参保农户251户，保额8776.1172万元，保费总收入140.1076万元，区级保费补贴56.0138万元。理赔出险面积2031亩、178户次，赔付总金额159.9896万元。

（秦冬梅）

【休闲农业】 年内，海淀区1家农业园区被评为国家五星级，2家被评为四星级农业园区，14家被评为市星级园区。制定《京西稻保护性种植规划》，拟定《京西稻种植保护方案》。京西稻申报国家农产品地理标志登记保护通过农业部评审，“稻香小镇稻田”被农业部认定为“中国美丽田园”。推荐苏家坨镇申报市级示范乡镇。联合区旅游委推荐凤凰岭公园、海舟慧霖申报全国休闲农业与乡村旅游示范点。制作农业产品名录和农业宣传画册，启动百度直达号建设。围绕田、园、林、路，制定农业发展空间布局规划，发展田园景观农业、休闲创意农业、特色精品农业。

（秦冬梅）

【智慧农业】 年内，推进智慧农业产业化平台建设。智慧农业[①]小试基地接待参观万余人次，通过先进技术和产品的展示，普及现代信息农业知识，推进农业产业信息化升级。体验中心产品销售以柳林、绿亨、蓝波、东埠头等园区的蔬菜为主。建立东升镇和北部四镇“1+4”合作机制。苏家坨镇柳林中试基地叶菜单层膜温室、黄瓜玻璃温室、番茄双层膜温室主体基本完工。

（秦冬梅）

【支农项目管理】 年内，区支农领导小组确定110余项支农项目。区农委主管项目签订合同书67份，完成49个项目合同签订。落实粮食直补、农田种植与流转补贴、结构调整、“菜篮子”基地等农业政策补贴资金。实施沃土工程、应急农药储备。支农重点项目4个：四季青一河十园都市现代农业园区优化、稻田生态景观修复——构建京西稻生态苑（一期）、苏家坨镇薰衣草庄园项目（二期）、温泉镇景观生态采摘园建设（一期）、青龙桥玉泉公园周边环境提升改造。苏家坨镇柳林村田间路项目、西山农场旅游观光农业推介项目已经验收，其余项目正在实施阶段。2014年主要完成合同签订、70%资金拨付任务。

（秦冬梅）

【生态农业】 年内，区农委整合完善现行农、林补偿政策，提高补贴标准，制定生态林地补偿政策和农田生态补偿政策。启动建设“御稻苑”“香草园”等生态景观农业园区，打造生态田园景观。组织开展农田土壤碳库调查评估，通过提高农田土壤有机质，评估农田土壤对水、空气、面源污染防控的贡献。

（秦冬梅）

【推广新品种新技术】 年内，区农委试验示范推广辣椒、茄子、韭菜等蔬菜新品种28个；引进蔬菜新品种41个。开展海淀老北京特色蔬菜品种恢复与示范工作，其中“北京鞭杆红胡萝卜”经3年提纯、复壮选育成功，10月通过北京市非审定农作物品种鉴定；推广甜玉米、超甜水果玉米品种7个，示范种植油菜花等景观农业品种3个；引进矮化富士苹果等果树新品种6个。试验示范新型生物防治技术——捕虱螨防治红蜘蛛、新型有机杀虫剂——辣椒膏新技术2项。

（秦冬梅）

【农业自主创新品牌】 年内，区农委开展“海樱系列”和“吉塞拉系列”樱桃砧木组培快繁技术研究，“樱桃优良砧木繁育和高效栽培技术集成及示范工程建设”获2013年北京市农业技术推广奖二等奖。辣椒新品种海丰391、茄子新品种海丰长茄3号通过北京市种子管理站组织的品种鉴定。

（秦冬梅）

【养殖业】 年内，全区有猪场6个、总存栏19861头；有牛场3个、总存栏4453头；羊散养户152户，存栏羊4641只；全区养禽场2个、养禽户440户，总存栏禽129051只。

（秦冬梅）

【动物疫情风险评估】 年内，区农委完成海淀区突发重大动物疫情的风险评估工作，撰写《海淀区2014年度动物疫情风险评估报告》。该报告通过对重大动物疫情风险和10家兽医实验室设立单位生物安全风险的系统分析，对可能发生高致病性禽流感、新城疫、口蹄疫、猪瘟、高致病性猪蓝耳病、狂犬病等疫情情况以及动物源性病原微生物实验室生物安全情况进行风险识别、评估，提出要建立联防联控机制的建议。

（秦冬梅）

【动物免疫】 全年全区畜禽重大动物疫病累计免疫1498149头（只）次。其中禽类高致病性禽流感累计免疫513260只次，偶蹄动物口蹄疫疫苗累计免疫137969头次，猪高致病性蓝耳病累计免疫23702头次，猪瘟累计免疫60406头次，鸡新城疫累计免疫762812只次。犬狂犬病累计免疫43231条，其中注册犬累计免疫31353条，非注册犬免疫11878条。重大动物疫病强制免疫率达100%。全年共监测免疫抗体样品2667份。其中监测高致病性禽流感免疫抗体样品1603份，样品整体免疫抗体合格率为96.6%；监测新城疫免疫抗体样品671份，样品整体免疫抗体合格率为94.5%；监测猪瘟免疫抗体样品51份，样品整体免疫抗体合格率为98%。

（秦冬梅）

【动物流行病学调查】 年内，区农委根据市农业局全面掌握北京市动物疫病的流行规律和疫情动态，定期、不定期组织对辖区内养殖场户进行流行病学调查。全年共进行流行病学调查场户312个次，动物流行病学调查覆盖面达100%。

（秦冬梅）

【疫情防控】 年内，区农委针对北京市发生的禽流感病例，组织专家召开会商会，加大活禽取缔行政执法监察，配齐各乡镇防疫站配备应急物资。全年处理各类群众举报38起，无害化处理病死动物3503头（只），开展宣传2次，发放宣传材料2000份，上报送信息50篇，组织突发重大动物疫情演练1次，开展《北京市动物防疫条例》培训1次，应急志愿者培训1次，组织动物疫情风险评估2次。2014年被评为北京市动植物疫情防控工作先进集体。

（秦冬梅）

【农产品安全监管】 年内，区农委对农产品生产对象主体进行普查，摸清监管底数，对区内农产品质量安全情况进行风险评估。开展农产品质量安全监管

---

① 智慧农业包括小试基地和中试基地，体验中心是智慧农业的展示销售窗口，小试基地、体验中心位于同一个科技园区内。

示范区县创建工作，温泉镇被评为北京市农产品质量安全监管示范乡镇；东埠头村农业经济合作社被评为北京市优级标准化基地。3家企业申报无公害首次认证，8家企业申报复查换证，全区有“三品”（无公害、绿色和有机食品）认证基地41家。全年共抽检农产品样本885个，合格率99.8%；进行1万余个农产品样本的快速检测，合格率99.8%，在北京市农业局通报的检测合格率中居全市前列。

（秦冬梅）

【渔业】 全区水产养殖水面为645亩，养殖户数40户，养殖模式以垂钓为主，养殖品种：花白鲢、草鱼、青鱼、鲤鱼、鲫鱼、罗非鱼、甲鱼等10余个品种，年产量376吨。在翠湖湿地放流鲢鱼鱼苗5万尾。设渔业环境监测点5个，检测面积110亩，占总养殖水面的17%；监测14次70个水样，未发生水质疫情。抽取鱼样34个进行常规检测，快速检测鱼样品406个，检测结果符合国家规定标准。每周派技术人员下2两次，累计下乡288人次，给水产养殖户诊断各种鱼病12次，减少养殖户的经济损失8.96万元。黑鱼技术推广养殖投资41万元，向水产养殖户发放黑鱼苗种4900公斤，鲫鱼苗种3800公斤。对稻香湖水域存在电鱼、使用地笼、迷魂阵等禁用渔具捕鱼的违法行为进行打击，出动执法人员30人次。

（秦冬梅）

【“三资”管理】 年内，区农委建立健全区、镇两级农资委组织架构，理顺农资委体制机制。落实“村账托管”制度，推行会计电算化，提倡和推广“四议两公开”工作法；加强日常监督管理。建立集体经济合同台账、农用地流转等信息化管理平台，采用信息化技术改进管理方式；与中国政法大学等驻区高校，合作开展三资管理前沿问题专题研究，形成政策储备。完成《海淀区农村集体三资管理现状、问题及对策研究》《农村集体资产监管的法理基础与运行机制探究》等调研报告。《成立区农资委——创新集体资产监管体制，加强三资管理体系建设》和《中关村东升科技园——引领高端产业发展创新科技服务体系服务都市农业发展》获市级新农村建设创新奖励。

（秦冬梅）

【农业企业安全标准化建设】 年内，区农委开展农业企业安全生产标准化建设工作。对全区各镇及农业企业负责人100余人进行安全生产责任制与标准化建设培训。5家农业企业通过企业安全标准三级评审。

（秦冬梅）

【农村社会管理】 年内，区农委组织对海淀区腾退村庄和回迁安置小区社会管理情况进行全面调研。实地走访区北部办、社会办、民政局等区属部门以及有关镇、村、社区，重点调查自北坞村试点以来的村庄腾退与回迁安置小区基本情况，重点研究农村社会治理创新政策措施。9月15日，区政府专题研究解决腾退回迁安置小区的社会治理创新问题。9月16日在区人大常委会第33次主任会议上，区农委做《关于海淀区腾退回迁安置小区社会治理创新工作情况的报告》。按照区政府专题会要求研究起草《海淀区关于做好腾退回迁安置小区社会治理工作的指导意见》。

（秦冬梅）

【农业行政执法】 年内，农业执法单位共组织执法检查711次，出动执法人员2083人次，制作现场检查笔录945个，行政处罚36起，行政处罚79675元，没收非法所得12690元。受理各类行政许可2453个，办结2453个。全年无行政复议、行政诉讼、行政赔偿案件发生。

（秦冬梅）

农村经济管理

【概况】 2014年，海淀区农村集体资产总额1018.7亿元，同比增长14.4%。农村经济总收入257.9亿元，同比增长9.6%，其中：公有经济实现总收入99.2亿元，同比增长13.5%；非公有经济实现总收入158.7亿元，同比增长7.4%。农村经济纯收入60.8亿元，同比增长11.3%。12月25日，海淀区被农业部认定为155个第二批全国农村集体“三资”管理示范县（市、区）之一。

（陈子权）

【领导调研区农资委】 4月9日，中央农村工作领导小组办公室主任陈锡文、北京市委常委牛有成到海淀区调研农村经济管理工作，听取关于海淀区成立农资委、全面加强农村集体资产监督管理、完善农村经管体制机制的汇报；5月22日，全国农村经管体系交流研讨会专程安排到海淀区交流观摩，了解海淀区农经管理体系建设和农村集体土地集约利用情况，农业部经管总站副站长戴军、北京市农经办领导以及全国28个省市农经管理部门的领导参加交流活动；8月27日，市委常委、统战部部长牛有成、副市长林克庆到海淀区就农资委运行情况进行调研。

（陈子权）

【开展集体土地清查】 5月，农村集体土地监督管理领导小组成立，全面启动海淀区土地资源清查工作。清查的主要内容：镇村两级农村集体土地利用现状、确利确股土地流转收益兑现情况、农用地经营情况、经营性建设用地使用情况、农村宅基地使用情况五个方面。清查工作利用采取国土部门信息资源、农村土地承包合同管理平台信息和现场实地勘察相结合的方式，共清查土地总面积286387亩。通过清查，摸清全区农用地、集体经营性建设用地、公益性建设用地、农民宅基地的底数，建立全区农村集体土地资源利用情况信息台账，对部分问题合同调整规范。

（陈子权）

【征地补偿费管理使用监督检查】 5月至10月，区农经站聘请社会中介机构，组织7个镇及玉渊潭农工商总公司开展征地补偿费管理使用情况“拉网式”专项检查。共检查涉及征地的镇村两级农村集体经济组织84个。重点检查征地补偿费收入、支出情况，专户管理、专账核算、三方监管等管理制度落实情况。通过此次专项检查，基本摸清了海淀区农村集体经济征地补偿费的规模和现状。

（陈子权）

【农村“三资”监管制度建设】 年内，为加强全区农资管理体系组织机构建设，区农经站出台《海淀区农村集体资产监督管理委员会工作规则（试行）》和《关于成立镇级农村集体资产监督管理委员会的指导意见》；为强化对农村集体资产管理工作的指导、考核评价、审计监督等职能，出台《关于进一步加强全区农村集体资产管理工作的落实方案》和《海淀区农村集体资产管理考核评价工作方案》；针对全区农村集体资产规模大、增速快的特点，为加强农村集体资产管理，印发《关于做好我区农村集体经济组织收益分配工作的意见》《股份经济合作社股权管理办法》《关于加强对大型集体资产的管理意见》。

（陈子权）

【启动新一轮集体经济审计】 年内，继 2012 年开展村级集体经济组织全覆盖审计后，区农经站启动新一轮对镇、村两级的集体经济审计。此次审计范围覆盖全区 102 个镇、村两级集体经济组织，时间跨度为 2012—2013 两个年度，涉及金额 991 亿元。审计重点内容包括：集体资产的保值增值情况、收入支出的真实、合法、效益情况、集体经济组织财务制度的建立及执行情况、经济合同签订及履行管理情况以及上次审计出问题的整改落实情况。

（陈子权）

【农村集体财务管理规范化建设】 年内，区农经站组织开展农村财务管理专项检查调研和村级财务公开专项检查。检查重点：农业部、财政部、民政部 、审计署联合下发的《关于进一步加强和规范村级财务管理工作的意见》文件贯彻落实、农村财会基础工作开展、农村审计工作开展、农村财会队伍建设、村级财务民主监督落实以及村级财务公开等情况。结合海淀区实际，开展集体经济组织财务人员、托管会计人员、托管办运行、民主理财民主监督、村级财务公开等情况调查，对各镇财务人员、村账托管和村级民主理财、财务公开等情况进行调查摸底，研究探索更科学有效的财务管理模式，促进民主理财和财务公开工作落到实处。截至年底，全区村级财务管理规范化率达到 100%。

（陈子权）

【农村集体经济产权制度改革】 年内，区农经站组织召开全区 2014 年度改制工作会，明确全区农村集体经济产权制度改革工作的任务和要求，推动四季青镇、海淀镇和北部三个镇级单位的改制工作。截至年底，全区村级产权制度改革基本完成。 72 个单位完成产权制度改革任务，完成率 73%，建立股份经济合作社 75 个。

（陈子权）

【开设“农经大讲堂”】 年内，区农经站分层次、分类别开展“农经大讲堂”培训班。培训内容涉及财务会计、审计、农村管理信息化、土地资源清查、经济合同管理、产权制度改革档案管理等各项内容。培训对象包括村支部书记、村委会主任和各村财务会计、审计、合同管理、农村管理信息化、档案管理等业务工作人员。全年共组织“农经大讲堂”6 期，培训人员 1000 余人。

（陈子权）

新农村建设

【概况】 2014 年，海淀区新农村重点工作涉及推进“新三起来”、加快转变农业发展方式、提升农村人居环境、推进城乡基本公共服务均等化和改善乡村治理机制五个方面共 17 项任务，26 个主责单位和相关协办单位全面完成新农村重点工作任务。

（秦冬梅）

【成立海淀区新农村建设及城乡一体化发展领导小组】 4 月 8 日，根据第 127 次区政府常务会和第 138 次区委常委会有关精神，海淀区城乡一体化领导小组（指挥部）、海淀区绿化隔离地区建设推进工作领导小组、海淀区社会主义新农村建设工作领导小组、海淀区农转非工作领导小组、海淀区“提升农村人居环境，推进美丽乡村建设”工作领导小组五个议事协调机构整合设置为海淀区新农村建设及城乡一体化发展领导小组，同时将海淀区北部地区开发建设委员会下设的北部新农村建设分指挥部职责整合并入海淀区新农村建设及城乡一体化发展领导小组。海淀区新农村建设及城乡一体化发展领导小组办公室设在区农委，主要负责起草全区新农村建设和城乡一体化工作规划、年度计划和政策建议；协调开展建设中重大问题研究；督促检查领导小组决定事项的落实情况；承担领导小组日常工作及领导交办的各项工作任务。

（秦冬梅）

【美丽乡村建设】 年内，海淀区开展苏家坨镇七王坟村和上庄镇罗家坟村、李家坟村、西闸村 4 个村美丽乡村建设，在农村地区重点推进“减煤换煤”、电网改造、农宅抗震节能改造、污水处理、绿化美化、环境整治、医疗卫生服务、村落文化遗产保护和基础设施管理九个方面工作。农村地区的优质燃煤替代在 7 个镇和 19 个街道进行，共涉及 157 个村（社区）22457 户农村住户和 37 处集体公共服务场所。全年共完成减煤换煤 16.88 万吨（市下达海淀区任务为 15.2 万吨），其中：减煤总量为 6.74 万吨，换煤总量为 10.14 万吨，更换烟煤炉具 2594 台。此项工作获北京市新农村建设创新奖。

（秦冬梅）

【农转非】 年内，全区农转非 6648 人，其中征地农转非 499 人、整建制农转非 6005 人、未成年人农转非 112 人、投靠亲属农转非 32 人。四季青镇蓝靛厂村、田村和温泉镇太舟坞村、东埠头村、杨家庄村实现整建制农转非。

（秦冬梅）

【5 个项目获市新农村建设创新奖】 年内，海淀区推荐的“海淀区上庄镇积极创新传承发展京西稻”“中关村东升科技园引领高端产业发展创新科技服务体系服务都市农业发展”“海淀区创新集体资产监管体制成立农资委”“海淀区建好‘三大体系’超额完成 2013 年度减煤换煤任务”和“抓创新谋发展服务三农有‘京鹏’”5 个项目被市新农办评为 2014 年北京市社会主义新农村建设创新项目，每个项目获得奖励资金

100万元。

（秦冬梅）

【新型农村社区建设试点】 年内，区农委按照市新农办的工作部署，开展苏家坨镇新农村建设试点情况评估。其中，七王坟村已确权户共141户，签约118户，占确权户的83.69%；75%以上的七王坟村签约户已拆除房屋并腾交土地40.43亩，剩余签约户正在进行房屋拆除。车耳营村的整体建设规划方案在设计论证之中。

（秦冬梅）

【集体土地上企业整治】 年内，区农委牵头制定《海淀区集体土地上企业整治工作方案》，计划通过清退、收回、关停、提值增效、拆除、规范合同和城市化改造拆迁等7项措施，对1410家业态低端、合同不规范以及违章建设多的企业进行整治，其中：清退2家，收回34家，关停106家，提值增效361家，拆除29家，规范合同24家，城市化改造拆迁854家。计划疏解外来人口2.7万人左右，其中前6项措施2015年疏解外来人口约7000人，随着城市化改造拆迁疏解外来人口约2万人。

（秦冬梅）

【农村地区早期防空洞治理】 年内，区农委会同区民防局、北部办、财政局、房管所等部门，对农村地区早期防空洞隐患开展治理工作。针对防空洞隐患问题突出的白家疃村，多次组织相关部门与镇政府共同协商，清理2处集体产权危房中居住人员，迁出危险房屋民居2户。对白家疃村20户严重危险房屋重新进行危险等级鉴定，制定解危工作方案，按照“轻重缓急，解危为先”和村民自愿的原则，有序进行先期腾退和安置，从根本上消除安全隐患。

（秦冬梅）

【培训村级干部党员】 年内，区委农工委，采取“请进来学，走出去干”、室内研讨和实地参观等方式，开办基层党组织书记培训班、廉政教育培训班等4个班次，共430人次参加培训，就农村干部履职能力、党风廉政等进行培训。首次开办农村基层干部党性教育培训班，选派各镇党委副书记、组织部部长和部分优秀村党组织书记在中央党校进行封闭学习。

（秦冬梅）

【培养新型农业实用人才】 年内，新增海淀镇青龙桥裕禧隆园裕龙兴盛物业实用人才基地（共培养25名物业管理类实用人才）、四季青镇曙光公司农村实用人才基地（共培养5名技术类实用人才、17名管理类实用人才、8名营销类实用人才）、温泉镇杨家庄村实用人才基地（共培养25名种植类实用人才）、苏家坨镇柳林村农村实用人才基地（共培养25名种植类实用人才）等4个示范基地，西北旺文化园实用人才基地新培养25名社会文化类实用人才，全区农村实用人才共增加130人。

（秦冬梅）

水　务

【概况】 2014年，海淀区水务局以“美丽海淀、生态水务”为主线，树立生态治水，实现生态水务和精细水务，把区委、区政府及市水务局的部署和核心区建设的需求统筹并落实到具体工作。20处老旧排水管线改造和积滞水点治理已基本完工；完成3处雨水利用工程。

（李娜）

【再生水厂建设】 9月，翠湖再生水厂升级改造工程完工。将原一期的“SBR+活性砂滤”工艺改造为国际领先的“A2/0+MBR+DF膜技术”，处理量由1万吨/日提升至2万吨/日，出水由原市标一级B标准达到市《城镇污水处理厂水污染物排放标准》B级标准。每天可为翠湖湿地公园提供7000立方米的地表Ⅲ类以上高品质再生水，相当于每年从污水中获得新生水资源约255万立方米。

（李娜）

【清河完成治理排污量降九成】 10月14日，清河河道综合治理工程基本完成，10项临时治污工程、6段清淤工程、每天补充环境用水等方式让清河污水的排放量降九成。清河全长23.7千米，流域面积210平方千米，沿线人口300万人。流域内日产生污水78万吨，但已有的三座污水处理厂每天只能处理污水61万立方米。为弥补17万吨的污水处理缺口，在河北村、天通苑、外环、雷桥等十处排污口启动临时治污工程，日处理污水总量为10万吨。清河沿线临时治污工程共处理污水总量为1100万吨。清河污水处理厂也临时增加5万吨的污水处理能力。

（钟冷）

【河道生态治理】 年内，全区第二阶段中小河道治理工程共计10条河道，全长26.8千米，总投资3.75亿元。对东埠头沟进行生态综合治理，兼顾行洪的同时，最大限度地实现水林融合；将河道整治工程纳入土地一级开发，工程投资约2亿元，由实创股份公司组织实施。南沙河下游生态综合治理工程，突出生态和景观效应，打造生态河流水系。

（李娜）

【截污工程】 年内，南旱河截污工程共铺设污水管线11千米，将南旱河流域内的8个村的污水全部纳入到市政管线。南沙河流域截污管线建设。对海淀北部地区暂保留村庄、村镇企业单位的污水进行截流，确定2013—2015年的治理目标，分期分批改造。一期治理工程正在施工；二期工程已进场施工；三期工程实施方案已批复。

（李娜）

【水资源管理】 年内，区水务局建立起覆盖全区的用水指标管理体系，对约3000个单位下达计划用水指标9750万立方米，严格落实单月预警和双月考核制度；加大用水单位的调查管理，将环卫、供暖、液化气等行业的用水情况纳入计划管理，严格控制滑雪场、高尔夫球场、洗浴、洗车等特殊用水行业和高耗水行业，收取水资源费1576万元。推进《北京市海淀区地下水保护和污染防控行动方案（2013—2015年）》年度任务，完成28眼废弃机井的封填工作。

（李娜）

【河湖管理】 年内，区水务局推进"河长制"前期工作，拟定《海淀区加强水环境保护落实"河长制"工作方案（试行）》。结合北部地区生态建设要求，围绕河道水体岸线自然化率≥56%的目标，编制《2014年度生态建设指标实施方案》，明确各级责任单位和责任人，确保海淀区河道水体岸线自然化率达标；强化联合执法，集中开展水环境百日整治、城市排水许可、洗车业、工地临时用水许可的专项治理活动。查处各类涉水违法案件400余起，罚款67.56万元。

（李娜）

【排水和再生水监管】 年内，全区的38座污水处理厂（站）运营平稳。区水务局加强对污水处理厂（站）的监督检查，与环保等部门的协调联动，加强污水厂站进出水量、水质监测力度，确保出水水质达标；与市水务局、市排水集团进行沟通，完成海淀区新增145条、126千米无主排水管线的摸排、移交工作。

（李娜）

【防汛】 年内，汛期共启动集中指挥9次，同市防汛办、区应急办及街镇视频会商55次，出动备勤人员23万人次。完善"三级"应急保障制度，强化街、镇在防汛工作中的主体作用，组建抢险队177支、7200余人，强化军地应急抢险联动机制；对河道、水库、闸坝等水利工程进行全面排查，组织各排水设施主责单位对排水管网进行排查和清掏，共排查疏通排水管线1370千米，清掏雨水篦子6.9万个，雨水管线684千米。

（李娜）

【启动涉水行政审批试点】 年内，海淀区率先启动涉水行政审批改革试点工作，将建设项目水资源论证、水土保持方案审批、洪水影响评价三项整合为"水影响评价审查"一项，作为建设项目立项的前置条件。区级立项的三才堂写字楼改造项目成为全市首家进行"水影响评价"的项目。办结"水影响评价审查"42件。实行雨水利用审查机制，全区完成方案审查32件。经初步估算，实现下渗回补地下水或者收集的雨水量达到总降雨量的三分之一左右。

（李娜）

气　象

【概况】 2014年，气象局社会管理与法制科整科入驻区行政服务大厅。行政许可总数比2013年全年多50%，气球行政许可多39.6%，设计审核比上年多100%。在区行政服务大厅举行的评比中，区气象局成为首批达标单位，获得政务服务中心优质服务窗口表彰。全年共组织执法138次，行政处罚3次、涉及工程项目184项、气球执法29次、探测环境执法1次，为上年执法的2.65倍。完成行政许可97件，其中施放气球行政许可31件、审计审核24件、竣工验收42件。

（李春玲）

【地面气象观测业务调整】 1月1日，区气象局开展地面气象观测业务调整工作。取消云量、云高、云状观测；取消蒸发观测；保留雨等21种天气现象的观测与记录，取消雷暴等13种天气现象；出现雪暴、霰、米雪时，记为雪，当与雨同时出现时，记为雨夹雪；取消08时、20时定时降水量的人工观测，相应记录以实时业务数据为准；取消降水、雨凇、积雪重要天气预报的编发。

（李春玲）

【公众开放日】 3月23日是世界气象日，区气象站作为北京市城区唯一一家面向社会公众开放的气象站点，迎来大量市民参观。开放日活动紧贴气象日主题"天气与气候：青年人的参与"，开展系列科普参观项目。参观者填写公共气象服务满意度及全球气候科普调查问卷，参观气象科普长廊，体验气象仪器。活动共接待参观访客320余人，发放气象调查问卷300余份，展示宣传展板30余块。

（李春玲）

【建立2座森林火险气象监测站】 3月28日，由区气象局和区园林绿化局组织，在区香山和凤凰岭两个主要林区建成2座森林火险气象监测站，这是海淀区首批森林火险气象监测站。森林火险气象监测站实时采集温度、湿度、气压、风向、风速、降水量、草温、地温等基本要素，为森林火险等级监测和预报提供可靠的气象资料。所采集的信息利用通信手段上传森林火险监测预警系统，实时监测森林火险等级，及时发布森林火险预警信号，提高应对森林火灾的综合能力。

（李春玲）

【人影作业】 3月，海淀人影办对22名人影作业人员进行业务培训。全年共组织实施人工增雪作业11次，燃烧碘化银烟条1614根；人工防雹增雨作业12次，发射高炮炮弹945发、火箭37枚。

（李春玲）

【签订人影工作安全责任书】 4月，2014年海淀区人工影响天气工作汛前动员暨责任制签订会召开，会议解读《北京市人影作业人员管理办法》和《海淀区人影作业人员绩效考核办法》。海淀区气象局分别与四季青镇、苏家坨镇主管领导签订安全责任书。会议对人影工作提出要求：安全工作必须时刻放在首位，常抓不懈；人影业务发展必须以地方政府需求为导向，融入地方社会经济发展服务体系。

（李春玲）

【专题片中国气象频道播出】 5月23日，中国气象频道专题组到海淀录制专题片，专题片主要包括海淀区森林防火气象服务工作、区气象局与地方部门合作、森林护林员日常工作、生活情况等，并在中国气象频道播出。

（李春玲）

【科研项目】 7月，《海淀区人工影响天气知识科普宣传》项目通过验收。年内完成1项软课题：《以海淀区防雷行政许可纳入投资项目审批流程为契机推动防雷减灾社会化研究》；1项调研课题：《委托执法可行性调研》，该调研课题报告获北京市气象局三等奖。

（李春玲）

【风廓线雷达工程】 9月27日，根据北京市《气象灾害应急防御工程（一期）》项目安排，区气象局与北京市气象探测中心、雷达厂家和海淀公园管理处沟通协调，风廓线雷达电路升级改造工程开工，原有雷达拆除、新建雷达场地改建、雷达设备和机房吊装、调试。12月14日，海淀风廓线雷达改造完工。

（李春玲）

【汛期综合演练】 10月16日，区气象局在海淀公园中心大草坪开展“2014年汛期综合演练”。演练单位包括区应急办、区防汛办、四季青镇、马连洼街道和北下关街道，演练活动集结了区、街镇、社区三级单位的群众和社区气象信息员及中国农业大学、中央民族大学的气象志愿者等。演练模拟夏季强雷雨天气，内容包括预警信息的制作发布、各级单位启动应急预案、街镇气象信息服务站传播预警雨情信息、社区气象信息员发现上报险情、防汛办抢险队现场沙包堵漏排水、居民疏散安置等。区电视台新闻中心全程采访报道，完整呈现了气象灾害防御工作流程，增强了全民防灾减灾意识，也为进一步改进工作提供了参考。

（李春玲）

【气象信息员培训】 10月，气象局借助区政府应急指挥高清视频会议系统举办“2014年海淀区气象信息员培训会”，全区29个街镇设立分会场，500余名气象协理员和气象信息员参加会议。会议介绍了区气象局在防灾减灾方面取得的工作成果，就气象信息员的职责、工作内容、组织管理、奖惩、发展规划等方面进行培训，完善“政府主导，部门联动，社会参与”的气象信息员队伍管理体制。

（李春玲）

【气象科普宣传活动】 年内，区气象局开展气象科普、执法宣传活动：进企业，对中关村软件园的一期、二期的24家北京市重点新建建筑工程开展气象行政许可政策解读培训；进机关，对海淀区教委防汛安全培训、国土分局、地质灾害群测群防员气象灾害防御培训；进社区，携手海淀南路北社区开展“探索气象的奥秘——气象防灾”科普知识讲座，作为社区“小手拉大手，快乐度暑假”重要活动之一，为社区小朋友普及气象知识；进学校，对101中学、农业大学、北京大学等校区开展气象科普宣传活动。

（李春玲）

【气象安全社区认证】 年内，区气象局开展气象安全社区认证工作。联合区农委、应急办、社会办等发文，29个街镇制定气象灾害应急预案，全区377个社区（超过60%）达到气象安全社区认证标准，完成授牌。全区气象信息员行政村、社区覆盖率100%，气象协理员镇、街道覆盖率100%，气象信息服务站镇、街道覆盖率100%。

（李春玲）

【2014年海淀区重大气候事件】 3月24日到28日，受弱辐合区的影响，海淀区出现较长时间的雾、霾重污染天气过程。自3月24日海淀区普遍出现低能见度的重污染天气，且维持较长时间，过程最低能见度仅为1.5千米；高温日数偏多，本站高温日数为17天，与2013年相同。5月28日到30日，受暖气团的影响，全区普遍出现35℃以上的高温天气，29日极端最高气温达到43.2℃，海淀国家级测站的29日最高气温超过建站以来的同期5月份最高极值。气象台2014年5月27日17时12分制作并发布海淀区高温黄色预警信号，28日19时30分升级发布高温橙色预警信号，29日13时43分升级发布高温红色预警信号，30日16时56分解除高温橙色预警信号，高温天气过程趋于结束。7月16日傍晚出现雷雨大风冰雹天气，海淀本站过程降雨量29.6毫米。凤凰岭阵风达到9级，北安河、凤凰岭和香山地区出现局地冰雹。年内霾日数达91天；大雾日数5天；浮尘出现2次；2013年10月24日至2014年2月6日，最长连续无降水日数106天。

（李春玲）

【2014年海淀区气候概况】 2014年，海淀区主要气候特点是：2013年12月—2014年11月平均气温13.7℃，比常年平均值[1]（12.8℃）偏高。仅2月份平均气温较常年偏低；年降水量偏少，全年降水主要集中在6—9月份，其中6月份降水量204.5毫米，较常年值（78.1毫米）明显偏多，7、8月份降水量较常年值偏少，9月份降水量较常年值偏多。日照时数较常年偏少。春季平均气温为15.9℃，比常年平均值（14.0℃）偏高；降水量为61.3毫米，比常年平均值（72.2毫米）偏少近1成以上。夏季平均气温26.1℃，比常年平均值（25.5℃）偏高；降水量为346.7毫米，比常年平均值（394.5毫米）偏少近1成。秋季平均气温13.3℃，比常年平均值（12.8℃）偏高；降水量为81.7毫米，接近常年平均值（82.3毫米）。冬季平均气温为-0.3℃，比常年平均值（-1.4℃）偏高；降水量为5.7毫米，比常年平均值（8.5毫米）偏少近3成。2014年1月1日—12月31日平均气温为13.7℃，比常年平均气温偏高（12.8℃）。极端最高气温43.2℃，出现在5月29日；年极端最低气温为-12.7℃，出现在2月10日。全年总降水量495.4毫米，比常年（557.5毫米）偏少，较2013年524.8毫米偏少近1成。一日最大降水量为52.0毫米，出现在6月20日。

（李春玲）

---

[1] 常年值为1981—2010年30年有效资料平均值。

商业服务业·对外经济贸易

2015

北京海淀年鉴

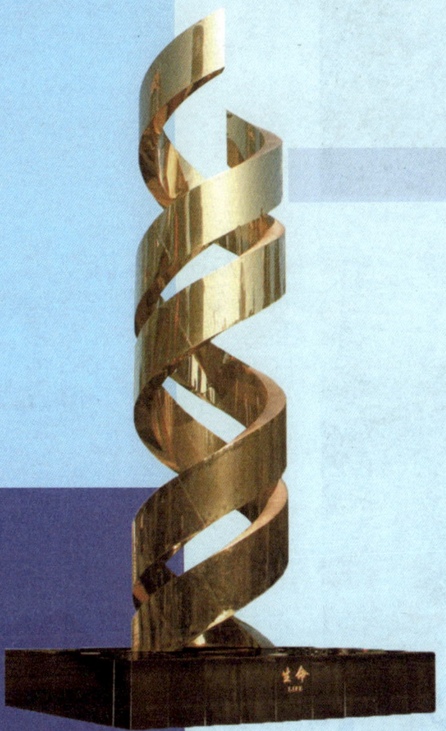

《 1月9日，餐饮企业大董阜成路店开业（区商务委供图）

《 3月8日–14日，2014中国青年设计师时装周在五彩城举行（田峰 摄）

《 4月8日，由数十名热爱西安美食的互联网、金融等领域从业者发起的西少爷肉夹馍小店开业。因在微信上发布一篇《我为什么要辞职去卖肉夹馍》，该店一举成名。凭借网络及媒体的炒作，该店估值达到4000万元，不到一年时间就在北京开3家分店（李瑞林 摄）

《 4月—9月，第12届中关村国际美食节期间举办的“金紫银杯”社区家庭厨艺大赛（田峰 摄）

《 10月28日，海淀区与湖北省丹江口市共同举办的“丹江口市农副产品展卖月”活动在超市发双榆树店启动（田峰 摄）

《 11月14日—19日，翠微大厦在店庆期间举办“京西购物节”（李瑞林 摄）

商业服务业·对外经济贸易

商业服务业

【概况】 区商务委下属北京市海淀区商务综合执法监督检查所、中国国际贸易促进会海淀支会（中国国际商会海淀分会）2 个事业单位。海淀区再生资源回收行业管理办公室、海淀区打击知识产权领导小组办公室、海淀区创建全国文明城区市场环境建设指挥部办公室设在区商务委。

2014 年，区商务委继续营造良好消费环境，增强消费吸引力，满足多层次消费群体需求。支持行业协会开展岁末购物季、品牌消费节、汽车置换节、国际美食节、火锅节等促销活动；通过政策引导等方式，发展新型消费模式，培育新的消费热点，推动时尚消费、文化消费、品牌消费、体验消费等延伸性消费发展，增强消费增长后劲。年内，市区两级共投入资金 3000 万元完成 152 家规范化早餐网点的建设工作。实现社会消费品零售额 1960.8 亿元，同比增长 9.3%。信息消费、网络消费等新型消费增长迅猛，小米科技、国美在线和欧迪办公等成为互联网零售主力军。

重新修订外商投资企业合同章程变更流程，全年接待咨询来访 29254 人次。利用会议、网络和短信等形式加强宣传力度，为 600 家企业、1200 名员工开展贯标培训。出动执法人员 1740 人次，检查各类企业 870 家次，执法检查覆盖率达到 70%，行政处罚案件 8 件，处罚金额 3.75 万元。

（丛颖）

【海淀区商业联合会】 北京市海淀区商业联合会会员分为会长单位、副会长单位、常务理事单位、理事单位和个人会员五个级别，由不同所有制、不同业态的民营企业、外资独资企业、中外合资企业、高新技术企业构成，基本涵盖海淀区大中型各种所有制的零售企业，现有会员单位近 200 家。2014 年，区商联会以“一赛、两节、三级培训”[①]为主线，构建“五大宣传平台”[②]促进信息交流沟通。第八届职业风采大赛期间，在多家商业企业开展海淀商业图书流动站活动，提升商业企业文化氛围，丰富企业职工业余文化生活。选送优秀选手代表海淀区参加北京市商业服务业服务技能大赛鞋品销售项目的比赛，获得第二名、第五名。开展高、中、基层等多层级教育培训，拓宽人才输送通道，创新人才培养模式。

（丛颖）

【北京市海淀饮服行业协会】 成立于 2000 年 5 月。下设餐饮、洗浴、美容美发、旅店、清真、彩扩摄影、洗衣、商场购物中心餐饮（2014 年 12 月新成立）8 个专业委员会。2014 年，有会员企业近 600 家。海淀饮服行业协会获得“北京市社会组织系统先进集体”称号。

（姜哲）

【北京京海联实业开发总公司】 为海淀区独资城镇集体企业。2014 年 5 月改制为北京市海淀区国有资本经营管理中心出资的国有独资一人有限责任公司，注册资本（实收资本）设为 100 万元，所属北京海地兴物资供应站、北京新海学金属制品中心两家子企业改制为公司出资的一人有限责任公司。所属子企业北京万泉源物业管理有限公司变更为由公司出资的一人有限责任公司。

公司以房屋场地出租为主要收入来源。总公司及下属企业、控股企业共有在职职工（含下岗职工）43 人，离退休职工 229 人。资产总额 1039.4 万余元，净资产 724 万余元，2014 年公司营业收入 524.2 万余元，利润 40 万余元。

（郑珊）

【海淀区物资回收公司】 公司下属 4 个全资子公司：北京市开源技贸总公司、北京市颐顺达物资经营公司、北京市魏兴贸易公司、北京市五棵松物资收购站，并持有北京市开源物业管理股份有限公司 43.78%的股权。

---

① 一赛指海淀区职业技能风采大赛，两节指品牌消费节、岁末购物季，三级培训指全年高层、中层、基层等不同层级培训。

②指内刊 《商务海淀》、《海淀报》合作栏目、商联会网站、商联会微信平台以及其他合作主流媒体。

2013—2014 年物资回收公司经营情况

单位：万元

项目	2013 年	2014 年	同比增长（%）
总收入	3646	3974	9.01
净收入	3508	3827	9.09
费用支出	3004	3330	10.85
利润总额	658	507	-22.95
净利润	533	379	-28.89
税金	455	466	2.42
投资收益	169	169	0
资本保值增值率	99%	101%	2.02

说明：1. 本年净收入增加 9.09%，主要原因是 2014 年房屋租金上调；

2. 2014 年利润总额、净利润下降，主要原因是统计指标调整。

年内，公司所属西苑一亩园物业办公楼和挂甲屯颐顺达公司被列入“三山五园”历史文化景区建设搬迁腾退范围。北京市开源物业管理股份有限公司投资 309 万元，对知春里 28 楼顶层进行施工改造，增加经营和办公面积 1047 平方米。开源技贸总公司投资 93.9 万元，完成 6000 平方米路面沥青摊铺和库房顶板更换工程。完成区财政国有资产报废 8.2 万件，从报废资产中，分拣加工废钢 259 吨，废旧电子产品 64 吨，其他废旧物资 3.9 吨。开拓废旧商品经营渠道，处置教委低值商品、城管罚没物资等废品经营，创效 65 万元，全年废旧商品经营毛利 115 万元。对布局不合理、占道占路经营、影响社区环境的 50 多个社区回收网点进行调整，注销公司和基层单位所属的社区网点及代购点营业执照 395 份。全区有 147 个社区回收网点。

（肖洁）

【北京翠微大厦股份有限公司】 北京翠微大厦股份有限公司成立于 2003 年 1 月 23 日，2012 年 5 月 3 日在上海证券交易所挂牌上市。2014 年，公司购买海淀国资中心所持当代商城和甘家口大厦两家公司的全部股权，由此实现海淀区百货商业企业及翠微股份的重组整合，成为拥有资产总额近 50 亿元、年销售额近 80 亿元，拥有翠微百货翠微店、当代商城中关村店、甘家口百货、翠微百货牡丹园店、翠微百货龙德店、翠微百货清河店、翠微百货大成路店、当代商城鼎城店共计 8 家百货店，集百货、超市、餐饮等多种业态协同发展的大型商业企业。

全年组织策划大型主题营销活动近 30 次。引进 700 余个热销成熟品牌，包括 UGG、纪梵希、麦丝玛拉•周末、铁狮东尼、鲨鱼、植村秀、丹尼爱特等国际一线品牌；引进至尊•金钱豹、台家湾等知名餐饮品牌。

翠微店、牡丹园店、龙德店开通免费 WiFi，开通服务管理公共邮箱，打造服务交流平台。开展“帮扶空巢老人”和“帮扶流动儿童”活动；向人大附中翠微学校和翠微小学捐助图书阅览室。

2014 年，公司获得“全国商业质量奖”“全国商业诚信守信企业”“企业信用评价 AAA 级信用企业”“全国守合同重信誉企业”“中国能效之星”“北京十大商业品牌金奖”“北京市第二十九届企业管理现代化创新成果二等奖”等荣誉和称号。惠丰堂饭庄被评为“北京老字号”。

（陈天昊）

【北京翠微集团】 成立于 1996 年 12 月 30 日，为海淀区国资委直属全民所有制企业，注册资本为 63377 万元，经营范围为投资管理、资产管理和会议服务。

2014 年，集团推进所属企业翠微股份的整合重组工作。重组后集团占股比例由 55.06%变为 32.35%。集团推进企业资本运营，取得理财收益 2200 万元。加强安全管理，集团全年未发生重大资产损失责任事件和重大安全责任事故。履行社会责任，热心公益事业，2014 年集团向中国红十字基金、金盾基金捐款 20 万元。

2014 年翠微集团经营情况表

项目	2013 年	2014 年
总资产（万元）	356702	499140
负债（万元）	168751	208199

项目	2013 年	2014 年
净资产（万元）	110919	101357
少数股东权益（万元）	77032	189584
销售额（亿元）	46.87	61.43
利润（万元）	22387	26531

（刘慧）

【北京海淀置业集团有限公司】 组建于 2000 年 4 月，是海淀区政府授权经营的国有独资企业。

2014 年，公司资产总额 47.16 亿元，同比增长 0.77 %；负债 22.83 亿元，净资产 22.39 亿元，净资产收益率 3.87 %；利润总额 11847.10 万元，少数股东权益 1.94 亿元。

发展科技服务业。将海淀图书城改造升级为中关村创业大街，并于 6 月 12 日正式开街。公司投入 1.8 亿元资金，用于整合房产资源和改善街区环境。为腾挪产业发展空间，全年回购、回租、腾退各类房产 63 处、0.51 万平方米，已累计持有可控房产 98 处、2.39 万平方米，占街区总面积的 54.69%。引进 36 氪、联想之星、言几又、亚杰商会、天使汇、京东等 20 家知名创业服务机构，街区在孵创业团队近 400 个，合作投资机构 2200 家，已为 150 个创业团队获得平均 500 万元的融资。中关村创业大街被市科委授予"北京市创新型孵化器试点街区"称号，被中关村管委会认定为首批"中关村智能硬件集聚区孵化基地"。推进华奥饭店转型升级，将华奥饭店更名为"北京海置创投科技服务有限公司"，打造集商务办公区、协作创新区和服务共享区为一体的新兴服务空间。实施中关村数字物流港战略转型。将其定位为"中关村互联网教育创新中心"，搭建基础服务、创新创业和融资助飞三大服务平台，为入驻机构提供基础设施、创业支持和融资孵化服务；调整面积近 1.4 万平方米，引进跨考教育、91 外教、学大教育、数据堂等 21 家互联网教育企业，并与创客总部、决胜网、北大校友创业联合会形成互联网教育产业联盟。

发展社区商业，推进"菜篮子"工程，调整社区商业网点 15 个、面积 3543 平方米，累计调整网点 48 个、面积 8665 平方米。对证照不齐的 46 个"九小"门店进行核查清理，其中补办证照 18 个，调整业态 7 个，关停 21 个。

调整投资结构。9 月，与天客隆公司签约，收购其持有的超市发连锁公司全部股份，公司持股比例达到 70.62%，成为超市发连锁公司第一大股东。申购首汽集团增发的新股，公司持有股权由 360 万股增至 585 万股，持股比例为 1.71%。解决永乐雅公司历史遗留问题，将其股权予以转让；完成海图国际青年旅社停业注销手续。探索"国有企业+社会资本"的混合所有制模式，与清控科创公司合作组建"北京海置科创科技服务有限公司"，负责中关村创业大街运营管理。追龙消防材料厂和赛格工贸公司由集体所有制企业改制为有限责任公司。

资产管理。完善房地权证，新办房产证 9 册，土地证 3 册。开展非核心房产调整处置，达成甘南菜店转让意向，完成交大菜店、冷泉第二粮店有偿移交。

北京海淀置业集团有限公司投资企业情况表

序号	企业性质	企业名称
1	全资企业	北京中海拓科技发展有限公司
2	全资企业	北京海物博科贸有限公司
3	全资企业	北京国控经贸有限责任公司
4	全资企业	北京中关村数字物流港有限责任公司
5	全资企业	北京超捷物业管理有限公司
6	全资企业	北京海置创投科技服务有限公司（本年新更名）
7	全资企业	北京消夏园餐厅有限公司
8	控股企业	华光商厦有限责任公司
9	控股企业	北京天合太平物业管理有限公司

序号	企业性质	企业名称
10	控股企业	北京海置科创科技服务有限公司
11	控股企业	武夷山市北京山庄有限责任公司
12	相对控股企业	北京超市发连锁股份有限公司
13	参股企业	北京市中关村小额贷款股份有限公司
14	参股企业	北京稻香湖投资发展有限责任公司
15	参股企业	北京泛亚大厦房地产开发有限责任公司
16	参股企业	嘉事堂药业股份有限公司
17	参股企业	北京海开房地产股份有限公司
18	参股企业	北京首汽（集团）股份有限公司
19	参股企业	北京禾谷园连锁经营有限公司
20	参股企业	北京商悦科贸有限责任公司
21	参股企业	北京永乐雅餐饮有限公司
22	参股企业	北京恒业达装饰工程有限公司
投资企业共计 22 家，其中全资 7 家、控股 4 家、相对控股 1 家、参股 10 家		

（高炳波）

【北京超市发连锁股份有限公司】 公司以商业零售为主，是区属大型零售连锁企业。2014 年，实现销售 43.7 亿元，同比增长 1.74%，实现税前净收益 2378 万元。新开连锁店 26 家，其中直营店 13 家（本市 1 家、张家口宣化地区 12 家），加盟店 14 家；改造升级连锁店 2 家。截至年底，公司经营总面积 17.74 万平方米，连锁店总数 155 家（市内连锁店 54 家，外埠店 33 家，加盟店 68 家）。

本年，公司获“商贸流通业统计典型企业”“2013—2016 全国商业质量奖”“3•15 荣誉企业特别奖”“全国商业 3•15 诚信宣言守信企业”“全国商业质量效益型先进企业”“全国商业服务业顾客满意度企业”“全国商业质量管理优秀企业”“2014 年中国品牌成长奖”“2013 年度北京十大商业品牌金奖”等称号。超市发公司魏公村店 QC 小组和学院路店 QC 小组获中国商业联合会授予的“全国商业优秀质量管理小组”称号。超市发公司密云店被北京市总工会授予 “北京市工人先锋号”称号。

年内，关停承德分公司、永泰、消夏园等店铺。持续第三方服务测评工作。与薪福卡、SAP 公司合作，共同开发绩效管理信息系统。增加连锁店自主经营的权力和动力，对五棵松店、环保园店、林萃路店 3 家连锁店推行承包制，减亏 500 万元。以生鲜商品为突破口，与京东商城开展“O2O”[①]项目研讨。组织恒源祥等 18 家供应商参加春季针织商品换季展销会。组织 19 家重点供应商召开“金九银十”沟通会及展销会，参展供应商 107 家，展出商品 2723 种。完成 18 个品类的推广工作。经营商品清单从 870 品调整到 1821 品，A 类连锁店商品重合度提升到 25%。引进新品 5689 品，毛利率达 16.21%。自采实现销售 1350 万元，同比增长 171%。全年买断商品 150 种，实现销售 1895 万元。尝试线上营销，助推线下销售，推出“官方微信订阅号”。与“京东网上商城”合作，实施线下经营、线上配送。与 12 家社区、院校、部队、敬老院等建立长期服务合作关系，成为北京市首批养老（助残）服务签约单位。全年养老（助残）卡、券实现销售 1950 万元，同比增长 76.58%。

① 即 Online To Offline，也即将线下商务的机会与互联网结合在一起，让互联网成为线下交易的前台。

（刘凤山）

【北京甘家口大厦有限责任公司】 是一座以购物为主，集餐饮、娱乐、休闲、金融、服务、写字楼为一体的现代化购物中心，建筑面积 10.3 万平方米，商业经营面积 3.06 万平方米。2014 年 8 月，与北京翠微集团翠微大厦股份有限公司正式重组，成为其二级公司。

2014 年全年实现销售 7.03 亿元，同比下降 13.6%。实现利润 3602 万元，同比增长 28.8%，上缴税金 3505.38 万元。

公司利用微店开展“摇一摇”活动，吸引顾客下载 APP，随时关注新商品上架和优惠价格的推出等信息。利用微博，与甘家口街道合作开展党建宣传、“文明城区创建”及“微党校”等主题活动，日博文阅读量达 2000 人次以上。

公司获“全国商业质量效益型先进企业”“全国商业 3•15 诚信宣言守信企业”“北京十大商业品牌”称号。

（王帆）

【北京当代商城有限责任公司】 1995年9月23日开业。2009年10月，当代商城第一家分店——石景山鼎城店开业。两店营业面积4万余平方米，是以商品经营为主，集餐饮、休闲娱乐、商务公馆于一体的高档精品百货店。2014年10月20日，企业与北京翠微大厦股份有限公司、北京甘家口大厦有限公司整合重组成功，并入北京翠微大厦股份有限公司体系。

2014年，在百货零售行业销售下滑的严峻形势下，商城销售受到较大影响。两店实现含税销售14.98亿元，同比下降13.31%，其中本店实现含税销售10.76亿元，同比下降14.03%；鼎城店实现含税销售4.22亿元，同比下降11.52%。2014年期末公司合并总资产为10.40亿元，同比增长3.54%，净资产为6亿元，同比增长15.77%。两店共开展营销活动43次，活动期间共实现销售收入8.15亿元。联合6家银行开展90项返礼活动，举办玛丝菲尔等品牌热卖及答谢会70场。

2014年，当代商城连续第四年蝉联北京十大商业品牌金奖，“会员社区”被评为北京市企业管理现代化创新成果二等奖。

（刘爽美子）

【北京金泰集团有限公司海淀分公司】 2014年，公司下属5家受托管理单位：有北京金泰宏远商贸有限公司、北京金泰万博苑餐饮管理有限公司、北京金泰恒业超市连锁有限公司、北京金泰恒业晟通商贸有限公司、北京金泰集团有限公司富地分公司。至年末，海淀分公司资产总额达到12.94亿元。全年实现收入总额3.78亿元，其中经营收入3.14亿元；利润总额8115万元。商贸服务实现收入1169万元。实现租赁收入8559万元，同比增长19%。

（王承娟）

【中关村电子商会】 2003年8月1日，由35家企业共同发起成立。截至2014年年底，商会共有会员单位319家。

本年，在中国电子商会第五届常务理事会上，中关村电子商会被评选为全国优秀地方商会。

2014年，中关村地区有电子卖场9家，电子产品实现销售总额约233亿元人民币、贸易总额约501亿元人民币。根据中关村电子商会课题调研组统计，销售额占比前三位的产品类别为整机类、配件类和手机通信类，销售额分别为107.1亿元、46.4亿元和16.82亿元，占区域销售总额比重分别为45.9%、19.9%和8.9%。全年中关村地区台式机出货量约48.6万台，同比下降11.1%；销售额约17.4亿元，贸易额46.4亿元，占整机类销售额和贸易额的比重分别约为15.5%、18.8%。全年中关村地区笔记本出货量约93.4万台，同比下降12.7%；销售额约42.5亿元，贸易额约111.3亿元，占整机类销售额和贸易额的比重分别约为47.5%、45%。全年中关村地区平板电脑出货量约157万台，同比增长4%；销售额约36.7亿元，贸易额约94.5亿元，占整机类销售额和贸易额的比重分别约为24.5%、31.9%。截至本年底，商事调解委员会接案4件，均成功调解。

年内，中关村电子商会联合西区驻场工作组开展每月一主题的温馨消费提示活动。

（丁旭）

【举办“3•15”诚信消费品牌节】 3月13日—4月30日，由海淀区精神文明建设委员会主办，中关村电子商会、北京市场协会电子卖场分会、中关村电子卖场工会联合会共同承办的“创建全国文明城区规范诚信经营秩序暨3•15诚信消费品牌节”活动在中关村海龙电子城举办。活动表彰了海龙、鼎好、科贸、广安中海、中海园、硅谷、中发7个创建全国文明城区工作的示范市场，共有32家规范经营示范单位获得优秀规范经营示范店称号。

（丁旭）

【举办第十二届中关村国际美食节】 4月25日，由北京市商务委员会和海淀区人民政府支持、海淀饮服行业协会主办的第12届中关村国际美食节在金源新燕莎MALL开幕。美食节以“文明餐饮•创新发展”为主题，持续至8月19日，其间开展系列主题活动：中外美食展卖，有来自世界各国的精品美食和品牌餐饮企业自制的风味美食集中亮相；食雕面艺展有近30家知名餐饮企业的数百道特色面点和小吃进行集中展示；以“中国味道•幸福家庭”为主题的家庭厨艺风采大赛决赛有90余个家庭参赛；制作《餐饮经营单位安全生产知识》视频资料；编印《寻味海淀•美食大搜索》画册，汇集数十家特色餐厅的主打菜品；在50家餐饮企业申报的150余道菜品中评选出50道“私家菜金盘奖”。通过组委会的抽样统计，美食节期间，受访的80家餐饮企业的餐饮销售额同比增长5.8%。

（姜哲）

【建立电子商户黑名单制度】 4月，该制度由西区驻中关村电子市场工作组联合中关村西区管委会办公室、西区工商所、西区派出所、中关村电子商会、海龙、鼎好、e世界电子卖场主办方、物业和国美在线在联席会上一致通过并确立。黑名单每月公示一期。主要将本月海龙、鼎好、e世界三家电子卖场中投诉率较高的商户信息进行统计汇总，并在市场入口的工商警示栏中公示。达到惩罚、警告违规经营商户，提示消费者谨慎选择商家购物的效果。截至年底共曝光商户225家。

（丁旭）

【举办第八届海淀商业服务业职业技能风采大赛】 4月—7月，由海淀区政府主办，海淀区商务委、海淀区商联会承办，中关村电子商会协办的第八届海淀商业服务业职业技能风采大赛举办。本次比赛以提升行业品质、展示海淀商业服务业行业风采为目的，开展以岗位技能、才艺展示为主题的多类比赛。5月22日，为配合此活动，中关村电子商会在鼎好大厦举办“第八届海淀商业服务业职业技能风采大赛电子卖场笔记本电脑、手机维修大赛”。海龙、鼎好、科贸、广安中海等4家电子卖场的8位维修工程师参加比赛。最终冠军参加区里的维修行业风采展示。

（丁旭）

【召开“餐饮行业转型发展研讨会”】 8月19日，北京市海淀饮服行业协会在大董餐饮阜成路店组织召开“餐饮行业转型发展研讨会”，区内100家餐饮企业负责人到会。研讨会上，大董餐饮、稻香湖景酒店和眉州东坡集团三家企业的董事长分别作为高端餐饮品牌、商务酒店品牌和大众餐饮品牌的代表，结合企业在转型发展中的实际做法和切身体会在会上做经验分享。大家一致认为，只有立足大众，回归本位，通过培育营养健康、出品精致、价位合理的大众餐饮消费市场才是餐饮企业的根本出路。

（姜哲）

【实施“餐饮行业高技能人才队伍建设”项目】 8月至年底，海淀饮服行业协会与北京市工贸技师学院合作，实施“餐饮行业高技能人才队伍建设”项目。项目内容是为区内品牌餐饮企业、特色餐饮企业培训高技能人才，培训对象为：中式烹调师、中式面点师、餐厅服务员、营养配餐员四大工种。50余家餐饮企业的450余名一线技术骨干参加项目培训。405人通过不同工种职业技能资格证的考试，其中318人获得高级职业资格证书，42人获得技师、高级技师的职业资格证书。

（姜哲）

【“天交商城”上线】 9月5日，电子元器件行业首家在线交易“天交商城”上线发布会在中关村皇冠假日酒店举行。天交商城是中发实体电子市场的新成就，是整个电子市场的传统与互联网的结合，实体解决线下库存与非标订制，线上完成支付物流采购，解决工业采购多次往返问题及账期优化。天交商城上线以来共有采购商下单573笔，总交易额达184.35万元。

（王涛 丁旭）

【举办韩国天然新食材推介活动】 10月31日，由海淀饮服行业协会、韩国统营市政府、韩国株式会社津和共同主办的韩国天然新食材推介活动在北京稻香湖景酒店举办。韩国统营市市长、议长，海淀区政府、区商务委领导、韩国6家水产协会、韩国部分水产品加工企业负责人、海淀区餐饮企业代表以及新闻媒体记者共计300余人参加。本次活动推动中韩两国在饮食文化上互通有无，共同提高。

（姜哲）

【第六届汽车节】 9月19日—10月10日，由海淀区商业联合会主办、海淀区汽车行业联席会承办的2014（第六届）绿色出行海淀体验会在海淀区各汽车专业市场、汽车园、4S店及大型购物中心举行。活动以“文明海淀 绿色先行”为主题，在区内首次举办纯电动车为主的试乘试驾体验会，特斯拉、宝马之诺、北京汽车等多车型集体亮相。在为期三天的鉴赏会期间，20多家4S店共销售376台汽车，销售金额1.13亿元，有815名消费者填表登记购车信息，持续效应超过2亿元。

（丛颖）

【第十届海淀品牌消费节】 9月19日—10月18日，由海淀区商业联合会主办的第十届海淀品牌消费节举行。活动以“文明海淀 诚信商业”为主题，倡导家庭消费理念，通过“城市商业发展与零售经营创新研讨会”“网络消费节”“时尚辣妈秀”“魅力宝宝T台秀”“文明广场舞”“商企、IT精英鹊桥会”“商业便民服务队社区行”等活动，拉动区域零售额提升。品牌消费节期间，区内重点监测企业共实现销售额30.71亿元，同比增长29%，共计服务1265.5万人次。

（丛颖）

【“菜篮子”工程建设】 年内，引入优质蔬菜连锁企业雨泽润众，新建蔬菜零售网点39个，基本形成“综合性超市、社区便民菜店、流动售菜车”三级“菜篮子”体系，区域蔬菜终端网络供应体系不断完善。

（丛颖）

【非首都核心功能疏解】 年内，区商务委对全区272家市场进行摸底汇总，制定非首都核心功能调整疏解方案，关停东升镇明光寺市场、海淀镇西苑市场等有形市场58家，其中商品交易市场32家，再生资源回收市场26家。支持商品交易市场向商场化、大摊位制和电子商务方向调整，调整提升商品交易市场6家。低端有形市场的腾退和调整在一定程度上拓宽区域“高精尖”经济结构的承载空间。同时保障撤调市场周边居民基本消费需求，引导周边超市、便民菜店等蔬菜零售网点扩大规模、提升品质；增设流动售菜车作为临时过渡性措施；建设规范化社区便民菜店。引导各街镇在回迁小区拿出不少于1000平方米的配套商业用房，采取引入连锁超市、便民菜店或由村镇建设统一管理的规范社区菜市场等形式，满足周边居民的购菜需求。共新增、扩建蔬菜零售网点39处。

（丛颖）

【形成多层次、多业态、多梯度的商业格局】 年内，区商务委鼓励各大商圈依据自身功能定位进行经营、业态、品牌的结构调整，打造规模结构、业态组合、功能配套、环境空间等各元素协调配置的生态商圈，提升区域整体商务环境。公主坟、世纪城、清河等地区大型商业设施功能趋于完善，聚集效应明显，辐射消费半径逐渐扩展。清河五彩城和世纪城金源购物中心向城市商业综合体方向发展，打造高品质现代城市服务圈。翠微、当代、甘家口三家区属商业企业重组上市，增强区属商业企业整体实力，在全市国有企业改革中起到良好的示范作用。以甘家口、华联为代表的社区商业中心建设改造逐步展开，覆盖广、便利度高的社区便民商业格局初步形成，社区居民生活便利度和满意度得到提升。

（丛颖）

【引导商业服务业转型升级】 年内，区商务委组织商业企业进行城市商业发展与零售经营创新专题研讨；邀请行业专家共商商业企业创新经营、转型发展之路。针对传统消费普遍降温的态势，引进满足多样化消费需求、有发展潜力的新兴业态，引导百货、餐饮等企业创新发展、转型升级，突破传统模式束缚。当代商城向微型购物中心转型，翠微、五彩城等企业开通微信服务，甘家口大厦构建移动互联网时代新型顾客关系，提升消费者店内体验。奇点同舟餐饮管理（北京）有限公司通过互联网营销迅速扩张，已发展到5家分店。鼓励企业利用互联网技术等创新经营模式，利用线下开辟体验、展示店等优势开展线上服务，提高消费者购物便利和实惠，实现线上线下协同发展。区域企业探索转型发展，西郊食品冷冻厂、绿安农展通过移动和PC端，建设B2B、B2C、O2O电商平台，打造线上线下服务模式。

（丛颖）

对外经济贸易

【概况】 2014年，全区新批外商投资企业337家。全区进出口总额342.13亿美元，同比减少14.78%，占北京市的8.23%。其中进口总额237.11亿美元，同比减少23.73%，占北京市的6.71%；出口总额105.02亿美元，同比增长15.91%，占北京市的16.84%。吸引合同外资32.63亿美元，同比增长114.03%；实际利用外资16.02亿美元，同比增长0.09%。新增对外贸易经营者备案登记992家，累计达到10228家。加强与秦皇岛市商务局的沟通，为企业、园区沟通搭建对接平台，有序推动服务外包产业转移与转型。研究制定《海淀区支持外贸稳定增长工作方案》（2015—2016），推动外贸稳定增长与转型升级。区商务委联合海淀园管委会和区金融办制定《海淀区商业保理管理办法（试行）》，开展商业保险试点工作。

（丛颖）

【参加第三届"京交会"】 5月28日—6月1日，第三届京交会期间，海淀区联合京交会组委会办公室举办"知名企业家北京对话会"，邀请亚马逊、京东、小米、搜狐等国内外知名企业高管出席，进一步加强移动互联网领域国际与区域的交流合作，打造国际化品牌会议形象。举办"软件与信息服务国际企业对接会"，促进软件与信息服务业国际市场合作。

（丛颖）

【企业审批】 年内，区商务委推进"一科制"审批，接待咨询、业务办理29254人次，其中电话咨询15279人次；为1057家外商投资企业办理变更事项；审核加工贸易合同71个，合同变更52个；初审新设境外企业76家、代表处7家，变更49家；为992家企业办理对外贸易经营者备案登记手续；为540家酒类经营者办理备案登记；为24人次办理外商来华邀请函；为2家直销企业出具确认函。

（丛颖）

【服务外包业务】 年内，区商务委承接服务外包合同登记，实现管理关口前移，完善三级负责制的管理体系。年内有193家企业进行离岸服务外包业务登记，执行金额22.61亿美元，同比增长12.98%，占北京市的42.4%。支持38家企业获得商务部国际服务外包业务发展资金2749.17万元；43家企业获得北京市服务外包扶持资金3892.95万元；6个项目获得区商业服务业发展资金535万元。7家企业入选2014年中国服务外包领军企业，9家企业入选2014中国服务外包成长型企业。

（丛颖）

【跨国公司总部增至13家】 年内，海淀区落实总部经济发展政策，申请总部奖励资金2807.85万元，75家企业入选《北京市重点总部企业名录》，跨国公司地区总部数量增至13家，加快形成总部经济的集聚效应。13家跨国公司总部分别为：诺维信（中国）投资有限公司、得利满水处理系统（北京）有限公司、北控水务（中国）投资有限公司、联想（北京）有限公司、日电（中国）有限公司、五矿建设投资管理（北京）有限公司、软通动力信息技术（集团）有限公司、格兰富（中国）投资有限公司、赛门铁克软件（北京）有限公司、文思创新软件技术有限公司、爱思开希恩希系统（北京）有限公司（2014年新认定）、完美世界（北京）软件有限公司（2014年新认定）、通标标准技术服务有限公司（2014年新认定）。

（丛颖）

旅 游

2015
北京海淀年鉴

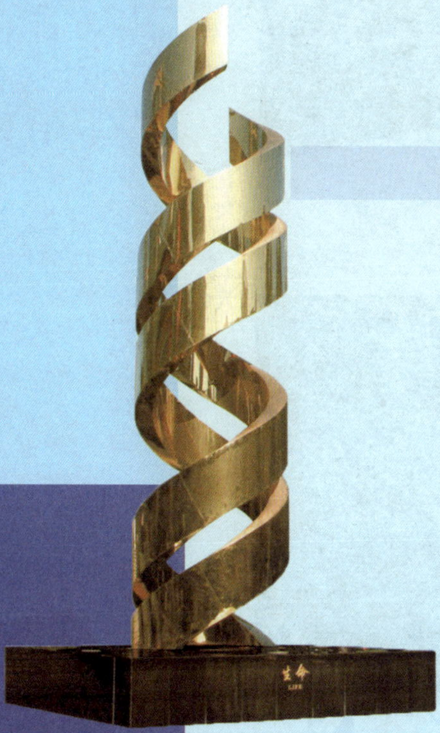

3月6日，中塔景区旋转餐厅参与中央电视台《舌尖上的中国》节目拍摄（区旅游委 郝亮俭 摄）

3月21日—4月17日，玉渊潭公园举办第26届樱花文化活动（区旅游委 梁莹 摄）

5月1日—3日，迷笛音乐节在狂飚乐园举办(区旅游委 李晨琪 摄)

6月14日，香山公园举办皇家园林旅游节太极禅体验活动（区旅游委 胡克鹏 摄）

8月14日，圆明园首次推出《历史文化大讲堂》公益活动（李瑞林 摄）

9月，北京植物园樱桃沟景观提升工程竣工（北京植物园 石鑫 摄）

10月17日，西山自然观察径迎来首批体验者（区旅游委 杜景明 摄）

10月27日，“首都高等学校第十届鹫峰国家森林公园杯越野攀登赛”在北京鹫峰国家森林公园开幕（区旅游委 邓高松 摄）

11月29日，中科院召开旅游资源研讨会（李瑞林 摄）

12月14日，黑山扈战斗纪念园在百望山森林公园建成（区旅游委 钱毅 摄）

团城西城楼门修缮工程现场（团城演武厅 供图）

颐和园德和园大戏楼的京剧表演（李瑞林 摄）

旅 游

综 述

【概况】 2014年，全区旅游接待人数6583万人次，同比增长3.6%；旅游综合收入464.62亿元，同比增长4.8%。有旅游企业1362家，其中住宿业1066家，包括社会旅馆977家，星级饭店79家（其中：5星级9家、4星级26家、3星级34家）；旅行社117家；旅游景区31家（其中A级景区16家），乡村旅游接待户149家。区内有8个旅游咨询点，即：海淀区旅游咨询服务中心、圆明园咨询站、同庆街咨询站、北京西站咨询站、北部访客中心、凤凰岭自然风景公园咨询站、紫竹院公园咨询站、香山公园咨询站。

2014年，区旅游委围绕世界高端旅游目的地、“三山五园”历史文化景区及国家级科教旅游体验区建设等重点工作，完成《海淀区重点旅游行业信息化评估研究》《三山五园历史文化景区旅游公共服务研究》等重点课题，《北京海淀旅游发展报告（2013—2014）》由中国旅游出版社正式出版，并完成多项旅游功能规划编制。结合旅游理论研究成果，提出海淀旅游创新发展的思考和建议。完善旅游产业支持办法，推进项目建设，2014年备选项目45个，项目预算总额约1.7亿元，支持项目资金为3606.94万元。针对旅游节庆活动由政府主导改变为充分发挥市场主体作用的新变化，加大宣传营销力度，提升区域品牌形象。完成4项市、区两级为群众办实事项目，规范提升服务品质，提高游客服务满意度和美誉度。推进海淀智慧旅游（二期）建设，提升信息化水平。假日办各成员单位共出动执法人员800余人次，对旅游景区及周边安全秩序进行监督检查，确保旅游假日期间旅游市场秩序良好，未发生重大旅游安全事故、旅游突发事件和重大投诉案例。

（陈以民 秦书奎）

旅游行业管理

【修订《海淀区促进旅游产业发展支持办法》】 5月—6月，区旅游委修订《海淀区促进旅游产业发展支持办法》。新修订的《办法》对原有政策架构进行较大调整，调整保留9项、新增4项；进一步明确产业发展引导资金和行业发展促进资金两大类别的支持方向和使用范围，加大对重点旅游功能区、旅游公共服务设施等建设项目的支持力度，新增对会奖旅游、旅游新业态、产业融合等旅游新兴增长点的政策支持。

（惠凝晶）

【出版《北京海淀旅游发展报告（2013—2014）》】 8月，《北京海淀旅游发展报告（2013—2014）》完成编著，并由中国旅游出版社出版。该书由海淀区旅游委和北京开思九州旅游发展研究中心联合编著，包括主报告、产业发展、专题研究和企业实践四个篇章，共计17篇研究报告，20余万字。是全国区县一级编著旅游产业发展的探索与实践的首例。《中国旅游报》专题报道关于该书的《海淀区旅游产业融合发展及前瞻》《海淀旅游公共服务建设的新思路探索》两篇报告。

（惠凝晶）

【“智慧旅游”（二期）试运行】 8月，海淀“智慧旅游”（二期）完成建设并上线试运行。项目定位于“两支撑，两服务”（即：“畅游北京”的重要组成部分和重要支撑，智慧海淀的重要支撑；服务于旅游产业发展，服务核心区建设），以“管理营销”为核心的海淀智慧旅游（二期）建设内容包括海淀旅游委综合业务管理平台和基于云媒体的大旅游宣传营销系统两大部分。9月，通过专家评审，完成项目初验。

（温力宏）

【乡村旅游单位名录普查】 10月8日—16日，区旅游委开展并完成海淀区乡村旅游单位名录普查工作。对采摘园、民俗接待户、观光园等乡村旅游业态经营单位进行登记普查，共统计乡村旅游接待单位 109 家，新增 19 家；乡村旅游非 A 级景区 1 家（阳台山）。其中新增首农庄园、三元农业等大型企业经营的观光采摘园。

（惠凝晶）

【确定 42 个旅游专项资金支持项目】 10 月 28 日—12 月 22 日，区旅游委组织海淀区 2014 年旅游专项资金网上申报和评审工作。经过部门预审、第三方专业机构评审、部门复审、部门会商、部门终审、网上公示，确定 2014 年旅游专项资金共支持项目 42 个，支持资金共计 3606.94 万元。

（惠凝晶）

【申报乡村旅游特色业态】 年内，区旅游委向市旅游委提出北京市 2014 年乡村旅游特色业态申请。申报 2014 年乡村旅游特色业态涉及国际驿站、乡村酒店、休闲农庄、养生山吧、生态渔家、山水人家、采摘篱园、民族风范 8 种类型。其中北京蓝波绿农科技有限公司（上庄蘑菇园）于 2014 年 12 月 19 日成功申报采摘篱园乡村旅游特色业态。

（于文艳）

【完成 4 项为群众办实事】 年内，海淀区完成市、区两级为群众办实事项目（旅游设施改造项目）。即：香山公园改造项目、凤凰岭公园改造项目、狂飚乐园改造项目、中央电视塔改造项目。其中香山公园改造项目完成东门厕所内部装饰改造及东门、平台临时厕所改造，增设 26 个临时厕位，更新改造园内游览指引牌、防火宣传牌、景点说明牌等三类标识标牌 142 块；凤凰岭公园改造项目完成南线环卫厕所内部装饰改造、甘冽泉环保厕所升级改造，更新改造全景牌 4 块、解说牌 41 块、指路牌 200 块；完成游览指引、解说牌改造 97 块；中央电视塔改造项目完成栈桥广场灯箱改造 2 块、游览解说牌改造 56 块。

（李燕炜）

【旅游行业安全检查】 年内，由区旅游委牵头，会同区安监局、区消防支队、区城管大队和区民防局、新闻中心等组成联合检查组，对住宿业进行安全生产、消防安全、违法建筑、违规经营和地下空间等联合大检查，发现和消除各类安全隐患。联合检查组共检查社会旅馆 100 余家，收缴违法制作的旅游地图 500 余份。

（秦书奎）

【旅游安全保障工作】 在重大节庆活动、节假日和“两会”、中共十八届四中全会、国庆群众游园活动、APCE 会议等敏感时期，区旅游委成立服务保障工作领导小组，制定工作方案和应急预案，加大对“两会”驻地周边尤其是社会旅店及旅游景区的安全检查和监督力度。红叶观赏期督导香山公园制定周末单日游客超过 10 万人的应急预案，确保不发生拥挤踩踏等安全事故。完成国庆游园活动群众游园票务发放和保障工作。确保国庆当天玉渊潭公园和颐和园群众游园秩序井然。进行安全生产检查，组织消防应急演练和防汛演练，帮助企业建立健全安全应急机制。确保重要会议及节庆期间无事故，旅游接待零差错，服务游客零投诉。

（秦书奎）

【整治旅游市场】 年内，区旅游委以旅游商店、社会旅馆为重点场所，以旅行社、导游员为重点检查对象，围绕媒体曝光和投诉较多的旅游商店、社会旅馆等经营场所以各种名义诱导游客消费的行为，导游员、旅行社存在的违法违规问题，重点地区存在的散发非法“一日游”小广告等现象持续开展旅游市场秩序整治行动。定期与不定期牵头协调公安、城管、交通、工商和街道等相关部门，形成由市旅游委执法大队、区相关执法部门、景区属地街道和旅游景区联动的四位一体长效执法机制，在重点景区周边开展联合执法行动，打击黑车、黑导游、无照游商和各种扰乱旅游市场秩序的行为，共检查位于热点旅游景区周边的旅游企业 10 余家，收缴非法“一日游”假地图、小广告 1000 余份；纠正导游违规行为 10 余起。

（秦书奎）

【旅游宣传推介】 年内，改变旅游节庆活动政府主导办节模式，发挥市场主体作用，举办“三山五园”皇家园林旅游节、中关村科教旅游节、2014 西山文化休闲旅游节，首次举办 The North Face 100 北京国际越野挑战赛，先后推出系列特色活动，增强海淀旅游品牌的影响力。采用微博、微信、手机报等新型宣传载体推介海淀旅游资源。1 月—9 月份，区旅游委官方微博更新 1439 条，阅读量累计达到 1.1 亿次；官方微信共发布图文消息 751 条，浏览人数为 2.07 万人；文艺台《超级快乐旅行》栏目共直播 18 期；与《北京》杂志合作共开设 5 期海淀旅游系列杂志专刊，在各大主流媒体发布新闻报道 528 条；在《北京旅游手机报》发布海淀旅游相关专题以及与海淀旅游相关推介稿 52 条。

（温力宏）

【旅游规划项目建设】 年内，区旅游委确定 2014 年海淀区旅游发展专项资金支持项目。确定 2014 年 45 个备选项目，项目预算总额约 1.7 亿元，共支持项目 42 个，支持项目资金为 3606.94 万元。“三山五园”文化景区旅游公共服务设施提升改造项目获得市旅游发展专项资金 1500 万元作为项目补贴。狂飚乐园汽车露营地项目（资金总额 2013 万元）获得市旅游产业发展引导资金奖励支持。完善 A 级景区自助导游系统建设。为提升 A 级景区品质，区旅游委统筹协调指导相关景区汇总整理景区导游图、解说词、景点照片等有关资料，全区 16 家 A 级景区全部完成自助导游系统建设。区旅游委扶持街镇旅游项目建设。其中联合苏家坨镇政府申报西山风景长廊南延项目、西山风景环廊改造提升项目和西山风景廊道项目为区政府投资储备项目。

（惠凝晶）

“三山五园”历史文化景区建设

【概况】 为加快推进“三山五园”历史文化景区建设，海淀区坚持深化功能区带动战略，以文化遗产保护与文化大发展并举、环境综合整治与恢复古都风貌并举、文化旅游开发与城市服务功能完善并举为建设思路，布局高端文化旅游产业项目，努力将海淀区初步建设成为具有世界影响力的文化中心城市的重要功能区、历史文物保护区、恢复古都风貌代表区、科技与文化融合发展示范区和世界高端旅游目的地。

本年推出“三山五园”文化全球巡展。以巡展为工作平台，围绕巡展开展文化传播、文化研究，加强产业服务。加强文化研究：与中国人民大学清史所、北京联合大学应用文理学院、北京语言大学、海淀老龄大学、北京联合大学、海淀老龄大学、海淀区政协前主席张宝章等合作《清代三山五园史事编年（顺治—乾隆）》《清代三山五园史事编年（嘉庆—宣统）》《清代三山五园专题研究论丛（第一辑）畅春园》《清代皇家园林史料汇编（第一辑）：海外三山五园研究译丛》《三山五园新探》《三山五园非正式文献目录》《北京三山五园文献馆馆藏珍品建设》《西洋影像中的三山五园》《三山五园揽胜——万寿山颐和园》《三山五园•畅春园可视化再现》等。打造三山五园文化巡展品牌，举办三山五园文化巡展国博站和杭州站，参观人数超过 15 万人次。加强产业服务，《利用大数据开展三山五园人文旅游研究项目（一期）》《三山五园历史文化景区“中国人文旅游示范区”建设》《海淀博物馆城建设前期研究》《梦幻圆明园》等调研文章为产业项目开发做出探索。

（苏洪　于佩丽）

【“三山五园”文化全球巡展（国博站）】 1 月 10 日，在中国国家博物馆举办的三山五园文化全球巡展（国博站）闭幕。该展于 2013 年 12 月 24 日开幕，由海淀区委区政府、文化部中外文化交流中心、中国艺交所、北京奇想飞航文化传播公司等共同举办，运用最新媒体技术再现圆明园盛世光影和艺术奇珍，当代国家级艺术大师的工艺美术作品一齐亮相展览。展览面积 1000 平方米，分 6 个展区，有多媒体展件 12 件、历史文化展品 29 件、艺术展品 40 件。展览期间接待观众 2 万余人次。

（于佩丽）

【《清代三山五园史事编年》出版】 1 月，海淀区文化发展促进中心与中国人民大学清史所合作完成的《清代三山五园史事编年（顺治—乾隆）》，由中国大百科全书出版社出版。该书收录了自顺治到乾隆时期清帝幸园、离园及园居理政、园林建设、园林管理等一系列重要的历史内容，勾勒出清代“三山五园”的历史沿革和兴建历程。

（于佩丽）

【“三山五园”文化全球巡展（杭州站）】 4 月 3 日，“三山五园”文化全球巡展（杭州站）开幕，展期 100 天，至 8 月结束。杭州站首次尝试景区办展模式。展览分 5 个展区，展览面积 2000 平方米，113 件实物参展，14 项高科技展示，56 项文创衍生品展售。共接待观众 13 万余人次，售票 10 万余张，收入 400 万元。

（于佩丽）

【景区提升改造项目获市专项资金支持】 4 月 14 日，组织申报市旅游委专项资金的“三山五园文化景区旅游公共服务设施提升改造”项目通过评审，获得市级支持资金 1500 万元。

（惠凝晶）

【静宜园周边环境整治探讨会召开】 5 月 29 日，香山公园召开“三山五园”——静宜园周边环境整治探讨会。区三山五园办公室、区规划分局、区国土分局、区园林绿化局、市公园管理中心综合处等单位参会。香山公园汇报《香山公园周边环境整治方案》，针对公园门区环境秩序、园区扩容、土地置换三大问题提出初步解决方案。海淀区委常委、宣传部部长陈名杰在讲话中指出：香山公园要融入地区规划建设；香山公园北门三角地临时商铺清退问题由香山街道办事处负责牵头，香山公园与承包单位沟通协商，共同解决历史遗留问题；香炉峰向西扩容事宜与四季青镇政府协商，山区林地可采取租赁或托管方式，实现合作共赢；山下与橡胶厂 10 亩地置换问题由三山五园办公室牵头，与橡胶厂上级单位市民政局取得共识；地区高峰时段道路拥挤问题由香山街道负责，维护好环境秩序。

（王奕）

【海淀区“三山五园”皇家园林旅游节新闻发布会召开】 6 月 6 日，颐和园对公众开放一百周年纪念暨海淀区“三山五园”皇家园林旅游节新闻发布会在颐和园德和园举行。为庆祝此次活动，颐和园举办文物展览、书籍展览、影像资料、文化论坛、研讨会等重大活动宣传颐和园的历史文化、园林艺术等。

（于佩丽）

【“三山五园”皇家园林旅游节】 6 月 6 日—7 月 1 日，海淀区举办 2014“三山五园”皇家园林旅游节。活动以“饱览盛世盛景　心动皇家园林”为主题，包括：体验太极禅、约会大师、清音雅韵音乐会、现代艺术展、共和国记忆、皇家味道、御园徒步长走等系列活动。通过系列活动挖掘“三山五园”皇家园林建筑、艺术、美食、养生等文化内涵，让皇家园林旅游品牌得到广泛关注和认可。“三山五园传递百年之约”是此次旅游节的重要活动之一。首次面向公众发行颐和园开园售票一百年纪念票 36525 张。同时推出颐和园百年纪念邮折和纪念明信片、纪念封。

（温力宏）

【《三山五园和京西文化研究与保护利用》出版】 6 月，海淀区文化发展促进中心与北京联合大学合作汇编的《三山五园和京西文化研究与保护利用》一书由研究出版社出版。该书包含“三山五园”与京西文化概论、“三山五园”

政治与历史、“三山五园”宗教文化、“三山五园”文学与艺术、“三山五园”建筑和山水、“三山五园”文学与传媒、“三山五园”文化保护与开发7个子课题，收录高校、科研院所等专家论文48篇。

（于佩丽）

【《三山五园新探》出版】 10月，张宝章著作《三山五园新探》由中国人民大学出版社出版。该书除对皇家园林做著述外，还记载有王公赐园、私家宅院、寺观园林等内容，作为三山五园文化研究的重要新作，该书考证严谨，填补了京西皇家园林研究的学术空白，内容广博，不止“记盛”，更表现出强烈的学术创新意识。

（于佩丽）

【“三山五园”文化巡展推介活动在京举办】 11月27日，“三山五园”文化全球巡展在2014年北京（国际）文博会举办“三山五园”展览和交流活动，用文化和科技融合的手段，展示圆明园十二生肖兽首风采。并举行“三山五园”文化巡展推介会，重点面向香港企业宣传、推介三山五园巡展，为巡展2015年在香港举办创造条件。

（于佩丽）

【《香山碑帖》出版】 11月，海淀区文化发展促进中心与香山公园管理处合作完成的《香山碑帖》，由西泠印社出版社出版。通过对香山保存的大量碑文、楹联及摩崖石刻资料进行收集整理，从百余幅拓片中精选并集结成本书，是研究静宜园和乾隆历史时期重要的第一手资料，具有较高艺术价值和史料价值。

（于佩丽）

【“三山五园”大学生创意策划大赛项目发布获奖作品】 12月12日，在第九届北京（国际）文博会上，“三山五园”大学生创意策划大赛的5部获奖作品在海淀展区发布。该项目由海淀区委宣传部和海淀大学生创意联盟共同组织，以宣传“三山五园”历史文化为主要宗旨，梳理“三山五园”文化产业资源，举办“大学生创意策划大赛”，发现并培育“三山五园”题材的影视作品和衍生工艺品。大赛历时数月，分为两轮，第一轮为初赛——提交故事创意，共收到93个作品；第二轮为决赛——写出全剧本，20个作品进入决赛。最终北京大学李诗语的《情谜图书馆》、王一楠的《孕事妙签》、北京师范大学赵亦然的《王冠的日子》、中国艺术研究院刘肖君的《一代舞人裕容龄》、陈龙和侯宇峰的《拯救码农洪立》等5个剧本获得主办方大奖。

（于佩丽）

【完成区级关注课题】 12月，区旅游委完成《三山五园历史文化景区旅游公共服务体系研究》区级关注课题研究。通过实地考察、问卷调查等方式，梳理出“三山五园”历史文化景区及其周边旅游公共服务设施现状，结合“三山五园”历史文化景区建设，对照北京市旅游环境与公共服务八大体系，查找出当前“三山五园”区域旅游公共服务设施体系存在的问题和不足，提出今后“三山五园”历史文化景区旅游公共服务体系建设主要内容和具体措施，为区域旅游公共服务发展提供理论依据。

（李燕炜）

【玉泉山周边环境整治】 年内，海淀区开展玉泉山周边环境整治。至年底，第一批拆迁计划拆除9处、面积约8.09万平方米，完成进度的81%；第二批拆迁计划拆除1.15万平方米，完成进度的10%；第三批拆迁计划拆除约0.99万平方米，完成进度的5%。全长36.09千米的“三山五园”绿道系统建成完工对外开放。功德寺地区城市规划研究完成初稿，同步完成资金测算方案。

（孟凡杰）

【两园之间拆迁腾退】 年内，颐和园和圆明园之间的拆迁腾退主要涉及：中央党校西墙外项目于5月正式签订四方协议。实施党校西、如意门、北宫门等3个地块的绿化美化工程。基本完成树村安置房的基坑挖槽。西苑市场共腾退商户约900多户。开展一亩园地区方案制定、入户调查等腾退前期准备工作。唐家岭安置房范围涉及的集体产业已基本拆除。大有庄、骚子营地区改造规划研究完成方案初稿。

（孟凡杰）

【香山地区整体改造】 年内，四王府等东部地区整体改造一期工程的拆迁腾退工作全部结束，共腾退530个院落。香泉南路、北辛村南路和杰王府北路等3条中心区主干路道路方案已上报市规委。西郊轻轨线全面开工建设。西山隧道已将场地移交。香泉路方案获得批复。

（孟凡杰）

旅游景点

【星级饭店、旅游区（点）】 2014年，海淀区辖域内共有旅游星级饭店79家，旅游区（点）31家。

旅游星级饭店	数 量	旅游区（点）	数 量
五　星	9	AAAAA	1
四　星	26	AAAA	7

三　星	34	AAA	8
二　星	10	AA	0
一　星	0	A	0
		未评A（社会单位）	15
合　计	79	合计	31

（唐晓东）

【31家旅游景区（点）名录】

1. 颐和园（AAAAA）
2. 圆明园遗址公园（AAAA）
3. 北京植物园（AAAA）（内有曹雪芹纪念馆、卧佛寺）
4. 香山公园（AAAA）（含碧云寺）
5. 中央电视塔（AAAA）
6. 玉渊潭公园（AAAA）
7. 紫竹院公园（AAAA）
8. 凤凰岭自然风景公园（AAAA）
9. 太平洋海底世界（AAA）
10. 鹫峰国家森林公园（AAA）
11. 百望山森林公园（AAA）
12. 西山国家森林公园（AAA）
13. 北京西山大觉寺（AAA）
14. 北京龙徽葡萄酒博物馆（AAA）
15. 汇通诺尔狂飚运动休闲乐园（AAA）
16. 皇家莱博物馆（AAA）
17. 中华世纪坛
18. 海淀公园
19. 北京艺术博物馆（万寿寺）
20. 大钟寺古钟博物馆
21. 团城演武厅（又名健锐营演武厅）
22. 北京石刻艺术博物馆（五塔寺）
23. 阳台山自然风景区
24. 药用植物园
25. 元土城遗址公园
26. 中科院植物所北京植物园
27. 军事博物馆（北京市红色旅游景点）
28. 香山双清别墅（北京市红色旅游景点）
29. 李大钊烈士陵园（北京市红色旅游景点）
30. 圆明园“三一八”烈士陵园（北京市红色旅游景点）
31. “一二•九”纪念亭（北京市红色旅游景点）

北京市市级民俗旅游接待村：苏家坨镇车耳营民俗旅游村

管家岭民俗旅游村

（唐晓东）

【区属注册公园】　2014年，海淀区有区属注册公园31家。

序号	公园名称	建成时间	所在街镇	所属单位
1	圆明园遗址公园	1900年1月	青龙桥街道	海淀区政府
2	会城门公园	1956年1月	羊坊店街道	海淀区园林绿化局
3	元大都城垣（土城）遗址公园	1965年1月	花园路街道	海淀区园林绿化局
4	玲珑公园	1988年1月	八里庄街道	海淀区园林绿化局
5	翠微烟雨公园	1990年6月	羊坊店街道	北京市园林　绿化有限公司
6	碧水风荷公园	1991年7月	清河街道	海淀区园林绿化局
7	上地公园	1994年1月	上地街道	上地街道办事处
8	中华世纪坛公园	2000年6月	羊坊店街道	北京市园林　绿化有限公司
9	中关村广场	2002年7月	海淀街道	海淀区园林绿化局
10	阳光星期八公园	2003年9月	万寿路街道	海淀区园林绿化局
11	海淀公园	2003年9月	万柳地区	海淀区园林绿化局
12	燕清文化体育公园	2003年9月	清河街道	海淀区园林绿化局
13	翠湖湿地公园	2003年9月	上庄镇	海淀区园林绿化局
14	马甸公园	2003年11月	花园路街道	海淀区园林绿化局
15	百旺公园	2005年9月	马连洼街道	海淀区园林绿化局
16	清河翠谷公园	2006年9月	清河街道	海淀区园林绿化局
17	长春健身园	2007年5月	海淀街道	海淀区园林绿化局

序号	公园名称	建成时间	所在街镇	所属单位
18	温泉公园	2007年5月	温泉镇	海淀区园林绿化局
19	玉东郊野公园	2008年5月	四季青镇	四季青镇政府
20	丹青圃郊野公园	2008年5月	四季青镇	四季青镇政府
21	五棵松奥林匹克文化公园	2008年7月	万寿路街道	海淀区园林绿化局
22	王庄公园	2008年9月	学院路街道	海淀区园林绿化局
23	东升八家郊野公园	2009年4月	东升乡	东升乡政府
24	金源娱乐园	2009年7月	曙光街道	海淀区园林绿化局
25	巴沟山水园	2010年5月	海淀街道	海淀区园林绿化局
26	美和园公园	2012年11月	清河街道	海淀区园林绿化局
27	北极寺公园	2012年11月	花园路街道	海淀区园林绿化局
28	北坞公园	2013年5月	四季青镇	海淀区园林绿化局四季青镇政府
29	南长河公园	2013年5月	紫竹院街道	海淀区园林绿化局
30	小营公园	2013年6月	西三旗街道	海淀区园林绿化局
31	厢黄旗公园	2013年7月	上地街道	海淀区园林绿化局
32	中央电视塔公园	2013年8月	甘家口街道	海淀区园林绿化局
33	荷清园	2014年7月	清华园街道	海淀区园林绿化局
34	车道沟公园	2014年10月	曙光街道	海淀区园林绿化局

（罗勇）

【颐和园】 原名清漪园，始建于 1750 年，1888 年更名为颐和园。是中国现存最完整的皇家园林。1860 年、1900 年先后遭到外国侵略者洗劫。1902 年重新修复，1928 年正式辟为公园开放。

颐和园总面积 300.8 公顷，各式宫殿、园林古建筑 3000 余间、面积约 7 万平方米，园藏文物近 4 万件，古树名木 1601 株，其中万寿山、昆明湖、佛香阁、长廊、石舫、十七孔桥等成为代表性景观。颐和园是全国第一批重点文物保护单位、首批全国文明风景旅游区、全国文明单位和国家 5A 级旅游景区，1998 年以“世界几大文明之一的有力象征”之评价被联合国教科文组织列入《世界遗产名录》。

2014 年，共接待游客 1461.42 万人，完成内事接待任务 89 次，外事接待任务 66 次。11 月 11 日，国家主席习近平夫人彭丽媛邀请亚太经合组织第 22 次领导人非正式会议及高官会议领导人配偶集体参观游览颐和园。

景区综合管理。开展管理制度、园林文化、职业技能、公园讲解、园林绿化、公园服务等培训，开展岗位技能比拼和劳动竞赛 50 余次，培养复合型服务人才。

经营管理。摸索文化资源转化为文化产品的道路，以治理公园会所高档餐饮为重点，健全和完善公园功能。还原霁清轩、益寿堂两处古建原貌，益寿堂向游客免费开放。以石丈亭和文昌阁工艺品店为试点推进公园企业转型，企业收入显著增加。帮扶听鹂馆企业转型，成为海淀区青龙桥街道居家养老（助残）服务单位；开发价廉物美的新菜品和套餐，提供茶歇服务，方便市民游客体验宫廷美食文化。

世界文化遗产及文保利用工作。开展古建修缮工程和基础建设工作，逐步建立监测体系，以实现遗产地的有效保护、科学管理和永续利用。完成南湖岛景区修缮土建部分、园墙抢险修缮（一期）和 21 号院社区服务用房工程等工程，优化升级万寿山区域及九道弯水面近 2 万平方米的园林景观效果，补植草坪 2.9 万平方米，整形修剪树木 2.4 万株，清理杂树、攀缘植物等 4.8 万株。搭建颐和园遗产监测预警平台框架，采集遗产要素信息和图片 2400 条，完成大戏楼变形、震动监测等 5 项重点监测模块建设。启动颐和园文物普查清点工作和文昌院综合厅改造升级工程，清查全园 2 万余册古籍，完成乐寿堂内檐修缮工程及原状陈列保护性更新工作，修复家具类、钟表类、纸绢类文物 111 件。开展古树复壮、日常植被养护、无公害防治、水体治理、盆景创作养护等日常工作。

文化研究和文化活动。以颐和园对公众开放一百周年为主线，开展文化活动 18 项。赴长春、沈阳举办《颐和园藏慈禧珍宝展》等 5 项展览，颐和园文物专题展览作为庆祝中马建交 40 周年的一项国家级文化交流项目赴马来西亚参加文化交流活动。系统整理清代各类档案，推出《清宫颐和园档案（政务礼仪卷）》《颐和园大事记》等一批文化研究成果。新开发旅游护照、折扇等 7 个种类的旅游纪念品。

“智慧颐和园”建设。完成门户网站英文版面搭建，发布 APP 手机自助导览软件以及官方微信服务号和企业号，扩大全园无线网覆盖面积，让游客能够便捷获取游园的各种信息。开展《关于梅花、蜡梅古态桩景的引种及应用的研究》等9项中心级课题和4项园级课题研究。完成第十七届生物多样性科普宣传月、北京生态史展览等6项特色科普活动、科普展览。《颐和京韵》科普宣传片获得北京市首届科普微电影大赛入围奖。

便民服务。拓展九项便民服务和非紧急救助工作。为游客投保公众责任险，提供义务咨询、便民服务、义务讲解约30万次，游客满意度保持在90%以上。

（范志鹏）

【圆明园遗址公园】 圆明园始建于康熙四十六年（公元1707年），历经清朝六代帝王150余年的不断营建，面积达5200余亩（352.13公顷）。1860年、1900年分别遭英法联军、八国联军劫掠，其后历经磨难。1976年11月，圆明园管理处成立，为海淀区区属差额拨款事业单位，是圆明园遗址公园的管理单位。2010年10月9日，圆明园遗址公园被国家文物局评为全国首批国家考古遗址公园之一。现已形成以古典皇家园林遗址为基础、以自然山水框架为依托、以爱国主义教育为主题，以遗址展示、自然景观为特色的供游客观光游览、休憩娱乐的遗址公园。

2014年，举办皇家庙会、踏青节、荷花节和金秋皇家文化节，创建国家5A级旅游景区通过市旅游委评审；西北部地区环境整治修复工程评估完成。接待游客746万人次，同比增长10.8%，门票收入约7017万元， 同比增长9.1%。

完成武陵春色桃花洞遗址抢险与维护、清晏景区遗址桥修复、圆明园正觉寺福海周边等重点景区监控、圆明园澹怀堂遗址保护展示、圆明园正觉寺福海等重点景区夜景照明、圆明园鉴碧亭修缮、圆明园东门环境整治提升、绮春园宫门修缮等8项工程。

（刘冉）

【北京植物园】 位于北京西山卧佛寺附近，规划面积400公顷，是以收集、展示和保护植物资源为主，并开展科研、科普旅游服务的大型植物园。2014年，共接待游客266.9万人次，同比增加9.7%。园林收入3917.73万元，同比增长4.18%。

完成樱桃沟景观提升工程。完成木栈道和木平台的改造，水源头、“一二•九”纪念亭、石桧书巢等处的景观改造提升。完成喷雾系统、叠水循环系统和灌溉系统。

2014年，植物园被国际园艺学会指定为观赏海棠的国际栽培品种登录机构。植物园有在研课题19项，其中延续课题11项，新开课题8项。获得市科委绿色通道项目资助2项，题目分别为“北京抗逆乡土植物优选繁育”“群落构建及示范应用”。“主要木本观赏植物的种质资源收集及创新研究与示范”项目获北京市科学技术三等奖。参展第十四届中国梅花蜡梅展获两银两铜奖。在第十一届中国菊花展中获得室外景点大奖和专项品种标本菊银奖。在第六届中国月季花展中获金奖1项，银奖2项。公园参展第八届中国（三亚）国际热带兰花博览会获一金两银一铜的成绩。被北京市科学技术协会授予2014年度“优秀基层科普场馆”称号。

举办第二十六届北京桃花节、第六届北京月季文化节、第二届卧佛寺祈福文化节、精品兰展、仙人球花展、“清代八旗历史、文化展”、第五届曹雪芹文化艺术节、恐龙游艺项目、北京国际旅游文化节闭幕式等文化活动。开展“北京生态历史展”“刘雨田探险生涯展”“红楼梦”主题邮局、红楼梦邮票首发式等专题展览和活动。

（石鑫）

【香山公园】 香山公园占地160余公顷，是一座融自然、历史、人文景观为一体，具有浓郁山林特色的皇家园林。园内古树名木5800多株，占北京城区总量的四分之一。园内主峰香炉峰（俗称鬼见愁）海拔575米。

香山早在唐、辽、金时就有寺庙建置，清代康熙帝在此基础上修建香山行宫，乾隆十一年（1746年）赐名“静宜园”，其后历经35年营造，成为京西“三山五园”中的一山一园。1860年和1900年两次被英法联军、八国联军焚毁。1949年3月25日，中共中央进驻香山，毛泽东在双清别墅工作和居住。1956年辟为人民公园。2001年被国家旅游局评为AAAA级景区。2012年，香山加入世界名山协会，成为第五家世界名山协会中国会员单位。

2014年，共实现园林收入6162.77万元。接待购票游客262.99万人次。年内，完成香炉峰、平台生态厕所扩容改造工程、松堂公园古树群保护和基础设施改造项目、碧云寺金刚宝座塔铜质护栏更换工作、绿化资源普查工作；收回霞标磴遗址及领袖使用过的防空洞、东门外占道停车场用地及绿云舫（小白楼）。

举办第九届新春登高祈福会、第十二届香山山花节、暑期红色绿色夏令营、第二十六届北京晚报香山红叶文化节、皇家园林旅游节太极禅体验活动，“七夕”特色互动活动，第九届北京公园节群众登山活动、北京陆军双清别墅预编官兵授衔仪式等旅游文化活动。开展“追寻红色记忆”纪念中共中央进驻香山暨建国65周年活动、“爱我古典园林，学我灿烂文化”科普宣传活动、自然体验科普互动活动、“放飞异色瓢虫”科普宣传活动。参加2014京津冀红色旅游联合推介活动、海淀区互联网与金融产业沙龙活动、“三山五园文化全球巡展”活动、第26次孙中山宋庆龄纪念地联席会议、第九届国际文化博览会。获得北京市科普基地称号。

承担的“静宜园（香山）宗镜大昭之庙陈设陈展装饰技术研究”课题获市公园管理中心科技进步二等奖，“香山红叶景观提升关键技术的集成与示范”课题通过验收。

（王奕）

【中央电视塔】 中央电视塔景区于1994年向社会开放，是集旅游观光、餐饮、商品销售、房屋（场地）租赁为一体的主题公园类景区，2002年被国家旅游局授予AAAA级旅游景区（点）。

2014年，累计实现营业收入8897万元；实现营业利润1428万元；实现净利润1088万元。推出“新中国英模人物展览馆”大型公益项目，该项目接待36万名游客。3月，中央电视塔景区被北京市委宣传部、首都文明办、首都综治办、市委社会工委、市民政局、团市委、市志愿者联合会联合授予“首都学雷锋志愿服务示范岗”殊荣。在“第二十届亚洲旅游业金旅奖峰会暨2014大中华区旅游文化榜发布会”上，中央电视塔获“最佳休闲旅游景区”奖。

（刘松雪）

【玉渊潭公园】 公园占地136.69公顷，其中水域面积61公顷，绿化覆盖率达到88%，成为以樱为特色、以水为主题的园林山水园，是华北地区最大的赏樱专类园。2010年被评为国家4A级旅游景区和北京市重点公园。2014年公园共接待游客833.63万人次，业务收入4898.92万元。

完成国庆65周年游园活动。10月1日游园活动当天，设置3个文艺演出区，由总政歌舞团、北京市曲剧团演出区、海淀区文化馆组织的3支表演队伍分别表演。安排志愿者350人在公园的9个服务岗位进行志愿服务。完成立体花坛5个、地栽花境花带23处、摆放花钵花箱56组，栽摆面积8800平方米，总用花量40万盆。

文化活动。举办以“雪圆晶莹梦 潭映玉湖春”为主题的第五届冰雪文化活动，以“水映潭波千重绿•春染樱花一片红”为主题的第二十六届樱花文化活动，共接待游客百余万人次。与海淀区文学艺术界联合会联合举办“美丽玉渊潭——王继民油画专题展”。举办消夏文化活动，第六届“农情绿意秋实展”。

基础设施建设。完成道路及码头恢复，西湖南岸码头改造、樱花东园及东门沿线照明改造、自来水设施改造、西南部厕所改造、地下基础设施测量5项工程。

（魏璞）

【紫竹院公园】 因园内有明清时期的庙宇“福荫紫竹院”而得名。全园占地45.73公顷，水面约占三分之一，园内有观赏竹70余种80余万株，各类植物品种230余种。公园对社会免费开放。

2014年，累计接待游客1000余万人次，完成收入1100万元，同比增幅10.7%。共开展免费导游讲解460余次，服务6700余人次。行宫建筑群历经两年的修缮于8月16日正式对游客开放，展示藏品近700余件，截至年底接待游客4.68万人次，义务导游讲解服务1700余次。

年内，引进品种竹45种、3500余株，调整品种竹5800余株丛，公园竹品种达到120种。由紫竹院承编的首部竹子栽培养护北京市地方标准于11月5日批准发布。开展科普活动9次，发放各类科普宣传资料9000余份， 2万余人次参与。进行《长河变迁与紫竹院地区历史演进的相关性研究》，发表论文3篇。

（徐新 黄苗苗）

【北京凤凰岭自然风景公园】 公园总面积10.62平方千米，佛、道、儒等宗教文化以及古东方养生文化的遗址、遗迹众多。2014年，公园以“四抓一创”[①]为目标，构建传统文化、休闲文化、健身文化三位一体的文化旅游新格局，全年接待游客90万人，总收入1289万元。

开展春、夏、秋、冬四季主题活动：1月31日至2月5日（大年初一至初六）举办2014凤凰岭首届新春文化节，引进山西非遗表演——高跷走兽。3月下旬至5月中旬举办“第十四届杏花节”“清明文化节”“风筝文化节”“爸爸，去那吧——春季亲子游”“植树节”“首届赶农家大集”“杏花微雨 凤凰春意穿越体验游”“凤凰八景摄影征集”八大主题活动。十一长假期间，公园推出首届国庆山地休闲节活动，推出山地音乐、农家市集、重阳金婚、鲜果采摘、佛道传统文化等系列活动。重阳节期间，举办为期三天的金婚庆典活动，设置穿婚纱走红毯、爱情邮局邮寄幸福、体验老年服务等项目。11月22日，2014北京凤凰岭冬季城市越野挑战赛在凤凰岭1号停车场起跑，共有1000多名选手参加。

（祝岁平）

【北京鹫峰国家森林公园】 公园横跨海淀和门头沟两区，隶属于北京林业大学，2003年晋升为国家级森林公园，是全国科普教育基地和国家AAA级风景区。占地面积765.20公顷，森林植被覆盖率达到96.4%，共有陆地植物121科447属955种（包括变种、引种），昆虫类14目122科539种。

2014年，公园举办鹫峰梅花节、鹫峰生态文化节、鹫峰登山节和鹫峰彩叶节系列主题旅游文化活动，接待游16万人次。4月14日，由北京市大学生体育协会主办的首届大学生徒步大会在北京鹫峰森林公园举行，来自北京市的40所高校800余名师生参加。5月12日，由国家地震台主办的“5•12地震科普宣传活动展”在鹫峰地震台举行，2000余人参观。10月27日，由北京市大学生体育协会主办的“首都高等学校第十届鹫峰国家森林公园杯越野攀登赛”在公园鸣枪开幕。共吸引30所高校的代表队参加。

（马学兵）

【百望山森林公园】 公园成立于1992年，是国家AAA级旅游景区，占地244.6公顷，主峰海拔210米，森林覆盖率达95%。园内建有独特的人文景观——绿色文化碑林，刻有宣传绿化、生态、环保等主题的碑刻1000余通。2014年实现旅游门票收入294.69万元，同比增长16.1%，接待游客132.2万人次，同比增长16%。制定《百望山森林公园生态文化发展规划》，完成“黑山扈战斗纪念园”建设。3月，举办百望山山花节，接待游客8000余人次。4月20日至10月26日，与北京林学会合作，每周日在公园北区开展青少年“悦”读森林体验游活动，共计29次，参与人数达4000余人。4月25日至5月30日，与国家林业局、市园林绿化局共同举办“美丽中国——弘扬生态文化、建设生态文明”主题图片展。9月12日至11月底，举办1987版电视连续剧《红楼梦》开机30周年回顾纪念活动，共展出50余幅红楼文化书法作品和60余张红楼文化珍贵照片。10月16日至11至16日，举办百望山红叶节，共接待游客23.13万人次。12月14日，承办北京市园林绿化局平原造林处主办的“北京市平原地区造林工程档案图片展”活动。

（何慧敏）

【北京西山国家森林公园】 位于北京西部小西山，2012年正式运营。2014

① 抓建设、抓文化、抓营销、抓服务、创5A。

年共接待游客200余万人次，实现经营销售收入318.5万元，其中门票收入272万元，经营活动收入36.5万元，商服实现利润10万元。

森林景观建设。完成“西山晴雪”景区改造提升、低山主要游览区的植物景观改造和森林大舞台至半山亭区域近自然抚育工作。推动花卉生产和示范应用工作。举办北京西山国家森林公园第三届踏青节、首届牡丹文化节、第三届红叶节、第二届百姓森林合唱比赛等。开展踏青赏花、第二届北京森林音乐会、古筝演奏、兰丽娜马年艺术展、义务植树、森林手工制作、森林定向运动、摄影比赛等系列活动。建设西山森林文化展示区，由“一径三区”组成，包括西山自然观察径，体验休憩区、健身休闲区和森林宿营区，向游客展示森林历史文化和植物文化。

（刘洋）

【狂飙乐园】 北京汇通诺尔狂飙乐园运动休闲有限公司（以下简称狂飙乐园）成立于2003年，是以运动、休闲、娱乐、餐饮为一体的主题乐园，是全国唯一一家以越野摩托车和车模为主的大型户外场所。坐落于苏家坨镇南安河1号，占地400万平方米。2013年11月被评为国家AAA级旅游景区。2014年景区举办迷笛音乐节、2014TNF100国际越野挑战、采摘季、西山休闲文化旅游节活动第五届狂飚乐园冰雪节音乐会等活动。

（李晨祺）

【北京市团城演武厅】 团城演武厅始建于乾隆十四年（公元1749年），是北京地区集城池、殿宇、亭台、校场为一体的武备建筑群，原为清代皇帝操练和检阅健锐云梯营的场所。其主要建筑有团城、演武厅、东西朝房、西城楼门、碑亭、放马黄城（已毁）等。1979年被公布为市级重点文物保护单位。1992年正式对外开放。2006年被公布为全国重点文物保护单位，定名为“健锐营演武厅”。

2014年，团城演武厅共举办：系列品牌活动“我爱我的梦”——外来务工子弟朗诵比赛、临时展览《中国古代信息展》、《中国古代传统体育展》巡展、《红楼梦与香山》专题文化讲座。海淀区第四实验小学在团城演武厅管理处举行传统文化暨爱国主义教育基地挂牌仪式。11月参加2014年“博物馆及相关产品与技术博览会”，并获“弘博奖”。年内完成西城楼门修缮。

（马岚）

【海淀公园】 海淀公园位于西北四环万泉河立交桥的西北角，占地34公顷，2003年9月建成开园，2011年10月被评为北京市精品公园。2014年7月，海淀公园植物二维码标识项目被评为北京市公园绿地第二届服务民生创新管理优秀奖。2014年全年接待游客72万余人次。

年内，进一步提升公园绿化美化景观，新种植千屈菜、月季、玉簪、鸢尾等观花苗木5800余盆，分栽鸢尾、大花萱草、玉簪、八宝景天、睡莲等3500平方米，完成斑秃区域改造5500平方米，改造更换草坪3.4万平方米，配合地铁16号线施工移栽金乔灌木800余株。

新建大草坪周边塑胶健康步道860米；制作1000余个涵盖全园80余种树种的二维码标示树牌。

举办各类文化和宣传活动25个，其中“海淀公园第11届插秧节”“2014海淀公园PINK音乐街”“海淀公园第11届收割节”等自主文化品牌活动5个；承接“2014首都金融安全巡展活动”“爱跑•北京—健身公益路跑”“百姓周末大舞台”等市级活动5个。

（罗勇）

【翠湖湿地公园】 翠湖湿地公园位于上庄镇，规划总面积157.6公顷，以人工湿地景观为特色。2003年9月完成公园一期工程约53公顷。2005年5月20日，建设部批准翠湖湿地公园为国家城市湿地公园。2006年6月启动公园扩建工程。2013年9月22日，翠湖湿地公园B区、C区部分区域对社会预约开放，开放区域面积36.2公顷，占公园总面积的1／4，其中水域面积18.3公顷、陆地面积17.9公顷；陆上游线长1.6千米，水上游线1.4千米。2014年接待团体47批次1331人；接待个人472批次1746人。

本年共观测记录到鸟类17目47科186种，其中湿地鸟类9目18科95种，占全园总鸟类的51.1%，分别占全国、北京湿地鸟类的35.1%、73.1%（全国湿地鸟类271种，北京湿地鸟类130种）。本年新增9种，分别为白眼潜鸭、白眉鸫、褐柳莺、北蝗莺、暗绿绣眼鸟、双斑绿柳莺、厚嘴苇莺、花田鸡和山鹛。在观测记录的鸟类中，有国家一级保护鸟类黑鹳、金雕、黑颈鹤、丹顶鹤、大鸨、遗鸥等6种，国家二级保护鸟类白琵鹭、大（小）天鹅、鸳鸯、鹗、普通鵟、鸢、白尾鹞、红脚隼、燕隼、灰鹤、东方角鸮和花田鸡等29种，北京市一级保护鸟类13种，北京市二级保护鸟类67种。观测记录到鱼类4目9科20种，两栖动物1目5科7种，爬行动物3目6科9种，哺乳动物5目6科9种，浮游植物8门73属154种，浮游动物3门45种，底栖动物3类28种。观测记录到高等植物371种，隶属于90科264属，占北京市维管束植物总数的20.7%，其中蕨类植物5种、裸子植物8种、双子叶植物269种、单子叶植物89种。翠湖湿地植物以中生植物为主要类型（211种），占翠湖湿地植物总数的57%，湿生植物（95种）和水生植物（65种）分别占植物总数的26%和17%。水生植物中，挺水植物（36种）占主要地位，其次是沉水植物（16种），漂浮植物最少（5种）。翠湖湿地植物资源中有国家一级重点保护野生植物2种（银杏、水杉），国家二级重点保护野生植物2种（野大豆、莲），北京市二级保护野生植物7种（芡实、黑三棱、花蔺、假稻、茭白、连翘、桔梗）。

公园与北京市野生动物救护中心合作建立的翠湖鸟类环志工作站于9月21日正式挂牌，年内共环志鸟类42种774只，其中春季环志21种97只，秋季环志鸟类40种677只，包括翠湖湿地公园鸟类新记录种8种。与北京林业大学自然保护区学院合作开展翠湖湿地本底资源调查项目。与中创宏远（北京）环保科技有限公司合作开展生物酶治理翠湖湿地水环境示范项目。与北京诚邦投资管理咨询有限公司和北京碧水天成湿地生态环保科技有限公司合作完成翠湖湿地两栖爬行类动物科普展示项目。与北京北纬系统集成有限公司合作完成 RHP 生态菌翠湖水华治理项目。组织开展“北京爱鸟周翠湖湿地公园科普系列活动”“翠湖湿地公园开园一周年暨第二个北京湿地日科普宣传活动”和“搭建鸟食台”“湿地植物认知”“湿地鸟类认知”“爱鸟、护鸟、观鸟”等亲子活动。

（罗勇）

【北京稻香湖投资发展有限责任公司】 公司于 2004 年成立，注册资金 5.86 亿元人民币。主营项目投资和酒店管理。

2014 年，公司打造“中国首家纪录电影院线”。公司下辖的稻香湖景酒店推动企业经营转型，举办“中国砚都•国家级大师端砚精品鉴赏展”“走近韩国统营市 品味天然新食材”等活动，开拓“百姓消费市场”，搭建“微信”营销平台，创建酒店“二维码”，推出多款亲民的假日套餐及团购产品，树立以“繁强服务、海青美发、宏军修脚、云霞管家、天使服务队”为代表的一批服务品牌，实现营业收入同比提高 23.8%。

2014 年，公司被中国社会工作协会评为“婚宴服务示范酒店”，成为第六届全国婚礼主持人大赛指定接待酒店，被中国食文化研究会授予“全国优秀餐饮考察基地”称号，被中国商业企业管理协会授予“中国商业企业家绿色健康基地”称号。

（王洪娟）

旅游活动

【第五届圆明园皇家庙会】 1 月 31 日—2 月 6 日，举办圆明园第五届皇家庙会。活动以“最炫民族风，爱聚圆明园”为主题，包括 14 项文化活动，重点推出六大亮点活动：皇家冰嬉表演、新春大舞台、冰上乐园、皇家买卖街、四世同堂合家欢、黑天鹅摄影大赛。庙会期间共接待游客 42.9 万人，同比增长 15.8%；门票收入 401 万元，同比增长 29.85%；综合收入 514.38 万元，同比增长 24.98%。

（刘冉）

【《玉渊潭万柳堂历史遗迹考证》结题】 3 月 3 日，玉渊潭公园与北京市社科院历史所合作的《玉渊潭万柳堂历史遗迹考证》课题结题，包括 10 万余字的课题报告、《万柳堂资料汇编》及相关研究成果。3 月 21 日通过专家论证。此项课题是 2013 年 5 月启动的。

（魏璞）

【圆明园历史文化进校园】 3月21日，由圆明园管理处主办的“圆明园历史文化进校园”系列活动启动仪式在圆明园大水法遗址前举行。圆明园管理处定期派专人到北京各大中小学开展圆明园历史知识讲座，建立“流动爱国主义教育宣传栏”，开展圆明园历史文化主题征文、“圆明园，我的中国梦”等活动，并向中小学捐赠圆明园历史文化书籍，建立“圆明园书库”，还为全市中小学提供爱国主义教育活动场地，开展包括“入队仪式”“入团仪式”“入党仪式”“成人礼”等活动。截至本年底，已完成 60 多所中小学的圆明园历史文化宣讲工作，参与受教的学生数量超过 3000 人。其间还与海淀教委一起编写圆明园小学版、中学版的课本教材。

（刘冉）

【美国总统夫人游览颐和园】 3 月 22 日下午，美国总统奥巴马夫人米歇尔•奥巴马携其母亲、女儿及白宫、美国驻华使馆官员等一行到颐和园参观游览。总统夫人一行从东宫门入园，先后参观了仁寿殿、德和园，乘船游览昆明湖，听取关于颐和园历史沿革、造园艺术、园林布局和古建文物的讲解。总统夫人与讲解员亲切交谈。15 时 35 分，美国总统奥巴马夫人米歇尔一行结束游览离园。

（曲铮）

【第十九届圆明园踏青节】 4 月 19 日—5 月 31 日，圆明园举办第十九届踏青节。以“春暖合家欢 爱聚圆明园”为主题，推出含经堂、镂月开云、月地云居三大牡丹赏花区以及黑天鹅、鸳鸯等鸟类观赏区，设计“寻找春天、拥抱春天、品味春天”三大板块，开展爱国主义教育、九州踏青休闲、市民文明大舞台、皇帝踏青巡游、“小马识途”亲子定向越野、金帆艺术团文化展演、“珍爱生命，保护自然”圆明园黑天鹅摄影大赛、圆明园旅游文化作品创意大奖赛、志愿者服务站、宫廷春季娱乐展示、美食广场等文化活动。活动期间，共接待游客 93.08 万人，同比增长 23.5%；门票收入达 857.9 万元，同比增长 22.6%。

（刘冉）

【王安顺调研圆明园考古工作】 5 月 3 日，市长王安顺到圆明园调研。考察正觉寺、九州景区、西洋楼遗址区和大宫门遗址考古现场，听取海淀区政府、市文研所、圆明园管理处关于三山五园历史文化景区建设情况、圆明园周边环境治理、圆明园遗址保护和现状的汇报。提出三点要求：加强绿化工作，加强遗址考古勘探工作，抓紧完成《圆明园考古遗址公园规划》的编制。

（刘冉）

【郭金龙调研圆明园考古工作】 5 月 14 日，市委书记郭金龙考察西洋楼景区、福海景区、九州景区及圆明园大宫门考古发掘现场，听取海淀区领导对三山五园历史文化景区建设及圆明园周边环境整治情况的汇报。充分肯定圆明园在遗址保护、环境整治、考古发掘、历史研究、文化发展等方面取得的成绩，提出抓紧推进圆明园周边环境整治，尽快还原圆明园周边历史风貌的要求。

（刘冉）

【《皇室遗珍——颐和园明清家具展》】 5 月 16 日至 9 月 3 日，颐和园与海淀博物馆联合举办的“皇室遗珍——颐和园明清家具展”在海淀博物馆展出。展览共计展出颐和园珍藏明清皇室家具 60 余件，以紫檀、黄花梨、金丝楠木、红木等珍稀材质为主，包括京作、苏作、广作等各类别，其中很多为国家一级文物。展览共接待游客 1.5 万人次。

（曲铮）

【2014 西山文化休闲旅游节】 5 月 24 日—11 月 18 日，区旅游委举办 2014 西山文化休闲旅游节。本届西山文化休闲旅游节以“行走西山 健康有我”为主线，通过举办新闻发布会、2014TNF100 北京国际越野挑战赛、益跑网北京冬季越野挑战赛、金秋西山惠民游主题活动、狂飚乐园主题音乐会活动、海淀区上庄镇第五届京西稻收获季、海淀西山金秋音乐季等系列活动，以西山的物产、风光、人文为抓手，统筹规划，塑造海淀西北部的整体旅游形象。开展金秋西山惠民游旅游大巴进社区活动，通过与爱嘉途旅游网、新华国旅、军燕假日等旅行社合作构建便民惠民的旅游网络工程，完善旅游咨询、散客服务等公共服务体系。

（温力宏）

【The North Face100 北京国际越野挑战赛】 5 月 24 日至 25 日，由北京益锐体育管理有限公司主办，海淀区旅游发展委员会、海淀区体育局、凤凰岭自然风景公园、北京益跑信息技术有限公司承办的 The North Face 100 北京国际越野挑战赛在西山景区举行。The North Face 100® 北京国际越野挑战赛自 2009 年进入中国，已成为全球顶级越野跑赛事——欧洲环勃朗峰赛（UTMB）的资格赛之一。本次比赛的线路设置穿越海淀西山的凤凰岭自然风景区、鹫峰国家森林公园、大觉寺、香山公园、北京植物园、阳台山风景区、西山国家森林公园、狂飚乐园等八大景区。比赛设置 100 千米和 50 千米越野跑组别，另有 21 千米徒步组别。

（温力宏）

【香山公园园路改造工程竣工】 6 月 19 日，香山公园园路改造工程开工，9 月 25 日竣工。改造路段以豫泰门为起点，终点至香炉峰西南侧观景台，全长 390 米，投资 98 万元。主要工程内容包括：碎石板铺装、糙面花岗岩台阶及毛石挡土墙，在坡度较大的路段做钢护栏保护，适当位置设置供游客休息的小平台。该工程由北京乾建绿化工程有限公司负责施工。

（王奕）

【第十九届圆明园荷花节】 6 月 25 日—8 月 31 日，圆明园举办第十九届荷花节，以“荷塘乐色，爱聚圆明”为主题，推出五大公园精品荷花联展以及古莲、王莲、睡莲观赏区，同时，以荷花为主题设计开展“带你走进圆明园”文化活动、市民文明大舞台、皇家赏荷表演、“小马识途”亲子定向越野、荷花美食、道德讲堂、“荷香雅韵 廉洁清风”廉政主题笔会、水上观荷等文化活动。荷花节期间，入园人数达 225.33 万人，同比增长 16.82%；门票收入达 2313.36 万元，同比增长 21.45% 。

（刘冉）

【第三届圆明园廉政笔会】 7 月 15 日，第三届“荷香雅韵 廉洁清风”廉政笔会活动在圆明园正觉寺举行。本次廉政书画笔会活动是海淀区廉政文化品牌创建系列活动之一，由海淀区纪委、中国国家画院、海淀区政协、圆明园管理处联合举办。中国国家画院与海淀区政协书画摄影联谊会共计 50 余位书画家以及部分书画爱好者，以“莲与廉”为题，题诗作画。笔会结束后，作品在海淀区政府机关巡回展出，并结成《荷香雅韵 廉洁清风——海淀区第三届廉政书画笔会集锦》一书出版。

（刘冉）

【智慧旅游上地论坛】 8 月 7 日，2014 智慧旅游上地论坛在中关村国家自主创新示范区展示中心举行。本次论坛是在国家旅游局信息中心、中国旅游报、北京市海淀区旅游发展委员会、海淀区旅游行业协会的支持下，由北京中海纪元数字技术发展股份有限公司主办。各相关单位领导以及来自旅游企事业单位和科技企业的嘉宾应邀参加。本次论坛是首度产业链整合大会，旨在推动传统旅游的智慧化进程，实现产业与行业的合理对接，促进旅游业与信息产业的融合发展，利用信息技术的新成果来引导旅游消费、提升旅游产业素质，促成“智慧旅游”从抽象概念走向旅游实践。探索大数据时代海淀旅游的转型和升级，为推动海淀旅游业又好又快发展提供新方法、注入新思路、指明新方向。

（温力宏）

【2014 中关村科教旅游节】 8 月 7 日，2014 中关村科教旅游节新闻发布会在中关村国家自主创新示范区展示中心举行。特约嘉宾以及 58 家中关村科教旅游接待单位等应邀参加。本次活动以“融合•数据 •体验——高科技企业牵手高品质资源推动智慧旅游发展”为主题，通过主题演讲、嘉宾研讨、智慧旅游产品体验等形式，以智慧旅游发展变革作为主线，邀请政府主管部门、研究机构以及专家、旅游企事业单位、科技企业共同探讨大数据时代海淀智慧旅游的发展。本届中关村科教旅游节主体活动包括新闻发布会、智慧旅游上地论坛、科教旅游体验行（主题体验游）、科普大讲堂、中关村科学家与新中国主题展、科教夏令营、科教旅游产品推介会等活动，推出蓝色畅想之旅、银色梦幻之旅、绿色低碳之旅、红色激情之旅、七彩博物之旅等 5 大主题的 11 条旅游线路。

（温力宏）

【丹江口海淀旅游资源推介会】 8 月 10 日，海淀区旅游委在湖北省丹江口市举行海淀区旅游资源推介会。通过播放宣传片、旅游委介绍特色旅游资源、金牌导游讲解、旅游企业代表讲述相关旅游产品等形式一一呈现。推介会后，海淀区旅游发展委员会和丹江口市旅游和外事侨务局签订《旅游发展战略合作协议》，海淀和丹江口两地将在旅游项目、旅游宣传、旅游会务等方面加强深度合作，实现信息共享、资源共建、市场共作、产业共兴，推动两地旅游产业发展。

（温力宏）

【圆明重光——圆明园文化法国展】 9 月 8 日—18 日，应文化部中国对外文化交流协会邀请，“圆明重光——圆明园文化法国展” 作为庆祝中法建交 50 周年系列活动在巴黎展出。展览由中国驻法使馆文化处、文化部中国对外文化交流协会、北京市对外文化交流协会、海淀区人民政府、海淀区人民对外友好协会主办，由圆明园管理处承办。中国驻法使馆、北京市外宣办、法国国家图书馆、枫丹白露宫等各界中外代表百余人出席开幕式。本次展览包括新华影廊（巴黎）主展场、欧洲时报文化中心分展场、香波堡分展场及在法国国家图书馆举行的“十八世纪中法皇家园林保护发展研究国际会议”。展览以时间为序列，通过图片、影像、模型、文物构件（仿制品）、数字多媒体等形式，展示圆明园鼎盛、蒙尘与重光的历程。本次展览设置“远逝辉煌”“巨变沧桑”“盛世重光”三个展区，还展示圆明园主题书画、园林建筑、琴茶文化等圆明园艺术。通过数字技术真实再现圆明园内108个景观，并首次以数字全息方式展示西洋楼复原研究的最新成果，包括海晏堂、谐奇趣、大水法的复原效果。

（刘冉 曲铮）

【参展北京国际旅游商品博览会】 9月10日—13日，区旅游委组织圆明园、爱国者、大道农业、幻想科技、中央电视塔等区域内20余家旅游单位100余件旅游商品参加由北京市旅游委主办的2014年北京国际旅游商品博览会。期间举行第十一届“北京礼物”旅游商品大赛，海淀区旅游委报送的参赛作品共获得银奖2项、铜奖4项、科技创新奖1项、优秀奖10项，海淀区旅游委获得第十一届北京礼物旅游商品大赛“优秀组织奖”。

（温力宏）

【参加2014北京国际商务及会奖旅游展览会】 9月17日—19日，区旅游委组织区域内10余家会奖旅游企业参加2014北京国际商务及会奖旅游展览会，向国内外宣传展示海淀区丰富的高端旅游资源，特别推介海淀区的优质会议与奖励旅游资源，现场达成10余笔合作意向和协议。由北京市旅游发展委员会主办的2014年北京国际商务及会奖旅游展览会是亚洲地区最大、最成熟且专注于会议、展览及奖励旅游行业的国际性展览会。

（苏洪）

【香山遗址考古发掘】 9月19日至10月10日，香山公园在静宜园（香山）二十八景修复工程（二期）森玉笏、知时亭、鹦集崖、绿云舫、芙蓉坪、霞标磴、唳霜皋7地进行前期遗址考古发掘工作。遗址考古发掘工作取得阶段性成果，知时亭、鹦集崖、森玉笏遗址发掘清理工作已完成，发掘面积300余平方米。

（王奕）

【第三届圆明园金秋皇家文化节】 9月26日—10月31日，圆明园举办第三届金秋皇家文化节，以“菊香雅韵 爱聚圆明”为主题设计“圆明菊苑”精品菊花展和各种菊花主题景观，与园内的秋季植物共同构成圆明园秋季独特的园林景观。以菊花展为主轴推出金秋戏曲季、金婚庆典、换书大会、圆明园•成人礼、“小马识途”亲子定向越野、皇家情景剧、菊花文化展、金秋皇家美食等文化活动。活动期间，接待95.65万人，同比增长2.2%；门票收入为928.1万元，同比增长4.1% 。

（刘冉）

【圆明园与香波堡建立友好合作】 10月13日，圆明园管理处与巴黎香波堡管理处签订合作协议。根据协议，双方在文化遗产保护、展示以及文化产业发展等多方面展开交流与合作；通过发展旅游业，激励和支持中法两国文化、教育和科学等领域的沟通，并努力发展音乐、园林整治、遗产保护等方面的共同项目。

（刘冉）

【APEC会议领导人夫人参观颐和园】 11月11日上午，国家主席习近平夫人彭丽媛邀请在京出席2014年亚太经合组织（APEC）领导人非正式会议的部分代表夫人参观颐和园，她们是：印度尼西亚总统夫人伊莉娅娜、墨西哥总统夫人里韦拉、日本首相夫人安倍昭惠、马来西亚总理夫人罗斯玛赫、新西兰总理夫人布罗娜、巴布亚新几内亚总理夫人琳达、新加坡总理夫人何晶、泰国总理夫人娜拉蓬、台湾两岸共同市场基金会荣誉董事长夫人朱俶贤。彭丽媛一行参观了仁寿殿，乘船游览昆明湖。在德和园，夫人们欣赏宫廷舞蹈和京剧名段串编；在水木自亲殿，欣赏“燕京绝技”非物质文化遗产展览，民间艺人现场展示制作景泰蓝、花丝镶嵌、雕漆等绝活。最后，彭丽媛和来宾在排云殿前合影。

（曲铮）

【参加中国国际旅游交易会】 11月14日至16日，区旅游委组织区域内旅游企业参加在上海新国际博览中心举行的“2014中国国际旅游交易会”。11月14日，海淀区旅游委在展馆内举行“海淀区旅游资源专场说明会”，围绕海淀区“三山五园皇家园林旅游”“中关村科教旅游”“西山文化休闲旅游”等三大旅游品牌对海淀的特色旅游资源进行推介。上海新闻晨报、新民晚报、时代报、上海壹周等13家新闻媒体到场进行相关报道，乐途旅游网、央广网进行新媒体专访。在上海东方早报刊出《走进北京海淀 乐享皇家福地》的专版宣传报道。展会期间海淀企业现场发放宣传资料5000余册，与其他省市区旅游业界进行充分的交流与商洽。

（温力宏）

【中国科学院高端科教资源展示交流会】 11月29日，由中国科学院行政管理局主办，北京市海淀区旅游委支持，中国科学院科学国际旅行社承办的“中国科学院高端科教资源展示交流会”在中国科学院文献情报中心举办。国内各地教育主管部门领导、中小学校领导、教育机构高管、开展科普教育实践活动的单位领导和全国各市区旅游战略合作伙伴等参会，宣传推介海淀区科教旅游方面的高端资源，促进海淀区科教旅游事业发展。

（温力宏）

【皇家美食文化之旅】 11月29日，由海淀区旅游委支持、凯瑞御仙都餐饮集团主办的“皇家美食文化之旅”活动在海淀区御仙都皇家菜博物馆举行，举办。国内各地教育主管部门领导、中小学校领导、教育机构高管、开展科普教育实践活动的单位领导和全国各市区旅游战略合作伙伴以及相关媒体代表等450多人参加，宣传推介海淀皇家美食文化及旅游品牌形象，进一步提升海淀旅游的国际知名度和影响力。

（温力宏）

城乡建设

2015
北京海淀年鉴

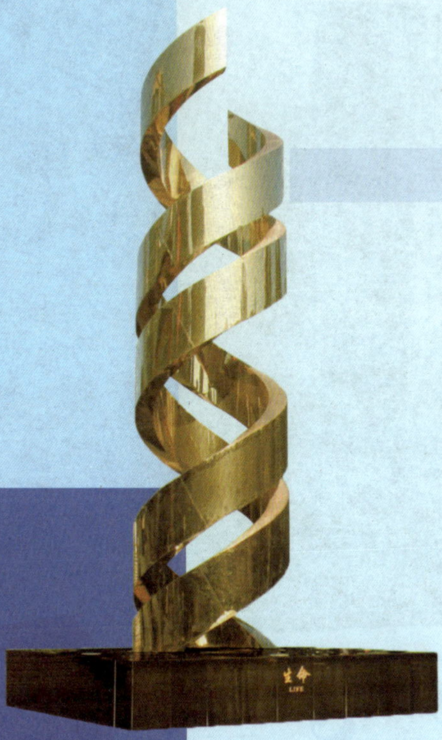

6月10日，昊海建设在公司第九项目部举办企业安全文化建设讲座（昊海公司 李建霞 摄）

6月，中关村科学城重点建设项目——北航国际航空航天创新园致真大厦竣工（李瑞林 摄）

10月，万柳西路开通（田峰 摄）

11月，四季青镇门头村回迁小区——门头馨园南区建成入住（四季青镇 供图）

唐家岭友谊路建成（田峰 摄）

香山防洪工程（田峰 摄）

城乡建设

综述

【概况】 2014年，按照区委、区政府“五个着力”工作要求和“打造美丽宜居新海淀”的奋斗目标，区住建委（房管局）抓住民生保障和城乡建设两个重要环节，以文明城区创建为重点，各项工作取得新进展。

（赵琴）

规划

【概况】 2014年，区规划分局推动城乡规划转变，做好区域功能优化、用地减量、空间优化和改善环境等工作，配合北京市规划院完善城乡规划实施评估工作（2006—2011年）。

（代韧 张帆）

【规划审批】 年内，区规划分局办理各类建设工程项目774件。其中，核发“建设工程规划许可证”155件，总建筑规模596万平方米；核发市政基础设施“建设项目选址意见书”12件，核定总用地面积19.07公顷；核发市政基础设施“建设工程规划许可证”217件，市政建筑规模1.49万平方米。

（代韧 张帆）

【规划监督检查】 年内，区规划分局对162件、247万平方米建设项目竣工验收。完成340万平方米批后建设工程规划核验，拆除施工暂设8.2万平方米；继续做好保障性住房和园区重点项目的规划核验；启动市政验收试点工作；配合全市卫星查违核查工作，卫星查违核查5次，核查疑似图斑114处；完成违法建设的认定，查办违法建设案件120件，总计12万平方米。

（代韧 张帆）

【基础设施建设】 年内，区规划分局做好污水管线、再生水厂改扩建、煤改气等方案审查及审批工作。开展轨道一体化设计与城市规划精细化管理方面的研究，推动轨道苏州街站、清华东站等7个站点一体化设计，研究北安河车辆段上盖开发，推进地铁16号线、海淀山后线、西郊线等重点线路建设。开展地铁16号线海淀段沿线城市环境景观设计，形成标准化方案，实现区域历史文脉、人文特点和自然环境有机融合。

（代韧 张帆）

【保障性住房建设】 年内，区规划分局开展2014年政策性住房选址工作，加快核发保障性住房规划审批手续，提升保障性住房设计水平，举办政策性住房设计方案展览，完成4项保障房项目工程证核发、9项方案函复和技术审查。将永丰产业基地（新）C4、C5地块公租房项目纳入绿色居住示范小区的评选范围，推进海淀北部绿色生态示范区建设。完成苏家坨农民安置房S2-1、S1-2、S1-4、S11-4四地块共44万平方米的规划验收，完成温泉、苏家坨、小营、龙岗路等保障性住房的规划核验工作。

（代韧 张帆）

【规划服务】 年内，区规划分局完成海军司令部、航天二院、中国科学院植物研究所、中国科学院电工所、北京大学、清华大学、中国兵器工业集团、海军海淀区人民武装部、中央党校、总参谋部信息化部、国家安全部等项目的规划服务工作。配合市委宣传部开展中法交流纪念活动组织协调工作，做好贝家花园历史文物修缮工作，推进中法文化交流纪念馆建设工作。

（代韧 张帆）

【北部地区城乡一体化建设规划】 年内，区规划分局研究北部生态科技新区乡镇集体产业用地“一镇一园”开发建设思路，推进翠湖科技园、永丰基地等局部地块控规报审工作，确保供地计划落实。完善北部规划体系建设，完成大工村搬迁安置用地选址规划方案公示，统筹大工村搬迁安置用地及轨道山后线北安河车辆段上盖开发规划教育配套资源。推动北大工研院、清华工研院、京东等重大产业项目落地，开展航天博物馆、国家安全部等重点项目选址工作。完善大上地地区规划方案。梳理北部地区村庄搬迁安置情况，完善七王坟、车耳营等保留村庄改造方案，开展北部保留村庄规划及实施模式研究。探索新农村发展模式和规划管理工作，推进集体产业建设，完善“一镇一园”集体产业用地布局方案，落实上庄镇、苏家坨镇集体产业起步区规划落实。

（代韧　张帆）

【协作规划管理试点】 年内，区规划分局对 2013 年启动的协作规划管理试点工作进行阶段性总结，摸索完善适应海淀的规划工作新机制。坚持市区联动协作规划平台会机制，完善上会议题报送和预研究程序，动态跟踪上会项目后续进展情况；搭建区级协作规划平台，完善协作平台机制，协助推进责任规划师制度区域全覆盖工作。开展五棵松地区小尺度规划研究，整合区域内旅游、卫生、文物等资源，对可开发改造地点调研踏勘，完成初步研究成果编制工作；开展四季青协作规划研究，委托市规划院就四季青现状、审批、实施、剩余资源用地等情况进行详细摸底，对振兴、门头重点村增加回迁房问题进行规划推进，对新、宝山、常青通达、西冉等多个“一村一策”规划调整方案并上报。

（代韧　张帆）

【重点项目城市设计】 年内，为落实中央领导关于提升北京城市风貌和建筑设计水平的讲话精神，区规划分局着力开展重点项目城市设计工作：推动京昌路楔形绿地项目整体城市设计及回迁安置房规划设计研究，改善重要道路和公共空间环境景观品质；协调学院路科技园项目城市设计工作，配合国土部门探索地下空间利用和土地分层出让实施路径；配合相关单位开展东升科技园二期项目城市设计调整研究，结合区位优势打造区域地标性城市空间；完善香山四王府等东部地区城市设计和建筑设计深化工作，同步进行搬迁安置用房规划设计方案调整;开展小米移动互联网产业园与三元华冠移动智能服务创新园项目城市设计整合研究，通过研提控制指标和编制设计导则，保障城市街道景观的协调一致和公共空间的连贯通畅。

（代韧　张帆）

【配合玉泉山周边环境整治工作】 年内，区规划分局玉泉山周边地区环境整治工作，完成相关材料汇总工作，对玉泉山周边地区的现状建筑、规划审批情况进行梳理并绘制展图，与四季青镇政府、海淀镇政府协调沟通，按照近期拆除、年底前拆除、年后拆除三个阶段初步拟定拆迁计划。通过建立统计台账、照片对比、现场踏勘、信息通报等多种方法，推动玉泉山周边地区环境整治工作。

（代韧　张帆）

【市政验收试点工作】 年内，区规划分局开展市政验收的试点工作。主要在海淀区环保园 20 平方千米范围内，对新建地下管线按照验线、验收、备案的程序，对实际竣工测绘数据进行备案。

（代韧　张帆）

【完成 3 项重点课题】 年内，区规划分局开展 3 项重点课题研究。开展北京市海淀区养老服务设施研究：通过对海淀区现状养老设施质性分析、老龄化人口规模预测、老龄人口特征分析，总结出海淀区现状养老特征及问题，提出合理的养老规划目标和发展对策，在设施总体空间布局及设计指导上予以指引，制定近期建设规划目标，并提出相应的实施保障建议，该课题获 2014 年度市规划委系统优秀调研成果一等奖。开展环境景观与设计风格定位研究（海淀区在建地铁出入口等地面设施及地下公共区）：通过对新建地铁线的地面附属设施进行前期分析、调研和定位研究，制定相关行业标准。促进交通空间发挥出城市公共空间的积极作用，结合所在位置的历史文脉、人文和自然环境等特点，对城市车站公共空间进行表达和反映，使功能、空间和文化艺术有机结合共同发展。开展海淀区绿隔地区协作规划研究：全面评估四季青镇自绿隔政策实施以来的情况，结合责任规划师制度试点，为推进首都的精细化管理和智慧城市建设，深化完善市区协作规划管理模式提供有益的尝试，该课题获 2014 年度市规划委系统优秀调研成果二等奖。

（代韧　张帆）

【审批地名、核准建筑物名称、居住区名称】

居住区命名（7 个）：双清苑、温泉水岸家园、上庄馨悦家园、上庄馨怡嘉园、凤仪佳苑、双槐树嘉园、上庄翠北嘉园。

道路命名（25 个）：友谊路（南延）、前沙涧路、后沙涧路、苏一路、苏二路、苏三路、苏四路、同泽园路、瑞凤路、琪树路、凤仪路、馨瑞东路、馨瑞西路、馨悦南街、北坞嘉园西小街、茶棚西小街、茶棚东小街、安宁庄南路、东升科技园路、香山路（调整）、杰王府路（延长）、买卖街、煤厂街、翡丽东路、翡丽西路。

建筑物命名（6 个）：昆玉嘉园、双清大厦、德润财富大厦、映月台嘉园、亚信大厦、温欣家苑。

（代韧　张帆）

土地管理

【概况】 2014 年，海淀国土分局办理行政复议、诉讼类案件 83 起（行政诉讼 34 起、复议 49 起），比 2013 年增加 7.55 倍。受理政府信息公开申请 768 件，比前六年申请总量多 350 件。探索以协调会形式组织疑难会诊解决疑难案例模式，基本做到按期答复。接待来访人员 166 批次、319 人次，接收来信 22 件次；接收处理市局、区信访办转交办信访件 42 件，办理局长信箱、区政府非紧急救助电子件 141 件；办理市、区人大建议 5 件。

（于清昌）

2014 年海淀区土地利用变化情况统计表

单位：公顷

地类	年初面积	年末面积	年内减少面积	年内增加面积
耕地	2094.86	2059.98	34.88	0.00
园地	2637.97	2614.33	23.64	0.00
林地	10669.48	10555.78	113.70	0.00
草地	50.63	49.76	0.87	0.00
城镇村及工矿用地	23937.78	24121.89	0.00	184.11
交通运输用地	1543.19	1544.61	7.19	8.61
水域及水利设施用地	1675.71	1666.33	9.68	0.30
其他土地	467.25	464.19	5.69	2.63
合计	43076.87	43076.87	196.57	196.57

（于清昌）

【土地利用】 年内，海淀区被北京市国土资源局列为全市唯一土地利用总体规划实施评价区级试点，评价成果通过专家评审。海淀分局完成翠湖南路等6个项目、面积73.4公顷的土地规划动态维护工作，办理66个项目用地预审手续。创新土地整治规划实施机制，开展海淀区土地整治规划《综合试点方案》和《实施方案》的编制上报工作；完成土地整治项目《管理实施办法》，加强唐家岭、北坞、翠湖湿地耕地项目综合整治，启动上庄镇高标准基本农田建设项目，选取5个村及西郊农场共9个地块作为整治范围，规模2111.73亩。

（于清昌）

【土地征占】 年内，海淀国土分局严格落实计划，抓好服务指导，全年受理征地申请23件，总用地面积372.4公顷。批准用地总面积159.7公顷，新增建设用地面积85.3公顷，批准征用集体土地面积141.4公顷。组织召开中关村翠湖科技园D22地块开发项目听证会。

（于清昌）

【耕地保护】 年内，海淀国土分局会同海淀区农委研究探索基本农田和耕地保护制度奖励机制；推进管理责任落实，完成市区镇村四级责任书签订；以边补边占方式落实11个征地项目21.7公顷的耕地补充，收缴开垦费649.5万元；加强土地出让金和耕地保护审计整改工作，向区政府上报重点项目耕地占补平衡指标情况报告和占补解决方案。

（于清昌）

【土地供应】 2014年，海淀区土地供应分解指标223公顷，海淀分局完成104个项目，面积257公顷，收缴地价款550万元。承担固定资产投资供地项目19个，面积约76公顷，投资约188亿元。计划内完成供地项目13个，面积约43公顷，投资约101亿元，完成率53%；计划外完成供应项目94个，面积约97公顷。中关村科学城年度需推进的固定资产投资项目共计55个（含4个土地供应后促开工项目），开工40个、竣工5个、未开工10个，实际完成投资155.7亿元，新增70万平方米产业空间。重点推进城市学院等10个市区重点项目供地，完成15个园区产业项目、11个住宅项目、80个公共服务设施项目的土地供应，以及2宗商服项目用地入市交易；完成永丰基地两个地块、西二旗公租房项目征地前期准备，对7个开发用项项目进行约谈和实地踏勘。加大对338个出让划拨项目（市国土局175个、海淀分局163个）的监查力度，完成91个项目的踏勘和巡查，动态监测221次，发放开工、竣工违约通知单43份。

（于清昌）

【保障性住房用地供应】 2014年海淀区度保障性安居工程供地任务为79公顷，达到土地供应标准的项目5个、面积约89公顷，完成供地任务的113%。其中公租房项目2个，土地面积约32.6公顷；安置房项目3个，土地面积约56.3公顷。

（于清昌）

【土地储备开发】 2014年，海淀区在施一级开发与收储项目41个，面积297.01公顷（一级开发项目5个、面积163.08公顷，收储项目36个、面积133.93公顷），年度项目投资总额约为48.7亿元。实现土地供应共计21宗，面积约104.99公顷，供地总价114.75亿元。其中，居住用地5宗，商业金融用地6宗，教育科研用地9宗，F1住宅混合公建用地1宗。2014年度市财政局下发融资16亿元，实际融资使用12.46亿元，完成比率77.8%。贷款还款13.65亿元，年度贷款余额70.76亿元。2014年项目支出计划总额172.26亿元，实际支出56.66亿元（计划内48.28亿元，计划外8.38亿元），执行比率32.89%。重点推进完成学北项目前期开发准备和搬迁，凤凰岭旅游设施项目地上物清理和规划方案调整，八家地区整体改造项目一级开发和供地，玲珑巷项目开发前期手续办理和拆迁、征地协议签订，门头项目成本审核和土地置换，翠湖地块辛店BCD项目地块规划实施方案相关材料上报，爱文国际学校项目林转用手续办理，党校西项目拆迁腾退和临绿工程，营慧寺项目的拆迁和战略合作协议签订，东升科技园二期项目征地手续办理等工作。

（于清昌）

【地籍管理】 年内，海淀国土分局完成集体建设用地地籍调查共计2857宗、面积4905.2公顷，调查率100%。采取会审机制审议集体建设用地使用权238宗，完成确权登记34宗，只确权不发证宗地204宗。以温泉镇为试点开展耕地和基本农田核实工作。完成土权属审查215件、土地权属争议案件和土地登记疑难案件42件，解决了一批历史遗留问题。

（于清昌）

【土地执法监察】 年内，海淀国土分局土地卫片执法查处153宗，均已作相应处理，并通过北京市的验收。海淀区依法履职到位率100%，整改查处到位率93.39%，问责比例6.37%，土地卫片执法检查验收106.5分。2014年土地变更调查卫片执法检查前三季度涉及海淀区变化图斑210宗，确定新增建设用地95宗。加大动态巡查处理力度，发现违法违规用地77宗（违占耕地10宗、非耕地67宗），占用面积567亩（占用耕地136亩），通过拆除整改、列入违法用地查处台账等方式进行相应处理。会同区农委对2008—2013年期间处罚的违法占地使用整改现状进行摸底调查，制定34宗违占整改可行性处理意见；两次开展压占土地“回头看”清理整治，加强市折子工程、区督办项目执法检查和“小产权房”项目清查。调查处理西北旺镇东玉河村京新高速两侧渣土压占土地情况，及时向公安和监察部门转送案宗；会同区监察局拟定《关于向北京市海淀区监察局移送土地违法案件办法》，完善案件办理程序和常态化移送机制。

（于清昌）

【地质灾害预防】 年初，区政府拨付专款110余万，海淀国土分局对香山、公主坟15号不稳定斜坡地质灾害隐患实施工程治理。海淀国土分局会同市地研所、区气象局在汛期联合发布蓝色地质灾害气象预警3次，黄色地质灾害气象预警1次，未发生地质灾害险情。重要地质灾害隐患点及旅游风景区进山路口处设置19处地质灾害隐患智能语音警示杆。

（于清昌）

【矿产资源管理】 年内，海淀辖区内有北京市自来水集团京润泉饮用水有限公司、樱桃泉矿泉水厂及北京领先饮食品工业公司3家矿泉水开发企业，另有德润房地产开发集团有限公司、北京大学、中国农业大学、北京外国语大学、北京金梦圆房地产有限公司、裕龙大酒店6家地热采矿企业。企业采矿权人均按要求上报年检材料，在实地核查中未发现违规行为，参检单位全部通过年检。

（于清昌）

【土地登记1920件】 年内，海淀国土分局完成国有土地登记1920件，其中：国有土地使用权登记750件，面积437公顷；国有土地抵押权登记650件，抵押土地金额883.65亿元；国有土地抵押权注销登记520件。

（于清昌）

【土地行政审批制度改革】 年内，海淀国土分局探索区级土地项目试点模式，建立模块化工作机制；制定《国土分局审批目录》，研制供地阶段的审批流程图，承接市局下放的22项审批事项业务；供地阶段确定的两批共8个试点项目正在按模块化运行要求加紧办理征供地手续。

（于清昌）

【完成5项调研课题】 年内，海淀国土分局完成《海淀区两规衔接相关问题及解决对策》《海淀区基本农田及保护区土地利用情况报告》《国土海淀分局2014年政府信息公开工作形势分析》《2014年行政败诉案件原因分析》4份调研报告。完成海淀区2014年季度土地利用和管理形势分析报告。对2006年至2013年海淀区开展用地预审的项目进行梳理，重点调查2011年至2013年的项目，形成调研报告。完成区政府关注课题，形成《创新“三山五园”历史文化景区土地生态整治实施机制研究》报告。

（于清昌）

房地产开发及市政基础设施建设

【北京市海淀区建筑行业协会】 2014年，北京市海淀区建筑行业协会有会员单位95家。3月—5月，开展区域内2013年度建筑行业“诚信企业”评定工作，27家企业被评为北京市2013年度“诚信企业”；13家企业复审通过为北京AAA信用企业。2家企业获“海淀区和谐劳动关系单位”称号；24家会员单位与区工会签订“工资集体协商协议”。

全年举办培训班、资格证书续期教育38期，培训7103人。其中：安全三类人员取证培训班12期1335人，续期培训班6期4580人；关键岗位专业技术管理人员取证培训班（八大员）18期858人；造价员取证培训班1期220人；建筑工程施工质量验收标准培训班1期110人。

（危宏晓）

【北京昊海建设有限公司】 北京昊海建设有限公司是一家具有房屋建筑施工总承包一级资质、园林古建筑专业承包一级资质及部分专业承包资质的大型国有建筑施工企业，注册资本1亿元。

2014年，公司企业总资产7.5285亿元；总负债6.0946亿元，净资产（所有者权益）1.4339亿元（其中国有资产净资产1.4124亿元），国有资产保值增值率108.94%。其中开复工面积138万平方米，建安总产值10.9亿元，上缴税金4177万元，实现利润1640万元，合同履约率100%，顾客满意率100%，安全文明施工率100%，净资产收益率8.56%。

公司共签订施工合同124个。累计新签合同额为36147.8万元，采购合同353个。

2014年公司新开4项工程：昌平区东小口镇贺村中滩村组团A地块重点村旧村改造项目一标段工程（面积79440.84平方米，当年产值6664.22万元）；海淀区温泉镇3-3街区351地块集体土地租赁住房项目一标段工程（面积33116.29平方米，当年产值14000.89万元）；中奥嘉园经济适用房工程（面积44249.58平方米，当年产值8827.66万元）；帅府小区二期3#、6#楼室内精装修工程（当年产值1721.8万元）。

竣工8项工程：消防站主楼等2项（北安河消防站）项目工程（面积3280.00平方米，总产值1471.00万元）、徐州中汉佳园一期工程（面积59898.70平方米，总产值9037.59万元）、徐州中汉佳园二期工程（面积52594.58平方米，总产值8923.60万元）、八家环卫转运站拆迁工程（面积2197.87平方米，总产值1105.02万元）、中国国际贸易中心CG区改扩建项目拆除工程（总产值912.04万元）、华夏幸福城•朗园工程二标段（面积130965.78平方米，总产值18445.75万元）、防化学院防化装备器材仓库（面积4230.12平方米，总产值1685万元）、帅府小区二期3号楼和6号楼室内精装修工程（总产值1721.8万元）。

昌平区东小口镇贺村中滩村组团A地块重点村旧村改造项目一标段工程被授予“北京市绿色安全工地”，孔雀公馆1-7号楼及地下车库、河北福泰花园普通商品住宅小区一期项目被授予河北省“结构优质工程”称号。

（李建霞）

【北京海开房地产集团有限责任公司】 2014年，集团公司实现利润总额5784.41万元，同比增长0.05%，其中归属母公司所有者的净利润4411.82万元，净资产收益率6.15%，主营业务利润率7.5%，获利息倍数5倍，净利润3712.53万元。

苏家坨公租房、经济适用房项目 截至年底，苏家坨公租房、经适房项目现场全部竣工并交付，5个配电室及室外文体活动场用房竣工、锅炉房及热换站备案；完成小区楼牌办理、安装。部分底商移交并招商。

清河龙岗路25号公租房、敬老院和幼儿园代建项目 截至年底，公租房项目配合建设单位，完成项目结算设计，项目总投资基本控制在概算范围内。敬老院、幼儿园项目完成项目竣工备案手续、项目竣工结算现场审核工作，项目整体移交建设单位。

唐家岭回迁楼代建项目 截至年底，完成现场收尾，进行结算和前期手续的补办工作。

四川成都双流项目 继续完善规划方案的设计，确保项目建设用地未被占用，协调项目建设用地内剩余土地。

凤凰岭土地一级开发整理代建项目 截至年底，完成一期佛学院范围内林地砍伐证、树木伐移、凤凰岭项目污水、上水、道路方案、翠北延长线项目电力、燃气、雨水、电信、有线、电信、污水、上水、雨水方案。

棚改项目 截至年底，配合区棚改办为西北旺C2地块安置房项目的立项提供相关拆迁安置数据（涉及7个街道，共17个项目）。调查、收集、整理、分析“海淀社区”“立新社区”“半壁店”3个项目资料。取得区政府《北京市海淀区人民政府关于授权城中村项目实施主体的批复》（海政函〔2014〕253号）。取得项目环境保护意见的函、项目规划意见的复函、项目用地意见的复函，完成项目可研报告初稿。联合区棚改办、区征收办、田村路街道、西砂公司等单位，调查金玉园市场西侧平房项目基本情况。

（王智）

【北京威凯建设发展有限责任公司】 北京威凯建设发展有限责任公司为北京实创科技园开发建设股份有限公司全资子公司。公司注册资金10亿元，具有房地产开发一级资质。现有全资下属公司北京羲和物业管理中心、北京威凯体育文化发展有限公司、北京实创博威建筑设计所、北京市科迪实验中学和拥有98%股权的北京富利房地产开发有限责任公司。

截至年底，公司总资产为98.81亿元，同比增长8.04%；所有者权益为12.34亿元，同比增长0.72%；净资产12.34亿元；公司共有开发项目29个，完成投资21.28亿元，完成全年投资计划的107.71%。实现经营收入4.78亿元，利润1230万元，国有资产保值增值率101%，上缴各项税金2585万元。

项目建设。2014年，保障性住房开复工面积26.25万平方米，竣工面积11.25万平方米。其中：温泉文化中心已完成主体结构施工及部分二次结构施工；上庄B18地块739套住房及道路于11月份交付使用；辛店A01地块安置房2号、4号及1号、2号车库内装修正在进行；吴家场经济适用房项目二期工程B2、B3、B5楼及幼儿园主体结构完成，室内垫层完成70%，三期土方完成90%；A1号楼于11月开始施工。北部文化中心项目于7月21日通过北京市住建委专家组“绿色文明样板工地”验收和中国建筑总公司CI形象验收；西北旺镇辛店A01地块2号楼和1号地下车库及4号楼和2号车库分别获得“北京市结构长城杯银质奖”。

土地一级开发。温泉F地块腾退宅基地面积2265平方米，建筑面积751平方米；温泉C地块腾退宅基地面积428平方米，建筑面积232平方米；西北旺辛店居住组团项目征地补偿、腾退全面开展。小辛店村宅基地完成15个院落腾退工作，占地面积共计6162平方米。完成西北旺安置房市政道路、上庄镇中心区C02地块安置房项目周边上庄镇东一路、苏家坨镇公交站工程征地补偿工作。

安置房入住。为苏家坨A2地块安置房业主办理100余套房屋的入住手续；完成小辛店村30余户宅基地被腾退人结算协议以及安置协议签订工作，辛店A地块安置房办理100余套房屋的入住手续；完成上庄镇河北村165户腾退及安置工作；为海淀区征收办对接的18户拆迁家庭办理吴家场保障性住房项目入住。

（段硕辉）

【北京海融达投资建设有限公司】 北京海融达投资建设有限公司（以下简称海融达公司）注册资金3200万元人民

币，是海淀区政府直接投资组建的国有独资企业。2014年海融达公司承担的投资任务为27.16亿元，其中：区级投资25.05亿元，市级投资2.11亿元。全年实际完成投资25.77亿元，其中征地拆迁22.55亿元，工程建设3.22亿元。实施道路工程14项，建设总里程为17.5千米，完成建设里程6千米。完成电力线路改移累计35千米，通信光电缆改移累计78条千米，电力架空线入地土建工程2.7千米。全年取得立项批复、规划意见书等行政许可手续116项，施工、路灯及绿化等节点设计44项；完成居民拆迁49户，单位拆迁34个，拆除房屋建筑面积约4.89万余平方米。

2014年新开工13个项目：门头村安置房项目配套市政工程（门头村东一路、门头村北路、门头村东二路、门头村南路）、中坞村回迁房周边配套市政工程（北坞嘉园南小街、北坞嘉园北小街、北坞嘉园西小街）、东北旺中路、西北旺南路、稻香湖路、永泰庄东路北延、王庄路、清林园桥及道路、八里庄路、安宁庄东路二期拆迁、地铁16号线二期拆迁、地铁6号线西延拆迁。

基本完工7个项目：稻香湖路、门头村东一路、门头村东二路南段、前屯西路、银泉路跨小月河桥工程、北坞嘉园南小街、北坞嘉园北小街。

（郭欣）

【前屯西路】 2013年10月开工，2014年9月完工。项目南起前屯南路，北至规划小营路，道路全长为435.08米，道路等级为城市次干路，规划红线宽度30米。同步实施交通工程、照明工程、绿化工程及雨污水市政管线工程。由北京海融达投资建设有限公司负责建设，北京城建一建设发展有限公司施工，北京冠亚伟业民用建筑设计有限公司设计，北京博建工程监理有限公司监理。

（郭欣）

【门头村东一路】 2013年12月开工，2014年12月基本完工。工程南起闵庄路，北至门头村北路，规划为城市支路，红线宽20米，道路长909.6米，同步实施道路、交通、绿化、照明、雨水、污水、给水工程。由北京海融达投资建设有限公司负责建设，北京韩建集团有限公司施工，北京市市政工程设计研究总院有限公司设计，北京恒达诚信工程咨询有限公司监理。

（郭欣）

【门头村东二路南段】 2013年12月开工，2014年12月基本完工。项目南起闵庄路，北至门头村北路，长约850米，红线宽20米，规划为城市支路。由北京海融达投资建设有限公司负责建设，中城建第五工程局有限公司施工，北京市市政工程设计研究总院有限公司设计，北京华建项目管理有限公司监理。

（郭欣）

【银泉路跨小月河桥工程】 2月开工，8月完工。项目位于北京市海淀区北四环与北五环之间，西起学院路东侧，东至八达岭高速路辅路。新建工程道路全长208米（含63米新建桥梁），红线宽度30米，规划为城市次干路。其中，新建桥梁为三跨，跨径16.5米+29米+17.5米，桥梁全宽27米，面积为1701平方米。新建桥梁以东随路实施雨水管线（约291米）和污水管线（约249米），同步完善路灯、交通、绿化等附属工程。由北京海融达投资建设有限公司负责建设，北京城建二建设工程有限公司施工，北京市市政工程设计研究总院有限公司设计，北京燕波工程管理公司监理。

（郭欣）

【稻香湖路】 3月开工，7月完工。工程南起北庄子北街，北至翠湖北路，定线长度865.04米，规划为城市次干路，红线宽30米，设计速度为30千米/小时，同步实施绿化、交通等工程。由北京海融达投资建设有限公司负责建设，北京住总正通市政工程有限公司施工，北京市市政工程设计研究总院有限公司设计，北京恒达诚信工程咨询有限公司监理。

（郭欣）

【北坞嘉园南小街】 4月开工，12月基本完工。项目西起北坞嘉园西小街，东至茶棚路，全长325米，红线宽20米，同步实施上水及雨污水管线。由北京海融达投资建设有限公司负责建设，北京四达基业市政建设工程有限公司施工，中国市政工程东北设计研究总院设计，北京百城建筑工程监理有限责任公司监理。

（郭欣）

【北坞嘉园北小街】 4月开工，12月基本完工。项目西起北坞嘉园西小街，东至茶棚路，全长320米，红线宽30米，同步实施上水及雨污水管线。由北京海融达投资建设有限公司负责建设，北京四达基业市政建设工程有限公司施工，中国市政工程东北设计研究总院设计，北京百城建筑工程监理有限责任公司监理。

（郭欣）

【资质审核备案】 年内，区住建委核定房地产企业暂定级资质24家、暂定级升四级核定6家、四级资质重新核定29家，暂定级延续审核17家，一、二、三级资质初审13家；受理建筑业企业资质备案278家。海淀区共有房地产开发企业391家。其中一级资质19家、二级资质22家、三级资质16家、四级资质180家、暂定资质154家。建筑施工企业和新兴专业化工程企业1193家，其中特级企业1家、一级企业122家、二级企业200家、三级企业794家、不分等级企业76家。

（张杨）

【招标发包备案595项】 区住建委全年办理招标备案和直接发包备案595项，投资总额225亿元。其中，招标备案551项，包括建安130项、装修171项、市政79项、拆除3项、拆迁6项、评估4项、监理156项、自行招标2项；直接发包备案44项，包括施工直发包18项、监理直发包26项。

（赵子翰）

【二级建造师初始认定】 年内，区住建委办事大厅办理企业资质证书各类变更事项共434项。办理房地产开发企业资质变更共36项。二级建造师初始认定预注册共442人次；初始注册883人；变更注册954人；增项28人；注销921人；重新注册594人；遗失补办

11人；延期注册141人。建筑节能专项验收备案共60项。受理建筑工程竣工备案132项。办理起重设备使用登记备案515项，起重设备登记备案177项。拆除工程备案13项。受理建设方案备案9项。

（李向红）

【办理153项施工许可】 区住建委全年办理施工许可证153项，总投资169.08亿元，建设面积746.88万平方米，其中房建工程104项，建设面积500.66万平方米；装修工程37项，建设面积246.22万平方米；市政工程12项，道路及各种综合管线总长5.6万米；办结率100%。

（赵子翰）

【工程竣工验收备案122项】 区住建委全年共办理工程竣工备案项目122项，建筑单体共计324个。其中：房建82项，建筑面积264.4万平方米；装修25项，建筑面积17.6万平方米；市政15项，工程造价3.2亿元。

（卞丽宏）

【商品住宅项目备案9项】 区住建委全年完成建设方案备案9项，总建筑面积156.4万平方米。配建配套公共服务设施：小学（1所）29500平方米，幼儿园（2所）7300平方米，社区卫生站528平方米，社区办公和服务用房1510平方米，文体活动站3637平方米。

（卞丽宏）

【新注册房建工程223项】 年内，全区新注册房建工程223项，单体1147个，面积896万平方米，其中市政工程28项，单体126个，总投资179356万元；办理竣工验收的竣工房建工程109项、面积290万平方米，市政工程9项、总投资36762万元。

（张宏宇）

【施工现场462个】 年内，全区有施工现场462个，面积2172万平方米。其中一般建筑工程372个，面积2120万平方米；地铁工程22个标段，面积36.8万平方米；市政工程68个，15.5万延米。

（张宏宇）

【检查施工现场】 区住建委全年检查施工现场6578个次，责令整改隐患12452条，实施行政处罚71起、罚款1500.29万元，处理劳务讨薪纠纷28起，涉及1700余人、金额3487万元。

（张宏宇）

【房地产开发建设】 年内，全区完成社会固定资产投资841.7亿元，同比增加8.6%，其中房地产开发投资218.1亿元、同比下降38.3%；住宅投资119.3亿元，同比下降35.1%；建筑业总产值1527.7亿元，同比增加5.8%，竣工产值711.1亿元，同比增长14.8%；房屋施工1011.9万平方米，其中住宅559.4万平方米，办公用房115.3万平方米，房屋竣工2044.5万平方米，同比增长23.6%；新开工123.3万平方米，同比减少16.3%，其中房屋竣工226.8万平方米，同比增长18.2%；商品房销售面积46.2万平方米，同比减少40.2%；销售额185.8亿元，同比减少8.2%。

（赵琴）

【固定资产投资】 年内，区住建委作为主责单位协调推进的全社会固定资产项目共4大类、114项，年度计划投资275.58亿元，实际完成投资324.69亿元，占全区总投资额的38.57%，超额完成49.11亿元，完成率为117.82%。

（杨正文）

【市政基础设施建设】 年内，建成稻香湖路北延、双清路二标（林大北路至月泉路段）、前屯西路、清林苑桥等10余条重点道路，新增城市道路总里程16千米；推进地铁16号线、有轨电车西郊线、6号线西延线建设，地铁15号线建成通车。

（杨正文）

【重点建设项目】 年内，全区有重点建设项目111项，其中续建项目73项，计划新开工38项，稻香湖路北延、孵化加速器、国际航空航天创新园（北斗）、玉泉慧谷二期、奥北产业园等18个项目基本完工。全年建设、筹集各类保障性住房16218套、竣工（含基本建成）16418套，分别完成市级任务的108%、109%。

（杨正文）

【北部地区绿色建筑标准建设】 年内，区住建委对网易北京研发中心等20家企业进行绿色建筑政策宣贯、业务指导、问题答疑等服务工作。组织中关村壹号地等19个项目的绿色建筑设计方案预评审，建筑面积约280万平方米。其中达到三星级绿色建筑标准的项目有9个，达到二星级绿色建筑标准的项目有5个，其余项目均达到一星级绿色建筑标准。新建民用建筑100%达到节能设计标准，北部地区新建项目和政府投资公共建筑全部达到绿色建筑标准，且均达到绿色建筑等级评定一星级以上标准。

（孙剑锋）

【建筑节能备案】 年内，区住建委办理建筑节能专项验收备案140项，收缴“建筑节能与发展新型墙体材料专项基金”100项，共计2705.92万元；收缴“散装水泥专项资金”100项，共计274.66万元，收缴率达到100%。新型墙体材料专项基金退费28项，共计退费1140万元。散装水泥专项资金退费5项，共计11.75万元。

（孙剑锋）

【老旧小区综合整治】 年内，市政府下达给海淀区老旧小区综合整治任务为165万平方米。截至年底，共开工老旧小区221.4万平方米，其中抗震节能综合改造17.8万平方米，节能和环境综合整治203.6万平方米，累计完成196.3万平方米老旧小区改造，完成率达到119%。91个小区、392幢楼、22790户居民居住条件得到改善。

（琚亚平）

【棚户区改造】 年内，海淀区共启动棚户区改造和环境整治项目55个，北航西门外、体师西墙外、沙窝九条、太平湖地铁北转河三角地、首都师范大学幼儿园5个项目完成。全年共计完成3741户，改造面积34万平方米。

（王庆增）

【征收拆迁】 2014年，海淀区启动6个项目（学院路北端、夏家坟、苏州街站一体化、北京大学内平房搬迁、一亩园环境整治、中关村东区），清理完成15个项目（沙窝九条环境整治、北航西门外环境整治、太平湖地铁北转河三角地—“城中村”环境整治、北京交大附小迁建、一亩园公交枢纽、畅茜园五期、清林园桥、首都师范大学幼儿园工程、南水北调配套工程东水西调改造工程、北部上庄镇河北村、星竹园住宅等），完成住宅12179户、非住宅234个、总建筑面积1414249平方米的征收、拆迁任务。

（高传辉）

【信访与信息公开】 区住建委全年共办理信访件224件，非紧急救助服务中心4139件，城市管理指挥中心转办件128件，接待来访710余人次。收到政府信息公开申请150件，其中“同意公开”的30件，占总数的20%；“信息不存在”的52件，占总数的34.67%；“非本机关掌握”的51件，占总数的34%；“主动公开”的1件，占总数的0.67%；“非政府信息”的2件，占总数的1.33%；“申请信息内容不明确”的14件，占总数的9.33%。

（张华勇）

北部地区开发建设

【概况】 海淀北部地区面积238平方千米，占区面积的55%。2014年，北部开发建设指挥平台围绕建设具有全球影响力的生态科技新区目标，推进村庄腾退、安置房建设、园区建设、配套设施建设、生态环境建设等重点任务实施。北部地区开发建设完成投资251亿元，全年实现开复工项目118个，开复工面积590万平方米；竣工项目23个，竣工面积114万平方米。

（屈连春）

【新型城镇化建设项目签约】 8月29日，苏家坨镇新牧置业公司与中建股份公司在海淀北部展示中心举行签约仪式，共同推进苏家坨镇新型城镇化建设。由央企与镇属企业合作推进新型城镇化建设，是区委、区政府探索多渠道融资、引入优质社会资源加快安置房建设的创新之举，也是北部地区开发建设历史上首创。

（屈连春）

【海淀北部指挥平台举办沙龙活动】 10月30日，由海淀北部指挥平台与搜狐焦点产业新区共同主办题为“海淀北部新区如何打造创新中心”的沙龙活动。国家发改委城市中心研究员、学术委秘书长冯奎，首都师范大学教授、北京城市创新与发展研究中心主任吕拉昌，华为北京研究所副所长张建虹，百度科技园项目总监韩贺忠，高力国际华北区办公楼服务部董事周晓骏骅等业内专家学者及入驻企业代表参加此次活动。专家学者从企业需求、产城融合新城新区建设经验、创新创业生态系统建设思路、世界领先科技园区的经验等不同角度对CID建设创新中心提出建议。

（屈连春）

【编制《中关村软件城发展建设规划》】 12月，由北部指挥平台牵头组织开展大上地地区国有企业产业空间升级调整调研，完成《中关村软件城发展建设规划》编制工作。

（屈连春）

【北部地区园区建设】 年内，翠湖科技园、永丰产业基地、软件园三大产业组团共有44个产业项目，开复工面积达336万平方米，其中9个项目实现新开工，面积26万平方米，11个项目实现竣工，新增产业面积53万平方米。北部地标性建筑群中关村壹号（中区）、软件园联想、百度二期、新浪研发中心等均实现结构封顶；翠湖科技园建行数据中心正进行主体结构施工、局部结构封顶，农行数据中心正在进行装修。北京协同创新研究院项目、气象科技园、天亿健康产业园、小米科技园等一批园中园项目均在推进之中。

（屈连春）

【北部地区城乡一体化建设】 年内，大工村、西马坊、河北村、夏家坟搬迁腾退基本完成，北安河、南安河腾退进入收尾阶段。上庄安置房、太舟坞安置房实现竣工交房，部分已入住，竣工面积达61万平方米。大牛坊、前沙涧安置房正在进行结构或装修施工。“一镇一园”建设取得进展。其中西北旺镇的众唐兴业园项目已施工至地上5层，温泉镇351租赁房项目进行二次结构施工。

（屈连春）

【北部地区配套设施建设】 年内，翠湖南路、翠湖东路、上庄东路等主干路开工建设，地铁16号线山后段处在全面施工建设阶段。北部文化中心、101中学温泉校区已结构封顶，爱文国际学校正进行结构施工。推进餐饮、购物、娱乐、健身、交通等一批配套服务设施建设。永丰美食广场5月28日开始营业，翠湖科技园区内部循环车、翠湖科技园与4号线安河桥北站的通勤班车、575路区间车、中关村软件园至西二旗城铁站早晚高峰接驳车等实现通车运行。

（屈连春）

【北部地区生态环境建设】 年内，一批重点生态环境项目正在加快推进，其中北部能源中心锅炉房已完工，计划于2015年实现供热，翠湖再生水厂完成升级改造，稻香湖再生水厂投入试运行，大工村再生能源发电厂完成主体工程和设备安装。东埠头沟河道拓宽施工有序推进。中关村软件园荣获由北京市规划委评选的“北京市绿色生态示范区”称号，翠湖科技园荣获“北京市绿色生态试点区”称号。

（屈连春）

城乡接合部市级挂账重点村建设

【概况】 2010年，根据北京市统一部署，海淀区启动8个城乡接合部市级挂账重点村建设工作。截至2014年底，8个重点村有7个已实现回迁安置。11月底，肖家河片区回迁安置房开工建设，该项目约22万平方米，部分楼座已实现结构封顶。

（梁洪江）

【三个项目回迁入住】 11月2日，门头村回迁安置房——门头馨园开始为村民办理入住手续。该项目规划总建筑面积25.6万平方米、3077套回迁安置房。南区已顺利完成安置，北区、东区正在完善相关工作。11月17日，振兴村回迁安置房——椿楸嘉苑小区开始为回迁住户办理入住手续。该项目总建筑面积共计22.3万平方米、2121套回迁安置用房。11月底，中坞村回迁安置房开始为村民办理回迁入住手续。中坞村安置房位于北坞嘉园南里、西里，其中：南里占地12公顷、建筑面积26.5万平方米，西里占地11公顷、建筑面积23.3万平方米。共有3198套回迁安置用房。

（梁洪江）

城市管理与服务

2015
北京海淀年鉴

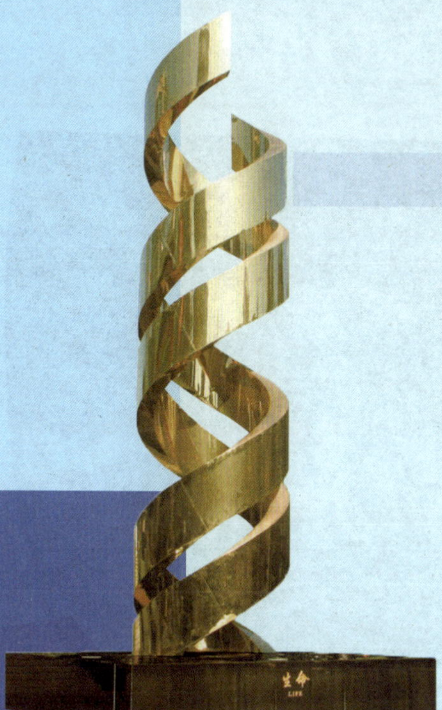

2 月21日，海淀环卫中心雾霾天气实施道路降尘作业（区环卫中心 供图）

5月8日，区地震局和区教委联合在海淀区北部新区实验学校举行纪念国家第六个“防灾减灾日”地震应急综合演练（区地震局 供图）

5月26日，西二旗专82路公交车开通（田峰 摄）

6月30日，城管执法人员清理科源小区的“僵尸车”（李瑞林 摄）

9月29日，区发改委对城乡商场进行节日价格检查（区发改委 供图）

9月30日，海淀区邮电局、育新花园邮局在西三旗街道举办《中华孝道》特种邮票首发仪式（田峰 摄）

10月24日凌晨，中国探月工程首次实施再入返回飞行试验。海淀供电公司用电检查人员到航天城总配电室和客户电工一起检查设备，保障航天任务供电安全可靠（海淀供电公司 王长明 摄）

11月14日，实创上地能源中心实施“煤改气”后正式采用新能源供暖(田峰 摄）

城市管理与服务

综　述

【概况】 海淀区市政市容管理委员会（加挂海淀区城乡环境建设委员会办公室、海淀区交通委员会牌子）是区政府负责本区城乡环境、市政、市容、交通、供暖、燃气等项建设、管理与协调工作的综合职能部门。海淀区市政市容管理委员会还行使海淀区人民政府市容办公室、海淀区人民政府供暖办公室、海淀区城乡环境建设委员会办公室（简称区城乡环境建设办）、海淀区交通委员会和海淀区固体废弃物管理工作领导小组办公室职能。下属3个事业单位：海淀区市政设施监察所、海淀区渣土管理所、海淀区养路队。北京市海淀区循环经济产业园管理中心，为区政府直属相当副处级全额拨款事业单位，但归口区市政市容委管理。

2014年，区市政市容委办理人大代表建议和政协委员提案56件、各类信访件114件、市区督查任务80项。建议和提案内容主要集中在加强交通管理，解决道路拥堵；建设公厕及垃圾处理设施建设；加强城市环境管理；解决小区停车难等方面。信息平台接纳信息载体为“12319”城市管理（首都环境建设）热线业务系统、城管指挥中心、非紧急救助中心、市长热线和24小时热线，全年共处理报件3600件。

（李华亭）

公用事业和市政设施管理

【概况】 区市政市容委负责全区的公用事业和市政设施管理工作，协调区域内邮电、交通、电力、路政等市政设施建设与管理。区市政市容委（交通委）直接管养城市道路652条，长度566千米，面积873万平方米。年内，审批掘路许可48件，恢复占掘路面积15679平方米。全年处理道路违章案件61起。结合道路大修和市政专项等道路工程，在具备条件道路上逐步完善城市慢行系统，完成10万平方米步道和自行车道的整修、完善。接收海融达、新凤凰城建设单位的移交道路，接养面积约5万平方米。

（李华亭）

【送气下乡】 1月3日，按照北京市“减煤换煤、清洁空气”行动总体部署，地区启动液化气下乡工作。全年完成开户23905户，累计换瓶75931瓶（折合1139吨），超额完成12905户。

（李华亭）

【道路养护】 全年投入资金约1.5亿元，完成包括世纪坛北侧路、北洼西街、大钟寺东路、花园路等区属道路大修40条，约70万平方米。配合全国文明城区创建工作，将道路养护管理与环境综合整治结合，投入环境整治专项资金1.1亿元，维修道路116条，整修面积45万平方米。完成14条路的路灯安装，共计13公里，总投资约3300万元。

（李华亭）

【道路防汛】 年内，区市政市容委养路队对所管辖的地下管线，排水井、水篦子进行清掏。进入汛期以后，出动道路巡查、抢险维修人员3400人次，巡查抢险车辆834台次，机械设备228台，处置维修塌陷、水毁等道路险情44起，维修道路面积1257平方米。

（李华亭）

【发布公益广告】 自8月起，在以50条主要道路为重点的645块户外广告牌、LED大屏幕上，围绕“社会主义核心价值观”“中国梦”“文明区创建”等主题发布总面积约1.5万平方米的公益宣传画面。

（李华亭）

【景观照明】 年内，推进中关村南大街景观照明建设工作。为做好APEC会议及国庆65周年保障，完成西三环苏州桥、北四环万泉河桥、海淀桥、学院桥、志新桥及深槽桥段的部分景观照明设施的拆除。采取定期与不定期的形式对景观照明设施情况进行检查。在元旦、春节、国庆、APEC 会议期间及周末共亮灯 128 天、376 小时，夜景巡视出动 666 人次、车辆 403 辆次。

（李华亭）

【公益宣传设施维护】 年内，区市政市容委组织 7 处公益宣传设施运行维护工作，发布公益画面 30 项、更换画面 190 次、面积 26064 平方米。加大节假日和特殊天气等期间对公益宣传设施的巡视力度。除日常巡查外，共重点巡视 64 天，出动人员 128 人次、车辆 64 辆次。处理城市平台及非紧急呼叫中心案件 94 份；审批标语宣传品 13 份。

（李华亭）

【供热计量改造】 按照北京市供热计量改造工作总体要求，地区年度既有居住建筑供热计量及节能改造任务为 806 万平方米。地区最终确定年度具备供热计量改造条件的项目为 77 个，涉及 49 家供热单位，共计 948 万平方米。年内完成 811 万平方米的改造任务。

（李华亭）

【协调解决老楼通气问题】 老楼通气是 2009–2010 年市政府惠民工程，由于产权、气源、拆迁、纠纷等原因，地区有 1704 户至 2013 年底未能通气。结合党的群众路线教育实践活动，区市政市容委逐项梳理、逐个协调，2014 年陆续实现通气 1570 户。

（李华亭）

【燃气安全监管】 年内，区市政市容委会同区安监局、质监局、城管执法局、消防支队对“两会”代表驻地组织 2 次燃气安全检查。部署地区 20 个液化石油气场站反恐防范工作，规范换瓶手续，调整换瓶时间。“安全生产月”期间，组织 2 次燃气安全使用专项宣传活动，发放液化气石油安全使用须知 200 余份、液化气服务热线手提袋 150 个、液化气胶管管头 300 个、发放燃气用户指南 600 册。组织 51 家供暖企业、10 家燃气企业进行安全生产标准化三级企业评审培训，完成 14 家供热企业及 10 家燃气企业评审。会同区安监局、质监局、商务委、城管执法局、消防支队、北太平庄街道以及市液化气西郊分公司组成燃气联合执法组，对明光村地区金五星水果批发市场周边 13 家餐饮企业，燃气安全使用情况进行专项执法检查，暂扣收缴超期未检液化气瓶 17 个，全年组织各种检查 21 次，出动人员 145 人次，检查 95 家企业；会同区安监局、区城管执法局等 13 个委办局、29 个街镇以及有关地下管线所属单位开展地下管线安全隐患整治，督促街镇完成燃气管线占压整治 10 处。

（李华亭）

【清理陕京三线占压管线】 年内，区市政市容委会同市燃气办、区农委、苏家坨镇、周家巷村、燃气集团、中石油陕京三线项目部、管道局 EPC 项目部、中石油北京天然气管道公司、燃气集团下属拆迁公司等单位，组织 3 次现场勘查检查，制定整治方案，6 次组织协调会，确定拆迁、补偿方案，并最终完成陕京三线天然气管道工程占压管线清理。

（李华亭）

【市政道路大修工程】 年内，完成世纪坛北侧路、北洼西街、大钟寺东路、花园路等区属道路大修 40 条，约 70 万平方米。海淀区 2014 年主要道路大修工程如表所示：

道路工程名称	所在地区	道路起止点	长度（米）	道路（平方米）	步道（平方米）
半壁店二街道路大修工程	田村路	永定河路—田村路	999	5962	220
太平路道路大修工程	万寿路	玉泉路—西翠路	2504	30479	9654
万寿路西街道路大修工程	万寿路	万寿路—西翠路	957	8150	2055
玉渊潭南路中段道路大修工程	万寿路	西翠路—万寿路	993	8099	108
翠微路道路大修工程	万寿路	复兴路—莲花池西路	1139	11642	287
增光路道路大修工程	甘家口	首体南路—三里河路	670	8416	1771
恩济西街道路大修工程	八里庄	阜石路—西八里庄路	399	6220	2729
北洼路道路大修工程	八里庄	阜成路—玲珑路	931	15182	3032
蓝靛厂路道路大修工程	曙光	蓝靛厂北路—西四环北路辅路	1024	22990	3572
蓝靛厂西路道路大修工程	曙光	远大路—蓝靛厂路	1004	18384	3236
潘庄东路道路大修工程	紫竹院	花园村第二小学—紫竹院路（南北段）	423	3787	1106
蓟门里北路道路大修工程	北太平庄	西土城路辅路—罗庄东路	395	4842	1897
文慧园斜街道路大修工程	北太平庄	文慧园西路—文慧园路	573	3398	1847

道路工程名称	所在地区	道路起止点	长度（米）	道路（平方米）	步道（平方米）
科南路道路大修工程	中关村	知春路—北四环路	1002	14377	8568
花园路道路大修工程	花园路	北三环—北土城西路	935	15298	8466
月泉路人行道大修工程	学院路	学清路—双清路	547		4621
学知园小区路道路大修工程	学院路	学清路—学知园小区	318	4640	1722
南楼中路道路大修工程	清华园	清华园	1010	7061	
照澜院东路道路大修工程	清华园	清华园	302	2166	
上地南路道路大修工程	上地	上地东二路—信息路	315	4760	2195
小营西路道路大修工程	清河	G6 小营桥—上地东路	2339	62916	29296
悦秀路道路大修工程	西三旗	西小口路—悦秀园小区	927	8720	3584
军庄路道路大修工程	苏家坨	北安河路—区界	3400	26831	240
稻香湖西路道路大修工程	苏家坨	温阳路—稻香湖路	2744	20884	
稻香湖路东辅路道路大修工程	温泉-苏家坨	南至温北路—北至北清路	2058	13048	
唐家岭路道路大修工程	西北旺	北至北清路南—邓庄南路	955	6028	
丰滢西路道路大修工程	西北旺	永丰路—亮甲店路	850	6752	248
上庄路道路大修工程	西北旺-上庄	北清路—沙阳路	6131	23102	1350

（李华亭）

城乡环境建设

【概况】 区城乡环境建设办公室负责海淀区市容环境综合整治工作。2014年，区市政市容委配合区征收办推进潘庄、北航西门、阜北二街、沙窝九条、翠小、转河等“城中村”拆迁工作。针对六大类26项环境秩序问题执法的工作情况和效果进行考核，共发考核通报12期。完成围绕三、四、五环及长安街延长线及京藏高速等APEC沿线外立面粉刷整治项目共计67处点位、405890平方米，共涉及10个街道。完成市重点实事、区重点“折子任务”——建成15条市、区达标大街。完成区级重点、实事“折子工程”——20条背街小巷整治。

（李华亭）

【废旧机动车专项整治】 5月，成立由区创建办、市政市容委（交通委）、城管执法局、交通支队、消防支队等部门组成的废旧机动车专项清理行动领导小组，对妨碍市容环境、存在安全隐患、影响车辆和行人通行，占用道路、绿地、停车位、公共空间以及堵塞消防通道的废旧机动车辆进行清理。共清理废旧机动车辆410辆。

（李华亭）

【报刊亭专项整治】 7月—9月，区市政市容委对各报刊亭的私搭乱建、私改门扇进行全面整治。8月初要求海淀零售公司向报刊亭经营人下发报刊亭专项整治《告知书》和《报刊亭规范标准》，要求区内所有报刊亭必须做到亭内亭外干净整洁，形象达标；用于报刊展示的外延板必须回撤到规定宽度；亭外不得设立冰箱、冰柜；烤肠、玉米、小食品等一律不得销售。长安街沿线16处报刊亭全部实施挪移或撤除。

（李华亭）

【“环境整治月”活动】 9月22日—10月31日，全区开展“环境整治月”活动。“环境整治月”的工作重点向背街小巷、老旧社区、铁路沿线、河湖两侧等环境薄弱地区、点位倾斜。各街镇和有关部门结合创建全国文明城区指标要求和测评中发现的问题，做好环境卫生、环境秩序、交通秩序、公共服务设施整治，同时加强门前三包责任的落实。“环境整治月”发现各类环境问题1093个，全部完成整改。

（李华亭）

【完成创文环境建设任务】 区市政市容委牵头落实创建文明城区城市环境建设指挥部办公室各项工作。根据区创建办组织的第三方测评结果，组织各有关街镇和责任部门对检查发现的2300

余处环境问题进行整改。对全区公用电话亭、报刊亭等公共设施以及道路、路灯、无障碍设施等进行拉网检查，基于梳理完成的市管、区管道路养护管理台账，对存在的主干道毁坏、路面坑洼积水、公共设施、交通设施损坏等问题进行修复，完成迎检任务。

（李华亭）

【京藏高速沿线环境整治】 2014 年，APEC 会议沿线环境整治工作为市、区重点任务，区市政市容委对京藏高速沿线周边环境开展全面治理。各相关单位开展联合执法行动 16 次，规范“门前三包”单位 350 余家，查扣非法运营车辆 26 辆，清除小广告 700 余张，查处无照游商 42 起，罚款 2000 余元，清理积存垃圾渣土 20 余吨，规范施工围挡 200 余延米，清理违规广告牌匾 42 块；完成 7 座过街天桥和立交桥修复和粉饰，完成外立面粉饰 2.7 万平方米，整修绿带 1.5 万余平方米，修复挡土墙 180 延米，清油饰护栏、围栏 9000 余延米，新建护栏 2500 米，电线杆刷胶 180 余根，围墙刷胶 800 余延米。区城管指挥中心等单位加强对全路段周边的监控力度，对于发现的问题，及时反馈相关单位和街镇并督促整改；环卫专业作业部门和相关各街道加强对周边道路、公共厕所、垃圾场站的日常清扫保洁和环卫作业力量及频次力度，道路周边环境卫生死角基本清除。清河、西三旗地段周边存在的环境脏乱现象得到治理和缓解。

（李华亭）

【颐和园周边环境整治】 年内，区市政市容委根据首环办 APEC 会议环境整治精神，针对颐和园周边梳理的 15 类 75 个点位的环境问题进行整改落实。完成北宫门道路取直改造，完成东宫门环岛、万寿山后街、青龙桥东街、同庆街等区属道路铺装，涉及道路长度 1430 米，沥青铺装 13600 平方米，步道整修 3300 平方米。完成颐和园周边及沿线绿化提升 12500 平方米，新建绿化护栏 4000 延米，新建绿化挡墙 200 延米。粉饰颐和园周边及沿线建筑外立面和围墙共 35500 平方米。拆除改建沿线广告牌匾 242 块，清除小门店乱贴广告 40 余家。完成颐和园周边及沿线架空线整治，共入地 1200 延米，捆扎 7700 延米。拆除停车亭、早餐亭等各类棚亭 15 个；油饰护栏 1200 延米；油饰电箱等 30 余个；新建自行车架 350 延米；安装阻车桩 35 个；完成新建宫门停车场改建，满足大型旅游车停放；完成新建宫门、东宫门、北宫门、北如意门等 5 处停车场铺装，共 8500 平方米。

（李华亭）

【环境脏乱点整治】 年内，区市政市容委联合相关街镇和执法部门完成首都城市环境建设委员会办公室确定的前 9 批台账共 1151 处环境脏乱点、第 19 批市级 96 处环境脏乱点的整治。完成 850 处无照游商、违法建设、乱停车、非法运营和露天烧烤等问题的整治。

（李华亭）

交通管理

【概况】 海淀区市政市容管理委员会加挂海淀区交通委员会牌子（简称区交通委），负责统筹海淀区交通发展和管理工作。北京市公安局公安交通管理局海淀交通支队（简称海淀支队）负责海淀区的交通管理工作，下辖中关村、清河、黄庄、公主坟、温泉 5 个执勤大队和 1 个机动中队。北京市交通委员会运输管理局海淀管理处具体承担本区交通运输行业管理和通航水域水上安全监督管理工作。

2014 年，区交通委开展缓堵工作综合研究。立足公共交通、静态交通、交通管理、疏堵工程等方面，推进交通基础设施建设，强化停车管理，疏导交通、缓解拥堵，优化区内出行环境，做好各项交通工作。完成 2014 年亚太经济合作组织（APEC）会议周道路交通服务保障。

海淀支队围绕疏堵治堵、三大战役[①]、事故预防等工作，维护道路交通高效运转；严格执法，提升区域整体道路交通通行秩序；预防为主，保持重大事故“双下降”[②]；围绕创建全国文明城区工作，强化高峰勤务疏导、加强交通秩序乱点整顿维护、优化道路交通组织等工作，提升道路交通管理水平。至年底，全区机动车保有量 88.6 万辆，比 2013 年增加 2.3 万辆；机动车驾驶员 110.5 万人，比 2013 年增加 2.9 万人。

海淀管理处共出动检查人员 3087 人次，检查交通运输业户 1448 户次，检查车（船）10219 辆（艘）。运输监管检查中发现问题采取限期整改 50 件，占监管检查次数（不含轨道交通 637 次）的 7.3%。海淀管理处完成行政处罚案件移送案件 9 件，吊销案件结案 3 件。

（李媛 李华亭 孙建军 李媛媛 曾天）

【15 号线一期西段交通接驳调研】 1 月 15 日—17 日，海淀管理处会同海淀区交通委、城建设计院勘查 15 号线一期西段 7 个站点，对交通接驳进行调研，主要调研勘查站点周边道路情况、原有公交站点情况、出租停车位情况、拟建设集散广场情况等。勘查形成 15 号线一期西段交通接驳方案。

（曾天）

【市运输管理局调研海淀区停车工作】 2 月 13 日，北京市运输管理局领导至海淀调研停车管理工作。区交通委汇报了海淀区贯彻落实新的停车管理办法、占道停车特许经营招标、机构人员编制、停车管理协调机制、催缴 2013 年占道费等方面工作。区交通委提出尽快推进占道停车特许经营，加大宣传居住区及

① 三大战役：事故快清快处、整治停车秩序和打击“涉牌”违法三项重点工作。
② 重大事故“双下降”：重大交通事故的发生率和事故伤亡人数。

周边立体设施改造工作等建议。

（李华亭）

【旅游企业考核】 3月19日—24日，海淀管理处完成辖区6家旅游企业2013年度质量信誉考核。4家规模企业中中苑出租汽车有限公司和北京海淀颐海出租汽车有限责任公司获得AAA级评级，北京北旅时代商务旅游投资有限公司获得AA级评级；北京友谊出租汽车有限公司获得AAA级评级。

（曾天）

【交通安全宣传教育】 3月28日，海淀支队联合教委以“强化安全意识，提升安全素养”为主题，到石油学院附属第二实验小学开展交通安全教育活动。师生和部门家长代表共计700余人参加活动。

建成海淀区交通安全3D影院。5月16日，在龙泉驾校举行交通安全3D影院首映活动。开展“小手拉大手，共创首都文明交通环境”“遵章守法做表率，安全文明树形象”“马拉松志愿者服务活动”等宣传教育活动61次，发放宣传材料48万余份，受教育人数达190万余人次。

6月，海淀支队在辖区单位全面落实北京市“安全生产月”期间交通安全宣传监管工作。其间深入施工工地9个，开展安全培训13次，发放宣传材料1.2万余份，对132家单位采取禁止机动车上路行驶措施。

（孙建军　李媛媛）

【南部区域交通研究】 3月，区交通委启动紫竹院路一线以南区域交通研究。此次研究总面积53平方公里，涉及7个街镇。通过街道走访、实地调研及调用市交通委拥堵路段图表等方式，对研究区域进行调研与分析，就道路路网、公共交通、停车及慢行系统等方面提出解决方案与管理建议，以改善海淀南部区域交通拥堵状况。

（李华亭）

【交通运输业安全监管】 3月，全国两会期间，海淀管理处对辖区交通运输行业进行安全维稳检查，共出动检查巡查人员290人次，检查企业124户次，发现安全隐患2个，开具限期整改通知书2个，均整改完毕。6月，开展安全生产月系列活动，完成“五个一”工作，即“组织一次安全大讲堂培训，举办一天宣传咨询日活动，建立一项GPS（全球定位系统）预警通知机制，开展一个月全面安全检查，实施一系列应急演练”。共出动检查人员1485人次，检查企业667户次，发现安全隐患35个，其中责令现场立即整改的3个，开具限期整改通知书26个，移送案件6个，均整改完毕。

（曾天）

【居住区机动车停车设施新建项目竣工验收】 5月、9月海淀管理处会同海淀区交通委对辖区9个街道14个居住区机动车停车设施新建项目的1872个停车泊位开展竣工验收，共涉及申请奖励资金398.7万元。

（曾天）

【开展“安全生产大讲堂”活动】 6月5日，海淀管理处组织开展交通运输行业安全生产大讲堂活动，辖区出租、租赁、旅游客运、货运、机动车维修、水运等190余名企业安全负责人参加培训。通过培训，学员掌握了企业安全管理中应注意的重点，了解了企业是安全生产责任主体，了解了发生交通事故后企业负责人和管理人员应当承担的法律责任。

（曾天）

【区政协召开交通秩序改善协商议政会】 6月10日，区政协围绕“交通秩序改善”召开双周协商议政会。会议听取交通委、交通支队的工作汇报。区交通委就2014年地区交通缓堵工作开展情况，从完善体系机制加强组织领导、开展区域交通综合研究、加快工程建设、加强停车精细化管理、推动公交服务、整顿交通秩序、开展文明交通宣传等7个方面进行汇报。海淀交通支队从动态交通管理和静态停车秩序方面进行汇报。会议要求区交通委和区交通支队着重在交通可持续发展上深化研究，取得成效。

（李华亭）

【“APEC火灾防控”专项行动】 7月1日至11月亚太经济合作组织会议（APEC）期间，海淀管理处开展“APEC火灾防控”专项行动。集中开展火灾隐患排查活动，共出动检查人员881人次，检查357户（站）次，发现安全隐患21个，其中11个责令其现场进行整改，开具10份限期整改通知书，均整改完毕。

（曾天）

【海事宣传咨询活动】 7月11日，海淀管理处开展海事宣传咨询活动。在颐和园廓如亭设立“航海日”咨询台，发放“航海日”及游客乘船安全知识等宣传材料，向市民讲解水上交通安全基本知识，颐和园及京城水系机动船在9时鸣笛一分钟。同时，利用颐和园廓如亭东侧的显示屏滚动播出航海日主题“促进海上丝绸之路与海员服务发展”。

（曾天）

【APEC会议保障】 7月29日，北京市地方海事局和海淀管理处组织召开APEC会务接待用船改造协调会，协调颐和园改造两条具有中国元素的“龙船”作为会务接待用船，用于参会国家元首及夫人乘船参观游览世界文化遗产——颐和园公园。8月6日至8月21日APEC高官会议期间，海淀管理处开展水上安全检查，对超员载客等违规行为进行专项治理，确保APEC高官会议期间海淀区水域游船行业各项工作安全、有序开展。

（曾天）

【停车管理“1+4”文件印发】 8月17日，区交通工作领导小组印发停车管理“1+4”文件，即《关于加强海淀区机动车停车场管理的实施意见》和与之配套的《海淀区占道停车特许经营实施方案》《海淀区加强居住区停车管理指导意见》《海淀区停车经营秩序检查办法》《海淀区停车经营企业考核办法》，以解决居住区停车难、停车场经营服务差、占道停车秩序混乱等问题。

（李华亭）

【路侧停车秩序管理标图工作启动】 8月，区交通支队启动路侧停车秩序管理标图工作。按照《海淀区规范路侧停车秩序实施意见》和《海淀区停车秩序管理专项整治工作方案》，通过属地交通大队与各街镇对接，将禁止停车、占道停车、临时占道停车、限时停车路段等全部标注上图，作为各单位管理路侧停车秩序的依据。

（李华亭）

【开展停车专题宣传】 8月，区交通委联合海淀电视台开展停车专题宣传工作，对区内停车难的形式、居住区停车挖潜、联合执法检查、错时停车、路侧停车管理等，开展专题宣传，让市民了解停车难的现状，以及政府所开展的工作。

（李华亭）

【完成"汽车维修工"竞赛初赛复赛】 8月—9月，海淀管理处组织128名选手参加海淀区"汽车维修工"竞赛的初赛与复赛的笔试、实操考试，选拔18名选手进入市级决赛。

（曾天）

【综合性能检测专项补贴资金审核】 截至10月24日，海淀管理处对13家综检站的综合性能检测专项补贴资金进行审核及流转，共计审核综检专项补贴资金990988元。其中，二级维护单据3312份，等级评定单据4756份，常压罐体检测73份。将不符合补贴情况的单据进行分类，并将具体情况及时反馈给各综合性能检测场。

（曾天）

【北京市第五次居民出行调查】 11月，海淀区的北京市第五次居民出行调查工作完成。在市交通委第五次居民出行调查抽样中，地区29个街镇共抽调150个居（村）委会参与调查，总调查户数达6000户。

（李华亭）

【全国交通安全日主题宣传】 12月2日，海淀支队以"抵制七类违法，安全文明出行"为主题，在龙泉驾校交通安全教育基地设置主会场，在北京大学、毛纺路口、中坤广场等22处地点设置分会场，开展"12·2"全国交通安全日主题宣传活动。海淀支队、区文明办、区安监局、西北旺镇及驾校教练员代表和学生代表300余人参加主会场活动。活动期间组织全体人员观看交通安全3D警示教育片，提高大家安全意识。活动共发放宣传材料9000余份，受教育群众达6000余人。

（孙建军　李媛媛）

【解决上地南路拥堵难题】 区交通委组织实施系列改造工程解决上地南路拥堵难题，在上地东路、东一路加装交通信号灯；在上地南路新建公交港湾；在上地南路西口增设左转专用道；协调配合市交通委在上地南路铁路桥增设人行步梯。工程完工后，增加了道路通行能力，西段渠化改造实现机非车道分离。

（李华亭）

【净化行动集中攻坚】 年内，市公安局组织交管、治安，会同城管等多部门，在全市范围内开展燃油两轮摩托车、电动（燃油）三轮车违法整治净化行动。9月15日起，海淀区整合交通、治安、城管等执法力量，围绕7处挂账秩序乱点和锦绣大地等违法集中区域，在全区开展净化行动集中攻坚活动，强化两轮燃油摩托车、电动（燃油）三轮车违法乱象的管控。据统计，仅15日全天，全区共出动交通、治安、城管等执法力量600余人次，扣留两轮燃油摩托车、电动（燃油）三轮车扣车188辆、拘留6人。

（孙建军　李媛媛）

【交通组织管理】 年内，海淀支队围绕区域内16条拥堵路段，实行支队、大队领导、警区警长三级干部承包责任制，做到干部上路即上岗，发现问题即解决，对领导路面发现问题进行登记，定期进行排名通报，强化领导干部路面巡查责任。通过对堵点、乱点周边设施缺失、信号灯配不合理、交通组织不合理等开展专项排查治理，提升道路通行能力。全年上报优化方案226处，批复89处，实施64处。对学校、补习班、旅游景点、商圈等重点地区拥堵原因进行分析，从完善交通防护设施、增派维护警力、挖潜周边停车资源等方面制定个性化疏导措施，共解决堵点（清华西门、学院桥等）、乱点（七一小学门前、学知桥下等）11处。调整高峰勤务模式，在原有26处岗位的基础上，调整增加岗位29处；在环路等集中拥堵路段设置岗位15处；将摩托车、清障车向高峰时段倾斜配置，共增加两轮摩托车10辆，警用清障车5辆上路，协调社会清障车4辆在环路桥区进行备勤，充实清障力量。完善道路交通事故快清快处，在高峰流量较大的重点桥区，增设4处二轮待勤处突点。按照"打破管界、就近处警"的原则，由支队指挥中心直接调动附近民警赶赴处置，节省处警时间，减少交通影响。

（孙建军　李媛媛）

【交通秩序整治】 年内，海淀支队将路面管理与舆情动态、群众呼声、交通事故结合，动态调整阶段性路面执法重点，实施精确执法和高效管理。建立健全联勤联动工作机制。针对旅游景区季节性拥堵、道路两侧违法停车、繁华路口秩序有待加强等问题，实施重点管理，支队共组织出动交通秩序维护人员2800余人次。对住地、公园景点、商圈、公交枢纽、重点大街等周边开展停车秩序专项整治，对路侧长期停放废旧机动车辆进行集中清理，对无人认领67辆废旧机动车辆进行拖移。全年处罚路面现场违法行为247748起（同比上升40%），其中处罚货车129422起（同比上升34%）、酒后驾驶1538起（同比上升38%）、摩托车1700余起、拖移车辆476辆、拘留315起，违法停车378275起（同比上升28%）。

（孙建军　李媛媛）

【占路施工监管】 年内，海淀支队共计审批各项占路施工385项，其中市交管局审批283项，海淀支队审批102项。召开施工单位安全教育会6次，开展检查28余次（其中夜查8次），发现未办理占路施工手续违法施工、超范围施工、施工现场安全防护不到位等问题26起，下发整改通知书11份，暂扣施工机械4件；发现解决道路坑洼问题40余处，完成抢险安全维护26次。

（孙建军　李媛媛）

【拓展二号、三号、四号行动】 在市组织的拓展二号、三号、四号行动中，海淀支队在完成市交管局部署环路卡控岗的基础上，结合管界实际，自主在违法重灾区动态设置卡控岗位，联合区治安、城管等部门，对货车遗撒、闯禁行，电动（燃油）三轮车、走应急车道等违法行为开展集中歼灭行动；同时，会同区城管、住建委、市政市容委对违法施工工地开展堵门行动，主动约谈施工工地20家，实现源头综合治理。

（孙建军　李媛媛）

【交通安全大检查】 年内，海淀支队组织5821家单位开展交通安全大检查，检查机动车13万辆次，对存在安全隐患的5804家单位发放责令限期整改通知书，对2498家单位采取禁止机动车上路行驶措施。开展3次大规模隐患排查，共排查出道路交通安全隐患25处，事故黑点1处，全部治理完毕。

（孙建军　李媛媛）

【规范路侧停车】 年内，新增区属协管员800名，配置20辆专用清障车，100套违法停车及时拍设备，规范路侧停车管理。落实"一车位一编号"，完成市运管局备案的停车位10126个施划。海淀支队会同区交通委重新梳理，新增3000余个停车资源；会同相关单位对管界具备施划条件的玉泉路（阜石路至复兴路）、通汇路等10条道路，通过压缩机动车道宽度或消减机动车道方式，施划停车泊位。确定符合单行单停条件的有双榆树、马甸冠城园、大慧寺等9片区域21条道路，在其中9条道路实施区域单停单行，新增停车泊位385个。海淀支队会同区交通委、属地街镇，初步确定居住区周边170条道路，通过道路资源时间转换方式，实施限时停车措施，缓解部分居住区周边停车难问题。

（孙建军　李媛媛）

【节假日交通运输保障】 春运期间，海淀管理处出动137人次，入户检查61户（站）次，其中检查轨道交通41站次；检查公交运营企业及枢纽7户次；检查出租企业13户次；特别加大对重点企业、地铁换乘站、西苑公交枢纽、重点公交场站的监管。清明节期间，对辖区万安、金山、温泉公墓周边公共交通运营秩序、停车场秩序进行巡查。以节前安全检查与节日期间安全巡查相结合的方式，组织辖区各运输行业中秋节、国庆节期间的运输服务保障，出动检查及巡查人员247人次，检查和巡查公共交通企业118户（站）次。香山红叶节期间，安排工作人员于高峰日到摆渡车停车场、区间车停车场、北宫门地铁站现场巡查。节日期间，各行业运营秩序平稳有序，运力充足。

（曾天）

【勘验公交调整线路】 年内，海淀管理处对北京公交集团拟调整公交线路进行实地踏勘12次，涉及新开及调整线路38条。其中，全线撤销线路2条，优化分段线路7条，消减重复路段线路13条，路由调整优化线路16条。勘验涉及道路宽度、交通管控、客流走向、居民密度、沿途设站、公交场站及替代线路等，结合勘察情况提出属地管理意见反馈给北京市交通委员会运输管理局公交处。

（曾天）

【水上安全监管】 年内，海淀管理处在节假日期间，对辖区游船开展水上安全巡查，重点检查各项安全规章管理制度和应急预案的制定落实和完善、救生消防设备的配备、救生艇巡航、人员（船员、救生员）持证上岗、码头安全设置、船舶签证和船检证书、船舶适航以及是否超载运营等。共检查126户次（紫竹院公园、玉渊潭公园、颐和园公园、圆明园公园、京城水系、中和汇智），检查船舶6584艘次（其中自航船舶726艘次、非自航船舶5858艘次）。签发《水上安全检查通知书》126份，其中限期整改8份，均整改完毕。

（曾天）

【交通行政管理】 年内，海淀管理处共接件9331件，受理9331件，办结9614件，批量9507件（含许可、不予许可及2013年受理本年批准的事项），承办中为182件（其中95%以上为从业人员申请事项），完结率为98%，咨询24359次，发放各类证件共21269个。换发889个旅游包车证，换发3107辆车的出租营运证，换发新版从业资格证4439个，180辆货运车辆和232辆国内旅游车辆加装卫星定位系统。

（曾天）

【货运企业考核】 年内，海淀辖区参加2014年度质量信誉考核工作的货运企业共151家，其中获得AAA级（优秀等级）76户，AA级（良好等级）69户，A级3户，B级3户。

（曾天）

【租赁企业考核】 年内，海淀辖区共有汽车租赁企业131家，其中本年度应考评企业52家，实际考评企业52家，未考评企业79家（因备案期短未考评的企业14家、未开展经营的15家、无车未考评企业48家、企业退出未考评的2家），有4家获得优秀等级，7家获得良好等级。

（曾天）

【租赁小客车指标配置】 年内，3家企业参加上半年租赁小客车指标申报，共申请纯电动租赁小客车260辆，经审核配置260辆。26家企业参加下半年租赁小客车指标申报，共申请纯电动租赁小客车3140辆、普通汽油车1710辆，经审核配置纯电动车260辆、普通汽油车140辆。

（曾天）

【机动车维修企业考核】 年内，海淀管理处对在全市行政区域内取得机动车维修经营许可，且截止到2013年12月31日经营期满一年的一、二类汽车维修经营者和专项维修的三类经营者进行考核。对经营资质、安全生产、维修质量、服务质量、环境保护、遵章守纪和企业管理等方面进行综合评价。评定：一类汽车维修经营者（105家）评为AAA企业67户、AA企业24户、A企业12户、B企业2户；二类汽车维修经营者（189家）评为AAA企业16户、AA企业25户、A企业117户、B企业31户；三类专项维修的经营者（37家）评为AA企业10户、A企业19户、B企业8户。

（曾天）

房屋管理

【概况】 海淀区房屋管理局(副处级)挂住房保障和改革办公室牌子，由海淀区住房和城乡建设委员会管理，是负责海淀区房屋行政管理、住房保障和住房制度改革的政府部门管理机构。所属事业单位14个，其中13个全额拨款事业单位，1个自收自支事业单位。

2014年，完成住保、物业管理、房屋产权登记、房地产中介行业管理、普通地下空间综合管理、房屋安全等房管工作任务。

（李春然）

【北京市海淀区房屋土地经营管理中心】 北京市海淀区房屋土地经营管理中心为自收自支事业单位，下属10个单位。

直管公房管理。直管公房面积162.7万平方米，实收租金面积38.4万平方米。完成首医大三幢住宅楼非经营性资产移交接管，接管面积8167.6平方米。完成租赁变更审核27件。处理涉及直管公房拆迁房屋的认定及补偿，达成拆迁协议2份。协调处理涉及直管公房租赁行政诉讼5件次。完成87部电梯及26处泵房的检查及日常维修保养，完成31部电梯大修，开展安全检查24次，举办演习6次。三虎桥首体宿舍搬迁居民的安置房屋竣工。

供暖工作。直管供暖面积282万平方米，管理锅炉房29处。接管健翔园和圆明园花园别墅2处锅炉房，供暖面积15万平方米。供暖收费综合收缴率91%。完成苏家坨保障房小区燃气锅炉房的运行、维修、收费等工作。

公租房筹集和管理工作。共筹集社会存量房源923套，其中完成整修332套，未实施整修591套，未支付费用并需要解决整修资金的637套。完成房源配租11批次，共120套。对463套自筹房源正式实施后期管理。办理入住手续120户，续租84件，换房4件，退租37件。

锅炉房煤改气工程。完成知春里锅炉房煤改气工程的后续收尾工作，完成二里庄锅炉房煤改气工程前期筹备工作。

节能改造。落实节能改造工程任务的收尾工作，9个标段（包括永定路1号院、甘家口小区、吴家村10号院、万寿寺北里、蓟门里小区、索家坟、志新村、双榆树东里等小区）完成验收。

老旧小区综合整治。对所涉及的牡丹园、二里庄、志强园等小区内供暖管线实施改造，安装热计量表，涉及60万平方米供暖面积。

简易楼改造。继续推进羊坊店勘测处宿舍楼，万寿寺北里1、2号楼，翠微路6号楼等简易楼改造项目。

棚户区改造。区房地中心配合区住建委、征收办及国盛房地产评估有限公司开展棚户区改造及环境整治工程，提供改造范围内房屋管理清册，将直管房屋情况统计到户。

经营管理。审核出租房屋合同37件次，对使用用途、租金、租期、房屋安全、权属等情况进行联合审查。推进万科朗润园BOT项目，完成锅炉房设备的采购安装和燃气、电器工程，并通过验收。

改革转企工作。成立区房地中心事业单位改革领导小组。区房地中心改革转企实施方案经第114次区政府常务会、区委全面深化改革领导小组第三次全体会议审议通过。

北京市海淀区房屋土地经营管理中心下属单位一览表（10个）

序号	单位名称	单位地址	电话	邮编
1	北太平庄分中心	海淀区新外大街文慧园1号	62273753-8024	100088
2	甘家口分中心	海淀区甘家口20号	68325258	100037
3	海淀分中心	海淀区苏州街77号院锅炉房	62656818—204	100080
4	双榆树分中心	海淀区双榆树东里甲20号楼	62101580	100086
5	志新分中心	海淀区牡丹园西里1号楼3门101	82082451	100083
6	海淀区供暖和楼房设备管理中心	海淀区志新西路14号	62323502	100083
7	北京惠恒基物业管理中心	海淀区吴家村路10号院10号楼一层	63421379	100073
8	海淀区测绘队	海淀区双榆树东里15号	82115634	100086
9	海淀区房地产交易所	海淀区双榆树北里甲22号楼306	62639722	100086
10	北京海房物业管理中心	海淀区甘家口12号楼	88361595	100037

（徐意）

【保障性住房配租配售】　年初，区房管局完成海淀区保利芳园经济适用住房项目意向登记、摇号配售及选房。年内，完成海淀区第九至第十一批公共租赁住房及第七批廉租实物住房的意向登记、摇号、选房。6月20日至7月10日，进行北京市房山金地朗悦等7个公租房项目的意向登记及复核。12月17日至30日进行海淀区中国铁建环保嘉苑自住型商品住房的申购登记和资格审核。

（陈欢）

【住房补贴管理】　年初，区房管局会同区财政局、北京住房公积金管理中心海淀管理部联合出台《关于海淀区机关事业单位职工住房补贴常态化管理工作中人员、金额等变更事项有关办理问题的通知》，规范全区住房补贴常态化管理。对职工住房补贴情况复杂的机关事业单位进行专题培训，涉及单位300余家、1800余补贴工作人员参加培训。落实部队自主择业转业干部的住房补贴发放审核。为70余家一级预算单位办理住房补贴变更备案业务900余件，涉及职工人数1.2万余人。截至年底，累计审核发放近5万人，初次补贴金额近30亿元。

（蔡新颖）

【集体土地房屋初始登记】　1月8日，区房管局完成东升农工商总公司和东升锅炉厂申请的坐落于海淀区西小口路66号共4幢房屋的初始登记发证，建筑面积35798.52平方米，规划用途为办公和厂房。至此，东升科技园的11幢集体土地房屋具备房屋所有权证。8月1日，完成东升科技园11幢房屋的抵押登记业务，建筑面积共计73699.65平方米，总融资额5亿元，为东升科技园的升级改造和扩大招商引资创造条件。同时，使农村集体房屋从资产变为资本，为农民增加财产性收入开辟一条新路。

（曹晓玮）

【房屋信息化管理】　12月，海淀区房屋全生命周期管理系统中的房屋管理综合平台、咨询投诉平台完成系统开发建设。房屋管理综合平台系统业务数据512千兆字节，总表数1816个。建立房屋基础数据库，房屋总建筑面积1.4亿平方米、总幢数24602幢、房屋图元数24728个、总户数961452户。咨询投诉平台共接收来电来件74640个，其中直接由平台接收来电来件63047个，占比84.4%，其他11593个由“96181”（包括市非紧急救助中心、政风行风热线、政府微博）转入，占比15.6%。咨询61842个，投诉12798件，同比增长27.76%。其中咨询同比增长13.79%，平均受理时间8分钟/个；投诉同比增长133.2%，平均办结时间4.9天/件。

（曲晓英）

【保障性住房租金补贴】　年内，区房管局开展公共租赁房租金补贴的审核及发放，为苏家坨C02（同泽园西里）、远洋沁山水、京原家园、唐家岭趸租房源等12个公共租赁房项目中符合条件的1568户保障性住房申请家庭发放租金补贴累计1066万余元。为1156户市场化租赁补贴的签约家庭发放租金补贴累计1545万余元；为筹集社会存量房源签约家庭发放租金补贴累计152万余元；为1007户廉租住房租金补贴申请家庭累计发放715万余元。

（闫雪南）

【住房保障资格审核】　年内，区房管局受理并审核保障性住房新申请家庭4246户，完成市级备案1683户；受理审核廉租租金补贴新申请家庭625户，完成市级备案162户；完成各类型保障性住房变更2280户。完成廉租实物住房复核1241户，完成入住公租房的廉租家庭复核225户；廉租租金补贴发放复核8902户，发放廉租租金补贴共计714.6万余元。配合市住保办进行自住型改善性商品住房复核700户；进行海淀区筹集社会存量房源租赁复核283户。

（陈欢）

【住房保障资格专项核查】　年内，区房管局组建住房保障专项核查工作领导小组，对现有廉租住房、经济适用住房和限价商品住房轮候家庭的住房等情况进行专项核查。完成房产核查2.8万户家庭，核查出问题家庭6100户，其中2167户问题家庭进入核查取证阶段。

（陈欢）

【公共租赁住房筹集】　年内，通过前沙涧、温泉太舟坞地区农民回迁安置房趸租，筹集房源1862套，其中前沙涧地区农民富余定向安置房房源667套，温泉太舟坞农民富余定向安置房房源1195套；通过市场化模式筹集房源552套。通过面向保障家庭组织第九批、第十批、第十一批，共三批次公共租赁住房意向登记累计配租房源4785套。

（李炳倩）

【房屋登记】　区房管局全年受理各类房屋登记业务97792件，其中：所有权登记56151件，抵押权登记40944件，预告登记56件，其他登记641件；办理加密业务2927件。受理中央国家机关在京企事业单位房改售房登记4952件，北京市企事业单位房改售房登记1696件。

（刘宇思）

【房地产经纪机构管理】　年内，区房管局办理房地产经纪机构备案70家，变更（重新）89家；新设立分支机构76家，变更（重新）125家。海淀区房地产经纪行业动态监管系统自2013年11月29日运行至2014年年底，共采集房地产经纪行业人员11079人，其中仍在继续从业的8693人；系统分8批公示曝光32家不法经纪机构。全年共发放经纪人员信息卡5353张。主动依职权注销在经纪机构核查和群租房整治中发现的离开注册地经营且无有效联系方式的11家经纪机构资质备案。

（曹翊坤）

【房屋档案管理】　区房管局全年接受各类房产档案查询35526次，受理查封登记4822件。调取各类物理档案52158卷，新增入库档案87601卷，档案中心库存档案1254142卷。完成违建房屋限制213件，为城管部门提供查询300余件。在购房资格审核中，将全市各区县房屋权属登记档案纳入房产审查范围。区房管局配合市住建委核实历史档案的房产信息，办理档案核实209件。受理京籍人员外省市购房查询北京市房屋登记信息服务1028件。

（李梦頔）

【城镇房屋安全检查】　年内，区房管局共检查城镇房屋6165万平方米、电梯6878部、水泵4776台、避雷系统6575个，检查私房78万平方米、5557户、52211间，并建立台账。

（王璐）

【房屋销售】　年内，区房管局共完成预售许可初审23件，监管预售资金59.86亿元；为38个项目办理现房销售确认70件，涉及面积55万平方米；办理合同注销70件，涉及房产81套；完成在建工程抵押协办相关业务10件；完成企业资质会签40件。商品房销售94.7万平方米，完成指标的105%。

（杨丽雅）

【房屋鉴定】 年内，区房管局完成北京市老旧房屋建筑抗震节能综合改造项目中34幢住宅楼的鉴定。完成中科院中关村南区，中国地质大学（北京）西区，北京大学蔚秀园、燕东园、承泽园北区等三片老旧平房区建筑物的鉴定。受核工业第二研究设计院委托，对海淀区马神庙1号院9幢楼房的房屋建筑安全（含抗震）进行鉴定。对海淀区温泉敬老院1～8号房进行房屋建筑安全鉴定。履行中标的北京市海淀区学校后勤管理中心房屋鉴定的技术服务合同，完成北医附小、北京市第三聋人学校、北京市海淀区学府苑小学、北京市翠微中学、北京矿业学院附属中学、首都师范大学附属中学、北京市海淀区永丰实验学校7个项目的安全鉴定。对海淀区山后北部新区实验幼儿园、苏家坨镇幼儿园等幼儿园的教学用房进行房屋建筑安全（含抗震）鉴定。参与海淀区综治办等相关部门组织开展的关于海淀区未经审批小幼校园用房安全的整治。完成中国科学院计算机网络信息中心、潘庄、海淀南路12号楼3、4、5幢等拆迁遗留项目房屋的鉴定。参与编制北京市住建委组织的《房屋建筑综合安全性鉴定标准》及《房屋修缮工程定案与施工质量验收规程》两项北京市地方标准。完成北京市住建委相关部门建立《北京市房屋安全鉴定知识库》的4个技术标准和法规的考试大纲和试题的编写。区房管局房屋安全鉴定站被中国物业管理协会房屋安全鉴定委员会评为“2014年全国房屋安全鉴定工作先进单位”。

（赵蕙）

【房改售房 58万平方米】 年内，区房管局共为242家单位办理房改售房6337套，面积58.1万平方米。其中，中央单位房改售房备案158家，房屋5030套，面积48万平方米；市属单位房改售房备案70家，房屋1150套，面积9.1万平方米；区属单位房改售房方案审批14家，房屋157套，面积9660平方米。

（蔡新颖）

【房屋管理行政执法】 年内，区房管局对辖区内商品房销售项目、经纪机构、物业管理企业、地下空间、房屋安全等方面进行执法检查597次，接收移转案件35件，发放责令改正通知书31份，发放行政处罚决定书21份，行政处罚金额41.5万元。

（刘卓珊）

【物业管理】 年内，区房管局协调处理新起点嘉园、半山枫林、缘溪堂、慧科大厦等小区的矛盾纠纷。会同社会办等单位，摸排全区老旧小区情况。委托区物业协会就老旧小区自我服务管理专项课题进行研究，对学院路街道、北太平庄街道和八里庄街道三个试点街道的老旧小区自我服务管理进行跟踪观察与协调，形成《海淀区关于开展老旧小区自我服务管理试点工作的实施意见（试行）》，于12月22日以区政府名义印发。截至年底，地区从事物业服务的企业769家（在地区登记注册物业服务企业528家，其中一级企业31家、二级企业71家、三级企业415家，三级暂定11家；外区登记注册在地区管理项目的物业服务企业241家），地区物业管理项目1363个，物业项目总建筑面积9657万平方米，其中居住类6322万平方米，非居住类3335万平方米，全区物业从业人员近20万人。海淀区实施物业管理的项目完成业主大会组建的物业项目共203个，占全市的18.5%。

（孙璐）

【普通地下室管理】 年内，区房管局重新备案普通地下室43家。坚持日常巡查与专项检查相结合的方式，每周进行1～2天日常巡查，重大节假日、“两会”期间开展专项安全隐患排查。共检查普通地下室3126处次，约谈管理单位36家，责令整改3处，处罚2处。清理散租住人的小区普通地下室40处，清退人员3270人。

（曹翊坤）

【行政诉讼与复议】 年内，区房管局共收到行政诉讼初审30件，二审、再审和最高人民法院提审22件，行政复议15件。其中驳回起诉6件，驳回诉讼请求3件，原告撤诉3件，撤证（无责）2件，发回重审2件，二审维持5件。

（刘雁文）

【信访与信息公开】 年内，区房管局共接待群众来访289批次、445人次，其中集体访9批次、57人次；接听来电咨询和投诉410人次；受理群众来信576件次（包括房管局直收、上级转办交办，含市长信箱、区长信箱）；咨询投诉平台共受理群众投诉11363次，受理依申请政府信息公开114件，通过外网向社会公布房管局政府信息公开情况报告；报送信访维稳情报信息71期；报送应急快报7期；组织实施房管领域重点矛盾纠纷排查8次，排查上报重点矛盾纠纷9件次。

（刘雁文）

房屋征收

【概况】 2014年，海淀区启动学院路北端、夏家坟、苏州街站一体化、北京大学内平房搬迁、一亩园环境整治、中关村东区6个征收拆迁项目，清理完成沙窝九条环境整治、北航西门外环境整治、太平湖地铁北转河三角地—“城中村”环境整治、北京交大附小迁建、一亩园公交枢纽、畅茜园五期、清林园桥、首都师范大学幼儿园工程、南水北调配套工程东水西调改造工程、北部上庄镇河北村、星竹园住宅等征收项目，完成住宅12179户、非住宅234个，总建筑面积1414249平方米。

（高传辉）

【推进3个征收项目】 年内，魏公村北区项目确定搬迁模式；中关村东区改造建设项目召开搬迁工作动员会，北部一期工程改造建设工作计划完成拟定，并进行拆迁、评估招投标工作；人大附中项目进入补偿决定阶段，并申请法院强制执行程序。

（高传辉）

【城中村项目】 2014年重新启动10个遗留城中村项目，清理完成6个城中村项目，完成住宅105户（占“城中村”项目拆迁任务的94%）、非住宅7个单位的拆迁补偿安置，拆除房屋建筑面积约1.1万平方米，完成固定资产投资约5.17亿元。市、区领导和人大代表关注的沙窝九条环境整治项目和太平湖地铁北转河三角地（一）环境整治项目，按照拆违拆迁相结合的方式完成搬迁；潘庄国管局地块项目整体完成。

（高传辉）

【安置房源代购及使用情况】 年内，海淀区有可支配房源五处（瑞旗家园、清河小营世华龙樾、吴家场、和泓四季、清河福美苑）。共签约258套、面积18990.94平方米，分配安置房223套、面积16007.15平方米,剩余安置房1140套、面积85542.82平方米。支付代购安置房款约3.23亿元，回款1.68亿元，可用额度约0.85亿元。

（高传辉）

【服务四类搬迁项目】 年内，服务“三山五园”建设及市容改善，学院路北端项目拆迁305户，一亩园环境整治项目完成全部入户工作。服务北部地区村庄腾退，做好北部地区国有土地上住宅和非住宅的搬迁补偿工作。服务于学校等公益领域建设和改善工作，完成北交大附小迁建项目，缓解周边近2000名适龄儿童就近入学的难题；北京大学平房区搬迁项目完成71%。服务于危旧房改造简易楼改造工作，拆除林业大学3幢简易楼、航天二院1幢简易楼及首都师范大学幼1、2号楼。

（高传辉）

【拆迁拆除工地环境整治专项行动】 年内，区房屋征收办公室开展拆迁拆除工地环境整治专项行动，建立57个拆迁、腾退和开发项目的分类整治台账，并建立一对一联络检查表，检查拆迁工地10轮次，发现处理问题20余件。累计垃圾渣土清运约7.5万立方米，围挡搭设约1.1万米，苫盖滤网约8万平方米，广告展板1万平方米，完成拆迁拆除工地环境整治任务目标。

（高传辉）

城管执法监察

【概况】 海淀区城市管理综合行政执法监察局（简称区城管执法监察局）行使12个方面、392项行政处罚权和7项行政强制措施。下设32个队，其中直属执法监察队3个、督查队1个、地区执法监察队28个。

2014年，区城管执法监察局完成全国文明城区创建、APEC会议服务保障等重点任务，查处各类违法行为2.1万起、罚款1875.22万元，获得市城管执法局环境秩序以奖促治专项奖励最高等次；拆除违法建设1610处、163.58万平方米。在市严厉打击违法用地违法建设专项行动年终绩效考核中，海淀区综合考评成绩获得满分。

（乔东升）

【拆除百米高空违建】 6月20日，区城管执法监察局会同区公安分局、区消防支队、紫竹院街道办事处等部门，依法对海淀区韦伯时代中心C座23层楼顶1629.60平方米违法建设进行拆除。由于该违法建设位于近100米高空，又主要是钢架结构，为保证施工安全和进度，区城管执法监察局首次动用260吨重型长臂吊车进行高空作业。

（乔东升）

【开展“法制宣传志愿服务月”活动】 6月，区城管执法监察局开展“法制宣传志愿服务月”活动。高校执法监察队队员与清华大学志愿者服务总队志愿者在周末校园游高峰期间，清理校园周边散落的非法小广告2000余张，向游客宣传《北京市市容环境卫生条例》、《无照经营查处取缔办法》《导游人员管理条例》等法律法规，并发放校园游导游图册1000余份，为游客免费讲解清华人文历史40余场。甘家口执法监察队队员走进中海馥园社区，通过展板、讲解等形式，向居民宣传违法建设、无照经营、黑车等违法行为的危害，发放《致首都市民的一封信》等宣传材料300余份。北太平庄执法监察队与北太平庄街道办事处联合开展“做讲法制守秩序的好市民”主题法制宣传日活动，发放各种宣传材料2500余份，接待法律咨询50人，解答法律问题70个。

（乔东升）

【“城管法规大讲堂”进校园】 11月5日，区城管执法监察局万寿路执法监察队的执法人员到西翠路小学，给同学们讲解城市管理的有关法律法规，把“城管法规大讲堂”办到孩子们身边。执法人员结合执法现场掌握的第一手资料和亲身经历，通过展板形式，告诉同学们购买、食用路边无照摊商食品对身体健康的危害。

（乔东升）

【拆违163万平方米】 年内，区城管执法监察局开展严厉打击违法用地违法建设专项行动，拆除新生违法建设551处、7.86万平方米，基本实现“零增长”。将全国文明城区创建、拆迁腾退、老旧小区综合改造、安全隐患治理及领导批办所涉及的违法建设纳入专项行动，拆除既存违法建设1059处、155.72万平方米。青龙桥二河开城中村、东升镇莱圳家园18号楼楼顶等区域性违法建设难点问题得到解决，韦伯时代中心C座、天创宾馆、世纪嘉苑酒店、天兆家园1号楼等高空违法建设被拆除。全年共拆除违法建设1610处、163.58万平方米。

（乔东升）

【完成"创文"13项主责任务】 年内，区城管执法监察局围绕全国文明城区创建所涉及的13项主责任务，对264条主干道、非主干道、背街小巷等道路，619个大型商场（超市）、集贸市场、社区等点位，会同属地街镇和相关部门开展多项目、多角度、全方位的综合治理，开展"环境整治周"10次、"环境整治月"3次，迎接实地考察专项测评26次，以及"迎检查验收，大干一百天"专项行动，解决各类环境脏乱问题3600余个。

（乔东升）

【落实市区重点任务和折子工程】 年内，区城管执法监察局落实防控大气污染、查处施工工地扬尘和运输车辆泄露遗撒等市、区重点任务和折子工程，坚持"月专项、周联动、日监管"的管理模式，每周对问题多发路段开展渣土运输车辆专项执法，对违法行为实行高压整治、高限处罚，查处违规施工工地425起、违规运输车辆1289起。开展露天烧烤专项整治，重点治理市政府折子工程涉及海淀的11处点位和群众反复举报的492处高发点位，查处露天烧烤288起。开展非法小广告、黑车专项整治，查处非法张贴散发小广告2149起、打掏窝点16个、收缴34万张，停机处理非法小广告电话号码2979个；查处黑车497起。

（乔东升）

【重点地区环境综合整治】 年内，区城管执法监察局围绕全国"两会"、APEC会议、国庆65周年、重大节日、领导视察、大型演出等服务保障工作，加强重点地区、重点点位、主要大街及重点旅游景区、繁华商业街区等区域的专项治理和常态化管控，尤其是围绕APEC会议涉及的"五线两周边"（"五线"即长安街延长线、京藏高速、三环、四环、五环等主要途经路线；"两周边"即颐和园、圆明园周边），开展综合治理行动，清理整顿大型户外广告533处、699块。全年完成各类服务保障任务160次。查处无照经营7893起、违反"门前三包"管理规定1266起、违规户外广告牌匾标识5824起、违反燃气安全管理规定355起、违反餐厨垃圾管理规定382起、违反公共停车场管理规定41起。

（乔东升）

【综合行政执法监察】 年内，区城管执法监察局推进"四公开一监督"工作[①]，促进属地街镇和相关部门落实职责；组织开展"净化视觉环境百日整治"行动2次、联合执法1924次，拆除违规户外广告牌匾标识5007块，清理"山寨"指路牌570块；成立由城管、公安、交管组成的区级联合督导检查组4个，检查主要大街2150条、重点点位4300个；及时下发、转办《监管通知单》2315个，解决各类环境秩序问题9000余个；办理首都城市环境建设委员会办公室下发的《海淀区第八批至第十五批环境脏乱点台账》所涉及的问题，按时完成台账任务680个。

（乔东升）

【服务民生】 年内，区城管执法监察局办理市区人大代表建议、政协委员提案37件；办理市区领导批办件94件、区级督办件44件。办理市长信箱、区长信箱信访件346件，国家信访局、市区两级转办信访件408件；受理局长信箱信访件94件、群众来信来电313件，接待群众来访157批、191人次；受理依申请公开事项53件。办理96310城管热线71320件，及时率99.96%、办结率95.17%；办理区非紧急救助服务中心派遣件7011件，及时率、办结率均为100%；办理区信息化城市管理系统派遣件357548件，占全区总量的58.65%，占区属职能部门总量的83.55%，及时率97.57%、办结率99.81%。据市城管局"96310"城管热线受理情况统计，海淀区群众举报办理回访满意率达到84.56%。救助流浪乞讨人员42人。

（乔东升）

【"公众城管"建设】 年内，区城管执法监察局在《北京日报》等市级以上平面媒体刊发新闻140条，在《首都之窗》等网站刊发新闻214条，在《北京新闻广播》等电台播发新闻792条；在北京电视台等播出专题、新闻326条，在《城管视点》等栏目播出专题、新闻168条。编发的《城管监察简报》《"创文"专报》等信息，被市政府《昨日市情》采用60条、市城管局《城管要闻》采用115条、《区县动态》采用278条、区委区政府《海淀信息》采用78条。开展"城市文明加油站""城市管理志愿行"等社会宣传活动108次，参与志愿者5000余人次。

（乔东升）

•案例选辑•

【知名餐饮企业违规被罚】 3月27日和4月9日，区城管执法监察局直属执法监察二队在餐厨垃圾收集、运输情况执法检查中发现，北京肯德基有限公司将其在海淀区57家餐厅的餐厨垃圾和北京必胜客比萨饼有限公司将其在海淀区32家餐厅的餐厨垃圾交由北京盛士达保洁服务有限公司收集、运输，并提供北京盛士达保洁服务有限公司"从事城市生活垃圾（餐厨）经营性收集、运输"的《北京市市政市容管理委员会行政许可决定书》复印件。经核实确认，北京盛士达保洁服务有限公司2007年9月27日从北京市市政市容管理委员会所取得的行政许可决定书，明确其经营范围仅限于从事生活垃圾的收集、运输服务许可，无从事城市生活垃圾（餐厨）经营性收集、运输资质。依据《北京市生活垃圾管理条例》之相关规定，区城管执法监察局对北京肯德基有限公司、北京必胜客比萨饼有限公司未按规定收集、处理餐厨垃圾的行为，各处以罚款5万元；对无资质单位北京盛士达保洁服务有限公司擅自收集、运输餐厨垃圾的行为处以罚款10万元。

（乔东升）

【跨区查处储存非法小广告窝点】 3

---

① "四公开、一监督"工作：北京市政府强化社会监督、提高城市管理效能的一项举措。基本内容包括：公开城市管理责任部门；公开责任部门的执法职责和查处标准；公开责任部门的城市管理网格化机制及责任人；公开责任部门城市管理执法数据；成立市、区两级环境秩序联合督导组，对环境秩序管理工作进行监督。

月，区城管执法监察局万寿路执法监察队在执法检查中发现，有人常在海淀区五棵松地铁站C出口擅自散发“京西狮子城”楼盘售楼小广告，无审批手续。经查，擅自散发“京西狮子城”楼盘售楼小广告的组织者为办公地址在丰台区六里桥的涿州京旭通房地产开发有限公司北京客户中心。3月21日，区城管执法监察局万寿路执法监察队会同万寿路派出所，联合对涿州京旭通房地产开发有限公司北京客户中心“京西狮子城”楼盘售楼处进行执法检查，现场查获并先行登记保存尚未散发的“京西狮子城”楼盘售楼小广告4万张。4月10日，区城管执法监察局依据《北京市市容环境卫生条例》之相关规定，对涿州京旭通房地产开发有限公司处以罚款1万元，对尚未散发的4万张“京西狮子城”楼盘售楼小广告予以没收。

（乔东升）

邮政

【概况】 北京市海淀区邮电局是北京市邮政公司（以下简称市公司）直属的二级邮政通信企业，担负着海淀行政区域中东至德外大街，南至德胜门西大街，西至蓝靛厂北路，北至成府路区域以外的358.5平方千米范围内的邮政通信服务工作，覆盖海淀区的大部分辖区。区局下属14个邮电局、83个邮电所及商函分局、邮票公司、代理金融业务分局、报刊发行零售分局、电子商务分局。2014年完成业务收入43999万元。

（郝建秀）

【邮政机构调整】 4月1日，市邮政公司进行体制机构改革，海淀区邮电局管辖内的中关村邮电局、双榆树邮电局和北太平庄邮电局划出，共计406人，另组建成为北京市中关村邮电局。北京市西区邮电局所属的万寿路邮电局、会城门邮电局、永定路邮电局和紫竹院邮电局划归为北京市海淀区邮电局管辖，共计452人。北京市投递局海淀区第一投递局、北京市投递局海淀区第二投递局回归北京市海淀区由各支局管理，共计866人。调整后北京市海淀区邮电局共有职工2572人，其中正式工1264人，大专及大专以上学历1082人，管理人员122人。

（郝建秀）

【《红楼梦》特种邮票首发】 6月20日，由著名画家戴敦邦设计的《中国古典文学名著——〈红楼梦〉（一）》特种邮票首发仪式在北京植物园曹雪芹纪念馆内的红楼梦邮局举行。特种邮票1套4枚，小型张1枚，这是中国邮政继1981年发行的《红楼梦——金陵十二钗》特种邮票之后，再次发行红楼梦题材邮票。特种邮票内容分别为贾母接外孙女、乱判葫芦案、刘姥姥见凤姐、金锁合通灵，小型张内容为梦游太虚幻境，全套邮票面值为11.1元。

（钟冷）

【邮政业务】 年内，区邮电局函件累计收入7152万元，其中，开发同城高端小包寄递平台收入336.28余万元。集邮累计收入14236万元。代理金融累计收入12177万元，其中，代理保险收入772万元，完成进度的128.3%。报刊发行累计收入4412万元，累计净增流转额1.23亿元，参与图书馆公开招投标14家、中标12家，一体化配送图书馆达35家。电商分销业务收入842万元，短信业务收入384.6万元。

（郝建秀）

【邮政基础设施建设】 年内，完成西翠路邮政所开业、世纪金源邮政所停业迁址等四处设施开闭所工作。完成通厦邮政所、翠微大厦邮政所等13个网点的装修改造。签订八家嘉园等居住区统建配套协议。完成红楼梦邮局项目。完成大学生、复转军人包裹收寄等设备支撑保障工作。完成各金融网点投资计划设备发放，并解决18个新划归金融网点、1个新开金融网点办公网及相关业务管理网络问题。解决11个独立办公地点投递部接入外网问题。

（郝建秀）

【邮政管理】 年内，区邮电局采取“零基预算、定额标杆”方法编制全年预算，首次给专业局下达专业利润目标。组织3次邮政业务综合检查、3个专项检查，对支局所服务质量日常和专项检查332次。各类出口邮件综合合格率为98.57%，同比上升0.12%；用户服务满意度94.43分，同比提高2.27分。组织安全培训7次，参加260人次；组织安全综合检查、专项检查5次，检查网点180次。未发生安全生产责任事故、重大火灾爆炸事故、邮件安全案件和重特大治安案件，重点人员无失控失管情况发生。

（郝建秀）

【专项主题营销】 生肖文化季项目。策划马年邮票首发仪式和生肖主题文化集邮展览等，实现收入700万元。

“两会”服务。为人大代表、政协委员提供优质服务，实现业务收入900万元。

同城高端小包项目。与聚美优品开展合作，开发BTV、中石化、中粮等同城高端小包寄递项目。

校园市场开发。设计北京大学邮局APP手机终端，应用到大学毕业生包裹收寄、新生入学等项目中。推出2014开学典礼纪念封，与4所高校内纪念品商店签订明信片代销协议。

颐和园明信片项目。开发颐和园系列明信片5万枚，形成收入9万余元。

众筹邮驿项目。与众筹网建立战略合作，成立“众筹邮驿”，首批推出50万套明信片。

《中华孝道（一）》特种邮票首发活动。联合海淀区曙光街道、西三旗街道、清河街道共同举办《中华孝道》特种邮票首发仪式，创收200万元。

参与国庆游园活动。在玉渊潭公园开展《把美丽海淀寄出去》邮政文化主题活动。开展“旅游风景系列”“中国梦系列”等主题邮展，创收10余万元。

2014重阳节金婚夫妇相聚凤凰岭公益活动。与凤凰岭自然风景公园共同主办“金色见证 一世约定”——2014重阳节金婚夫妇相聚凤凰岭公益活动。设计制作纪念明信片及纪念戳，创收10余万元。

全球鲜果邮送健康项目。采取分层次营销、网络宣传、品鲜会等渠道宣传，共销售鲜果卡139张，创收77.8万元。

“联购网”项目。利用邮政网点资源，整合电商、商函业务，打造“联购网”新型发展模式，在各网点布置展柜290组，为居民提供网络订购、免费配送系列便民、惠民服务。首发产品山东章丘大葱配送服务销售章丘大葱4820盒。

（郝建秀）

【主题邮局】 红楼梦邮局。5月30日，红楼梦邮局在曹雪芹纪念馆挂牌营业。开发红楼梦主题系列产品，参与曹雪芹艺术节、红迷嘉年华等活动，红楼梦邮局产品累计创收200余万元。

太空邮局。与航天科研单位洽谈，加强太空邮局品牌知名度建设，建立太空邮局旗舰店。

爱情邮局。参展中国婚博会，爱情主题邮品受到用户的关注和好评。在永定路支局设立爱情邮局旗舰店。

爱心邮局。共收寄“爱心包裹”169493件，实现收入136.2万元。

心香邮局。与香山公园合作，在园内开展红叶节主题营销活动，创收10余万元。

未来邮局。10月10日，在大栅栏琉璃厂传统文化街区举办未来邮局“大栅栏琉璃厂梦想驿站”落成揭幕暨“中国集邮文化季”珍品邮票品鉴活动。

（郝建秀）

【海淀区邮政支局（所）名单】 2014年，经调整后，海淀区邮电局下属14个邮政支局、83个邮电所。

序号	局所名称	所号	营业时间	休息日	邮政编码	经办业务	地址	备注
1	魏公村邮政支局	81	9:00–18:00		100081	邮政	中关村南大街17号	
2	理工大学邮政所	598	9:00–17:00		100081	邮政、储蓄	中关村南大街5号理工大学学生宿舍楼15号	
3	中央民族大学邮政所	559	9:00–17:00		100081	邮政、储蓄	中关村南大街27号中央民族大学院内	
4	皂君庙邮政所	558	9:00–17:00		100081	邮政、储蓄	海淀区皂君庙14号院9号楼	
5	北京交通大学邮政所	290	9:00–17:00		100044	邮政、储蓄	海淀区北京交通大学院内上园村3号	
6	学院路邮政支局	83	9:00–18:00		100083	邮政	成府路17号	
7	北京航空航天大学邮政所	369	9:30–17:00		100191	邮政、储蓄	学院路37号	
8	北京医科大学邮政所	370	10:00–17:00	六、日	100191	邮政	学院路38号	
9	花园东路邮政所	371	9:30–16:30	日	100191	邮政、储蓄	花园东路8号	
10	塔院邮政所	372	9:00–17:00	日、一	100191	邮政	塔院迎春园8号楼	
11	林业大学邮政所	373	10:00–17:00		100083	邮政、储蓄	清华东路35号	
12	语言学院邮政所	552	10:00–17:00	六、日	100083	邮政	学院路15号	
13	二里庄邮政所	565	9:00–17:00		100083	邮政、储蓄	二里庄53号	
14	农机学院邮政所	566	9:00–17:00		100083	邮政、储蓄	德外北沙滩1号	未划转出
15	科技大学邮政所	570	9:00–17:00	日	100083	邮政、储蓄	学院路30号	
16	世宁大厦邮政所	586	9:00–17:00	六、日	100191	邮政	学院路35号	
17	大运村邮政所	585	9:00–17:00	日、一	100191	邮政	知春路29号7号楼一层	
18	金尚嘉园邮政所	587	9:00–17:00		100191	邮政、储蓄	海淀区花园路东路甲2号院4号楼	
19	牡丹东里邮政所	596	9:00–17:00		100191	邮政、储蓄	花园北路乙28号院内	暂停
20	五道口邮政所	368	10:00–17:00	日	100083	邮政	五道口邮局宿舍	暂停
21	清华大学邮政支局	84	9:00–17:30		100084	邮政、储蓄	清华大学院内	
22	体育大学邮政所	375	9:00–11:30 13:00–16:30	日	100084	邮政、储蓄	体育大学校内	
23	紫荆公寓邮政所	357	9:00–16:30	六、日	100084	邮政	清华大学紫荆公寓服务楼内	
24	清河邮政支局	85	9:00–17:30		100085	邮政	清河三街90号	
25	空研大院邮政所	393	9:30–16:00		100085	邮政、储蓄	西三旗空军研究院内	
26	安宁里邮政所	571	9:30–17:00		100085	邮政、储蓄	安宁庄路100号	
27	永泰邮政所	574	9:00–17:00		100192	邮政、储蓄	清河永泰小区2号楼	
28	清上园邮政所	583	9:00–17:00		100085	邮政、储蓄	清河三街126号	
29	宝盛里邮政所	591	9:00–17:00		100192	邮政、储蓄	宝盛里3号楼一层六号	
30	莱圳邮政所	562	9:30–16:00	一、五	100192	邮政	东升乡小营莱圳家园4号楼	

序号	局所名称	所号	营业时间	休息日	邮政编码	经办业务	地址	备注
31	领秀硅谷邮政所	594	9:30–16:30		100085	邮政、储蓄	海淀区西二旗西路2号院84号楼一层单元07	2014–2–18开业
32	上地邮政支局	92	9:00–17:00		100085	邮政	上地信息路19号	
33	苏州街邮政支局	89	9:00–18:00		100089	邮政	厂洼街2号楼	
34	车道沟邮政所	358	9:00–17:00		100089	邮政、储蓄	车道沟10号宿舍楼	
35	万泉庄邮政所	561	9:00–17:00		100089	邮政、储蓄	万泉庄12号楼底商	
36	北洼路邮政所	564	9:00–17:00		100089	邮政、储蓄	北洼路30号	
37	颐和园邮政支局	91	9:00–17:30		100091	邮政	圆明园西路49号	
38	西苑邮政所	381	9:00–16:30		100091	邮政、储蓄	西苑100号	
39	中央党校邮政所	382	9:00–17:00		100091	邮政、储蓄	大有北里100号	
40	厢红旗邮政所	383	9:00–17:00		100091	邮政、储蓄	厢红旗1号楼总参三部外	
41	国防大学邮政所	384	9:00–16:30		100091	邮政、储蓄	红山口国防大学院内	
42	玉泉山邮政所	396	9:00–16:30	一、二	100091	邮政	娘娘府1号	
43	邮电疗养院邮政所	397	9:00–16:30		100091	邮政	西苑挂甲屯5号	
44	天秀花园邮政所	580	9:00–16:30		100091	邮政、储蓄	天秀花园小区22号楼7号底商	
45	颐阳路邮政所	388	9:00–16:30	日、一	100091	邮政	海淀区黑山扈甲17号	
46	香山邮政支局	93	9:00–17:00		100093	邮政	香山北辛村55号	
47	四王府邮政所	386	9:30–16:00		100093	邮政、储蓄	香山厢白旗甲15号	
48	红旗村邮政所	387	9:30–16:00		100093	邮政、储蓄	香山红旗村5号	
49	西北旺邮政支局	94	9:00–17:00		100094	邮政、储蓄	西北旺付家窑36号	
50	农业大学邮政所	389	9:30–16:30		100193	邮政、储蓄	圆明园西路2号	
51	上庄邮政所	390	9:30–15:00	日、一	100094	邮政	上庄村商业街	
52	韩家川邮政所	391	9:30–15:30	日、一	100094	邮政	韩家川大院内	
53	颐和山庄邮政所	563	9:30–16:00		100094	邮政、储蓄	亮甲店永丰中路99号颐和山庄小区	
54	航天城邮政所	593	9:30–16:00	六、日	100094	邮政	海淀区友谊路102号院航天城五期底商9号	
55	温泉邮政支局	95	9:00–17:00		100095	邮政、储蓄	温泉路96号	
56	北安河邮政所	394	9:30–15:30		100095	邮政、储蓄	北安河4街3号	
57	冷泉邮政所	395	9:30–16:00		100095	邮政、储蓄	环山村46号	
58	苏家坨邮政所	361	9:30–15:30		100194	邮政、储蓄	海淀区苏家坨镇中心区 A5地块经济适用房项目配套公建一首层104、二层203室	
59	育新花园邮政支局	96	9:00–17:30		100096	邮政	育新花园小区内	
60	龙乡邮政所	392	9:30–16:00	一	100096	邮政、储蓄	西三旗龙乡小区院区内	
61	育新南区邮政所	582	9:30–16:00		100096	邮政、储蓄	育新花园小区61号楼	调整时间
62	建材城西路邮政所	584	9:30 – 17:00		100096	邮政、储蓄	建材城西路12号	
63	富力桃园邮政所	360	9:30–16:30		100096	邮政、储蓄	北京市海淀区建材城富力桃园18号楼01、02	2014–10–18开业
64	世纪城邮政支局	97	9:00–17:30		100097	邮政	世纪城小区烟树园1号楼	
65	闵航路邮政所	579	9:30–17:00		100195	邮政、储蓄	海淀区闵航路2号	
66	金雅园邮政所	557	9:30–16:30		100097	邮政、储蓄	海淀区云会里金雅园6号楼104室	
67	郦城邮政所	568	9:00–17:00		100097	邮政、储蓄	海淀区四季青路8号	
68	彰化南路邮政所	595	9:00–16:30	日、一	100097	邮政、储蓄	海淀区颐慧佳园一期6号楼1层102室	2014–7–23开业
69	万寿路邮政支局	36	9:00–18:00		100036	邮政、储蓄	海淀区万寿路7号	
70	翠微路邮政所	262	10:00–17:00		100036	邮政、储蓄	海淀区翠微路大厦内	
71	恩济里邮政所	264	9:00–17:00		100036	邮政、储蓄	海淀区恩济里小区福园1号楼	

序号	局所名称	所号	营业时间	休息日	邮政编码	经办业务	地址	备注
72	城乡华懋邮政所	283	9:30-17:00	日	100036	邮政	海淀区复兴路甲23号	
73	恩济庄邮政所	275	9:30-17:00		100036	邮政、储蓄	海淀区恩济西里96号	
74	莲花小区邮政所	459	9:30-17:00	周一	100036	邮政	海淀区莲花小区1号楼	2014-5-9至2014-11-9暂停
75	太平路邮政所	461	9:30-17:00		100036	邮政、储蓄	海淀区太平路一号	撤所，市公司未批复
76	西翠路邮政所	497	9:30-17:00	日	100036	邮政、储蓄	海淀区西翠路17号院2号楼一层	
77	万寿路南口邮政所	236	9:30-17:00		100036	邮政、储蓄	海淀区万寿路28号	未开业
78	会城门邮政支局	38	9:00-18:00		100038	邮政、储蓄	海淀区北蜂窝路1号	
79	空军司令部邮政所	267	9:00-17:00		100038	邮政、储蓄	海淀区复兴路14号	
80	中央电视台邮政所	269	9:00-17:00	六、日	100038	邮政、储蓄	海淀区复兴路11号	
81	梅地亚宾馆邮政所	270	9:00-17:00	六、日	100038	邮政	海淀区复兴路乙11号	2014-7-1暂停
82	京西宾馆邮政所	295	9:00-17:00	六、日	100038	邮政	海淀区羊坊店路1号	
83	甘家口邮政所	266	9:00-17:00		100037	邮政、储蓄	海淀区三里河路21号	
84	钓鱼台邮政所	296	9:00-17:00	六、日	100830	邮政	海淀区阜成路2号	
85	永定路邮政支局	39	9:00-18:00		100039	邮政、储蓄	海淀区永定路甲88号	
86	沙窝邮政所	273	9:00-17:00		100039	邮政、储蓄	海淀区西翠路5号今日家园15号	装修暂停
87	玉泉邮政所	471	9:00-16:30		100039	邮政、储蓄	海淀区复兴路83号院	
88	田村路邮政所	255	9:00-16:30		100143	邮政、储蓄	海淀区半壁店永定路乙1号院3号楼一层	
89	铁家坟邮政所	251	9:00-17:00		100039	邮政、储蓄	海淀区永定路25号院1号楼首层	
90	廖公庄邮政所	487	9:00-16:00		100049	邮政、储蓄	海淀区阜石路69号	
91	锦绣大地物流港邮政所	299	9:00-17:00		100049	邮政、储蓄	海淀区阜石路69号 F3层 E 区	
92	紫竹院邮政支局	48	9:00-18:00		100048	邮政、储蓄	海淀区西三环北路48号	
93	马神庙邮政所	265	9:00-17:00		100048	邮政、储蓄	海淀区阜成路31号	
94	首都师范大学邮政所	268	9:30-16:30	六、日	100048	邮政	海淀区西三环北路105号首师大院内7号楼	
95	花园村邮政所	291	9:00-17:00		100048	邮政、储蓄	海淀区花园村车公庄西路29号	
96	新世纪饭店邮政所	289	9:00-17:00	六、日	100044	邮政	海淀区新世纪饭店内首体南路6号新世纪饭店一层大厅北	
97	西苑饭店邮政所	297	9:00-17:00	六、日	100044	邮政	海淀区西苑饭店内三里河路1号	2014-4-16至2014-10-16暂停

（郝建秀）

电信

【概况】 海淀区境内固定电话、移动电话、网络主要由中国移动北京公司城区三分公司、中国联合网络通信有限公司北京市分公司经营。本年中国铁通北京北区分公司并入中国移动北京公司。

（周勇）

【中国移动北京公司城区三分公司】 中国移动北京公司城区三分公司成立于2006年12月，截至2014年年底，共有28个自有营业厅，基本覆盖海淀区主要街道、商业区和居民网点。

2014年，中国移动北京公司城区三分公司通过各种信息化的服务方式参与海淀区各级政府、协会等组织的各类大型活动。参与“智慧海淀，无线城市”海淀区公益性Wi-Fi服务建设，在海淀区政府办事大厅及公共区域进行“My-Haidian”无线覆盖。2014年新增覆盖区域主要涉及22个街道办事处、海淀文化馆、海淀展览馆、海淀工人文化宫及学院路、知春路、成府路等主干道路。同时，移动公司也为高校新生提供多项优惠、便利服务，帮助贫困大学生。与北京大学、中央财经大学、北京工商大学等 10 所高校建立互联网宽带业务合作。继续推进与海淀各专业园区的战略协议，在园区开展信号优化，信息化基础设施建设，为园区企业提供便捷通信服务。

北京移动城区三分公司主营业网点列表（28 个）

序号	主营业厅名称	地址	营业时间	电话
1	信息大厦营业厅	海淀区信息路 28 号信息大厦 1 层	9:00–19:00	
2	枫蓝国际营业厅	海淀区西直门北大街 32 号院枫蓝国际购物中心一层	10:00–19:00	
3	金源营业厅	海淀区远大路 1 号贵友大厦 1 层北门西侧 D06	10:00–20:00	
4	鼎好营业厅	海淀区海淀大街 3 号	9:00–19:00	
5	北太平庄营业厅	海淀区北三环中路 35 号北太平庄邮局二层	9:00–18:00	62018102
6	紫竹桥营业厅	海淀区紫竹院路 1 号人济山庄 D 栋 101 号	9:00–19:00	
7	保福寺营业厅	海淀区北四环西路 9 号一层 105、107 单元底商	10:00–18:00（周末休息）	13501121414
8	西翠路营业厅	海淀区西翠路 5 号今日家园 6 号楼苏宁电器一层	周一至周五 10:00–19:00，周六、日 9:30–19:00	88284168
9	中关村西区营业厅	海淀区彩和坊路 8 号天创大厦 1 层底商	9:00–19:00	13801211413
10	北理工营业厅（中关村南大街营业厅）	海淀区中关村南大街 5 号院 5 区 323 栋（北京理工大学职消社超市二层）	10:00–18:00（周末及法定节假日休息）	18811035126
11	学清路营业厅	海淀区学清路 38 号金码大厦 B 座 1 层 A2 区	9:00–19:00	82837926
12	上地科实营业厅	海淀区信息路甲 28–5 号	9:00–19:00	82772597
13	中关村海兴营业厅	海淀区中关村丹棱街 16 号海兴大厦一层	9:00–19:00	13601084164
14	魏公村光大国信营业厅	海淀区中关村南大街 11 号光大国信大厦一层	9:00–19:00	68713500
15	公主坟营业厅	海淀区西三环中路 19 号国宜通讯广场二层	9:30–19:00	
16	北下关营业厅	海淀区大柳树北 17 号富海大厦中心 2 号楼 101 号	9:00–18:00	62131300
17	五棵松营业厅	海淀区西翠路 12 号	9:00–19:00	13601080624
18	公主坟城乡营业厅	海淀区复兴路甲 23 号北京城乡贸易中心股份有限公司 5 层	9:30–19:00	13601182429
19	永定路营业厅	海淀区永定路乙一号乐府江南乙 1–20 号底商	9:30–17:30	58977572
20	万柳营业厅	海淀区万柳东路 9 号 106 室	9:00–19:00	82551306
21	远大路营业厅	海淀区远大路 22 号 12 号楼 1 层	9:00–19:00	88875274
22	清河营业厅	海淀区清河镇清河强佑新城底商 108A	9:00–19:00	18811035096
23	主语国际营业厅	海淀区首体南路 9 号主语商务中心 5 号楼 1 层 0101	10:00–18:00	
24	农大南路营业厅	海淀区农大南路厢黄旗 1 号楼 D07 号	9:00–19:00	
25	科贸营业厅	海淀区中关村北大街 18 号科贸电子城一层	9:00–19:00	18811035123
26	清西文化长廊营业厅	清华大学清西文化长廊一层	10:00–18:00	
27	北师大西门营业厅	海淀区新街口外大街 19 号北京师范大学校内小西门旁	10:00–18:00	
28	北航营业厅	海淀区学院路 37 号北京航空航天大学校内（北京航空航天大学网球馆底商）	10:00–18:00	

（张怡歌）

【中国联通北京市分公司】 中国联合网络通信有限公司北京市分公司（简称北京联通），隶属于中国联合网络通信有限公司，拥有固定电话客户、移动电话客户、宽带客户超过 2000 万户，拥有第三代、第四代移动通信网络。

北京联通下设 6 个市区分公司，其中二区、八区、三区 3 个分公司为海淀区提供服务。二区分公司位于海淀区皂君庙 9 号，是亚洲最大的通信枢纽。下辖的 10 个分局中，在海淀区的有中关村局、北太平庄局、清河局、温泉局、上地局、大有庄局、二里庄局、西三旗局 8 个分局；八区分公司位于海淀区茂林居甲 14 号，下设 7 个分局，其中五棵松局、紫竹院局、茂林居局、四季青局 4 个分局在海淀区界内；三区分公司有西客站局属于海淀区。北京联通有 5 个通信局（所）在海淀：北京联通网络分公司（羊坊店路 9 号）、北京联通管线中心（复兴路 65 号）、北京联通移动中心（羊坊店路 9 号）、北京联通平台中心（羊坊店路 9 号）、北京联通网优中心（羊坊店路 9 号）。

网络建设。持续推进网络优化，对辖区内信号相对较弱的地区及未做室内覆盖的写字楼进行重点建设，全面进行室分系统和载波扩容工程，以校园和重点园区为核心，完善 4G 信号的全面覆盖。

全业务经营。推广移动办公、无线传输、视频监控、无线定位等业务，为客户制定行业全业务通信解决方案。配合海淀区政府做好"智慧旅游"和通信障碍排查，配合做好海淀区住房和城乡建设委员会监控指挥系统方案制定。跟进"海淀图书城步行街无线覆盖"项目。扶植商圈门店，统一签约联通沃易购交易平台，解决终端瓶颈问题，促进终端合约、存费送机等合约产品均衡发展。从传统移动市场、全业务市场及信息化市场三个方面部署校园市场营销，所有一类院校均实现一校一店，并与校内大学社团、学生会开展深度合作，实现多维度校园服务营销。所辖院校均建立金数据支付平台，实现线上选号、线上支付。

服务质量。聚焦客户关键接触点，按照"标准提升、技术驱动、创新引领"的原则提升客户感知。在厅台设立撤机挽留窗口，通过现场演示，将沃自由与增值产品进行捆绑，印制个性宣传单页等形式增加客户认知度。年内，完成全国两会、APEC 会议、防汛重保等多项重要通信保障支撑任务。

客户服务电话。10010：为使用中国联通业务的客户免费提供 7×24 小时的业务咨询、信息查询、投诉建议、业务办理等人工与自助的综合服务。10011：为中国联通客户提供全国"一卡充"充值服务。116114：信息导航平台，全方位提供查号、订餐、机票、就医预约挂号等便民服务。

（陈育红）

海淀辖区北京联通营业厅名单（30 个）

	序号	营业厅名称	地　址
二区分公司	1	北太平庄营业厅	海淀区北三环中路 33 号
	2	温泉营业厅	海淀区温泉乡太舟坞
	3	上地营业厅	海淀区上地电话局
	4	中关村营业厅	海淀区海淀路 54 号
	5	清河营业厅	海淀区清河毛纺路清河电话局
	6	二里庄营业厅	海淀区志新路 11 号
	7	皂君庙营业厅	海淀区皂君庙路 9 号
	8	西三旗营业厅	海淀区西三旗建材城东路 28 号
	9	中关村东路营业厅	海淀区中关村东路 1 号院 2 号楼 108 室
	10	苏州街营业厅	海淀区苏州街 55 号 101
	11	马连洼营业厅	海淀区马连洼兰园小区 14 号楼一层 2–5 号
	12	上地信息路营业厅	海淀区农大南路 1 号院 2 号楼 B104A
	13	西直门营业厅	西城区西直门外大街 1 号院 1 号楼首层大堂北侧
	14	西土城路营业厅	海淀区西土城路 10 号综合楼一层
	15	中关村南大街营业厅	海淀区中关村南大街乙 12 号院 1 号楼 1 层 1–17
	16	北科大营业厅	海淀区学院路 30 号 2 区 10 幢一层 101 室
	17	北语大营业厅	海淀区学院路 15 号 1 区 9 幢一层 104 室
	18	新街口外大街营业厅	西城区新街口外大街 28 号 30 幢 28–16
	19	香颐路营业厅	海淀区厢红旗东外 2 号军科综合楼一层中部
	20	万柳中路营业厅	海淀区万柳中路星标家园 1 号楼底商 104 室
	21	永泰中路营业厅	海淀区永泰东里 52 号楼首层 5 号北侧
三区分公司	22	莲花桥营业厅	海淀区什坊院甲 3 号
	23	西客站营业厅	海淀区羊坊店路 9–1 号

	序号	营业厅名称	地　址
八区分公司	24	五棵松营业厅	海淀区复兴路65号
	25	远大路营业厅	海淀区远大路1号金源时代购物中心一层1022、1069号
	26	田村营业厅	海淀区永定路乙1号院8号楼6单元101
	27	紫竹院营业厅	海淀区西三环北路昌运宫1号
	28	四季青营业厅	海淀区昆明湖南路12号
	29	茂林居营业厅	海淀区茂林居小区甲14号
	30	公主坟营业厅	海淀区复兴路21号海育大厦1层

（陈育红）

电力供应

【概况】 国网北京海淀供电公司负责海淀地区430.77平方千米范围内的电网规划建设、运行管理、电力销售和全区340余万名居民、77.12万户客户的安全供电服务工作。

2014年，供电公司共设置11个职能部门，下设58个班组、3个供电营业所、6个农村供电所。负责110千伏变电站37座，主变117台，主变容量5993兆伏安；10千伏架空线路237条，长度1645千米；10千伏电缆线路2109条，长度3879千米；实现全年安全生产无事故目标，累计安全生产长周期3062天。

年内，供电公司累计完成售电量124.03亿千瓦时，同比增长0.1%，营业收入累计完成81.15亿元，同比增长4.54%；内部利润累计完成5.96亿元，同比增长5%。

年内，供电公司完成4811个台区、752553户用户电源与表计信息的全面贯通，台区贯通率、用户挂接率100%。

（王新欣）

【完成特殊供电任务】 年内，供电公司完成全国“两会”“APEC领导人会议”“十八届四中全会”“探月工程三期任务”等特级、一级供电保障，完成政治供电任务156项（特级2项，一级30项，二级19项，三级105项），累计保电331天。在北京APEC供电保障任务中，实现重大政治活动供电保障“零差错、零闪动、零投诉”目标。

（王新欣）

【电网建设】 年内，供电公司完成海淀“网格化”配电网规划滚动修编及2015—2017年海淀全口径规划库项目储备工作。落实后屯等5座变电站站址，完成220千伏西北热电中心工程的前期建场工作。稻香湖、三星庄110千伏输变电工程配套隧道土建工程开工。海淀500千伏输变电工程投产，消除了海淀区上级电网大面积停电风险隐患。

（王新欣）

【供电线路综合检修】 年内，供电公司实施综合检修14路，检修、清扫电杆1688基，加装避雷器3911支，更换新型柱式瓷绝缘子3610支，完善绝缘6642处，增强导线绝缘2056米。

（王新欣）

【配网改造】 年内，供电公司实施22路网架结构优化大型技改工程，完成重载10千伏配电变压器分装43台，换装80台。架空线路自动化建设初具规模，累计有178台柱上开关实现自动化功能。

（王新欣）

【电力服务】 年内，供电公司完成保障性住房、轨道交通等9项重点项目送电任务，完成展春园、中关村105号院等8项老旧小区电力改造工程，惠及居民3482户，完成120户“煤改电”工程。低压故障抢修平均到达现场时间同比压缩4.66%，抢修速度同比提高25.72%。完成全部22个街道办事处的服务对接方案，与基层政府部门建立常态联系机制，进行电力延伸服务20余次，服务爱心卡客户40余次。

（王新欣）

【推广新型缴费方式】 年内，供电公司为方便居民多渠道购电，推广充值卡、微信等交费方式，开通“掌上电力”手机客户端4.3万户，售出充值卡4343张，累计金额75万余元。区域内累计建设售电网点达到3079个。

（王新欣）

【拓展电力市场】 年内，供电公司实施业扩报装精细化管理，提高接电效率，新增接电容量78.03万千伏安，同比增长10.68%。快速推进节能服务及光伏发电并网工作，受理光伏并网申请17户，实现并网容量407.2千瓦。完成市场开拓电量6亿千瓦时，建设完成私人充电桩报装接电29户。开展电动汽车充值卡售电业务，开卡599张，售电金额182.26万元。

（王新欣）

【用电信息采集】 年内，供电公司累计完成智能表换装56.65万具，用户采集覆盖率75.18%；完成4026个台区采集建设工作，台区采集覆盖率80.38%。

（王新欣）

环境保护

【概况】 海淀区环境保护局（简称区环保局）下设海淀区环境保护监测站、机动车排放管理站、环境保护科学技术咨询服务中心3个事业单位。

2014年，区环保局全面实施以治理PM2.5为重点的大气污染防治、污染物总量减排、水污染治理和环境风险防范等各项工作。全区PM2.5年均浓度较2013年下降8.2%；主要污染物二氧化硫、氮氧化物、北部地区化学需氧量和北部地区氨氮排放总量分别削减15.15%、5.88%、4.98%和6.52%；燃煤锅炉改造603蒸吨、老旧车淘汰6.43万辆、挥发性有机物削减163吨等工作均提前、超额完成市政府下达的任务目标；污染源得到有效管控，全年未发生重大环境污染事故。

2014年，办理建设项目环保审批1266件，建设项目环保验收571件，按时办结率100%；全年共受理群众信访4600件，其中大气类2438件、噪声类2070件、其他92件，信访查处率、办结率100%。

（仙博洋）

【提高排污费征收标准】 1月1日起，二氧化硫、氮氧化物的排污收费标准分别由原来的0.63元/千克提高到10元/千克，化学需氧量排污收费标准由原来的0.7元/千克提高到10元/千克，氨氮排污收费标准由原来的0.875元/千克提高到12元/千克，并启动征收燃气锅炉排污费，全年共征收排污费1146万元，较2013年增长10倍。

（仙博洋）

【专项整治违法排污企业】 7月中旬—10月中旬，区环保局联合14部门开展“整治违法排污企业保障群众健康”环保专项行动，对工业排放源、生活排放源、扬尘排放源、机动车排放源的环境违法问题集中力量进行专项整治，对重点案件实施挂牌督办。在保障大气环境质量方面，开展对涂料制造、家具制造、食品饮料制造、包装印刷、防水卷材、服装干洗、铸造和工业锅炉等行业的专项检查。在保障环境安全方面，重点检查涉重金属行业污染防治设施运行、特征污染物达标排放、危险废物贮存及处置、企业自行监测及信息公开管理制度落实等情况。

（仙博洋）

【APEC会议空气质量保障】 11月5日—11日，北京APEC会议期间，海淀区实施公车停驶70%、工业企业减排30%等保障措施，区环保局组建18个执法检查组，重点围绕燃煤锅炉、工业企业、施工工地、道路扬尘、露天烧烤、机动车排放等方面开展专项督查检查，确保会议期间空气质量。

（仙博洋）

【打击违法排污行为】 年内，区环保局组织开展燃煤锅炉、汽修、餐饮、印刷、医院、家具、机动车等行业的专项检查，对违法排污行为实施高限处罚，立案查处环境违法案件1274件，累计罚款530万元，处罚金额为2013年的3.5倍。

（仙博洋）

【大气污染防治】 年内，区环保局组织相关单位实施燃煤锅炉清洁能源改造603蒸吨，检查各类机动车79万辆、加油站2099家次，淘汰老旧车6.43万辆，检查施工工地500余家次，砂石厂91家次，搅拌站63家次，依法取缔砂石厂8家。空气中PM2.5年均浓度为90微克/立方米，较2013年同期下降8.2%，完成市政府下达的5%下降目标；二氧化硫、二氧化氮和PM10年均浓度分别为25微克/立方米、67微克/立方米和127微克/立方米，空气质量改善幅度和综合排名在全市考核评比中均位于前列。

（仙博洋）

【空气重污染应急】 年内，海淀区按市政府指令，共启动5次蓝色、4次黄色和2次橙色空气重污染预警，区环保局第一时间通过网络发布预警信息提醒公众做好健康防护，并督促相关单位落实公务车停驶、施工工地停工、工业企业减产等各项措施。

（仙博洋）

【水环境监管】 年内，区环保局编制全区4个镇级集中式饮用水源保护区划分方案，加强水源三厂防护区、京引水源保护区的巡查监测；加强北部地区污染企业的排查整治，关停1家食品加工企业的生产线，完成2家养殖场的治理改造，关闭退出1家养殖场。全年实际监测河流8条段，监测总长度64.1千米，其中达标河段由2013年的4条段增至5条段，分别为京密引水渠、昆玉河、长河、土城沟和清河上段，占监测总长度的比例由44.3%提升至70.4%，河流主要污染物指标为氨氮、总磷、化学需氧量、高锰酸盐指数和生化需氧量，属于有机污染型；监测湖泊6个，水域面积427万平方米，其中达标湖泊2个，分别为昆明湖和八一湖，占监测水域面积的47.3%，湖泊主要污染物指标为化学需氧量、高锰酸盐指数、生化需氧量和总磷，水质营养状态处于中营养和中度富营养之间。

（仙博洋）

【环境噪声监测】 2014年，城市功能区声环境质量较上年略有改善，昼间噪声4类区下降0.2分贝（A），1类区和2类区与2013年持平，夜间噪声各类功能区均呈下降趋势。海淀建成区内共有噪声网格测点136个，其中达标网格数113个，达标率为83.1%；区域环境噪声平均值为53.7分贝（A），与2013年持平，达到国家55分贝的限值要求。其中55.0分贝（A）噪声值标准以下的覆盖面积为108平方千米，覆盖人口221.5万人。海淀建成区交通噪声监测路段60条，达标路段34条，达标率为56.7%，道路交通噪声平均值为69.5分贝，达到70分贝的国家标准限值，比2013年下降0.3分贝。

（仙博洋）

【环境安全监管】 对全区放射源、射

线装置以及辐照单位进行定期巡查，创建“辐射安全示范单位”10家。截至年底，全区共有涉源单位61家，占全市总数的25%；放射源837枚，其中Ⅰ类112枚，Ⅱ类394枚，Ⅲ类4枚，Ⅳ类19枚，Ⅴ类303枚，其他5枚；放射源数量占全市总数的12%；辐照装置涉源单位5家，占全市的55.6%。射线装置单位423家，占全市的20.5%；射线装置1278台，占全市的18%，其中Ⅱ类126台，Ⅲ类1152台。启动环境安全隐患排查与整治专项行动，重点对化学品、重金属、危险废物产生单位开展专项检查，确保消除环境安全隐患，针对各种突发环境事件制定了应急预案，全区未发生环境污染事故，保障了区域环境安全。

（仙博洋）

【污染物减排】 年内，区环保局制定《海淀区2014年主要污染物减排工作方案》，重点减排项目稻香湖再生水厂开始主体施工、福长豆制品厂关停相关生产线；淘汰退出华德液压铸造公司、高里掌铸造厂等8家工业企业，督促东陶机器、北冶材料等7家单位完成污染治理技术升级，完成2家养殖场的治理改造，关闭退出1家养殖场；设立2500万元专项资金对燃煤锅炉改造等3大类减排项目进行奖励支持；对使用挥发性有机溶剂的汽修、印刷、家具制造、电子等行业加强监管，通过深度治理和生产线关停等方式，减排挥发性有机物163吨。全区主要污染物二氧化硫、氮氧化物、北部地区化学需氧量和氨氮分别削减15.15%、5.88%、4.98%、6.52%，完成市政府下达的减排目标。

（仙博洋）

【生态环境】 依据《生态环境状况评价技术规范（试行）》（HJ/T192－2006），2014年，海淀区生态环境质量级别为良，生态环境质量指数为62.06，居城六区首位。其中，山前区域生态环境质量指数为55.57，山后区域生态环境质量指数为68.62，生态环境质量均为“良”，山后区域生态环境质量优于山前区域。

2014年海淀区生态环境质量指数示意图

（仙博洋）

【环保宣传】 年内，区环保局开展以“向污染宣战 建美丽海淀”为主题的环保宣传活动，到天坛家具等重点企业和紫竹院街道、海淀镇等社区进行环保普法宣传，发放环保法规宣传读本5000多册；聘请专业团队拍摄制作大气污染防治公益宣传短片，在电视、公交车移动平台和环保微信圈连续播出，提升公众的环保意识；市、区新闻媒体对地区加强环境执法、推进落实清洁空气行动计划等重点工作进行宣传报道，并加大对违法排污企业的曝光力度，海淀有线、北京晚报、海淀报等媒体报道地区环保工作40余次。

（仙博洋）

园林绿化

【概况】 海淀区园林绿化局（海淀区绿化委员会办公室）成立于2009年8月14日，是负责全区园林绿化工作的政府工作部门。下辖8个事业单位：区园林绿化服务中心、区绿化队、区绿化二队、区绿化三队、区海淀公园管理处、区翠湖湿地公园管理处、区园林工程设计所、区林业工作总站（区林业保护总站、区林业种苗管理总站、区生态林管护中心）。

2014年，海淀区投入134063万元，完成绿化建设695.41公顷，其中新增绿化面积412.8公顷，绿化改造面积282.61公顷。其中人工造林337.15公顷(5057.2亩)，改造林地195.37公顷(2930.5亩)。城区完成绿化建设162.89公顷：新建绿地75.65公顷，改造绿地87.24公顷。完成公园绿地82.77公顷、道路绿化49.19公顷、居住区绿化17.99公顷、单位附属绿地10.94公顷、屋顶绿化2万平方米。栽摆花卉500万余株（盆），新植树木56万余株。2014年全区实有林地16641.11公顷，其中有林地14505.04公顷、疏林地41.04公顷、灌木林地1043.68公顷、未成林地14.11公顷、苗圃地603.84公顷、无立木林地341.91公顷、辅助生产林地91.49公顷，森林覆盖率为33.68%，林木绿化率为38.58%；园林绿地12001.12公顷，其中公园绿地3915.83公顷、生产绿地106.75公顷、防护绿地3675.9公顷及附属绿地4302.64公顷，绿化覆盖面积12493.04公顷，绿地率48.21%，绿化覆盖率（含水面）51.59%，人均绿地34.08平方米，人均公园绿地12.1平方米[①]。

年内，收缴永丰产业基地2-13地块、新凤凰城、东北旺农场项目等9处代征绿地20.24万平方米。

（罗勇）

【北京市西山试验林场】 北京市西山试验林场（简称西山林场），地跨海淀、石景山和门头沟3个行政区，是市属驻区事业单位，直属北京市园林绿化局（首都绿化委员会办公室）领导，为生态公益型国有林场。西山林场下设8个林业单位。

2014年，西山林场推进生态建设、资源管护、森林公园建设、产业发展、基础设施和安全生产等工作。

生态体系建设 完成2013年森林抚育（中央财政补贴试点）项目。本项目为2013年中央财政预算内专项资金项目，项目于2013年秋末至2014年春季施工，作业区主要集中在黑石头分场、福寿岭分场和首都绿色文化碑林，涉及75个小班，总面积2万亩，主要抚育措施包括抚育间伐、修枝、割灌、定株等。项目于5月24日通过市园林绿化局项目验收组验收。

实施2014年森林抚育（中央财政补贴试点）项目。作业区包括三家店分场、卧佛寺分场，总面积2.5万亩，主要抚育措施包括疏伐、人工促进天然更新、割灌除草、修枝等。

西山林场森林资源综合管护工程。工程包括中幼林抚育、护林防火、防火隔离带建设、维护器具购置四大重点任务。共开展中幼林抚育11498.9亩；维修管护瞭望塔4座；建设卧佛寺支线2挡土墙2560米；生物防火隔离带维护与管理842.3亩；冷泉阻隔墙维护1项；魏家村支线3排水边沟建设1436米；护林检查站维护管理5座；可燃物清理501134平方米；一棵松隔离带建设养护280亩；防火公路隔离带养护9553米。

西山红叶景观改造和林内游憩功能提升项目。该项目是基于西山国家森林公园优化"西山红叶"景观而申请的财政项目。重点改造鬼笑石登山石阶路北侧山坡黄栌低效林分，作业面积2706亩。主要建设内容包括：疏伐2706亩、修枝2706亩、补植补造1138亩、近自然单株木经营8764株，修建游憩步道1800米。7月，项目通过市财政局组织的绩效考评，考评结果为优秀。

京津风沙源治理二期工程——低效林改造工程规划方案。完成《北京市西山试验林场2014年低效林改造实施方案（代作业设计）》的上报。本项目将在魏家村分场的森林公园景区、卧佛寺分场前山脸地区完成3028亩的低效林改造。

重点生态公益林管护项目。2014年林场重点公益林管护面积为89235亩，覆盖魏家村、卧佛寺、三家店、福寿岭等7个分场，项目建设投资标准为4.75元/亩。该项目是一项常规性管护项目，主要工作内容包括：林木抚育、森林病虫害防治、专业技能培训、林业有害生物防治、森林防火及可燃物管理、林政资源管理6个方面。

完成林场第八次园林绿化资源普查。6月14日开始外业调查，7月28外业调查工作完成。完成调查小班368个，调查总面积8.9万亩。

第八批国家农业综合标准化示范区项目。本项目是国家农业标准化示范区建设项目首次涉足森林经营领域，通过景观型水源涵养林经营试验示范区、生物多样性保护试验示范区、森林生态休闲游憩试验示范区、森林科普宣教试验示范区、森林文化试验示范区5个功能示范区的建设，最终构筑森林的生态功能、风景游憩功能、文化功能三大体系，完成标准示范综合体的建设。项目实施期限为2014年1月至2016年12月，2014年主要工作包括项目启动前的准备工作、项目协调机构及各项管理制度的建立、完成标准综合体规划。

西山林场生物多样性调查项目。林场继续开展2013年启动的西山林场生物多样性调查项目，通过样地调查法、样线调查法、样点调查、夹捕统计法、痕迹法、直接计数法、红外相机监测法、诱捕法等，调查植物资源、野生动物资源、昆虫资源和菌类资源共169块样地，制作昆虫标本5盒，撰写论文3篇，其中《秋日西山观猛禽》在综合性科普期刊《大自然》出版，《北京市西山试验林场鸟类多样性调查与分析》被国内综合性学术期刊《生物学杂志》收录，《北京小西山植物区系研究》完成撰写。

义务植树活动。林场现有一个义务植树基地和两个义务植树责任区，2014年在西山国家森林公园、魏家村分场等地组织义务植树活动5次，累计接待义务植树活动参与580人次，栽植黄栌、山杏、丁香、白皮松苗木710余株。

古树名木管理。依托北京市园林绿化局的"重要名胜区古树健康诊断与维持技术研究示范区建设"项目，对卧佛寺分场的静福寺侧柏古树群开展保护，在古树周边土壤上施菌根肥以达到促进生根，提高根系吸收营养能力的目的。10月，对施肥2年后的古树生长指标（包括新梢年平均生长量、叶绿素含量、叶片宿存年数）、根系土壤指标（包括土壤光照强度、土壤温度、土壤pH酸碱度）开展实地外业调查。

产业体系建设 森林旅游产业。共接待游客203万人次，接待各种旅游团体583个。重点加强森林景观建设，丰

[①]人均绿地、人均公园绿地均按2014年年末常住人口计算。

富景观内容，完成专类园和道路绿化养护、重点林分抚育和花卉生产展示等工作：改造提升“西山晴雪”景区，扩充改造20亩，补植观赏树木1500余株；加强低山主要游览区的植物景观改造，栽植新优观赏植物共35个品种400余株；对约1000亩林分进行割灌、修枝等近自然抚育；推动花卉生产和示范应用，展览花卉10万余盆，林间空地播种向日葵20余亩。加强基础设施建设：依托“昌华景区管护项目”，对园内设施进行检查和维护，并铺设灌溉管道1000余米，建设300立方蓄水池一座；推动“森林公园停车场工程”；加快推进昌华景区一期建设工程审批。弘扬森林文化：结合北京市第二届森林文化节，加强森林文化建设和宣传推广，开展各项游园和森林体验活动。开展“三节一赛”活动，包括第三届踏青节、首届牡丹文化节、第三届红叶节和第二届百姓森林合唱大赛。建设完成西山森林文化示范区，示范区由“一径三区”组成，包括西山自然观察径、体验休憩区、健身休闲区和森林宿营区。示范区对公众开放，开展自然教育活动。

园林绿化产业。北京丹青园林绿化公司中标并承担11项园林绿化工程，完成设计项目40多项。

生物防治产业。寄生性天敌生产销售139.52亿头；捕食性天敌生产销售124.18万头；抗根癌菌剂K84生产销售48kg；美国白蛾核型多角体病毒配制量折合防治面积20.2万亩。林场完成的“几种重要林木有害生物生防技术在北京地区示范与推广”项目通过市局验收；制定的《生物防治产品应用技术规程杨扇舟蛾颗粒体病毒》和《管氏肿腿蜂人工繁育》两项地方标准通过市质量技术监督局组织的专家评审。申请撰写2015年北京市地方标准《生物防治产品应用技术规程　大唼蜡甲》。

安全保障体系建设　森林防火。2013–2014年度森林防火期共投入森林防火经费共计819.62万元。辖区共发生火情5起，没有形成火警火灾，没有发生人员伤亡事故。红光山森林防火道路工程完成工程申报；完成北岭大梁森林防火阻隔系统工程勘察、设计、林木采伐手续等前期工作，设计方案得到市发改委审批，施工及监理招标完成。

林木有害生物防控。重点监测美国白蛾和红脂大小蠹，在全场设美国白蛾和红脂大小蠹监测点9个，配备诱捕器及诱芯。未监测到红脂大小蠹，监测到美国白蛾成虫334头，白蛾网幕0个，释放小蜂1.75亿头用于防治美国白蛾，没有爆发白蛾灾害。释放管氏肿腿蜂85万头，用于防治双条衫天牛，取得较好成效。

西山林场场属林业单位表

序号	单位名称	住　所
1	西山林场福寿岭分场	石景山区模式口甲28号
2	西山林场魏家村分场	海淀区西山试验林场魏家村造林队
3	西山林场黑龙潭分场	海淀区温泉乡黑龙潭造林队院内
4	西山林场黑石头分场	石景山区黑石头南街51号
5	西山林场三家店分场	门头沟区三家店西街137号
6	西山林场卧佛寺分场	海淀区卧佛寺
7	西山林场东北旺分场	海淀区黑山扈19号
8	北京市生物防治研究推广中心	海淀区香山普安店206号

（蒋薇）

【全民义务植树】　年内，海淀区围绕“发动全民积极参与绿化美化，做好创建全国文明城区环境保障”主题开展全民义务植树活动，2045家单位68万余人参与，栽植苗木86万余株，以认建、认养、抚育、养护、购买碳汇、捐赠绿化基金等18种尽责形式折算植树328万余株。4月5日，组织第30个全民义务植树日活动，全区参加植树人数6.57万人、植树2.05万余株、养护树木185.55万株。4月12日，区四套班子领导和区机关工委、民建、台盟、团区委等7家单位300余人，在鲁艺文化园观澜园绿化工程现场参加义务植树活动，种植雪松、元宝枫、黄金树、白蜡、银杏等树木900余株。4月18日，组织八一中学开展“市花月季进校园”活动，在校园种植1000余株月季，开辟“市花花园”。向翠微小学赠送1000株月季花用于校园绿化。组织元土城遗址公园、长春健身园、马甸公园开展以“人人认养绿色树木，共建生态园林家园”为主题的认建认养活动；7家单位结成“城乡手拉手”对子，投入资金89万元，种植树木1万株。区教育委员会、区环境卫生服务中心、市南水北调团城湖管理处、中关村软件园发展有限责任公司被评为“首都全民义务植树先进单位”；西三旗街道办事处、学院路街道办事处、圆明园管理处被评为“首都绿化美化先进单位”；学院路街道被评为“首都绿化美化花园式街道”；万寿路街道甲15号院社区、清河街道学府树家园社区、学院路街道石油大院社区被评为“首都绿化美化花园式社区”；中央民族干部学院、北京房地集团有限公司第二物业管理分公司金和嘉园小区、北京金罗马物业管理有限公司海淀第一分公司专家国际花园、深圳开元国际物业北京分公司海通时代商务中心、北京兴科迪科技有限公司、中房集团北京物业公司第一分公司总政交大东路 20 号院、星岛嘉和（北京）物业管理有限公司、北京中深科物业管理有限责任公司武警蓝靛厂西小区被评为“首都绿化美化花园式单位”；四季青镇玉泉村、上庄镇罗家坟村被评为“首都绿色村庄”。

（罗勇）

【平原地区造林工程】 年内，完成平原造林工程任务 7987.7 亩，其中中关村森林公园三期项目 49.93 公顷（749 亩）、京密引水通道绿化 248.55 公顷（3728.2 亩）、海淀新区景观生态林项目 234.03 公顷（3510.5 亩），种植各类乔灌木 34 万余株，完成土方 22 余万立方米，铺设浇水管线 5.3 万延米，铺设作业道 2.5 万延米。

（罗勇）

【森林健康经营示范工程】 年内，完成温泉镇南山地区山区生态公益林健康森林经营项目 213.2 公顷（3198 亩），累计割灌除草 5.31 万平方米、间伐 1.27 万株、修枝 1.4 万株、补植 1.07 万株，修建作业道 5000 延米，森林结构和功能得到完善。

（罗勇）

【播草盖沙工程】 年内，完成北京市下达的播草盖沙工程建设任务 1500 亩，采取铺种地被植物防沙的方式覆盖林中空地等易发生扬尘、扬沙地块，播种板蓝根、二月兰、黑心菊、苜蓿、柴胡、知母等地被植物种子 6770 公斤，种植蛇莓、桔梗等地被苗木 50 万余株。

（罗勇）

【生态林管护】 全年纳入集体生态林补偿机制政策林地面积为 10.48 万亩，其中山区生态林 47382 亩、平原生态林 57473 亩，核定招收生态林管护人员 7474 人，其中市核定山区生态林管护员 208 人、乡镇招收 7266 人，兑现集体生态林补偿资金 12551.91 万元，其中管护人员工资 7175.04 万元、占地补偿补助 5376.87 万元。完成生态林修剪抚育 6.9 万亩，补植各类苗木 3.2 万余株，病虫害防治面积6万余亩；清理主要道路 880 千米、拉拉秧杂草 3745 处、枯死树 1745 株、干枝 3516 株、杂草垃圾 3 万余立方米，出动队伍 420 支 9405 人次、车辆 925 车次。开办生态林管护员培训班 5 期，培训 1500 人次。

（罗勇）

【农村街坊路绿化】 年内，纳入农村街坊路管理绿地涉及 7 个镇 56 个村、面积 120.36 万平方米，开展各镇自查及农村五项基础设施检查组抽查，完成街坊路绿化实际管护情况评定，并依照管护情况评定结果拨付区级管护资金 288 万元。

（罗勇）

【城市道路绿化】 年内，全区完成道路绿化 491949.02 平方米，其中新增道路绿地 105038 平方米、改造道路绿地 386911.02 平方米。完成 15 条特色景观道路绿化建设，其中友谊渠路 3 万平方米、万寿路 24602 平方米、田村东路 2644 平方米、清河北路 320 平方米、紫竹院路 5950 平方米、西三旗东路 24087 平方米、智学苑南路 771 平方米、动物园北路 5750 平方米、八家南北线 5900 平方米、马连洼南路 1600 平方米、金沟河路 4670 平方米、茶棚路、颐和园西门路、北坞嘉园北小街 10550 平方米。

（罗勇）

【公园绿地】 年内，海淀区实施文化建园战略，推行“养护精细化、服务人性化、活动品牌化”管理，从绿化美化、园容卫生、设施管理、公园服务、安全秩序、制度建设 6 个方面加大行业管理力度，公园绿地服务功能不断完善。全区注册公园 34 家、面积 995.25 公顷，其中市级重点公园 3 家、市级精品公园 16 家（2014 年新增南长河公园、北坞公园两家市级精品公园）。全年区属公园风景区游人量达 2460 万人次，组织各类文化活动 15 项。全年新建改造公园绿地 827674.77 平方米，其中新建公园绿地 441034.6 平方米、改造公园绿地 386640.17 平方米；完成精品公园绿地 8 处，其中新建荷清园 79006 平方米、观澜园 33557 平方米、巴沟山水园南园 3.3 万平方米、建西苑代征地 8 万平方米、怡欣苑代征地 5880 平方米、亮甲店小区代征地 3860 平方米、西冉砂石坑景观工程 69600 平方米，改造西四环路外侧绿地 150518 平方米。

（罗勇）

【居住区绿化】 年内，新建居住区绿地 5 处 173096 平方米，其中六郎庄回迁楼 73500 平方米、总政歌舞团万寿寺公寓 6000 平方米、橡树湾三期 1.2 万平方米、莱圳家园 30596 平方米、东埠头村和太舟坞村回迁楼小区 5.1 万平方米；改造老旧小区稻香园南里社区 6800 平方米。

（罗勇）

【立体绿化】 年内，完成八达岭高速桥区、上地九街、马甸东路西侧北段、西北旺东路中心绿化带等垂直绿化 12636 延米，完成中关村翠湖科技园云中心屋顶绿化 20000 平方米。

（罗勇）

【“四个一”绿化美化工程】 年内，实施街镇“四个一”绿化美化工程（各街镇每年重点打造一处公共绿地、一处道路绿地、一处立体绿化和一处居住区绿化工程），新建改造西三旗街道永泰社区公园、万寿路街道朱各庄绿地、上地街道软件园二期、温泉镇云中心等绿化面积共 165.51 公顷，其中公共绿地 27.07 公顷、道路绿地 107.59 公顷、居住区绿化 32.01 公顷、立体绿化 2 万平方米。

（罗勇）

【绿道建设】 年内，海淀区完成绿道工程 51.09 千米，其中三山五园市级绿道 36.09 千米，南沙河、西四环、荷清园、车道沟公园等区级绿道 15 千米；修建慢行步道 1410 延米，其中海淀公园 860 延米、王庄公园 550 延米。

（罗勇）

【重大活动花卉布置】 年内，实施花卉布置常态化管理，以建国 65 周年、APEC 会议等节日景观和重大活动环境保障为重点，采取时令花卉和宿根花卉相结合的形式，在全区重点道路、公园和街头绿地布置地栽花卉 13.4 万平方米，栽植香彩雀、百日草、四季海棠、非洲凤仙等 50 余个品种花卉 500 余万株，摆放花钵 10527 组，设置立体花坛 245 处，布置 2014 环京自行车赛花坛小品 1 处，打造颐和园路、万寿路、北坞村路 3 条花街。

（罗勇）

【森林防火】 年内，落实森林防火行政首长负责制和区域管护责任制，从区森林防火指挥部，到镇、街、林场、村和有林单位，层层签订森林防火责任书1万余份。投资277万元维修山区防火路；投资363万元加宽香山防火路，新增红外森林火情自动识别系统6套；投资21万元在香山防火路设置交通标识72个、防火类标识56个；投资204万元对温泉镇两处防火路实施调直、堆砌护坡和修建涵桥；扶持资助资金418万元对西北旺镇、上庄镇、东升镇、西山农场等4个单位防火指挥部进行维修和设备采购；投资140万元购置森林消防物资器材，投资180万元采购护林员服装4500套。在重点森林防火期组织全区森林消防队开展扑火实战演练，强化火情预警预报，严格落实领导带班、24小时值班制度。本防火年度共发布橙色预警13次40天，接报火情报警8起，均启动预案及时，处置得当。落实对建成的森林防火隔离带的扶养和维护，组织开展"五清"活动[①]，割除隔离带和清理林下易燃物120公顷；购置阻燃剂，喷洒到重点林区。组织巡逻检查千余次，检查单位170家，下发隐患通知书80余份，全部得到整改；依法查处违章用火并教育320余人。在重点景区、关键部位以及林地内布设森林防火宣传碑（牌）、条幅、展板、自动语音宣传杆等。全年开展森林资源保护、森林防火知识等培训12次，培训人员6000余人。举办防火宣传活动5次，受教育群众达15万余人。本防火年度无森林火灾、无人员伤亡。海淀区森林防火指挥部获北京市森林防火工作先进单位称号。

（罗勇）

【林木有害生物防控】 年内，海淀区共有林木有害生物市级监测测报站1个、美国白蛾诱芯监测点1500个、杀虫灯监测点500个，其他林木有害生物监测诱捕器280套。开展3次以美国白蛾为主的林木有害生物普防工作，累计防控面积54.4万亩；开展3次飞机防治工作，累计飞防面积15万亩。实现对五环外山区生态林、平原片林、苗圃等林地的预防性防治，较好控制了美国白蛾由城区向农村地区和山区的传播。释放管氏肿腿蜂800万头、周氏啮小蜂8亿头。在16个街镇（林场）、115个社区（村点）累计监测美国白蛾成虫2255头，发现幼虫危害树木123株、网幕165个，其他常发性林木有害生物草履蚧、春尺蠖、国槐尺蠖、国槐叶柄小蛾、柳圆叶甲、杨扇舟蛾、杨小舟蛾等均呈点状发生，实现"有虫不成灾"目标。

（罗勇）

【林政执法】 年内，重点打击破坏野生动物和森林资源的犯罪活动，全年接报警情67起，其中林业行政案件4起、刑事案件4起、涉林报警21起、野生动物5起、火情报警4起、各类求助5起、其他24起。开展野生动物经营场所专项检查，清查花鸟市场、集贸市场40处，检查摊位60多家。开展"清查花鸟鱼虫市场"专项行动，清查花鸟市场、集贸市场11处，检查摊位30多家。开展种植毒品原植物的踏查，检查林区非法种植毒品原植物情况，多渠道、全方位开展禁毒宣传。

（罗勇）

【行政许可】 年内，行政许可业务迁入区综合行政服务中心，受理涉及固定资产投资审批链条的林木（树木）伐移、绿地率审核、林地及绿地审核等11个事项，实现"一个窗口受理、一个部门审批、一个公章办结"目标。窗口共受理行政许可申请460件；审批林木伐移164件、树木伐移162件，并对35件林木采伐申请进行方案优化，建议不伐或者减少采伐量，共计通过优化设计保留林木4560余株；审核上报林地征占用许可24件、面积78公顷；完成园林绿化专业审查72件。受理林木种苗生产许可证和经营许可证核发行政许可事项26起，核发林木种苗生产许可证18份，其中新办3份、续办15份；核发林木种苗经营许可证23份，其中新办4份、续办19份；签发《苗木检疫证书（出省）》240份、《产地检疫合格证》48份，检疫苗木18.89万株、花卉17.72万株（盆）、木材2.25立方米；开具检疫要求书130份。

（罗勇）

【园林绿化设计方案审查】 年内，区园林绿化局审查公共绿地景观设计方案14项、市级绿道设计方案4项、林地景观提升4项；审查建设项目附属绿地设计方案58项，其中居住区绿化设计方案2项、道路绿化设计方案38项、河道绿化12项、单位庭院设计方案6项。

（罗勇）

【建设工程园林绿化专业审核】 年内，区园林绿化局完成建设工程园林绿化专业审核项目69项，涉及建设用地576.5万平方米，其中建设项目附属绿地292.5万平方米、代征绿地32.6万平方米、屋顶绿化8.5万平方米、绿化停车场2.9万平方米。

（罗勇）

【野生动植物保护】 年内，投入408万元，完成246株古树复壮，其中苏家坨镇、四季青镇、温泉镇等农村地区175株，北下关街道、海淀街道、万寿路街道、紫竹院街道、八里庄街道等城市地区71株。5个监测点共监测鸟类近70万只，未发现疫情；举办"爱鸟周"和"野生动物保护宣传月"主题宣传活动，悬挂横幅100余条，发放材料3600多份；落实野生动物疫源疫病监测日报制度。

（罗勇）

【集体林权制度改革】 年内，深化集体林权制度改革，按照《北京市人民政府关于建立山区生态公益林促进发展机制的通知》要求，拨付山区生态公益林促进发展机制资金123.9552万元，其中市财政资金20.6552万元，区财政（支林资金）103.30万元，拨付苏家坨镇797352元、西北旺镇84024元、温泉镇177912元、四季青镇180264元。完成全区51653亩山区生态公益林的森林综合保险试点。

（罗勇）

【蜂业】 年内，全区养蜂户14户，蜂群710群，年产蜂蜜近1.5万千克，蜂蜜等蜂产品实现收入43.55万元。扶持蜂农生产，购买蜂药、巢础、书籍免费发放至养蜂户，扶持经费1万元；帮

[①]指以清坟头、清林边、清地边、清路边、清隔离带内可燃物为主要内容的森林防火"五清"专项行动。

助引进新品种，改善种群结构，为养蜂专业户发放蜂王48只。

（罗勇）

【种苗产业】 年内，全区注册苗木企业67家，其中国有企业7家、乡村集体企业8家、个人股份企业52家；注册生产总面积9496.5亩，苗木产量1250.7万株、花卉产量6.43万株。

（罗勇）

【8项新建改造绿化工程】

荷清园公园工程 位于圆明园东褟石小区东侧、轻轨13号线西侧，北邻五环路箭亭桥，总面积79019平方米，总投资1916.33万元，主要包括土方工程、绿化工程、庭院工程、电气工程和浇灌工程等项目。工程于3月1开工，10月15日竣工。共栽植常绿乔木1177株、落叶乔木2349株、花灌木8393株、地被及色带8078株，铺设草坪11500平方米。工程被评为2014年市级精品工程。

"三山五园"绿道工程 北起北旱河，南至昆玉河沿线，东至海淀公园，西至香山公园，总长度36.09千米，总面积62.79公顷，总造价6431.45万元，主要包括土方工程、绿化种植、庭院工程、亮丽工程等项目。工程于2013年12月12日开工，2014年10月1日全线贯通，共栽植乔木2014株、灌木14369株、草花101410平方米。

上地西路绿化改造工程 南起信息路，北至后厂村路，总面积17809平方米，总造价386.05万元，主要包括绿化种植、喷灌工程等项目。工程于2013年7月10日开工，2014年4月25日竣工，共栽植乔木436株、灌木3431株、色带1467平方米，铺设草坪16610平方米。

后厂村路绿化改造工程 工程改造范围为上地西路、东北旺西路之间的道路隔离带，总面积7810平方米，总造价209.48万元。工程于2013年7月20日开工，2014年5月5日竣工，共栽植油松、毛白杨、国槐等乔木199株，栽植天目琼花、沙地柏等灌木、地被9542株，铺设草坪4375平方米。

八达岭高速桥区绿化工程 范围为八达岭高速沿线西三旗桥、小营桥、北沙滩桥、上清桥、科荟桥、健德桥桥区绿化，绿化总面积24793平方米，总造价713.12万元，主要包括绿化种植、喷灌工程等项目。工程于2013年7月30日开工，2014年5月15日竣工，共栽植常绿乔木265株、落叶乔木440株、花灌木18259株、攀缘植物6059株，铺设草坪18240平方米。

紫竹院路绿化改造工程 位于紫竹院路四季青桥至车道沟桥段机非隔离带，绿化面积5950平方米，工程总造价212.84万元，主要包括苗木移植、土壤改良、绿化种植等项目。工程于2013年10月18日开工，2014年6月4日竣工，共移植中桧柏篱、小叶黄杨篱3630平方米，新栽植乔木252株、灌木140株、色带5000株，铺设草坪1117平方米。

上地MOMA代征地绿化工程 位于上地MOMA北侧、安宁庄西路与安宁庄路交口的西南角及圣化寺路塔东北侧，面积10212平方米，造价271.69万元，包括渣土挖运、缺土回填、喷灌、绿化和休闲广场铺装等项目。工程于2013年7月10日开工，2014年4月25日竣工，共栽植乔木991株，栽植灌木、地被4004株，铺设草坪9912平方米，安装喷灌管道1660米，硬质铺装300平方米，设置座椅24个、树池12个。

西二旗公共租赁住房项目代征地绿化工程 东至西二旗公租房小区，南至规划安宁庄北路，西至规划西二旗智学苑西路，北至规划西二旗智学苑中路，面积5540平方米，总造价184.61万元，包括绿化种植、土建工程、喷灌工程及亮丽工程等项目。工程于2013年7月20日开工，2014年5月5日竣工，共栽植乔木288株，灌木、地被7145株，铺设草坪3553平方米。

（罗勇）

环境卫生

【概况】 区市政市容委负责海淀区环境卫生的组织管理和监督检查工作。归口管理海淀区环卫服务中心（简称区环卫中心）并综合协调各街道、乡镇开展环境卫生工作。海淀区环境卫生服务中心是负责全区环境卫生技术性、服务性、事务性工作的区政府所属相当正处级全额拨款事业单位，归口市政市容委管理。区环卫中心所属基层单位13个，除油站为自收自支单位外，其他均为全额拨款事业单位。截至2014年底，区环卫中心共有职工4017人，其中正式职工1197人，编外职工2820人。北京绿海能环保有限责任公司是海淀区国资委监管的国有企业。主要负责北京市海淀区循环经济产业园再生能源发电厂项目的建设。

2014年，区环卫中心道路清扫保洁面积1594.33万平方米，绿地保洁面积397.42万平方米，机扫面积862.84万平方米，机扫率达92.96%。道路冲刷面积761.55万平方米。实现695万平方米道路环卫作业工作市场化服务。全区车行道作业面积1579.87万平方米，其中新工艺作业面积1489.49万平方米，新工艺作业率94.2%。环卫中心产权公厕有592座，其中二类以上公共卫生间308座，达标公厕232座，三类公厕52座；粪便作业量38.91万吨，粪便集中处理率达到100%。清运垃圾97.95万吨（含厨余垃圾1.38万吨），垃圾密闭化运输率和无害化处理率均为100%。清理垃圾渣土920吨。承办区城市管理监督指挥中心案件29649件，结案率100%。截至年底，海淀环卫中心共有机扫车、喷雾降尘车、除雪车、洗地车、小广告冲刷车、垃圾清运车、垃圾转运车、粪便清淘车等各种车辆、机械设备 1185 部。年内，完成 60 座密闭式清洁站的提升改造，完成北外、上地八维学校、世纪城、中央党校密闭式清洁站的建设，完成 383 座公厕无障碍设施改造。拨付区级补助资金 848 万元，用于提升地区农村地区环境卫生水平。组织 10 次全区范围环境卫生大扫除暨“城市清洁日”活动，发动全区党政机关、企事业单位共计 40 万余人次参与。

2014 年，区环卫中心完成 150 余项重大环境应急保障任务，接收并处理网格化案件 2 件。区环卫中心二队、五队被评为首都精神文明单位；环卫三队被评为北京市交通安全先进单位；环卫一队六班被评为北京市“三八”红旗集体。

（李华亭　焦阳　丁尧）

【海淀区循环经济产业园再生能源发电厂】 项目位于北京市海淀区苏家坨镇大工村地区，总建设面积约 22.75 公顷，总建筑面积 63104 平方米，总投资 152548 万元。日处理生活垃圾 2500 吨，其中焚烧处理 1800 吨/日，配置 3 条 600 吨/日的炉排炉焚烧线，2 台 20 兆瓦汽轮发电机组，年发电量约 27920 万千瓦时。生化处理 400 吨/日，配置两台 1.56 兆瓦的内燃机发电机组，年发电量约 2496 万千瓦时。建设内容主要包括垃圾接收、储存和运输系统、垃圾焚烧系统、余热利用系统、烟气处理系统、灰渣处理系统、自动控制系统、电气系统、水处理系统、供水系统、综合废水处理系统、厨余垃圾处理区、炉渣填埋暂存区及相关配套设施。项目由北京绿海能环保有限责任公司负责建设，于 2012 年 6 月开工。

2014 年基本完成行政生活区、焚烧中心区及废水处理区所有建筑物、构筑物的土建结构施工，完成焚烧余热系统、汽轮发电系统、烟气净化系统、废水处理系统、辅助系统所有设备安装。7 月 10 日，开始单体设备调试。

北京绿海能环保有限责任公司与北京发展环境保护（海淀）有限公司共同出资成立北京北控绿海能环保有限公司，负责海淀区循环经济产业园再生能源发电厂项目的运营。海淀区循环经济产业园再生能源发电厂项目的运营总投资 6 亿元。北京北控绿海能环保有限公司注册资本金 2 亿元，其中北京绿海能环保有限责任公司出资 200 万元持有 1%的股权，并且拥有重大事项决策一票否决权。

（丁尧）

【微电影《我的梦》发布】 8 月 20 日，由区政府与中央电视台电影频道联合摄制的微电影《我的梦》，在区工人文化宫发布。《我的梦》是国内首部以环卫工人为题材的专业级别微电影，根据北京市劳动模范、区环卫中心一队一班班长赵兰晓的事迹改编，20 多分钟的片长里，展现出环卫工人真善美的职业情操。该片在央视电影频道、电影网等视频网站、微博微信及社区流动电影放映车等公共媒体平台播出。

（焦阳）

【再生能源发电厂 PPP[①]项目签约】 12 月 26 日，区市政市容委与北京北控绿海能环保有限公司签署《北京市海淀区循环经济产业园再生能源发电厂 PPP 项目特许经营协议》，标志着地区引入 PPP 特许经营模式建设运营循环经济产业园再生能源发电厂项目进入项目融资实质性阶段。该模式是为破解区政府财政资金紧张难题，在国家倡导和鼓励社会资本参与公用基础设施建设的政策框架下，参照北京地铁 4 号线建设运营模式，经市发改委和区政府共同协商确定。其核心内容是由政府和特许经营企业共同投资完成项目建设，并由特许经营企业在特许经营期内运营该项目、到期后无偿移交给政府。

（李华亭）

【道路环境卫生管理】 年内，全区道路共有 2249 条，总面积 4087 万平方米，总长度 1725 千米，分别由市、区、街道（镇）和社区（村）四级作业。对道路环境卫生实施分级分类作业和管理，将保洁道路细分为 4 级 9 类，道路保洁质量标准达到“八无”标准，即无烟头纸屑、无痰迹、无乱张贴涂写、无泥沙积水、无污水、无结冰、无白色污染、无垃圾焚烧。雨雪雾霾、大风扬尘天气及时启动应急工作预案，按照保洁标准进行作业。

（李华亭）

【垃圾终端处理设施建设】 年内，区市政市容委推进循环经济产业园再生能源发电厂建设，年底前完成主要项目的土建施工和主要设备的安装。完成六里屯垃圾填埋场环境综合整治，渗滤液扩容工程 10 月投入运营；沼气发电工程日均达 19 万千瓦时的发电能力（日均消耗约 10 万立方米的填埋气）；通过全密闭作业、移动和固定除臭相结合等措施，场区周边的大气检测点全部达标。完成宝山综合处理厂项目选址方案并报市规划委。完成巴沟粪便站技改工程设计方案编制。开展建筑垃圾处理厂新选址的项目立项前期工作，重点研究新选址的可行性、再生产品（路基材料、建筑墙砖、道路地砖）构成、建筑垃圾及炉渣处置的工艺方案及投资估算。

（李华亭）

【垃圾分类管理新模式】 年内，海淀区分别在海淀街道苏州桥西社区和马连洼街道七彩华园小区开展垃圾分类创新试点工作。通过对参与垃圾分类的居民实施奖励和对管理服务单位实施分类分级补助的办法，提高厨余垃圾源头分类投放和分类收集效果。创新模式试点小区实现“居民知晓率不低于 95%，正确投放率不低于 20%，厨余垃圾占比不低于 10%”的目标。

（焦海林）

【非正规垃圾填埋场治理】 年内，地区完成凤凰岭、亮甲店、小牛坊、太舟坞、韩家川 5 处非正规垃圾填埋场的治理，苏一二村非正规垃圾场 A1、A3 区完成土方工程，A2 区回填 70%。

（李华亭）

【旱厕改造】 2014 年，地区完成 15 座旱厕的改造，共涉及四季青镇、苏家坨镇、上庄镇、温泉镇、东升镇、海淀街道、羊坊店街道、紫竹院街道等 8 个街镇。改造资金由区财政补助三分之二、

---

① PPP 模式即 Public-Private-Partnership 的字母缩写，是指政府与私人组织之间，为了合作建设城市基础设施项目，或是为了提供某种公共物品和服务，以特许权协议为基础，彼此之间形成一种伙伴式的合作关系，并通过签署合同来明确双方的权利和义务，以确保合作的顺利完成，最终使合作各方达到比预期单独行动更为有利的结果。

街道承担三分之一（去除市级定额补助资金后）。旱厕产权属街道的按照原有模式进行运行管理，无主产权的交由区环卫中心运行管理；产权属社会单位的由街道协调社会单位，原则上由产权单位运行管理，如果产权单位不愿意后期管理的，需与政府签订《旱厕管辖权责移交书》，交由区环卫中心运行管理。

（李华亭）

【编制《“美丽海淀”发展规划纲要》】 年内，区市政市容委完成《“美丽海淀”发展规划纲要》编制。该纲要搭建地区生态文明建设指标体系框架，确定核心指标值，制定发展策略措施。4月15日，《“美丽海淀”发展规划纲要》通过清华大学等5家科研院所的专家评审。

（李华亭）

【空气重污染日环卫应急】 年内，全市启动2次蓝色、3次黄色和2次橙色空气重污染预警，区市政市容委及时启动落实《海淀区空气重污染环卫作业应急预案》各项制度措施。地区应急响应工作和联合督查措施及时到位，初步形成较为完善的空气重污染环卫作业应急机制。

（李华亭）

【渣土管理】 年内，区市政市容委全年核发工地建筑垃圾消纳341件（核发建筑垃圾车辆准运许可387件），比2013年增长1.47倍。全区工地建筑垃圾消纳许可率达64.2%，比2013年提升28个百分点，施工工地达标车辆使用率达80%以上。开展建筑垃圾消纳运输施工工地规范检查和建筑垃圾运输专项执法，组织相关部门人员2987人次、开展联合执法检查109次，查处违规工地161起，查扣违规车辆1005辆次。核查工地、建立更新施工工地建筑垃圾综合管理台账6次，143处工地整改、补办消纳许可，整改率88.8%。地区具有渣土消纳资质的注册企业11家，达标车辆78辆。

（李华亭）

【环境应急保障】 年内，区环卫中心在重大活动、节日期间，要求各清扫保洁作业单位实时启动保障方案，保证市容环境整洁、卫生良好。完成“第26届玉渊潭樱花节”“圆明园皇家庙会”“圆明园荷花节”“北京马拉松比赛”“2014全国道德模范巡演活动启动仪式”“迷笛音乐节”“香山论坛”等赛事、活动的突击环境保障150余次。

（焦阳）

防震减灾

【概况】 海淀区共建有前兆监测台站8个、宏观观测站10个，布设流动测震台2处，设置农村基层观测员97人。区地震局被评为2014年度全国地市级防震减灾工作综合考核先进单位、北京市2014年度区县防震减灾工作综合考核先进单位和地震监测预报工作先进单位。

年内，新建区级地震安全社区2个，分别是：上地街道西里社区和羊坊店街道莲花社区。建成北京市地震安全社区2个，分别是：西三旗街道怡清园社区和四季青镇郦城社区。

（王轶男　崔清山　周东旭）

【防震减灾宣传】 3月31日，区地震局参与教育部、公安部等单位在上地实验小学共同举办的“强化安全意识，提升安全素养”第19个全国中小学生安全教育日主题活动，为学生介绍地震应急避险知识。开展“送课上门”活动，利用“5•12”全国防灾减灾日宣传周，到香山、花园路、紫竹院等街道及上庄镇和曙光防灾减灾公园等单位讲课。开展“进社区、进学校、进机关、进农村、进家庭、进企业”活动，累计到基层讲课28次，发放宣传材料万余册，宣传挂图1160多套和宣传折扇5000把。制作法规知识展板，到29个街镇开展地震法规普及宣传。7月28日至8月3日，区地震局举办“纪念7•28唐山大地震38周年防震减灾书画展览”，展出机关干部、基层群众书画作品80余幅。发放《防震减灾简要读本》《纪念汶川地震5周年海淀区防震减灾成果展》图册、防震减灾折扇、应急手电、应急包、宣传笔等资料、物品2万余份。

（周东旭　吴智　王元清）

【地震应急演练】 4月25日，区地震局指导国家知识产权局专利局专利审查协作北京中心、首体消防中队、北京市一〇五中学共同开展地震应急疏散演练。各相关单位400余人参加演练。5月8日，区地震局和区教委联合在海淀北部实验学校进行“纪念第六个防灾减灾日地震应急综合演练现场会”。现场演练模拟地震发生、应急避震、紧急疏散、现场搜救、医疗救护等科目，600余名师生参加演练。11月5日，区地震局会同北京联通二区分公司、北京联通网络分公司机动通信局、北京联通网络分公司管线中心二区管线局，在北京联通二区分公司西三旗局开展以围绕地震灾害下通信系统保障为主题的应急救援演练活动。内容包括：现场抢修光缆、恢复相关区域通信、临时电源供电、架设设备天线，管线抢修队熔接光缆、确认通信恢复等，60余人参加演练。清河街道、花园路街道、马连洼街道、万寿路街道、海淀镇等单位组织宣传演练活动，500多人参与。

（唐亮　崔清山）

【应急救援培训】 7月9日—10日，区地震局组织54名街镇防震减灾助理员和社区防震减灾业务骨干在国家地震紧急救援训练基地进行地震应急救援培训。培训内容包括：灾害案例分析与自救互救常识讲座、废墟现场体验、绳结技术与下降技术、体能训练、参观搜救装备、包扎、搬运、心肺复苏术等。9月18日，聘请市地震局宣教中心主任、北京野生动物园专家为30名宏观观测员和防震减灾助理员做地震宏观观测专题讲座，并组织参观“地震与建筑科学教育馆”。

（赵年宝　王轶男）

【启动地震应急预案】 8月3日云南昭通发生6.5级地震，9月6日河北张家口发生4.3级地震后，辖区民众对京区的震情形势有担心和议论。为防止地震谣言发生，海淀区及时启动地震应急预案，按照突发有感地震进行应急响应。区地震局编写完成《海淀区2014年年中地震趋势会商报告》和《海淀区2015年地震趋势会商报告》，上报震情分析意见57期。

（王轶男）

【地震应急救援志愿者培训】 10月23日—28日，区地震局组织清河街道领秀硅谷社区、西三旗街道怡清园社区、花园路街道冠城园社区、上地街道上地西里社区4个社区的地震应急救援志愿者800余人次，进行应急救援技能培训。培训内容涵盖日常生活中有哪些潜在危险，如何在危险环境中保护自己，如何利用身边的物品进行自救互救等。

（吴智）

【安装深水探测井仪器】 年内，区地震局协调解决市地震局深水探测井仪器的安装，并与北京市第四十七中学站点相邻的教育基地协商供水、供电方案。6月24日，完成北京市深水井项目仪器安装。10月底，完成台站环境装修改造和配套设施建设。

（王轶男）

【震害防御】 年内，区地震局参加区依法治区办和法制办组织的法规宣传活动2次，累计发放5000多本法律法规、科普读物及宣传品。加强对曙光防灾教育公园建设的引导，做好防震减灾宣传教育阵地的维护和应急管理。北京新兴曙光科贸有限公司年度投入工作经费1000多万元，建设开放式科普、避难公园3万平方米。举办各类宣传、接待防震减灾活动8次，累计接待参观游客5000余人次。西北旺镇、四季青镇、温泉镇、苏家坨镇、上庄镇开展执法检查及宣传活动，向重点村、重点户发放宣传材料2000份。

（崔清山）

【防震减灾科普示范学校创建】 与区教委联合，加强对在建防震减灾示范学校的督促和指导。一是召开示范学校地震应急演练现场会，推广建设经验。北部实验学校600余名师生参加演练，区部分中小学校领导现场观摩；二是会同区教委到北京市第二十中学、北部实验学校、民族小学、首师大附小、七一小学等在建示范学校开展检查，督促落实；三是推进全区示范校创建。年度成功申报市级防震减灾示范学校5所，分别是北京市第二十中学、北京市海淀北部新区实验学校、北京市海淀区民族小学、北京市育英学校、首都师范大学附属小学。

（王元清）

【应急避难场所建设】 年内，推进海淀公园应急避难场所恢复项目建设。项目建设规模为：建设应急篷宿区89890平方米；应急供水设施：排水管200米，给水管2510米及其他附属设施；应急排污系统：化粪池8座；应急供电设施：发电机6套，电缆敷设499.95米；应急垃圾储运设施：70平方米小型垃圾收集站；应急厕所8座；应急标志牌105块；恢复工程：破除及恢复绿地11996平方米，恢复道路及广场铺装412平方米。年内全区完成3处临时避难场所的建设，插牌建设避难场所达到81处。

（吴智）

【2014年海淀区震情】 全年共发生1.0级以上地震12次，最大地震为8月28日发生的1.9级地震。震情见下表：

序号	日期	时间	纬度	经度	深度（千米）	地方性震级
1	1月4日	19:14:34.3	40.03	116.23	6	1.1
2	1月17日	17:48:36.6	40.07	116.18	7	1.5
3	5月8日	03:20:12.4	40.05	116.35	6	1.4
4	8月7日	15:58:27.8	40.06	116.30	6	1.7
5	8月9日	13:18:38.2	39.98	116.33	8	1.1
6	8月9日	17:40:01.0	39.99	116.30	9	1.1
7	8月28日	12:49:16.3	40.05	116.34	8	1.5
8	8月28日	12:49:18.5	40.05	116.34	8	1.9
9	9月14日	04:51:46.6	40.06	116.28	6	1.1
10	10月29日	04:41:53.6	40.00	116.17	6	1.4
11	10月30日	03:34:12.4	40.10	116.24	18	1.5
12	12月25日	19:08:31.9	40.05	116.27	11	1.0

（王轶男）

文 化

2015
北京海淀年鉴

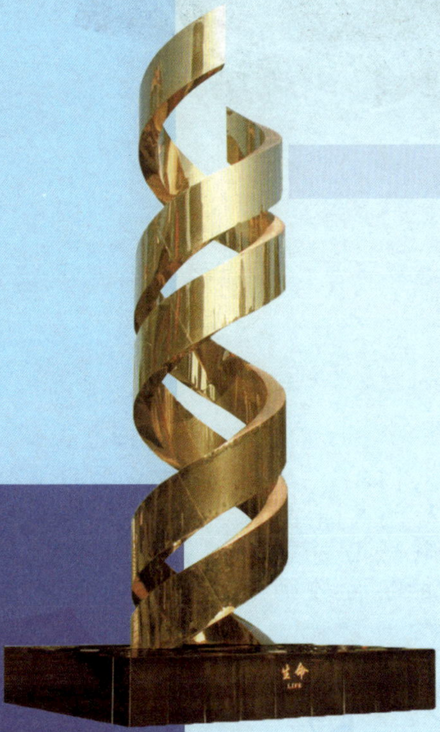

《1月9日，海淀文化志愿者开展送福到家活动（区文化馆 王凤华 摄）

》2月9日，东升镇八家社区举办民俗文化进社区老物件展活动（田峰 摄）

《5月16日，以“青春·文明·梦想”为主题的第三届海淀青少年微电影节主题培训暨媒体通气会在海淀区教师进修学校举行（李瑞林 摄）

《5月22日，海淀区第五届“放飞春天”风筝节在上庄镇西马坊稻香小镇举行（李瑞林 摄）

》9月30日，是首个国家烈士纪念日，北京市公祭烈士活动在李大钊烈士陵园举行（田峰 摄）

《9月1日—11月30日，海淀举办第三届中关村金秋演出季活动（田峰 摄）

》10月21日，中宣部宣教局、中宣部《党建》杂志社、北京市委宣传部、海淀区委宣传部在海淀区举办首场进社区朗诵活动（田峰 摄）

《 本年建成的天秀路文化墙（李瑞林 摄）

» 年内，大慧寺进行院墙加固、地面改造（区博物馆 供图）

《 区档案馆对征集的郭云鹏（右一）的201幅钢笔画进行鉴定（区档案馆 供图）

» 香山青少年宫组织学生暑期学习非物质文化遗产项目（田峰 摄）

文 化

综 述

【概况】 海淀区文化委员会（以下简称区文化委）是主管海淀区文化、文物、新闻出版和广播电视工作的政府职能部门。下属文化行政执法队和海淀区文化馆、海淀区图书馆、海淀区文物保护中心（海淀区博物馆）、海淀区电影管理处、海淀剧院、海淀区评剧团等直属事业单位。

2014年，海淀推进国家公共文化服务体系示范项目建设，10月，北京市第二批创建国家公共文化服务体系示范项目，即海淀区“高新技术企业园区构建公共文化服务长效机制研究”通过中期验收。开展演出联盟优秀剧目展等系列文化展演活动，全年投入文化活动资金3600万元，表演400余万人次。举办海淀中法文化交流活动。将文物巡视检查纳入全区网格化社会管理服务体系。实施村庄遗产保护行动，新增13处文物普查登记项目。文化事业单位实施改革。区文化委被评为北京市2014年度扫黄打非工作先进集体、2012—2014年度文物保护执法工作先进集体。

（李晶晶）

文化事业

【概况】 2014年，海淀区围绕“建设全国一流文化强区”目标，完成第二批国家公共文化服务体系示范项目“高新技术企业园区构建公共文化服务长效机制研究”的中期检查。建成8.8万平方米的北部文化中心，初步形成区域设施布局和文化馆、图书馆总分馆格局。308支群众文艺团队得到财政资金扶持。区域公共文化建设全面提升“基础设施网络建设、公共文化服务产品供给、基层文化骨干和文艺团队”三个水平，加快实现科技创新、文化创新双轮驱动发展目标。

实施文化惠民工程，多元分层供给优秀文化服务产品。中关村国际青年艺术节、海淀文化节、中关村金秋演出季等区域文化品牌在特色、投入规模、针对性等方面有新的突破。五月的鲜花、夏日文化广场、紫竹民族文化节、中关村科技艺术节、苏家坨立夏习俗等惠民活动丰富。海淀区全民阅读活动覆盖区内的机关、企业园区、学校、社区和农村，惠及人群约30万人。为农村地区和外来务工人员免费放映5000余场电影，送文化演出进农村200余场。文化志愿者进企业、社区培训5000余人次。

（刘珊珊）

【政府出资扶持实体书店】 4月24日，《海淀区扶持书店行业健康发展暂行办法》出台。根据该办法，海淀区在北京市首次尝试每年出资400万元专项资金扶持实体书店，扶持资金将采取项目补贴、奖励、贷款贴息的方式，每家书店每年可获得的补贴金额不超过50万元。根据规定，该办法所涵盖的书店是指在海淀区办理工商注册和税务登记，持有“出版物经营许可证”，具有固定的营业场所，并以图书、报纸、期刊、音像制品等出版物发行为主营业务的单位。实体书店是指具有固定的实体店面营业场所，并在该场所从事图书、报纸、期刊、音像制品等出版物销售业务的书店。实体书店的扶持对象为营业面积不低于30平方米，出版物为主营业务，出版物销售占比不低于30%的书店。海淀区现有实体书店1000余家，但经营状况非常不乐观，2013年没有一家盈利。

（钟冷）

【海淀区文物保护中心揭牌】 11月28日，海淀区文物保护中心揭牌仪式在海淀区博物馆展厅举行。2013年11月底批复成立的海淀区文物保护中心是全额拨款事业单位，编制13人，主要职责包括组织开展全区文物保护重点项目的调查研究，对权限范围内文物进行常规维护、应急抢险和修缮，收集、整理、保护、利用全区流散文物，对区文化委直接主管的文物保护单位进行日常管理等。

（高五一）

【3 家文化事业单位改革】 年内，区文化委所属事业单位海淀区评剧团、海淀剧院、海淀区电影管理处被确定为改革单位。海淀剧院、海淀电影管理处转企改制，海淀区评剧团撤销建制并入海淀区文化馆。海淀评剧团国有资产出租部分全部收回，工作人员并入文化馆组建戏曲部。

（陈娜）

【文化事业基本情况】

2014 年，全区有电影院 28 个，文化市场 2699 家，文化站 29 个，文物保护单位 150 处。

项　　目	计量单位	2014	2013
电影放映	–		
电影放映单位个数	个	28（营业性）	26（营业性）
其中：电影院	个	28（营业性）	20（营业性）
放映场次	场次	303355（营业性）	277243（营业性）
观影人次	人次	12537186（营业性）	11006000（营业性）
文化市场	–		
歌舞娱乐场所	家	240	237
电子游艺厅	家	55	54
网吧	家	286	286
书店	家	1922	1677
字画店	家	38	38
印刷企业	家	158	168
文化站	–		
个数	个	29	29
从业人员	人	176	230
街道级社区文化站	个	22	22
乡镇级文化站	室	7	7
组织文艺活动	项	1106	1176
举办展览	次	102	237
举办业余培训班	班次	2746	2638
训练班结业人数	人次	155506	106075
文物保护	–		
文物保护单位	处	150	150
国家级	处	18	18
市级	处	23	23
区级	处	109	109

（张桂和）

【海淀区文化馆】 海淀区文化馆建筑面积 7882 平方米，设有专业琴房、练功房、13 个培训教室、多功能厅和小剧场。全年举办各类活动 126 场，其中演出 56 场，免费电影 87 场，讲座及会议 27 场，展览 25 个。出版《海淀群文信息》12 期、《红叶杂志》4 期。组织文艺爱好者参加征文、摄影、器乐、朗诵、歌唱、戏曲等比赛活动。2 月 7 日至 16 日，海文合唱团赴欧洲进行音乐交流演出，在维也纳举办《唱响五洲》新年合唱音乐会及《中法建交 5 周年——中法友谊合唱交响庆典》活动。5 月 30 日，携北京青年合唱团走进北京国家大剧院小剧场，参加“难忘的旋律”专场音乐活动。5 月，海文合唱团、青年合唱团参加 2014 第十一届北京景山合唱节比赛，获银奖。8 月—9 月，组织选手参加 2014《我爱唱歌》北京市百姓歌手大赛，获青年组一等奖，老年组二等奖，中老年组和青年组三等奖以及最佳优秀组织奖。9 月，组织门静舞蹈团、北京体育大学舞蹈团、海文舞蹈团等团队参加第九届“舞动北京——群众舞蹈大赛”，获团体金奖、创新奖、银奖和组织奖。9 月，组织京剧票友参加 2014“谁与争锋”全市戏曲票友大赛，获银奖和铜奖。10 月，海文合唱团、青年合唱团参加在西山森林公园举办的百姓森林合唱大赛，分获三等奖和优秀奖。12 月，海文合唱团参加北京之声——2014 北京市民合唱周比赛，获金奖。

（陆丽明）

【海淀区文物保护中心（海淀区博物馆）】 2014 年，区文物保护中心共有 6 个展览面向公众免费开放，即基本陈列《沉香越千年——海淀历史文物展》和精品临展《春节民俗文化展》《宝相庄严——藏传佛教的各类佛像》《皇室遗珍——颐和园明清家具展》《盛世兴园•香山静宜园二十八景文化展》《“莲生妙相”——金延林观音像作品专题展》，累计接待观众参观 4.6 万余人次，博物馆网站访问量达 23588 人次。由海淀区博物馆设计制作的《样式雷展》在圆明园正觉寺长期展出。

承接区委区政府交办的北部文化中心《海淀通史陈列展》专项展览工作，年内完成展览筹备工作方案、陈列大纲、任务分解方案等工作。区博物馆在苏家坨镇周家巷村征集物品 1000 余件。《海淀文物精选集》画册出版。11 月 21 日至 26 日，应邀赴厦门国际会展中心参加由中国博物馆学会、中国自然科学协会和厦门市人民政府主办的 2014“第六届博物馆及相关产品与技术博览会”，获组委会颁发的“弘博奖•博物馆宣传推介优秀奖”。

区博物馆探索校外教育新形式、新方法，吸收驻区大、中学生志愿者 74 人，累计服务 456 小时，惠及观众 7000 多人次。3 月，区博物馆成为中关村博物馆与艺术品行业联盟首批会员单位。区博物馆参与、组织 2014 北京市中小学生“走进博物馆”活动、2014 社会大课堂学生寒暑假活动、第九届阳光少年活动、2014 北京科技周活动，惠及群众 1.2 万余人次。12 月，区博物馆获 2014 年度“北京市校外教育先进集体”称号。

年内，海淀文保中心开展八里庄宦官墓迁移保护工作；从北京市文物研究所接收海淀出土文物——三件清代石刻；配合区文化委开展海淀区文物修缮规划、大西山地区文物保护、长河沿线文物保护等三项海淀文物专项课题调研工作；对梅兰芳墓、九王坟、大慧寺等文保单位和八里庄考古工地进行调研。完成大慧寺近 200 块墓志和数百件其他类石刻文物的基础性保护工作。

（姜英鎏）

【海淀区图书馆】 是区级综合性公共图书馆，全年 365 天免费开放。总藏量 70 多万册（件），期刊 617 种、报纸 98 种，阅览座位 500 席。区图书馆有 53 个基层分馆、14 个图书流动车服务站点。全区累计建立文化共享工程网点 169 家（1 个区级支中心、29 个街镇和 82 个行政村、57 个社区），益民书屋 152 个。一卡通异地通借通还馆 11 个。2014 年共办理读者证 4554 个，接待各类读者 31 万余人次，借阅书刊 40 余万册次。分编加工本馆新书 19510 种、46143 册，基层图书分馆新书 10055 种，16653 册。举办各类读者活动 100 余场，其中海图讲坛 54 场，展览 15 场。受益群众超过 6 万余人次。地方文献网站“海淀叙录”添加文章 130 篇，上传专题图片 45 套。

（向华）

【海淀剧院】 2014 年，海淀剧院演出 7 大类节目 30 个剧目共计 288 场。放映 142 部影片（国产 81 部，进口 61 部），放映 4106 场。海淀剧院被评为“最有活力演出场所”。海淀剧院邀请白俄罗斯国家交响乐团举办“海淀剧院新年音乐会”。全年开展电影惠民活动 2847 场。放映《焦裕禄》《周恩来》《天河》主题教育影片，观众达 4 万余人。

（刘洪）

【海淀区电影管理处】 属自收自支事业单位，负责全区各街道、镇的 65 个固定影厅、29 套流动设备公益性电影放映、统计及放映员培训工作。成立“北京市电影队海淀分队”；1957 年 5 月命名为“海淀区电影队”；1958 年至 1964 年海淀区电影队更名为“海淀区电影修配站”；1972 年成立“海淀区电影工作站”。1976 年更名为“海淀区电影发行管理站”；（1978 年申请）1980 年，“海淀区电影发行管理站”更名为“海淀区电影发行放映公司”。1990 年，“海淀区电影发行放映公司”更名为“海淀区电影管理处”。为深化文化体制改革，按照《北京市海淀区人民政府办公室转发关于推进部分事业单位改革实施方案的通知》（海政办发〔2014〕1 号）要求，海淀区电影管理处将在 2015 年与海淀剧院合并，原有公益职能划转到海淀区文化馆。2014 年，放映公益电影 5230 场，观影人数 425146 人。

（张伟）

【海淀区评剧团】 2014 年 2 月，海淀区事业单位改革工作启动，海淀评剧团作为试点被列为第一批改革单位。形成文化委所属事业单位改革方案，确定海淀区评剧团撤销建制，人员整体分流到区文化馆。截至年底，全团编制 61 个，在职 22 人。

（马达）

【海淀区摄影家协会】 2014 年，海淀区摄影家协会拥有会员 200 余人，俱乐部爱好者 150 余人。协会参与区政治、经济、文化、教育、科技等活动

20 余次。在中关村学院的协会交流学习基地举办季赛 4 次，开展摄影家创作心得分享，作品展示，海淀区摄影作品评比等活动。协助举办第五届海淀区文明市民艺术节。与海淀区文明办、中关村学院（海淀区文明市民学校总校）组织“文明海淀文化海淀美丽海淀创新海淀”大赛，送交 335 幅作品，38 幅作品获奖。举办摄影讲座和摄影公益课程，组织外拍和作品评选，1532 人次参加。组织会员及俱乐部摄影爱好者完成海淀区第五届风筝节等文化活动的拍摄工作。

（李雪）

【基层图书馆名录】 2014 年，海淀区图书馆有 53 个基层分馆（见下表）。

顺序	所属街道、镇	分 馆 名 称	地 址	是否联网
1	曙光街道	曙光街道社区分馆	曙光街道下沉广场	联网
2		诚品建筑社区分馆	紫竹院云慧里诚品建筑社区	
3		望塔园社区分馆	曙光花园 10 号楼	
4	八里庄街道	核二院社区分馆	马神庙 1 号文艺图书馆	联网
5		美丽园社区分馆	西四环北路美丽园小区 30 号楼居委会	
6		新景园社区分馆	北洼路 9 号院 1 号楼 B1D 居委会	
7	青龙桥街道	61786 部队社区分馆	5102 信箱，02 号宣传科	联网
8		61195 部队社区分馆	984 信箱，89 号	
9	北太平庄街道	北太平庄街道分馆	红莲南村 5 号	联网
10		太月园社区分馆	太月园 9 号楼负一层 103 室	
11	花园路街道	花园路街道分馆	花园北路 46 号综合楼三层	联网
12		花园路街道社区分馆	花园北路 46 号综合楼三层	联网
13	上地街道	上地街道分馆	上地东里 4 区 7 号楼五层	联网
14		上地南路社区分馆	上地东路上地佳园小区 1 号楼上地南路社区活动中心	联网
15	田村路街道	田村路街道社区分馆	西四环北路 137 号	联网
16		建西苑社区分馆	玉泉路 8 号院玉海园二里一号楼	联网
17	羊坊店街道	羊坊店街道社区分馆	羊坊店茂林居 6 号楼	联网
18		永红社区分馆	北蜂窝五号院动力楼二层 204 室	联网
19	永定路街道	永定路街道分馆	永定路 52 号院街道文化中心	联网
20		六西社区分馆	复兴路 79 号六西社区	联网
21	香山街道	香山街道分馆	香山路甲一号东岳公寓	联网
22	甘家口街道	甘家口街道分馆	海淀区增光路 43 号院工运社区	联网
23	海淀街道	海淀街道分馆	小南庄 31 号楼 海淀街道社服中心	联网
24	马连洼街道	马连洼街道分馆	马连洼北路 8 号院	联网
25	清河街道	清河街道分馆	清河小营西路 20 号街道文教科	联网
26	万寿路街道	万寿路街道社区分馆	永定路西里 11 号楼街道办事处	联网
27	西三旗街道	西三旗街道分馆	清河永泰小区 50 号楼 2 层	联网

顺序	所属街道、镇	分馆名称	地址	是否联网
28	学院路街道	学院路街道分馆	逸成社区（学清路逸成东苑12号楼）	联网
29	紫竹院街道	紫竹院街道社区分馆	厂洼小区紫竹院社区服务中心	联网
30	中关村街道	中关村街道社区分馆	中关村南路甲2号	联网
31	北下关街道	北下关街道社区分馆	大柳树路长河1号	联网
32	清华园街道	清华园街道分馆	清华大学荷清苑社区	联网
33	四季青镇	闵航南里社区分馆	闵航路21号院南里社区	联网
34		静芯园社区分馆	北坞村路甲25号静芯园F座	联网
35		门头村分馆	香山门头村606号	
36		西冉村分馆	杏石口路47号（四季青佟家坟4号）	
37		香山村分馆	四季青镇香山村委会	
38	苏家坨镇	苏家坨镇分馆	北安河路22号多功能场馆	联网
39		北安河村分馆	苏家坨镇北安河村文化广场	
40		苏一二村分馆	苏家坨镇苏一二村文化大院	
41		聂各庄村分馆	苏家坨镇聂各庄村	
42	上庄镇	上庄镇分馆	上庄镇文化站	
43		上庄村分馆	上庄镇上庄村村委会	联网
44		永泰庄村分馆	上庄镇永泰庄村村委会	联网
45	海淀镇	海淀镇分馆	海淀镇文化服务中心	联网
46		万树园社区分馆	树村村委会	
47		裕隆新村分馆	黑山扈羊场路1号裕隆新村小区图书馆	
48	温泉镇	温泉镇分馆	温泉镇文化站	
49		航材院社区分馆	81信箱，58分箱	联网
50		白家疃村分馆	温泉镇白家疃村文化园	联网
51	西北旺镇	西北旺镇分馆	东北旺路38号	联网
52		唐家岭村分馆	唐家岭村村委会	
53	学院路街道	海淀农业分馆	清华东路17号中国农业大学图书馆	

（向华）

【24小时自助图书馆名录】 2014年，海淀区图书馆设8个24小时自助图书馆。

1. 西三旗街道办事处　西三旗地铁8号线永泰庄南口
2. 西三旗街道办事处　西三旗富力桃园社区内
3. 海淀东升科技园　中关村科技园东升园内
4. 香山街道办事处　海淀区香山南路红旗村六号院
5. 海淀街道办事处　地铁10号线苏州街站西北口
6. 海淀上地科技园　中关村科技园软件园内
7. 万寿路街道办事处　总参信息化部社区内
8. 青龙桥街道办事处　中央党校南大门西南角

（向华）

【图书流动车服务站点】 2014年，海淀区图书馆设14个图书流动服务站点。

序号　单位　地址

1. 61606部队　四王府

2. 财政局　海淀区西四环北路9号
3. 海淀交通支队　知春路海关大楼北侧
4. 黄庄中队　海淀昆明湖南路96号
5. 清河中队　小营西路
6. 上地东里社区　上地东里7号楼
7. 上地实验小学　上地东里
8. 上地医院　农大南路
9. 区体委　海淀区西苑操场
10. 万寿路医院　翠微中里13号
11. 温泉中队　北清路永丰屯路口
12. 西二旗社区　清河西二旗小区
13. 玉泉山中队　玉泉山大柳树1号
14. 中关村中队（挂甲屯）　海淀区西苑操场

（向华）

【异地通借通还基层图书馆名录】 2014年，海淀区图书馆设有11家异地通借通还基层图书馆（见下表）。

序号	名称	地址
1	田村路街道社区分馆	西四环北路137号
2	西三旗街道分馆	清河永泰小区50号楼2层
3	曙光街道社区分馆	曙光街道下沉广场
4	上地街道分馆	上地东里4区7号楼五层
5	香山街道分馆	香山路甲一号东岳公寓
6	马连洼街道分馆	马连洼北路8号院
7	紫竹院街道社区分馆	厂洼小区紫竹院社区服务中心
8	中关村街道社区分馆	中关村南路甲2号二楼
9	苏家坨镇分馆	北安河路22号多功能场馆
10	航材院社区分馆	81信箱，58分箱
11	海淀区图书馆	海淀区丹棱街16号海兴大厦C座

（向华）

【益民书屋名录】 2014年，海淀区共计建有152家益民书屋。

序号	书屋名称	书屋地址
1	永定路街道二街坊西社区	永定路57号
2	永定路街道三街坊西社区	玉泉路16号
3	永定路街道六街坊东社区	复兴路79号
4	永定路街道七街坊社区	玉泉路15号
5	永定路街道八街坊西社区	金沟河路5号
6	青龙桥街道林业科学研究院社区	东小府1号
7	青龙桥街道国防大学社区	红山口甲3号
8	青龙桥街道水磨成府社区	水磨新区27号
9	青龙桥街道军事科学院社区	厢红旗东门外1号
10	青龙桥街道西苑医院社区	西苑操场1号
11	西三旗街道9511联合社区	西三旗建材城西路85号9511社区
12	西三旗街道育新花园社区	西三旗建材城西路育新花园社区38号楼
13	西三旗街道建材城联合社区	西三旗东建材城东路润生园小区4号楼
14	西三旗街道怡情园社区	西三旗永泰庄北路怡情园社区2号5门802
15	西三旗街道清润家园社区	清河龙岗路51号院5号楼清润家园社区
16	香山街道四王府社区	香山四王府119号

序号	书屋名称	书屋地址
17	香山街道北炮社区	香山南路红旗村 4 号
18	香山街道六号院社区	香山南路红旗村 6 号
19	香山街道南植社区	香山南路 20 号院
20	香山街道第二社区	香山南辛林 10–26 号
21	甘家口街道甘东社区	阜成路北 5 号楼前平房
22	甘家口街道花园村社区	车公庄西路花园村居委会
23	甘家口街道潘庄社区	潘庄南路半截塔 2 号院
24	甘家口街道水科院社区	车公庄西路 20 号院
25	甘家口街道西钓社区	西三环中路 11 号中塔园小区 7 号楼（北侧）西钓社区居委会
26	甘家口街道阜南社区	阜成路南平房
27	海淀街道三义庙社区	北三环西路三义庙北 3 号楼西小楼
28	海淀街道航空港建设总公司社区	苏州街 52 号院 2 号楼
29	海淀街道阳春新纪元社区	万柳阳春光华家园 4 号楼一层
30	海淀街道合建楼社区	合建楼社区
31	海淀街道万泉庄南社区	小南庄 20 号楼与 21 号楼之间平房
32	海淀街道倒座庙社区	海淀南路 17 号楼后平房
33	海淀街道小南庄社区	小南庄 13 号楼东侧平房
34	中关村街道东里南社区	双榆树东里 7 号楼北侧二层自建楼房
35	中关村街道太阳园社区	太阳园 11 号地下一层社区活动室
36	中关村街道 52 号院（航天五院）社区	知春路 52 号院红二楼
37	中关村街道红民村社区	双榆树东里 23 号楼 107
38	中关村街道黄庄社区	中关村黄庄小区 820 楼前社区服务站
39	中关村街道东里北社区	双榆树东里 10 号楼北侧服务站
40	中关村街道北里社区	北里 10 号楼南侧平房北里市民学校
41	马连洼街道西北旺社区	西北旺夏霖园底商 8–8
42	马连洼街道农大南路社区	农大南路厢黄旗七彩华园南门外 60 米
43	马连洼街道 63919 社区	圆明园西路 1 号院居委会
44	马连洼街道天秀社区	天秀花园安和园 6 号楼地下室
45	马连洼街道兰园社区	马连洼街道兰园社区 25–5–102
46	马连洼街道肖家河社区	肖家河东村敬老院院内
47	马连洼街道百旺家苑社区	百旺家苑东区 2 号楼 1 单元 202 室
48	曙光街道曙光花园社区	望山园 10 号楼 102 号
49	曙光街道怡丽北园社区	北四环西路 88–2 号怡丽北园社区
50	曙光街道曙光公司望塔园社区	望塔园四号楼东侧社区居委会

序号	书屋名称	书屋地址
51	曙光街道世纪城西区	远大路世纪城五区 8 号楼 B1E
52	曙光街道上河村社区	远大路 6 号院 1 号楼上河村社区居委会
53	曙光街道农科院社区	曙光花园中路 5 号农科院社区居委会
54	曙光街道空军指挥学院社	北四环西路 88 号空军指挥学院文体中心二层 212 室
55	万寿路街道复兴路 24 号社区	复兴路 24 号社区居委会
56	万寿路街道复兴路 26 号社区	复兴路 26 号社区居委会
57	万寿路街道太平路 24 号社区	太平路 24 号院 1 平房 1 号
58	万寿路街道太平路 46 号社区	太平路 46 号社区居委会
59	八里庄街道恩济里社区	恩济里社区 21 号楼 5 单元 101 号
60	八里庄街道恩济庄社区	八里庄路 63 号院定慧福里 2 号楼底层
61	北太平庄街道学院南路 32 号社区	学院南路 32 号社区
62	北太平庄街道红联北村社区	红联北村甲 6 号楼鹤严堂二层
63	花园路街道城建大厦	北太平庄路 18 号城建大厦 B 座 610
64	花园路街道冠城园社区	马甸冠城北园 3 号楼 1 单元居委会
65	清华园街道西南社区	清河街道办事处
66	紫竹院街道万寿山庄社区	万寿寺甲 2 号地下活动站
67	紫竹院街道法华寺社区	民大西路 66 号鑫德家园居委会
68	清河街道当代城市家园社区	安宁庄上第 MOMA 园 1 号楼 3 单元底商
69	清河街道清上园社区	小营西路清上园小区 6 号楼居委会
70	四季青镇田村社区	四季青敬老院
71	上庄镇罗家坟村	村文化活动中心
72	上庄镇河北村	村文化活动中心
73	上庄镇上庄村	村文化活动中心
74	上庄镇永泰庄村	村文化活动中心
75	上庄镇北玉河村	村文化活动中心
76	上庄镇南玉河村	村文化活动中心
77	上庄镇东马坊村	村文化活动中心
78	上庄镇皂甲屯村	村文化大院
79	苏家坨镇车耳营村	村文化大院
80	苏家坨镇西小营村	村委会
81	苏家坨镇柳林村	村文化大院
82	苏家坨镇西埠头村	村委会
83	苏家坨镇徐各庄村	村文化活动中心
84	苏家坨镇南安河村	村委会南院

序号	书屋名称	书屋地址
85	苏家坨镇周家巷村	村委会
86	苏家坨镇北安河村	村委会
87	东升镇马坊村	海淀区宝盛里 13 号楼对面的老年活动中心
88	东升镇清河村	海淀区清河毛纺路临 59 号
89	四季青镇玉泉村	北坞嘉园小区物业三层
90	四季青镇门头村	门头馨村北一区 209 号楼
91	四季青镇香山村	香山普安店青年汇
92	四季青镇西冉村	村文化大院
93	四季青镇西山村	南平庄公园
94	四季青镇蓝靛厂村（远大村）	老营房路烟树园老年活动站
95	四季青镇宝山村	村文化大院
96	四季青镇振兴村	村文化大院
97	四季青镇常青村	常青园小区 6 号楼地下室
98	四季青镇田村	田村后街 262 号
99	海淀镇树村	村文化大院
100	海淀镇青龙桥村	村文化大院
101	上庄镇八家村	村文化大院
102	上庄镇白水洼村	村文化活动中心
103	上庄镇李家坟村	村文化大院
104	上庄镇东小营村	村文化大院
105	上庄镇西马坊村	村文化大院
106	苏家坨镇草厂村	村委会
107	苏家坨镇北庄子村	村文化大院
108	苏家坨镇梁家园村	村委会
109	苏家坨镇苏一二村	村文化大院
110	苏家坨镇聂各庄村	聂各庄居委会
111	苏家坨镇苏三四村	村委会
112	苏家坨镇三星庄村	北分瑞利社区居委会
113	温泉镇高里掌村	高里掌文化休闲园
114	温泉镇温泉村	温泉生态文化园
115	温泉镇太舟坞村（拆迁）	村委会
116	温泉镇东埠头村（拆迁）	村委会
117	温泉镇杨家庄村	村委会
118	温泉镇辛庄村	辛庄村多功能活动大厅

序号	书屋名称	书屋地址
119	温泉镇白家疃村	白家疃文化园
120	苏家坨镇七王坟村	村委会
121	苏家坨镇后沙涧村	后沙涧村村委会南院
122	苏家坨镇前沙涧村	稻香湖社区居委会
123	苏家坨镇台头村	村委会
124	上庄镇常乐村	村文化大院
125	上庄镇西闸村	村文化大院
126	上庄镇梅所屯村	村文化大院
127	上庄镇双塔村	村文化大院
128	上庄镇前章村	村委会
129	上庄镇后章村	村文化大院
130	上庄镇西辛屯村	村委会
131	东升镇小营村	海淀区清河小营西小口路 88 号
132	四季青镇高庄村	村委会
133	四季青镇双新村	村委会
134	四季青镇巨山村	巨山馨苑小区物业
135	西北旺镇土井村	村文化活动中心
136	西北旺镇冷泉村	村文化活动中心
137	西北旺镇韩家川村	村文化活动中心
138	西北旺镇皇后店村	村文化活动中心
139	西北旺镇东玉河村	村文化活动中心
140	西北旺镇西玉河村	村文化活动中心
141	西北旺镇永丰屯村	村文化活动中心
142	西北旺镇屯佃村	村文化活动中心
143	西北旺镇六里屯村	村文化活动中心
144	海淀镇肖家河村	龙背村 99 号院 1 号楼 2 层图书室
145	海淀镇裕祺隆园	安河桥北裕祺隆园
146	海淀镇万泉庄村	村委会
147	海淀镇西苑村	村委会
148	西北旺镇大牛坊村（拆迁）	村文化活动中心
149	西北旺镇唐家岭村（拆迁）	村文化活动中心
150	西北旺镇小牛坊村（拆迁）	村文化活动中心
151	西北旺镇亮甲店村（拆迁）	村文化活动中心
152	西北旺镇西北旺村（拆迁）	村文化活动中心

（向华）

【企业图书流动站点】 2014年，海淀区图书馆设有96个企业图书流动站点。

1. 万寿路医院 翠微中里13号
2. 北太平庄医院 文慧园6号楼
3. 青龙桥医院 厢红旗东2号
4. 中关村医院 中关村南路12号
5. 西北旺镇社区卫生服务中心 永丰嘉园5区7号楼
6. 北京玉渊潭酒店管理集团有限公司 阜成路73号
7. 鸿翔大厦 龙翔路15号
8. 玉渊潭酒店集团 阜成路73号
9. 五彩城 清河中街68号
10. 商联会 知春路甲82号101室
11. 卓展购物中心 五棵松桥北复兴路69号
12. 翠微大厦 复兴路33号
13. 蓝景丽家大钟寺店 北三环西路23号
14. 中子汇金投资 双清路1号23号楼
15. 白家大院 苏州街15号
16. 永泰房地产公司 四季青路7号院1号楼
17. 甘家口大厦 三里河路17号
18. 金龙潭大饭店 西三环北路71号
19. 永兴花园饭店 阜成路101号
20. 紫玉饭店 增光路55号
21. 中裕世纪大酒店 莲花池东路31号
22. 如意酒店 北洼路17号
23. 东升园 中关村科技园东升园内
24. 上地园 中关村科技园软件园内
25. 瑞萨半导体（北京）有限公司 上地信息产业基地8街7号
26. 北京启明星辰信息安全技术有限公司 东北旺西路8号
27. 北京佳讯飞鸿电气股份有限公司 北清路中关村环保园地锦路5号院
28. 海淀区中关村768创意产业园 学院路5号中关村768创意产业园F座
29. 航材院 81信箱58分箱
30. 中汽国际 中汽国际大厦
31. 海泰方圆 中关村软件园9号楼E座1–2层
32. 水晶石数字科技 西三环北路89号中国外文大厦b座8、9层
33. 软通动力 西北旺东路10号院东区16号楼
34. 海淀创业园 上地信息路26号
35. 亿赛通科技 西二旗大街39号A座四层
36. 雷动星流教育 田村北路海澜中苑2号楼1–501
37. 同方科技园 五道口王庄路1号同方科技广场D座东楼301室
38. 中讯四方 永丰产业基地永捷北路3号A座201
39. 诺托弗朗克 西三旗建材城中路10号百思特大厦一层
40. 旋极信息 丰秀中路三号院12号楼旋极大厦
41. 安控科技 地锦路9号院6号楼
42. 北信源软件 中关村南大街34号中关村科技发展大厦C座1602
43. 信心控股 五棵松路49号新奥特科技大厦8层
44. 安泰总部 学院南路76号
45. 安泰科技 学院南路76号
46. 安泰非晶制品 永丰产业基地永澄北路10号
47. 安泰空港新材 空港工业园裕华路东侧
48. 北大维信生物 海淀南路30号7层
49. 大北农科技 中关村大街27号中关村大厦14层
50. 四方继保 上地四街9号四方大厦
51. 德威特电力 顺义天竺空港工业区B区安庆大街甲9号
52. 时代集团 上地西路28号
53. 中天国华 上地七街国际创业园1号院A602
54. 数码视讯 上地信息产业基地开拓路15号数码视讯大厦
55. 中电兴发 中关村环保科技示范园地锦路7号院5号楼
56. 京天威科技 上地信息路22号实创大厦东区11层
57. 星河人施工技术 朝阳小关北里甲2号渔阳大厦
58. 汉王科技 中关村软件园5号楼359室
59. 中兴通软件科技 西北旺东路10号院东区15号楼中兴通大厦4层
60. 远方动力 北三环花园路甲17号
61. 汉唐自远技术 亮甲店路130号华玉大厦8层
62. 中关村软件园孵化器工会 东北旺西路8号中关村软件园3号楼1319室
63. 鼎普科技 西小口路66号东升科技园B–2栋6层
64. 通标标准 阜成路73号楼裕惠大厦A座16层
65. 北斗星通导航技术 永丰产业基地丰贤东路7号北斗星通大厦
66. 纵横机电 永丰产业基地丰慧东路1号
67. 百思特捷迅 建材中路10号院
68. 德成永信物业 永丰产业基地丰润中路6号院1号楼
69. 京蒙高科 上地东路5–2号京蒙高科大厦B座6层
70. 大北农动医 杏石口路益园文创基地C区8号楼
71. 永丰永续 永丰产业基地永捷北路3号C座4层
72. 易遨在线 海淀大街3号鼎好电子商城A座10层
73. 北大方正 成府路298号中关村方正大厦8层
74. 海淀区文化委 海淀区体育馆内
75. 优纳科技 上地五街7号昊海大厦四层402室
76. 意同创科技 知春路6号锦秋国际大厦A1003
77. 大北农生物中心 圆明园西路2号中国农业科学院植物原子能所2号楼
78. 天地绿园 朝阳区北四环中路6号华亭嘉园C座12B
79. 希格玛和芯 知春路甲48号盈都大厦B座15层
80. 至德讯通 上地东路9号得实大厦四层中区
81. 中关村创新研修院 中关村南大街3号海淀科技大厦1009室
82. 思安华胜 中关村南大街甲27号中扬大厦403室
83. 国能日新 朝阳区科荟前街1号院奥林佳泰大厦A座801室
84. 国基科技 上地七街1号汇众大厦1–A3F
85. 长城电子 北四环中路229号海泰大厦1219室

86. 信路威科技　中关村东路 66 号世纪科贸大厦 B 座 1905 室
87. 博阳世通　西三旗建材城东路 26 号院 2 号楼 3 层
88. 中镜科仪　中关村北二条 13 号 2 号楼 506 室
89. 金谷高科　上地信息路三街 9 号嘉华大厦 B 座 706 室
90. 安期生技术　北四环中路 229 号海泰大厦 1701 室
91. 科润维德　海淀大街 35 号 401 室
92. 龙信数据　蓝靛厂东路 2 号金源时代商务中心 B 座
93. 时代奥视　西北旺用友软件园中区 13 号楼
94. 拓盛电子　中关村东路 66 号世纪科贸大厦 B 座 1001 室
95. 万选通　闵庄路 3 号清华科技园玉泉慧谷 23 号楼
96. 飞天诚信　学清路 9 号汇智大厦 B 座 17 层

（向华）

【数字文化社区】 2014 年，海淀区累计建成 57 个数字文化社区（见下表）。

序号	所在街道名称	社区名称	地址
1	西三旗街道	怡清园社区	怡清园社区 1-1-101
2	西三旗街道	建材城联合社区	润生园小区居委会后面平房
3	西三旗街道	育新花园社区	育新花园活动中心
4	甘家口街道	进口社区	海淀区三里河路 5 号院赏竹阁小区 1 号楼
5	八里庄街道	核二院社区	北京市海淀区马神庙 1 号院
6	北太平庄街道	首都体院社区	北三环西路 11 号
7	中关村街道	航勘社区	知春路 56 号 5 号楼
8	万寿路街道	总参信息化部机关大院社区	复兴路 20 号
9	八里庄街道	美丽园社区	海淀区西四环北路 20 号美丽园小区 30 号楼配楼 2 层居委会
10	北太平庄街道	文慧园社区	海淀区文慧园 15 号楼 B1　威凯文体活动中心图书室
11	海淀街道	阳春新纪元社区	万柳中路新纪元家园 2 号楼
12	海淀街道	万泉庄北社区	海淀区万泉庄 5 号楼万北居委会
13	海淀街道	海淀街道社区	小南庄 31 号楼海淀街道社服中心
14	海淀街道	飞达社区	万泉河路 62 号院
15	海淀街道	碧水云天社区	万泉庄星标家园 6 号楼 B2
16	花园路街道	花园路街道社区	花园北路 46 号综合楼
17	马连洼街道	天秀花园社区	天秀花园安和园 13-5-102
18	青龙桥街道	西苑医院社区	海淀区西苑操场 1 号
19	青龙桥街道	军科社区	海淀区厢红旗东门外 1 号
20	青龙桥街道	颐和园社区	新建宫门路 21 号院社区活动站
21	清河街道	清河街道社区	海淀区安宁庄东路 8 号
22	清华园街道	荷清苑社区	清华大学荷清苑社区居委会
23	上地街道	科技园社区	东北旺东路 8 号院西山公馆 31 号楼
24	曙光街道	上河村社区	二区三号楼 1 单元地下二 02-08 室
25	曙光街道	望塔园社区	曙光小区望山园 9 号楼一层
26	曙光街道	晴雪园社区	海淀区世纪城晴雪园小区甲 5-6

序号	所在街道名称	社区名称	地址
27	田村路街道	田村路街道社区	西四环北路 137 号
28	田村路街道	建西苑社区	玉泉路 8 号院玉海园二里 1 号楼
29	万寿路街道	复兴路 24 号社区	海淀区复兴路 24 号院
30	万寿路街道	复兴路 22 号社区	海淀区复兴路 22 号 60 楼 004 室
31	万寿路街道	复兴路 26 号社区	海淀区复兴路 26 号院
32	万寿路街道	永定路西里社区	海淀区永定路西里 9 号楼
33	万寿路街道	翠微路 21 号社区	海淀区翠微路 21 号 8 号楼
34	西三旗街道	9511 工厂联合社区	西三旗建材城西路 85 号居委会
35	西三旗街道	小营联合社区	西三旗育新嘉园 3 号楼底商
36	西三旗街道	永泰西里社区	永泰西里 8–4–103
37	西三旗街道	知本时代社区	西三旗建材城西路 27 号底商 207 室
38	西三旗街道	冶金社区	清河小营东路 5 号院冶金居委会内
39	西三旗街道	永泰园第一社区	永泰园 20 号楼平房
40	西三旗街道	西三旗街道社区	清河永泰小区 50 号楼 2 层
41	羊坊店街道	永红社区	北蜂窝路五号院动力楼
42	羊坊店街道	有色设计院社区	羊坊店路 16 号
43	羊坊店街道	复兴路 23 号社区	复兴路 23 号
44	羊坊店街道	军事博物馆社区	羊坊店 15 号院
45	羊坊店街道	莲花小区社区	莲花小区 2 号楼 4 门 D1
46	羊坊店街道	铁西社区	北蜂窝路 15 号铁西宿舍
47	羊坊店街道	水科院社区	复兴路甲一号
48	羊坊店街道	空军机关大院社区	复兴路 14 号
49	羊坊店街道	羊坊店街道社区	羊坊店茂林居 6 号楼
50	紫竹院街道	兵器工业机关社区	海淀区车道沟 10 号院
51	紫竹院街道	厂洼一社区	海淀区厂洼东二街东口
52	紫竹院街道	车南里社区	车道沟南里社区 19 号楼对面平房
53	紫竹院街道	紫竹院街道社区	海淀区厂洼小区
54	香山街道	北炮社区	红旗村 4 号
55	中关村街道	熙典华庭社区	中关村东路 16 号院 3 号楼
56	中关村街道	东里南社区	海淀区双榆树东里 7 号楼北侧
57	中关村街道	华清园社区	海淀区东升园公寓 10 号楼南侧服务站

（向华）

文化创意产业

【概况】 2014年，科技文化深度融合，全国首个互联网文化创意产业园在海淀开园。海淀区规模以上文化创意产业单位数量2515家，收入4519.7亿元，同比增长10.2%，占全市比重41.0%；从业人员50.6万人，同比增长1.7%；利润总额510.7亿元，同比增长6.7%。

（高洁）

2014年海淀区文化创意产业总体情况表

单位：亿元、万人

类别	海淀数额	同比增幅（%）	全市数额	同比增幅（%）	海淀占全市比重（%）
单位数量（家）	2515	–	7408	–	33.9
收入合计	4519.7	10.2	11029.0	9.5	41.0
从业人员	50.6	1.7	109.7	2.2	46.1
营业利润	375.8	11.0	575.5	2.2	65.3
利润总额	510.7	6.7	828.3	1.6	61.7
投资收益	69.1	3.4	138.4	16.3	49.9
营业成本	2616.3	10.8	7438.3	10.9	35.2

（高洁）

【举办中国文化产业新年论坛】 1月11日—12日，第十一届中国文化产业新年论坛在北京大学举办。论坛由区委宣传部、区文促中心和北京大学文化产业研究院联合举办，以"文化创新战略：创意与科技"为主题。论坛期间举办"三山五园"文化推广案例分享主题活动。

（高洁）

【成立中关村博物馆与艺术品行业联盟】 5月15日，区文促中心联合区域内30家博物馆与艺术品行业机构共同发起组建中关村博物馆与艺术品行业联盟。年内，联盟开展12期联盟成员单位和展览资讯的媒体推广，联盟成员单位举办展览展示活动198场，参观人数328万人次，艺术品销售总额14.13亿元。

（高洁）

【举办45期海淀文化沙龙】 年内，区文促中心共组织海淀文化沙龙45期，派生形成"三山五园"对话会和中关村艺术品鉴沙龙。研究推动曹雪芹西山故里红文化、纳兰性德兰文化、三山五园皇家园林文化、西山中法文化交流、中关村文化和科技融合等重点工作，研发培育歌华在线穿阅中塔3D体验展、博物馆公共教育以及纳兰音乐会等重点项目，参与沙龙的500余名文化人才被纳入海淀文化人才资源库。

（高洁）

【59个文化项目获市专项资金支持】 年内，海淀区文化发展促进中心集中受理北京市文化创新发展专项资金项目232个，预审后推荐上报项目203个，通过初审项目103个，获支持项目53个，获支持资金9119.51万元。

（高洁）

文化设施建设

【概况】 2014年，区文化委以创建第二批国家公共文化服务体系示范项目为龙头，重点推进两项工程：区级龙头设施北部文化活动中心建设和街道、镇文化设施达标工程。街道（镇）级文化设施达标率为80%，社区（村）级文化设施达标率为91%。2013年开工的北部文化中心完成结构封顶，与温泉体育中心形成区域文化体育聚集地；年底收回的评剧团办公楼将作为南部文化中心，北部文化中心、南部文化中心与现有的文化馆、图书馆形成区级文化设施北中南的均衡布局。

（刘珊珊）

【推进北部区级文化中心建设】 年内，区文化委组织专家召开十余次研讨会，在推进论证外观设计的基础上，推进北部文化中心图书馆、文化馆内部功能建设的不断优化。为使分散的四个功能馆凝聚为主题馆，在北部中心筹备占地2700平方米的海淀通史陈列展。2014年底北部文化中心完成结构封顶。

（刘珊珊）

【基层公共文化设施标准化建设】 年内，区文化委申请市区资金5544.1万元，支持海淀镇、四季青镇文化中心等16个基层文化设施建设项目，推动基层文化设施标准化工作。至年底，海淀区街道（镇）级文化设施达标率达到80%，社区（村）级文化设施达标率达到91%。

（刘珊珊）

【社区益民书屋建设】 年内，区图书馆完成20家社区益民书屋的建设，区益民书屋总量达152家。全年为新建益民书屋配发图书3万余册，书架100余组。为已建成的132家益民书屋，配发图书13200册，书架132组，报刊1320份。5家益民书屋被评为北京市星级书屋。区图书馆对新建益民书屋管理员进行业务培训，进一步规范益民书屋的管理和服务。

（向华）

【建成72家企业图书流动站点】 年内，区图书馆为翠微集团、当代、双安、卓展五棵松店、万柳MALL、蓝景丽家、五彩城、超市发等72家驻区企业新建企业图书流动站点，配送图书20000余册，超额完成区折子工程的任务指标。

（向华）

文化活动

【概况】 2014年，区文化委坚持“把最好的文化献给人民”为宗旨，集中建设以中关村和“海”字文化品牌为龙头、以街镇特色文化品牌为重要组成部分的海淀文化品牌体系，形成春夏秋冬四季品牌，具有鲜明地域特点，文化活动丰富多样。政府以购买文化服务的方式，大幅提高资金投入，使海淀居民可以享受驻区高端文艺院团创作的最新文化产品和国内外多样化的文化成果。各界群众在分层供给的活动中，实现以先进文化引领、文化精神汇聚、艺术活动集结的新型交往方式。

（刘珊珊）

【新春系列文化活动】 2014年春节期间，区文化委主办第五届圆明园皇家庙会、香山登高祈福会、第九届金源新燕莎MALL庙会、2014凤凰岭新春文化节、新春室内庙会活动，共接待游客约160万人次。组织市一类演出团队为农村地区百姓送上新春文化大餐，开展“惠民演出进农村，百场大戏迎新年”活动，演出21场，惠及6300人。

（刘珊珊）

【非遗展示展演活动】 1月31日（正月初一）至2月5日（正月初六），区文化馆组织舞狮、飞叉、中幡、摔跤等非遗项目参加圆明园春节皇家庙会，为群众举办28场展演，吸引近10万观众观看；2月3日至2月5日，组织剪纸、绢人、蔡氏脉象、面塑、颖拓、平刻微雕、传统插花、空竹、皮影等非遗项目参加文化馆室内新春文化庙会，参展群众近万人。2月14日，组织翰林院五虎棍参加房山区文化馆举办的正月十五国粹及民俗文化展演活动。清明节期间，组织国家级非遗项目“传统插花”传承人参加大觉寺举办的“古寺兰香赏花”踏春季活动，为群众举办三次插花讲座，日均近500人参与活动。6月2日，组织面人郎、吴氏太极拳等7个项目参加北京文化艺术活动中心组织的在延庆县举办的非遗大观园展演展示活动。6月14日，组织蒙襄、曹氏风筝、面人郎、内画鼻烟壶等16个项目参加在海淀区清河五彩城举办的展览展示活动。7月15日，组织蒙襄、面塑、京绣等非遗项目的传承人参加尧舜文化专项基金管理委员会在梅地亚新闻中心举办的展览展示活动。10月1日，组织剪纸、平刻微雕、面人郎、抖空竹等10多个非遗项目参加北京市文化局在玉渊潭公园举办的六十五周年首都国庆游园活动。

（陆丽明）

【新春室内文化庙会】 2月3日至2月5日，区文化馆举办“海淀区2014年新春室内文化庙会”。活动包括：疯狂投篮、桌上足球、飞镖、套圈等游艺节目，还有抖空竹、插花讲座、民间手工艺品制作、皮影戏等非遗项目展演展示，亦有科普展览等各类活动，1万余人次参与活动。

（陆丽明）

【全民阅读活动】 4月23日—年底，海淀区全民阅读活动举行。活动包括五个单元，100余项活动，区域高校、科研院所、民营书店等图书馆与区属图书馆、站联动，采取讲座、读书沙龙、与大师对话、图书流动站、亲子阅读、阅读故事选拔赛、换书大集等形式，共同推进2014海淀区全民阅读活动。活动范围覆盖海淀区内的机关、企业园区、学校、社区和农村，惠及人群约30万人。

（刘珊珊）

【第四届中关村国际青年艺术节】 4月28日至5月31日，海淀区文化委主办的第四届中关村国际青年艺术节举行，以“点燃梦想的青春聚会”为主题的第四届中关村国际青年艺术节，共设5个单元，分别是“穿越青春的航行”——青年文化活动、“青春放歌”——户外健身活动、“阅读凝固青春”——大学生阅读活动、“穿越百年的青春诗画”——展览展示活动以及“梦的青春航程”——海淀区演出联盟优秀剧目展及28项活动。本届中关村国际青年艺术节是国家级公共文化示范项目的重要载体和特色平台，惠及青年群体40余万人。

（刘珊珊）

【苏家坨立夏习俗活动】 5月5日，区文化委在苏家坨镇主办“创文明和谐海淀品立夏古韵新香”甲午年立夏习俗活动。200余名村民点火熬粥、民俗专家讲解立夏知识，来自苏家坨镇及方庄街道的300余名文艺爱好者献上了一台极具民俗特色的文艺演出。3000余名群众及游客纷沓而至，喝一碗象征健康平安的立夏粥。

（刘珊珊）

【第五届海淀风筝节】 5月22日，上庄镇政府、海淀区文化馆、北京市风筝协会承办的“放飞春天”第五届海淀风筝节在上庄二中举行，1000余名群众参与放飞风筝。国家级非遗项目“曹氏风筝”进行现场展示。

（刘珊珊）

【第四届海淀换书大集】 5月23日—24日，区图书馆在馆内四层多功能厅举办海淀区第四届换书大集活动，参与活动的社会各界读者超过1000余人次，交换图书、期刊达6000余册次。

（向华）

【第六届海淀端午诗会】 5月29日，区文化委在圆明园举办第六届“海之韵端午情”端午诗会。邀请艺术界、主持界、中小学、民间团体等朗诵大家与诗歌爱好者，为观众献上了诗歌朗诵、舞蹈、器乐等节目，300余名观众参加。

（刘珊珊）

【主办北京第十届“舞燃情”全国邀请赛】 6月21日—22日，由北京文化艺术活动中心、海淀区文化委员会联合主办，海淀区文化馆、北京舞燃情国标舞俱乐部共同承办的北京第十届“舞燃情”国际标准舞（体育舞蹈）、交谊舞全国邀请赛在北京体育大学体育馆举行。来自全国20个省市、自治区的一千多名选手参加比赛。比赛特别邀请第89届英国黑池舞蹈节世界第二的拉丁选手Kirill和EL演绎精彩绝伦的拉丁舞表演。大赛分拉丁舞、交谊舞等47个组别，共160场比赛，比赛最终按照不同的组别取前六名，颁发奖金、奖杯和证书。

（陆丽明）

【非遗进社区小学】 7月—12月，区文化馆组织团花剪纸、空竹、皮影、面塑等非遗项目传承人进入香山社区、科旭社区、宝盛里社区、中国气象局社区等20多个社区及前进小学，开展非遗教学和讲座，全年培训125次，受益群众约8000人次。

（陆丽明）

【第十一届海淀文化节】 7月20日—10月31日，区文化委举办第十一届海淀文化节。本届文化节以“缤纷你我遍地芳菲”为主题，分为6个版块39项活动，惠及群众超过50万人次。本届文化节引入专家评审机制，对申报活动在实施意义、必要性、资金使用的合理性等方面进行论证后实施。

（刘珊珊）

【首届海淀区青年合唱节】 8月16日，区文化馆在馆内小剧场举办第四届中关村国际青年艺术节系列活动之首届海淀区青年合唱节活动，由海淀区文化委员会主办，区文化馆承办，共青团中关村科技园区海淀园工作委员会、用友软件股份有限公司、北京可信华泰信息技术有限公司、北大农集团、海淀创业大厦工会协办。共有15个合唱团队500余人参加。

（陆丽明）

【第五届曹雪芹文化艺术节开幕】 9月27日，第五届曹雪芹文化艺术节在曹雪芹纪念馆开幕。10月1日至3日期间，组委会在北京市植物园推出“红迷嘉年华”大型系列文化体验活动，分为四大主题活动，以不同的艺术形式让大家深度认知曹雪芹及红楼梦文化艺术。10月中旬至11月8日的“穿阅•中塔”3D画展展呈了与红楼梦相关的画作。

（于佩丽）

【第三届中关村金秋演出季】 9月1日—11月30日，区文化委举办“2014年第三届中关村金秋演出季”，共有83个国内外演出团体及个人在海淀区的17个演出场所举办120个项目400余场文艺演出。海淀区委、区政府共投入资金800万元。演出季期间共销售文化惠民票3.2万张，同比增长45.5%；惠民票票款总额共计725.93万元，同比增长近80%，惠民补贴款共计500.6万元，同比增加197.1万元。

（刘春华）

【国庆游园活动】 10月1日，区文化委在玉渊潭公园组织以“歌唱祖国 放飞梦想”为主题的国庆游园活动。总政歌舞团在西门广场、北京市曲剧团在红领巾广场、海淀区群众文艺团队在樱花商店西侧广场，共演出3台6场广场文艺节目；在古松林广场、远乡园广场组织海淀区非遗展和爱国主题3D展。国庆节当天玉渊潭公园共接待游客1.4万余人，参加演出的演职人员约350人，观看文艺演出观众约2100人。

（刘珊珊）

【示范项目迎接中期督查】 10月20日，北京市第二批创建国家公共文化服务体系示范项目中期督导组在市文化局副局长王珠、公共文化处处长黄海燕等人带领下，到北大方正集团有限公司，就海淀区“高新技术企业园区构建公共文化服务长效机制研究”的推进情况，进行实地考察并听取区文化委随行汇报。海淀区第二批国家公共文化服务体系示范项目顺利通过中期验收。

（刘珊珊）

【“四海一家”惠民电影年展】 2014年12月26日—2015年6月30日，举办“四海一家”惠民电影年展。本届电影年展以“四海之内皆兄弟，天下务工是一家”为口号，由区文化委主办、中关村电影协会协办。电影演展以区内中关村高新技术企业园区员工为重点服务对象，推进海淀区中关村国家级公共文化服务示范项目建设；全面体现政府主导、机会均等、促进文化消费的原则；强化“彰显信仰之美、崇高之美”的价值目标和文化服务导向。

（刘珊珊）

【第五届“海之声”新年演出季】 2014年12月—2015年2月28日，由海淀区委、海淀区政府主办，海淀区文化委、海淀区演出联盟承办的第五届“海之声”新年演出季举行。在区内17个演出场所举办411场文艺演出。演出季中，区文化委共投入文化惠民票补贴420余万元，惠民票票款总额共计570余万元，总补贴率达70%。客流总量达20余万人次。

（刘春华）

【区文化馆开办培训班】 年内，区文化馆组织文化志愿者为街道、社区、镇的文艺爱好者举办免费文化艺术培训班次2112次，培训学员5.7万多人次。全区共设立44个惠民培训点，培训内容涉及声乐、民族舞蹈、摄影、书法、合唱、国标舞、健身舞及广场舞等。针对中关村科技园、海淀园企业人员开设158个培训班，包括北大方正、清华同方、用友软件、新奥特等24个高新技术企业培训点，培训学员3160人次。针对全区文艺骨干的培训点为12个，培训班次673个，培训人员2.1万人次。开设5个基层艺术骨干培训班，共培训骨干学员135人，涉及舞蹈、声乐、模特等门类。开办3995个针对普通大众、老年人、残疾人及弱势群体免费及低收费培训班，全年共培训学员138298人次。每周三、五上午，文化馆多功能厅举办免费舞会共计80场，受益群众6400人次。

（陆丽明）

【文化惠民公益活动】　年内，区文化馆组织文化志愿者深入基层开展文化惠民系列公益活动。在中关村翠湖科技园工地举办"送福到家"慰问专场活动；到苏家坨聂各庄社区为群众举办"邻里守望"志愿者慰问群众迎新春活动；到北京肿瘤医院，为癌症患者送去魔术、舞蹈等丰富多彩的文艺节目；到北京第三聋哑学校开展助残月演出慰问活动；到温泉镇北部文化中心为项目建设者举办文艺慰问演出；到航天城科研综合楼项目建设工地进行慰问演出；到上庄镇敬老院开展文艺慰问演出活动；到西北旺屯佃村举办"送福到家"活动。

（陆丽明）

【红领巾读书活动】　年内，区图书馆为全区青少年组织北京市青少年原创科普剧比赛、"中华美德故事汇"红领巾讲故事比赛和"科普讲座进校园"等12场主题活动，50余所小学，近万名中小学生参与活动。其中科普剧比赛囊括了北京市比赛的全部奖项。

（向华）

文化市场监管

【概况】　2014年，区文化委共办理审批文化项目1078项，同比增长35.6%，全区电影票房约4.9亿元，同比增长7%。营业性演出1669场，同比增长13%。出版物零售企业增长迅速，网吧等传统行业转型升级取得成效。开展"扫黄打非"暨文化市场监管工作，以"清源""净网""秋风"三大专项行动为主线开展检查，区文化委执法队共出动执法人员1700余人次、700余车次，检查场所1300余家次，共立案72件，罚没款75余万元，收缴盗版光盘6000余张。

（杨帆　朱雪）

【文化娱乐行业安全生产标准化】　1月7日，区文化委组织全区200家娱乐、影院、电游行业负责人和安全生产负责人共计240余人开展文化娱乐行业安全生产标准化培训。结合标准化创建情况，年内召开7次娱乐、印刷、影院的标准化创建再动员再部署工作会，截至年底共计完成106家企业的标准化签约创建工作。

（朱雪）

【"清源"行动】　3月—10月，区文化委开展查堵反制港台反动出版活动"清源2014"行动。与公安、城管部门对街头游商贩卖盗版光盘开展联合检查，查处销售盗版光盘摊商5人，收缴非法盗版光盘1000余张。与公安、工商联合取缔一非法复印点，依法扣押非法复印装订设备24台、电脑5台、刻录机1台、非法出版物2000余册。

（朱雪）

【瞪羚企业版权保护高级人才实训班开班】　4月22日，区文化委主办的"正版正能量•创新创辉煌——核心区瞪羚企业版权保护高级人才实训班（第二期）"在中关村创新研修学院开班。来自核心区的40家瞪羚企业负责版权保护的高级经理参加培训。第二期版权保护高端人才实训班历时4个月，包含集中授课、案例分析、经验分享、庭审体验等内容，是区文化委针对瞪羚企业发展速度快、知识产权数量大、维权意识弱、侵权风险高、保护手段少等特点而举办的，旨在通过培训，帮助瞪羚企业提高维权意识和维权能力，助力企业快速、健康发展。

（刘春华）

【"净网"行动】　4月—11月，开展净网行动，加大对上网服务场所的全面清查，与公安、工商、城管等部门对繁华街区、电子商城、校园周边等重点地区的出版物销售网点进行集中检查。专项行动期间，共出动执法人员1700余人次、800余车次，网吧立案10件。

（朱雪）

【"秋风2014"行动】　5月—11月，开展"秋风2014"专项行动。与西区邮政报刊公司、海淀邮政报刊公司就报刊亭的管理问题开展座谈；对繁华街区、交通枢纽、餐饮娱乐场所以及校园周边等重点地区的书报刊经营场所开展联合执法检查；加强对印刷企业的监管，完成海淀区2014年印刷企业分级管理。行动期间，收缴盗版图书560余册，取缔黑开书店2家。

（朱雪）

【"黄丝带"安全生产月】　6月1日—6月30日，区文化委开展"黄丝带"安全生产月相关活动。活动包括安全生产警示教育宣传片放映、隐患排查治理、安全文化教育培训和应急演练等工作。6月26日，在北京耀莱国际影城五棵松店组织开展的海淀区文化娱乐场所安全生产应急演练获"2014年北京市安全生产月活动最佳实践活动奖"。

（朱雪）

【互联网上网服务营业场所环境专项整治】　9月11日—10月底，开展互联网上网服务营业场所环境专项整治。向全区网吧发放200余份《北京互联网上网服务营业场所环境卫生公约》，76名文化市场监督员按照责任分区每天对网吧进行专项检查，共计检查500余家次。专项整治期间，12家存在较大环境卫生问题的网吧已整改完成。11月

19日，文化部市场司、北京市文化市场行政执法总队对海淀区网吧环境专项整治工作进行检查验收。海淀区网吧环境专项整治工作成果在全市评比中获二等奖。

（朱雪）

文化遗产保护

【概况】　截至2014年年底，区域内有文物古迹315处，其中全国重点文物保护单位18个，市级文物保护单位23处，区级文物保护单位109处。有国家级非物质文化遗产7项，市级非物质文化遗产30项，区级非物质文化遗产69项。

（高五一）

【保护拆迁地区文物】　2月，区文化委组建课题组，对民俗村落、民俗物品、民居等进行详细调研。在苏家坨镇北安河拆迁腾退中，对区域内即将拆迁的村落进行历史文化遗产调查，抢救了一大批具有重要价值的古建筑，依法将13处具有保护价值的历史文化遗产认定为不可移动文物。

（高五一）

【出台《海淀区文物保护专项资金管理办法》】　4月28日，区文化委和区财政局联合出台《海淀区文物保护专项资金管理办法》，规定了文物保护专项资金的支持范围、支持内容、申报审批、管理使用、监督检查等，是海淀区首次正式出台文物保护的相关规定。

（高五一）

【文化遗产日活动】　6月13日，区文化委在大觉寺启动以“以文化使命守护文化遗产、做文化一叶碧绿‘三山五园’”为主题的海淀区文化遗产日活动，包括民俗物品征集、文物摄影大赛、非物质文化遗产展示3部分。在苏家坨镇周家巷村设立民俗物品征集点，共征集物品1000余件。向各街镇发放文物地图、文物保护三字经等文物保护宣传品约6000份。

（高五一）

【北坞金山寺整体移交】　6月20日，区文化委与四季青镇进行北坞金山寺的整体移交至四季青镇，移交面积1800多平方米、房屋共34间。这是区文化委首次与管理使用单位进行竣工移交，开启文物修缮与管理的新模式。

（高五一）

【实施文物安全网格化管理】　8月25日，区政府专题会通过《海淀区文物安全巡视检查网格化社会服务管理实施方案》。区文化委联合区社会办、区城市管理指挥中心、各街镇等相关单位推动文物检查网格化管理，加强文物末端安全保护，将文物的安全巡视检查纳入全区网格化社会服务管理体系，扩大文物保护力量。

（高五一）

【国家级文物保护单位】

编号	名称	公布时间
1.	颐和园	1961-3-4
2.	圆明园	1988-1-13
3.	觉生寺	1996-11-20
4.	真觉寺	1961-3-4
5.	景泰陵	2001-6-25
6.	碧云寺	2001-6-25
7.	清华大学早期建筑	2001-6-25
8.	原燕京大学未名湖区	2001-6-25
9.	十方普觉寺（卧佛寺）	2001-6-25
10.	大慧寺	2001-6-25
11.	元大都城墙遗址	2006-5-25
12.	大觉寺	2006-5-25
13.	静明园	2006-5-25
14.	健锐营演武厅	2006-5-25
15.	万寿寺	2006-5-25
16.	辛亥滦州起义纪念塔	2006-5-25
17.	慈寿寺塔	2013-3-5
18.	摩诃庵	2013-3-5

（高五一）

【市级文物保护单位】

编号	名称	公布时间
1.	双清别墅	1979-8-21
2.	静宜园	1984-5-24
3.	“三一八”烈士纪念碑	1984-5-24
4.	黑龙潭及龙王庙	1984-5-24
5.	李大钊烈士陵园	1984-5-24
6.	旭华之阁及松堂	1984-5-24
7.	钓鱼台养源斋	1984-5-24
8.	乐家花园	1984-5-24
9.	达园	1984-5-24
10.	醇亲王墓	1984-5-24
11.	孚郡王墓	1984-5-24
12.	魏太和造像	1957-10-28
13.	定慧寺	1990-2-23
14.	广济桥	1984-5-24
15.	梁启超墓园	2001-7-12
16.	碧霞元君庙	2001-7-12
17.	清河古城遗址	2001-7-12
18.	上庄东岳庙	2003-12-15
19.	孙岳墓	2003-12-15
20.	普照寺	2011-6-13
21.	承泽园	2011-6-13
22.	鹫峰地震台	2011-6-13
23.	贝家花园	2011-6-13

（高五一）

【区级文物保护单位】

编号	名称	公布时间
1.	西禅寺	2001-11-01
2.	孙传芳墓	2001-11-01
3.	齐白石墓	2001-11-01
4.	怡贤亲王祠	2001-11-01
5.	周云端塔	2001-11-01
6.	龙王圣母庙	2001-11-01
7.	法华寺	2001-11-01
8.	立马关帝庙	2001-11-01
9.	紫竹院行宫	2001-11-01
10.	妙云寺	2001-11-01
11.	彩和坊24号四合院	1999-1-27
12.	北坞金山寺及戏楼	1999-1-27
13.	香山八旗高等小学	1999-1-27
14.	广源闸	1999-1-27
15.	龙王庙	1999-1-27
16.	马甸清真寺	1999-1-27
17.	金仙庵	1999-1-27
18.	鹫峰山庄遗址	1999-1-27
19.	含响塘庙	1999-1-27

20. 秀峰寺　1999-1-27
21. 升平署　1999-1-27
22. 龙泉寺　1999-1-27
23. 瑞云庵明照洞　1999-1-27
24. 上方寺遗址　1999-1-27
25. 香岩寺　1999-1-27
26. 熊希龄陵园　1999-1-27
27. 蓟门烟树　1981-2-13
28. 高梁桥　1981-2-13
29. 白塔庵塔　1981-2-13
30. 清代碉楼　1981-2-13
31. 恩佑寺　1981-2-13
32. 恩慕寺　1981-2-13
33. 六郎庄真武庙　2013-11-11
34. 六郎庄烈士纪念碑　2013-11-11
35. 六郎庄田世光故居　2013-11-11
36. 六郎庄茶棚　2013-11-11
37. 吴家花园　2013-11-11
38. 蔚秀园　2013-11-11
39. 火神庙　2013-11-11
40. 湖山罨画坊　2013-11-11
41. 树村清真寺　2013-11-11
42. 肖家河延福庵　2013-11-11
43. 城子山娘娘庙　2013-11-11
44. 高时明墓　2013-11-11
45. 护国佑民观音禅林　2013-11-11
46. 莲花寺　2013-11-11
47. 范长喜宅院　2013-11-11
48. 中法大学附属中学旧址　2013-11-11
49. 西埠头兴善寺　2013-11-11
50. 车耳营关帝庙　2013-11-11
51. 凤凰岭石刻　2013-11-11
52. 凤凰岭旮旯庵及石窟遗址　2013-11-11
53. 龙泉寺万缘茶棚　2013-11-11
54. 北安河关帝庙　2013-11-11
55. 北安河玉皇庙　2013-11-11
56. 周家巷娘娘庙　2013-11-11
57. 车耳营妙觉寺遗址　2013-11-11
58. 妙峰山香道中北道遗址　2013-11-11
59. 法海寺遗址　2013-11-11
60. 晏公祠　2013-11-11
61. 瑞王坟　2013-11-11
62. 金河堤诗碑　2013-11-11
63. 门头新村甲8号院四合院　2013-11-11
64. 万安公墓　2013-11-11
65. 田村关帝庙　2013-11-11
66. 北坞关帝庙　2013-11-11
67. 功德寺遗址　2013-11-11
68. 小屯村侵华日军飞机掩体遗址　2013-11-11
69. 刘半农墓　2013-11-11
70. 佟麟阁墓　2013-11-11
71. 镶白旗碉楼　2013-11-11
72. 镶红旗碉楼　2013-11-11
73. 刘天华墓　2013-11-11
74. 梅兰芳墓　2013-11-11
75. 马连良墓　2013-11-11
76. 一亩园娘娘庙　2013-11-11
77. 隐修庵　2013-11-11
78. 慈恩寺　2013-11-11
79. 大有庄小学四合院　2013-11-11
80. 东公所　2013-11-11
81. 309医院天主堂　2013-11-11
82. 鲁班庙　2013-11-11
83. 董四墓娘娘庙　2013-11-11
84. 大高玄殿牌坊　2013-11-11
85. 温泉菩萨庙　2013-11-11
86. 显龙山石刻　2013-11-11
87. 护国寺戏台　2013-11-11
88. 冷泉关帝庙　2013-11-11
89. 韩家川西庙　2013-11-11
90. 韩家川东庙　2013-11-11
91. 冷泉村福泉寺　2013-11-11
92. 西北旺关帝庙　2013-11-11
93. 大牛坊关帝庙　2013-11-11
94. 唐家岭关帝庙　2013-11-11
95. 蒋家胡同四合院　2013-11-11
96. 治贝子园　2013-11-11
97. 黄庄双关帝庙　2013-11-11
98. 佰王园　2013-11-11
99. 永山宅院　2013-11-11
100. 公主坟门殿建筑　2013-11-11
101. 北玉河关帝庙　2013-11-11
102. 恩济庄关帝庙　2013-11-11
103. 极乐寺　2013-11-11
104. 清河制呢厂办公楼　2013-11-11
105. 安宁庄兴隆寺　2013-11-11
106. 马甸黑寺　2013-11-11
107. 香山慈幼院址　2013-11-11
108. 正白旗北庙　2013-11-11
109. 普安塔　2013-11-11

（高五一）

【入选第二批国家级非物质文化遗产名录】（3项，2008年6月14日）

面人郎面塑艺术

传统插花艺术

北京哈氏风筝制作技艺

（王凤华）

【入选第三批国家级非物质文化遗产名录】（4项，2011年5月23日）

民间文学：曹雪芹传说

传统技艺：曹氏风筝工艺

宏音斋笙管制作技艺

传统医药：葛氏捏筋拍打疗法

（王凤华）

【入选北京市级非物质文化遗产名录】

1. 海淀扑蝴蝶（第一批，2006年11月19日）
2. 北京（曹氏）风筝制作技艺（第一批，2006年11月19日）
3. 颐和园传说（第二批，2007年6月20日）
4. 圆明园传说（第二批，2007年6月20日）
5. 香山传说（第二批，2007年6月20日）
6. 西北旺少林五虎棍（第二批，2007年6月20日）
7. 面人郎面塑艺术（第二批，2007年6月20日）
8. 传统插花艺术（第二批，2007年6月20日）
9. 哈氏风筝工艺（第二批，2007年6月20日）
10. 绣花鞋工艺（王冠琴）（第二批，2007年6月20日）
11. 北京戏曲盔头制作技艺（第二批，2007年6月20日）
12. 曹雪芹（西山）传说（第三批，2009年8月25日）
13. 凤凰岭传说（第三批，2009年8月25日）
14. 六郎庄五虎棍（第三批，2009年8月25日）
15. 苏家坨太平鼓（第三批，2009年8月25日）
16. 高跷秧歌（第三批，2009年8月25日）
17. 太平歌词（第三批，2009年8月25日）
18. 踢石球（蹴球）（第三批，2009年8月25日）
19. 珍珠球（第三批，2009年8月25

日）
20. 口技（第三批，2009 年 8 月 25 日）
21. 孙式太极拳（第三批，2009 年 8 月 25 日）
22. 吴式太极拳（第三批，2009 年 8 月 25 日）
23. 彩塑京剧脸谱（第三批，2009 年 8 月 25 日）
24. 颐和园听鹂馆寿膳制作技艺（第三批，2009 年 8 月 25 日）
25. 宏音斋笙管乐器制作技艺（第三批，2009 年 8 月 25 日）
26. 程氏针灸（第三批，2009 年 8 月 25 日）
27. 葛氏捏筋拍打疗法（第三批，2009 年 8 月 25 日）
28. 山石韩叠山制作技艺（第四批，2014 年 9 月 28 日）
29. 临清潭腿（第四批，2014 年 9 月 28 日）
30. 北京绢人（齐聪颖）（第四批，2014 年 9 月 28 日）

（王凤华）

【入选第一批区级非物质文化遗产名录】（共 5 类 15 项，2007 年）

1. 民间文学：颐和园传说
圆明园传说
香山传说
2. 传统舞蹈：海淀扑蝴蝶
西北旺少林五虎棍
3. 传统杂技与竞技：蹴球
花样空竹表演技法
4. 传统美术：面人郎面塑艺术
传统插花艺术
颖拓艺术
5. 传统技艺：北京戏曲盔头制作技艺
曹氏风筝工艺
哈氏风筝工艺
绣花鞋工艺（王冠琴）
彩灯工艺（小灯张）

（王凤华）

【入选第二批海淀区级非物质文化遗产名录】（共 10 类 36 项，2009 年）

1. 民间文学：曹雪芹（西山）传说
凤凰岭传说
民间气象谚语
2. 传统音乐：北京怯音乐
3. 传统舞蹈：蓝靛厂少林棍
六郎庄五虎棍
苏家坨太平鼓
南安河武松打店棍会
高跷秧歌
4. 传统戏剧：京西皮影戏
5. 曲　　艺：太平歌词
6. 传统杂技与竞技：传统弹弓术
珍珠球
纪氏太极拳法
口技
宋氏三皇炮捶拳
孙式太极拳
吴式太极拳
屯佃中幡
7. 传统美术：团花剪纸
金属锻錾
彩塑京剧脸谱
面塑（潘大洪）
北京绢人（齐聪颖）
面人汤面塑（海淀分支）
平刻微雕
8. 传统技艺：惠丰堂鲁菜制作技艺
京西水稻种植技术
颐和园听鹂馆寿膳制作技艺
宏音斋笙管乐器制作技艺
绣花鞋制作技艺（蒋丽娟）
9. 传统医药：蔡氏脉象
程氏针灸
葛氏捏筋拍打疗法
10. 民　　俗：喜轿习俗
苏家坨立夏习俗

（王凤华）

【入选第三批区级非物质文化遗产名录】（共 7 类 18 项，2012 年）

1. 传统舞蹈：太少狮（京西蓝靛厂义振旗缘太少狮会）
2. 传统戏剧：西路评剧
3. 曲　　艺：单弦（荣派）
4. 传统杂技与竞技：白猿通背拳（海淀）
飞叉（海淀）
临清潭腿
祁家通背拳（海淀）
5. 传统美术：剪纸（晓林剪纸张）
京剧脸谱（刘派）
京绣（海淀分支）
面塑（贾会珍）
齐派篆刻
6. 传统技艺：京派内画鼻烟壶（铁华）
御膳制作技艺
蒙镶（郑旭映）
山石韩叠山制作技艺
中式盘扣技艺（海淀）
7. 传统医药：正体复本术

（王凤华）

海淀区文学艺术界联合会

【概况】 2014 年，海淀区文学艺术界联合会下属作家协会、书法家协会、美术家协会、摄影家协会、京华印社、香山诗社、稻香湖诗社、京昆协会、《中关村》杂志社、四香书画院、晚香诗书画印社、楹联协会、舞蹈家协会等 16 个协会[①]，共有会员 8000 余人。海淀文学艺术网站设有“文联简讯”“海淀文化”“海淀文艺家”等 20 个版块，成为海淀文学艺术的一个新展示平台。

年内，《稻香湖》诗刊出版 2 期，共 180 篇，6 万字。《海淀文艺》（双月刊）出版 5 期，共刊出 400 余篇作品，70 万字。《海淀民间文学》出版 2 期，共 133 篇文章，6 万余字。《中关村》杂志 12 期，共 600 余篇文章，30 万字。

（王锐）

【“送欢乐、下基层”慰问演出】 1 月 9 日，北京市文联主办、海淀区文联承

[①] 2014 年，撤销枫林书画院和五棵松摄影家协会，成立北京市楹联协会海淀区分会和海淀区舞蹈家协会。

办的“送欢乐、下基层”慰问演出走进北太平庄街道。演出人员均为首都文艺志愿者，为社区居民带来音乐、舞蹈、曲艺、魔术等节目。节目中还将中共十八届三中全会的知识以抽签问答的形式展现，让民众在享受艺术的同时，又学习领会十八届三中全会精神。

（王锐）

【“京津冀三地战略对接与合作”会议】 2月21日，“京津冀三地战略对接与合作”会议召开，文联主席卫汉青主持会议，长城企业战略研究所副总经理陈文丰做主题发言。来自北京、天津、河北三地的政府官员、高新区和开发区管理者、企业家和专家出席研讨会，并就战略对接事宜进行探讨和交流。

（王锐）

【“大西山国际书画摄影季”摄影大赛】 5月15日，区委宣传部主办、北京市对外交流中心海淀对外友好协会、海淀区文联协办的“北京大西山国际书画摄影创作季作品展”在稻香湖景酒店开幕。本次共展出书画摄影作品150余幅，持续至7月20日。作为2014海淀区中法50周年系列文化交流活动之一的，“大西山国际书画摄影季”暨大西山创作营正式启动。几十位中法著名艺术家在海淀西山，通过书法、绘画、摄影等形式，描绘西山。

（王锐）

【北京市楹联协会海淀区分会成立】 6月6日，北京市楹联协会海淀区分会成立大会暨第一届理事会召开。大会选举产生第一届领导机构，冯又松当选会长。

（王锐）

【“凤鸣在岭”第三回书画展】 6月30日，海淀区文联和北京凤凰岭美术馆共同举办的“凤鸣在岭”第三回——七人山水画展在北京凤凰岭美术馆开幕。本次展览是北京凤凰岭书院范扬工作室的结业展，共展出导师范扬、执行导师韩国栋和七位学员的作品百余幅。

（王锐）

【海淀区舞蹈家协会成立】 7月11日，“北京海淀区舞蹈家协会成立大会暨第一届理事会”召开。大会通过了协会章程，召开第一届理事会，选举产生第一届领导机构。著名舞蹈艺术家刘震当选协会主席。

（王锐）

【“欧洲印象”摄影展】 8月9日，海淀区文联和搜酷摄影家协会主办的“华鲁杯”搜酷摄影家协会“欧洲印象”摄影展在国贸尚8文化园隆重开幕，中国摄影家协会副主席张桐胜、北京摄影家协会主席叶用才、北京艺术摄影协会副主席侯智宽、华鲁宾馆董事长许洪绪、北京摄影艺术展览馆常务副馆长王晓廉分别致辞。展览共展出22位摄影家的50幅作品，分别展示欧洲的名胜古迹、人文风情、田园小镇的各种风貌。

（王锐）

媒体传播

【概况】 2014年，海淀区新闻中心下属海淀区有线广播电视网络信息中心（加挂北京市海淀传媒中心牌子）1个事业单位。电视系列报道《唐家岭的前世今生》获第二十三届 “北京新闻奖”三等奖。

（赵知毅）

【海淀网】 9月28日，由“海淀在线”升级改造的海淀网上线试运行。海淀网立足区域性、综合性、枢纽型门户网站定位，设置“新闻、服务、互动、生活”四大版块、30多个频道、近200个栏目，是北京区县最大的网络媒体平台。海淀网实现了全区统一的新闻信息推送，通过定制开发后台精准抓取采集系统，对区属各委办局、街镇、企事业、驻区单位、中央和市属媒体约200家网站的重要内容进行定向抓取、汇总整理，在网站的“新闻、图片、视频、专题”四个频道24小时不间断播出；突出政务发布功能，开设“走进海淀”“权威发布”两个频道，设置了海淀概况、自然环境、经济数据、社会发展、政策法规、重大事项、招投标、人事任免8个栏目，及时发布区委区政府的重要会议、重要政策、重大决策和重大事项，拓展了党务政务信息公开渠道；开通较为强大的网上便民服务平台，共梳理市、区级政府部门网上办事项目2000余项，社会服务、便民查询服务、购物服务等项目50多项，构建起区域化的网上办事和城市生活服务网络空间，为市民和广大网友提供最全面、最便利、最实用的网络服务；开办传递民声、政民互动、在线访谈、百姓呼声、海网论坛等20多个频道和栏目，并连接区委书记信箱和区长信箱，通过网络传递群众各项诉求，通过热点追踪回应网民关切。

（赵知毅）

【纸媒体】 海淀区新闻中心的纸媒体有一报二刊，即《海淀报》（含《中关村导刊》）、《都市生活周刊》。《海淀报》（含《中关村导刊》）出版187期，《都市生活周刊》出版46期，刊发新闻稿件1万余篇，800万字。《海淀报》开设40余个新闻专栏和专题报道，深度采写反映核心区创新创业体系构建、社会管理创新、城乡生态优化提升、执政为民等方面重点稿件460余篇（条）。制作《创建全国文明城区特刊》专栏和专题报道20多个，推出《贯彻群众路线 扎实改进作风》等专题、专栏10多个，展现全区各单位教育实践活动的成果。开展“走基层、转作风、改文风”活动，民生类新闻占比达到二分之一。发挥媒体的舆论监督作用，策划《文明瞭望哨》等专栏百余期。

（赵知毅）

【广播电视】 海淀有线电视节目纳入北京电视台公共频道（现 BTV 新闻频道）播出。每天 4.5 小时，首播每晚 19:30–21:00、重播次日 7:30–9:00，12:30–14:00；播出的新闻类节目有《海淀新闻》《海淀 1 时间》；专题类节目有《海淀教育》《警方在线》《城管视点》《火线》《文明海淀》《海检播报》等。海淀有线电视共播出《海淀新闻》358 期，6 个专题栏目合计 147 期，制作新闻 3598 条，专题片 11 部，在北京电视台播发新闻 160 余条，独立或配合中央电视台完成新闻 10 余条。海淀有线电视《海淀新闻》推出“创建全国文明区”“聚焦核心区建设”“群众路线教育”“文明风尚汇”等版块；制作播出《创新中关村》等专题节目；播出信访宣传动画、安全度汛、“讲文明、树新风”、卫生、普法等公益节目。

（赵知毅）

【网络】 2014 年，海淀新闻中心还开通了“海淀新闻”移动客户端，6 月开通官方微博、微信，9 月 28 日“海淀在线”改版升级为“海淀网”上线试运行。截至年底，“海淀网”日均访问量达 8.3 万人次，累计发布新闻信息 1 万余条；“海淀新闻”移动客户端装机量达到 4 万余人，发布新闻 2000 余条；“海淀新闻”公众微信号发布新闻 400 余条；“海淀新闻”官方微博发布新闻信息 300 余条。

（赵知毅）

档案

【概况】 2014 年，海淀区档案局完成 105 家立档单位的执法检查情况并出具专项评价意见。对全区各立档单位档案工作开展执法检查。梳理行政审批事项共 5 项。完成 2 例政府信息依申请公开。开展档案法制宣传，深入区属国有企业开展调研工作，指导区属国有企业制定档案保管期限表。出版《百年海淀摭忆》《海淀古镇风情》。编辑《海淀区 2013 年大事记》《2013 年领导政务活动汇编》《2014 年海淀区要事摘录》，出版 4 期《海淀档案》杂志（电子版网发）。

（马薇冬）

【新农村建设档案管理】 年内，区档案馆完成市联合检查组对海淀区新农村建设档案工作的测评。检查组对区档案馆、区农委、四季青镇政府及双新村新农村建设档案工作进行实地检查，海淀区获北京市新农村建设档案工作一类单位，在全市做经验交流。

（马薇冬）

【档案信息化】 年内，区档案馆对查档系统和照片档案管理系统进行升级改造。完成重要档案同城、异地两套备份数据的制作和报送工作。门户网站档案检索数据库由第三方迁移到区资源服务平台统一管理。推出安卓移动客户端“政府信息公开发布平台”，采用手机和平板电脑两种客户端，公众可到各大应用市场免费下载和使用，区档案馆成为全国档案系统首例使用移动互联网发布政府信息公开的单位。全年共完成档案数字化加工 26529 卷、111253 件、481895 条。对馆藏 14 盘录音带、13 盘电影胶片进行数字化转换工作，共计 14.84 小时、183GB。

（马薇冬）

【档案业务培训】 年内，区档案馆共举办档案专业知识及各类专题培训 15 次，累计培训 1100 人次。对全区有关单位及驻区企业新上岗的 204 名档案工作人员进行 64 课时岗前档案专业知识培训，经考试合格后颁发证书。为旅游委、卫生局、东升镇等单位结合档案工作实际及业务需求开展多种形式的培训，举办工程建设项目档案专题继续教育培训。

（马薇冬）

【档案收集】 年内，区档案馆共接收立档单位档案案卷 2920 卷、以件为保管单位档案 184027 件，会计档案 75 卷，照片档案 1813 张。接收国务院公报 20 期 20 本，北京市政府公报 20 期 40 本，政府公开信息文件 3 批 1995 份 6068 件。海淀区政府公报 3 期 69 本。共征集以件为保管单位档案 1200 件，录音、录像、影片档案 80 盘，照片档案 2000 张。

（马薇冬）

【档案利用】 年内，区档案馆累积接待利用档案 11406 人次，利用档案 3423 卷次，利用电子档案 10269 件次。对特殊群体实行上门服务，针对流动人口子女入学、低保人员办证、反腐工作及编史修志等提供档案便利服务。制作完成《档案文化助力绿色海淀发展》主题展览。筹办“树立社会主义核心价值观 争当海淀档案文化小使者”主题夏令营活动。在教育系统中推广“海淀区革命历史遗迹”电子杂志，全年共接待参观展览 1 万余人次。举办国际档案日暨北京市第六届“档案馆日”海淀会场活动。

（马薇冬）

【开展中法文化史料专题征集】 年内，区档案馆利用文联、文促会等平台，结合中法建交 50 周年开展中法文化史料专题征集。通过开展《中法文化交融在海淀》为主题的讲座，并以座谈会、个人口述等形式，征集到一批非常珍贵的老照片、资料及录像带。

（马薇冬）

地方志

【概况】 海淀区党史地方志办公室（区史志办）负责地方志书编纂和地方史志资源的保护开发利用工作。2014年，区史志办被北京市地方志编纂委员会和北京年鉴社评为“2013年《北京年鉴》编纂工作先进集体”。《北京海淀年鉴（2013）》在北京市首届年鉴综合质量评比中获一等奖。5月底，完成《海淀拾英》《乾隆玉泉山静明园诗》《太清后人谈太清》《京西杂记》4本史地丛书的出版印刷，共发放近800套、3000余册。

（李苗）

【海淀区年鉴工作会召开】 3月18日至20日，区史志办召开海淀区年鉴工作会议。区各委办局、街镇、企事业单位以及驻区单位等180余家撰稿单位的撰稿人参会。会议对2014年年鉴工作进行总结，部署2015年工作。2014年，全区202家撰稿单位报送初稿约300万字，收集照片约4.7万张，终稿141万字、照片250多张，稿件总体质量高。

（李苗）

【地方志工作会议召开】 9月23日，区史志办组织召开海淀区地方志工作会议，总结自2010年启动二轮修志工作以来的进展情况，就下一步全区审核统编志稿和收集照片工作进行部署，并对区地方志编纂委员会组成人员进行调整。全区127家承编单位的主管领导和主笔等200余人参会。年内，海淀区二轮修志工作进入初稿总纂的关键阶段，完成大部分初稿总纂工作，并编印成22册单审本。

（李苗）

教 育

2015
北京海淀年鉴

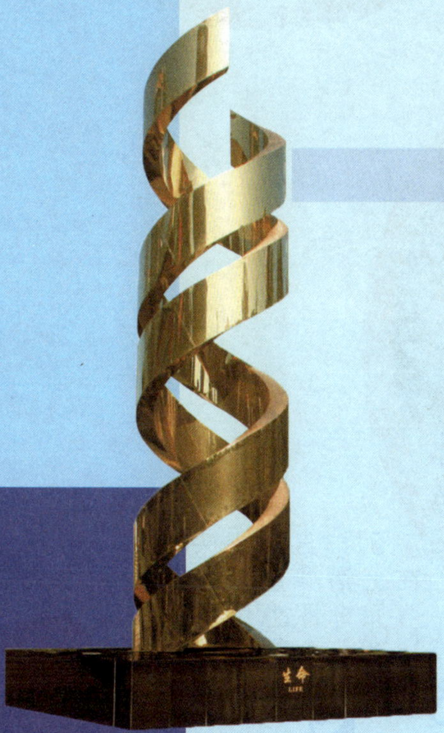

《 2月25日，空气重度污染（雾霾），星火小学学生在教室做操（李瑞林 摄）

》4月2日“世界自闭症日”，第七届“天真者的艺术——40个游戏”自闭症儿童画展在北京中间美术馆开展（李瑞林 摄）

《 5月1日，中关村二小管乐团在上海参加“中华杯”中国第八届非职业优秀（交响）管乐比赛获金奖（区教委 供图）

» 6月7日，人大附中学生参加高考(李瑞林 摄)

« 8月31日，北部新区苏家坨艺术幼儿园开园（苏家坨镇 供图）

» 9月5日，温泉地区召开教育大会，总结工作，表彰先进（田峰 摄)

《 9月17日，北大附中初中部俱乐部课程化（区教委 供图）

》11月20日，北京市温泉第二中学初二学生在海淀法院进行模拟法庭审判（李瑞林 摄）

《 12月3日，北京理工大学“仿生机器人与系统国际合作联合实验室”通过教育部立项建设论证（北京理工大学 郭强 摄）

》12月9日，育英学校举办“清洁空气蓝天行动”主题宣传实践活动（田峰 摄）

》12月27日，由区科协、区教委联合主办的第15届海淀区青少年机器人竞赛在北京理工大学附属小学开赛（李瑞林 摄）

《2014年中小学外国学生多元文化节上，外国留学生体验中国古琴文化（中关村学院 供图）

》本年建成的唐家岭红英小学（田峰 摄）

教　育

综　述

【概况】 海淀区是中国教育和教育经济最发达的地区之一，在北京市教育规模最大，中小学生总数占全市的五分之一。2014 年，海淀区域内共有幼儿园 155 所、普通中小学 181 所（不含 14 个一贯制学校小学部）、全日制高等院校 37 所（部）、成人高等教育院校 37 所、具有招生资格的民办非学历高等教育机构 19 所、中等职业学校 11 所、特殊教育学校 3 所、工读教育学校 1 所、各类社会力量办培训机构 450 家。有 11 所北京市示范性高中。有 1 所社区学院，10 个区级社区教育中心，6 个教委办社区学校，670 多个居委会教学点。

区教委与区教育工委合署办公。海淀区学习型城区建设委员会办公室设在区教委。区教委有直属事业单位 14 个。

教育事业管理 学前教育。制定发布《海淀区二期学前教育三年行动计划》，2014 年，争取市区级专项经费近 9000 万元，支持和鼓励驻区单位办园、普惠性民办园发展，学前教育发展呈现出办园主题和投资多渠道多元化的特点。完成公办幼儿园改扩建等区政府实事工程，六一幼儿院西三旗分园等 4 所新建小区配套幼儿园开园，全区新增学位 2000 余个。

义务教育。制定《海淀区中小学基本建设三年行动计划（2013—2015 年）》（以下简称《基本建设计划》）。清华附中永丰学校、首师大附中西校区、二十中附属实验学校一期、翠微小学温泉校区、首师大附小玉泉校区、教师进修学校附属实验小学、东升实验小学、唐家岭小学 8 所学校已竣工并投入使用，其中首师大附中西校区为改扩建工程，另 7 所学校为配套教育设施新建，合计完成建筑面积 140338 平方米，新增学位 11160 个。向大学附小、民办校购买学位，回租回购出租房屋，改扩建校舍，统筹利用职业学校闲置教育资源等措施，增加入学学位。继续实施教育结构和布局调整，扩大优质教育规模。委托人大附中承办知春里小学。加快推进北部一〇一中学温泉校区建设。推进“名师同步课程资源建设工程”，为全区乃至全市中小学生提供丰富的课程学习资源。18 所中小学开展试点，优化城乡教师资源配置。“名师教学指导团”定期深入北部农村学校和城区薄弱学校开展教育教学诊断与指导。开展英语教学能力、教学理论、业务技能等专题培训，促进农村教师专业发展。全面推动校本培训协作体工作。推动实施小学课程整合自主排课实验工作，14 所实验学校探索课程改革。组织 10 所实验校开展“学习困难学生预警和干预”市级行动项目研究，探索建立个别学业指导机制。

职业教育。打造职业学校的动漫游戏、计算机网络技术、会计等三个专业。开展计算机网络技术、美术设计与制作、计算机与数码产品维修和动漫游戏等 4 个区级重点特色专业培养评估，打造动漫游戏、会计、金融事务、学前教育、中餐烹饪与营养膳食、铁道运输管理等 6 个区级重点特色专业。以学前教育专业为抓手，探索中高职衔接课程改革试验项目。在中等职业学校设置公共艺术类课程，推进职业教育公共基础课设置实施。建设职业教育人才发展梯队，进行专业教师企业轮训，开展班主任心理咨询师培训。

制定《海淀区现代职业教育发展规划（2014—2020 年）》。到 2020 年，建成“政府推动、市场主导、行业指导、企业支持、社会参与”的现代职业教育格局，成立海淀区职业教育集团。首批成员单位共 54 家，包括区人力资源和社保局等 10 家政府部门，海淀区职业技术教育中心等 4 个事业单位，中国教育科学研究院等 4 个科研院所，北京市信息管理学校等 9 所职业院校，北京航空航天大学等 7 所高等院校，中关村高新技术企业协会等 6 个行业组织，新浪等 12 个重点企业。

社区教育和学习型海淀建设。成立 5 个社区教育中心。以“为实现中国梦——终身学习人人成才”和“争创全国文明区，文明风尚进社区”为主题，举办“全民终身学习活动周”暨“教育进社区活动”，惠及 6.5 万名居民。继续开展“海淀区市民学习品牌”“海淀学习之星”创建活动。中关村学院体验学堂被评为“首都市民学习品牌”。全区有社区教育志愿者 4080 人。全年累计开展各级各类社区教育培训 98.9 万余人次，其中农民实用技术培训 6.7 万余人次，外来务工人员培训 22.3 万余人次，下岗失业人员培训 2.8 万人次，老年教育培训 26.7 万余人次，参加中等职业学校开展的短期文化生活培训及岗位技术培训 4.6 万余人次。

民办教育。2014 年，全区有民办普通中小学 21 所，在校生 27375 人，教职工 3561 人。有民办职业高中 1 所，在校生 88 人。民办幼儿园 39 所，在园幼儿 8558 人。有各类民办教育培训机构 450 家，年度招生 106 万人，结业 91 万余人。

国际教育。2014 年，全区具备招收外国学生资质的学校 24 所，具备聘用外籍教师资质的中小学校 45 所。有北京市小天使美语幼儿园、北京市岭南幼儿园两所中外合作办学机构，在北京市十一学校新开设 1 个中外合作办学项目，全区共有 9 所学校承担 13 个中外合作办学项目。中小学幼儿园外籍在校生 1146 人，中外合作办学机构和项目在校生 2605 人。

教育体制改革试点项目　承担国家级教育改革实验。重点推进实验工作机制的建立和评价指标的细化。开展上海、成都、PISA 项目等国内外教育质量评价经验分析。完成学生品德、学业、身心发展、兴趣特长和学业负担五个方面的评价指标细化工作，心理、德育、学业负担等维度测评工具已提交专家论证。启动项目学校实验研究工作，已有 50 所中小学提出申请。

基础教育国际交流与合作全国教改实验区。2013 年启动基础教育国际化实验研究， 2014 年认定第二批实验学校，全方位推进实验项目。项目组在十一学校、培星小学、明天幼稚集团、七一小学、清华附小、一 0 一中学、十九中学和五十七中学 8 所学校举办国际教育观摩交流活动，推进基础教育国际化项目的开展。

全国中小学心理健康教育示范区。海淀区是首批全国中小学心理健康教育示范区。启动为期三年的“海淀区中小学教师心理健康提升项目”。组织开展“积极心理健康教育背景下中小学生健全人格培养研究”和“积极心理学背景下师生情绪管理能力培养研究”课题研究。加强德育干部、班主任、心理教师的心理技能和积极心理健康教育专题培训，推进教师专业化发展。编写海淀区首套中小学《心理健康》地方教材。

教育部义务教育学校标准实验区。2013 年，海淀区受教育部委托制定《义务教育学校管理标准(试行)》，2014 年，作为教育部全国七个实验区之一，海淀区开展《义务教育学校管理标准》实验，首批认定 22 所实验学校，组建《管理标准》实验团队，引导学校围绕管理标准的六项管理职责，确定具体研究课题。

扩大优质教育资源　整合 24 所中小学，成立 4 所九年一贯制学校（或对口直升机制），即将车道沟小学并入理工附中，建立九年一贯对口直升机制。由理工附中承办理工附小，建立九年一贯对口直升机制，将群英小学与二○六中学合并为 1 所九年一贯制学校，更名为“北京市十一学校一分校”。将彩和坊小学并入八一中学，建立九年一贯对口直升机制，增加优质学位 9680 个，其中小学增加 5760 个，提高 4.07%，中学增加 3920 个，提高 6.36%，基本实现优质教育资源区域全覆盖。委托交大附中承办明光中学。新建二十中附属实验学校，为九年一贯制学校。委托首师大附中承办首师大二附中，委托人大附中承办卫国中学和翠微中学。成立北京市十一学校龙樾实验中学。完成五一小学二期工程，翠微小学温泉校区、二十中学永泰庄小学部、清河四小异地还建、唐家岭新城配套小学、六里屯配套小学建设等 5 所学校建设工程，增加 900 个学位。在清河五小、石油学院附属第二实验小学、永泰小学本部、培星小学南校区等 4 校实施教育应急工程，新增建筑面积约 11700 平方米，增加 1720 个学位。节流，通过采用全市统一小学入学服务系统和学籍管理系统，严控外区县户籍适龄儿童无序流入海淀。年内本市外区县户籍学生比去年减少 1197 人。完善非本市户籍适龄儿童“五证”审核标准，提前向社会公示，规范管理，严控外省市学生无序涌入。各街镇进行审核，公安、信访部门全力协助配合。年内非本市户籍儿童登录 9603 人，占登录总人数的三分之一，“五证”审核通过人数 7340 人。

统筹资源，促进基础教育发展。依托北京市高校参与中小学办学项目、拔尖创新人才培养项目，鼓励中小学与市区教研部门、高校、国家大剧院等社会力量合作，提高学校办学水平。18 所小学与中国音乐学院等 9 所高校联合实施小学艺术特色项目，45 所中小学和 20 所大学合作提升中小学语文、英语等学科教学质量，国家大剧院在 30 所学校开展歌剧兴趣培养项目。与驻区高校签订合作办学协议，12 所高校将对口支持 25 所中小学。高校的教育教学设施积极向中小学开放。中小学定期选派干部、骨干教师在高校学习培训。学府苑小学更名为中国农业大学附属实验小学、万寿寺小学更名北京外国语大学附属小学、万寿寺中学更名北京外国语大学附属中学。北京市教育科学研究院定点帮扶育英中学；北京市教育学院定点帮扶田村中心小学，并更名为北京教育学院附属海淀实验小学。由海淀区教师进修学校定点帮扶北科大附中、教师进修学校附属实验学校。

智慧教育工程建设　海淀区制定《智慧教育中长期发展规划（2014—2020 年）》。明确智慧教育建设总体目标，提出“3456”建设框架与内容：即建设三类智慧环境（智慧云（教研）中心、智慧校园、智慧型学习社区）、提升为四类人群（学生、教师、家长与管理者）的智慧服务、建立五个保障体系（理念、组织、资金、制度和标准保障）、实施六大板块工程（智慧教育云中心、智慧校园、智慧型学习城区、智慧教研素质提升、智慧学习应用推进以及一体化智能运维等）。

2014年，启动智慧教育项目申报工作。对全区163家单位申报的474个专项进行分类、梳理，确立新（改）建校22所（项），应急工程4项，网络工程类114项，资源建设类25项，系统集成类178项，软件平台类52项，专用馆室类79项。对新建、改扩建和综合改造共计24个项目分批次优先办理，对市级专项、区政府批办应急工程、区教委部门联办的12个项目加急办理，对学校基本应用急需的5个项目加快办理，确保新建校如期开学，改扩建、综合改造以及应急项目及时投入使用。

对支撑智慧教育未来发展的三个支柱性建设项目进行立项：路路通项目。建设海淀教育基础光缆专网，打造区教委与各学校、各教育事业单位之间优质资源万兆互联共享的教育高速公路；班校通项目，落实“无线网络班班通达标”工程。一期建设将推进57所中小学校园（单位）普通教室、专用教室、多功能厅（教育教学场馆）实现无线网络覆盖达标，与海淀区教育专网实现互联互通；人人通项目，建设区校两级视讯中心，推动人际间可视化互联互通，全面实现可视化课堂教学、在线公开课、网络班队会、网络教研培训及全区教职员工免费视频通话。

党建　开展党的群众路线教育实践活动，对照剖析存在的“四风”根源，从民主决策、改进作风、惠民利民等方面全面整改，立行立改，改善党群关系、干群关系。

以社会主义核心价值观统领师生思想道德建设。开展文明承诺行动、道德学堂等活动，编写《社会主义核心价值观新童谣》，树立“四有”教师典型，引导广大师生自觉践行社会主义核心价值观。

基层党组织建设。出台《关于进一步加强海淀区教育系统基层服务型党组织建设的实施意见》，初步形成教育系统基层服务型党组织建设4+23模式[①]。

加强党对群团和统战工作的领导。开展团队干部风采大赛，展示团队干部队伍建设成果。1所学校被评为“全国五四红旗团委”，2所中学被评为北京市五四红旗团委，21所小学获北京市星星火炬奖，12名辅导员被评为北京市优秀辅导员。召开海淀区教育工会第七次代表大会，选举产生新一届工会领导机构。1所学校获全国职工小家称号。出台《海淀区教育系统涉台知识教育基地管理办法》。

干部教师队伍建设　完成对试用期满的新任校长、聘任期满的校长任期履职考察。规范学校党政正职、机关科级干部的选拔任用和轮岗交流。

加快干部教师专业成长。继续开展学校干部与机关人员双向挂职、异地挂职、境外挂职工作，举办中小学新任书记校长任职培训等8大系列培训，完善干部培训课程体系。完成北部教师千人寒暑假培训、初中英语教师剑桥英语教学能力等培训。与北师大、东北师大合作，学历学位提升“十百千工程”，150名干部进入高校攻读硕士学位。建设敬德书院，开展干部教师国学培训。开展新任园长“影子”结对交流培训。推进“双名工程”。扩大名师名校长队伍，认定6所中小学为第二期优秀校长培养基地、新成立优秀园长培养基地，设立23个中小学校长（幼儿园园长）工作室。实施“成长中的教育家”培养工程，举办3位校长办学实践研讨会和1位教师教学实践研讨会。评定42名特级教师，引进9名高端教育人才。

教育督导　完善中小学督学责任区制度，实行中小学挂牌督导。完成北京市第四轮全面实施素质教育综合督导、教育部对海淀中小学校挂牌督导专项督导、中小学减负专项督导。完成责任区挂牌督学、评价员、学校领导等不同层次人员培训。开展督学进校园献计献策活动。引入社会力量开展义务教育阶段满意度调查，探索管办评分离的途径。

【开展督学专家走进校园活动】　4月25日—5月27日，海淀区教育督导室开展海淀区小学“督学专家走进校园”系列活动。走进双榆树一小、白水洼小学、西二旗小学、红山小学、人大附小、周家巷小学、白家疃小学、北洼路小学8所学校，参加指导工作成员包括语文、数学、英语、音乐、科学学科特级教师及挂牌督学，通过教师上课、督学专家评课，巡视校园和交流互动，与干部教师座谈等方式。有关督学及学校、学区干部教师240人次参加活动。

（宋亚甫）

【兼职督学培训】　11月14日—24日，海淀区教育督导室举办新任督学培训。该培训由北京市督学研修中心、海淀区人民政府教育督导室、海淀区中小学干部研修中心合作开展，采取分层培训模式，对新任督学基本知识与技能、资深督学督导专业性提升等方面进行有针对性培训，包括系列专题讲座、专家报告、辅导等，内容涉及“北京市教育督导的历史与发展”“教育督导中的法律问题”“教育督导技术之信息采集”“教育督导技术之督导报告的撰写”“教师队伍督导的理论与实践”“教育督导促学校特色发展”。海淀区兼职督学200人参加学习并取得市级培训证书。

（宋亚甫）

---

① 推进4个区级和23个教育系统基层服务型党组织试点单位的示范引领作用，提炼经验做法、剖析工作规律特点，形成符合本单位实际的基层服务型党组织建设的工作模式和长效机制。

学前教育

【概况】 2014年，海淀区有托幼园所155所，其中教育部门办幼儿园13所，地方企业办园2所，事业单位办园25所，部队办园36所，集体办园22所，民办园39所，其他部门办园18所。有21所市级示范幼儿园，70所一级一类幼儿园。完成7个新增、改扩建幼儿园项目，新增2000个学位，新增幼儿1600余名。入园幼儿20487人，在园幼儿58028人，其中外省市户籍幼儿11772人，占在园幼儿总数的20%；教职工9375人，其中专任教师4686人。

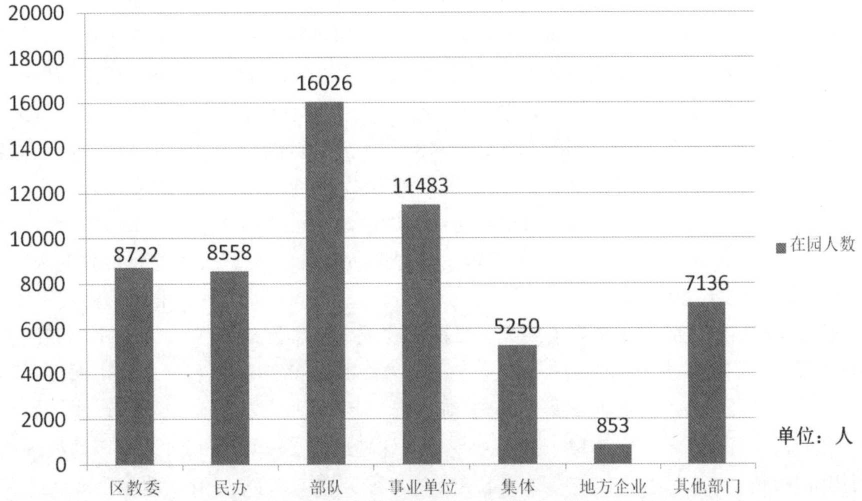

2014年海淀区学前教育基本情况

（注：其他部门含中央其他部门、省级其他部门和县级其他部门）

（宋亚甫）

【园长工作会召开】 3月6日，海淀区教委召开全区园长工作会。会议回顾2013年学前教育发展情况，就启动二期《三年行动计划》，应对新一轮“入园难”；推进实施《3～6岁儿童学习与发展指南》，优化幼儿在园一日生活环节，提升办园质量；加强队伍建设，提升干部教师的专业化水平以及推进该早教试点区工作，优化、普及社区早期教育等工作计划进行解读。保卫科就幼儿园安全保卫工作进行具体指导。区教委领导、幼儿园园长150人参加会议。

（宋亚甫）

【明天幼稚集团举办种子教师培训活动】 3月25日，明天幼稚集团启动种子教师培训活动。首次培训内容包括海淀区十二五期间群体课题种子教师的职责与管理办法，集团教育科研实施介绍，解读群体课题核心教育理念与关键概念，即可持续发展与积极心理学等领域关键词、系列讲解科研方法、“节能减排从我做起，从小事做起倡议书”等。集团种子教师14人参加培训。培训由集团课题管理部中心主持，旨在推动集团教科研可持续发展，提高种子教师理论素养与教科研业务水平，建立一支高素质教科研种子教师队伍。培训采取集中和自学相结合，开展讲座、观摩研讨、教师培训与课题研究相结合、自我培训、参加区教科所组织、活动等方式，时间为3至12月，每月集中培训一次。范围涉及可持续发展教育群体研究、积极心理学、科学启智、新教育实验及中美耶鲁早期教育实验幼儿园等群体项目。

（郝建玲　刘光洪）

【北师大幼儿园举办阅读节活动】 4月—5月，北师大实验幼儿园举办第6届阅读节活动。本园与3个分园分别以“经典阅读，让我们的世界更精彩”“演绎经典　享受阅读”“书香为伴　快乐成长”为主题，旨在培养幼儿“好读书、读好书”，帮助幼儿养成良好的阅读习惯，倡导亲子、师幼、同伴牵手阅读。读书节采取全园、年级组、班级等不同形式，包括童话剧表演、专家讲座、亲子故事屋、哥哥姐姐给弟弟妹妹讲故事、图书漂流、优秀图书展销会等系列活动。全园幼儿、教师、家长4000余人参加活动。

（郭美娟）

【组织幼儿园园长培训】 4月—6月，海淀区教委组织开展“落实《指南》、提升质量”幼儿园园长专题培训。培训通过专家讲座、走进示范幼儿园、走进学校、园长互动交流研讨等方式，就幼儿园依法办园，贯彻《3～6岁儿童学习与发展指南》，幼儿园发展评价，幼儿园质量管理与文化建设，幼儿园社区早教工作等内容进行专题培训。海淀区幼儿园正副园长300人参加培训。

（宋亚甫）

【两园成为市早教示范基地】 6月30

日，富力桃园幼儿园和核工业第二研究院幼儿园接受北京市早教示范基地验收评估并通过验收。验收组专家分别考察幼儿园早教基地环境，观看幼儿园社区早期教育活动站组织的活动，查看基地建设档案资料，听取园长社区早期教育活动站所开展早教工作情况汇报，并针对早教基地组织管理、基础条件、队伍建设与功能发挥等方面，分别与干部、教师进行交流。验收组专家对海淀区幼儿园开展早教工作给予肯定，并指出两所幼儿园在利用社区资源，推动社区早期教育各项工作扎实有序、卓有成效，有效地提高家长的科学育儿能力，促进社区婴幼儿健康快乐地成长。认定两所幼儿园为北京市早期教育示范基地。

（宋亚甫）

【举办国际课程及项目培训】 5月29日，明天幼稚集团举办国际LED课程远程培训，培训由集团与耶鲁大学载格勒研究所共同举行，双方分别为集团一幼塔院园和耶鲁大学远程中心，培训围绕“课程实施中科学使用游戏材料”的主题，由美国耶鲁大学载格勒研究所所长沃特博士和刘彤博士主讲。集团园长、教师40人参加培训。8月1日至2日，举办基础教育国际化项目暨耶鲁—中国儿童发展项目实验园实地培训。培训由北京明天幼稚集团组织，围绕新耶鲁•开普兰课程的设计理念、课程的组织实施、环境创设等方面展开，同时组织新耶鲁开普兰实验课程的互动交流。海淀区教委、《学前教育》杂志社、美国专家及集团园长、国际班教师70人参加培训。

（郑永爱　陈艳宇）

【开展幼儿教师专题选修培训】 10月9日—29日，区教委举办“现代信息技术与幼儿园教育的专题培训”，培训共40学时，来自70所幼儿园76名教师参加。11月2日至28日，区教委举办幼儿园科学教育专项培训，62名骨干教师参与专项培训。11月14日至12月12日，60名幼儿园科研工作负责人参加为期20学时科研专题培训。

（宋亚甫）

【常青幼儿园开展保育教研活动】 11月26日，常青幼儿园开展保育教研活动。活动以“培养幼儿良好行为习惯”为主要内容，采取互动观摩形式，小中大班围绕“好吃的饭菜”“保护牙齿”主题展开教研，小班保育教师利用娃娃家厨房、设计蔬菜超市、组织亲子采摘、进行视频制作等方法，为孩子提供择菜、洗菜、切菜、制作蔬菜沙拉等真实体验，加深对蔬菜、水果的认识；中大班保育老师在“保护牙齿”教研活动中，通过在活动前、活动中开展家长调查问卷，分析、了解孩子牙齿健康现状、日常生活习惯和家长对孩子牙齿健康的关注情况，帮助幼儿学习和了解保护牙齿的相关知识，针对幼儿年龄特点结合教研活动制作幼儿活动棋投放到活动区，将行为培养与幼儿的游戏活动相结合。全园师生560人参加活动。

（韩玉兰）

【发布《海淀区二期学前教育三年行动计划》】 12月5日，海淀区发布实施《海淀区二期学前教育三年行动计划（2014—2016年）》。该计划遵循“保障基本、广泛覆盖、公益普惠、优质多样”原则，继续扩大学前教育规模，提升幼儿园办园质量，多渠道、多形式发展普惠、优质、多元的学前教育。根据规划，2014年至2016年重点任务是：着力增加北部及城乡接合部地区学前教育资源，优化学前教育结构布局，鼓励多种形式办园，扩大公办幼儿园和普惠性民办园的覆盖率。充分利用区域各类教育和社会资源发展学前教育。支持幼儿园改建、扩建增加入园学位，调动社会力量举办公办幼儿园或普惠性民办幼儿园；加强对幼儿园保育和教育实践的研究与指导，提高幼儿园教师的专业素质和教育实践能力。推进0~3岁婴幼儿早期教育研究与实践，提升家庭科学育儿水平。

（宋亚甫）

【召开学前教育工作会】 12月5日，海淀区教委召开学前教育工作会议。会议总结一期三年行动计划取得的成果，命名10所幼儿园为新一批干部教师培训基地，表扬为实施一期行动计划做出突出贡献幼儿园先进集体，为3名退休园长颁发终身顾问奖杯，举行新任园长与示范园园长岗位交流意向书签订仪式，启动市区骨干教师与园级骨干教师结对交流。与会人员研讨“海淀区二期学前教育三年行动计划”目标、任务和各项措施。市区有关领导，海淀区各街、镇负责人、各类幼儿园园长和副园长400人参加会议。

（宋亚甫）

【2014年海淀区托幼园(所)名单(155所)[①]】

1. 北京明天幼稚集团
2. 北京市六一幼儿园
3. 北京市海淀区恩济里幼儿园
4. 北京市海淀区上庄科技园区幼儿园
5. 北京市海淀区立新幼儿园
6. 北京市立新学校幼儿园
7. 北京市海淀区北部新区实验幼儿园
8. 北京市海淀区富力桃园幼儿园
9. 北京市海淀区颐慧佳园幼儿园
10. 北京市海淀区美和园幼儿园
11. 北京市海淀区苏家坨镇幼儿园
12. 北京市海淀新区恩济幼儿园
13. 北京市海淀区唐家岭新城幼儿园
14. 北京市海淀区人民政府机关幼儿园
15. 北京市海淀区龙岗路幼儿园（本年新建）
16. 住房和城乡建设部幼儿园
17. 中国科学院第七幼儿园
18. 航天工业机关幼儿园
19. 中国科学院第一幼儿园
20. 中国科学院第三幼儿园
21. 中国科学院幼儿园
22. 北京有色金属研究总院幼儿园
23. 中国气象局幼儿园
24. 新华社机关事务管理局保育院
25. 钢铁研究总院幼儿园
26. 中国铁道科学研究院幼儿园
27. 北京五色土实验婴幼园
28. 中国兵器工业机关服务中心幼儿园
29. 北京市银河之星幼儿园
30. 国务院机关事务管理局花园村幼儿园
31. 中国人民解放军后勤学院幼儿园
32. 中国人民解放军93462部队幼儿园

① 2014年，北京市海淀区西北旺镇亮甲店村幼儿园、北京市海淀区苏家坨镇苏三四村幼儿园、中国人民解放军军事科学院幼儿园、国土资源部机关服务局幼儿园4所幼儿园撤销停办。

33. 中国人民解放军空军装备研究院蓝天幼儿园
34. 中国人民解放军总参军训部第二幼儿园
35. 中国人民解放军航天员科研训练中心飞天幼儿园
36. 中国人民解放军总后勤部五一幼儿园
37. 中国人民武装警察部队总部机关幼儿园
38. 中共中央办公厅警卫局万寿路幼儿园
39. 中国人民解放军国防大学第二幼儿园
40. 总参谋部测绘局幼儿园
41. 中国人民解放军总参谋部军训部机关第三幼儿园
42. 中国人民解放军63921部队幼儿园
43. 中国人民解放军第二炮兵机关第一幼儿园
44. 中国人民解放军总参谋部信息化部幼儿园
45. 中国人民解放军63916部队幼儿园
46. 国防大学第一幼儿园
47. 空军95968部队幼儿园
48. 中国人民解放军军事医学科学院幼儿园
49. 总参军训和兵种部机关第一幼儿园
50. 空军指挥学院蓝天幼儿园
51. 中国人民解放军61886部队幼儿园
52. 海军机关幼儿园
53. 中国人民解放军61195部队前哨幼儿园
54. 海军总医院幼儿园
55. 中国人民解放军61046部队幼儿园
56. 中国人民解放军北京军区炮兵幼儿园
57. 中国人民解放军总装备部后勤部小营幼儿园
58. 中国人民解放军军乐团幼儿园
59. 中国人民解放军空军航空医学研究所附属医院幼儿园
60. 解放军总医院第一附属医院幼儿园
61. 中国人民解放军总参谋部管理保障部北极寺幼儿园
62. 中国人民解放军总医院幼儿园
63. 空军直属机关蓝天幼儿园
64. 中国人民解放军66400部队政治部幼儿园
65. 中国人民解放军61672部队幼儿园
66. 中国人民解放军总参谋部管理保障部幼儿园
67. 北京育新实验幼儿园
68. 北京公交鸿运承幼教中心第三幼儿园
69. 北京市海淀区中关村街道第一幼儿园
70. 北京市海淀区北太平庄街道蓟门里幼儿园
71. 北京市海淀区青龙桥幼儿园
72. 北京市海淀区海淀乡中心幼儿园
73. 北京市海淀区四季青镇巨山幼儿园
74. 北京市海淀区北太平庄街道威凯幼儿园
75. 北京市海淀区四季青镇北坞幼儿园
76. 北京市海淀区四季青香山幼儿园
77. 北京馨星幼儿园
78. 北京市海淀区紫竹院街道第二幼儿园
79. 北京市海淀区学院路街道展春园幼儿园
80. 北京市海淀区海淀街道厂洼幼儿园
81. 北京市海淀区温泉镇白家疃中心幼儿园
82. 北京市海淀区四季青镇常青幼儿园
83. 北京市海淀区四季青镇南平庄幼儿园
84. 北京市海淀区四季青蓝靛厂幼儿园
85. 北京市海淀区四季青育红幼儿园
86. 北京市海淀区小星星双语艺术幼儿园
87. 北京市海淀区西北旺屯佃村幼儿园
88. 北京市海淀区翠湖幼儿园
89. 北京市海淀区苏家坨镇中心幼儿园
90. 北京市海淀区苏家坨镇温馨幼儿园
91. 北京市海淀区本真双语艺术幼稚园
92. 北京市海淀区现代艺术幼儿园
93. 北京市海淀外国语学校附属幼儿园
94. 北京市海淀区英才美丽园幼儿园
95. 北京岭南幼儿园
96. 北京市海淀区长河湾汇佳幼儿园
97. 北京市海淀区世纪新汇佳幼儿园
98. 北京市海淀区中科幼教中关村实验幼儿园
99. 北京市海淀区英才幼儿园
100. 北京市海淀区红缨幼儿园
101. 北京市海淀区万泉汇佳幼儿园
102. 北京市二十一世纪实验幼儿园
103. 北京市世纪阳光幼儿园
104. 北京市海淀区小汉顿幼儿园
105. 北京市幼儿师范学校附属幼儿园
106. 北京市海淀区布朗幼儿园
107. 北京市海淀区美华彩苑外国语幼儿园
108. 北京市海淀区凯蒂幼儿园
109. 北京市海淀区锦绣明天莲宝幼儿园
110. 北京市海淀区启明华清幼儿园
111. 北京市海淀区太阳幼儿园
112. 北京阳光儿童早期教育实验中心
113. 北京小天使美语幼儿园
114. 北京市育龙幼儿园
115. 北京市未来之星实验幼儿园
116. 北京市海淀区领秀硅谷凯尔宝宝婴幼园
117. 北京市海淀区朝昭双语婴幼园
118. 北京市海淀区凯尔宝宝婴幼园
119. 北京市海淀区世纪汇佳幼儿园
120. 北京市海淀区二十一世纪实验幼儿园
121. 北京市海淀区红黄蓝多元智能实验幼儿园
122. 北京市海淀区大有双语幼儿园
123. 北京市海淀区智合国学双语幼儿园
124. 北京市海淀区宜宝双语幼儿园
125. 北京市海淀区枫叶幼儿园（本年新建）
126. 北京市海淀区北京大学附属小学实验幼儿园（本年新建）
127. 北京市海淀区乐全时艺术实验幼儿园（本年新建）
128. 北京市海淀区二十一世纪实验幼儿园上林溪园（本年新建）
129. 北京市海淀区为明实验幼儿园（本年新建）
130. 北京市水务局幼儿园
131. 核工业第二研究设计院幼儿园
132. 北京林业大学幼儿园
133. 北京邮电大学幼儿教育中心
134. 中国航空工业集团公司北京航空材料研究院幼儿园
135. 中国农业大学东校区幼儿园
136. 中国农业大学西校区幼儿园

137. 北京语言大学幼儿园
138. 北京交通大学幼儿园
139. 北京师范大学实验幼儿园
140. 中国音乐学院附属艺术幼儿园
141. 中国林业科学研究院幼儿园
142. 北京市清华洁华幼儿园
143. 北京航空航天大学幼儿园
144. 首都师范大学附属幼儿园
145. 北京大学医学部幼儿园
146. 中国农业科学院幼儿园
147. 中国人民大学幼儿园
148. 北京理工后勤集团幼教中心
149. 航天之星幼儿园
150. 中央民族大学幼儿园
151. 中国石油集团科学技术研究院幼儿园
152. 北京科技大学幼儿教育中心
153. 北京大学幼教中心
154. 北京市农林科学院幼儿园
155. 北京应用物理与计算数学研究所九一幼儿园

（宋亚甫）

基础教育

【概况】 2014年，全区义务教育阶段学校178所（不含18个一贯制学校小学部），在校生209312人。其中非本市户籍学生73074人，占全区义务教育阶段在校生总数的35%。

全区有小学122所（含18个一贯制学校小学部），其中区属公办小学101所，其他部门办小学9所，民办小学12所；教学班4022个，毕业20912人，招生28182人，在校生147662人；在校生中，北京市户籍学生93324人；教职工7553人，其中专任教师7011人；小学入学率100%，巩固率100%，毕业及格率100%。74所中学（初中7所，高中3所，完中49所，九年一贯制学校6所，十二年一贯制学校12所）办有初中，教学班3000个（初中1742个、高中1258个），毕业30880人（初中18187人、高中12693人），招生34887人（初中21260人、高中13627人），在校生103202人（初中61650人、高中41552人）；在校生中，北京市户籍学生78933人；初中入学率100%，巩固率100%，毕业率100%；初中毕业升学率98%，应届高考录取率92.98%。中学教职工12976人，其中专任教师9875人（含一贯制小学部），中学专任教师8739（初中4941人、高中3798人）。特殊教育学校3所，开设教学班67个，结业143人，招生60人，特殊教育在校学生1276人（特殊教育学校605人、义务教育阶段随班就读学生671人，其中小学398人、初中273人）；教职工312人，其中专任教师222人。工读教育学校1所，开设教学班15个，离校159人，入校159人，在校生315人；教职工83人，其中专任教师69人。校外教育单位770个，有金鹏科技团8个，市级科技示范校27所，北京学生金帆艺术团31个，承办校25所，金帆书画院12个，市级艺术教育特色校36所；教职工29904人，其中专任辅导员（教师）21572人。中小学教师学历合格率99.3%，其中，小学教师合格率99.5%，中学教师合格率99.1%。特级教师162人（在职），其中小学特级教师18人、中学特级教师140人，职高特级教师1人，幼儿园3人。高级专业技术职，2896人，其中小学108人、初中1029人、高中1542人。全区中小学图书馆藏书969.7546万册。学校总占地面积534.37万平方米，总建筑面积337.66万平方米，固定资产总值98.89亿元。全年教育经费投入937.405万元，其中国家拨款（国家财政性教育经费）829.749万元，自筹经费（事业收入）21.610万元。

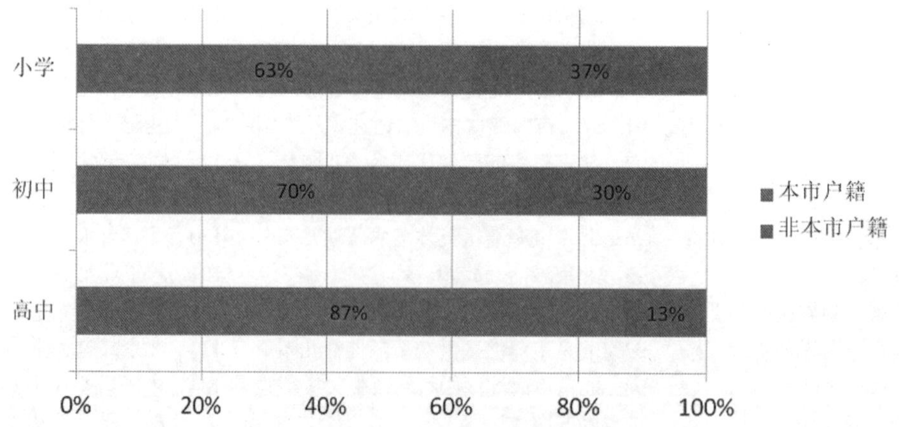

2014年中小学阶段非本市户籍学生占比情况

海淀区义务教育基本情况

（单位：人）

类 别	校数（个）	毕业生数	招生数	在校学生数		专任教师
				合计	非本市户籍学生	
总 计	178	39099	49442	203067	73074	13088
小学教育	122	20912	28182	147662	54338	8147
区属公办小学	101	16941	23670	122449	45319	6574
其他部门办小学	9	2324	2631	14675	2312	746
民办小学	12	1647	1881	10538	6707	827
初中阶段教育	74	18187	21260	61650	18736	4941
区属公办初中	51	13132	15427	44722	13548	3579
其他部门办初中	6	1715	1902	5810	625	501
民办初中	17	3340	3931	11118	4563	861

（单位：人）

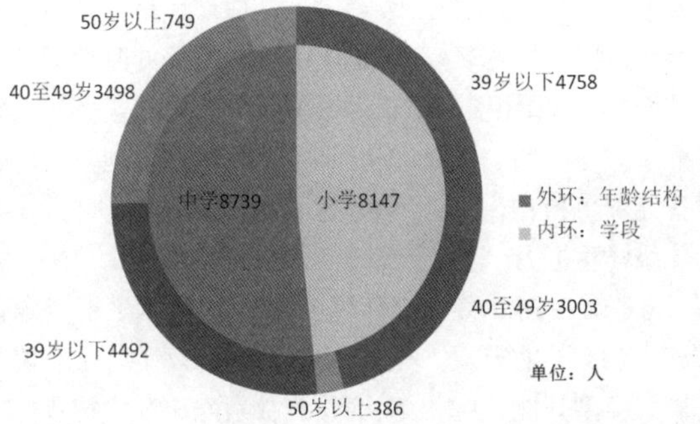

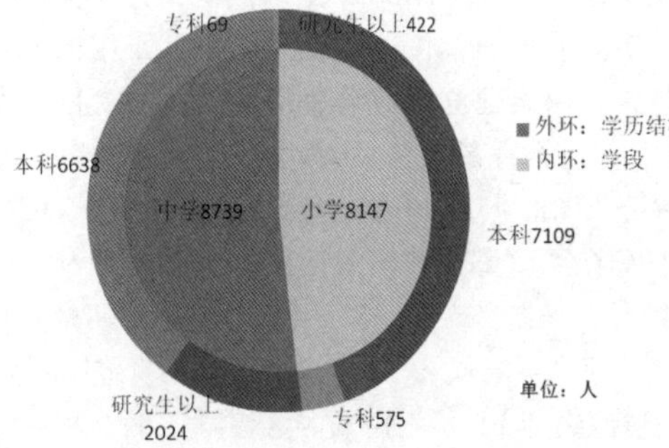

2014 年海淀区中小学师资状况

（注：因教育统计关于教师年龄分段标准发生变化，由 35 岁以下调整为 39 岁以下为一个年龄段）

（尹涛 宋亚甫）

【举办中小学教师传统文化培训】 1 月 17 日—18 日、2 月 14 日—16 日，海淀区教委举办中小学教师传统文化培训。培训由海淀区政府、区教委与中华书局、中国国学文化艺术中心合作主办，培训以儒学为核心，围绕传统文化精神内涵，开展通识性培训。培训分中学班和小学班同步进行，各开设 10 门课，总计 40 学时。课程内容涉及“传统文化与社会主义核心价值观、传统文化教育理论与实践探索、《四书》解读”三方面。209 名中小学教师参加培训。

（宋亚甫）

【与石景山区教委签订合作协议】 2 月 20 日，清华附小与石景山区教委签署教育战略合作协议。仪式在石景山区人民政府举行。该合作协议旨在落实北京市委、市政府构建和谐社会、促进城乡教育均衡发展战略，响应市发改委和市教委共同发起“名校办分校、城乡一体化”号召，发挥名校辐射和引领作用，进一步提升石景山区教育整体水平。根据协议，石景山区教委委托清华附小以协作校形式，共同建设石景山区金顶街第二小学。承办后，金顶街第二小学保持独立建制，具有独立法人地位，区属公办学校性质不变，由清华附小校长兼任该校校长。金顶街第二小学位于石景山区西部，现有学生 1080 余人，教职工 80 余人。

（隋敏方）

【教育部推荐十一学校教改经验】 2 月 27 日，教育部在十一学校举行专场新闻发布会，推荐十一学校教育改革经验。认为十一学校作为国家办学体制和高中特色发展改革试点单位，着力深化课程改革，创新人才培养模式，促进学生全面而有个性的发展，取得显著成绩，为全国提供鲜活案例和宝贵经验，值得认真总结、宣传和推广。教育部领导，《人民日报》、中央电视台、新华社、《光明日报》等 40 余家媒体记者，十一学校教师、学生、家长代表 100 人参加发布会。十一学校于 2009 年开始转型性变革实践，探索分层教学、走班选课、取消行政班、设立学科教室、实施导师制、学生自主管理等一系列改革举措。对国家课程、地方课程校本化，构建一套分层、分类、综合、特需相结合的课程体系，共开设265门学科课程、30门综合实践课程、75门职业考察课程。此外，272个社团和60个学生管理岗位为学生提供多样化选择。

（杨雄）

【学生课业减负工作】 3月1日，区教委召开减轻中小学过重课业负担工作会，会议要求贯彻落实北京市关于减轻中小学生过重课业负担的精神。成立减负工作领导小组，建立减负工作联动和督查工作机制，行政、教研、科研等部门联动，对海淀区小学生课业状况和学业负担开展调研，加强对中小学作业的指导。全区范围内开展“减负增效”征文活动。区教委联合区政府教育督导室针对中小学生减负工作开展拉网式检查，督促各学校落实减负措施。组织10所实验校开展“学习困难学生预警和干预”市级行动项目研究，关注学困生个体差异，探索建立个别学业指导机制。9月，市教育督导室、市教委在理工附中召开“北京市中小学减负督导监测工作现场会”，宣传推广海淀区的减负经验。

（宋亚甫）

【培训资源教师】 3月19日，区教委举办第三期资源教师专项培训，特邀北京师范大学教授讲解特殊教育基础理论，区特殊教育管理中心介绍海淀区融合教育形式及责任。48名资源教师参加学习。4月28日至30日，海淀区资源教师提升研修班在北京师范大学开班。培训由区教委特教管理中心与北师大特教学院联合主办，进行“自闭症儿童关键反应训练”专题47名中小学资源教师参加学习。

（张俊贤）

【举办足球普及教育活动】 3月20日，北京市青少年足球普及教育活动启动仪式在清华附小举行。活动由市教委与中体经纪管理机构联合主办，北京保护健康协会、北京国安足球俱乐部、北京老男孩足球俱乐部协办，清华附小承办。以足球普及活动为主线，实现青少年体能体质体能提高、意志心智磨练、智力潜能开发、心理素质提升的目标。活动时间主要是利用学校课后一小时和周末，在全市中小学开展百余场“足球明星进校园”“快乐足球大本营”等活动，邀请青少年心理专家、安全教育专家、足球明星、足球教练员带领青少年共同开展快乐足球活动，提高青少年足球运动的参与度和普及率。主办方编写《快乐足球口袋书》，并开设足球普及教育专题网站、微博和微信。启动仪式上，主办方向杨璞、邵佳一、叶圣涛等人颁发“北京市青少年足球普及教育活动爱心大使”荣誉证书。教育部、国家体育总局、清华大学、市教委、海淀区政府、海淀区教委等领导，金志扬、卡西亚诺等足球教练员，邵佳一、杨璞、南方、张呈栋等足球运动员及清华附小师生代表100人参加活动。

（隋敏方）

【3项发明获国际金奖】 3月30日—4月9日，一〇一中学生参加第42届日内瓦国际发明展获3项金奖、1项银奖。该校初一年级学生范熙宇、王一帆、李沛泽、董一郎“新型智能绿色植物窗帘的研制”项目，初三年级学生尹月“植物驱蚊止痒膏的制备及对蚊虫防止效果的研究”项目和高一年级学生宋文竹、高二年级学生杨辰“新型智能化叶表面PM2.5检测系统的研制”项目获金奖，高二年级学生赵星“八宝景天涂层对橘子保鲜及防腐性的研究”项目获银奖。

（张欣）

【成立创新人才培养协作体】 3月27日，“物理与地球科学领域北京市第二十中学创新人才培养协作体”在二十中成立。二十中学、北京大学、清华大学、中国科学院等20所中小学、高校及科研单位共同签约。协作体成立单位将在创新人才培养、课程开发等方面实现资源共享，培养更多物理与地球科学领域的创新人才。

（贺正东）

【学生获科技创新赛金银奖】 3月27日—30日，中关村中学2名学生参加第34届北京青少年科技创新大赛获得金奖。理工大附中学生也获金银奖。 比赛由市科协、市教委、市科委、市知识产权局、房山区政府联合主办，以“感悟与分享——我的科学梦”为主题，设立封闭答辩与评审、专项奖颁奖典礼、优秀科技成果展示等环节，参加活动学生30余万人，来自12个国家和澳门特别行政区17支代表队36个国际项目参赛。经学校推荐、区县评审，共有1885项竞赛作品参加市级初评，196个学生项目和18个教师项目进入终评答辩，其中中关村中学5个学生项目进入市级评审，高二学生王文琛《Fe_3O_4磁性活性材料的制备及其应用研究》、初三学生刘茉《降雨对PM2.5和地表污染物冲刷效应分析》获得一等奖。王文琛还获得“北京理工博弈创新奖”“《知识就是力量》杂志专项奖”。北京理工大学附中高二年级学生吴蔚以工程学项目《会发声的手势语数据手套》获金牌，高二年级学生王滢以环境科学项目《冻融作用对土壤中重金属镉的赋存形态的影响》获得银牌，两人同时获得北京理工博益创新奖，吴蔚获发明创新奖。高二年级学生赵子涵以《拒不支付劳动报酬罪在农民工中的适用程度》，姚昕婕、尹千博以《基于GPS的园区智能导盲小车》，谢乃容、史妍昕以《对一般切花百合组织培养的激素配比浓度初步探究》研究项目同时获得创新大赛二等奖。

（鲁小凡）

【召开九年一贯制研讨会】 4月11日，区教委召开“基础教育九年一贯制研讨会暨小初高一体化课程建设与育人模式变革研究开题会”。海淀区各中小学校以及山东、河北等省市中小学校长、教师代表270人参加会议。研讨会以育英学校12年一体化办学实践为案例，研究九年一贯制学校办学思路与模式，总结实践经验，创新推进策略。会议听取区教委做“推进九年一贯制学校建设，打造中小衔接的一体化育人模式”报告，育英学校做“小、初、高一体化课程建设与育人模式变革研究”开题报告。教育部、北京市、海淀区教委领导为43所课题校颁发课题实验校铜牌。43所课题组成员校第一次课题研究研讨会就“小、初、高一体化课程建设与育人模式变革研究”课题研究价值、意义做研讨，山东、江苏、安徽及北京顺义、海淀中学校长进行交流，内容涉及“优化课程结构提升教育品质”“九年一贯制学校学生人生价值观培育”“中小学德育有效衔接的实践研究”“关于课程建设的”“九年一贯制学校文化构建问题”“注重整合衔接，促进师生发展”等。

（宋亚甫）

【资源教室建设】 4月，海淀区对两年新建的15间资源教室展开第四批评估，太平路中学等5所学校资源教室被评为区级示范资源教室，北医附小等10所学校资源教室被评为区级优秀资源教室。6月，农大附中、温泉二中、八一中学、立新学校、二里沟中心小学、海淀区实验小学阜成分校、石油附属第二实验小学、清河中学、石油附小9所学校共申请市教委专项资金450万元，用于新建或扩建学校资源教室，区教委投入120万元，为红星小学、温泉中心小学、育英学校小学部、首师大二附中、八一中学、一〇五中学6所学校新建或改扩建资源教室。

（张俊贤）

【召开教育家办学实践研讨会】 5月16日，区委教育工委、区教委召开人大附小教育家办学实践研讨会。会议以“幸福•梦想”为主题。会议观看人大附小专题片《师生笑着成长》，观摩情景剧《彩虹的约定》，听取人大附小关于《七彩教育之花幸福绽放》主题报告。七彩教育理念实质内涵就是依据多元智能理论，确立多样化教育目标，开发和发展学生多种潜能，构建多样化课程，满足学生多样化发展需求，促进学生多元成长，成就教师多元发展，创造学校多样化文化，铸就师生多元梦想的教育。中国人民大学、人大附中、教育部及市、区教委领导，海淀区小学校长300人参加会议。与会领导专家肯定人大附小教育家办学实践。

（关旻）

【成立创新人才培养协作体】 5月20日，中关村二小创新人才培养协作体正式成立。协作体由中关村二小牵头成立，成员包括中国公安大学、第八中学、史家小学在内的25所大中小学。成立仪式上，与会校长及专家围绕基础教育阶段“科学探案”主题，聚焦小学并吸纳高校及科研院所和中学课程资源，探索中小学学生培养及教师研训等领域，深化高等教育与基础教育纵向衔接，同时打通中小学各学段、各学科渠道，形成横向联合，探索培养创新人才的工作机制。

（张苗）

【获世界DI创新思维赛总冠军】 5月24日，人大附小学生参加世界DI创新思维大赛获得冠军。本次比赛在美国田纳西州立大学举办，来自中国、美国、加拿大、德国和日本等国家和地区1413支大中小学生代表队2万余名学生参赛，由人大附小学生14人组成的参赛队在挑战A类机械题中获得冠军（一等奖第一名），赛后组委会收藏学校参赛道具。

（关旻）

【与丰台区教委签署合作办学协议】 6月10日，清华附中与丰台区教委签署合作办学协议。该合作协议旨在落实北京市委、市政府构建和谐社会、促进城乡教育均衡发展战略，响应市发改委和市教委共同发起“名校办分校、城乡一体化”号召，发挥名校辐射和引领作用，进一步提升丰台区教育整体水平。根据协议，丰台区教委委托清华附中以合作办学形式承办北京市太平桥中学和首科花园小学。承办后，太平桥中学和首科花园小学将合并为九年一贯制学校，更名为清华附中丰台学校，并保持独立建制，具有独立法人地位，区属公办中学性质不变，由清华附中校长兼任该校校长。这是清华附中继朝阳区新源里中学、海淀区上地中学、海淀区永丰中学之后，承办的又一所北京市的中学。签字仪式在清华大学工字厅举行。清华大学、丰台区政府、区教委、清华附中领导等12人出席签字仪式。

（高岷）

【开发三套中小学地方教材】 6月—12月，区教委开发《走近圆明园》《中学生知识产权教育》《心理健康》三套中小学地方教材。区教委与圆明园管理处合作，系统开发的《走近圆明园》课程分中学卷和小学卷2本，并配视频光盘一套。9月，《中学生知识产权教育》通过北京市课程中心地方教材审定委员会初审，准予出版并在全区中学使用。本册教材应用对象为初中学生，分智力活动与知识产权、专利保护发明创造、商标体现产品信誉、著作权激发作品创作4个单元。12月，《心理健康》通过北京市初审，共10册，适合小学三年级至高中三年级学生使用。

（宋亚甫）

【举办大学先修课程教师培训】 7月31日—8月8日，清华附中举办大学先修课程教师培训。培训科目为微积分、线性代数、通用学术英语三门基础学科，采用讲座、研讨、教学示范、教学实践等方式。来自全国26个省、直辖市67所首批实验学校的135名教师参加培训。中国大学先修课程旨在让学有余力的高中生及早接触大学课程内容，接受大学思维方式、学习方法的训练，让学生真正享受到最符合其能力和兴趣水平的教育，帮助其为大学学习乃至未来的职业生涯做好准备；同时为深化我国高中教育教学改革，推进中国人才培养模式改革起到积极的促进作用。该项目从9月起进入课堂，面向全国高中生陆续开设微积分、线性代数、通用学术英语、微观经济学、概率与统计、物理（力学）、文学写作、宏观经济学8门课程。

（高岷）

【承办全国航天科普大赛】 8月5日—8日，八一学校承办第二届全国航天科普大赛。该比赛由中国航天报社、中国智慧工程研究会主办，设月球车组装赛及月球车登陆赛，组装赛由大会统一提供车辆散件学生组装，训练培养学生识读装配图及动手制作能力；月球车登陆赛由参赛队自行设计制作车辆，要求能通过大会预设的障碍，并配合车辆登陆表演一段科普剧。竞赛期间安排航天科普讲座、学生航天作品展及航天科普体验活动。来自广东、云南、山东、山西、北京等省市的500名选手参加比赛。八一学校学生在月球车登陆任务中获得初中组、高中组金奖，在月球车组装项目中12人获得一等奖。

（常树岩）

【与驻区高校签订合作协议】 8月31日，区教委与12所驻区高校签订合作协议。中央财经大学、北京外国语大学等12所高校与海淀区24所中小学现场签订合作协议，各高校将以项目推进的方式，在学校办学理念、课程改革、师资建设等方面支持海淀中小学发展。其中区教委与北京语言大学合作，建设石油附中和石油附小；与北京科技大学合作，建设科大附中和科大附小；与北京市邮电大学合作，建设金典小学；与北京交通大学合作，建设交大附中和交大附小；与中国地质大学合作，建设地大附中和第三实验小学；与北京林业大学合作，建设林大附小；与中国矿业大学合作，建设矿院附中和清华东路小学；与中央财经大学合作，建设农科院附小；与北京航空航天大学合作，建设北航附中和北航附小；与北京信息科技大学合作，建设清河中学和永泰小学；与中国农业大学合作，建设农大附中、农大附小和学府苑小学，合作建设后，学府苑小学更名为中国农业大学附属实验小学；与北京外国语大学合作，建设万寿寺中学和万寿寺小学。万寿寺中学更名为北京外国语大学附属中学，万寿寺小学更名为北京外国语大学附属小学。北京外国语大学扶持海淀区民族小学、西颐小学、双榆树第一小学在外语教学领域的发展。

（宋亚甫）

【袁贵仁调研海淀教育】 9月1日，教育部部长袁贵仁到海淀区十一学校一分校调研。袁贵仁看望小学部新入学学生，询问在学校的感受，与校长教师交谈，了解学校硬件建设和课程设置情况。参观中学部科技教室和模型设计教室，并向学生了解特长发展和学校自主选课的开展情况。袁贵仁与学校教师、学生和家长代表座谈，听取学校在硬件建设、教学理念、课程设置方面发生变化，以及自主选课、走班上课带给学生的转变的汇报。市教委主任线联平等参加调研。原北京市第206中学、海淀区群英小学于2014年3月合并成立十一学校一分校，为海淀区依托优质教育资源，按照名校办分校的模式新建一所九年一贯制学校。

（宋亚甫）

【丹麦首相访问北大附小】 9月11日，丹麦首相访问北大附小。丹麦首相赫勒•托宁•施密特（Helle Thorning-Schmidt）及乐高集团董事长兼CEO克努德斯托普（Jorgen Vig Knudstorp）等一行5人访问北大附小，在机器人教室里，施密特与制作“游乐场之旋转木马”学生探讨构建旋转木马底座、支架、座椅及如何让旋转木马转动等问题，观看学生操作传感器、电动机、齿轮等乐高小颗粒，听取学生介绍杠杆、支点和平衡等原理，赞扬学生的动手能力，制作的机器人作品精致、乐高应用得好，并获赠现场制作的机器人作品乐高摩托车。北大附小2000年开展乐高机器人教育，并于2001年建立创新实验室。

（庄严）

【国防教育读本首发】 9月20日，区教委举办海淀区全民国防教育日活动暨《海淀区中小学国防教育读本》首发式。该读本由区教委与区人武部编写，全书12万字，分小学、初中、高中三册，旨在规范和指导全区中小学国防教育工作，全面推动国防教育进校园、进教材、进课堂，将免费发放给全区中小学生学习阅读。此书是北京市首批区级国防教育读本。

（宋亚甫）

【敬德书院落成】 9月28日，海淀区教委举办海淀敬德书院落成典礼，并为23名特聘教授颁发聘书。书院位于苏家坨镇环谷园中法大学旧址。书院院训是“进德为本，诚敬致用”，办院宗旨为“秉承中华文化精髓、兼容古今治学之道、肩负人文教育使命、培育立身行道之人”，集培训和研修为一体，面向海淀中小学教师、教育教学管理人员进行传统文化培训，重点开设和探索经典研读、文化技艺、主题会讲和专题研修等四类课程。书院设有17个功能室，包括明德讲堂、禅茶厅、中和堂、以礼厅、翰墨斋、德音斋、正心堂、格物斋、慎思厅、明辨厅等，提供祭拜先师孔子、聆听专家讲座、阅读经典书籍、观看传统文化视频、练习书画古琴和学习茶艺棋道等体验活动。至年底，书院共开展书院发展、考察调研、主题课程、修习体验、专题研讨活动28次，参加活动697人次。

（宋亚甫）

【初中俱乐部课程化】 9月，北大附中初中部俱乐部课程化。该校初中部面向初一、初二学生开办21个俱乐部和26门选修课程，方向涉及科技、艺术、体育及社会等领域，课程旨在培养学生深入学习习惯，上课时间为每周二、周三下午15:15至16:30，以学期为时间单位自主选择，每名学生必须并只能选择一门课程，课程需持续学习两学年。

（王琴）

【首师大附中庆祝建校100周年】 10月1日，首师大附中举办庆祝建校100周年活动。百年校庆典礼上，回顾学校百年中每个阶段的发展历程，沈杰校长为3名前任校领导献花并表达敬意；美国8所友好校校长、国内外师生通过视频、1984届校友代表吴一新发言共同表达对学校的祝福和感恩；教师宣读国务院副总理刘延东、市教委主任线联平以及其他领导和单位贺信；师生表演大型原创音乐歌舞史诗《摇篮》。有关领导、各学校代表及该校校友、师生3000余人参加活动。校庆前期，学校印制一套校庆系列丛书《百年历程》《百年回首》《杏坛群英》《春风化雨》《乐育英才》。

（郭向华）

【承办特色高中课改项目工作会】 10月10日，二十中承办北京市首都特色普通高中课改实施项目市级实验学校工作会。会议由北京教科院课程中心主办，与会者听取二十中校长特色课程发展情况介绍，学校课程建设中心《加强特色发展、创建魅力校园》特色课程建设工作汇报；观摩“数字物理创新实验”“心理健康活动”2节公开课，参观学校校园、实验室和专业教室，并对学校课程建设工作予以肯定。北京教科院、18所市级课题实验校领导及各县区课程中心负责人36人参加会议。

（贺正东）

【召开中小学科技教育大会】 10月

14日至15日，区教委召开中小学科技教育大会。会议以“立德树人 科学规划 积极行动 再创辉煌”为主题，听取《海淀区中小学科技教育工作报告》，推出《海淀区中小学科技教育三年行动计划（2015—2017年）》；区教委与5所高校、区科协分别签署战略合作协议，共同推动海淀中小学科技教育发展。把首批百家企业作为学校科技教育“校外基地”，百度、联想、小米等公司以及生物科学公司、光机电一体化技术公司等被列入“科技教育菜单”，中小学生可走进企业参观，并将高科技产品带入学校进行巡展。区教委与北京交通大学、北京科技大学、华北电力大学、北京理工大学生命学院和电子学院分别签署合作协议，上述高校重点实验室和研究中心将向中小学开放，同时派出教师为中小学培训科技辅导员；邀请美国科学家及教育专家做主旨报告，把国际前沿的科技教育动态、理论和方法引入海淀，把海淀科技教育成果展示给世界。部分学校表演了科普剧、纸承重、纸飞机、机器人和激光舞等项目，展示了几年来海淀中小学科技教育发展成果，与会的专家分别走进人大附小和二十中学，为全区中小学一线科技教师们做系列专题培训、现场教学示范和互动演示。海淀区各中小学校长、科技教育主管和科技教师400人参加活动。

（宋亚甫）

【获国际青少年发明展金银奖】 11月，八一学校学生参加第66届德国纽伦堡国际青少年发明展获金银奖。该校国际部高二年级学生7人参赛，其中5名学生的参赛项目“用淘米、洗菜污水制造‘植物营养水’系统和装置”获得金奖，该装置可将厨房污水中相对洁净的淘米水、洗菜水经分流发酵处理制成植物营养水，以备家庭花卉栽培灌溉，实现水资源的回收再利用；2名学生的参赛项目“弹出式地插设计”获得银奖。德国纽伦堡国际发明展为世界三大发明展之一，此次比赛中国共有58项发明项目参展，最终获得金奖18个、银奖20个、铜奖20个。

（何琳）

【召开陈延军教育教学实践研讨会】 12月24日，海淀区召开陈延军教育教学实践研讨会。会议由海淀区委教育工委、区教委主办，与会者观看介绍陈延军教学生活专题片《为儿童开启智慧之门的行者》，现场观摩陈延军20分钟微课展示“落花生”，听取陈延军关于《做语文教育永远的追梦人》报告，抒发“兢兢业业倾心教育，有滋有味教好语文”教育情怀，总结磨砺语文教学基本功、博览群书提高自身素养、努力教出小学语文风采的成长经验以及“慧性教学”实践探索。市教科院、北师大教授从语文学科教学、学科价值观和学科整合的角度，对陈延军教育教学思想和教学实践给予高度评价。海淀区有关领导、北京师范大学、北京市教科院专家、海淀区中小学教学负责人以及中小学语文骨干教师500人参加会议。陈延军，北京市特级教师，1991年北京师范大学教育系毕业，任教于北京师范大学实验小学，从事小学语文教学和科研工作33年，全国模范教师、教育部“国培计划”专家。

（宋亚甫）

【“上学难”得到缓解】 2014年，海淀区共招收小学一年级学生28182人，比2013年减少1362人，3年来，首次实现负增长，有效缓解教育资源相对不足的矛盾。区教委采取开源节流方式缓解“有学上”矛盾，通过新建、改扩建、回租、回购校舍和实施教育应急工程，以及向民办学校购买学位等方式，完成五一小学二期工程，翠微小学温泉校区、二十中学永泰庄小学部、清河四小异地还建、唐家岭新城配套小学、六里屯配套小学建设等5所学校建设工程，增加900个学位。在清河五小、石油学院附属第二实验小学、永泰小学本部、培星小学南校区等4校实施教育应急工程，新增建筑面积约11700平方米，增加1720个学位。同时通过采用全市统一小学入学服务系统和学籍管理系统，严控外区县户籍适龄儿童无序流入海淀；完善非本市户籍适龄儿童“五证”审核标准，非本市户籍儿童登录9603人，占登录总人数三分之一，五证审核通过人数7340人。

（宋亚甫）

【中考高考】 2014年，海淀区中考报考考生17489人，提前招生录取2005人，通过“名额分配”录取1229人，特长生等特招录取1551人，统招录取9174人。全区中考文化课平均分449.6分，比全市平均分高19.3分，优秀率59.4%，比全市高11.9个百分点。全区有12050名高考考生，约占全市的1/5。普通高等院校统考统招录取考生11204人，录取率92.98%。文、理科总均分和各学科平均分均高于北京市，全区700分以上考生35人，占北京市55.56％。文科重点本科上线率36.43%，理科重点本科上线率59.68%。本科上线率100%的学校，文科由18所增加到25所，理科由9所增加到14所。

（宋亚甫）

【“十二五”规划课题结题率95%】 至年底，海淀区“十二五”区级教育科学规划在研课题结题率95%。2014年，海淀区教委通过会议结题区校联动模式、通讯鉴定所级专家轮审模式和集中结题鉴定的工作模式分级分类推进结题工作，组织人大附小、理工附中等50所学校会议结题工作，召开10场校长委托课题和重点关注课题集中结题鉴定会，完成金典小学、翠微中学等20所学校82项课题的通讯鉴定工作。“十二五”区级教育科学规划在研课题904项，已结题859项，结题率达95%。

（宋亚甫）

【2014 年海淀区小学名单（122 所）】[①]

学校全称	邮编	地址	电话
1. 北京市海淀区五一小学	100039	永定路 127 号	88223366
2. 北京市海淀区图强第二小学	100039	五棵松正大南路 4 号	68276040
3. 北京市海淀区太平路小学	100039	采石路 9 号	88628368
4. 北京市海淀区培英小学	100039	太平路 19 号	68237141
5. 北京市海淀区玉泉小学	100143	金沟河路 35 号	88265211
6. 北京市海淀区西翠路小学	100036	万寿路丙 1 号院	68278891
7. 北京市十一学校一分校	100036	翠微路 19 号	68157732
8. 北京市育英学校（小学部）	100036	万寿路西街 11 号	68282370
9. 北京市建华实验学校（小学部）	100039	玉泉路 66 号	88278668
10. 北市海淀区羊坊店中心小学	100038	北蜂窝路 66 号	63984381
11. 北京市海淀区羊坊店第四小学	100038	羊坊店路 114 号	63984084
12. 北京市海淀区翠微小学	100036	翠微路 22 号	68226638
13. 北京市海淀区七一小学	100036	莲花池西路 1 号	63935811
14. 北京市海淀区羊坊店第五小学	100038	北蜂窝路 9 号	63981579
15. 北京市育鸿学校（小学部）	100843	复兴路 14 号	66984717
16. 北京市海淀区二里沟中心小学	100044	二里沟中街 4 号	68351806
17. 北京市海淀区花园村第二小学	100048	花园村 4 号	68478182
18. 北京市海淀区亮甲店小学	100142	八里庄街道亮甲店 1 号	88132613
19. 北京市海淀区六一小学	100142	恩济里小区 24 号楼	88123807
20. 北京市海淀区八里庄小学	100142	八里庄街 7 号	88516821
21. 北京市海淀区实验小学	100048	西三环北路 107 号	68412671
22. 北京市海淀区定慧里小学	100142	定慧西里 18 号	88126818
23. 北京市海淀区万寿寺小学	100081	万寿寺北里 16 号	88517669
24. 北京市海淀区魏公村小学	100081	魏公村小区 23 号楼	88572301
25. 北京市海淀区北洼路小学	100089	车道沟南里 36 号	68410103
26. 北京理工大学附属小学	100081	中关村南大街 5 号	68913361
27. 北京市立新学校（小学部）	100037	阜成路甲 3 号	68351747
28. 北京 21 世纪国际学校（小学部）	100142	恩济庄 46 号	88124903
29. 北京理工大学附属中学（小学部）	100089	车道沟东路 1	53205787
30. 中国农业科学院附属小学	100081	中关村南大街 12 号	62163712
31. 北京市海淀区向东小学	100081	西外太平庄 13 号	62172587
32. 北京交通大学附属小学	100044	上园村 3 号院	62259428
33. 北京市海淀区艺术师范附属小学	100088	明光村 23 号	62225062
34. 北京市海淀区星火小学	100082	新外大街小西天志强园	62250257
35. 北京市海淀区今典小学	100082	红联北村 83 号	62210299
36. 北京市海淀区学院路小学	100088	蓟门里小区	62356667
37. 北京市海淀区民族小学	100088	德外后黑寺 1 号	62388656

① 3 月 26 日，群英小学与二〇六中学合并为九年一贯制学校，由十一学校承办，更名为十一学校一分校。9 月 1 日，新建海淀区西翠路小学正式挂牌办学。5 月 23 日，车道沟小学并入理工附中，作为理工附中的小学部，并建立九年一贯对口直升机制。7 月 12 日，彩和坊小学并入八一中学并更名为北京市八一学校。4 月，巨山小学、陶行知小学并入西山小学，7 月，更名为北京市海淀区教师进修学校附属实验小学。8 月 27 日，区教委与北京市教育学院签订协议，定点帮扶田村中心小学，并更名为北京教育学院附属海淀实验小学。2014 年 9 月 1 日，北京市中科启元学校挂牌成立。2014 年 5 月 30 日，海淀区前八家小学更名为海淀区东升实验小学，并正式挂牌。2014 年 9 月 1 日，新建北京二十中学附属实验学校开学，为一所九年一贯制学校。3 月，海淀区中坞小学合并到首师大附属实验小学。

38. 北京市海淀区前进小学	100088	健安西路 32 号后门	82028263
39. 北京医科大学附属小学	100191	花园路甲 3 号	62005621
40. 北京市海淀区九一小学	100191	花园路 1 号	62017376
41. 北京航空航天大学附属小学	100191	学院路 37 号	82317160
42. 北京师范大学实验小学	100875	新外大街 19 号	58802073
43. 中国人民大学附属中学实验小学	100086	知春里小区甲 22 号	62572340
44. 北京市海淀区双榆树第一小学	100086	双榆树东里 32 号	82129851
45. 北京市海淀区双榆树中心小学	100086	双榆树西里 36 号	62634457
46. 北京市海淀区中关村第一小学	100190	中关村南二街 5 号	62564837
47. 北京市海淀区中关村第三小学	100190	中关村南一街 4 号	62563118
48. 北京市海淀区中关村第四小学	100098	海淀北三环西路太阳园 14 号	82130515
49. 北京市海淀区万泉小学	100089	万泉庄甲 1 号	62633739
50. 北京市海淀区西颐小学	100086	北三环西路 49 号	62545332
51. 北京市海淀区彩和坊小学（北京市八一学校小学部）	100080	彩和坊 19 号	62567633
52. 北京市中科启元学校	100190	中关村东路 95	62567429
53. 北京石油学院附属小学	100083	学院路 20 号	82381358
54. 北京市海淀区学府苑小学	100083	学清路 32 号	82375058
55. 北京市海淀区东升实验小学	100085	前八家村 7 号	62937745
56. 北京市海淀区第三实验小学	100083	王庄路 42 号	62323580
57. 北京市海淀区清华东路小学	100083	清华东路 4 号	62311604
58. 北京市海淀区清河第一小学	100085	清河一街 73 号	62913265
59. 北京市海淀区第二实验小学	100085	清河镇西	62942192
60. 北京市海淀区清河第四小学	100096	清河镇西三旗新都东站	82951502
61. 北京市海淀区永泰小学	100192	永泰小区东里 49 号	62906074
62. 北京市海淀区枫丹实验小学	100096	西三旗建材城中里 1 号	82935198
63. 北京市海淀区育鹰小学	100085	西三旗空军装备研究院东门	82900272
64. 北京林业大学附属小学	100083	清华东路 35 号	62338960
65. 北京科技大学附属小学	100083	学院路 30 号	62332661
66. 北京石油学院附属实验小学	100192	宝胜东路观景园 22 号	82738703
67. 北京石油学院附属第二实验小学	100192	清河镇宝盛东路 32 号	62904579
68. 北京市二十中学附属实验学校	100085	西三旗永泰庄路	60600583
69. 首师大附属育新学校（小学部）	100096	西三旗育新花园 34 号	82951952
70. 北京市中关村外国语学校	102206	海淀区建材城西路 12 号	82930297
71. 北京市海淀区中关村第二小学	100190	中关村北一条 10 号	52960806
72. 北京市海淀区万泉河小学	100080	芙蓉里小区十号楼东侧	62551876
73. 北京市海淀区六郎庄小学	100080	六郎庄慈佑街 1 号	62551778
74. 北京市海淀区西苑小学	100091	西苑操场甲 1 号	62880380
75. 北京市海淀区培星小学	100091	厢红旗董四墓村 36 号	62881646
76. 北京市海淀区红山小学	100091	红山口甲 3 号	82831564
77. 北京市海淀区肖家河小学	100091	肖家河王庄 1 号	62895369
78. 北京市海淀区上地实验小学	100085	上地东里五区	82781993
79. 北京市海淀区清河第五小学	100084	体育大学院内小学	62965197
80. 清华大学附属小学	100084	清华园清华大学院内	62784656

81. 北京大学附属小学	100871	北京大学燕东园内	62756089
82. 北京市海淀区崛起实验学校	100193	马连洼菊花小区 11 号楼	60258764
83. 清华大学附属实验学校	100084	清华大学院内	62781662
84. 首都师范大学附属小学	100195	通汇路 9 号	88435823
85. 北京市海淀区第四实验小学	100093	香山南路 15 号南河滩	59811690
86. 北京市海淀区香山小学	100093	香山北正黄旗 36 号	82592671
87. 北京市海淀区四王府小学	100093	香山正白旗甲 9 号	51708689
88. 北京市海淀区教师进修学校附属实验小学	100195	四季青镇黑塔村 142 号	82599401
89. 北京市海淀区田村中心小学	100049	田村后街 47 号	68160366
90. 中国人民大学附属小学	100089	蓝靛厂路 18 号	88863978
91. 中国人民大学附属小学银燕分校	100097	蓝靛厂火器营厢红旗 48 号	88862781
92. 海淀尚丽外国语学校（小学部）	100093	香山南路四统碑	62591019
93. 北京市海淀外国语实验学校	100195	杏石口路 20 号	88459235
94. 北京市海淀国际学校	100195	旱河路 368 号-2	88459230
95. 北京市海淀区行知实验学校	100097	四季青镇双槐树村 2 号	56208889
96. 北京市海淀区东北旺中心小学	100193	海淀区竹园西街 8 号	62818743
97. 北京农业大学附属小学	100193	圆明园西路 3 号院	62899050
98. 北京市海淀区红英小学	100094	韩家川村南口	62457918
99. 北京市海淀区冷泉小学	100095	西北旺镇冷泉村 100 号	62456605
100. 北京市海淀区西玉河小学	100094	西北旺镇西玉河村	62473004
101. 北京市海淀区永丰中心小学	100094	西北旺镇六里屯村北	62472742
102. 北京市海淀区丰联小学	100094	西北旺镇辛店村	62473648
103. 北京市海淀区宏丰小学	100094	西北旺镇亮甲店村	62456623
104. 北京市海淀区唐家岭小学	100094	西北旺镇唐家岭村	62989543
105. 北京市海淀区大牛坊小学	100094	西北旺镇大牛坊村 100 号	56296587
106. 北京市海淀区西二旗小学	100085	西二旗智学苑小区	62940447
107. 北京市北外附属外国语学校	100085	西二旗大街 19 号	82747001
108. 北京市海淀区温泉中心小学	100095	温泉镇环山村	62456331
109. 北京市海淀区东埠头小学	100095	温泉镇东埠头村	62483962
110. 北京市海淀区白家疃小学	100095	温泉镇白家疃村	62400360
111. 北京市海淀区上庄中心小学	100094	上庄镇上庄村 1 号	62472702
112. 北京市海淀区前章村小学	100194	上庄镇前章村东口	62471264
113. 北京市海淀区白水洼小学	102206	上庄镇白水洼村南	62471464
114. 北京市海淀区东马坊小学	100094	上庄镇东马坊村 20 号	62471422
115. 北京市海淀区振兴小学	100094	上庄镇梅所屯	52751507
116. 北京市海淀区苏家坨中心小学	100194	苏家坨镇西小营村南环路 2 号	62409511
117. 北京市海淀区苏家坨三四村小学	100194	苏家坨镇苏三四村南区 146 号	62482536
118. 北京市海淀区北安河中心小学	100095	北安河环谷园路 2 号	62488302
119. 北京市海淀区周家巷小学	100095	军庄路 1 号	62455244
120. 北京市海淀区台头小学	100194	苏家坨聂各庄路 13 号	62459612
121. 北京市海淀区红星小学	100194	北安河路 36 号	62455948
122. 北京市海淀北部新区实验学校	100194	苏家坨镇西小营村	62407841

（宋亚甫）

【2014 年海淀区中学名单（77 所）】[①]

完全中学（49 校）

学校全称	邮编	地址	电话
1. 北京市育英中学	100036	万寿路西街 14 号	68287770
2. 北京市十一学校	100039	玉泉路甲 66 号	88625824
3. 北京市太平路中学	100039	太平路 8 号	68156905
4. 中国人民大学附属中学翠微学校	100036	翠微路 1 号	68270026
5. 北京市玉渊潭中学	100038	羊坊店路皇亭子	63983619
6. 北京市第五十七中学	100038	北蜂窝中路 6 号	63269986
7. 首都师范大学第二附属中学	100037	增光路 50 号	68713822
8. 北京市海淀实验中学	100048	白堆子 131 号	68482185
9. 海淀教师进修学校附属实验学校	100097	远大路 34 号	88509462
10. 北京市六一中学	100142	定慧西里 17 号	88123782
11. 北京市万寿寺中学	100081	万寿寺北里 14 号	68412071
12. 北京交通大学附属中学	100081	皂君庙 12 号	62165075
13. 北京市第一〇五中学	100081	高梁桥斜街 3 号	62182489
14. 北京师范大学附属第三中学	100088	北太平庄北三环中路甲 36 号	62058676
15. 北京交通大学附属中学分校	100088	学院南路 1 号	62233058
16. 北京市知春里中学	100086	知春东里 12 号	82130874
17. 中国地质大学附属中学	100083	成府路 20 号	82310924
18. 北京科技大学附属中学	100083	志新路 36 号	62310935
19. 北京矿业学院附属中学	100083	学院路丁 11 号	62319913
20. 北京石油学院附属中学	100083	学院路 20 号	82377672
21. 北京市中关村中学	100086	科学院南路甲 14 号	62554897
22. 北京市八一学校	100080	苏州街 29 号	58839001
23. 北京市第十九中学	100089	万泉河路 83 号	82518546
24. 北京市一零一中学	100091	颐和园路 11 号	51633179
25. 北京市第六十七中学	100091	厢红旗东门外甲 3 号	62876377
26. 北大附中香山学校	100093	香山南辛村 1 号	82597165
27. 北京市第二十中学	100085	清河小营西路 11 号	60600505
28. 北京市陶行知中学	100088	马甸换新西村 2 号	62019698
29. 北京医学院附属中学	100191	花园北路 40 号	62017364
30. 北京农业大学附属中学	100193	圆明园西路 3 号	62896811
31. 北京市永定路中学	100143	金沟河路 13 号	68245031
32. 北京市温泉第二中学	100095	温泉镇环山村 2 号	62456191
33. 人大附中第二分校	100097	蓝靛厂路 25 号	88457078
34. 北京市第四十七中学	100095	苏家坨镇环谷园路 8 号	51561958
35. 人大附中西山学校	100193	马连洼南路 9 号	62833690
36. 北京市西颐实验学校	100086	双榆树南里二区 3 号	62510162

[①] 4 月 30 日，委托人大附中承办卫国中学和翠微中学，两校合并更名为人大附中翠微学校。 7 月 11 日，海淀区教委委托交大附中承办明光中学，命名为北京交通大学附属中学分校。 7 月 12 日，彩和坊小学并入八一中学，建立九年一贯制学校，并将八一中学更名为北京市八一学校。清华大学附属中学永丰学校，9 月招收高一年级学生。 2014 年，北京理工大学附属中学受北京理工大学委托承办理工大附小。3 月 26 日，群英小学与二〇六中学合并为 1 所九年一贯制学校，由十一学校承办，更名为十一学校一分校。 9 月 1 日，二十中学附属实验学校举行开学典礼。该校为西三旗永泰小区配套学校，由二十中学承办，为九年一贯制学校。9 月 1 日，北京市中科启元学校挂牌成立。该校为九年一贯制学校。4 月，北京市一佳高级中学更名为北京市一零一实验学校。

37. 清华大学附属中学永丰学校	100094	北清路永丰嘉园西侧百旺杏林湾西北角	56922318
38. 中国人民大学附属中学	100080	中关村大街37号	62511859
39. 北京大学附属中学	100190	黄庄大泥湾路甲82号	62579602
40. 清华大学附属中学	100084	中关村北大街	62781662
41. 首都师范大学附属中学	100048	北洼路33号	68902963
42. 北京航空航天大学附属中学	100191	学院路37号	82328079
43. 北京理工大学附属中学分校	100048	紫竹院南路11号	68478441
44. 北京市北达资源中学	100080	北京大学畅春园	62757187
45. 中国人民大学附属中学分校	100086	双榆树南里二区3号	62141157
46. 北京市师达中学	100093	闵庄路70号	62858559
47. 北京市科迪实验中学	100194	苏家坨乡苏三四村	62482677
48. 北京市清华育才实验学校	100195	海淀区闵庄路56号	62859436
49. 北京市仕尚中学	100094	上庄路117号	84911081

十二年一贯制学校（12所）

1. 北京市育英学校	100036	万寿寺西街11号	68282370
2. 北京市立新学校	100037	阜成路甲3号	68351747
3. 北京理工大学附属中学	100089	车道沟东路1号	53205787
4. 首都师范大学附属育新学校	100096	西三旗育新花园34号	82951952
5. 北京市海淀外国语实验学校	100195	杏石口路20号	88459235
6. 北京市海淀区尚丽外国语学校	100093	香山南路四统牌	62591019
7. 北京市二十一世纪实验学校	100042	恩济庄46号	88124903
8. 北京市建华实验学校	100039	玉泉路66号	88278668
9. 北京市北外附属外国语学校	100085	西二旗大街19号	82747001
10. 北京市中关村外国语学校	100096	建材城西路12号	82930297
11. 清华大学附属实验学校	100084	清华大学院内	62781662
12. 北京市海淀国际学校	100195	海淀区旱河路368号-2	88459230

初级中学（7校）

1. 北京市上庄第二中学	100094	上庄镇东小营2号	62471523
2. 北京市上庄中学	100094	上庄镇43号	62471492
3. 北京市上地实验学校	100085	上地二街3号	62975198
4. 清华大学附属中学上地学校	100085	中关村北大街2号	62619108
5. 北京市中关村中学分校	100088	蓟门里北甲11号	62026980
6. 北京市清河中学	100085	清河镇一街83号	62927409
7. 首师大附中第一分校	100049	阜石路甲59号	68238169

九年一贯制学校（6校）

1. 北京市海淀北部新区实验学校	100194	苏家坨镇西小营村	62407841
2. 北京市育鸿学校	100843	复兴路十四号院内	66984717
3. 北京市十一学校一分校	100036	翠微路19号	68157732
4. 北京市第二十中学附属实验学校	100085	西三旗永泰庄路	60600583
5. 北京市海淀区崛起实验学校	100193	马连洼菊园小区11号楼	60258764

6. 北京市中科启元学校	100190	中关村东路95号	62567429

高级中学（3校）

1. 中央民族大学附属中学	100081	法华寺甲5号	68932088
2. 北京市清华志清中学	100084	体育大学家属区东侧	62980450
3. 北京市一零一实验学校	100086	双榆树东里35号	82118457

（宋亚甫）

职业教育

【概况】 2014年，海淀区有中等职业学校11所，其中中专技校9所，职业高中2所，另有6所其他学校附设中职班。职业高中学校在校生5218人，工读学校和第三聋人学校附设职高班在校生187人。全区有社区教育志愿者3970人。全年累计开展社区教育培训111.4万余人次，其中农民实用技术培训4.8万余人次，外来务工人员培训30.3万余人次，下岗失业人员培训5.3万人次，老年教育培训37.1万余人次，参加中等职业学校开展的短期文化生活培训及岗位技术培训8.5万余人次。2013年9月，整合北京市信息管理学校、北京市商务管理学校、北京市海淀区艺术职业学校，合并为新的北京市信息管理学校。

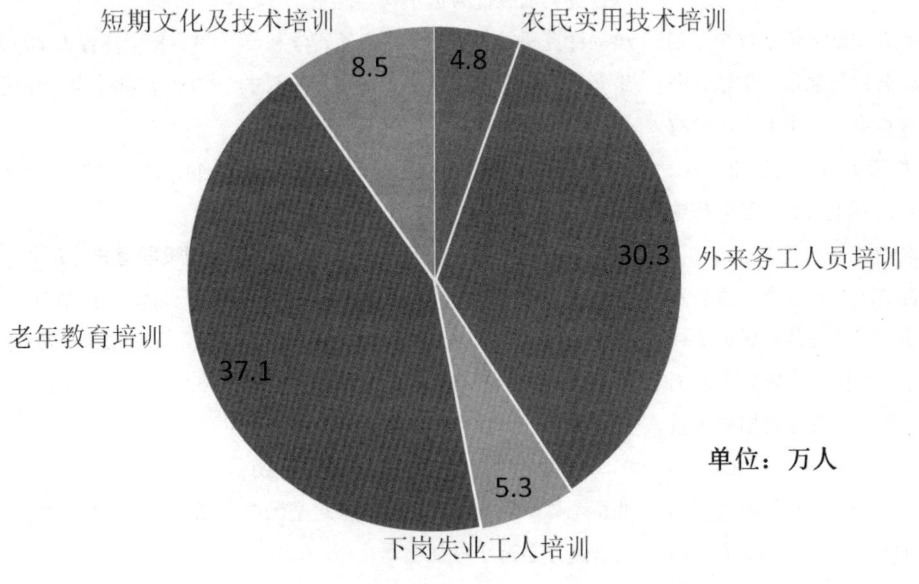

2014年海淀区社区教育培训情况

（宋亚甫）

【北京市信息管理学校】 2014年，北京市信息管理学校占地面积8.3万平方米、建筑面积8.1万平方米。图书馆建筑面积880平方米，藏有纸质图书28.3万册、电子图书15.4万册。固定资产总值22454.20万元。2014年全年教育经费投入19216万元，其中国家拨款18105万元，自筹经费1111万元。设有紫竹桥、中关村、清河和翠微4个校区，开设14个专业，53个教学班。其中计算机及应用、计算机网络技术专业被教育部认定为国家级示范专业，计算机网络和动漫游戏专业被评为北京市示范性专业，商务英语专业被评为北京市骨干示范专业，金融事务专业在北京市名列前茅。学校信息化经费投入363.58万元，多媒体教室座位3822个，网络信息点数2549个，校园网出口总带宽200Mbps，数字资源量16850GB。教职工在编228人，其中专任教师160人，教师中具有研究生学历25人，本科及以上学历占教师总数 100%；高级专业技术职务 61 人、中级 69 人；“双师型”教师 90 人。在校生 2190 人，其中职高 2091 人，成人中专 99 人；招生 553 人，其中职高 454 人，成人中专 99 人；毕业 652 人，其中职高 616 人，成人中专 36 人。职业资格证书取证率 98.3%。

（肖文）

【海淀区职业学校】 海淀区职业学校主要培养中专学历人才和在职干部职工、下岗失业人员再就业和非学历教育的岗位培训以及专业技术培训。是市级优秀职业学校、北京市下岗、失业培训定点学校，海淀区军地两用人才、随军家属、残疾人培训定点学校、持证上岗专业学校。有 3 个校区，占地面积 45746 平方米，建筑面积 14840 平方米，固定资产总额为 2993 万元。2014 年培训各类人员 15322 人。

中关村北大街 47 号校区主要进行中等专业学历教育。2014 年招收全日制计算机专业 86 名；与北京大学联合办学管理住宿生 300 余名。中专学生共有 75 名毕业，全部考上成人大专和本科。毕业生全部就业。截至 2014 年年底中专在校生 200 名。

北四环中路 275 号校区主要进行各种职业技能培训。与上庄镇、区人力社保局合作开办“《美食进农家》中式面点师培训班”，为农村劳动力拓展了就业渠道。本年度共完成培训 3470 人，其中为农村劳动力及下岗失业人员培训 317 人，特种作业培训 1797 人，高危行业培训 228 人，区属企业主要负责人和管理人员培训 382 人，职业卫生相关人员培训 22 人，管水员培训 200 人，残疾人培训 404 人，军地两用人才培训 120 人。

知春东里 15 号楼东门二层校区主要承担区属企业财会人员从业资格考前培训、专业技术职称考前培训、财会人员继续教育的培训、区财政局委托的助理会计师报名现场确认等任务。与东恒公司合作，开发继续教育网络学习平台。完成财会人员从业资格考试和继续教育培训 11852 人，其中会计从业资格及职称培训 502 人，会计继续教育培训 10454 人。受区财政局委托，负责 2 万余名会计人员考试报名、资格审核、考试、证书发放工作，承接区公共委的卫生系统、ATA 公司等各类考试 2000 余人次。

（李莉）

【承办中职学校计算机应用技能比赛】 4 月 26 日，信息管理学校承办“2014 年北京市中等职业学校计算机应用专业技能比赛”。比赛在清河校区举行，大赛分为企业网络搭建及应用、网络综合布线技术、智能家居安装维护和物联网技术应用与维护 4 个赛项，共有来自北京 25 所中职院校的 150 名学生参加预选赛，选拔优秀选手代表北京市参加全国计算机技能大赛，信息管理学校学生获得“企业网络搭建及应用”项目的一等奖，其中杨梦宇、刘鹏飞获得一等奖第一名。

（梁爽　马静）

【获全国职业技能大赛一等奖】 6 月，信息管理学校学生参加教育部联合天津市人民政府、工信部、人社部等 30 家部委、单位共同举办的全国职业院校技能大赛。此次大赛共设 12 个专业类的 95 个比赛项目，分别在天津主赛场、北京等 12 个分赛区举行，来自全国各地的逾万名选手参加比赛。

（胡志齐）

【信息管理学校接受示范校评估】 8 月 28 日，信息管理学校接受“国家中等职业教育改革发展示范校建设”评估。评审验收分为听取汇报、查阅资料、参观展室等内容，听取学校校长该校示范校建设、计算机网络技术重点专业建设和数字化校园特色项目建设等情况介绍。该校为国家级改革发展示范校中职第二批建设校，2012 年至 2014 年，海淀区教委投入专项资金 6103 万元，支持信息管理学校软硬件环境改善建设，在基础办学条件、专业建设、师资队伍建设等方面有很大提升。

（肖文）

【2014 年海淀区中等职业教育学校名单（11 所）】[①]

职高（2 所）

1. 北京市信息管理学校
2. 北京市军乐艺术学校

中专（9 所）

3. 北京市经济管理学校
4. 北京市海淀区卫生学校
5. 北京市环境与艺术学校
6. 海淀区四季青成人中等专业学校
7. 北京市海淀区职业学校
8. 北京体育大学附属中等体育专业学校
9. 北京体育大学附属竞技体育学校
10. 首都体育学院附属竞技体育学校体校
11. 北京市广播电视中等专业学校

附设职高班（6 个）

1. 海淀工读学校
2. 北京市第三聋人学校
3. 北京市盲人学校
4. 北京舞蹈学院
5. 首都师范大学
6. 中央民族大学

（宋亚甫）

---

① 2013 年 9 月，2013 年 9 月，海淀区职业教育资源整合，北京市信息管理学校与北京市商务管理学校、海淀区艺术职业学校合并，成为海淀区唯一一所中等职业学校。学校一校 9 址，各校区间通过自主光纤连接，均实现三网合一及无线局域网全面覆盖。

特殊教育

【概况】 2014年，海淀区有特殊教育学校3所，北京市盲人学校为市属学校，北京市第三聋人学校学校、海淀区培智中心学校为区属学校。三校共有在校生1276人（特殊教育学校605人、义务教育阶段随班就读学生671人，其中小学398人、初中273人），开设教学班67个，结业143人，招生60人。特殊教育学校教职工312人，专任教师222人，其中75%接受过特教专业培训，94%具有大学本科以上学历，55%具有中高级教师职称。工读学校1所（海淀区寄读学校），在校生315人，教职工83人，专任教师69人。

（宋亚甫）

【北京市第三聋人学校】 2014年，北京市第三聋人学校（北京市健翔学校）占地面积11697.03平方米、建筑面积12779.03平方米，体育场（馆）面积3000平方米。图书馆（室）藏书4.27万册。固定资产总值3979.3万元。全年教育经费投入4280万元，其中国家拨款4276万元、自筹经费4万元。学校信息化经费投入174万元，多媒体教室座位400个，校园网出口总带宽120Mbps，数字资源量1000GB，“信息技术”课程1至2课时/周。普通教室25个、专用教室16个，实验室2个。拥有计算机260台。教职工99人，其中，高级职称13人、中级职称33人。专任教师70人，包括特级教师1人、北京市骨干教师1人、北京市学科教学带头人0人，本科以上学历66人。开设教学班23个，其中初中班6个、高中班11个。毕业46人，其中初中29人、高中17人。招生58人，其中初中19人、高中39人，应届高考本科上线率0（2014年无高三）。在校生252人，其中初中59人、高中126人，寄宿生174人。

（陈建功）

【北京市盲人学校】 2014年，北京市盲人学校为寄宿制学校，占地面积2.97万平方米、建筑面积3.14万平方米。图书馆（室）藏书总数2.30万册，包括盲文版书0.86万册。固定资产总值5568.58万元。全年教育经费投入4533.46万元，其中，国家拨款4368.19万元、自筹经费165.27万元。毕业生103人，包括小学22人、初中27人、高中8人、成人中专36人、职业高中10人；招生76人，包括小学10人、初中22人、高中4人、职业高中10人，成人中专30人；在校生276人，包括小学104人、初中69人、高中12人，职业高中29人、成人中专62人。开设教学班25个，包括小学10个班、初中5个班、高中2个班、职业高中3个班、成人中专5个班。教职工数142人，其中专任教师90人，其他专业人员14人。专任教师中具有副高级职务23人、中级职务36人；全国优秀教师1人、市级优秀教师2人，市级学科带头人2人、市级骨干教师1人。普通教室35个、专用教室30个、实验室4个。

（黄小丽）

【北京市海淀区培智中心学校】 2014年，北京市海淀区培智中心学校占地面积6699平方米，建筑面积5930平方米，体育场馆面积1480平方米。图书馆（室）藏书14300册。固定资产总值2528.1757万元。全年教育经费投入923万元，全部为国拨经费。毕业59人，其中义务教育59人、职业教育0人；招生22人，其中义务教育22人、职业教育0人；在校学生293人，其中义务教育293人、职业教育0人。开设教学班38个。有在职教职工76人，专任教师73人，男16人，女57人，平均年龄35岁，其中具有初级专业技术职务33人，中级专业技术职务30人，高级专业技术职务3人，市区级骨干教师20人。普通教室16个，专用教室20个，实验室0个。

（盛利华）

【北京市海淀寄读学校】 2014年，北京市海淀寄读学校占地面积5.4万平方米、建筑面积30490平方米，体育场（馆）面积11753平方米。图书馆（室）藏书22034册，电子图书3.1万册，订阅杂志、报刊99种。固定资产总值6055.47万元。全年教育经费投入3608.27万元，其中国家拨款3608.27万元。学校信息化经费211.43万元，拥有计算机145台，多媒体教室座位620个，校园网出口总带宽12Mbps，数字资源量1300GB，“信息技术”课程14课时/周。普通教室17个、专用教室8个、实验室3个。学校现有教职工88人，大学本科以上学历占91.1%，一线教师中，56%的人具有中级职称，21%的人具有高级职称。其中海淀区骨干教师8人，学科带头人5人，班主任带头人3人。开设教学班15个，其中初中班10个、职业高中班5个。毕业155人，其中初中119人、职业高中36人；招生161人，其中初中122人、职业高中39人，职业高中录取分数线200分（本区），应届高职考试上线率38.46%。在校生280人，其中初中195人、高中85人，寄宿生280人。

（王常智）

【盲校成立乐器修造专业建设指导委员会】 3月20日，北京盲校成立乐器修造专业（钢琴调律方向）建设指导委员会。该指导委员会设正副主任各1名、总顾问1名、特聘专家1名，负责指导该校专业教师开展乐器修造专业规划以及专业建设，以期进一步规范提升专业内涵、拓宽视力障碍学生就业。

（黄小丽）

【盲校举行市级课题开题会】 3月20日，北京盲校举行“北京市教育科学规划‘十二五’课题开题论证会”。海淀区教科所、北京联大特教学院钟经华教授、北京特教研究会前理事长周月霞教授等，以及课题组成员和本校部分教师共10余人参加。会议对该校教师付雪松牵头的课题“盲生学汉字校本课程教材的研发”进行开题论证。专家一致认为，“盲生学汉字校本课程教材的研发”

课题在国内类似研究中具有开拓性的，在确定基本研究概念的前提下，课题的研究成果对视障教育研究有很高的实践意义。专家建议，课题研究应把重点放在无有效视力的学生通过触觉学习汉字上。

（黄小丽）

【盲校举办中美康复项目培训会】 3月31日—4月4日，北京盲校举办“2014年中美康复项目培训会”。该校及济慈福利院教师十余人参加。本次培训围绕“如何开展残疾儿童康复”主题，聘请来自美国的言语治疗、物理治疗、作业治疗领域专家，分别开展儿童康复评估、治疗理念和策略、AAC产品的使用方法等专题培训。

（黄小丽）

【盲校参加全国体育比赛获佳绩】 4月9日—17日，北京盲校体育队参加全国残疾人游泳锦标赛，该比赛由中国残疾人联合会、国家体育总局主办，分为视力组、肢残组、聋人组等三个组别，设置50米自由泳、50米仰泳等22个大项100多个小项，共有来自25个省市代表队的400余名运动员参加。该校2名同学参加视力组比赛获奖，初二学生周琪获得3个奖项；初三张博文同学获得100米蛙泳、100米仰泳、400米自由泳3枚铜牌等6个奖项，并获得体育道德风尚奖。5月19日至29日，北京盲校体育队参加2014年全国盲人柔道、盲人足球、盲人门球锦标赛，比赛由中国残疾人联合会、国家体育总局、中国残奥委员会主办。有来自全国的20余支代表队共计600余名运动员参加。该校取得盲人柔道单项比赛三金一银三铜，团体总分第四名、盲人门球队铜牌、盲人足球第九名的成绩。

（黄小丽）

【盲校参加科技竞赛获佳绩】 4月26日，北京盲校科技小组参加首届北京市中小学生纸飞机比赛，本次比赛由北京市教委主办，共有来自全市103所学校的694名学生参加，分为小学组、初中组、高中组等3个组别，设有纸飞机直线距离赛、留空时间赛等4个项目。该校共有6名学生参加，分别获得高中男子直线距离赛一等奖1名，高中男子留空赛三等奖1名；初中男子直线距离赛二等奖1名、三等奖2名；初中男子留空赛三等奖1名。10月18日，该校6名队员参加2014年北京市中小学生业余电台比赛，获得高中男子组二等奖2名、高中男子组三等奖2名。该校蝉联市教委颁发的 “北京金鹏科技奖”。

（黄小丽）

【寄读学校9人获青少年未来工程师竞赛奖】 5月17日，海淀寄读学校学生参加在京举行的第九届全国青少年未来工程师博览与竞赛获奖。来自全国16个省市600余名中小学生参加比赛，全国青少年未来工程师博览与竞赛是一项综合运用科学、技术、工程与数学知识的创新活动。大赛包括创意乐队、计算机三维设计、机器人、木梁承重、投石车、过山车、创意工程7个竞赛项目。海淀寄读学校学生11人参赛，其中，3人获得机器人项目团体第二名，3人获第三名，另外3人获创意工程项目鼓励奖。

（王常智）

【盲校获北京市教育教学成果奖】 5月19日，“2013年北京市教育教学成果奖”公布，北京市盲人学校中医康复保健专业多媒体教学辅助平台项目获得第一届北京市中等职业教育教学成果一等奖。中医康复保健专业盲人按摩实训基地建设项目获得第一届北京市中等职业教育教学成果二等奖。

（黄小丽）

【盲校开展远程教育平台网络同步教研活动】 5月29日，北京盲校利用本校开发的远程教育平台开展“远程教育平台网络同步教研活动”，全国13所盲校共100余名教师参加。活动分为远程观看公开课视频、课后讨论点评、平台分享点评意见等环节。本次活动加强了全国盲校之间的经验交流，推动了全国盲校课堂教学的共同发展。

（黄小丽）

【培智学校出版教育名家丛书】 6月1日，海淀培智学校《大爱无碍——于文与海淀区培智中心学校》正式出版。该书由北京师范大学出版社出版，全书24.9万字，为海淀教育名校名家丛书之一。作者于文（女），海淀区培智中心学校校长，毕业于北京教育学院教育管理专业，中学高级教师，1989年起从事特教工作，现兼任中国教育学会特殊教育分会智力及发展专业委员会主任委员、中国残疾康复学会智力残疾专业委员会副主任委员、北京师范大学特殊教育系兼职导师、海淀区智力残疾康复指导专家、国家基础教育课程教材专家组成员。先后获全国特教园丁奖、北京市特殊教育先进个人、北京市三八红旗手、海淀区优秀共产党员、2012年度感动海淀十大文明人物、首都劳动奖章等荣誉。

（盛利华）

【聋校14个市区级课题结题】 6月，北京市第三聋人学校完成14个市区级课题结题。该校共申报“十二五”市区级课题15项，包括北京市教育学会特殊教育分会申报立项5个市级课题、海淀区教科所申报立项9个区级规划课题、北京市教育科学规划课题申报立项1个，其中5个特殊教育分会课题、9个海淀区规划课题完成研究任务结题，并获得结题证书，北京市教育科学规划课题完成中期总结工作。

（赵艳芃）

【聋校开设17门兴趣选修课程】 9月，北京市第三聋人学校面向全校160名听障学生开设围棋、手语歌、风筝制作、摄影、太极拳、语言训练等17门兴趣课程，上课时间为每日课后15：25至16:15时，授课教师由学校教师担任，围棋、风筝制作、手语歌等课程外聘3名专业人员讲授。

（赵艳芃）

【聋校实施培智高中新课程结构】 9月，北京市第三聋人学校实施以基础性课程、专业必修课程、专业选修课程为框架的培智高中新课程结构。基础性课程包括实用语文、实用数学、实用英语、计算机基础、体育、美术、音乐等公共基础课程和律动、健康教育、生活适应、社会实践等康复类课程；专业必修课程开设彩绘、园艺养植、手工工艺制作等课程；专业选修课开设戏剧表演、中西厨艺、趣味科学、传统文化、计算机技能、书画艺术、曼陀萝等课程。2012年，学校开办培智职业高中，招收第一批智障学生 17 人。2014 年，学校智障学生有 52 人，其中高三年级 12 人、高二年级 11 人、高一年级 29 人。

（赵艳芃）

【培智学校获教育部教学成果二等奖】 9 月，海淀培智学校“个别化教育理念下自闭症儿童课程的实践研究”课题获教育部基础教育教学成果二等奖。学校从 1997 年开始，探索适合自闭症儿童的课程，并于 2010 年形成完善的课程体系。2010 年至 2013 年经过三年的校内、校外实践检验，证明该成果对自闭症儿童自身发展、教师专业发展均起到积极推进作用，并对国内自闭症课程建设提供良好借鉴。2014 年，该课题还获北京市第四届基础教育教学成果一等奖。

（盛利华）

【海淀师德教育基地挂牌】 10 月 11 日，海淀区师德教育基地在海淀培智学校举行挂牌仪式。基地以建设一支敬业爱岗的教师队伍为宗旨，以促进师德建设、发挥名师示范、引领和辐射作用为目标，开展特殊教育领域师德建设工作。挂牌仪式以“播撒师爱 铸就师魂”为主题，听取培智学校师德事迹、师德工作措施和经验介绍；海淀区青年教师师德标兵和学校送教上门工作开拓者 2 名教师做师德事迹交流，青年教师表演诗朗诵“在路上”。区教委领导及学校全体教师 94 人参加挂牌仪式。

（盛利华）

【举办专门教育展示交流活动】 10月17 日，海淀寄读学校举办专门教育展示交流活动。由市教委组织，围绕“关注差异，办适合学生的教育”主题，活动分学校特色课程观摩、大会交流两部分。与会人员观摩该校语文、数学、英语、物理、政治、生物、心理 7 节特色课程教学及体育、益智、手工制作、科技创意等 19 节校本课程展示。与会人员交流海淀区指导加强专门学校特色建设工作经验；听取寄读学校《办适合我们学生的教育》发言，汇报学校发展和课程建设情况。北京市有关区县教委主管领导、5 所专门学校校长、部分教师代表和海淀区部分中学德育主管领导 70 人参加活动。

（王常智）

【盲校教师获全国教学大赛一等奖】 11 月 1 日—3 日，北京盲校 1 名教师参加“凤凰创壹杯”全国职业院校信息化教学大赛决赛，获一等奖。本次比赛由国家教育部主办，旨在推进全国中职和高职信息化研发和应用水平，分为省市选拔推荐、网络初赛、现场决赛等环节。本届大赛共收到来自全国 37 个省市代表队的 726 件参赛作品，参赛教师 1468 人。该校是本届大赛唯一参赛并获奖的特殊教育学校。

（黄小丽）

【寄读学校举办首届专门学校会课活动】 12 月 1 日—3 日，中国教育学会工读教育分会在海淀寄读学校举办首届“专门学校课堂教学改革研究联合体”八校会课活动。活动由海淀寄读学校承办，“专门学校课堂教学改革研究联合体”由太原市明德学校、郑州市第 99 中学、成都市第 52 中学、南京市建宁中学、昆明市金殿中学、深圳市育新学校、上海市浦东新区育英学校及海淀寄读学校组成，8 校各派出 2 名教师共 16 人参加会课活动，2 人一组上同 1 节课，课程涉及语文、数学、英语、物理、化学、生物、政治、心理。本次活动采用教师教学展示与课堂观察研究相结合方式进行，关注教学设计特色。专家及各校主管教学领导全程督导观摩听评课过程。

（王常智）

继续教育

【概况】 海淀区辖区内的继续教育事业包括成人学历教育、非学历教育、文化职业培训、党政机关和教育主管部门主办的干部培训和社会教育。2014 年，在海淀区参加统一招生的成人高等学校 37 所，成人中等学校 2 所，1 所社区学院，10 个区级社区教育中心，29 个街道（镇）社区学校，670 多家居委会教学点，另有 60 个区内教育机构向社区开放。中央党校、国家行政学院、国防大学、中央社会主义学院、中央团校等中央党政军团、民主党派的高级干部学校和一些部门的干部管理学院设在本区境内。

（宋亚甫）

【中关村终身学习体验园正式运行】 2010 年，中关村学院启动建设集学习、示范、传播、交流、研究等多功能于一体的公益性社区教育体验学习中心——“中关村终身学习体验园”。至 2014 年，体验园已发展为融合众多教育培训项目的“百花园”，从临时小屋发展成拥有 1 万多平方米。自 2014 年 9 月起，体验园在原有培训课程的基础上，开展 20 余项文化创意项目。体验园内有手绘、木工、机器人等体验式学习课程，“海淀区文明艺术节”等大型体验式活动，有形象礼仪设计、雅生活培养等提升社区居民生活质素的研究中心，以及模拟 3D 影院、3D 打印等数字体验中心。各学习型组织间相互交流，共同设计社区教育培训课程，逐步探索出一条自园区至社区、自组织至学校、涵盖多领域课程的学习链，更好地满足社区居民的多元化需求。为终身学习探索从形式到内容的创新模式。“中关村终身学习体验园”搭建网络虚拟体验式平台，将虚拟高尔夫练习、虚拟剪纸绘画、虚拟城市参观等丰富的课程资源和系统化的管理经验整合为网络课程。

（孟晓妍）

【“海淀英语学习社区”项目】 4 月 15 日，海淀区教委召开“海淀英语学习社区”项目阶段总结会。“海淀英语学习社区”项目是区政府、区教委支持的基于现代信息网络平台的语言类教学研究项目，为海淀智慧教育建设的重要组成部分，于 2013 年 1 月启动。该项目目标是借助智能交互、数据挖掘、互联互通等信息化手段，研发适用于海淀区中小学英语教学的学习目标和评价标准、教学资源平台、学习平台以及测评平台，实现教师分层教学，引导学生自主学习，推进海淀区英语教学资源的优质化、均衡化，提升海淀区英语教学现代化水平。项目设计为“一个标准三个平台”，即海淀区中小学英语学习目标和评价标准体系，学习平台、测评平台和教学测评资源平台，11 所中小学成为项目首批实验校。项目第一阶段成果包括五个方面：研制海淀英语学习目标及评价标准，建设海淀英语互动学习资源，开发个性化分层教学和自主学习平台，研究英语综合能力等级评价系统，研发“海淀英语学习社区”。其间，组织教学活动推广和实验平台的使用，包括寒假“传播中国传统文化，展示英语表达魅力”主题学习活动，利用社区平台开展听说互动教学研讨课；研讨、座谈、培训和专家咨询活动以及“我与海 e 学习社区”征文活动。至年底，平台总注册 71220 人，其中教师 958 人，学生 35104 人。累计网站浏览次数为 1550 多万次。2014 年月均页面浏览超过百万次，月均独立 IP 访问近 30 万次。

（宋亚甫）

【海淀区第五届文明市民艺术节】 5 月 23 日，海淀区第五届文明市民艺术节在圆明园百姓大舞台拉开序幕。本届艺术节以“文明绽放、幸福人生”为主题，艺术节持续全年，每个季度一个主题，全区 29 个街道，584 个社区 2000 余人参与活动。

（孟晓妍）

【联合国教科文组织官员参观中关村学院】 10 月 27 日，联合国教科文组织终身学习研究所高级官员劳尔•巴尔德斯•科斯拉博士在访京期间，来到中关村学院社区教育体验学习中心参访。主要是考察北京市学习型城市建设。中关村学院领导向来宾介绍中关村学院相关学习项目和发展经验。劳尔博士对每个学习项目都很关注，尤其是对中国的书法、古琴、茶文化、京剧脸谱到烹饪，梦境绘画，以及新兴起的健康饮品——酵素制作等学习项目特别感兴趣。

（孟晓妍）

【组建海淀区职业教育集团】 12 月 26 日，海淀区职业教育集团成立，并设立海淀区职业教育资源管理服务中心。首批成员单位共 54 家，包括区人力资源和社保局等 10 家政府部门，海淀区职业技术教育中心等 4 个事业单位，中国教育科学研究院等 4 个科研院所，北京市信息管理学校等 9 所职业院校，北京航空航天大学等 7 所高等院校，中关村高新技术企业协会等 6 个行业组织，新浪等 12 家重点企业。教育集团从横向上有效整合区域内职业教育资源，实现职业教育与核心区重点产业的融合发展，从纵向上能够提升职业教育办学层次，实现各级各类学历教育的立交贯通。职业教育集团将积极推进职业教育载体和创新平台的建设，协调指导职业教育专业和课程体系改革，探索职业技术技能型人才培养模式改革，开展部分区域性职业教育政策试点，深入推动海淀区现代职业教育体系建设。

（李苗）

【社区教育】 2014 年，海淀区社区居民总数 326 余万人，社区教育志愿者近 3970 人。全年累计开展各级各类社区教育培训 111.4 万余人次，其中，农民实用技术培训 4.8 万余人次，外来务工人员培训 30.3 万余人次，下岗失业人员培训 5.3 万人次，老年教育培训 37.1 万余人次，参加中等职业学校开展的短期文化生活培训及岗位技术培训 8.5 万余人次。

（宋亚甫）

【社区教育工作者培训】 2014 年，中关村学院开办 10 所社区教育工作者、社区教育志愿者培训。开设档案管理、演讲艺术、工作摄影、社区合唱等专项培训课程。增加中国书法艺术、中国绘画艺术、中国茶文化、中国插花艺术、西点制作等体验性课程。

（孟晓妍）

【承办北京市中小学外国学生多元文化节】 2014 年，中关村学院成功承办春秋两季北京市中小学外国学生多元文化节。多元文化节由北京市国际教育交流中心、北京市中小学外籍学生教育研究会主办。参加本次文化节的主要有来自俄罗斯、丹麦、日本、韩国和中国台湾、香港等 12 个国家和地区的近 1000 名中小学生，就读于北京四中、十一学校、北京新桥外国语学校、北京育才学校、北京理工大学附属中学、北京新英才国际学校、北京汇文中学、潞河中学等学校。本届多元文化节以推广中国传统文化为主要目的，采取单项课程体验的方式，分十期开设多项体验课程。如风筝体验、古琴体验、茶艺体验、厨艺体验课。本届活动的开展使中小学外国学生真切的了解了中国的传统文化，感受到中国文化的丰富多彩。

（孟晓妍）

【2014 年海淀区境内参加统一招生的成人高校名单（37 所）】

1. 海淀区职工大学
2. 首都联合职工大学（4 所分校）
   航天二分校
   青云分校
   工商管理分校
   国家图书馆分校
3. 首都师范大学
4. 北京联合大学应用文理学院
5. 北京城市学院
6. 首都体育学院
7. 北京工商大学
8. 北京信息科技大学
9. 北京电影学院
10. 北京舞蹈学院
11. 北京农业职业学院（北校区）
12. 北京广播电视大学
13. 中国青年政治学院
14. 国际关系学院
15. 北京体育大学
16. 北京大学
    北京大学医学部（不单计）
17. 中国人民大学
18. 北京师范大学
19. 北京化工大学（西校区）
20. 北京理工大学
21. 中国政法大学
22. 北京航空航天大学
23. 中国农业大学
24. 北京林业大学
25. 北京外国语大学
26. 北京语言大学

27. 中央民族大学
28. 中国地质大学（北京）
29. 中国矿业大学（北京）
30. 中央财经大学
31. 中国劳动关系学院
32. 北京工业大学（西教学区）
33. 北京交通运输职业学院（西三旗校区）
34. 中国石油大学（北京）继续教育学院
35. 首都医科大学继续教育分院
36. 北京交通大学（东校区远程与继续教育学院）
37. 北京邮电大学继续教育学院

（李苗）

民办教育

【概况】 2014年，海淀区有民办普通中小学21所，在校生27375人，教职工3561人。民办小学12所。民办小学在校生10538人。有民办职业高中1所，在校生88人。民办幼儿园39所，在园幼儿8558人。有各类民办教育培训机构450家，年度招生106万人，结业91万余人。

全年共组织民办培训学校集中年检452所，一次性通过年检384所。组织民办中小学幼儿园集中年检57所，一次性通过53所；全年行政受理民办学校变更43件，备案49件，终止5件。新批各类民办学校20所，其中民办中小学1所，民办幼儿园5所，培训机构14所；由于公办小学“五证”政策的调整，在校学生略有上升。

（宋亚甫）

【规范培训机构办学行为】 2014年是民办培训教育发展的瓶颈之年，一些培训机构出现生源严重滑坡、资不抵债的情况，甚至出现某些民办机构涉嫌卷款潜逃的情况，个别民办培训机构在办学中存在违法办学的行为，影响到全区民办培训教育的健康发展，学员、家长投诉持续上升，比上年同期增长34%，全年接待家长群访群诉4起，累计接待家长、学生201人次；接待个人访134人次，电话接访352人次，信件接访27封，信访办及其他科室、部门转接访69件。区教委协调市民办教育协会及部分培训学校，妥善安置近千名学生的就学事宜。区教委召开海淀区培训机构规范管理工作会。要求各民办培训机构要按照区教委核发的“民办学校办学许可证”确定的民办培训机构名称，在许可证规定的地点和办学范围内开展教学活动，不得擅自变更办学地点或增设教学点。教学内容应当符合国家法律、法规的规定，严格执行北京市教委2012年颁发的《北京市民办学校退费指导意见》。在各校自查的基础上，区教委对77所学校进行抽查。责令42所民办学校进行整改，约谈举办者、法定代表人、校长59人次，网上警示4所学校。

（宋亚甫）

【2014年海淀区域内具有招生资格的民办非学历高等教育机构名单(19所)】

1. 北京文理研修学院
2. 中国管理软件学院（南校区）
3. 北京金融学院
4. 中国农民大学
5. 北京明园大学
6. 中国逻辑与语言函授大学
7. 北京北大资源研修学院
8. 北京建设大学
9. 北京八维研修学院
10. 北京机械工程师进修学院
11. 北京汉语国际推广中心
12. 中关村创新研修学院
13. 北京经济研修学院
14. 北京瀚林职业研修学院
15. 北京京海研修学院
16. 北京珠宝首饰研修学院
17. 蒙代尔国际企业家大学
18. 中国教育国际交流研修学
19. 北京民生财富研修学院

（李苗）

语言文字工作

【概况】 海淀区语言文字委员会主管海淀区语言文字工作，办公室设在海淀区教委发展规划科。2014年，开展“中华诵•2013经典诵读大赛”，开展现场点评及示范展示，扩大经典诵读大赛的影响力，提高中小学生传统文化素养。组织第二届“全国汉字听写大会”北京市选拔赛，海淀区获“汉字听写大赛”一等奖，教师进修附属实验学校获校园剧展演第一名。举办理工附中“推开朗诵之门”讲座，引导学生热爱、传承中国传统文化。开展第八批示范校组织推荐工作和第四批国家级语言文字规范化示范校的组织推选工作。开展海淀区诵读基地校认定。组织开展“第十七届推广普通话宣传周”活动。

（宋亚甫）

【参加汉字听写选拔赛】 4月，海淀区选派学生参加第二届“全国汉字听写大会”北京市选拔赛。参赛学校为市级语言文字规范化示范校和规范汉字书写教育特色校，在校初中学生。竞赛内容包括汉字听写比赛、校园剧展演、漫画和诗词配画作品展示。北京市十一学校的6名选手参加汉字听写比赛，获得第三名，同时获得代表北京市参加第二届“全国汉字听写大会”资格；教师进修附属实验学校5名学生获校园剧展演第一名。

（宋亚甫）

区属校办企业及资产管理

【校园屋顶绿化】 10月，学校后勤管理中心配合区园林绿化局完成校园屋顶绿化改造工作。人大附中西山学校等6所学校为一期试点校，屋顶总面积约8653平方米。完成校园无障碍设施数据统计。对各中、小学校无障碍设施进行统计，确定41校改造计划。

（宋亚甫）

【出租房屋监管】 2014年，学校后勤管理中心开展出租房屋清理、清退工作。出租房屋单位减少7个、合同份数减少25份、出租面积减少2.16万平方米。清退承租方的有10所学校，涉及出租房屋合同21份；出租房屋面积9423.1平方米，场地面积1848.2平方米。完成清退工作的学校5所，涉及9份合同，收回出租房屋面积5570.49平方米。全区采用回租、一次性回购方式收回房屋总面积5364.71平方米。共增加46间教室，可增加学位1120个。达成合建房回租回购意向的学校15所，涉及23份合同，房屋面积4.33万平方米，场地面积0.04万平方米。

（宋亚甫）

【国有资产管理】 学校后勤管理中心全年受理申报资产处置材料356份，涵盖各类资产8.39万件，资产账面价值1.9亿元。其中42份审核后上报财政局进行审批并已取得批复，涉及各类资产1.17万件，资产账面价值5570.47万元；300份属区教委权限内审批，涉及各类资产7.16万件，资产账面价值1.26亿元。区教委所属182家事业单位申报资产总额118.15亿元，负债总额9.65亿元。申报已确权土地占用面积1400016.02平方米，已确权房屋建筑面积246786.55平方米，汽车655辆，专用仪器设备89837台（套），专用仪器单价200万元及以上设备1台（套）。申报对外投资530.00万元，出租、出借土地房屋构筑物金额3.51亿元。

（宋亚甫）

【校园修缮】 2014年，修缮计划共计193校次，总投资39603万元。其中土建修缮计划共计139校次，总投资35051万元。施工中20校次，已完工98校次，上报结算材料25校次。中心着手建立校舍房屋基础数据库和修缮动态项目库，制定相关土建修缮、资源设施改造单项工程实施标准。中心成立财政支出绩效跟踪工作领导小组，对海淀教委所属单位2014年度修缮计划项目财政支出的预算执行、管理和绩效目标运行等情况进行跟踪管理和监督检查。完成2013年修缮工程结算审计工作共计92校次，占2013年计划数92%，结算审计金额15490.06万元，占2013年计划总投资79.2%；完成2014年度市级专项修缮项目上报工作。上报2014年度市专项计划，共分为四批，其中2014年一、二批市专项涉及84校次，资金25648万元。2013年第三批市专项转结余资金调整项目18校次，资金5070万元。第四批市专项涉及10校次，资金7103万元。7月对教学楼修缮、操场改造及校园绿化的评审方案进行初审，共涉及56校次，资金总额4567万元；新建校二次装修工作落实到位。中心负责对9所新建校进行二次装修，共涉及9校14项目，计划总投资6425.72万元。

（宋亚甫）

【学校资源设施改造】 2014年，区学校后勤管理中心进行区属200余所高压用户学校高压电安全检测和试验工作，检查率95%。检测150余所学校避雷设施。检查41台承压锅炉和49台无压锅炉安全。安排急修工程9校次，269.31万元；完成资源设施改造工程39校次，总投资2359.29万元。其中，6所学校电力增容工作，投资510.21万元；14校锅炉改造工作，投资627.06万元；8所学校避雷设施改造工作，投资515.63万元；6所学校上下水管道改造工作，投资为474.29万元；完成供热计量改造工程。全区学校70所学校热计量工作完成69校。完成资源设施防雷、电气设施、给排水和暖通等单项标准。

（宋亚甫）

【学校食堂操场改造】 年内，完成第四批学生食堂改造计划，共计19所学校，改造面积10700平方米，总投资6600万元左右。第五批学生食堂改造计划共包含18所学校，改造面积约20000平方米左右，总投资约1亿元，（含厨具设备和食堂燃气工程），可改善24000名师生就餐问题。配合区财政局对2012年操场改造、修缮工程进行绩效考评，共涉及445项目，资金30474.27万元。其中操场改造15项目，资金586.09万元；修缮工程430项目，29888.18万元。

（宋亚甫）

【节约型学校建设】 年内，落实《海淀区教育系统节能减排行动计划》，推动全区中小学和幼儿园“绿色学校”建设。3月底，区学校后勤管理中心协同区水务局节水办启动北部新区实验学校9000平方米和上庄二中7000平方米渗水砖铺设工作；完成八一中学、二十中学、首师大附中分校等5所学校渗水砖铺设和雨水收集项目调研、设计工作。4月底，组织海淀实验四小、香山中学等7所学校参加北京市节约型学校建设培训会；7月3日，首师大二附中、九一小学、六十七中等19所校园北京市教委“金太阳”工程开工。

（宋亚甫）

【土地房产管理】 年内，学校后勤管理中心为中小学、幼儿园及直属单位办理土地证，134校址已勘界，71校址取得地籍调查表，16处校址取得土地证。为15所学校相邻单位办理指界手续。上半年启动房产证办理前期资料查询工作，涉及校址60处、803栋建筑，总面积54.3万平方米。启动办理历史遗留房产证工作。为具备办证条件57处校址、178幢建筑共43.6万平方米房屋，完成项目立项申请。拍照土地证60本，图纸70张。

（宋亚甫）

【教师住宅改造】 年内，学校后勤管理中心利用区专项资金进行9处宿舍13796.72平方米的屋面保温防水综修工程，花园路8号院户表改造工程，温泉教工小区综合修缮工程及温泉二中教工宿舍技防设施改造工程，工程资金量1200余万元。利用自有资金，完成直管教工宿舍综修工程16址、40项，涉及资810余万元；完成零维修1300余次。

（宋亚甫）

【住房补贴和房改售房】 年内，学校后勤管理中心将2011年度10966人住房补贴资金划拨到位，由各学校组织交存、提取。2012和2013年度1965人住房补贴材料完成初审，布置2014年度住房补贴审核工作。完成6个宿舍点1200多户已售房住户相关信息录入房改售房系统，办理12套房改售房手续，为住户办理房屋所有权证。

（宋亚甫）

高等教育

【概况】 海淀区是全国高等院校最密集、高等教育最发达的地区。2012年，区域内有普通高等院校37所（部），其中4所为具有统一高招录取资格的民办高校，1所为只招收全日制研究生的研究生院。北京天主教神哲学院和燕京神学院在区境内。海淀区域内的高校隶属于教育部、其他中央部委或北京市。

（李苗）

【交通大学2项成果获国家科学技术奖励】 1月10日，在国家科学技术奖励大会上，北京交通大学吴昊教授参加完成成果“异构多域无线网络协同安全关键技术及应用”获得国家技术发明二等奖，刘建坤教授参加完成项目“盐渍土地区公路建设成套技术及工程应用”获得国家科技进步二等奖。“异构多域无线网络协同安全关键技术及应用”成果属于无线网络及安全领域，该成果针对异构多域无线网络接入、端到端信息传输及跨域管理环节面临的安全技术难题，提出多域协同的安全体系架构，形成多项核心技术发明，解决了异构无线网络互联的安全管理与控制问题。“盐渍土地区公路建设成套技术及工程应用”成果在盐渍土公路工程理论、勘察技术、路基处治技术、构造物防腐与环境保护等关键技术方面有重大突破和实质性创新，成果广泛应用于盐渍土地区公路建设中，多项关键技术达到国际领先水平，成果先后在国省干线公路2400多公里不同等级公路中广泛应用，北京交通大学主要承担组织岩盐的盐静动态性质与响应研究，建立含孔洞岩盐路基的稳定性分析模型，开展岩盐的蒸发、崩解、空隙特征研究及现场盐岩路基实验等工作。

（高杰）

【北理工获5项国家科学技术奖】 1月10日，北京理工大学在2013年度国家科学技术奖励大会上获5项国家科学技术奖。由吴嗣亮教授团队完成的“高速交会目标相对定位测量技术”项目获得国家技术发明奖一等奖，由吴锋教授团队完成的“高性能二次电池新型电极、电解质材料与相关技术”项目获得国家技术发明奖二等奖，由学校参与的一项目获得国家科技进步奖一等奖，由单家元教授和姜春兰教授参与的一项目获得国家科技进步奖二等奖，由范春萍编审与外单位合作并由北京理工大学出版社出版的《基因的故事：解读生命的密码》获得国家科技进步奖二等奖。

（任峻峰）

【北师大教育学科进入世界50强】 2月25日，著名大学排名机构Quacquarelli Symonds（简称“QS”）发布2014年度世界大学学科排行榜。北师大教育学科首次进入世界前50强，与曼彻斯特大学并列排名全球第43位。在此次世界大学教育学科排行中，QS共设定4个评价指标，即：学术声誉、雇主声誉、篇均论文引用率和H指数，分别赋予50%、30%、10%和10%的权重。北师大教育学科学术声誉得分76.5，雇主声誉得分76.9，篇均论文引用率56.2，H指数49.9，综合得分69.5。

（李敏辞）

【美国第一夫人访问北大并发表演讲】 3月22日，美国第一夫人米歇尔奥巴马女士访问北京大学，并在学校的斯坦福中心做题为“海外学习和文化交流的意义与愿景”的演讲，希望能够进一步创造机会，让更多不同阶层和社会背景的年轻人参与到海外学习中来。美国驻华大使马克斯•鲍卡斯及其夫人，外交学会副会长陈乃清及外交部礼宾司副司长张艳玲陪同到访。

（刘语潇）

【国内首个区域性艺术市场指数发布】 4月26日，中央财大法学院拍卖研究中心发布国内首个区域性艺术市场指数《海西艺术市场指数》。海西地区辐射海峡两岸，是继京津冀、长江三角洲、珠江三角洲之后的第4大艺术品市场。自2011年起，拍卖研究中心联合福建省、上海市、广东省等地拍卖行业协会及海西地区多家具有代表性的艺术品经纪、拍卖机构和媒体，历时3年，完成《海西艺术市场指数》。《海西艺术市场指数》是我国首个区域性艺术市场指数。除了聚焦海西书画艺术品的交易动态外，还关注台湾艺术市场，计划每半年发布1次。

（罗茜）

【北语举行“第一届中阿语言文化论坛”】 4月26日—27日，北语举行“第一届中阿语言文化论坛”，以“国家语言政策与汉语、阿拉伯语国际教育”为主题，旨在落实教育部中非高校20+20合作计划，提高中阿双方在汉语、阿拉伯语国际教育以及国家语言政策方面的研究水平。论坛期间，举行了国内首部《阿拉伯黄皮书（2013—2014）》的首发仪式，从政治外交、经贸金融、能源和环境、社会文教等5个角度，较全面反映了2013年阿拉伯国家的热点问题和地区形势发展。来自埃及、沙特等阿拉伯国家高校的30位专家教授以及70位来自国内高等院校的师生代表出席论坛。

（田列朋）

【刘延东考察两高校】 4月29日，中共中央政治局委员、国务院副总理刘延东到中国地质大学、北京林业大学两所驻区高校考察。在林业大学，刘延东考察了校博物馆、图书馆和学研中心，参观了珍稀动植物展、学校办学成果展和“绿色梦想汇”大学生创新创意体验展，并与活动现场的师生进行交流。刘延东在讲话中指出，北京林业大学是我国林业高端人才培养的绿色摇篮和林业科技的重要基地，是国家生态文明建设的重要力量，她对一代又一代的北林人表达敬意和感谢。在中国地质大学，刘延东参观了学生综合服务中心、就业服务中心、职场加油站，考察地质过程与矿产资源国家重点实验室，并与师生交谈。刘延东指出，党中央、国务院十分关心大学生就业问题，国家采取多种措施，拓宽大学生就业渠道。她希望同学们树立正确的择业观和就业观，到西部和祖国需要的地方建功立业。教育部部长袁贵仁、国务院副秘书长江小涓、国家林业局副局长孙扎根、国土资源部有关负责人陪同考察。

（高斌　张勇　李媛媛）

【北外接待葡萄牙总统卡瓦科· 席尔瓦】 5月16日，正在中国进行国事访问的葡萄牙共和国总统卡瓦科•席尔瓦访问北京外国语大学，出席“中葡语言文化合作交流联合体”成立仪式，为“中葡语言文化合作交流联合体”揭牌，并发表主题为“今日葡萄牙”的演讲。“中葡语言文化合作交流联合体”是根据中葡两国教育部2013年9月签署的《关于加强高等教育交流与合作的意向声明》成立的，旨在加强中国的葡萄牙语教学和葡萄牙的汉语教学，并以此推动两国高等教育的合作和交流。北外和里斯本大学作为两国政府指定的牵头高校，负责联系中国所有承担葡萄牙语教学任务的大学和葡萄牙所有开设汉语教学的高校建立联合体，共同推动两国的语言教学。联合体第一个大型学术会议——“首届中国葡语教学和葡萄牙汉语教学国际会议”召开，会议以“提升质量：中国的葡语教学和葡萄牙的汉语教学”为主题，国内开设葡语教学的多所院校的校领导和葡语专业负责人、葡萄牙多所开设汉语教学高校的负责人参加会议。

（宋文超）

【工商大学召开“21 世纪的国际商务与中国的复兴”国际研讨会】 5月21日—22日，工商大学召开2014年“21世纪的国际商务与中国的复兴”国际研讨会。研讨会由美国商务管理学会主办，工商大学和天津外国语大学共同承办。财政部副部长朱光耀作为特邀嘉宾就中国经济与全球经济的关系进行主旨发言。国务院发展研究中心市场经济研究所副所长王微围绕商品流通和消费业的发展专题进行发言，京东商城政策研究室主任张建设进行题为“对中国电子商务形式发展的认识”的报告，美国昆尼皮亚克大学副校长保罗•泽拉扎教授（Prof. Paul Tiyambe Zeleza）就中非关系的前景和发展进行发言。参会代表分别在“会计与金融主题”“营销与当代社会”“企业家与经济发展”“全球经济中的跨文化交流”“全球管理”五个分会场进行主题发言。来自美国、加拿大、墨西哥、法国、意大利等40余位境外学者、国内相关高校和研究机构20余位教授级研究人员、工商大学相关学院及学科负责人、师生200余人参加此次国际研讨会。

（杨蓉　张晓磊）

【首次发布“义务教育阶段学校积极心理环境指数”】 5月22日，北京师范大学中国基础教育质量监测协同创新中心召开发布会，依据北师大首创的“义务教育阶段学校积极心理环境指数”，首次向社会公布我国中小学校积极心理环境质量的“体检结果”，并率先提出设立“学校心理环境预警线”。基于该指数，中心建立起了学校心理软环境的全国标准。参照此标准，大至各区县，小至每一所学校，都可以找到自身在全国所处的具体位置、需要努力和改进的具体方向，及时发现不利于学生健康成长的风险因素，从而有针对性地判断和改善学校的心理软环境。该指数的研制为我国基础教育质量的评价和提升提供了新的视角。

（李敏辞）

【政法大学举办“拉赫斯”国际空间法模拟法庭亚太地区赛】 5月23—24日，中国政法大学举办2014年“拉赫斯”（Manfed Lachs）国际空间法模拟法庭亚太地区赛。“拉赫斯”国际空间法模拟法庭竞赛是世界最高级别的三个模拟法庭比赛之一。大赛由亚太、北美、欧洲以及非洲四大赛区组成，每个地区的冠军队将参加世界总决赛。亚太区赛共有来自中国、澳大利亚、新加坡、印度、尼泊尔等国家和中国香港地区的26支队伍参加，印度德里国立法律大学队夺冠并参加9月在加拿大多伦多举办的世界总决赛。

（刘旭）

【首份《我国青少年法制教育调查报告》发布】 5月28日，发布首份《我国青少年法制教育调查报告》。该报告由教育部青少年法制教育基地暨中国政法大学青少年法制教育研究中心发布。调研选取中国东、中、西部的广西、湖北、湖南、广东、重庆、上海、安徽、浙江、河北等9个省、自治区、直辖市为样本，分层抽样选择其中的22个地级市、8个直辖市区县的共340余所中小学作为调研对象；调查问卷将“法治理念”细分为“民主、平等、自由、公平、正义”等多个层面的内容，并从“价值判断、行为选择、法律常识”3个评价维度入手，对青少年学生的法律意识、法治观念和综合运用法律的能力进行考察。调查报告认为，当前我国青少年法制教育基本实现法制教育常态化、规范化、系统化；青少年学生普遍形成对基础法律知识的整体认知，但在掌握程度上存在结构上的不完整，在小、初、高三阶段对某些部门法知识的掌握呈现出较大的波动性；对法律具有较强的认同感，对“平等”“自由”“法治”等意象有了感性认知，但这种认知有待进一步提高；在小、初、高的不同阶段中，青少年学生运用法律的意愿反而随年龄增长而下降。报告指出在法制教育教材课程设置、教学方式、师资保障、经费支持等方面存在的主要问题，并从转变青少年法制教育理念、完善青少年法制教育模式、创新青少年法制教育方式以及建立科学的青少年法制教育评价机制等方面提出相关建议。

（刘旭）

【舞院举办“桃李芬芳”全国少儿舞蹈展演】 6月1日，由北京舞蹈学院舞蹈考级教育学院主办的2014年“桃李芬芳”全国少儿舞蹈展演在北京舞蹈学院新剧场举办。此次参演作品是对全国承办单位选送的90部舞蹈作品进行遴选后确定的。展演的少儿舞蹈作品包括中国舞、芭蕾舞、流行舞等。展演以“鼓励原创作品，倡导原创精神”为创新发展理念，以“去成人化、专业化、技巧化”的艺术追求为导向，以突出“艺术教育服务社会、舞蹈美育惠及大众”的教育宗旨。

（段晓萌）

【英国前首相布莱尔访问北大】 6月12日，英国前首相、托尼•布莱尔信仰基金会创始人托尼•布莱尔先生访问北京大学，并与学校部分学者就宗教、信仰等话题进行座谈。北大副校长李岩松，北京论坛秘书长、国际合作部副部长严军等在临湖轩会见布莱尔。布莱尔表示，他和他的信仰基金会一向重视与北京大学的合作伙伴关系，希望能够在不同种族、不同文化之间搭建起沟通的桥梁，希望中国的青年能够帮助世界更好地理解中国，促进国际交流与合作。

（刘语潇）

【北语举办第12届国际语言学奥林匹克竞赛】 7月21日—25日，北京语言大学和青少年国际竞赛与交流中心联合举办第12届国际语言学奥林匹克竞赛。这是国际语言学奥林匹克竞赛首次在中国举办，共有来自全球28个国家和地区的39支代表队、164名选手参赛。本次大赛设个人赛和团体赛，中国代表队获得个人赛银牌4枚，铜牌1枚，实现中国代表队在该项赛事中奖牌零的突破。

（田列朋）

【北语完成中国语言资源有声数据库北京库建设】 7月29日，北京语言大学举行中国语言资源有声数据库北京库建设项目验收会。北京库是继江苏库之后第二个全面完成建设工作的省级语言资源有声数据库。该项目于2012年5月启动，调查组对北京市西城、怀柔、平谷、延庆、昌平、房山、门头沟、密云等8个区县调查点的方言常用语音词汇语法现象、日常话语、地方普通话等进行实地调查，并采用先进的摄录设备和技术进行录音摄像，得到一份时间相同、内容对应的北京方言和地方普通话有声语料。

（田列朋）

【地大教授发现一种新矿物】 9月10日，中国地质大学（北京）科学研究院李国武教授发现的一种新矿物获得国际矿物学会矿物分类及新矿物命名委员会（IMA-CNMNC）批准（批准号IMA2014-053）。该新矿物发现于云南省华坪县境内一半风化碱性花岗岩中，是一种以半金属碲和钨、钾构成的全新成分和新结构的新矿物，这是首次在世界上发现该成分及结构的矿物，是目前唯一一种K-Te-W的天然矿物，此前从来没有发现过类似的天然矿物。该新矿物以其特殊的成分命名为碲钨矿（Tewite）。

（李媛媛）

【北外成立中国外语测评中心】 9月29日，北京外国语大学中国外语测评中心成立。中心通过与国际语言测试权威专家和机构密切合作，开展多层次外语测试的开发、研究与服务工作。旨在研发系列外语考试，规范中国外语人才评价标准，开展外语教育测评研究，向社会提供多层次的外语测评服务。中心下设顾问委员会、指导委员会、学术委员会、研究与开发中心和运营中心，聘请国内外相关领域知名专家担任。中国外语测评中心将不断拓展其研究范围，逐步提供从高端到低端，从通用复合到专门用途，从成人到儿童多层次、全方位外语测评标准和服务。

（宋文超）

【北师大设立“中国启功教师奖”】 9月，北师大特设“中国启功教师奖”。“中国启功教师奖”评选对象是长期工作在我国县（含县）以下农村地区基础教育一线，在教师工作岗位满30年的教师，尤其是向国家老、少、边、贫、岛等地区的基础教育一线教师进行倾斜。评选条件以习近平总书记提出的“有理想信念，有道德情操，有扎实学识，有仁爱之心”为标准。该奖奖金由北京师范大学教育基金会出资，每两年评选一次，每次将评选出10名优秀教师，每名优秀教师奖励50万元。

（李敏辞）

【北京电动车辆协同创新中心获得认定】 9月，北理工牵头，多单位联合申请认定教育部“2011”计划“北京电动车辆协同创新中心”获得最终认定。北京电动车辆协同创新中心以北京市教委批准组建的第一个北京市地方性协同创新中心“新能源汽车北京实验室”为核心，由北京理工大学牵头，联合北汽集团公司、北京交通大学、北京工业大学、北京市电力公司、北京信息科技大学等北京市电动车辆研发核心团队组建而成。2012年9月，清华大学、中科院电工所、北方车辆研究所、北方工业大学加入协同创新中心，形成理论与技术层次明晰、学科构成合理、分工明确、核心队伍稳定的科研团队。自国家“九五”计划以来，协同创新团队成员单位得到教育部、科技部、工业和信息化部、总装备部等部委以及北京市政府的重点支持。近十年来，主持国家973计划项目6项、国家863计划课题34项、北京市科技项目课题62项，累计各类科研经费超过20亿元。获国家奖7项，省部级奖13项，国防奖8项；授权发明专利269项；牵头制定国家和行业标准17项，地方标准21项；出版专著和编著26本；发表SCI收录论文300余篇；相关技术成果转化产值约650亿元；累计建成5个国家级实验室或实验基地，14个省部级实验室或实验基地。

（任峻峰）

【北科大“钢铁共性技术协同创新中心”通过认定】 10月11日，教育部、财政部联合发文公布2014年度“2011协同创新中心”认定结果，正式批准24

个“2011 协同创新中心”。以北京科技大学和东北大学两所冶金特色高校为核心，联合宝钢、鞍钢、武钢、首钢等国内龙头企业，钢研集团、中科院金属所等研究院所，上海大学、武汉科技大学等高校共同组建的“钢铁共性技术协同创新中心”入选。中心主要任务是实现“两个绿色”：面向钢铁行业绿色转型急需，开发创新工艺和创新生产装备，实现节省资源、节能减排、环境友好、产品性能优良的钢铁生产，实现“钢铁绿色制造”；采用钢铁材料设计、洁净化制备、全流程产品质量保障等前沿技术，开发海洋、交通、能源等战略新兴产业绿色化发展急需的钢材，实现“制造绿色钢铁”。

（李凯）

【北林大2项目入选卓越农林人才培养改革试点项目】 10月，教育部、农业部和国家林业局联合发布《关于批准第一批卓越农林人才教育培养计划改革试点项目的通知》，北京林业大学申报的“拔尖创新型”和“复合应用型”农林人才培养模式改革试点项目获批准。其中“拔尖创新型”试点项目涉及专业有园林、林学、水土保持与荒漠化防治、森林保护和园艺，“复合应用型”试点项目涉及专业有林业工程类（木材科学与工程、林产化工）、农林经济管理、野生动物与自然保护区管理、食品科学与工程和草业科学。

（高斌　张勇）

【中财大报告在联合国气候变化大会发布】 12月1日—14日，联合国气候变化框架公约（UNFCCC）第20次缔约方大会（COP 20）在秘鲁利马召开，中央财大财经研究院气候与能源金融研究中心王遥研究员、陈波博士和许寅硕博士以观察员身份参加会议，并在会上发布《2014 中国碳金融发展报告》（中英文）。《2014 中国碳金融发展报告》对过去一年中国碳金融发展情况进行总结和评价，分析潜在的碳市场风险，提出监管建议，对中国碳市场，提出发展的政策建议。围绕碳金融工具的创新，报告探讨了建立中国碳基金体系的方案，介绍了中国绿色信贷的发展情况，并对企业主体在中国现有债券发行制度框架下发行碳债券的议题进行了分析。

（罗茜）

【北京大学国际医院开业】 12月5日，学校第九家附属医院——北京大学国际医院正式开业。国际医院由北京大学与方正集团共同投资兴建，位于北京市昌平区中关村生命科学园的北京大学医疗城内，总建筑面积44万平方米。

（刘语潇）

【新增 2 项中外合作办学申报项目】 至年底，北京交通大学新增2项中外合作办学申报项目。1月26日，软件学院与法国计算机与新技术学院合作的中法软件工程硕士学位项目获得教育部批准。该项目依托北京交通大学软件学院多元化高水平的师资队伍，与法国计算机与新技术学院成熟的教学体系，共同培养具有国际竞争能力、与国际接轨的新型软件人才。10月9日，教育部网站《公布中外合作办学机构和项目相关信息的说明》，北京交通大学经管学院与美国罗彻斯特理工学院合作申报的创业与创新专业硕士教育项目获得教育部批准。该项目将以罗彻斯特理工学院的专业师资为主、北京交通大学教师为辅进行全英文授课，首批招生人数30人，2015年秋季入学，学制一年，在北京进行一学期的学习后，学生可根据具体情况选择留在北京或前往罗彻斯特理工学院进行第二学期的学习。学生在修满规定学分后可获得罗彻斯特理工学院的硕士学位。

（高杰）

【矿大（北京）四项科技成果获国家科技奖励】 2014年，中国矿业大学（北京）获4项国家科学技术奖，其中国家科技进步一等奖1项，二等奖3项。王家臣教授等参加的《特厚煤层大采高综放开采关键技术及装备》项目获国家科技进步一等奖；刘殿书教授等参加的《拆除工程精确爆破理论研究与关键技术应用》项目获国家科技进步二等奖，孟召平教授、毕银丽教授等参加的《生态脆弱区煤炭现代开采地下水和地表生态保护关键技术》获国家科技进步二等奖，陈忠辉教授等参加的《大型铁矿山露天井下协同开采及风险防控关键技术与应用》获国家科技进步二等奖。

（苏欢）

【海淀辖区高等院校名单（37所）】

1. 中国青年政治学院
2. 国际关系学院
3. 北京体育大学
4. 首都体育学院
5. 北京电影学院
6. 北京舞蹈学院
7. 北京大学（北京大学医学部，不单计）
8. 清华大学
9. 中国人民大学
10. 北京师范大学
11. 北京理工大学
12. 北京科技大学
13. 北京化工大学（西区）
14. 北京交通大学
15. 北京邮电大学
16. 北京航空航天大学
17. 中国农业大学
18. 北京林业大学
19. 中国政法大学（学院路校区）
20. 北京外国语大学
21. 北京语言大学
22. 中国矿业大学（北京）
23. 中央民族大学
24. 中国地质大学（北京）
25. 首都师范大学
26. 北京工商大学
27. 中央财经大学
28. 北京信息科技大学（清河校区）
29. 北京联合大学应用文理学院
30. 中国劳动关系学院
31. 中国农业科学院研究生院
32. 北京农业职业学院（北校区）
33. 北京交通运输职业学院（西三旗校区）
34. 北京城市学院（民办）
35. 北京科技经营管理学院三义庙校区（民办）
36. 北京培黎职业学院（民办）
37. 北京新圆明职业学院（民办）

（李苗）

科技·卫生·体育

2015
北京海淀年鉴

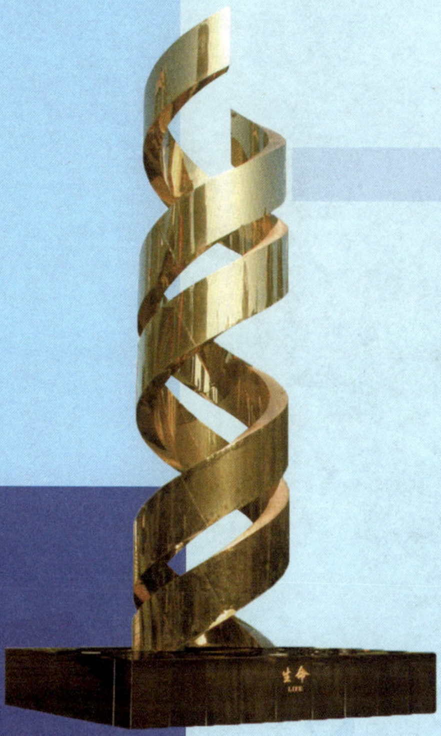

3月15日，中关村国家自主创新示范区展示中心举办“3D打印，创意生活”主题科普活动（李瑞林 摄）

5月20日，区科协在紫竹院公园举办2014年北京市科技周海淀主场活动（李瑞林 摄）

8月，海淀区举办第八届”和谐杯“三对三篮球比赛（李瑞林 摄）

11月19日，第三届智慧北京大赛第四场分赛（同方科技智慧城市大赛）现场（李瑞林 摄）

12月7日，海淀区第二届残疾人棋类挑战赛在温泉体育中心举行（李瑞林 摄）

中西医结合医院的留学生观摩学习针灸技术（田峰 摄）

科技·卫生·体育

科　技

【概况】 2014年，全区发明专利授权量约1.1万件，实现技术合同成交额1367亿元，同比增长9.5%。新认定国家高新技术企业1839家，复审421家。国家高新技术企业累计达5200余家，占北京市的一半以上。

年内，成立国内首支知识产权运营基金，基金由海淀出资2000万元作为引导资金，吸引社会资本进入。基金首期额度2亿元，对金山、小米、TCL等高科技企业以及中关村管委会等政府部门进行首轮募资，募集基金1亿元；推动技术转移与知识产权服务平台上线，汇聚优质技术项目和科技服务资源，立足海淀、服务全国、为国内外技术转移和知识产权服务搭建全天候、一站式的公益性在线服务，打造“政府搭台、政策引导、市场择优选择”的技术转移与知识产权服务业的互联网服务新模式，建设技术转移与知识产权服务的“天猫商城”；发布《支持知识产权和标准化服务业在中关村示范区集聚创新发展的办法》；成立中关村核心区知识产权服务协作组织，18家优质知识产权服务机构成为首批成员单位；推进知识产权专利试点，组织64家企业参加北京市专利试点单位培育工作，12家海淀区企事业单位被认定为北京市第六批专利示范单位，征集知识产权质押融资成本补贴专项45项，涉及贷款额度超4亿元。北京市知识产权局授予海淀区“首都知识产权国际交流合作基地”。

（刘伟杰）

【核心区知识产权服务协作组织成立】 1月24日，中关村核心区知识产权服务协作组织在海淀区揭牌成立，18家知识产权服务机构成为首批成员单位。协作组织将实行开放平等的准入制度、灵活自律的运行机制、多渠道多层次的合作方式，为汇集反馈行业发展诉求、培育壮大区域优势企业、推动创新成果转移转化、聚焦放大政府政策效应、促进核心区知识产权保护、运用提供有力支撑，为核心区探索创新知识产权服务模式、培育知识产权服务新型业态提供有益尝试。协作组织选定百名专家，组建专家网络，利用外脑智慧，为协作组织工作提供发展建议和政策咨询，支撑服务协作组织运营。

（刘伟杰）

【成功开发电动汽车智能交互终端关键技术】 2月，中国电力科学研究院开发出具有路径规划、行驶记录、双向交互等关键技术的新型纯电动汽车智能交互终端，可以全方位监测并记录电动汽车整车和电池运行的各项数据。该终端通过与智能充换电服务网络系统的信息交互，可以提高充换电服务的信息化和智能化水平，能够及时发现和诊断电池及整车的故障并排除，快捷获取充换电及各类增值服务。

（刘伟杰）

【新增86家北京市专利试点单位】 3月，市知识产权局对海淀区专利试点申报单位进行考核验收，最终北京东方灵盾科技有限公司等86家企事业单位通过验收考核，成为北京市专利试点单位。截至目前，海淀区共有专利试点单位近千家，在开展试点工作的各区县中名列第一。

（刘伟杰）

【百度推出国内首个正版音源榜】 5月8日，百度在北京与韩国“造星梦工场”SM娱乐签署战略合作备忘录，双方达成战略合作。百度音乐宣布推出国内首个正版音源榜——“百度King榜”。该榜单将以网友试听、收藏、下载、搜索量、贴吧活跃度等数据为标准，形成音乐Top50。百度音乐和百度旗下视频网站爱奇艺获得SM旗下艺人的正版数字音乐、MV、演出视频等在中国大陆地区的全面授权，艺人的官方贴吧由双方共同运营。此举意味着百度开始尝试新的娱乐营销模式。

（刘伟杰）

【第三届北京市发明专利奖三分之二花落海淀】 5月15日，第三届北京市发明专利奖颁奖大会在北京会议中心举行。海淀驻区企业5项一等奖，7项二等奖，12项三等奖，三分之二奖项落户海淀。本届发明专利奖从8个技术领域182个申报项目中评选出获奖项目36项。海淀区同方威视、仁创科技等5家单位包揽一等奖的全部5个奖项，北大维信、优视科技等8家单位获7项二等奖，联想、腾讯等13家单位获12项三等奖。

（刘伟杰）

【专利信息服务企业创新培训会召开】 6月5日，海淀园管委会面向园区“三站”企业、“海英人才”企业及孵化器在孵企业，举办“核心区科技型企业人才培育”系列讲座之“专利信息服务企业创新培训会”。培训会邀请专家对国外专利信息库应用、国外专利检索、国内专利二次开发等内容进行讲解。来自近40家企业的50人参加了培训。27家企业对专利信息服务平台进行咨询并希望通过该平台获取专利信息，参会人员就专利问题与培训讲师进行交流和探讨。

（刘伟杰）

【7家机构入选全国知识产权服务品牌机构培育单位】 6月，国家知识产权局公布50家第二批全国知识产权服务品牌机构培育单位。北京康信知识产权代理有限责任公司、北京同立钧成知识产权代理有限公司、北京银龙知识产权代理有限公司、北京润平知识产权代理有限公司、北京轻创知识产权代理有限公司、北京国之专利预警咨询中心、中国技术交易所有限公司7家机构成功入选。培育知识产权服务品牌机构，旨在贯彻落实《国务院办公厅关于加快发展高技术服务业的指导意见》，打造具有国际影响力的知识产权服务企业和品牌。

（刘伟杰）

【首都知识产权国际交流基地】 9月26日，北京市知识产权局授予海淀区“首都知识产权国际交流合作基地”，成为全市16个区县中首个获得授牌的区县知识产权局。海淀区知识产权局围绕企业国际化需求拓展“首都知识产权国际交流合作基地”建设，力争3~5年形成覆盖首都企业海外市场国的站点网络，为首都及中关村企业顺利进入海外市场提供知识产权服务，将海淀区打造成首都知识产权国际化交流的窗口、国内企业拓展国际市场的知识产权“出海口”。

（刘伟杰）

【24个项目获中国标准创新贡献奖】 10月10日，“中国标准创新贡献奖”评选结果公布，海淀区多家单位共24个项目获得2014年度“中国标准创新贡献奖”。此次中国标准创新贡献奖一等奖共7项，海淀区单位获得5项；二等奖共20项，海淀区单位获得10项；三等奖共29项，海淀区单位获得9项。其中，以工业和信息化部电子工业标准化研究院主导制定的《信息技术——射频识别 2.45GHz空中接口协议》《信息技术——射频识别 2.45GHz空中接口符合性测试方法》为代表的5项标准获得一等奖。以北京维信诺科技有限公司主导制定的2009《有机发光二极管显示器光学和光电参数测试方法》为代表的10项标准获得二等奖。海淀区中机生产力促进中心获得组织奖，中国标准化院白殿一获得突出贡献奖，工业和信息化部电子工业标准化研究院袁媛获得优秀青年奖。

（刘伟杰）

【中关村首批知识产权领军企业培育名单出炉】 10月16日，由北京市知识产权局、中关村科技园区管委会共同评选的中关村首批知识产权领军企业培育名单出炉。按照年度专利申请量、发明专利申请量及占比、企业知识产权管理制度、企业持续盈利能力等评估指标，联想、京东方、北汽福田、奇虎科技、百度、北大方正等27家重点企业入选首批中关村知识产权领军企业培育名单，入选企业将获得知识产权资金支持和专业培训。其中联想、京东方、北汽福田和奇虎科技成为“中关村知识产权领军企业”，其余23家企业被确定为“中关村知识产权重点示范企业”，成为“准领军企业”。

（刘伟杰）

【知识产权优势企业培育工程】 年内，海淀区知识产权局于2014年启动“海淀区知识产权优势企业培育工程”，通过购买知识产权高端服务、政策宣讲、培训交流等方式，为企业提供定制化的知识产权培育服务。按照年度专利申请量、发明专利申请量及占比、企业知识产权管理制度、企业持续盈利能力等评估指标，推荐联想、北大方正等27家海淀区“专利过千、质量过硬、管理规范、运用科学”的知识产权优势企业参加中关村知识产权领军企业培训计划，27家企业全部入选首批中关村知识产权领军企业培育名单，占北京市的63%，位列各区县首位。

（刘伟杰）

【知识产权质押融资】 2014年，海淀区知识产权质押融资项目支持38个融资项目，补贴金额1051.27万元，自2013年开展知识产权质押融资试点工作以来，累计有近150家企业获得海淀区知识产权质押融资项目支持，海淀园（区科委）给予企业贷款贴息3400余万元，涉及贷款额度约21亿元。

（刘伟杰）

卫生

【概况】 海淀区卫生局下属5家事业单位：卫生监督所、疾病预防控制中心、社区卫生服务管理中心、医疗资源统筹服务中心。

2014年，海淀区共有医疗卫生机构1036个，其中非营利性536个、营利性496个、其他4个。按级别分：三级医疗机构9家，二级17家，一级72家，其他938家；按类别分：医院80家，社区卫生服务中心（站）201家，门诊部232家，诊所239家，医务室106家，卫生室（所）131家，村卫生室34家，中小学保健所1家，急救中心1家，血液中心1家，妇幼保健院1家，专科疾病防治院3家，疾病预防控制中心（防疫站）2家，卫生监督所1家，其他3家。实有床位11374张。卫生技术人员28646人，其中执业（助理）医师10594人、注册护士12342人，卫生防疫282人，乡村医生240人。每千常住人口平均拥有卫技人员7.79人、执业（助理）医师2.88人、护士3.36人、床位3.09张。

全年出生21601人，其中男性11168人、女性10432人，性别不明1例，出生率9.12‰；死亡9835人，其中男性

5564人、女性4271人，死亡率4.15‰；自然增长率4.97‰。因病死亡9545人，占死亡总数的97.05%。死因列前十位疾病依次为：恶性肿瘤、心脏病、脑血管病、呼吸系统疾病、消化系统疾病、损伤和中毒、内分泌和营养代谢性疾病、神经系统疾病、泌尿生殖系统疾病、传染性疾病。2014年全区人口期望寿命82.41岁，其中男性80.34岁，女性84.62岁。

全年全系统收入441011.34万元，其中财政拨款133364.94万元，事业收入305114.66万元。支出431041.3万元，其中基本支出368808万元，项目支出62233.29万元。全年卫生事业专用基金本年增加3127.76万元，结余11786.92万元。

2014年，海淀区获得国家级慢病综合防控示范区称号。"'走进海淀疾控中心 争当健康小卫士'科普宣传活动"获2014年度北京市健康教育优秀项目评选"皓月奖"（科普类最佳奖项）。

（张炜）

【北京海淀医院协会】 2014年，北京海淀医院协会与海淀区社会组织联合会共同举办了7次"名医进社区•健康送万家"大型义诊活动，举办1次服务精神病患者特殊人群的义诊活动。根据社区卫生服务中心需求，聘请基层医疗机构没有设立科室的专家。义诊聘请专家38人次，受益群众1255人次，发放医学科普宣传资料1700余份。

为会员单位开展医院管理学术交流活动5次。聘请海淀区政府公共服务委员会原常务副主任讲授"健康产业发展前景"。聘请北京振邦律师事务所律师讲授"从法律的角度谈医患纠纷的解决"。组织会员单位医务人员参加北京市海淀医院举办的"第二届医院感染防控宣传周"的培训和"院感沙龙讲座"。聘请中华顺势医学专家介绍"顺势医学"。组织会员单位全科医师参加解放军总参谋部总医院、航天中心医院举办的临床业务讲座，内科、外科病例讨论会、影像病理阅片会等业务培训活动13次。以上学术交流、业务培训共有会员单位医务人员481余人次参加。

（冯小泉）

【海淀区民营医协会】 2014年，海淀区民营医协会有200多家会员单位，中高级职称专家700余人。设7个专业委员会。理事单位38家。2014年，协会举行5次大型义诊活动，总诊疗人数1096人次，发放3.7万余元的药品及健康宣传册。为海淀区497家医疗机构进行了现场校验。年内，承担北京市政府购买服务项目《中关村精英人群亚健康、过劳状况中医调查》，海淀区政府购买服务项目《海淀区老年人健康管理及中医需求调查》《口腔健康教育和咨询服务进社区活动》。各会员单位义务组织多项健康讲座。

（国雪丽）

【医疗卫生改革】 年内，海淀医院建立法人治理结构，成立理事会、院务会、监事会。鼓励和促进社会办医。在两个社区卫生服务站开展试点。建成航天中心医院西南部医联体、世纪坛医院东南部医联体、海淀医院中西部医联体、北医三院中东部医联体，共有15家医院和36家社区卫生服务中心成为医联体成员单位，初步形成资源共享、协调与动的整合型医疗卫生服务体系。

（张炜）

【医疗信息化建设】 年内，"智慧卫生"项目一期完成3家医联体项目三级医院（北医三院、人民医院和世纪坛医院）、2家区属二级医院、16家社区卫生服务中心、3家公共卫生机构及4家联网机构的政府光缆专网铺设。海淀医院院内信息系统上线运行；中关村医院院内信息系统开发完毕；花园路社区卫生服务中心作为社区试点，信息系统从本地部署模式改为全区集中部署模式，架构从C/S改为B/S，基本医疗相关的HIS、LIS等部分已部署上线测试。海淀区区域卫生信息平台已设计、开发完成。

（张炜）

【社区卫生】 2014年，海淀区有社区卫生服务中心50家，其中区政府举办27家，社会力量举办23家。建成运行社区卫生服务站167家，其中区政府举办108家、社会力量举办59家。建立居民个人健康档案307.4万份，建档率86.03%；建立电子个人健康档案284万份，电子化率79.58%。免费为区内户籍满80周岁居民安装康乐通智能电话，提供一键家医服务和一键急救服务，年内已有3.93万人申请加入。签约家庭可通过智能服务电话与签约团队建立语音通话，获得由签约团队为其提供的健康管理服务。提升社区卫生基本公共卫生服务经费，区属机构由6元提升到8元，非区属机构由30元提升到40元。补偿社区卫生服务机构65岁及以上老年人体检支出50元/人·年。为辖区10万名65岁以上老年提供免费体检。

（张炜）

【农村卫生】 年内，全区实际运行村卫生室30家，均为村委会办。有乡村医生240人，其中领取市级乡村医生基本待遇51人。发放乡村医生基本待遇补助金95.55万元。54名乡村医生参加培训和技能考试，合格率100%。8名乡村医生参加北京市乡村医生骨干人员师资培训。

（张炜）

【新型农村合作医疗】 年内，全区参加新农合69339人（其中有148人为新生儿和断保人员），参合率为97.18%。人均筹资1100元，其中区财政补助900元，个人和村集体分别出资100元。全年共筹集住院资金1.14亿元，住院补偿7506人次，住院总费用1.37亿元，住院补偿6858.5万元；门诊补偿51481人次，总费用1.23亿元，补偿金额5760.9万元。对2013年新农合医疗费用进行大病保险补偿，补偿人数989人，补偿金额667.88万元。在上庄社区卫生服务中心、海淀医院开展新农合"即时结报"试点工作。

（张炜）

【公共卫生专项检查】 年内，全区各类公共场所4133个，区卫计委经常性监督检查57150户次，监督覆盖率99.71%，年内审批卫生许可证1942个，其中新办704个，延续1019个，变更218个，注销1个。有自备井290个，新办证监测16户、复验办证监测78户，变更办证监测28户，经常性监测662户次。高层建筑生活饮用水新办证监测140户，复验办证监测572户，变更办证监测187户，经常性监测6587户次。

发生生活饮用水污染事故1起。

（张炜）

【医疗卫生专项检查】 年内，区卫计委检查1043个单位，监督覆盖率99.71%，有效监督户次5082，合格率99.17%。行政处罚39户次，其中警告23户次，罚款33户次，罚款金额8.6万元。取缔非法行医点85个，罚没款60.64425万元。对辖区医疗机构监督5182户次，三级医院10家89户次、二级医院15家189户次、一级医院49家432户次、无级别医疗机构972家4472户次。卫生投诉举报513起，受理506起，结案率100%。开展打击非法行医、母婴保健、医疗广告整治、消毒产品、传染病防治、医疗卫生重点监督、卫生技术人员资质超诊疗科目行医、预防接种、人感染H7N9禽流感防控、肠道门诊、幼儿园周边手足口病、麻疹防控、埃博拉防控、流感疫苗预防接种、重点地区整治15项专项检查。开展临床用血监督检查，共监督检查北京市红十字血液中心、各临床用血医疗机构27户次，合格率100%。开办海淀区医疗机构依法执业培训会、海淀区高校及社区医务人员医疗监管师资培训会、医疗广告和互联网医疗保健服务信息专项整治工作、卫生监督协管员培训等培训会，对800余人次进行依法行医、医疗广告、传染病、放射卫生等内容的培训。开展海淀区传染病防治监督重点检查工作，共检查3471户次，合格3442户次，合格率99.16%。

（张炜）

【爱国卫生运动】 年内，区爱卫会在农村开展健康教育大课堂讲座16场，社区健康知识专家巡讲17场；创建北京市健康社区21个；建立社区健康指导员机制，发展北京健康指导员11名，开展健康知识讲座102次，受益人数3112余人；开展城乡环境卫生整治清洁，41.3万人次参加“爱国卫生月”“城市清洁日”活动，清理蚊蝇滋生地1725处、垃圾杂物2766吨。开展病媒生物防制5次，居民家庭蟑密度监测2400户；新建固定鼠站1.4万个，布放鼠药11.2吨、粘鼠板2.4万张，喷洒、投放灭蚊蝇蟑药物16.3吨；政府投资600万元招标专业病媒生物防制公司对209个老旧小区进行4轮“四害”专业防制。组织对374个单位的除四害情况进行检查；开展“健康北京灭蟑行动”，共入户灭蟑33.8万户。13家单位通过北京市创建无烟单位验收。举办烟草与疾病知识讲座18场，发放控烟标识30万张（块）；在辖区50个机关单位举办控烟知识巡展；督导检查单位495家，自查互查2886家。

（张炜）

【疾病控制】 年内，区卫计委共对中小学校、托幼机构、各级医疗机构组织开展14次督导检查，共计940余家次。对中小学校、托幼机构、各级医疗机构、乡镇街道相关工作人员开展培训29次。

（张炜）

【传染病防治】 年内，海淀区甲乙类传染病发病5004例，发病率142.73/10万。发病率前三位的疾病是痢疾（1831例，发病率52.22/10万，占总发病数36.59%）、肺结核（1017例，发病率29.01/10万，占总发病数20.32%，病死1人病死率0.10%）、猩红热（790例，发病率22.53/10万，占总发病数15.79%）。

（张炜）

【性病艾滋病防治】 全年全区新报告HIV/AIDS 459例。美沙酮门诊累计治疗379人，比上年增长16.98.0%，在治人数238人，比上年增长20.81%。暗娼人群干预37520人次，其中9560例进行HIV检测；男男同性恋人群累计干预87703人次，其中12295例进行HIV检测。海淀区成功创建第二轮全国艾滋病综合防治示范区。

（张炜）

【结核病防控】 年内，全区报告结核病人1366例；新登记管理肺结核654人（含外地患者318人）；纳入社区管理289例。非结核病防治机构疑似肺结核病人报告1366人，比上年下降13.3%；综合医疗机构肺结核报告率和转诊率均为100%；高校登记肺结核病人系统管理率100%。综合医疗机构痰结核菌检验结果误差率5%以下。为27400名本地新生儿和22682名外地新生儿接种卡介苗，新生儿卡介苗接种和补种率96.0%。本区涂阳38例，监化率100%；流动人口涂阳60例，监化率100%。完成29所高校新生PPD筛查55065人，筛查率98.5%，复查率99.6%，筛查出强阳性学生1519人，强阳性率2.8%，强阳性学生免费拍片率100%。发现活动性肺结核病人19人，学生预防性服药380人。

（张炜）

【人畜共患疾病防治】 年内，区卫计委对上庄村西郊一场、西郊二场及周边个体散户进行血清学检测46人，检出抗体阳性者3人，阳性率6.52%，其中新发抗体阳性感染者2人。全年报告手足口病病例5286例，发病率为150.77/10万，无死亡；聚集性发病疫情92起，重症病例14例。

（张炜）

【慢性非传染性疾病防治与管理】 年内，海淀区完成成人慢性病及危险因素监测。开展全民健康生活方式行动，完成示范社区、示范单位、示范餐厅、示范食堂的创建，23家机构获得“北京市全民健康生活方式行动健康示范机构”的称号。国家脑卒中高危人群筛查及干预试点项目，完成脑卒中初筛9773人，其中完成科研型筛查人数为5383人，非科研型筛查人数为4390人，共完成颈动脉彩超检查人数为1266人，完成体格检查和生化检查人数为2469人，发现卒中患者197人，TIA（短暂性脑缺血发作）人数为233人，高危人群836人，经过初筛后对评估为高危人群的居民分别纳入到慢病规范管理和高危人群高危因素干预中，对在筛查中发现的197名卒中患者均转入患者医保定点医院进一步诊治。北京市脑卒中筛查、管理及干预，海淀区完成第一季度、第二季度、第三季度、第四季度随访的人数分别为4997人、4349人、3411人，6360人其中含有1～2项危险因素脑卒中高危人群随访4328人。癌症早诊早治项目，城市人群癌症筛查共发现乳腺癌高危人群402例、肝癌高危人群408例、上消化道癌高危人群300例、肺癌高危人群611例、结肠癌高危人群300例。农村人群癌症筛查共完成随访749例肺癌高危人群，随访率74.9%。完成新增筛查肺癌高危人群251例。海淀区户籍肿瘤社区随访有效病例数9984人，其中外地327人，外地患者比例3.3%。失访432人，失访率3.2%。组建248个高血压自我管理小组，居委会覆盖率为41%。慢病督导、指导502人次。

（张炜）

【地方病防治】 年内，区卫计委完成居民户碘盐监测300件，碘盐覆盖率96.67%，碘盐合格率94.48%，合格碘盐食用率91.33%；对200名育龄妇女、200名成年男性及216名孕妇进行尿碘监测，尿碘中位数分别为152.7μg/L、177.8μg/L、115.5μg/L；对250名8～10岁儿童进行甲状腺触诊和尿碘含量检测，甲状腺触诊均为阴性，尿碘中位数184.0μg/L。对西北旺镇、苏家坨镇、上庄镇共13口历史高水氟井的末梢水进行水氟监测，枯水期、丰水期分别采集22件及28件水样，水样水氟监测结果均符合国家标准，水氟含量≤1.2mg/L。检查7～12岁学生809人，未发现氟斑牙。

（张炜）

【精神卫生】 年内，海淀区有重性精神病人9882人。新发现288人、新发病3人、迁入66人、迁出79人、死亡97人。管理疾病期4人、波动期8人、缓解期2045人、慢性期4237人。治疗4316人、未治疗1972人。精神发育迟滞和单纯痴呆2026人。审批精神病人2570人，平均每人每年享受免费服药费用达1100元。精神防治康复经费增加到人均1.50元。与区残联合作开展“北京市海淀区精神残疾人家庭康复基本课程培训”工作，受益人群500人。29家社区精神卫生康复站为1226名精神病人提供日间康复；20家社区居住式康复站容纳95名精神病人进行康复。建立23家社区心理咨询室，为社区居民提供心理咨询服务。

（张炜）

【妇女保健】 年内，全区共接诊孕产妇人数21319人，孕产妇系统管理率95.13%，住院分娩率100%，剖宫产率35.45%，户籍孕产妇死亡率4.63/10万，母乳喂养率92.36%。全年计划生育手术56133例，手术并发症4人，发生率0.71/万。两癌筛查25565人，确诊乳腺癌18例，乳腺癌前病变2例；宫颈癌1例，宫颈癌前病变57例。婚前医学检查5175人，婚检率8.12%，疾病检出率13.66%。

（张炜）

【儿童保健】 新生儿死亡率1.67‰，围产儿死亡率3.87‰，婴儿死亡率2.36‰，5岁以下儿童死亡率2.92‰。新生儿遗传代谢性疾病筛查率98.57%，1～6岁儿童听力筛查率94.99%。0～1岁儿童神经心理发育迟缓筛查率85.17%。0~6岁儿童人数141637人，系统管理率94.63%。

（张炜）

【医疗工作】 2014年，全区门诊3017.37万人次，急诊138.93万人次，留观室留观病例365184例，入院344138人，出院343853人次，床位使用率82.16%，平均住院日9.03天，病死率0.89%。住院手术130037例。

（张炜）

【医疗行政执法】 年内，区卫计委共接卫生投诉举报898起，受理882起，结案882起，结案率100%。新设置医疗机构80家，执业登记79家，变更230项，延续48家，暂停营业23家，注销91家。医师执业及变更注册1878人次，护士延续和变更1886人次。对北京大学第三医院、北京世纪坛医院等6家医院、32家医疗美容专科医院、门诊部、诊所进行临床路径、抗菌药物专项检查。

（张炜）

【医疗对口支援】 年内，海淀区对内蒙古敖汉旗、湖北省丹江口市、密云县进行医疗对口支援。接收进修12人，派出278人；建设特色专科3个，培训当地医护人员818人，开展学术讲座24场；开展义诊和健康教育发放书籍、材料等400余份，惠及群众3000余名。捐款、捐物共计21.79万元。

（张炜）

【无偿献血】 年内，海淀区完成无偿献血66242单位，其中街头献血52897单位、单位团体无偿献血13345单位。临床用血100%来自自愿无偿献血。全年用血量78708单位。

（张炜）

【健康教育】 年内，区卫计委在61家区级健康促进医院开展2A+R技术推广工作。设计制作宣传品54种，开展宣传活动22次，受益两万余人，发放宣传品70余万份。与北京大学公共卫生学院共同开展“基于社区卫生服务体系的居民健康教育及医生培训计划”项目，持续完善医疗机构健康视频播放系统。

（张炜）

【医学教育】 年内，区卫计委审核继续教育学分18096人，达标率84.47%。参加艾滋病、埃博拉专项培训19492人，合格17251人，合格率为88.5%。参加社区必修课3604人，合格3551人，合格率98.5%。参加社区骨干培训15人，全部合格。补录2013年住院医师规范化培训10人；参加北京市中医类别全科医生转岗培训20人；报名住院医师规范化培训56人；参加区县级医院专业骨干培养11人。完成两年一次的医师定期考核任务，报名6252人，实考6022人，缺考230人，合格6013人，不合格9人，合格率96.1%。

（张炜）

【计划免疫】 年内，全区共设立98家预防接种门诊，其中AAA级4家，AA级13家，A级46家，95家实现信息化网络化管理。开展免费疫苗接种934227人次。全区0~6岁本市户籍儿童137091人，外省户籍儿童65138人。计划免疫调查建卡率100%，卡介苗100%、脊髓灰质炎疫苗100%、乙肝疫苗调查接种率99.38%，百白破混合制剂调查接种率100%，首剂含麻疹疫苗调查接种率100%，流脑多糖菌苗调查接种率100%，乙脑疫苗调查接种率100%。报告麻疹发病287例，发病率8.2/10万，脊髓灰质炎发病0例，狂犬病发病1例，百日咳发病8例，破伤风发病0例，白喉发病0例。儿童预防接种强化免疫建证率99.8%，麻风腮疫苗补种率为98.9%，流脑疫苗补种率为93.5%，百白破疫苗补种率为96.3%，乙脑疫苗补种率94.0%，乙肝疫苗补种率95.9%。全区60岁及以上老人接种免费流感疫苗74045支，报告接种率44.44%；学生接种免费流感疫苗110869支，报告接种率64.10%，APEC会议保障人员流感疫苗接种913人。

（张炜）

【公共卫生监测】　年内，辖区接触有毒有害物质单位247家、职工60074人，接触职业病危害因素9041人。区卫计委完成26家单位职业病危害因素监测与评价。监测样品463件，超标样品12件，主要超标危害因素为噪声。职业健康检查964人，查出职业禁忌症1人，可疑职业病1人。对接触有毒有害物质单位管理人员培训78人。

（张炜）

【职业卫生】　年内，区卫计委开展重金属污染监测，对生产、使用铅、汞、铬的8家企业38个监测位点、152件样品进行监测，对企业废水、废气、废固等进行调查，收集接触重金属作业的431人的职业健康资料。接受社会委托完成26家单位职业病危害因素检测与评价，监测样品共计463件，超标样品12件，主要超标危害因素为噪声。接受社会委托完成职业健康检查工作，职业健康检查委托人数964人，实际开展职业健康检查964人，查出职业禁忌症24人，疑似职业病1人。完成45家职业病报告单位51名职报员的培训。开展医用辐射防护监测，设备一次检测合格率为86.2%；完成个人剂量监测1052户次，4331人次，完成6家单位7人次的异常剂量核查工作；完成丰水期、枯水期环境水、饮用水的放射性本底监测4件，大气放射性本底监测8件、土壤放射性本底监测1件。

（张炜）

【科研工作】　年内，区卫计委完成科研项目40项，其中国家级项目7项，批准经费179.81万元；地方科技项目33项，批准经费215万元。在中国科技论文统计源期刊/中国科技核心期刊发表论文220篇、SCI论文7篇。出版专著6部。

（张炜）

体　育

【概况】　2014年，海淀区完善公共体育服务体系，广泛开展群众体育活动，全区群众体育健身条件得到明显改善。竞技体育通过“强基拓优”，整体实力增强，第十四届市运会成绩优异。规范体育市场管理，体育产业发展的环境逐步改善，体育产业规模逐步壮大。组建体育场馆管理中心，引领全区体育场馆规范化经营。9月，体育传统项目——临清潭腿被列为北京市第四批非物质文化遗产代表性项目名录。

海淀区体育局下属9个事业单位：海淀区体育场馆管理中心、海淀区社会体育管理中心、海淀区体育局综合管理服务中心、海淀区体育科研所、海淀区体育运动学校、海淀区少年儿童业余体育学校、海淀区少年儿童游泳业余体校、海淀区重竞技业余体校、海淀棋院。

（高鑫鑫）

【新春全民健身系列活动】　1月27日，海淀区第七届“百花闹新春”民俗展示展演——春节民间花会秧歌踩街活动在西北旺镇举办，35支民间文艺团体近1000多名群众参加民俗展示展演活动。1月31日至2月6日，新春体育文化节在海淀区凤凰岭公园举办，共举办文体演出百余场。海淀区社会体育中心在两个活动现场共发放健身指导书籍千余册，派发健身器材3000余份。

（高鑫鑫）

【首届老年人体育健身运动会】　5月28日，2014年海淀区首届老年人体育健身运动会开幕式暨第十九届中老年优秀健身操舞展示活动在海淀体育馆举办。北京市老年人体育协会、区委、区政府、区体育局等单位领导出席此次活动。来自22个街道的7个镇的29支队伍进行表演。甘家口街道、区老干局和万紫千红舞蹈队获得最佳表演队称号。

（高鑫鑫）

【参加市端午节赛龙舟全民健身系列活动】　6月2日，圆明园代表队、水务局碧水源代表队参加2014年北京市端午节赛龙舟全民健身系列活动暨金海湖龙舟赛。比赛设置500米直道竞速和250米直道竞速两项赛程。10个区县29支社会组参赛队，以及清华、北大、中央民族大学等17所高校的20支高校组参赛队参加比赛。圆明园代表队获得团体总分第三名，水务局碧水源代表队获得250米竞赛第六名。

（高鑫鑫）

【承办市第十四届运动会乒乓球资格赛】　6月7日—8日，由北京市体育局主办，区体育局承办的2014年北京市业余体校乒乓球冠军赛暨第十四届运动会乒乓球资格赛在海淀体育中心乒乓球馆举行，来自13个区的546名运动员参加比赛。海淀区业余体校乒乓球队获15金、10银、6铜，并获团体总分第一名。

（高鑫鑫）

【核心区体育健身系列活动】　6月14日，2014年中关村国家自主创新示范区核心区体育健身系列活动（一区一品）暨联想休闲徒步健身活动在凤凰岭自然风景公园启动，活动持续至11月底。此次活动由海淀区人民政府主办，中关村科技园区海淀园管理委员会、海淀区体育局和中国科学院京区体育协会共同承办。系列活动将通过举办羽毛球、垂钓、游泳、足球、家庭趣味运动会、卡丁车、网球等活动，打造海淀区“一区一品”群众体育品牌。7月19日，游泳冠军赛在温泉体育中心落幕，来自中关村科技园区和中科院的43家单位的560余名运动员参加50个项目的比赛。11月30日，网球冠军赛在海淀区温泉体育中心举行。北京百思特捷迅科技有限公司、北京动网天下有限公司、海淀区新侨企业分获第一、二、三名。

（高鑫鑫）

【海淀区第八届健身气功展示大会举行】　6月30日，由区体育局、区委防范和处理邪教问题领导小组办公室、文明办联合主办的 2014 年“百城千村”海淀区第八届健身气功展示大会在海淀体育馆举行。来自全区街道（镇）的 32 支参赛队伍700余人表演了马王堆导引术、八段锦、大舞、五禽戏等项目。西三旗街道知本时代社区代表队、中关村街道代表队、西北旺镇第一代表队、永定路街道代表队、海淀街道中国人民大学社区代表队 5 支代表队获一等奖，甘家口街道、马连洼街道、田村路街道等 3 个街道获优秀组织奖。

（高鑫鑫）

【国际篮联世界三对三大师赛举办】 7 月 5 日，2014 年国际篮联世界三对三大师赛北京站的比赛在五棵松篮球公园举行，1800 余支草根球队在近 100 块篮球场地上展开角逐。7 月 27 日，来自复兴路的 No Who 体育队，获得预选赛冠军。8 月 2 日和 3 日，No Who 体育队在决赛中大胜日本名古屋队，成为 2014 国际篮联世界三对三大师赛北京站冠军，获得进军 10 月在日本举行的世界总决赛的资格。

（高鑫鑫）

【参加市第十四届运动会获佳绩】 在 7 月 16 日—8 月 25 日举行的北京市第十四届运动会上，海淀代表团派出 1057 名运动员参加 21 个大项，557 个小项的比赛，共获得奖牌 397 枚，其中金牌 158 枚，银牌 135 枚，铜牌 104 枚。游泳、网球、乒乓球、排球、武术套路、手球、跆拳道项目取得团体总分第一名。2 人 2 次破 2 项全国青少年纪录，2 人 2 次破 2 项北京市青少年纪录。在 16 个区县参赛代表团中，海淀代表团获得奖牌榜第三名，团体总分第三名，“奥、亚、全、城”奖牌榜第三名，代表团输送奖第三名，总成绩一等奖。海淀区承担网球、乒乓球比赛任务。海淀区代表团获得体育道德风尚奖，海淀区体育局被评为“最佳承办单位”。

（高鑫鑫）

【“全民健身挑战日”活动】 8 月 8 日是国务院批准的第六个“全民健身日”，由北京市体育总会、海淀区人民政府主办，北京市社会体育管理中心、海淀区体育局、海淀区体育总会承办的“全民健身挑战日”——美丽京城动起来活动举行，海淀区主会场设立在海淀区温泉体育中心，分会场遍布全区 20 个街镇、公园及健身广场。活动的形式与内容多种多样，健步走、抖空竹、太极剑、木兰拳剑扇、挑战呼啦圈、踢毽等近 30 个极具特色的全民健身项目。海淀区以 66358 人参与活动，获得参与总人数优胜。

（高鑫鑫）

【参加国际体育活动】 8 月，海淀区少年儿童业余体育学校乒乓球项目共 11 人赴北塞浦路斯参加国际体育俱乐部少年组乒乓球邀请赛，并受到北塞浦路斯总理会见。9 月 26 日，海淀区体育局业余体校网球队员参加由中国宋庆龄基金会青少年网球发展基金主办的中国网球公开赛组织的中国青少年和塞尔维亚青少年国际交流活动，与塞尔维亚青少年网球运动员进行友好互动交流。

（高鑫鑫）

【“三山五园”绿色骑游体验活动】 10 月 25 日，由区体育局、区文明办主办，海淀区社会体育管理中心、北京大学自行车协会承办的“2014 年海淀区‘三山五园’绿色骑游体验活动”在海淀公园东门广场举行出发仪式。来自北京大学、清华大学等近 10 所高校的百余名骑游爱好者和来自社区的骑游爱好者参与活动。

（高鑫鑫）

【“助力申冬奥”城市冰雪挑战季活动】 12 月 14 日，以“助力申冬奥”为主题的 2014 海淀—张家口申冬奥城市冰雪挑战季活动正式开幕。本次活动是由海淀区体育局、张家口市体育局联合主办，旨在通过全民健身的方式助力京张申办 2022 年冬奥会。这次活动共举办两站，首站选在崇礼高原训练基地长城岭滑雪场，挑战“雪地健身”；第二站将于 2015 年 1 月 25 日在首都体育馆举行，挑战“冰上健身”。首站当天，两地冰雪运动爱好者们进行了雪地足球、雪上拔河、雪圈接力、雪地跳绳、蛟龙出海等雪上项目的挑战，第二站将开展冰球挑战赛、速滑接力挑战赛、冰上拔河挑战赛、冰车接力挑战赛、齐心协力挑战赛等挑战项目。

（高鑫鑫）

【群众体育】 2014 年，以“全民健身日”为基点，区体育局组织开展大规模的全民健身展示、竞赛等系列活动。海淀区共承办市级全民健身活动 6 次，参加市级活动 6 次，举办区级活动 30 余次，全区经常参加体育锻炼人数比例巩固在 50%以上。与北京体育大学合作，对 10 多个单位 1 万余人开展国民体质监测和群众体育现状跟踪调查工作，对 170 个体育生活化达标社区 2 万余人进行骨龄和骨密度免费检测服务。培训登记注册社会体育指导员 1666 人，其中一级 198 人、二级 604 人、三级 864 人。开展全民健身知识讲座 20 余次，参与群众达 5 万多人。免费向街镇发放科学健身知识宣传展板和全民健身科普知识手册。截至 2014 年底，全区总计有培训注册体育指导员 6577 人，其中国家级体育指导员 92 人，一级指导员 819 人，二级指导员 1756 人，三级指导员 3910 人。

（高鑫鑫）

【竞技体育】 2014 年，竞技体育工作围绕各项体育赛事，加强对重点项目、重点队员的训练质量。在北京市第十四届运动会上，海淀区代表团获得奖牌 397 枚，位列奖牌榜第三名，团体总分第三名。 在全国游泳冠军赛中，海淀区运动员获金牌 11 枚、银牌 12 枚、铜牌 16 枚。在北京市青少年锦标赛 16 个项目的比赛中，获金牌 142 枚、银牌 112 枚、铜牌 114 枚。2014 年完成审查上报国家三级运动员 35 人，国家二级运动员 255 人，国家一级运动员 62 人，健将 6 人；向市一、二线运动队输送运动员 39 人。6 月，海淀区少年儿童业余体育学校乒乓球项目和羽毛球项目被国家体育总局正式命名为“全国乒乓球后备人才基地”和“全国羽毛球后备人才基地”。

（高鑫鑫）

【学校体育】 年内，全面实施学生体质健康标准，开展学生体育锻炼，开展业余体育训练，推进体育后备人才建设。区体育局组织中小学生足球、篮球、排球等共 10 个项目比赛，参赛人数达

3500多人次。审查高考体育特长生资格239人，共涉及14个大项。协助教委体卫中心完成小升初391人、初升高277人的体育特长生招生工作。以开展“青少年校园足球活动”为抓手，以发展建设“体育传统项目学校”“青少年体育俱乐部”等为重点，加强与教育部门合作。全区有青少年体育俱乐部22所、国家级体育传统项目学校5所、市级体育传统项目学校24所、区级体育传统项目学校30所。

（高鑫鑫）

【体育执法】 2014年，区体育局与各场馆责任人签订安全生产责任书，发放《北京市海淀区体育行政执法手册》210份，消防安全宣传手册210份。开展企业安全生产标准化考核，15家企业达标。为3家体育场馆新办“北京市体育设施注册登记证”，年检体育民办非企业26家，复核“北京市体育设施注册登记证”133家，办理游泳项目高危项目安全许可35家，办理二级裁判员注册502名，三级裁判员注册61名。重点专项检查高层及地下空间及上年检查不符合安全生产规定的体育场馆，共检查286项/次，发现15处安全问题，发出限改通知书15份，全年无重大体育安全责任事故发生。

（高鑫鑫）

【体育社团】 2014年，海淀区体育总会共有体育协会36个，各协会举行不同的体育活动。足球协会举办足球裁判员培训班；老年人协会参加首届老年人体育健身运动会开幕式暨第十九届中老年优秀健身操舞展示活动，主办2014年海淀区首届老年人体育健身运动会——委、办、局机关退休人员乒乓球团体交流比赛；太极拳协会气功代表队协海淀区中科院代表队参加第六届北京市体育大会健身气功比赛，包揽集体项目一等奖；区排球协会联合承办驻区高校气排球联赛；区钓鱼协会联合承办2014年海淀区社区居民家庭趣味垂钓比赛；区残疾人协会联合承办2014年“大爱海淀”志愿服务活动暨海淀区第二届残疾人棋类挑战赛；区乒乓球运动协会联合承办海淀区中小学生乒乓球比赛；区定向运动协会联合承办2014年海淀区全民健身冬季健走大赛暨“大手牵小手，走跑迎元旦”家庭定向活动等。

（高鑫鑫）

【体育设施建设】 2014年，海淀区更新全民健身居家工程315套，新建11个篮球场、6个网球场、6个门球场、2个笼式球类场地、6个乒乓球长廊、143个轨道棋，改造多功能公共运动场地14块。创建体育生活化社区管理、体质测定和运动健身指导站全民健身试点2个，新建社区体育俱乐部1个。海淀镇畅春新园体育休闲广场被评为全国乡镇体育健身示范工程。172个社区被评为北京市体育生活化达标社区，3个行政村被评为北京市农村体育特色村，111所中小学校体育设施实现向社会开放。截至2014年年底，全区共有690个晨晚练辅导站（点），平均每个街镇24个；人均体育场地面积为2.22平方米。

（高鑫鑫）

【体育科研】 2014年，区体育局组织区属4个体校教练员申报北京市专业技术职称；组织教练员参加北京市教练员优秀论文评审；对各体校、传统体校业余运动员文化学习情况和辖区内业余体育学校办学设施、师资、学生情况进行调研；开展体校、体育传统校体能训练与测试工作；参与北京市疾控中心学校卫生所组织的北京市中小学生骨骼发育现状及影响因素的调研，并提供技术支持。

为区各体校运动员拍摄骨龄共计400人次；为小升初特长生拍摄骨龄400人次。在暑假开放青少年的体质测试、骨龄测试、骨密度测试等内容为朝阳区及东城区的派出所需要的案件进行骨龄鉴定3次。

开展体育“进校园”活动，全年共测试血红蛋白人数200人次、肌酸激酶100人次、血尿素150人次。完成维亿康、蛋白质粉、生血铁、运动饮料及蛋白质粉系列运动营养补剂的发放。全年共计为各体校的教练员、运动员及工作人员理疗300人次；为体校拍摄技术录像10次。

（高鑫鑫）

社会民生

2015

北京海淀年鉴

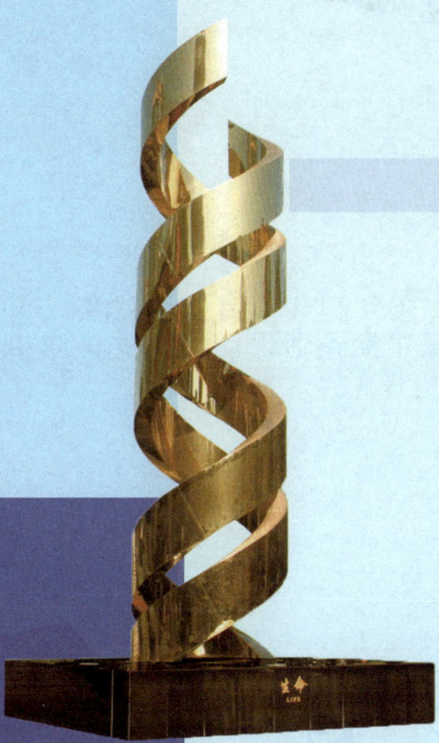

《 2月27日，东升科技园开出首家“白领早餐车”（田峰 摄）

》4月30日，由政府购买服务运营的区级养老院——清河敬老院试运营（田峰 摄）

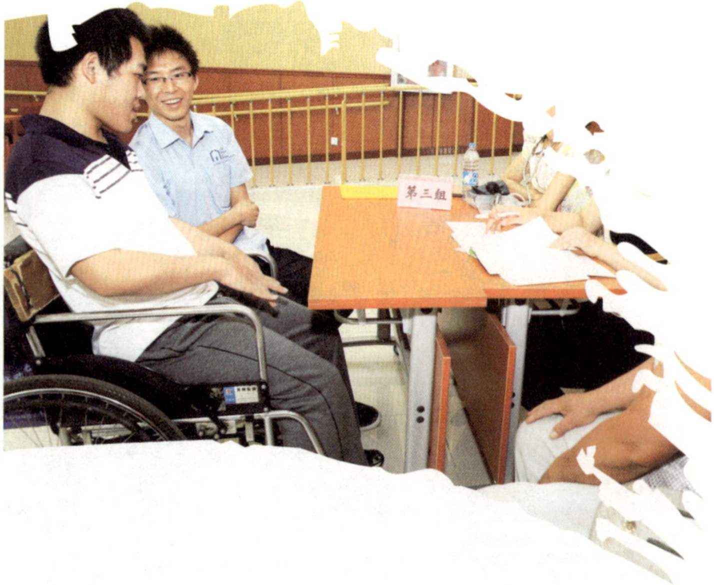

《 6月24日，海淀区残疾人康复中期评估现场（区残联 李中卫 摄）

《 8月15日，牛文元教授在全区理论中心学习组会场作《新常态下的中国社会治理》报告（社会组织联合会 供图）

》 8月29日，区慈善协会举行爱心助学子救助金发放仪式（区慈善协会 供图）

《 9月26日，在市残联九运会上海淀盲人运动员参加4×100接力赛（区残联 李中卫 摄）

《9月27日，海淀举办“九九重阳”北京市第五届登山大会海淀分会场暨海淀区民宗侨界人士登山友谊赛（李瑞林 摄）

》青龙桥街道大有庄社区的蔬菜直通车（田峰 摄）

《社区安装的电动汽车充电桩（李瑞林 摄）

社 会 民 生

公共服务事业

【概况】 北京市海淀区政府公共服务委员会（简称区公共委）、区卫生局实行一套领导班子、两支业务队伍、两块机构牌子。区公共委监管 35 家医疗类事业单位。

2014 年，区公共委所监管的区属医疗机构总诊疗量 986.95 万人次，同比增长 9.40%；出院 6.91 万人，同比增长 6.27%；平均住院日 10.54 天，同比减少 0.71 天。二级及以上医疗机构总诊疗 458.28 万人次（占全区总量的 15.19%），同比增加 2.40%；门诊 424.96 万人次，同比增加 2.80%；急诊量 32.25 万人次，同比减少 1.76%。海淀区属社区卫生机构总诊疗 528.67 万人次，同比增长 16.28%。

完成《海淀区医疗机构设置规划（2014—2020）（征求意见稿）》，启动《海淀区医疗卫生设施专项规划》前期研究。建成航天中心医院西南部医联体、世纪坛医院东南部医联体、海淀医院中西部医联体、北医三院中东部医联体，共有 15 家医院和 36 家社区卫生服务中心成为医联体成员单位，初步形成资源共享、协调互动的整合型医疗卫生服务体系。

中关村医院完成基坑土方施工；羊坊店医院完成基坑垫层混凝土、防水挡墙；中西医结合医院完成业务用房周转、老旧建筑拆除、土方招标；海淀医院完成老旧建筑拆除、场地平整。完成八里庄社区卫生服务中心周转，及东升社区卫生服务中心的新址迁入。

不断创新家庭医生服务模式，由家庭医生式服务模式逐渐向全科门诊服务模式转变。

通过全国社区中医药先进区市级期满复核，香山、羊坊店、万寿路 3 家社区卫生服务中心被推荐成为北京市中医综合诊区建设单位，完成全区全科医师中成药合理使用培训，参训的西医类全科医师达 721 人。

（张梅）

【成立国内首家功能神经科疼痛关爱病房】 2 月 13 日，海淀医院功能神经科疼痛关爱病房正式成立，开始对病房全面实行规范围手术期疼痛管理。这是国内首家功能神经科疼痛关爱病房。疼痛关爱病房即传统的“无痛病房”。这一概念的提出是为了使病人在围手术期能够获得有效多元的镇痛治疗，使病人最低程度地受到疼痛刺激的影响，达到减少并发症、少痛苦、早康复、早出院的目的。

（张梅）

【西南部医联体成立】 5 月 14 日，海淀区西南部医联体签约仪式在航天中心医院举行。作为核心医院和牵头单位的航天中心医院与北京三博脑科医院、四季青医院、德尔康尼骨科医院、北京化工医院、长青肛肠医院、香山医院和万寿路、八里庄、香山、田村、永定路 5 家社区卫生服务中心在内的 12 家医疗机构共同建立分工协作机制，完善双向转诊、专科对口帮扶、远程会诊、人才培养等机制，形成“首诊在社区、康复在社区”的医疗体系。

（张梅）

【联合义诊】 5 月 18 日，由海淀医院和《健康时报》联合主办的“孤立性肺结节（SPN）”联合义诊活动在海淀医院门诊二楼大厅开诊。北京大学人民医院胸外科、海淀区疾控中心、中关村社区卫生服务中心和北京大学第六医院会诊科等单位参与义诊咨询。本次义诊活动主要面向中关村社区居民中筛查出的 68 位高危患者。在义诊当天到场 54 位高危患者中，疑似肺癌的有 12 位患者，有 6 位在 48 小时内遵医嘱复查了胸部 CT，有 3 位拟入院治疗，其他患者均遵医嘱三个月或半年后复查。

（张梅）

【海淀医院建立法人治理结构】 5 月 30 日，北京市海淀医院（北京大学第三医院海淀院区）第一届理事会、监事会在海淀医院正式成立。通过投票选举产生第一届理事会会长、监事会主席。会议审议并通过《北京市海淀医院（北京大学第三医院海淀院区）章程》；审议并通过北京市海淀医院（北京大学第三医院海淀院区）院长提名。这是 2013 年启动的公立医院法人治理结构试点改革的成果。

（张梅）

【中西部医联体成立】 7 月 1 日，海淀区中西部医联体——北京市海淀医院医联体成立。海淀区政府及卫生局参会领导为医联体成员单位及核心单位授牌。医联体由北京市中关村医院、北京市海淀区妇幼保健院、北京市海淀区 120 急救中心、中国气象局医院、北京万寿康医院、北京理工大学社区卫生服务中心、中国人民大学社区卫生服务中心、北京市海淀区中关村社区卫生服务中心、北京市海淀区青龙桥社区卫生服务中心、北京市海淀区海淀镇社区卫生服务中心、北京市海淀区双榆树社区卫生服务中心11家医疗机构组成。

（张梅）

【空军总医院对口支援】 7月28日，“空军总医院与海淀区万寿路社区卫生服务中心对口支援启动大会”在万寿路社区卫生服务中心举行。万寿路社区卫生服务中心聘请空总骨科、心血管科、中西医结合科、神经科四位专家在社区卫生服务中心长期坐诊。同时以信息平台建设为依托，实现患者预约就诊，建立转诊绿色通道。

（张梅）

【中东部医联体成立】 9月29日，海淀区中东部医联体——北京大学第三医院医联体签约仪式在北京大学第三医院举行。海淀区中东部医联体以北医三院为核心医院，另有北京大学医院、清华大学医院、北京德尔康尼骨科医院、花园路社区卫生中心、北航社区卫生中心等23家成员单位。涵盖公立医院、社区卫生服务中心和社会资本举办医院。医联体成立后，北京大学第三医院将建立医联体影像诊断中心，通过远程医学教育培训平台，开展放射检查远程会诊；医联体成员在保证各自信息系统安全的基础上，逐步实现预约挂号、转诊会诊信息统计、检验检查结果互查互认、远程会诊、患者医疗健康信息共享；医联体成员间还将建立绿色通道，通过专科对口帮扶、人才培养、双向转诊等方面对成员医院进行帮扶，使患者受益。

（张梅）

【精神卫生活动日】 10月10日，第23个世界精神卫生日，海淀区精防院举办以“心理健康，社会和谐”为主题的宣传活动，开展义诊咨询300余人次，发放宣传彩页200余份。

（张梅）

【超声专业人员培训】 10月12日，由海淀区政府公共服务委员会与北京市医学会超声分会、北京医师协会超声专业专家委员会共同主办，北京市上地医院与海淀医院、中关村医院、海淀妇幼保健院、北京中西医结合医院共同承办的“海淀区属医疗机构第四届超声培训暨学术交流会”在海淀医院召开。海淀区医疗机构46家，170余名人员参加。会议邀请北京8位超声专家作为培训主讲人。北京市上地医院、海淀医院是海淀区卫生系统的超声培训基地，每年由上地医院牵头申报市级、区级培训项目及人才培养、科研项目资金等。海淀区属二级医院的超声人员全部到三甲医院进行轮训。超声培训基地完成区属的社区、乡卫生院的超声专业人员的全员培训，并外送到三甲医院进行短期参观学习，每年定期举办2～4期规范化培训及考核。

（张梅）

【海淀医院核定为三级综合医院】 11月13日，北京市海淀医院三级综合医院宣布会在医院举行。会上，北京市卫计委医政处宣读《北京市卫生和计划生育委员会关于确定北京市海淀医院为三级综合医院的批复》。批复同意将北京市海淀医院规划为海淀区的区域医疗中心之一，医院级别核定为三级。

（张梅）

【西北部医联体成立】 12月3日，北京市首家驻京军队三甲医院医联体——海淀区西北部医联体（解放军总参谋部总医院医联体）成立签约仪式在解放军总参谋部总医院（解放军第309医院）举行。海淀区西北部医联体以309医院为核心医院，另有北京老年医院、解放军第261医院、第316医院、中国农业大学西区社区卫生服务中心、北京聂各庄社区卫生服务中心等11家成员单位。医联体成立后，309医院将建立医联体影像诊断中心，通过远程医学教育培训平台，开展放射检查远程会诊；医联体成员在保证各自信息系统安全的基础上，逐步实现预约挂号、转诊会诊信息统计、检验检查结果互查互认、远程会诊、患者医疗健康信息共享；医联体成员间还将建立绿色通道，在专科对口帮扶、人才培养、双向转诊等方面对成员医院进行帮扶。

（张梅）

人口和计划生育

【概况】 海淀区人口和计划生育委员会是负责全区人口和计划生育工作的行政机构。下属事业单位北京市海淀区人口和家庭宣传服务中心为纳入规范管理事业单位。2014年7月15日，海淀区政府办公室印发《北京市海淀区人民政府关于设立北京市海淀区卫生和计划生育委员会的通知》，设立北京市海淀区卫生和计划生育委员会，为区政府工作部门，负责卫生和计划生育工作，不再保留北京市海淀区卫生局、北京市海淀区人口和计划生育委员会。

2014年，海淀区人口计生工作围绕“稳定低生育水平、统筹解决人口问题、促进人的全面发展”中心任务，以“幸福家庭、和谐人口”为主线，实现计生整体工作的巩固、提高和拓展。

2014年，全区户籍人口2384553人，户籍人口出生23130人，政策符合率98.25%，出生人口性别比为108。全区流动人口出生20405人，政策符合率92.8%，性别比为115。

（关欣　罗冬耘　吴涛）

【海淀区计划生育协会】 截至年底，全区共有计生协会组织1374个，会员16万人。为44635户计划生育家庭的12万余人投保家庭意外伤害保险，投保费用总计133.9万元，其中区级财政投入70.6万余元。联合中国人保寿险北京分公司为1460位独生子女死亡家庭父母提供养老、意外伤害身故、意外伤害、女性重疾保险等保险责任和健康关爱服务。与中国计划生育协会合作推进大学生性与生殖健康同伴教育项目，组织青春健康骨干主持人培训班，为驻地13所高校培训主持人30名，在高校开展大学生生殖健康讲座25次。与海淀区教委联合举办《海淀区小学高年级青春健康教育学生读本》专家评审会，启动小学用书校内试点。首都青少年性健康教育基地累计接待首都青少年、教师、计生干部、社会人士等8000人次的参观交流。开展第5批全国人口和计划生育基层群众自治示范村居创建及评估活动，共有5个村（居）争创国家级示范单位。

（刘文慧）

【八个计生事项上线“同区通办、三级联动”】 1月23日，区卫计委将第一批纳入“同区通办、三级联动”网上办理的8个事项资格审核（独生子女特扶家庭养老帮扶金审核及发放，独生子女伤残家庭特别扶助金审核及发放，独生子女死亡家庭特别扶助金审核及发放，部分独生子女父母年老时一次性奖励费审核及发放，计划生育困难家庭帮困金审核及发放，独生子女意外伤残、死亡后对其父母的一次性经济帮助审核及发放，部分独生子女父母奖励费审核及发放，农村城市困难育龄夫妻享受免费计划生育基本技术服务）在西三旗街道、八里庄街道、青龙桥街道和东升镇4个试点单位上线运行。12月，全区29个镇街全部上线第一批事项的三级联动，共产生3021件办事记录。第二批3个事项（“独生子女父母光荣证”核发、办理第一个子女生育服务证、办理“北京市外地来京人员生育服务联系单”）完成标准化梳理。

（许俊英 张金玲）

【人口问题研究】 5月，区卫计委完成区级调研课题报告《海淀区落实“单独两孩”政策面临的形势及建议》。利用专家库开展区域人口规模、协调发展情况等问题研究，完成《海淀北部地区重大产业项目人口评估》调研报告，并促进调研成果的交流和转化。6月13日，调研报告《海淀北部地区研发服务和高新技术产业聚集项目人口评估研究》通过评审。《海淀北部地区研发服务和高新技术产业聚集项目人口评估研究》获得区级优秀成果奖。

（赵畅 关欣）

【人口基础信息】 年内，区卫计委深化市、区、街镇、社区（村）四级全员人口信息系统建设，维护户籍人口信息123.4万余次，新建个案信息12.7万余条。完成结婚信息分发3.2万条。海淀区PIS系统（全员人口管理信息系统）总户数118万户，总人口247.4万人，其中独生子女户52.5万户，户籍总人口217.2万人，户籍育龄妇女63.2万人。流动人口信息录入3.1万条。

（罗冬耘 吴涛）

【计生行政执法】 年内，区卫计委审批再生育子女7500例（含单独[①]5000例）。社会抚养费征收420例。梳理18项职权事项。加强行政执法监督，利用外网门户网站公开各项办事程序，畅通信访咨询渠道，化解疑难个案72例。完成人大代表建议、政协委员提案答复4件，应对行政诉讼1例，全年无行政复议被纠正及诉讼败诉案件。

（许俊英）

【计生社会服务管理】 年内，区卫计委推进“网上申办”工作，在中关村、永定路、八里庄街道试点的基础上，将第一个子女“生育服务证网上申办”系统在全区29个街镇进行推广。5月23日，确定甘家口街道的“手机APP项目研发制作使用”、八里庄街道的“高档物业小区服务管理模式探索”、西三旗街道的“失独家庭社区养老帮扶机制建设”、四季青镇的“手机微信 短信法制宣传”服务平台建设和东升镇的“高科技园区流动人口服务管理模式探索”5个创新项目为区级创新项目。全年对海淀区5个区级创新项目和13个街镇级创新项目进行跟踪指导。其中，西三旗街道的“失独家庭社区养老帮扶”、甘家口街道和四季青镇的“卫生计生手机微信宣传”、八里庄街道的“高档物业小区计划生育服务管理模式创建”4个区级创新项目，中关村街道的“流动人口区域协作互补共赢双向管理服务机制建设”街镇级创新项目达到预期目标，取得示范成果。

（许俊英）

【流动人口计生服务管理】 年内，区卫计委探索流动人口服务管理新模式。与安徽省六安市在中关村街道建立流动人口计划生育区域协作服务站。向协作单位交流流动人口在京生育信息3500条，联合执法查处24例流动人口违法生育。会同中关村街道分别在河北省阜平县城厢小学、安徽省金寨县杨桥希望小学举办“协作面对面 关爱手拉手”“幸福书屋”捐赠活动。办理外地来京人员生育服务联系单12062份。对社区（村）230名新任计生专干开展全员流动人口信息系统培训。参加2014年全国流动人口卫生计生动态监测调查，全区完成60个样本点、1200名被调查对象的入户调查及问卷录入。为1053名计划生育困难家庭流动人口妇女进行“两癌”筛查。开展流动人口婚育证明电子化改革。在10个社区青年汇开展生殖健康知识讲座。

（吴涛）

【计生药具发放管理】 全年全区增加计生药具发放网点720个，累计建成各类发放点3705个（其中“易得工程”发放点1184个），发放免费避孕药具1000余万支（个）。29个街镇自查202个性保健店（成人用品店），未发现大量销售免费药具行为。开展以“服务新市民、促进均等化”为主题的“流动人口计划生育药具服务年”及“计划生育药具服务基层系列”活动，受益群众9万余人。完成“海淀区计划生育避孕药具管理与服务发放平台”升级改造，并将此系统延伸至89个试点居（村）委会，实现区—街镇—居（村）三级联网。

（申卫东）

【人口文化宣传】 年内，区卫计委在曙光街道居民区建成海淀第八个人口文化景观“梦之园”；在海淀公共安全馆建设“人口安全”专题展区，成为全国最大安全主题展馆的12个主题展区之一；加大户外公益广告投放和多媒体宣传：刊播报刊电视专栏60期，创意开发涵盖健康促进、单独两孩等内容的6段Flash动画，播放计划生育科普动漫

---

① “单独”指夫妻双方一人为独生子女。

6000余场，制作健康知识、慢病、艾滋病防治等内容的电子杂志3期，为600个居村人口文化活动室统一增配计算机等宣教设施，16期4.8万份主题宣传壁报深入社区，甘家口街道开发的手机APP、四季青镇建设的计生微信宣传平台，全力传播“呵护生命健康，共享家庭幸福”的理念。

（高巍巍）

【创建幸福家庭】 年内，区卫计委继续创建幸福家庭，推进六大“惠民”工程建设。

“文明倡导”工程。举办第三届海淀家庭人口文化周，组织开展“生育关怀携手行”书画作品展、“健康青春”大学生创意简笔画大赛、“美丽海淀 幸福的家”DV大赛、“幸福家庭”故事征文、“听妈妈讲故事”亲子悦读、“家长总动员”“人口计生政策法规及生殖健康知识”网络答题等活动。北京市“幸福家庭大讲堂”走进西北旺镇，永定路人口文化学校、中关村“生命•旅程•家”人口文化中心温馨服务社区家庭，甘家口“樱花节”、香山“红叶节”及“曙光亲情树”等活动形成地域品牌。为1.3万对新婚夫妇发放婚育健康服务包。

“宝贝计划”工程。新建成永定路宝贝计划基地，与已建成的十余个宝贝计划及流动儿童宝贝计划基地组织开展千余场活动，组织数百家庭在专业早教机构免费体验早教活动。与国家人力社保部指定机构合作，首次在全区培训100名“儿童健康指导师”，指导教师、家长树立科学育儿理念，掌握正确养育方法，提升早教工作水平。

“青春健康”工程。选定北医附小、外国语试验小学、农科院附小3所小学作为试点校，举办教师“青春健康”课程培训班。完成大学生青春健康知识手册的修订。培训大学生同伴教育骨干主持人30名。全年在高校开展青春健康讲座25次，直接受益大学生2000余人次。“首都青少年性健康教育基地”接待包括津巴布韦新希望基金会、农工党北京市委人口资源环境课题组等国内外团体及社会各界人士8000余人次。

“健康生育”工程。完成国家免费孕前优生健康检查949对，完成4027名农村户籍采取长效节育措施育龄群众及720名社区（村）计生干部健康检查，为20542名流动人口提供生殖保健检查服务。海淀区预防意外妊娠宣传指导中心为育龄群众提供服务2.4万人次，发放宣传资料1.2万人份。

“生育关怀”工程。联合中国人保寿险北京分公司为1460位独生子女死亡家庭父母提供养老、意外伤害身故、意外伤害、女性重疾保险等保险责任和健康关爱服务。完成2014年独生子女伤残、死亡家庭特别扶助和农村奖励扶助相关材料审核，通过审核的死亡特扶1460人、伤残特扶2009人、农村奖扶4000人。完成2014年独生子女特扶家庭养老帮扶金的审核，养老帮扶对象共784人，发放养老帮扶金共222万元。为特殊家庭发放“暖心卡”1460份。特殊困难独生子女家庭老年人纳入“社区（村）养老院”服务范畴。

“心灵家园”工程。西三旗街道级“心灵家园”基地落成启用，占地200余平方米，具备休息娱乐、健身、心理疏导、阅览、上网、厨房烹饪等多种功能，辐射28个社区，服务周边百余位失独老人，被市计生协授予“北京市心灵家园示范基地”。截至年底，海淀区建成区级“心灵家园”示范基地1个、镇街级“心灵家园”示范基地3个、居村级“心灵家园”示范基地1个。

（高巍巍　张谦　刘文慧）

【计生培训】 年内，区卫计委针对审批征收、信息系统管理、宣传服务、药具管理等业务开展15次课程1500余人次的培训。12月16日，召开“海淀区计生系统2014年利益导向暨联动通办工作培训会”，对镇街80余名工作人员进行奖扶、特扶业务PADIS系统和三级联动系统培训和业务培训。对230名新任社区（村）计生专干进行全员流动人口信息系统实操培训。培训100名“儿童健康指导师”，提升0～3岁早教师资水平。组织192名社区（村）计生专干进行“国家生殖健康咨询师职业资格考试”考前培训，155人获得“国家生殖健康咨询员”职业资格。

（高巍巍　许俊英　张谦）

劳动和社会保障

【调整城乡居民基础养老金标准】 1月，海淀区随本市城乡最低生活保障标准调整地区的基础养老金水平，基础养老金标准由每人每月607.5元调整为677.5元，比全市的基础养老金430元高出247.5元，居全市第一。

（张丽伟）

【设立中关村地区劳动人事争议仲裁分庭】 10月27日，海淀区劳动人事争议仲裁院设立中关村地区劳动人事争议仲裁分庭，受理并承办中关村地区劳动人事争议案件的调解和仲裁等工作。

（张丽伟）

【就业再就业】 全年城镇新增就业5.2万人，帮助24207名城乡劳动力实现就业。失业人员就业率为69.10%，城镇登记失业率控制在0.78%，16498名就业困难人员通过再就业援助实现就业，完成促进就业资金审批4.38亿元，促进就业及稳定就业5.6万余人。组织1600余名城乡劳动力进行技能培训，为421名高技能人才提供培训补贴，为800余名城乡登记失业人员提供培训期间生活费补贴。

（张丽伟）

【建成为全市“充分就业区”】 海淀区成为北京市第2个成功建成“充分就业区”的区县。共有21个街道、6个镇达到充分就业街镇的各项指标，占街镇总数的93%；535个社区、74个村达到充分就业社区（村）的标准，占社区（村）

总数的91.3%。

（张丽伟）

【社会保障】 2014年，海淀区养老保险、失业保险、工伤保险、生育保险、医疗保险五项社会保险基金累计收缴394.99亿元，同比增长15.55%；累计支出209.02亿元，同比增长12.92%。全区参保单位8.16万户、297.22万人。

（张丽伟）

【调整社会保险待遇】 年内，海淀区调整退休人员养老金，共22.7万人，人均每月增加273.89元，调整后人均养老金为每人每月3064元；为157名工伤职工调整伤残津贴，共5.07万元；为241人调整供养亲属抚恤金，涉及3.62万元。为2.15万人调整福利养老金，由每人每月310元调整至350元。城镇失业人员失业金月发放标准由1012元调至1121元，农民工一次性生活补助费月标准为848元。

（张丽伟）

【受理劳动关系案件1.53万件】 全年全区共受理劳动关系案件1.53万件，受理劳动监察投诉举报案件2030件，受理劳动人事争议案件11528件，社保稽核案件1777件。受理行政复议案件21件，行政诉讼案件63件。审批综合工时和不定时工时制企业352户，涉及职工5.5万余人；审批劳务派遣经营许可企业125家；共完成工伤认定2273件；审批退休15207人。梳理区人力资源和社会保障局行政执法事项58项，其中行政处罚40项，行政许可6项，行政强制1项，行政裁决1项，行政确认4项，其他行政执法职权6项。

（张丽伟）

民族·宗教·侨务

【概况】 2014年年末，海淀区有55个少数民族，少数民族人口13.5万人，占全区常住人口的4.1%。区内五大宗教[①]齐全，有依法登记的宗教活动场所24处，外国人临时宗教活动处所3处。区域内归侨、侨眷、海外新华侨华人及留学生近20万人。

（吴保军）

【社区成立归侨侨眷空巢老人互助会】 4月14日，紫竹院街道举行“北外社区归侨侨眷空巢老人互助会成立大会”。互助会将帮助社区的空巢老人解决实际困难，为其他社区成立互助会起到示范作用。

（王斯雅）

【爱心捐助】 4月25日，区民宗侨办在农大附中举行爱心捐助仪式，北京市慈善协会弘道济世专项资金管委会、北京市仁爱基金会共同捐款244800元，对中国农业大学、中央民族大学、中国地质大学、北京体育大学、北京农业大学附属中学内地新疆高中班、中央民族大学附属中学20多个少数民族的228名大中学生进行帮助。中国道教协会、北京市道教协会、北京市慈善协会、北京市仁爱基金会、龙泉寺等单位负责人出席。

（闫运涛）

【消防安全培训和应急演练】 5月8日，区民宗侨办在龙泉寺举办海淀区宗教界消防安全常识培训及应急演练。区消防支队受邀做消防安全知识讲座，教授消防器材实际操作使用，并开展模拟火情消防演练。全区各宗教团体和场所管理组织成员、教职人员和信教群众骨干200余人参加。

（闫运涛）

【接待澳大利亚“寻根之旅—北京音乐夏令营”】 7月2日，区民宗侨办接待来自澳大利亚新金山中文学校交响乐团的55名老师及华裔青少年夏令营团，在为期两周的活动中，组织营员们游览天坛、长城、中国抗日战争纪念馆；学习书法、扎染等中国传统文化知识。营员们还在国家大剧院、海淀区少年宫、北京市一0一中学进行三场交流演出。

（王斯雅）

【宗教界人士培训】 9月5日—10日，区民宗侨办举办海淀区2014年宗教界代表人士培训班，区内五大宗教团体负责人、中青年骨干等40余位宗教界人士参加培训。学习时政政策、宗教文化知识、宗教礼仪等内容。

（王忠巍）

【清河清真寺落成】 10月16日，海淀区举行清河清真寺落成典礼，穆斯林群众200余人参加典礼。清河清真寺于2012年9月开始重建，2014年9月通过竣工验收。新寺建筑面积4600平方米，是地区现有建筑面积最大的清真寺。

（高燕）

【中国佛学院新校舍建设项目土地移交】 10月25日，中国佛学院新校舍建设项目土地移交仪式在龙泉寺举行，国家宗教局副局长张乐斌，国宗局机关服务中心主任丛国庆，中国佛教协会副会长学诚、秘书长王健、副院长兼教务长宗性，海淀区政府以及区民宗侨办、区国土分局、区北部办、西山农场等单位负责人出席。中国佛学院新校舍建设工程，是中央支持改善全国性宗教团体和部分宗教院校办公办学条件建设项目的一部分。全国政协主席俞正声多次做出批示，关心项目的进展。土地移交标志中国佛学院建设项目进入启动阶段。

（杨信）

【民族事务】 年内，区民宗侨办开展民族团结进步创建活动。通过举办展览、运动会、组织参观培训等形式开展民族政策、法规、知识“六进”活动。组队参加北京市第九届民运会，获得一等奖21个、二等奖36个、三等奖20个。引导支持街道社区开展民族文化体育活动。与区人力社保局职介大厅、区法援中心协调，开通少数民族服务绿色通道。开展清真网点政策监督工作和清真餐饮规范店表彰工作，争取资金63万元扶持民族经济发展，保障少数民族风俗习惯。

（吴保军）

---

① 指天主教、基督教、佛教、道教、伊斯兰教。

【宗教事务】 年内，区民宗侨办引导宗教界以“教风”建设为主题开展和谐寺观教堂创建活动。加强教职人员素质建设，指导开展时事政治、法律知识学习和恳谈活动。指导和督促各宗教活动场所落实安全稳定工作，协调相关部门完成浴佛节、伊斯兰教开斋节、古尔邦节、基督教和天主教追思礼拜等重要宗教活动以及APEC期间民族宗教领域的安保维稳工作，组织宗教活动场所、教职人员和信徒骨干开展消防培训和演练。为宗教活动场所安装电话，购买空调等设备；支持天主教神哲学院市政设施改造修缮资金15万元；为清河清真寺落成申请区财政资金100万元，用于购置太阳能热水器、空调、厨房用具等设备。

（吴保军）

【侨务工作】 年内，区民宗侨办开展侨法进社区活动和社区侨务工作，中关村街道黄庄社区当选2013年度全国社区侨务工作明星社区，紫竹院街道北外社区作为国侨办关爱工程——暖侨敬老行动试点单位。举办侨务政策培训班，培训街道及重点社区侨务干部80余人。受邀为中科院相关院所归侨侨眷宣讲侨法和侨务政策。走访清华大学等4所驻区高校，与学校负责人就侨务工作交换意见。与市侨办、区侨联等涉侨部门共同推进海淀侨乡文化建设。接待“中国寻根之旅”澳大利亚新金山中文学校的华裔青少年夏令营，接待加拿大魁北克省北京同乡会会长杨珂对地区的拜访。办理区侨联团体提案《关于加强海淀侨乡文化建设的建议》。办理完成市侨办转旅美华侨在京房屋拆迁纠纷等涉侨信访案件10余件。开展为侨资企业服务的“三日”活动，帮助侨资企业解决困难。开展青年大学生志愿结对活动，服务、帮助“空巢”家庭和困难归侨侨眷。落实归侨侨眷关爱工程，启动归侨侨眷空巢家庭调研，形成关于侨界空巢家庭生活状况的调研报告。

（王斯雅）

【依法行政】 区民宗侨办全年办理行政许可17件，民族成分确认100件，查处违反民族政策清真网点4家，处置宗教违法活动4起。协调万寿路街道处理因综合治理引起的6名新疆游商信访件，参与紫竹院街道对国家图书馆门前的新疆游商治理工作。为41位归侨办理《归国华侨证》申请上报手续；为82位归侨、华侨子女、归侨学生出具中、高考身份证明；为200位华侨、港澳同胞和外籍华人学生出具来京上中小学批准书；为49人认定归侨、侨眷身份。

（吴保军）

民政

【概况】 2014年，海淀区民政系统围绕推进城乡社会救助体系建设，保障困难群众基本生活；深化养老服务体系建设，提高老年人生活质量；加强城乡基层民主建设，保障人民民主权利；强化双拥优抚安置工作，促进军地融合式发展；创新管理模式，推进社会组织健康发展；规范专项社会事务管理，提升民政公共服务水平等业务开展工作，完成各项工作任务。2014年，海淀区被民政部授予“全国和谐社区建设示范城区”“全国社会组织建设创新示范区”称号，区民政局被民政部评为全国殡葬工作先进集体，采石路军休所、韩家川军休所被评为全国军休工作先进单位。5个社区被评为国家级防灾减灾示范社区，30个社区被评为市级防灾减灾示范社区。

（孙学刚）

【北京市海淀社会组织联合会】 北京市海淀社会组织联合会是非营利社会团体，主管单位为区社会办和区民政局。联合会有科技、经济、文体、服务、街道乡镇五大类64家理事单位。

助力核心区发展 举办第7次核心区发展论坛，其中国务院参事、中科院科技政策与管理科学研究所顾问牛文元教授所做的《新常态下的中国社会治理》报告，受到区委、区政府的重视，并作为区理论中心组第34次学习（扩大）会的主题学习内容，通过视频直播供全区处以上干部学习。区政协重视社会组织代表议政建言，委托联合会协助推荐3名社会组织代表参与议政会，拓宽社会主义协商民主的渠道。

为民服务 开展“服务进社区 书画大讲堂”活动。在香山、北下关、学院路3个街道开设4个书法培训班，受训人数超过2500人次。举办“健康进社区 名医伴你行”为百姓健康献爱心活动。联合民营医协会、医院协会、律师协会、消费者协会，在双榆树社区举办综合性服务百姓活动，组织医疗专家50多人，服务百姓350余人次。同医院协会组织专家进社区服务，共组织8次义诊咨询活动，受益群众1255人次。

（樊文辉）

【北京市海淀区慈善协会】 2014年协会筹募善款1473.46万元，救助支出1538.54万元，救助困难群众22788人次。

慈善宣传 在海淀电视新闻播报协会信息12次，在《海淀报》刊登稿件8篇，专版报道2次。编辑出版《海淀慈善》季刊4期。

12月3日，协会与海淀区人民调解员协会联合在紫竹院街道车南里社区文化广场开展“12·3首都慈善公益日——海淀慈善在行动 慈善公益•法律、医疗服务在身边”活动，现场提供法律及医疗咨询。

“春雨行动”捐款 接收捐款512.37万元。

“共产党员献爱心”捐献活动 全区429家单位（系统）、60986名党员、13891名群众共捐款446.30万元。

“共产党员献爱心”捐款使用 从“共产党员献爱心”捐款中提取部分善款与区管党费中拨付的资金组成“海淀区生活困难党员帮扶专项资金”，救助区内生活困难党员 201 人，使用专项资金 105 万元。

使用善款 48.66 万元向 6 家养老机构赠送汽车；使用善款 85 万元支持 5 家养老机构进行基础设施改造；使用善款 45.56 万元支持海淀老龄大学电教设备升级改造；使用善款 29951 元为 122 名百岁老人送去医用理疗用品。开展“携手助老送健康——慈善医疗卡”服务项目，按每人 500 元的标准，为 622 名 60 岁以上低保老人发放医疗救助金合计 29.29 万元。助老送健康活动及项目使用善款共计 211.51 万元。

“海淀· 慈善——爱心捐赠月”活动　向全区 61 名特困家庭大学生每人发放 4500 元助学金。向 45 所中小学的 326 名家庭困难学生每人发放 1000 元助学金。东升镇开展“携手关爱需要帮助的困难群体”和“重阳助老”全方位救助活动，共救助 548 人，救助金额 32.89 万元。协会及各工作站救助地区困难群众 1477 人，使用善款共计 186.37 万元。

“慈善情暖万家”活动　以发放救助金和走访慰问的形式，对低保家庭及特殊困难群众实施慈善救助，共计救助困难群众 2799 人，使用善款 234.87 万元。

日常救助　开展扶贫济困、安老助孤、助残助学、医疗救助等日常救助。各工作站实施救助累计使用善款 330.14 万元，受益 2694 人。

定向救助　定向救助主要有 3 项：四季青农工商总公司定向捐款 367 万余元，用于四季青镇退休农民家庭订阅报刊。亿阳集团定向捐款 80 万元，救助和慰问四季青镇双新村 60 岁以上老人。协会与区工商联妇委会联合成立的爱心基金定向捐助 9598 元，为北京市儿童福利院购买空调。

海淀区慈善协会捐款方式

1. 到会捐款

地址：北京市海淀区西四环北路 11 号

电话：88487007

2. 银行汇款

户名：北京市海淀区慈善协会

账号：01090321000120111114745

开户行：北京银行双榆树支行

3. 邮局汇款

地址：北京市海淀区西四环北路 11 号

邮编：100195

收款单位：北京市海淀区慈善协会

4. 网上捐款

网址：www.hdcishan.com.cn

（常欣欣）

【开展“流浪孩子回校园”专项行动】 2013 年 10 月 1 日—2014 年 6 月 30 日，海淀民政局救助站牵头，区综治、公安、城管等 10 余个部门联合开展“流浪孩子回校园”专项行动。专项行动期间，共开展社会面巡视救助 54 次，累计保护性救助流浪未成年人 36 人。其中各种病残、弃婴共计 23 人，占救助流浪未成年人总人数的 63.8%。

（孙学刚）

【调整征地超转人员生活补助标准】 1 月 1 日，地区超转人员的月生活补助标准由 1330 元调整至 1463 元，高于 1330 元的在原补助标准基础上递增 10%。11500 余名征地超转人员的生活补助待遇调整。全年接收安置征地超转人员 1554 人，接收总经费 8.16 亿元。

（孙学刚）

【调整地退无收入遗属生活补助标准】 1 月 1 日，50 岁以下的地退无收入遗属每月领取的生活补助金由 580 元提高到 650 元，50—70 岁之间的地退无收入遗属生活补助金由 609 元提高到 682.5 元，70 岁以上的地退无收入遗属生活补助金由 638 元提高到 715 元。全区共有 350 余名地退遗属受益，月领生活补助人均增长约 76 元。

（孙学刚）

【低保救助】　1 月 1 日，地区城乡低保标准由家庭月人均 580 元上调为 650 元；城乡低收入家庭认定标准从家庭月人均 740 元调整为 850 元。城市低保救助 3336 户、5710 人，累计支出 4205 万元；农村低保 198 户、269 人，累计支出 258 万元。调整城乡医疗救助制度，门诊和住院救助由 60% 提高到 70%，全年封顶线分别为 4000 元和 40000 元；重大疾病救助由 70% 提高到 75%，全年封顶线 8 万元。城乡医疗救助 1901 人次，支出 296.94 万元；重大疾病救助 359 人次，支出 136.61 万元；临时救助 149 人，支出 106.24 万元。

（孙学刚）

【调整优抚对象抚恤补助标准和义务兵优待金标准】　1 月 8 日，海淀区调整优抚对象抚恤补助标准和义务兵优待金标准。烈士遗属（含因公牺牲军人遗属、病故军人遗属）的定期抚恤金标准，以及在乡退伍红军老战士、在乡复员军人、在乡残疾军人、带病回乡退伍军人、部分参战参试军队退役人员的定期生活补助金标准，依据 2013 年度北京市城市居民家庭年人均消费性支出水平的增长幅度予以调整，从 2013 年 10 月 1 日起执行。残疾军人（含伤残人民警察、伤残国家机关工作人员、伤残民兵民工）的残疾抚恤金标准，按照民政部、财政部《关于调整部分优抚对象等人员抚恤和生活补助标准的通知》规定的标准，从 2013 年 10 月 1 日起执行，调整提高幅度达 15%。以上调整的优抚对象共 4309 名。义务兵优待金标准由每人每年 2.2 万元提高到每人每年 2.5 万元，从 2013 年夏秋季征兵开始执行。

（孙学刚）

【消防知识走进老年公寓】 2 月 28 日，市公安消防总队海淀支队北安河消防中队到阳台山老年公寓进行消防知识宣传，全体工作人员及部分老人参加。主要内容包括：容易引发火灾的消防安全隐患；高楼发生火灾自救；家庭电器设施、设备正确使用；燃气、燃炉安全；火情紧急情况处置；鉴别灭火器是否有效和正确的使用；火灾应急疏散常识等进行现场讲解和答疑。

（孙学刚）

【“春风行动”招聘会】　2 月 28 日，区民政局与区残联等单位，在温泉镇召开 2014 年海淀区“春风行动”温泉地区招聘洽谈会。北京旗舰食品集团有限公司等 4 家福利企业参加，13 名残疾人在招聘会现场与福利企业达成初步意向岗位。

（孙学刚）

【退役士兵专场招聘会】　3 月 10 日，海淀区举办 2013 年冬季退役士兵专场招聘会。北京友谊宾馆、招商局物业、国测集团等近 30 家企业参加，为退役士兵提供管理类和技工类等工作岗位，北京测试空间实训基地等民办教育机构的参与，拓宽了通过校企合作的方式为退役士兵培训就业的安置渠道。此次招聘会吸引200余名退役士兵参加。

（孙学刚）

【老年公寓健康知识讲座】 3月20日，青龙桥街道志愿者团队10余人，到阳台山老年公寓进行健康知识讲座。志愿者医生分别从“春季养生”“运动与健康”和“结核防治知识”三方面结合老年人的生理特点，向老人进行讲述。对于老人提出的问题，以及关注的健康知识，医生们现场做出解答。

（孙学刚）

【“春风送暖”社会捐助】 3月，按照北京市民政局统一部署，地区组织开展以“春风送暖”为主题的社会捐助活动。活动共募集款额2320842.92元、衣被98465件。

（孙学刚）

【清明扫墓服务】 4月5日清明节期间，全区上岗工作人员11739人，墓园扫墓人数307506人，机动车辆62776辆。发放市民政局制作的2000册宣传折页、3000个环保袋、区民政局制作的800套清明宣传海报。在《海淀报》开辟清明工作专栏，海淀有线电视台从3月29日至4月7日，在黄金时段滚动播出“绿色、文明、平安”主题公益宣传。开展百万鲜花送逝者活动，向扫墓群众赠送鲜花10万余支，开展“绿色清明志愿活动”，为群众提供义务服务。

（孙学刚）

【清河敬老院试运营】 4月30日，全部由政府购买服务运营的区级养老院——清河敬老院试运营。清河敬老院位于西三旗龙岗路25号，是由区政府投资兴建，区民政局直接管理的区级社会福利机构，以接收海淀区失能老人为主，优先接收海淀区户籍的低保、低收入家庭的失能老人、失独失能老人、残疾老人和高龄孤寡老人。敬老院于2011年12月开工建设，2013年11月完工，占地面积5900平方米，建筑面积8984平方米，可同时接收260位老人入住。

（钟冷）

【公墓专项整治】 4月至7月，区民政局联合区工商、区城管监察大队开展公墓专项整治。对辖区内丧葬销售网点进行抽查，重点检查丧葬销售网点是否为非法公墓及农村公益性公墓做宣传、是否销售封建迷信殡葬用品等，规范公墓管理，整治违规建墓、对外销售、超面积建墓等现象。

（孙学刚）

【全国助残日专场招聘会】 5月14日，区民政局、区残疾人联合会、区职业介绍服务中心3家单位，联合举办“海淀区第二十四次全国助残日专场招聘会”。区共有31家提供岗位，共有60多名残疾人在招聘会现场与企业达成意向。

（孙学刚）

【购买14项服务项目】 5月24日—12月，区民政局探索“政府出资购买、社会组织运营、全程跟踪评估”的项目化运营管理模式，由政府出资50万元购买北京市睿搏社会工作事务所、海淀区和谐社区发展中心、区养老服务管理协会、中关村电子商会等11家社会组织的服务，购买的服务内容涉及志愿服务、养老服务、医疗健康及教育培训等14个项目（见下表）。

序号	单位名称	服务项目
1	北京市海淀睿搏社会工作事务所	老少携手共享“人生之美”
2	北京市海淀睿搏社会工作事务所	老少携手，恩享人生
3	北京市海淀睿搏社会工作事务所	机构街道同携手，社会组织共建设
4	北京市海淀区志愿者联合会	海淀区“七彩课堂”助学支教志愿服务项目
5	北京市海淀区克丽斯文化培训学校	和谐人生工作坊
6	北京市海淀和谐社区发展中心	社区工作教育培训
7	北京海朝服务与评估中心	海淀区社区服务专项资金评估项目
8	北京市海淀区社区义工联合会	海淀区义工与敬老院结对子志愿服务项目
9	北京市海淀区养老服务管理协会	“关爱老人、构建和谐”敬老月活动
10	北京市海淀区养老服务管理协会	海淀区基层养老体制机制研究
11	北京市海淀区雨露嘉禾儿童康复训练中心	特殊人群的艺术疗育
12	中关村电子商会	中关村进社区送科技及老年人计算机教育
13	北京市海淀区文化创意产业协会	基于“中国数字医疗网”的移动医疗APP社区便民服务平台
14	北京市海淀区上庄榆河社区书画协会	“读好书、写好字、做好人”共建文明、和谐新上庄

（孙学刚）

【表彰“首都见义勇为好市民”】 5月29日，区民政局举行第十届“首都见义勇为好市民（荣誉市民和模范群体）”区县表彰仪式。表彰“首都见义勇为好市民”张鸣山，“首都见义勇为荣誉市民”苏安、向修刚、辛生以及“首都见义勇为模范群体”孙书长、孙杨、朱克岳、李龙、张扬群体和王军、牛晶晶群体；为牺牲的辛生、牛晶晶家属分别发放20万元，其他人员每人发放1万元奖励金，同时颁发首都见义勇为基金会“京华见义勇为奖”，牺牲人员每人发放10万元，其他人员每人发放5000元奖励金。

（孙学刚）

【首家老年健康服务指导中心成立】 10月31日，北京老年医院、海淀区和熹会老年公寓共同成立北京首家老年健康服务指导中心。指导中心主要围绕老年人的康复保健、健身养生提供服务，设置作业训练室、运动训练室、语言与认知训练室、国医室、理疗室等，为入住老人提供康复评定及训练指导、中医保健、营养状况的评估和干预、建立健康档案等服务。

（钟冷）

【海淀区首家慈善超市挂牌】 11月29日，区民政局、青龙桥街道、北京慈善超市发展协会共同举行青龙桥街道慈善超市挂牌仪式和慈善大集活动。青龙桥街道慈善超市是全区首家慈善超市，标志着海淀区慈善超市创新创建取得实质性进展。年内，区民政局组织青龙桥街道、西三旗街道、苏家坨镇、上庄镇、四季青镇开展慈善超市创新建设，并协调北京市爱心超市有限公司制定建设方案，签订合作协议。

（孙学刚）

【表彰社区“义工之星”】 12月4日，区社区服务中心举办第八届社区“义工之星”表彰大会。会议表彰391名个人，27个服务团体，15家单位和6个优秀服务项目，以弘扬“奉献、友爱、互助、进步”的志愿精神。

（孙学刚）

【社区厨艺大赛】 12月11日，区社区服务中心联合宏状元公司和各街道社区服务中心，在田村路街道社区服务中心举办海淀区“欢乐和谐季——宏状元杯”社区厨艺大赛总决赛。社区厨艺大赛从9月初启动，历经570余个社区选拔赛、24个街镇入围赛、5个片区的复赛，最终有11个街道的13名选手入围总决赛。

（孙学刚）

【开展老年医养结合心理健康服务试点】 年内，区民政局联合区社会办、区经信办、区卫计委、区残联及二六一医院共同建设老年医养结合心理健康服务试点。平台以二六一医院专业的心理治疗医生团队为基础，以远程服务为主要形式，深入到地区老年人中去，缓解老年人精神健康难题，尤其对失智、失能老人提供精神上的关爱和帮助。

（孙学刚）

【福利企业服务与管理】 年内，区民政局对所属福利企业进行年检审核，对残疾人在岗情况，工资发放是否足额，保险缴纳是否齐全等进行核查。完成为申请技改项目的福利企业补贴公益金及福利企业无障碍设施改造项目申报工作。截至年底，海淀区共有50家福利企业，在职职工总人数为2471人，安置残疾职工956人，销售收入累计完成58258.04万元，利税总额达到5472.67万元。

（孙学刚）

【福利彩票发行】 2014年，全区电脑票销量4.56亿元，即开票销量1.27亿元，总计5.83亿元。

（孙学刚）

【流浪乞讨人员救助】 年内，区民政局采取“5+2”（工作日加双休日）工作模式，开展社会面流浪乞讨人员救助管理工作。与专业安保公司签订协议，增加4支社会巡视救助队，部署在中关村、海淀桥等地区以及流浪乞讨人员频出的台账领域，进行救助。截至年底，累计救助流浪乞讨人员和暂时遇到困难人员1963人次，比2013年增长25.1%；救助流浪未成年人60人次，劝离45人。

（孙学刚）

【自主就业退役士兵培训】 年内，125名自主就业退役士兵参加电工、汽车维修、会计证等免费技能培训，37人通过测试空间软件工程师专业学习，5人通过京港地铁客车司机的培训，10人被高职院校录取。

（孙学刚）

【困境未成年人社会保护专项行动】 年内，区民政局为推进海淀区青少年群体服务管理和预防犯罪工作，开展困境未成年人社会保护专项行动。发挥救助管理机构“托底线、救急难”的功能作用，推动救助保护对象从传统的流浪乞讨未成年人向面临生存困难、监护困境、成长障碍的未成年人延伸，形成“监测预防、发现报告、干预帮扶”联动反应机制，构建覆盖城乡的未成年人社会保护网络。依托流浪乞讨人员救助管理工作联席会议工作机制，分三个阶段对地区试点单位内符合条件的困境未成年人开展引入社会力量和专业的服务机构的专业帮扶教育，强化心理疏导和行为矫治，回归安置等救助保护工作。

（孙学刚）

【城乡社会救助】 2014年，全区城市低保救助3336户、5710人，累计支出4205万元；农村低保救助198户、269人，累计支出258万元。城乡医疗救助1901人次，支出296.94万元；重大疾病救助359人次，支出136.61万元；临时救助149人，支出106.24万元。全年救助流浪乞讨人员和暂时遇到困难人员1963人次，救助流浪未成年人60人次。调整城乡医疗救助制度，门诊和住院救助由60%提高到70%，全年封顶线分别为4000元和40000元；重大疾病救助由70%提高到75%，全年封顶线80000元。开展以“春风送暖”和“冬衣送暖”为主题的社会捐助活动，募集善款253730元，募集冬衣被130455件。

（孙学刚）

【养老服务】 年内，区民政局承担区政府重点工作“加强养老服务建设，新建、改建30个养老照料中心（市级项目13个，区级项目17个），为1000户80岁以上老人家庭进行无障碍设施改造，新建老年互助社109个”。至年底，市级项目完成4个，9个接近尾声；17个区级项目基本完成。新建老年互助社109个。加强养老机构建设和管理。推动养老机构“医养结合”服务模式，9

家养老机构医务室申报医保定点。启动北下关街道“国家级社区居家养老服务标准化试点”。推动北部区级新建养老项目和北京市天主教爱国会百旺养老院等社会办项目。依法设立许可5家养老机构，在建养老机构9所，累计新增养老床位1500张。截至年底，60岁及以上户籍人口45.9万人，占户籍总人口的19.2%。1—6月，共为75410名80岁以上老年人发放养老（助残）券4390.96万元。从7月开始，作为北京市养老（助残）券变卡试点区县，启动养老助残卡的试运行，完成7—12月份的充值共计4508.56万元。

（孙学刚）

【城乡基层民主建设】 年内，区民政局开展村务公开民主管理“难点村”治理，试点农村重大事项决策“票决制”，推进村务监督委员会规范化建设。组织23个街镇的80个社区参与“六型社区”建设，其中78个社区申报北京市“六型社区”示范单位。5个村通过农村社区建设典型示范社区验收。在中关村及羊坊店街道启动市级社区治理和服务创新实验街道试点。对全区社区规模进行合理调整，重点对2000户以下规模较小的社区进行合并调整，减少14个社区，具体见下表。

街镇	调整前社区名称	调整后社区名称	居委会设编制数
万寿路	复兴路46号社区	采石路7号社区	11
	采石路7号社区		
中关村	白塔庵社区	白塔庵社区	11
	榆苑社区		
	红民村社区	红民村社区	11
	农科院社区		
八里庄	东八里社区	东八里社区	9
	南玲珑巷社区		
	恩济庄社区	恩济庄社区	13
	亮甲店社区		
北太平庄	西直门北大街社区	红联北村社区	11
	红联北村社区		
花园路	晴冬园社区	四园社区	13
	迎春园社区		
	消夏园社区		
	塔院干休所社区	塔院干休所社区	7
	志新社区		
	玉兰园社区	玉兰园社区	7
	马甸西村路社区		
	北京九所社区	塔院社区	9
	塔院社区		
西三旗	永泰东里第二社区	永泰东里社区	11
	永泰东里第一社区		
羊坊店	卫东社区（北蜂窝路15号院）	乔建社区	7
	乔建社区		
	卫东社区（北蜂窝路22号院）	铁东社区	9
	铁东社区		

街镇	调整前社区名称	调整后社区名称	居委会设编制数
羊坊店	卫东社区（复兴路乙六号）	会城门社区	7
	会城门社区		
温泉镇	白家疃社区	白家疃社区	9
	秀山社区		

（孙学刚）

【双拥优抚安置】 年内，海淀区解决驻区部队军人子女幼升小、小升初共计1021人入学问题。组织协调驻区部队9个大单位和103家企业事业单位成立军民融合产业联盟。接收退役士兵569人，其中499人办理自主就业，70人安排工作。完成4309名优抚对象抚恤补助标准、义务兵优待金标准调整提高工作。为全区见义勇为人员办理乘车卡、公园年票、博物馆证和国航购票优待证。组织5名抗战老兵出席卢沟桥抗日纪念馆的纪念活动，组织10名烈士遗属、10名新中国成立前参加革命的和新中国成立后参加革命的退伍老同志参加“烈士纪念日”的活动。接收安置军休干部982人、军休职工1957人，共计2939人。地区接收安置军休人员占全市接收安置总数的36%。

（孙学刚）

【社会组织管理】 年内，区民政局筹建社会组织孵化基地。完成社会组织网上咨询审核650余家，145个社团组织，460家民办非企业单位进行年度检查，完成率达90%以上。完成社会团体和民办非企业单位的成立登记、变更登记、注销登记的审查事项130余项，为120余个社会团体和民办非企业单位换证。加大对行业协会类、科技类、公益慈善类、城乡社区服务类等四类社会组织培育扶持力度。排查存在问题的社会组织133家。

（孙学刚）

【婚姻登记】 区民政局全年办理结婚登记32402件，离婚登记9976件，补领婚姻登记证5174件，出具（无）婚姻登记记录证明18354件；收养登记13件，解除收养登记2件。

（孙学刚）

【行政区划管理】 年内，区民政局完善区划数据库数据，完成海淀区周边146公里界线和沿线16个界桩的实地检查，对界线的拐点及界桩的坐标点进行修测、测绘。

（孙学刚）

残疾人事业

【概况】 海淀区残疾人联合会（简称区残联）下设区残疾人综合服务中心、劳动就业管理服务所2个事业单位。全区29个街道、乡镇和20人以上的社区设立残联和残疾人协会。截至2014年年底，全区共有持证残疾人31309人，其中，视力残疾2887人，听力残疾1864人、言语残疾148人、智力残疾3735人、肢体残疾16165人、精神残疾4935人、多重残疾1575人。

2014年，海淀区残联着眼“两个体系”[①]建设，以残疾人基本服务状况和需求专项调查、无障碍环境建设为重点，以残疾人温馨家园指导管理、残疾人托养、“中途宿舍”新政调研为抓手，推进残疾人事业文化宣传、残疾人群体康复、教育就业、社会保障和权益维护各项工作。

全年投入资金1415万元，对114个老旧小区、983户残疾人家庭实施无障碍设施改造；投入经费46.8万元对16户残疾人家庭的危房进行改造和翻建；以政府购买服务的方式投入260万元，为300名中重度残疾人提供“一对一”的康复医疗、康复训练与指导、心理疏导、康复护理、居家照料等专业化服务。对示范残疾人温馨家园实施差别化资金支持，下拨经费最高调整至20万元。

全年投入175.68万元为546名义务教育阶段的残疾学生提供送教上门、助学补助；投入1049余万元为2769人次残疾人参加就业培训、职业竞赛和为残疾人缴纳社会保险、就业补贴；投入2971万元用于29696人次残疾人提供托养、危房改造、燃油补贴及开展各种救助；投入290余万元为3136人次残疾人提供定向行走、入驻基地、居家康复、义诊等服务；投入349.39万元为7366人次残疾人提供个性化辅助器具服务、耳蜗植入（升级）以及为21个社会化养老平台提供辅具支持；投入440万元为360名残疾儿童提供康复训练；投入40余万元为残疾人及亲友、残疾人工作者2万余人次开展法律知识、康复知识等各项培训。

全年组织残疾人参加各种文艺会演、比赛1164人次，获得一等奖55个、二等奖9个、三等奖4个。

（何文辉）

【残疾大中专毕业生就业援助】 2月11日，区残联开展以“就业帮扶 真情相助”为主题的残疾人大中专毕业生就业援助活动，对本年毕业的35名残疾人大中专毕业生开展职业指导培训，对其中的13名残疾人大中专毕业生进行职业能力测评。

（何文辉）

① 即残疾人社会保障体系和服务体系。

【“春风行动”招聘会】 2月28日，区残联联合区职业介绍中心、温泉镇社会保障事务所联合举办“春风行动”招聘会，11家单位为残疾人提供23个工种、70余个岗位，参加招聘会的60余名残疾人中有17人达成就业意向。

（何文辉）

【第一期无障碍监督员培训班】 3月27日，区残联举办年度第一期无障碍监督员培训班，全区29个镇街的91名无障碍监督员参加。

（何文辉）

【世界孤独症日主题宣传活动】 3月29日，区残联举办“点亮蓝灯、亲子绘画、团队烘焙蛋糕”世界孤独症日主题宣传活动。区残联负责人以及自闭症儿童及家长、北京航空航天大学的学生志愿者服务团队共计70人参加活动。活动邀请海淀区培智学校的老师为孤独症儿童进行绘画和蛋糕烘焙实用技术的培训。

（何文辉）

【第五届社区残疾人艺术会演】 4月23日，区残联举办第五届社区残疾人艺术会演，来自27个街（镇）和特教学校的300多名演员参演。在参演的声乐、器乐、舞蹈和综合类等100多个节目中，评选出各类别的一、二、三等奖25名。

（何文辉）

【残疾人专场招聘会】 5月14日，区残联联合区人保局、区民政局举办助残日残疾人专场招聘会，以“提供一个岗位，共享人生出彩机会”为主题，来自全区各街镇的150余名残疾人和31家社会单位参加。60名残疾人现场与用人单位达成就业意向。

（何文辉）

【全国助残日主题宣传活动】 5月16日，区残联举办第二十四次全国助残日主题宣传暨残疾人书法绘画摄影手工作品展。北京市残联、区政府、区残联领导以及来自各街镇残联理事长、专职工作者和残疾人代表100多人参加活动。活动现场为街镇辅具站代表配发轮椅等辅具320件，为全区所有持证聋人配发助听器电池1万件。

（何文辉）

【基层残疾人组织建设工作培训】 5月20日—22日，区残联举办基层组织建设工作培训会，全区29个街道、镇残联的理事长、专职工作者计100余人参加培训。培训班就基层街镇残联如何做好残疾人工作、如何为残疾人提供贴心服务进行培训。会议就进一步做好残疾人温馨家园工作听取各街镇的意见。

（何文辉）

【残疾人家庭康复学校讲师团师资培训】 5月26日—27日，区残联举办残疾人家庭康复学校讲师团师资培训班。全区各社区卫生服务中心的精神病防治医生、肢体康复医生、温馨家园工作人员、街镇残联理事长以及街镇家庭康复培训学校的讲师157人参加。培训以精神残疾人沟通技巧、用药管理、家庭作用和社区康复策略与技巧为主要内容，邀请北京联合大学特教学院许家成教授和北京回龙观医院康复科崔永主任主讲，座谈研讨了家庭康复学校培训课程的对象、培训方式。

（何文辉）

【智力和精神残疾人农疗康复基地揭牌】 6月4日，四季青御林观光园智力和精神残疾人农疗康复基地揭牌，各街道（镇）理事长、康复协调员、残疾人及亲友共计240人参加，首批180名智力和精神残疾人成为活动学员。基地打造适合残疾人训练的新型康复模式，残疾人学员在基地老师带领下通过简单劳作达到改善自律、服从组织、增进与他人合作等情感态度，恢复改善残疾人参与接触社会的能力，直至康复。

（何文辉）

【“全国爱眼日”主题宣传】 6月6日，区残联与海淀医院联合举办第十九次“全国爱眼日”主题宣传活动。海淀医院眼科专家团队为200余名残疾人、老年朋友开展眼部保健相关知识的宣传和义诊服务。

（何文辉）

【“关爱残疾人健康援助工程”启动】 6月14日，区残联携手北京马应龙长青肛肠医院启动“关爱残疾人健康援助工程”。国家中医药管理局，北京市残联、中医药管理局，海淀区残联、卫生局，北京马应龙药业，北京马应龙长青肛肠等相关单位领导，以及医务工作者、残疾人代表共计200余人参加。此项活动自6月5日起至12月31日结束，重点为海淀区3.1万名持证残疾人提供免费的肛肠疾病筛查，同时对因肛肠疾病需住院治疗的残疾人提供一定比例治疗费用的资金援助。

（何文辉）

【肢体残疾人家庭康复护理知识培训】 7月16日，区残联举办肢体残疾人家庭康复护理知识培训会，40余名各类肢体残疾人及残疾人家属代表参加。四季青医院的专家就偏瘫、截瘫、脑瘫等各类肢体残疾人的日常护理、康复训练、药物及饮食等方面的护理进行讲解。

（何文辉）

【视力残疾人生活安全辅具包使用培训】 7月30日，区残联为视力残疾人举办生活安全辅具包的产品使用培训会，全区29个镇街道残联理事长、康复站工作人员、辅具站负责人共计50余人参加。辅具包主要包含“防溢报警器、万能语音遥控器、电子语音体温计和计量油壶”4类专供视力残疾人使用的安全生活产品。海淀区1376名视力残疾人领到生活辅具包。

（何文辉）

【无障碍知识培训】 8月14日—8月21日，区残联分批对全区29个街镇的1200余名残疾人和社区居民进行无障碍知识培训。此次培训班邀请中国狮子联会北京管理委员会秘书长以及北京舒耘听力语言培训中心人员分别就《无障碍环境建设条例》和无障碍环境等相关政策进行解读。

（何文辉）

【第二届精神残疾人趣味运动会】 10月9日，区残联与区卫生局联合举办第二届精神残疾人趣味运动会，结合第二十三个世界精神卫生日“心理健康，社会和谐”的主题，来自全区29个街镇的290余名精神病残疾人参加活动。运动会设置广播体操、集体传球、定点套环、托球跑、踢毽子、夹玻璃球等9个项目的比赛。

（何文辉）

【特殊奥林匹克趣味运动会】 10月22日，海淀区举办2014年特殊奥林匹克趣味运动会。来自29个街镇的242

名智力残疾人及亲友参与运动会。此次运动会共设置趣味保龄球、单手拍篮球、单人跳绳比赛、羽毛球掷准、踢毽子、立定跳远、篮球原地投篮、足球射门、飞镖掷准9个项目的比赛。66名特奥运动员分别获得各参赛项目一、二、三等奖。

（何文辉）

【盲人定向行走训练效果评估】 11月19日—20日，海淀区在实创培训基地开展盲人定向行走训练效果评估。来自26个街镇的盲人定向行走训练师、视力残疾人及家属共计170人参加评估。北京市盲校的指导老师针对盲人朋友行走训练中存在的问题提出指导性意见。此次盲人定向行走效果评估主要是针对导盲随行、上下楼梯、进出口门等为主要内容，对前期区残联开展的盲人室内外行走训练、出行购物训练、乘车训练等残疾人基本生活技能训练的效果进行考量和评估，提高了盲人生活能力。

（何文辉）

【第二届残疾人棋类挑战赛】 12月3日，区残联联合海淀区体育局、精神文明建办举办"大爱海淀"2014关爱残疾人志愿服务活动暨第二届残疾人棋类挑战赛，来自全区26个街镇的60多名视力、听力和肢体残疾人参加活动。

（何文辉）

【残疾人职业康复工作培训】 12月16日—17日，海淀区召开残疾人职业康复工作培训会，43家公办及民办职业康复劳动站负责人及工作人员共计40余人参加会议。培训邀请市残联社就中心专家解读市残联出台职业康复工作管理办法等政策，邀请钓鱼台特级厨师讲解膳食营养与搭配常识。

（何文辉）

【居家康复服务总结会举办】 12月25日，海淀区召开残疾人居家康复服务总结会。29个街镇的残联理事长及区残联理事会领导、康复机构团队、跟踪入户协管员共计100余人参加会议。慈爱嘉和青松两家康复机构进行工作总结和经验交流，区残联理事长对居家康复工作进行点评。全年共为300名居家康复服务对象提供指导服务1.2万人次，各级居家康复服务团队开展入户询访360人次，电话随访1000人次；康复对象显效21人，显效率7%；康复对象一般疗效183人，一般疗效率61%；康复对象阻止减退96人，阻止减退率32%；家属满意度98%，服务态度满意率98.5%。

（何文辉）

社会建设

2015

北京海淀年鉴

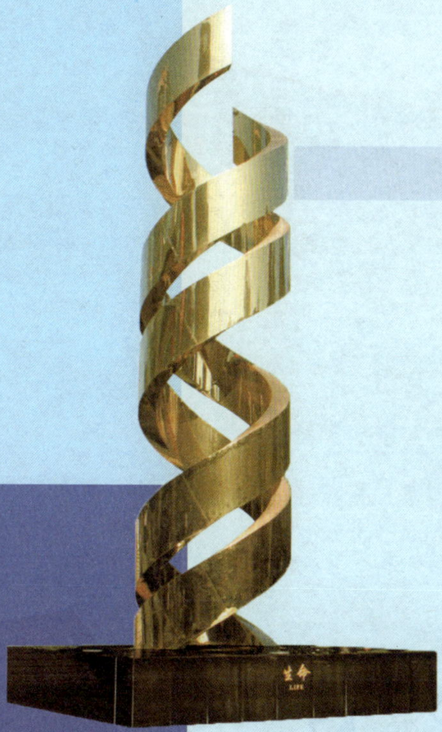

8月27日，区社工委召开机关党支部民主评议党员会（区社会办 金韬 摄）

11月14日，市社会办对海淀区2014年度社区规范化建设示范点社区检查验收（区社会办 杨东 摄）

《 稻香园西社区便民服务网点（区社会办 杨东 摄）

《 海淀街道三义庙社区服务站（区社会办 杨东 摄）

《 社区“益民书屋”一角（区社会办 杨东 摄）

《社区档案（区社会办 杨东 摄）

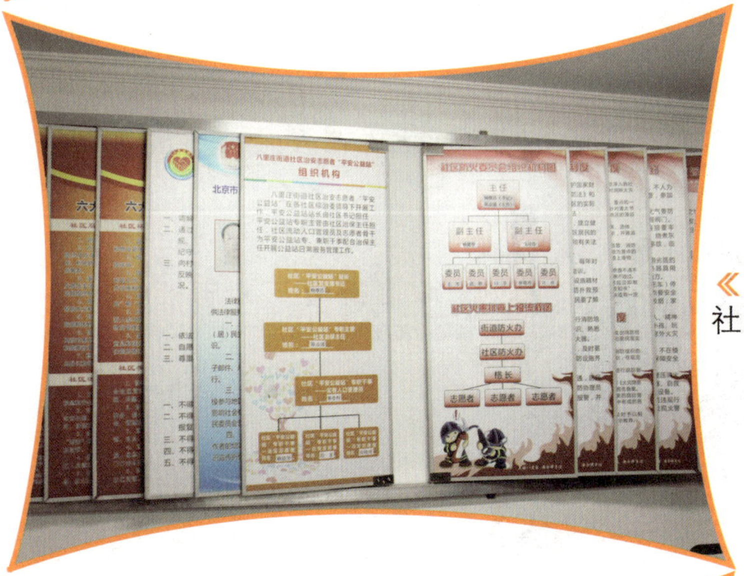

《社区规范化建设制度上墙（区社会办 杨东 摄）

《社区居委会的安防监控中枢系统（区社会办 杨东 摄）

社 会 建 设

综 述

【概况】 2014年，区委社会工委、区社会办结合党的群众路线教育实践活动，以创建全国文明城区为统领，开展社会治理专项改革、网格化社会服务管理、社区治理、社会组织服务管理、社会领域党建等工作，做好对街道系统的统筹协调和综合管理。

（李蔚然）

【社会建设信息工作培训】 5月8日，区委社会工委、区社会办邀请市委社会工委、市社会办和区委办公室主管领导，对街道社会建设信息工作主管领导和信息员进行培训。针对北京市、海淀区社会建设信息工作情况，结合实例对信息写作技巧、报送要求和采编方法进行讲解。

（李蔚然）

【与贵阳市白云区签订友好单位协议书】 11月14日，为深化京筑两地合作交流，推动区域社会建设和社会治理创新发展，海淀区委社会工委与贵阳市群工委结成友好单位并签订项目合作协议。合作项目主要围绕网格化社会服务管理、智慧社区建设、社会组织孵化基地建设、社工队伍建设、社会治理机制建立、社区党组织、社会领域党建等工作展开。

（李蔚然）

【网格化社会服务管理】 年内，区委社会工委推进网格化社会服务管理工作，落实街镇在地区社会治理中的主体地位。加强网格工作实地督导，推动基层健全综合服务管理平台。针对全区网格人员下沉情况进行调研，督促推动相关部门把服务、管理、执法各类资源力量下沉整合到网格，把工作延伸到网格，把社会服务管理责任落实在网格。对25个委办局、29个街镇的网格化工作开展情况进行绩效考评。考评采用问卷调查方式，由29个街镇分别对25个委办局打分。对街镇考评分“上行考评”和“下行考评”。“上行考评”是指社区（村）网格对街镇网格的考评，权重占50%；“下行考评”是指区属委办局对街镇网格的考评，权重占50%。所有考评数据均由零点调查公司负责处理并出具数据报告。调查结果显示，海淀区29个街镇的年度最终得分均在90分以上。排名前三位的街镇分别是学院路街道、苏家坨镇和万寿路街道。29个街镇的年度平均得分为94.46分。7个乡镇拦访2014年度总体评价的平均得分为95.93分，其中，苏家坨镇得分最高。

（李蔚然）

【基层社会服务管理工作】 年内，按照“聚焦重点、突破难点、打造亮点、点面结合，在创新社会治理的同时，推动全区社会建设和社会服务管理重点工作深入开展”的原则，安排专项资金4000万元重点支持社会治理创新、完善公共服务体系、激发社会组织活力、社会领域党建创新4类22个项目，引导、激励、培育、扶持社会服务管理创新。

（李蔚然）

【社会管理专项资金绩效评价】 年内，区委社会工委组织28个委办局、23个街镇、24个社会组织提供150个社会管理项目评价资料；抽查49个项目材料，涉及资金4097万元；现场检查9个项目，涉及区民政局、区社会办、紫竹院、学院路、花园路街道和上庄镇6家单位；组织6家单位26个项目参加专家现场评价会。完成《2012–2013年度海淀区加强和创新社会管理专项资金绩效报告》。并针对海淀区财政局聘请第三方机构对2012年、2013年加强和创新社会管理专项资金的绩效评价报告中的问题和意见，形成《关于2012年、2013年加强和创新社会管理专项资金绩效评价的整改报告》。

（李蔚然）

【街道集体企业改制】 年内，街道集体企业改制涉及13个街道的34家企业（15家总公司和19家子公司），其中完成改制的企业共计3家（其中1家总公司：八里庄街道北京竞普实业总公司；两家子公司：北太平庄街道北京市嘉意电子产品贸易公司和北太平庄街道北京中器影视器材贸易公司）。

（李蔚然）

【社会治理专项改革】 年内，区委社会工委牵头组建专项改革工作组，制定改革工作方案，统筹推进完善基层社会治理体制机制、激发社会组织活力、健全公共安全体系3类改革任务。深化网格化服务管理、“三网融合”、分类开展社区治理试点、社会组织培育孵化“一个中心、两个基地”建设、社会组织直接登记管理、制定政府向社会力量购买服务意见及指导性目录、完善安全生产责任体系等重点改革任务基本完成。

（李蔚然）

社会领域党建

【概况】 2014年，区委社会工委指导社区党组织建设，累计建成304座商务楼宇工作站和43个市级商务楼宇示范站；完善“五站[①]合一”工作机制，构建区域化党建工作格局；加强基层服务型党组织建设，推动1个市级试点社区、19个街道社区、1个非公企业党组织和1个社会组织党组织开展试点。

（李蔚然）

【推进区域化党建】 年内，区委社会工委推动万寿路街道和羊坊店街道2个街道“大工委”和19个社区“大党委”的区域化党建试点。在街道所属社区党组织中开展“居民在心中，服务献真情”主题活动，推动街道机关2666名党员完成“双报到”[②]工作，机关党组织累计提供志愿服务162次，党员提供服务2893次。

（李蔚然）

【基层党组织建设】 年内，区委社会工委抓好街道系统25个软弱涣散基层党组织集中整顿，完成1045家基层党组织分类定级工作，挖掘、培育一批具有引领示范作用的先进典型。1039个党组织被评为“好”和“较好”（99.42%），6个党组织被评为“一般”（0.57%），无较差党组织。

（李蔚然）

【商务楼宇工作站建设】 年内，海淀区有登记在册的商务楼宇398座，占全市商务楼宇总数的31%。截至年底，共建立商务楼宇“五站合一”工作站304座。根据商务楼宇工作站人员配备、办公条件及开展服务等情况，对建站等级进行划分。共有市级商务楼宇工作站示范站20个，一类站62个，二类站108个，三类站114个。楼宇内非公企业7441家，建立党组织664个。制定商务楼宇区域中心示范站建设标准，扩大楼宇工作站服务内容；在非公企业和社会组织党组织中开展“我为企业发展献计献策”主题活动，提升社会领域党建组织覆盖和工作覆盖。

（李蔚然）

社区建设与管理

【概况】 2014年，推进社区治理改革；推动38个老旧小区自我服务管理试点；推广“四方共建”和“三社联动机制”的社区建设和管理机制；新建82个“一刻钟服务圈”示范点、7个农村管理创新试点；新增社区办公服务用房近3800平方米。按照“为每个社区至少办一件实事”的原则，街道系统拟定办理实事项目722项，办理完成实事项目694项，完成率96.12%。

（李蔚然）

【设立为民办实事互动平台】 年初建立为民办实事互动平台。平台分“我要提实事”和“海淀区及街道、镇重要实事”两个板块。在“我要提实事”板块上，市民可提出希望列为新实事项目的意见建议，相关部门将对建议进行筛选、转办，并及时反馈处理情况。“海淀区及街道、镇重要实事”板块主要公布当年区级、街镇已确定的实事项目，定期发布项目进展情况、实施过程。实事完成后会及时发布完成情况及取得的成效。市民可对本年度的实事项目进行评论、提出建议。

（李蔚然）

【社区建设工作推进会召开】 4月4日，海淀区社区建设工作推进会召开，会上区社会办做《夯实基层工作基础　提升服务管理水平　推动社区建设事业迈上新台阶》工作报告，从社工队伍、社区创建、民主自治、社区服务、基础设施等方面提出2014年社区建设工作思路。表彰2013年度91个社区建设工作优秀集体及220名先进个人。

（李蔚然）

【社区公共服务】 年内，区委社会工委完善社区公共服务：构建以区级社区服务中心为龙头、街道社区服务中心为骨干、社区服务站为基础的社区服务网络；依托网格化服务管理平台，规范服务标准，健全首问负责、限时办结等制度，提升社区服务站功能；保障优抚对象、老年人、残疾人、未成年人、低保对象等特殊群体的兜底服务需求。开展志愿互助服务：建立海淀区志愿者联合会、街镇志愿者联合分会、社区（村）志愿者工作站三级志愿服务网络，培育志愿服务团队3480个。开展便民利民服务：完善社区服务商支撑体系，对居民需求的早餐、买菜、家政服务、日常物流配送和再生资源回收等服务进行鼓励、扶持，提高居民生活便利程度。创新共驻共建机制：协调驻区单位开放内部设施、资源，动员、鼓励驻区单位共同开展社区服务。本年新建81个“一刻钟社区服务圈”示范点，累计建成255个市、区两级“一刻钟社区服务圈”示范点，覆盖421个社区，覆盖率74%。本年新建79个社区规范化示范点、38个老旧小区自我服务管理试点，7个农村管理创新试点；全区社区办公服务用房达标率超过96%；推进智慧社区建

---

① 指商务楼宇服务站、党建工作站、工会工作站、共青团工作站、妇联工作站。

② “双报到”即党组织关系不在现居住地的党员，主动到现居住地社区党组织报到，既接受组织关系所在单位党组织的主体管理，又在工作时间以外参加居住地社区党组织活动、接受居住地党组织协助管理的“双向管理”制度。

设；完成“同区通办、三级联动”试点社区服务站建设，探索服务站人员配置标准和办法，推动就业、社保、维权、文教体育等公共服务覆盖到社区。

（李蔚然）

【社区建设和管理】 年内，区委社会工委采取“一居一站”和“多居一站”两种模式，新建495个社区服务站，实现社区服务站应建尽建和全覆盖。规范以社区党组织为核心、以社区自治为基础、以社区服务为依托、以社会组织为补充、社区单位密切配合、社区居民广泛参与的社区管理和运行机制。针对大院社区、城乡接合部社区、老旧社区、新建社区等分类开展社会治理试点。推动38个老旧小区自我服务管理试点，破解老旧小区停车无序、环境脏、治安差、管理乱等难题。明确社区各类组织功能、定位和职责，探索“参与式协商与自主决策”机制，推广由社区党组织、社区居委会、业主委员会、物业公司共同参与的“四方共建机制”，以及社区、社会组织、社工共同协作的“三社联动机制”。建立社区网格化服务管理综合平台，健全网格巡察巡访、问题分级处置、任务协调处置、综合管理执法和“双向”考评5项机制和闭环工作流程，把90%以上的各类协管员下沉到社区网格。开展“服务连心、邻里守望”工作，推动社区志愿服务和邻里互助，解决社区“两委一站”联系服务群众“最后一公里”问题。

（李蔚然）

【社会组织首次承接社区服务职能】 年内，区委社会工委聘请专业调查机构对全区社区居民需求和社区社会组织进行调研，与14家具备资质和服务能力的社会组织签署合作协议、颁发进驻资格牌，分别进驻到11个街镇。购买的服务项目包括康复训练、文化培训和养老服务管理，囊括医疗、教育、为老、文体方面，打造“一条龙”服务体系。如在为老服务方面，购买老年人计算机培训、居家养老服务圈建设、大学生协助社区老人制作“人生旅程”相册等项目。

（李蔚然）

社会组织工作

【概况】 2014年，区委社会工委完善社会组织工作体系，健全社会组织培育孵化体系，加强社会组织引导扶持，完善购买服务机制和激励机制，发展专业社会工作和开展志愿服务活动，引导激励社会组织健康发展。

（李蔚然）

【构建社会组织孵化培育体系】 年内，海淀区投资1145万元构建社会组织孵化培育体系。建立海淀区社会组织孵化中心，作为社会组织孵化培育、沟通交流、能力建设的机构，为入驻社会组织提供组织诊断、项目发布承接、交流培训展示、管理咨询、专业社工派遣、党团组织建设等服务，引导社会组织向承接政府职能转移，向满足社会需要的领域发展。推进街道“枢纽型”社会组织工作体系建设，规范引导街道社区社会组织发挥作用。推进社会组织“一个中心、两个基地”[①]培育孵化体系建设，建成1800平方米孵化基地办公场所；在西三旗街道、中关村街道、学院路街道、上地街道和上庄镇开展街镇层面“孵化器”试点建设工作，鼓励有条件的街镇建立相应服务管理机构、场所，搭建街镇社会组织培育扶持与管理服务孵化基地。

（李蔚然）

【扶持社会组织发展】 年内，区社会办从海淀区加强和创新社会管理专项资金中，安排120万元，对76家取得成绩的社会组织以奖代补的形式进行奖励，为16家优秀社会组织购买专业社工岗位。奖励范围涵盖行业协会、公益组织、教育机构、社工事务所、社区社会组织，额度从5000元到3.5万元不等。购买7家社会组织8项服务和18家社会组织21项服务。在22个街道落实“一街一社工”派驻工作，探索完善“一所多站”工作模式；开展“2014社会组织公益行”系列活动，征集公益活动22项，满足居民多样化、个性化的需求服务。

（李蔚然）

社区工作者队伍建设

【概况】 加强社区工作者队伍建设。制定《关于进一步规范社区居委会工作人员配置办法》，明确选任和招考两种方式，在全市率先将社区工作者招考权限下放给街镇，提升基层选人用人的灵活性与自主性；完善社区工作者奖励激励机制，增设季度绩效奖金。

（李蔚然）

【提高社区工作者待遇】 7月，海淀区为社区工作者增加季度绩效奖金，提高社区工作者待遇。按照一般工作人员每人每季度900元，副职岗位每人每季度1050元，正职岗位每人每季度1200元的标准，经费纳入街镇财政预算。范围涉及在社区党组织、社区居委会和社区服务站中专职从事社区管理及服务，并与街道办事处、镇人民政府（地区办事处）签订服务协议的工作人员，共4024名。

（李蔚然）

① 一个中心指社会组织孵化培育中心，两个基地，一个是金源社会组织培训基地，一个是双榆树社会组织孵化基地。

【规范社区工作者配置】 年内，印发《海淀区关于进一步规范社区居委会工作人员配置办法的通知》，在全市首次将社区居委会工作人员的配置权下放至街镇，明确“按编配置、优化结构、依法依规、属地管理”的基本原则，明晰选任和招考两种配置方式，加强对街镇招考和选任工作的监管和指导，确保社区工作者配置过程公开、平等、竞争、择优。全区共有 24 个街道、镇组织招考和选任工作，累计为社区居委会补充 810 人。

（李蔚然）

街·镇

2015

北京海淀年鉴

《1月24日，学院路街道举办残疾人职业康复劳动站新春联谊会（学院路街道 甄健 摄）

》3月26日，区新闻中心在永定路街道智慧安居示范工程指挥中心采访（永定路街道 李劭 摄）

《4月2日，美国蒙大拿大学曼斯菲尔德中心青年体育工作者访华团到北下关街道气象局社区，对社区文体活动和青年汇工作进行调研（北下关街道 供图）

》4月14日，文明引导员在上地西里公交车站引导乘车秩序（上地街道 宋俊年 摄）

《 5月，中关村街道成立一支由二十人组成的门责员队伍，对街面商铺的门前“三包”情况进行监督（中关村街道 供图）

》6月10日，马连洼地区建筑施工单位“安全生产月”安全承诺暨消防演练活动在中关村软件园二期工地举办（马连洼街道 供图）

《6月11日至13日，羊坊店地区第三届文化艺术节举行（羊坊店街道供图）

》8月3日，八里庄街道北里社区举办“邻里节”厨艺大赛（田峰摄）

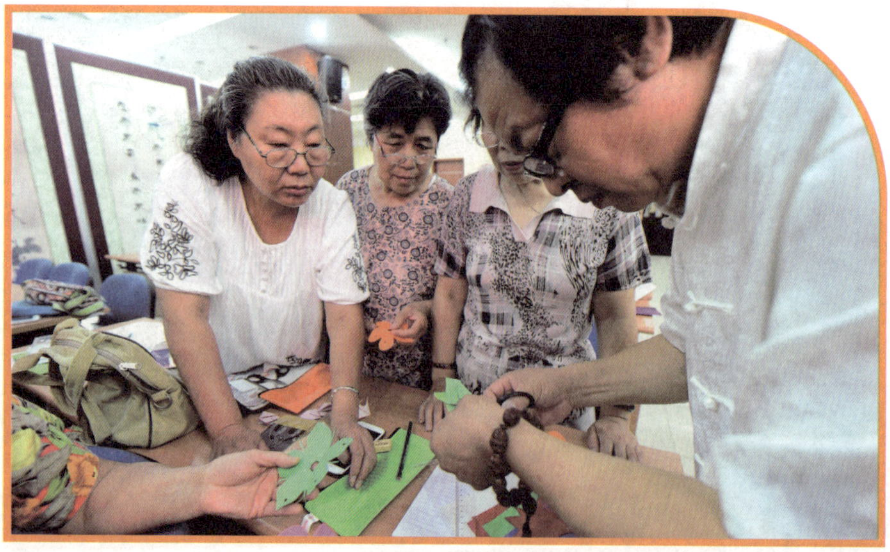

《8月28日，海淀街道举办剪纸讲座（田峰摄）

》9月4日，甘家口街道在社区张贴九小门店“红黑榜”，公布文明商户，曝光不合格门店（甘家口街道

《9月14日，香山街道开展文明随手拍活动（田峰 摄）

》9月17日，温泉文化节开幕（田峰 摄）

9月20日，燕园街道举办“三社联动1+1项目“——爱在燕园共享人生之美”活动（燕园街道 陈海玲 摄）

9月28日，西三旗地区形象标识发布（李瑞林 摄）

10月17日，清河街道举行创建全国文明城区“美丽清河”主题宣传演出（清河街道 赵军辉 摄）

10月18日至19日，区民政局、区社会办、区文明办和田村路街道联合主办“2014田村山老年快乐周末嘉年华”活动（田村路街道 供图）

12月3日，“万寿之友”为老服务联盟推出的“老年餐桌”（万寿路街道 供图）

12月23日，中关村街道清理废旧非机动车辆（中关村街道 供图）

街·镇

万寿路街道

【概况】 万寿路街道成立于1963年3月。辖区面积8.78平方千米。有35个社区居委会，户籍人口22.1万余人，流动人口4.9万余人。

经济建设 2014年完成代征房产税收入库400万元，比上年增长54%。新增企业415家，税源较上年增长1233万元，税源增收4000万元。

环境建设 将20台保洁巡查车分成五组，以30分钟为一个周期，对复兴路南北片道路实施卫生巡查。由街道绿化队组成9个应急处置组，对地区市、区属15条道路的小广告每天实施拉网式巡查，对发现的小广告进行及时清理铲除。由20名专业人员，配备两辆大型运输车组成地区环境突发情况应急队，每周两次对路面及公共设施进行拉网式排查，及时处置环境突发情况。配备保安员20人，负责地区6个重点点位环境秩序盯守。聘请第三方卫生监理公司采取“日检查、周通报、月考核、季讲评”考核办法，对作业单位进行监督考核。组织230名文明引导员，加强站台和路口的文明出行引导。投入300余万元，清理小广告1.5万平方米。补植草坪1.61万平方米，种植花卉1.35万棵，完成新认养1.32万平方米绿地提升。创建万寿路甲15号社区、金和嘉园小区为北京市花园式社区、花园式单位。全年共进行联合执法50余次，取缔和规范无照经营3000余起。完成辖区1300余家门店“门前三包责任书”签约，签约率100%。拆除违建83处、1.06万平方米。

平安建设 投入近172万元用于老旧小区的科技创安建设。食药安全采取“网格化监管和专业化监管相结合”的工作模式，共开展65次联合执法，整治辖区292户无证经营单位。检查生产经营单位1207家，发现安全隐患2179处，及时进行整改和处理。组织文化市场监督员对地区上网营业场所（重点是学校周边）、各类出版物以及印刷、复制企业进行每周拉网检查。启动“向日葵社区”管理系统，加强对地区吸毒人员的管理。完成547套群租房的整治任务。地区未发生重大治安事件和安全事故。

社区建设 本年创建1个“全国和谐社区”，13个“首都文明社区”，1个“规范化示范点”社区，2个“一刻钟社区服务圈”，1个“老旧小区精细化管理试点”。投入2255.14万元进行老旧小区综合整治。社区整体办公和服务用房建设达标率97%。为35个社区安装LED电子显示屏，7个社区服务站配套标识，对9个老旧小区进行无障碍改造。安装健身器材16套，轨道棋22套，改造球类场地2块。对35个社区落实“社区—楼区—楼门—楼层”全覆盖、全渗透精细化网格管理机制。启动3个社区为网格志愿服务试点，进行地毯式数据采集、核实和系统录入。各社区网格共上报信息16.2万余条，其中上报社区民情6374件，自行处置6121件。

民生建设 新增老年餐桌、便民菜站、社区托老所各1家。地区12个“便民菜站”蔬菜、瓜果销售量近4000吨。“循环小巴”安全运乘8万余人次。新签约养老服务商59家。对地区的220名困难群众进行救助，对57名残疾人进行职业技能培训，为地区空巢老人配发燃气报警器477户。完成688名流动儿童疫苗接种的查漏补种。为地区107名困难育龄妇女上女性安康保险。发放失业保险金261.2万元。全年实现就业1484人，就业困难人员就业率达到80.01%。各级人民调解委员会调解纠纷228件，成功率为97.8%，5个社区被评为“海淀区模范人民调解委员会”，铁家坟社区调解主任张雪琛被评为“调解能手”。初步建成“五位一体”的为老服务体系。

基层党建和精神文明建设 开展党的群众路线教育实践活动，街道领导班子查找的105个问题整改落实99项，整改率达到94.3%。建立工委书记统抓、主管领导分管、科室领导落实的党建工作责任制，实行目标管理。签订党风廉政责任书，实行领导干部分工和一把手“第一责任人”与分管领导“一岗双责”的责任制。更新政务公开信息268条。落实85件为民实事。完成市、区交办的6件督查任务。

（李蕊）

【“五位一体”为老服务体系初步建成】 年初，万寿路街道提出“万寿之家”“万寿之春”“万寿之星”“万寿之光”“万寿之友”的“五位一体”为老服务体系的初步设想。至年底，除“万寿之家”处于试运营阶段外，其他“四位”的基础性工作完成。“万寿之家”，是地区4个老年公寓组成的万寿之家老年公寓，其中阳光老年公寓，属公有民营模式，占地3213.3平方米，设置床位100多张。“万寿之春”，是占地1000平方米的万寿之春老年大学。凡是地区内60岁以上的户籍老人，免费进入大学学习。“万寿之星”，是整合区域内200余家文艺团体组成的老年社团演艺联盟。“万寿之光”是以社区23个道德讲堂为平台，以地区的老先进、老模范为主要成员的老年道德宣讲团。“万寿之友”是为老服务商、社会服务团体，社区基层组织等组成的为老服务联盟。

（李蕊）

羊坊店街道

【概况】 羊坊店街道成立于1956年3月，1958年8月并入玉渊潭公社，1963年3月重建。辖区面积6.61平方千米。有社区居委会31个，卫生医疗机构41个，中小学校、幼儿园14所。地区常住人口124226人，流动人口29317人。

经济建设 2014年实现区域税收240亿元、区级税收28亿元，占区级财政的9.2%。有各类企业5885家，新增503家，其中海淀区区级财政贡献百强企业有7家，地区注册资金亿元以上的56家、千万元以上的217家。中国电科财务公司等大型企业入驻地区。

环境建设 完成街道辖区内玉渊潭南路等7条道路的环境提升。新建自行车架400米，油饰围栏5600平方米，油饰围墙8600平方米，修建便道1500平方米。对吴家场五号院、军博、铁西、永红等社区的车棚进行扩建翻新。对电信、西木楼、乔建等老旧小区进行整体改造，道路铺装3200平方米，粉刷墙面2800平方米。在30个小区开展垃圾分类工作，新增社区垃圾运输车10辆，聘请373名垃圾分类指导员。全年组织执法120余次，规范门前三包3300余起，整治无照经营2800余起，签订门前三包责任书1009家，规范上账广告牌匾68个，拆除其他非法广告、落地灯箱220个。全年拆除违法建设27处、6991.28平方米。其中，拆除台账内的违法建设16处、5793.15平方米。

平安建设 地区联合执法队针对地区重点道路、重点部位无照经营、店外经营等违法行为开展联合执法170余次，累计出动执法人员3100余人次，扣留“黑摩的”31辆、拘留13人次；查处非法大排档40余家，取缔露天烧烤20余起；清理非法洗车点5处。治理违法群租房127户，群租房中租住外来人口累计减少1702人，治理率达100%。组织870个单位参与人员密集场所“安全生产主体责任和隐患自查”活动，协同地区人员密集场所开展应急救援演练116家次。调处各类矛盾纠纷624件，调解成功率98%。为1个社区新增监控探头、为4个社区安装楼宇对讲系统。

民生建设 全年开发就业岗位1500个，开展职业指导2000人次，730名失业人员实现再就业。处理劳动纠纷投诉案件69起，涉及374人，讨回工资191.5万元。

全年共发放低保金、医疗救助金、教育救助金、采暖补助及临时救助金共计382万余元，累计救助3487人次。为8261名“一老一小”、无业人员办理基本医疗保险，报销药费740余万元。为3409人办理社保卡，为8883名职工办理社会保险增、减业务，为106名企业女职工办理生育津贴。按时发放各类抚恤金、丧葬费、义务兵家属优待金、水库移民培训费、失业保险金、清洁能源自采暖补贴等共764.5万余元。调整46户低保家庭的低保金，终止33户家庭的低保待遇，增加低保对象17户，城市低保标准从580元/月提高到650元/月，人均补差72元。开展“送温暖 献爱心”和“冬衣送暖”社会捐助活动，共接受捐款123318元，捐物21345件。

社区建设 协调国税总局为社区新增社区用房50余平方米。为颐源居、电信、小马厂社区租用办公及服务用房。完成莲花、羊坊店、小马厂等8个社区办公及服务用房装修改造工程，配备办公及服务设施。

开展服务外包，由专业保洁公司承担普惠寺等13个老旧社区的环境卫生，保洁面积达17万平方米。深化“菜单式居家养老”“居家养老医疗关爱”“智能家庭养老”等内容，推进地区“养老”工作。“一键式”家庭医生——智能电话终端系统社区覆盖率达到30.2%，800余户老年人享受到入户医疗关爱服务。围绕“和谐、舞动、活力、健康、底蕴”主题举办7场文艺巡演进社区活动、3场学悦讲堂讲座。开展雷锋精神进校园、清明节追忆文化先贤、中秋诗会、科普之夏、全民阅读、公益电影放映等文化活动。

基层党建和精神文明建设 开展党的群众路线教育实践活动，街道所属149个基层党组织、5943名党员全部参与。成立街道“大工委”。在部分社区成立社区“联合党委”，建立“一员五联”[①]工作机制，并签订服务认领协议。启动服务型党组织建设试点，开展“服

[①] 指委员兼职、组织联手、资源联合、事情联办、服务联动、效果联评。

务连心、邻里守望”主题活动，整顿软弱涣散党组织2个。开展“暖心楼宇”工程，新建华鹰大厦商务楼宇工作站，整合原有商务楼宇工作站，共设立6个中心站，辐射19个商务楼宇站点。建立汉坤科技有限公司党员活动室，指导新成立的19个党支部开展活动。

向地区各类单位发放社会主义核心价值观和共创全国文明城区海报3500份、“勤俭节约”文明餐桌提示牌及不干胶贴4000份。布置文明城区创建、中国梦、社会主义核心价值观宣传围挡1500平方米、楼门海报2000张、公益广告120平方米、大型户外广告牌14块、宣传横幅360条、各类展板527块。开展春节送福入户活动，向辖区居民发放《一封信》等宣传资料5.6万份，向辖区居民发放创建宣传地图册5万份，发放学习资料1300余册。

（杜岩）

【完成APEC会议安全服务保障工作】11月1日—13日，羊坊店街道启动社会面一级超常防控等级，完成APEC会议期间安全服务保障工作，共投入专群防控力量65161人。其中公安专业力量2860人，治安巡防队员416人、治安志愿者41397人、民兵936人，其他力量19552人；动用车辆17台次。

（杜岩）

甘家口街道

【概况】甘家口街道成立于1957年4月，原名马神庙街道，1963年4月重建并改名为现用名。辖区面积6.49平方千米，有24个社区居委会（本年增加1个社区），人口18.6万人。

经济建设 中国铁路基金投资公司和中国铁路保险公司入驻光耀东方写字楼。完成全国第三次经济普查，地区登记单位6021家，个体户1406家。成立社区、地区单位统计委员会。

环境建设 配合市、区环保部门完成各项空气质量控制指标。治理违章建筑87处、12087平方米，其中拆除台账27处、10978平方米，拆除新生违建60处、1109平方米。完成东钓最后7户约600平方米的拆迁；潘庄“城中村”完成358个平房院29140平方米的拆迁任务。聘请专业绿化、保洁队伍，对19条主要道路开展小广告防粘涂料喷刷；对阜北、白堆子等社区绿地、甬道进行改造和修整；对新苑街、甘百路等十余条路段重新铺筑沥青、铺装人行道；对10.6万平方米自管绿地进行专业养护。引入专业公司，在甘东、阜北社区试点老旧小区封闭管理。

对521户注册登记的商户和未注册登记的商户建账立册，签订“门前三包”责任书。拆除无证经营小门店牌匾226余家。对三里河路西侧辅路、阜北三街、紫竹院南路等重点地区交通秩序进行整顿，共清理道路违章停靠机动车320余辆。

对玉渊潭公园北门、西门非法市场进行取缔，对公园周边违法经营、违法建设等违法行为进行整治，完成国庆游园任务。

平安建设 在治安重点地区增设摄像头79个，在社区重点部位安装“小探头”视频监控系统160处，为高发案老旧小区安装防爬刺3000套。街道三类可防性案件发案率较之上年下降42.7%。实现街道市级高发案地区（甘家口地区）和市级高发案社区（西钓社区）双摘牌。化解劳动纠纷34件，涉及金额240万元。完成地区两名“马航失联”人员家属善后工作。调解社区各类纠纷1148件。启动社会面防控80余天，组织动员社区退休干部、老党员、积极分子、治安志愿者、民兵等群防群治力量3000余人对地区主要街面、天桥、社区进行定点安全执勤。对地区2243户出租户进行登记，对311处群租重点户开展清理整治行动。

出动执法人员近千人次，重点对160家人员密集场所、15家开展建设工程企业和辖区内危险化学品企业进行安全生产检查。共检查公共场所消防安全600余家次，发现安全隐患510余处，下发整改通知书400余份。对潘庄、西钓社区和甘家口商圈、老虎庙市场等重点地区消防安全隐患集中进行清理整治。

民生建设 完成区下达就业安置和企业保险业务下沉征缴工作指标。完成职业指导1813人次。发放社保卡1000余张。启动老年餐桌送餐服务项目，为老年人发放午餐1万余份。发放养老（助残）服务银行卡5337张。发放高龄津贴、高龄特困津贴44.53万余元。发放残疾人生活补助140万余元、助残券19万余元。受理保障房新申请家庭418余户，为167户家庭取得保障房备案资格。为失业、低保人员发放各类救助、慰问金等360万余元。开展“共产党员献爱心”“春风送暖”“博爱在京城”募捐等慈善活动。2014年非京籍适龄儿童入学登记204人，审核通过131人。

社区建设 对网格内部案件做到“三个一”，即一事一督办、一周一答复、一月一完结。投资681万元，完成400余个楼道墙面粉刷，1672个门禁、室外LED屏的安装等为民办实事项目。培育中纺、工运、工商大学、建设部社区为2014年六型社区创建示范区；创建潘庄、水科院、西钓嘉园社区为规范化社区示范点；在潘庄社区创建老旧社区自我管理示范社区。

基层党建和精神文明建设 开展

群众路线教育实践活动，查找领导班子和领导干部“四风”问题85条并进行整改。开展“走群众路线 创建让群众满意的文明城区——文明创建三部曲”行动。通过电话、邮箱和“甘家口之窗”微博等渠道，征求群众意见。结合2014年区创建办开展的7次三方测评、12次整改测评，并从10月份开始每周一、三、五创建会商会反馈日常检查发现问题，所有需整改问题近千个，街道通过问题流转单制度，90%的问题得到解决。组建地区“百姓宣讲团”，开展“最美北京人”百姓宣讲活动。面向地区单位、机关和社区开展“道德讲堂”“北京榜样”道德模范推荐、“甘美心灵”论坛、“甘家口”杯2014玉渊潭春季健走及群众文化展示、“中塔炫”登塔体验、“家庭美德”宣传、“计生樱花节”“缘来你也在这里”青年联谊活动等。

（郭晋越）

八里庄街道

【概况】 八里庄街道成立于1963年3月，辖区面积6.49平方千米，户籍人口9.27万人，流动人口3.41万人，辖31个社区居委会。辖区内有企事业单位1000余家。

经济建设 对辖区内16家异地纳税企业以及12家海淀区重点企业逐一走访。对16家异地纳税企业的基本概况、注册地址、经营情况、税收情况等基础信息进行采集、整理，建立八里庄街道异地纳税企业管理台账。个人出租房屋代征房产税1227万元。

环境建设 拆除违法建设100处75817.21平方米，其中拆除新生违法建设62处1767.21平方米。对21条主要道路、2个小区和50多处脏乱点实施综合整治，共铺装沥青路面2万平方米，铺装渗水砖、大方砖路面1.9万平方米。新建自行车棚4个1000平方米，围栏油饰、围墙抹灰粉饰1万平方米，绿地改造、砌挡土墙4000平方米，加装交通护栏6000米。实施老旧小区综合整治项目2处：定慧西里小区节能改造项目，覆盖27栋楼17.73万平方米，涉及2376户约9000人；完成北京肿瘤医院阜成路47号院和北京市经济管理学校宿舍楼抗震加固项目（其中1栋为节能改造），3栋楼9000平方米，涉及166户约800人。

以执法队为主要力量，联合交通、派出所、城管、工商、食药等部门，采取集中整治与动态管理结合，突击检查与日常督察结合，开展地区环境秩序整治。对304医院、肿瘤医院、中关村国家自主创新示范区核心区企业服务中心、北洼路沿线、三环路沿线、解放军档案馆北侧市场、北校园周边、家乐福周边八大重点地区环境定期进行综合整治。统筹公共文明引导员、交通协管员、巡逻队、流管队、安全员等各类力量，在交通路口、人流密集区、过街天桥、网吧、地下通道、建筑工地等周边加强对交通、治安、环境卫生和秩序的管控。与500多家门店签订“门前三包”责任书。

平安建设 为社区安装视频探头115个、门禁28个、防爬刺1245个。为9所中、小学和幼儿园出入口安装视频探头，在地区重点路段安装66个科技创安高清探头。为21个社区警务室配备34名辅警力量，实现社区警力值守常态化。创新“平安公益站”长效志愿服务机制，地区实名登记志愿者3500余名，社区登记和平台录入志愿服务20万小时。

开展日常安全监督检查5799家次，发现问题隐患4832个，整改完毕3382个，实现重大事故零指标。对地区人防工程进行定期安全检查执法，下发建议隐患整改通知单1800份，发出隐患告诫书36份，约谈通知书5份。开展食品药品督查检查1680户次。对农贸市场、早餐厅等低端业态进行关停整改执法检查。对地铁早市周边环境进行重点整治、对华宴早市进行关停整改、对辖区17个便民商亭实施“便民服务网点环境整改”；开展“打非治违”、打通“生命通道”、危险化学品等专项整治执法，对违法出租房屋、群租房进行专项整治执法，拆除清理隔断房、群租房258套，完成率100%。整治八宝庄、定慧东里、定慧西里三个社区地下空间。

创建5个规范化社区人民调解委员会，成功调解司法矛盾纠纷1254件，调解成功率98%。开展“大排查、大接访、大化解”工作，妥善处理市长信箱、市区群众来信，信访案件办结率达到100%。开展劳动用工专项大检查，检查企业98家，处理劳动纠纷案件28起、涉及农民工1534名、金额696万余元。完成25家企业薪酬调查、50家小企业劳动关系状况调查、30家餐饮企业劳动关系状况走访。

民生建设 开展“再就业援助月”“就业困难群体”就业援助等活动，开展职业指导1120人次，980名失业人员通过职业指导实现就业与再就业，650名就业困难对象实现就业。落实对重残家庭、失独家庭、低保家庭、低收入家庭帮扶救助政策，累计发放低保金380余万元，重残补助金14万余元，医疗救助23万余元。为56名低保特困家庭办理“爱心卡”。完成53户保障性住房市级备案手续。完成恩济庄、五路、八宝庄、定慧西里4个平房区涉及68户居民家庭227人的“减煤换煤”工作。

玉渊潭养老康复护理院投入运营。加强“美丽园”“鼎力”“恩济里”街道级养老管理服务中心3个试点社区建设，建成25个“老年互助社”。为9个社区配备“生命体征仪”。对“美好八里庄”1、2号菜店加强监督管理，将华宴早市关停后转型为第三家“美好八里庄便民菜店”，新增定慧东里社区流动菜车和水文社区便民菜点。建成八里庄街道便民服务中心。

社区建设　南玲珑巷社区与东八里社区合并为东八里社区，亮甲店社区与恩济庄社区合并为恩济庄社区。招聘18名社区工作者。完成31个社区志愿者服务站的建站。建成鼎力和世纪新景两个北京市级健康示范社区。美丽园社区作为区级社区治理工作的试点单位，在“四方议事”工作模式基础上，成立以社区有专长、特长的人群组成的智囊团，参与社区工作。八里庄北里社区作为老旧小区自我服务管理的试点社区，成立自管小组，发挥社区议事协商会作用。

为裕泽园、双紫社区购买办公服务用房，为定北一居协调解决70平方米临时活动用房，推进颐慧佳园社区480平方米综合服务活动中心建设。为3个社区1261户家庭安装信报箱、为24个社区1095个楼门安装信息宣传栏。为31个社区购置电脑和照相机，为12个社区安装宣传栏，为16个社区购置专业音响设备。为18个社区配备电子血压计、血糖仪等慢性病检测设备，为地区2509名符合条件的80岁以上的高龄老人免费安装“一键式”24小时家庭咨询服务电话、更新和增设社区体育健身器械、创建体育生活化社区，在世纪新景园建立健康步道，在岭南路建立健康知识一条街。

基层党建和精神文明建设　在街道领导班子和所属75个党组织、3244名党员中开展群众路线教育实践活动，共梳理意见77项156条，建立“立行立改台账”“民情台账”“服务台账”落实整改。评选出地区党建带头人11名、地区党员之星20名、街道党员之星10名。增补地区5家单位为党工委“席位制”委员，发挥地区党建协调委员会作用，搭建文化艺术联盟、民主监督与管理委员会、物业联盟等平台。

加强创建文明城区力度，将52个申报点位、11个重点行业、556个随机点位责任落实。在重点道路、交通路口、广场增设公益广告牌，张贴社会主义核心价值体系和“中国梦”主题宣传画，悬挂文明出行提示语，利用电子显示屏和宣传栏滚动宣传文明行为规范。街道与首都师范大学共建美好八里庄系列活动获海淀区创建全国文明城区十大特色活动。建设“颐慧佳园文化服务中心”“瑞新里文化培训中心”和0–3岁早教基地文化惠民工程项目。开展家庭文化宣传月活动，开办首届八里庄地区群众文化团队文艺会演、玲珑杯体育文化节展演等活动，扶持地区特色文化团队。开展“中国梦”“社会主义核心价值观”宣讲、“五月鲜花”文艺会演、“北京榜样”举荐、“道德讲堂”巡回演讲等宣传活动。

（王敏）

【八里庄街道便民服务中心建成】　11月13日，八里庄街道便民服务中心正式对外办公。该中心集中了民政科、社保所、计生办等10个科室的对外业务。街道作为海淀区三级联动同区通办工作的试点单位之一，通过前期梳理行政办理事项之后，选取个人事项4类41项在中心实现就近受理、同区通办。中心还为地区文化娱乐、电子阅览、地区工会服务、青年汇等提供活动场所。

（王敏）

【定慧西里老旧小区整治】　定慧西里小区节能改造工程项目是海淀区最大规模老旧小区综合整治工程。街道通过做好前期调研、成立总指挥部、建立党支部、采取部门联动、广泛发动群众等措施，按照“依法进行”“为民谋利”原则，解决小区脏乱差等问题。截至年底，共拆除违法建设104户，节能保温层完成100%，窗户更换99.7%，小区环境秩序明显改善。此项工作成果得到区主要领导的批示，其成功经验在全区通报表扬和宣传。

（王敏）

紫竹院街道

【概况】　紫竹院街道原名蓝靛厂街道，成立于1959年11月，面积6.23平方千米，户籍人口12.6万人，流动人口2.6万人，少数民族人口6000余人，街道下辖22个社区。辖区有大专院校8所、科研单位18个。我国56个民族均有成员在域内居住生活。

经济建设　2014年，地区有各类经济主体共10717户，其中内资企业9375户、外资企业352户；新增各类主体938户，增长36.5%。注册资金在3000万元以上的176户，注册资金在5000万元以上的146户，亿元以上的102户。商贸、服务业占的比重大。

环境建设　全年共拆除违法建设187处、5634.47平方米。拆除媒体关注的韦伯时代大厦C座顶楼违建。开展联合执法130余次，出动车辆500余辆次、人员1400余人次，查处游商1100余起、店外经营1500余起，拆除违规广告宣传品260余处，清运无主垃圾900余车。整治魏公村斜街、昌运宫5号楼周边等市、区级环境秩序脏乱点10批次69处。市、区投资555万元，街道投资608万元完成2014年环境建设项目共11个，涉及地区17条道路和三环路两侧12栋楼。在三虎桥、车道沟等社区推进老旧小区综合整治，抗震加固、节能改造10栋楼、45万平方米。按照清洁空气行动工作要求，在地区设置10个PM2.5空气颗粒监测点，排查企业294家并建立监管台账，为6个社区124户居民换煤94.25吨。完成地区1205户商铺的“门前三包”责任书签订，建立门前三包检查员、管理员、值班员的“三员协防”制度，签订率达99%。

平安建设 组建万人安全信息员队伍，建立完善反恐防暴信息反馈及应急反应体系。拆除群租房218户。启动等级防控83天，发动群防群治力量61.5万余人次，完成全国“两会”、APEC会议等重点时期的社会面稳控和食品安全专项检查。开展滚动式矛盾排查，共调处各类矛盾纠纷8032件，调解成功率达到98.2%，网上办理来信39件，接受来电来访65件，处理“12345”、“96181”、非紧急救助服务中心转办件494件，结案率100%。调解辖区内的劳资纠纷30余起，涉及800余人、金额1598.89万元。矫正与帮扶结合，对两类人员开展困难救助、就业指导等。投入107万元完成4个老旧小区门禁系统建设，投入165万元完成5个社区视频探头建设。办理流动人口“暂住证”13105个，查验流动人口“婚育证”5792个次，走访检查出租房屋38758户次。加强地区安全生产检查，巡查单位610家，发现隐患182处，立即整改133处，限期整改49处。指导企业开展安全生产标准化创建，达标率100%。“智能安全物联管理应用”系统安装CO监控、电子标签监控、有毒气体监控等设备设施1895个，累计接收电梯预警、餐饮企业烟道清理预警、地下空间预警等信息共计79起，监控报警信息98起。

民生建设 办理32件实事，内容涉及环境、民生等多领域。在兵器机关、厂洼二和车南里社区建立社区老年餐桌。为地区2593名80岁以上老年人安装“家庭医生式一键式服务器”。创建“紫竹幸福家园”项目，面向0–6岁婴幼儿和家长免费提供早期教育的指导工作并开展系列亲子活动，共接待社区儿童约3500人次，开设亲子课程190节。举办三次大型社区宝宝亲子运动会，活动参与人数达200人次。组织11个社区居委会与律师签订《村居法律顾问聘请合同》，社区法律顾问与签约律师共开展活动106次，参与纠纷调解62次，咨询服务322人次，代写法律文书56份。

举办10场招聘会，促进地区320名失业人员就业，采集空岗信息4300个，帮助460名辖区内就业困难人员实现灵活就业和自主创业，安置残疾人就业13人。为1230家企业办理8946笔社会保险业务。受理保障性住房申请69户。地区网上非京籍子女小学入学登记242人，审核通过201人。

社区建设 指导社区健全完善居民会议制度和居务公开制度，对社区办公和服务环境进行整体提升改造，在三虎桥等5个社区开展“一刻钟服务圈”示范点创建工作，组织厂洼二等3个社区参与“六型社区”创建，做好魏南、三虎桥社区“社区规范化示范点”建设。

为22个社区统一铺设宽带并配备网格化工作专用电脑。“社会保障网上服务平台”将原来的21个业务窗口整合为6类综合服务窗口，实现网上预约、预审核的互动式转变，办理居民保障业务5258件、住房保障业务2517件、失业退休业务5278件、企业保险业务3481件、药费报销业务1266件、就业服务业务2810件。知竹online网上社区服务站发布便民信息11类15440条。

基层党建及与精神文明建设 开展党的群众路线教育实践活动，收集和梳理各类意见建议100多条。领导班子查找“四风”突出问题30条，确定14个方面的整改内容，启动立行立改事项6项。

探索推行服务型基层党组织“零距离”工作法，构建“1114”[①]社区服务工作模式，以“守望邻里情，连心中国梦”为主题，推进“服务连心、邻里守望”活动。成立海淀区工商业联合会紫竹院地区分会，为企业提供工商、税务、司法等服务，开展楼宇青年汇、联谊会、楼宇志愿服务等活动。

机关层层签订党风廉政建设责任书。对16项小型工程建设开展效能监察。

开展以“我的中国梦，欢乐新北京”为主题的系列文化惠民活动。作为第四届中关村国际青年艺术节之“青春放歌”单元的分会场，街道开展长河游、文艺演出等活动。与宏音斋民族文化发展中心合作举办“庆祝中华人民共和国成立65周年”民乐专场演奏会。建设数字文化社区共享工程及公共电子阅览室。启动科普文化大讲堂，举办“科技生活，创新圆梦”科技周宣传活动。

（韦节村）

[①] 即建立一个邻里守望连心驿站，构建党员干部联系和服务居民群众的长效机制；打造一支志愿服务队伍，加强社区志愿服务体系建设；塑造一个富有特点的睦邻文化，引导邻里相熟相知；开展四类邻里关爱重点服务，推动邻里互帮互助。

北下关街道

【概况】 北下关街道成立于1963年2月，辖区面积6.04平方千米，现有社区居委会31个，户籍人口15万人，流动人口5万余人。辖区有蒙、满、回等22个少数民族。辖区文化古迹众多，科教文化单位密集，商业经济发展繁荣。

经济建设 成立“中关村地区科学城建设指挥部北下关分指挥部”，进行低端业态调整和人口疏解。开展异地纳税企业回迁核查摸底，共核准企业名称、工商注册地址851家；核准企业计算机代码、地税注册地址、税务所管理部门、实际经营地址565家；建立详细通讯录770个。开展低效用地调研，地区共有38块低效用地，土地总面积约131.27公顷，现状总建筑面积约161.5万平方米，平均容积率1.2。完成第三次经济普查登记，登记单位8471家，个体2837户。全年代征收房产税收入1350万元。

环境建设 2014年环境建设项目共计投资1945万元，涵盖区域26条道路环境整治和南二社区花园改造。完成老旧小区节能改造与抗震加固综合整治改造项目100余个。投资130万元对大慧寺南路、四道口水产市场周边环境进行整治。落实门前三包管理责任，签订率、知晓率、履约率均达到100%，并建立健全门前三包管理员管理考核制度。开展辖区内各类公共服务设施排查，建立台账，并分类进行协调整治。拆除各类违建16处、12075平方米。拆除新生违法建设27处、1760.72平方米。新建改造绿化面积11000平方米。养护36800平方米道路绿地、26973平方米社区绿地。开展垃圾分类社区创建。开展防汛、地震等防灾减灾知识宣传与应急演练，完善地区应急救灾体系建设。每月开展环境清洁日活动。日均清除小广告1000余张，作业长度总计26800余米。信息化城市管理系统上报案件35171件，立案34482件，立案率98.04%；结案34360件，结案率99.65%。通过视频监控系统发现并处置各类案件1126件。处理街道群众事务呼叫系统办理单20余件，解决街道城管监督分中心督办案件300余件。协调处置各类突发事件159件。

平安建设 完善监督员考评制度，提高监督员履职能力和综合素质。对31个社区278名协管员进行培训，提升社管通系统应用技能。出资277.2万元为各个重点部位和派出所聘用专业保安。出资331.4万元为13个社区安装楼宇对讲系统。启动一级防控47天。与31个居委会签订《预防煤气中毒工作责任书》，与1068家用煤取暖户逐户签订《预防煤气中毒安全责任书》。组织预防煤气中毒工作检查，开展温暖1号—4号行动，发放预防煤气中毒安全材料5000余份，组织检查360人次，张贴安全提示4272张，下达整改通知单289份。成立联合执法一队、二队，打击无照游商、非法大排档、店外经营、堆物堆料、乱贴乱挂等违法经营行为。协调桥下空间管理单位对全区桥下空间开展专项清理整治。完成辖区近9000套出租房和4万名流动人口信息的核查登记。完成流管平台与公安派综平台66904条数据的维护。开展大型禁毒日宣传活动，发放宣传教材1000多份，完成吸毒人员评账工作。开展大型养犬宣传活动2次，完成年检登记犬数598条。开展检查铁路周边安全巡查活动6次。开展“文明交通月”“国际民防日”“安全生产培训周”“安全生产月”等安全宣传10余次，防火知识培训应急演练10次。开展消防设施达标大检查，排查消防安全隐患，投入30多万元为无物业社区新配灭火器材。开展“安全环境综合整治”及安全生产“打非治违”专项行动。组织安全生产例行巡查检查1200家次，完成安全生产委托执法120余次，整改各类安全隐患520多处。完成150家小微企业安全生产标准化岗位达标评定。将地下空间检查纳入网格化管理体系，发现并整改各类安全隐患145处。对辖区内食品药品经营监管主体2114户进行风险排查，建立健全各类监管台账。日常巡查共出动执法人员1万余人次，检查涉食经营单位5000余户次，检查覆盖率达100%。完成每月20项食品快速检测及4项辖区农产品市场快速检测。完成专项检查任务30余项，检查食品、药品经营主体3000余户次，发现违法经营行为累积立案64件，规范经营行为为500余户数。围绕“安全消费”主题，开展食品药品安全宣传，普及食品药品安全法律知识。全年共调解民事纠纷1598件，成功1531件，成功率95%。在社区开展法律讲座18次。开展“法律六进”活动70次，近10万人次参加。开展“法律服务村居行”活动。举办劳动保障法律法规专题宣传活动3场次，接待咨询问题400余条。完成“对30人以下小企业劳动关系状况调查”。在富海大厦推进“劳动用工规范一座楼宇工程”。开展矛盾纠纷隐患排查11次，办理信访件24件。办理海淀区群众呼叫中心交办件700余件，办复率100%。

社区建设 完成自行车棚改造、楼道粉刷、社区用房装修、路面整修4项社区改造工程，惠及12个社区，总投资1482万余元。全年社区硬件设施、用房零星修缮、抢修共涉及18个社区，合同金额254.71万元。将农科院、皂君庙社区确定为规范化建设示范社区。完成电子屏架设社区全覆盖。新建国家气象局社区养老服务中心。打造中关村南大街40号院、皂东、皂君庙社区“一刻钟便民服务圈”。启动国家级社区居家养老服务标准化试点，对社区居委会、签约的居家养老服务商进行“社区居家养老服务标准化”工作培训。开展“服务进社区，名人大讲堂”等文体活动。北下关社区义工分会在各义工站组织开展学雷锋服务月活动，组织舞蹈、健康讲座及其他培训讲座。

民生建设 举办失业人员专场招聘会12场，采集空岗信息指标3621条，为地区 319 家单位招聘跟踪服务 959 次，完成用工调查 150 余家，提供求职推荐 300 余人次，进行失业人员职业指导 550 余人次。办理新增“一老一小”医疗保险 1460 人，发放社保卡 730 张。受理保障性住房业务 362 户，复核 145 户，登记摇号配房 234 户。对 26 个社区近百处场所进行无障碍改造。完成社区 4379 名 80 岁以上老人信息的采集上报，完成辖区内享受老年服务券老人的 25 项数据采集。发放老年服务卡 4221 张。推进“慈善超市”工作，共向地区 143 名困难群众发放“爱心卡”面值总计 8.58 万元。开展“春雨行动”和“冬衣送暖”行动，共为海淀区对口支援的贫困地区募集衣被 1.9 万余件。发放各类救助款项总计 866 万元，发放抚恤费用 107.3 万元。完成 2014 年计划生育家庭意外伤害保险及女性两癌保险的统计上报。组织 400 人次流动育龄妇女进行免费避孕节育检查。免费发放各类避孕药具 4 万余盒。分别为南里、柳北、娘娘庙、农科、皂东和街道服务大厅安装免费避孕药具自助发放机。受理“单独两孩”申请 260 余例，通过审批 242 例。开展“书香飘满社区，文明携手共进”读书交流系列活动。开展计生特殊困难家庭（失独家庭）关怀关爱行动，建立“暖心行动”志愿者队伍；为 79 名计生特困家庭成员办理健康体检卡。建设家庭文化墙，开设“北下关文化素养大讲堂”“北下关道德家庭”书画摄影作品展览、“家庭才艺秀”以及“亲子趣味运动会”等系列活动。开展第九届群众文化节以及“社区舞台欢乐行”系列歌舞比赛等活动。与驻区单位共同举办以“资源、环境、生态、健康”为主题的“科普之夏”系列活动。为社区更新室外健身器材 13 套，安装轨道棋 1 套，新建门球场地 1 块。为 2765 户 80 岁以上的老年家庭免费安装“一键式”家庭医生式服务系统，安装率达 82%。建设健康步道和健康知识一条街。

基层党建和精神文明建设 开展党的群众路线教育实践活动和反腐倡廉宣传教育活动，完成落实中央八项规定情况月报表和海淀区电子监察政务平台预警工作。新成立非公企业党组织 15 个，街道非公企业党组织数达到 45 家，其中独立党支部 39 个，联合党支部 6 个。召开非公企业青年人才联谊会、非公企业迎“七一”座谈会等活动。开办非公企业党建简报，开通非公党建工作博客，建立“北下关街道非公党员”微信。召开地区人大代表工作大会，听取地区整体发展规划工作汇报，并就街道发展规划、城市建设、社会管理等工作进行座谈。组建文明观察员队伍。开展首届“北下关好人”评选活动和“家在北下关，文明心相连”征文演讲活动，在社区开展道德讲堂巡讲 14 场，组织市民参加海淀区第五届文明市民艺术节，参与居民 2000 余人次。

（刘绍鹏）

【北下关第九届群众文化节】 7 月 7 日至 10 月 31 日，北下关街道举办北下关地区第九届群众文化节。本届文化节以“共驻共建共享，同心同德同创”为主题。文化节期间，开展公共文化、体育、科普、青少年校外教育等系列活动，内容涵盖舞蹈比赛、歌唱比赛、家庭趣味运动会、科普大讲堂系列讲座、青少年演讲比赛、青少年象棋比赛、“弘奥杯”羽毛球赛等文化活动百余场，参与群众达 3 万余人次。

（刘绍鹏）

北太平庄街道

【概况】 北太平庄街道成立于 1957 年，辖区面积 5.17 平方千米，有 38 个社区居委会，户籍人口 156587 人，流动人口 52202 人。

环境建设 对地区 7 条道路进行维修，对 8 个老旧小区进行抗震加固和综合整治，对 13 栋居民楼进行节能改造，完成 5 座旱厕改造。拆除违法建设 1.4 万余平方米。明光寺农副产品批发市场、太平湖市场、志强园市场关停或升级改造。以师大三附中学为校园周边环境整治的重点，封闭 76 家破墙开门的沿街商户。

平安建设 全年共投入 355.23 万元，聘用保安人员加强巡防和执法。对辖区 277 户群租房完成整治，其中帮拆强拆 75 户。为 5 个社区安装 79 套门禁系统，加装 42 台探头。加强消防安全隐患排查治理，监督检查企业单位 1901 家，解决举报件 4 起，下达检查记录单 1901 份，下达责令整改执法文书 24 份，处罚生产经营单位 2 家。与社区及重点单位签订责任书 153 份，开展消防检查 200 余次，发现隐患 80 起，整改 80 起。检查餐饮业 600 余家，完成 235 家餐饮企业的量化评级。受理、接转各类举报投诉 246 件，立案处罚 53 件。

民生建设 人大代表接访选民 300 余人次，汇集反馈群众意见建议 37 件。协调相关部门承办 1 件北京市政协委员提案，办理 4 件海淀区人大代表建议。北太平庄街道劳动人事争议流动仲裁庭开庭，调解海淀区仲裁院转办案件 10 起。处理劳动纠纷投诉案件 44 起，涉及劳动者 68 人，金额 34 万元。初审上报保障性住房申请市级备案 89 户，签订市场化租赁补贴合同 8 户，受理各类保障性住房变更 28 户，完成廉租、公租补贴和市场化复核 90 户。发放低保金 23 万元，医疗救助金 14 万元，教育救助金 4 万元。发放地区来京务工人员随迁子女在京借读证明 242 份。

基层党建与精神文明建设 37 个社区党委（总支）换届。更新改造各社区宣传栏，在蓟门里社区修建传统文化墙。启动威凯文体活动中心课程，开放图书馆，开展书法、国画、编织、少儿英语、健身操舞、电影放映等课程及活动 495 场次，投入惠民文化活动经费 75

万余元。

（陈亚敏）

【蓟门里居家养老服务中心建成】 10月下旬，蓟门里居家养老服务中心建成并投入试运营，中心占地面积2100平方米，床位70张，总投资1490余万元，中心采用“公办民营”的方式运作，引进第三方专业养老服务机构，通过机构养老，逐步推进社区养老、居家养老。

（陈亚敏）

海淀街道

【概况】 1949年5月设海淀镇，1954年5月撤镇设街道，是海淀区的第一个街道建制。1963年3月重新设立海淀镇街道，1979年10月改称海淀街道。辖区面积6.9平方千米，有32个社区居委会，户籍人口14.3万人，外来人口约4.9万人。辖区内有法人单位、产业活动单位1.5万余家。

经济建设 走访北大维信、中国工商银行中关村支行等9家企业。完成辖区存量企业名单核实确认，街道有存量企业755家。对辖区28座楼宇基本信息进行梳理，共梳理重点企业66家。2014年完成代征房产税收入库3958万元，同比增长15%。新增企业25家，新增税源4564万元，形成区级贡献868万元。

环境建设 开展社区环境、街面秩序、环境乱点集中整治。联合派出所、消防支队对32个社区楼道堆物进行集中清理。对27个老旧小区建筑物内墙、外立面进行粉饰。规范辖区各主要大街和背街小巷商铺的经营秩序，签订门前三包责任书1200余份，规范店外经营400余家，拆除违规广告190余处。查处街面无照经营200余起。对紫金庄园社区周边和人大东门周边两个重点区域及立新、三义庙、港沟等环境秩序乱点地区进行不间断地联合治理，全年共出动执法人员2500多人次，取缔无照经营300余起，驱离占道停放机动车1500余次，拆除非法经营早餐亭11处。全年共拆除违法建设92处、4500平方米。完善环境卫生日常维护和管理长效机制，加强对保洁服务公司的监督检查。

对小南庄25号院、飞达、三环等社区进行环境综合整治。对稻香园北社区进行精品绿化建设，协调区市政市容委投资650万元对万柳地区11条道路进行区域环境提升改造。

做好APEC会议环境保障，对沿线建筑物外立面、户外广告牌匾、环境卫生、环境秩序进行整治，粉饰建筑物外立面1.5万平方米，拆除违规广告牌匾80块、600平方米，新建门头牌匾25处、500平方米，关停LED广告牌40余块。

街道配合人民大学共同开展校园环境整治，拆除校园内违法建设63处、760平方米；清理整治群租房27套，疏导流动人口600余人。

平安建设 为新区、友谊、万北等5个社区安装监控探头177个，对社区监控室、技防设备进行更新维护；为三环、海南北等5个社区的2500余户居民安装楼宇对讲和门禁系统；新建、改造社区自行车棚10个。以市区级挂账的万泉庄南、海淀路、小南庄、人民大学社区和街道挂账的新起点怡秀园、苏州街路社区为重点，借鉴紫金庄园社区群租房整治经验，成立各社区网格整治工作小组，共整治群租房829套，疏散流动人口6000余人。为流动人口办理暂住证16395个。全年排查矛盾纠纷16件次，办理区信访办转发、交办任务8项。化解处理劳动纠纷案件52起，群体性纠纷案件6件，涉及475人，涉及金额409万元。司法调解成功1098件，调解成功率99.91%。

2014年，网格化社会服务管理信息平台上报社区民情案件651件，全部办结。开展安全生产大检查，查处隐患单位5296家次，查处各类隐患7521处。开展安全生产应急演练8次。与150家地区单位签订消防安全责任书，全年共检查地区单位和娱乐场所3000余家，发现消防隐患2000处，6家地区单位被查封，10家地区单位被要求停产进行整改。地区未出现重大安全生产、消防和食品安全事故。

民生建设 为178户低保家庭共计发放低保金215万元。开展大型募捐活动5次，募集善款22.7万元，募集衣物27万件。完成海淀路、万北、稻南、倒座庙、友谊等5个老旧小区及碧水云天、康桥蜂鸟、大河庄苑、光大锋尚园等4个新建社区无障碍改造工程，为辖区58户残疾人家庭安装扶手、座便、浴凳。新建3个养老管理服务中心，新开办社区老年餐桌7个，覆盖率约30%。

受理新申请保障性住房家庭109户，新申请公租补贴、市场化租赁补贴家庭86户；210户次家庭参加公租房、廉租房摇号。对1490名失业人员进行职业指导，失业人员培训率达到100%。举办5场招聘活动，完成就业指标100%。发放社会保障卡3744张。为2586家企业办理社会保险经办业务，完成指标的103.4%。投资3600余万元，为民办理71类322件实事。“社区蔬菜直通车”和社区便民菜站进入25个社区，覆盖率达到80%。

举办“幸福社区 海淀秀”等文艺演出活动12场，免费为社区居民放映电影94场。投入136万元为各社区文化室、图书室添置文化设施，新建益民书屋2个。更新全民健身居家工程12套，创建体育生活化社区9个。为辖区内2110名80岁老人免费安装“一键式”家庭医生服务智能终端。

新增便民服务大厅1200平方米，综合政务服务窗口18个。

社区建设 街道首次独立通过面向社会和面向社区退休人员招录社区工作者32人，社区工作者总人数达200

人。对友谊、三义庙、稻香园北、稻西、小南庄等 13 个社区居委会办公室、服务站、活动站进行改造。为汇新家园社区新建一处社区办公服务用房。截至年底，32 个社区用房全部达到 350 平方米以上，用房达标率达到 100%。

抓好规范化建设示范社区和“一刻钟”服务圈及“六型”[①]社区创建工作，建成康桥蜂鸟园、稻香园西等 7 个社区规范化建设示范点；航空港、海淀南路北等 8 个社区“一刻钟”服务圈示范点；海淀南路北、苏州街路、光大锋尚园等 5 个“六型”社区。

基层党建与精神文明建设 开展群众路线教育实践活动，制定 17 类 32 项整改措施。成立非公企业党支部 16 个，非公有制经济组织和社会组织党组织达到 52 个。组建 4 支楼宇志愿服务队，开展楼宇志愿服务活动 10 余次，组织参与大型楼宇活动 9 次。开展机关党组织和机关党员“双报到”活动，50 个党组织到街道各社区报到，参与社区活动 300 余次。开展行政效能监察，未发生公务人员违纪现象。

利用 LED 电子屏、宣传栏、围挡护栏等各种载体，宣传社会主义核心价值观和全国文明城区创建工作。举办健康、科普、文化等各类知识讲座、社区大课堂、道德讲堂等活动 200 余场。组织社区社会组织和志愿者开展各种公益性服务类活动 15 次，2 万余人次参与志愿服务。

（郭英）

中关村街道

【概况】 中关村街道面积 5.28 平方千米，人口约 25 万人，有 30 个社区居委会。辖区内有国家级科研院所 28 家，企业 1.3 万多家。辖区有 5000 多名科学家和高级知识分子，其中两院院士 130 多位。居民大学以上文化程度约占总人口的 30%。

经济建设 年内，地区存量企业 879 家，贡献区级财政收入 25.7 亿元，代征房产税收入 2400 多万元，同比增长 15.7%。核查 2100 多家准规模单位信息。完成 200 余家台资企业的调查及 26 座楼宇 8000 余家企业基本情况的调查。开展第三次全国（中关村地区）经济普查，登记法人和产业活动单位 1.98 万家，个体经营户 3118 户。将 150 家 30 人以下企业作为“劳动用工规范一条街工程”规范重点对象。处理劳动人事争议案件 82 起，追讨工资总额 97.28 万元。

环境建设 拆除各类违法建设 190 多处、34266 平方米。完成双榆树西里 6、7、8 号楼老旧小区改造，完成科南路、中关村南一条、中关村北一街、北二街、大钟寺东路等道路大修。对中科院周边 15 个社区实施环境提升改造，修补道路 3898 平方米。对青云北路、三才堂平房区、保福寺东大院、双榆树三街、爱家收藏、五道口周边等重点难点区域进行集中整治。

完善“保洁作业外包管理、自管道路分级分类、社区环境卫生考核、门前三包监督巡查”工作机制，完成 81 条自管道路、14 个自管社区、18 处无责任边角地块共计 70.2 万平方米的日常卫生保洁作业。清运生活垃圾 1.6 万余立方米，清理无主渣土 6200 余立方米，清理小广告 50 余万张，开展全民城市清洁日 1100 余次。完成 17 万平方米自管绿地的养护，新建绿地 1.5 万多平方米，绿化改造 2.5 万多平方米。

对实地考察指标实行分级分类“精细化”管理，针对环境卫生治理、小门店规范、交通秩序整治等难度大且易反弹的指标，建立台账、逐个检查、逐条整改、逐项落实。

按照同区通办三级联动“三统一”[②]建设标准，推进同区通办三级联动工作，做到服务场所标准化；硬件设施配套化；网络布局科学化，实现街道、社区网络互通互联，达到网络通、平台通、应用通、数据通、服务通的“五通”效果；科室职能窗口化，方便群众办事。主动公开政府信息 98 条。

平安建设 创新“一体化联动”综合执法新模式，按照责任主体分块包干、专业执法队伍混编联勤、辅助力量统一调配的一体化管理思路，实现统一领导、统筹协调、联勤联动、综合治理的街面执法格局。年内进行联合执法 567 次，开展专项整治行动 212 次，拆除非法广告牌匾 1810 处，查处违法小广告 38123 张，规范门前三包 6023 次，取缔游商占道经营 1771 起，规范小门店经营 2802 起。

完成熙典华庭等 5 个“六型”社区创建的评估迎检。投入 297 余万元完善社区标识系统、办公设备、办公用房等硬件设施。完成 55 名社区专职工作者招考。街道作为海淀区 2 个试点街道之一，成功申报北京市社区治理和服务创新实验区（全市共 12 个），同时被列为北京市第二批社会动员工作试点街道。

以政务、公共、便民、公益四大服务版块为支撑，构建中关村街道社区综合服务平台。开发社区生活“E 站通”、社区服务“一站式”门户等软件系统，完善社区生活自助服务终端使用功能。

投入资金 600 余万元，对社区自行车棚、监控探头、楼宇门禁、社区警务室等社区“四防”[③]设施进行修缮和升级改造；对地区主要干道及社区周边道路的交通设施进行维护保养。发动各类治安力量近 40 万人次，完成重大节日、敏感时期、APEC 等重要会议的安保维稳工作。开展安全生产和消防安全专项整治行动 24 次，对 450 余家单位进行

① “六型”社区：指干净、规范、服务、安全、健康、文化。

②指统一在全区各镇、街道成立综合行政服务中心，建设服务大厅；统一对外服务方式、服务内容；统一工作管理机制，形成以区综合行政服务中心为龙头，区、镇（街道）、村（社区）三级联动的行政服务体系。

③ 指消防、人防、物防、技防。

安全隐患循环排查和监督整改，整改率达 90%。集中开展食品药品安全专项整治，地区食品流通、餐饮服务抽检合格率均达 90%以上。拆除违规群租房屋 577 套，清退流动人口 4000 余人。开展矛盾纠纷排查化解，初信初访化解率达到 100%，重点矛盾纠纷化解率达到 98%，信访总量平稳下降。

民生建设　发放低保金 200 余万元，医疗、慈善救助 55.5 余万元，向困难群众送温暖 30 余万元。为高龄老人发放养老券 456 余万元，各类津贴 40 余万元。为残疾人发放慰问金及各类补贴 110 余万元。完成 3 个新建小区和希格玛等 8 个老旧小区的无障碍改造。与区经信委合作建设中关村智慧养老展示中心。完成就业指标 1150 个，发放失业保险金近 160 万元。受理保障房新申请家庭 147 户、完成公租房补贴家庭 122 户，安置经适房、公租房、廉租房家庭共计 296 户。

实施社区文化魅力大课堂、社区新生活推广、银龄俱乐部等社区服务项目，举办技能培训、风采展示、品质生活、老人关爱等活动 82 次。开展社会组织公益服务活动，带动 158 支社会组织参与志愿服务。街道设立“安徽省六安市—海淀区流动人口计划生育区域协作服务站”。办理非本市户籍适龄儿童“在京借读证明”247 份。开展“社区健康行”和一键式家庭医生服务。开展法律服务“村居行”“便民法律大讲堂”活动。

主办《中关村商道》杂志。举办 6 场企业政策解读及投融资对接会，搭建地区企业、驻区院所和高校资源交流合作、人才储备、投资融资平台。实施“中关村牌”健康午餐工程，以政府主导、社会参与、市场运作的模式，缓解地区 30 多座商务楼宇 6 万员工的用餐难问题。

整合视频监控、网格信息归集和任务分派调度，依托网格化管理系统综合平台上报案件 2.7 万余件，结案率达 100%。

基层党建和精神文明建设　按照“三有一化”[①]要求，初步建立街道“大工委”、社区“大党委”、辖区“区域化”的党建工作格局。整合地区 100 多家非公企业成立海淀区首家非公企业联合党委。成立世纪科贸大厦商务楼宇联合党委，延伸党建工作，扩大党建工作覆盖面。

在处级领导班子和街道所属 87 个党支部 3261 名党员中开展党的群众路线教育实践活动。领导班子共查找出 22 项 40 条具体问题，班子成员共查找“四风”突出问题 106 条，制定 6 个方面 23 项具体整改措施。投入资金 2139 万多元完成 40 多项为民办实事项目。以“三敢三树”[②]为突破口，在全体党员干部中开展主题教育实践活动。承办区“两会”建议、提案 2 件。

举办中关村地区首届“企业杯”系列体育比赛，第三届中关村科技艺术节，第三届“光大杯”乒乓球赛，第二届“中科行健”杯羽毛球和游泳比赛等。建设 18 个社区图书阅览室和电子阅览室，更换 9 套社区体育器材，为地区单位配备室内综合体育训练器材 20 套。

开展“2014 年北京榜样”举荐、“北京好声音”百姓宣讲、理论宣讲季、寻找“最美家庭”系列活动。以文明市民学校为阵地，开办青少年国学讲堂，传播传统文化精髓。依托社区青年汇和中关村地区青年联谊会两大平台，开展新城市体验营、新青年学堂、青年读书分享会等活动。与高校志愿资源对接，通过“新青年圆梦加油站”“红色 1+1”[③]等项目，强化青年志愿者行动。

开展社会主义核心价值观、文明城区创建宣传进楼宇、进单位、进工地、进社区、进学校、进场所活动。在中关村大街和北四环等主干道沿线打造 1000 多米的社会主义核心价值观创意造型宣传长廊。在人员密集场所利用电子显示屏播放近 800 小时的社会主义核心价值观和文明城区创建公益广告。

（沈成保　丛茜）

【开展“爱心助学项目”】　3 月初，街道启动第六批爱心助学项目。街道向受助的 18 名学生赠送学习用品。街道社区服务中心与义工分会，对本地区贫困家庭及外来务工志愿者家庭进行需求意向调查，委托中国青年政治学院社工先锋志愿服务队在其校园内招募支教志愿者，针对受助家庭的需求和志愿者的特长进行结对。采取 2—4 名大学生志愿者定点对接一名学生的模式，每周末对这些受助孩子提供不少于 2 小时的入户功课辅导。

（沈成保　丛茜）

【流动人口计生双向管理】　7 月 8 日，街道授权设立“六安市——海淀区流动人口计划生育区域协作服务站”，负责安徽省六安市在海淀区的流动人口计划生育服务管理。服务站在流动人口集中的地方开展宣传教育，发放宣传品 5000 余份，采集孕情信息 4000 余条，为 1000 多名育龄妇女进行孕检服务、便民维权等。服务站为流动人口提供政策、技术、优生优育健康知识咨询服务，两地共享人口和计划生育信息资源，对流动人口“服务项目均等化、便民服务创优质、服务环节无障碍、服务对象全覆盖”，解决流动人口违法生育异地执法、出生人口异地办证两大难题。

（沈成保　丛茜）

【开展“三敢三树”主题教育】　年内，街道党工委在全体党员干部中开展“三敢三树（敢于碰硬、敢于负责、敢于创新，树立目标、树立形象、树立品牌）”主题教育实践活动。教育实践活动围绕“十个一”[④]进行，组织专题讲座 12 场，参与党员干部 2000 余人。以党的群众路线教育实践活动为契机，全体党员干部为民办实事共计 40 余件，走访慰问困难群众 900 余人次、落实帮扶资金 100 余万元。

（沈成保　丛茜）

【“护童行动”】　年内，街道开展以学校托幼机构食堂食品安全专项检查的“护童行动”，对辖区 14 家学校和 14 家幼儿园的食堂以及校园周边开展食品安全专项整治。街道与海淀区政府机

---

① 指有人管事、有钱办事、有地议事，基层区域化党建。

② 指敢于碰硬、敢于负责、敢于创新，树立目标、树立形象、树立品牌。

③ 学生党支部与农村、社区、部队、企业、学校等基层党支部结对共建。

④ 指进行一次专题讲座、组织一次征文比赛、每人精读一本好书、参观一个教育基地、联系负责一个社区、认领一个服务岗位、为民办理一件实事、帮扶一个困难家庭、提出一条意见建议、培养一批先进典型。

关幼儿园、中关村一、二、三小、北大附中等27所学校及托幼机构签订食品安全责任书，每季度检查各单位食品安全报表，共抽样包括大米、面粉、食用油、肉制品、调味品、糕点、饮料制品、餐饮业常用食品原料及加工成品、餐具等快速检测食品样本500余件，在食品流通环节快速检测样品200余个，在餐饮服务环节快速检测样品300余个，确保辖区近6万名入托幼儿和在校学生的食品饮食安全。

（沈成保　丛茜）

学院路街道

【概况】 学院路街道成立于1963年4月，原称五道口街道，1968年3月改为东升路街道。1991年1月更名为学院路街道。有27个社区居委会，面积8.49平方千米，户籍人口20余万人，流动人口51238人。辖区有9所高等院校，中小学校11所，国家级科研单位10所，是北京市及本区科技、文化、教育最密集的地区之一。

经济建设 2014年，帮助5家企业完成注册变迁，新引进5家注册资金3000万元以上企业。走访调查300余家企业，并建立服务跟踪台账。登记费源企业382家，通过税务代征收缴工会经费1000余万元。完成个人出租房屋租赁税代征1143万元。完成第三次全国经济普查登记及数据处理，登记单位（个体）10013家。

环境建设 开展“街面环境秩序”“集贸市场经营秩序”“校园周边环境秩序”“小门店经营秩序”“社区环境秩序”5个攻坚战10个方面的专项整治。拆除账内外、新生违法建设26处、2.4万平方米。推进解决五道口、双清路、月泉路、小月河等重点区域的环境秩序问题。开展“城市清洁日”专项整治40余次，清运垃圾渣土800余车，清除非法小广告28万余张。投资600余万元，开展19条道路的环境建设项目。

改建绿地8万余平方米。投资100万元对二里庄广场、志新广场进行绿化升级改造，开展“市花月季进社区”等植树送绿活动。

设置大气颗粒物监测站点12处。开展“减煤换煤、清洁空气”行动，购置优质燃煤7.5吨。

平安建设 全年开展联合执法280余次，检查摊点、单位1379家。投资76.9万元，完成社区8项技防建设，设立探头72个。开展“铁拳”“清剿火患”等火灾隐患攻坚行动，对112家重点单位实行消防安全“户籍化”管理。开展“六打六治”①等排查治理专项行动。开展消防安全、安全生产、人防地下空间、食品药品安全、养犬等专项、日常检查8713户次，整改隐患489家次。地区共受理各类信访341件，解决群体性讨薪事件18件，接转劳动仲裁23起，地区调委会成功调解民间纠纷千余件。完成12家百人以上企业工资集体协商工作和8份区域性工资集体协商工作，共覆盖550家企业，覆盖职工1.1万余人。治理违法群租房751套，疏解7000余人。综合运用视频监控、网格平台、巡查监督、社会监督等手段，构建地区城市服务管理“四位一体”的综合监督模式，走访居民群众12.5万人次，解决循环类案件1.3万件，协调处理案件2620件次。

民生建设 依托“康复护理进家庭”“家政服务进社区”服务项目，开展专业化、个性化为老服务3万余人次。新建2个社区老年餐桌、4个社区“老年互助社”，实现地区老年互助社全覆盖。依托“温馨家园”和“职康站”开展残疾人康复服务672人次，完成13个小区和59户家庭的无障碍设施改造。为困难、特殊群体发放各类救助、补贴930万元。

推进为失独人群服务的“心灵家园”项目。148户低保人员家庭全部实现住房保障应保尽保。993名失业人员实现再就业，地区登记失业率0.25%。办理保障性住房各类申请475户，办理计划生育各项审核审批等7101次，受理各类社保经办业务8983件。

与北京科技大学、北京城市学院等地区高校合作开展智能居家养老项目、“智•惠1+1”志愿服务项目。作为海淀区试点街道开展社会组织“孵化器”筹备推进工作。地区5家服务商被评为市级为老服务示范单位。推进“同区通办三级联动”工作，在街道便民服务大厅和27个社区服务站实现试点事项就近办理。志新社区服务中心主体工程建设完成。

社区建设 对4个小区的23栋居民楼进行综合改造，完成13万平方米的外墙保温，更换近50%的窗户。投入50余万元改善小区环境设施，新增东王庄、学知园2个规范化建设示范点社区，90%社区达到规范化示范单位标准。投入社区发展金200万元用于11个社区建设项目，新增2个一刻钟服务圈示范点，富润社区、二里庄干休所社区、静淑苑社区、六道口社区成功创建北京市六型社区示范单位。

指导展春园、志新、六道口、东王庄、西王庄5个老旧小区开展自我服务管理试点，对城建四社区27号院、建清园社区6号院和城华园小区推进社会化管理。选取健翔园社区推行“我是社区主人翁”轮席值日生等居民自治管理措施。

基层党建和精神文明建设 推进二里庄社区作为市级试点社区的服务型党组织建设工作。推进基层党组织“党员承诺践诺”活动，基层党员签订承诺书1700余份，开展志愿服务活动。

---

① “六打六治”专项行动是指：打击矿山企业无证开采、超越批准的矿区范围采矿行为，整治图纸造假、图实不符问题；打击破坏损害油气管道行为，整治管道周边乱建乱挖乱钻问题；打击危化品非法运输行为，整治无证经营、充装、运输，非法改装、认证，违法挂靠、包，违规装载等问题；打击无资质施工行为，整治层层转包、违法分包问题；打击客车客船非法营运行为，整治无证经营、超范围经营、挂靠经营及超速、超员、疲劳驾驶和长途客车夜间违规行驶等问题；打击“三合一”“多合一”场所违法生产经营行为，整治违规住人、消防设施缺失损坏、安全出口疏散通道堵塞封闭等问题。

成立5家非公企业党支部和1家社会组织党支部，新设立商务楼宇工作站1处。举办26场“流动党员•欢迎回家”主题活动。落实在职党员“双报到”制度，15家市属高校、机关企事业单位党组织与10个社区党组织建立服务联系机制，460余名在职党员开展公益服务、政策宣传等服务工作。

27个社区以“共建文明城区，我参与、我行动、我受益”为主题，群众共同参与全国文明城区创建活动。以“市民学校”为阵地，以“道德讲堂”为载体，开展社会主义核心价值观教育、公民道德教育、传统文化教育活动99场，近万人受益。开展“家庭文化宣传月”系列活动。举办“学院路地区第四届文化节”和中关村外国青年文化节等系列文化活动，打造“学院文化品牌”。以逸成益民书屋为试点，推进地区27个社区读书角（馆）的建设。在清华东路南侧建成600平方米全民健身活动场所。

开展党的群众路线教育实践活动，针对发现的问题，制订26项具体措施，落实整改。

（秦奇）

清河街道

【概况】 清河街道位于海淀区东北部，1949年5月建立清河镇人民政府，1959年11月正式成立清河街道办事处，1963年3月单独建置。辖区面积9.37平方千米，常住户籍人口31141户、77240人，外来人口74892人，有社区居委会28个。地区有3个中央级单位、11238家注册企业、6029家纳税企业、4所部队大院、7所中小学校，有北京儿童福利院、北京第四社会福利院两家福利机构。

经济建设 提出“一对一”服务模式，街道领导定期走访所包企业，帮助解决实际困难。完成第三次经济普查，法人单位登记5472家，上报率106.1%，个体工商户2915户，上报率100%。引进北京住总集团有限责任公司海淀分公司和北京润丰园林绿化工程有限公司等10家新增税源企业。全年地区企业纳税总额268174.04万元，增幅153.57%，其中区级税收71838.57万元。

环境建设 全年完成拆违台账任务22125平方米，拆除新生违法建设7535.4平方米。运用“网格化管理”和“96181”举报电话，对现行违建和已拆违建实行分级动态巡查。采用“见缝插绿”阵地战模式对交通沿线和边角地带绿化景观升级。投资718万元实施朱房、西二旗大街等地区环境整治工程项目三个标段任务。完成37件为民办实事项目。朱房等平房区消防管线铺设工程完工，实现平房区最小灭火单元消防安全网格化管理。推进8个老旧小区51栋楼抗震加固及节能改造，改造面积30.8万平方米。投资15万元抢修花园楼31户平房区管线，完成朱房路西端雨污水管线工程。

平安建设 网格化管理三级循环机制初步运转，通过网格化社会服务管理系统上报走访日志和社区民情13367条。排查出信访矛盾纠纷11件并落实领导包案，矛盾纠纷化解率100%。有效处理非京籍子女入学、毛纺南小区1号楼拆迁、早餐亭拆除、清达市场撤市等群体性上访事件。处理“96181”非紧急救助件1408件，结案1277件，完成率90.69%。上报城市管理问题28825件，立案28815件，立案率99.96%。地区各调解委员会调解案件423起，达成协议416件，调解有效率98%。检查单位7592家（次），发现安全隐患9846处，并与防火、生产重点单位签订责任书300余份，组织大型安全宣传活动9次。

民生建设 新增低保9户、撤销23户、调整46户，新增低收入家庭7户。医疗救助、临时救助、大病救助106人次。发放低保金和各项救助款57万余元。建成地区第一家街道级养老照料中心——安宁老年颐养照料中心。办理老年人优待卡2393张。为26名老人办理高龄津贴，为11名高龄特困老人申请特困补助。发放居家养老助残券182人163800元。实现就业1060人，实现创业60人，举办招聘会10场，就业技能培训30人。规范用人单位225家，调解劳动用工纠纷36起，为劳动者追回被拖欠工资375万元。地区通过保障性住房市级备案2917户。为非京籍适龄儿童办理入学借读证明527份。

社区建设 新建领秀新硅谷社区。美和园、安宁北路、空研、北小区4个社区达到北京市“六型社区”标准。美和园、怡美、智学苑和安宁东路社区创建市级“一刻钟社区服务圈”。以居民自治为核心，加强毛纺南小区老旧小区自我服务管理试点。配合清华大学专家课题组就北京市基层社会治理创新课题进行调研，确定毛纺南小区、阳光、学府树三个社区作为试点，研究激活社区两委一站的议事机制。

基层党建与精神文明建设 以“为民务实清廉”为主要内容，以街道处级领导班子、处级以上党员领导干部为重点，开展群众路线教育实践活动。在党员干部中开展“六个一”[①]系列教育活动。开展专项效能监察，规范行政行为。加强廉政风险防控，清理和确认涉权事项，规范办事流程。购买第三方法律服务和审计服务，开展正风肃纪专项整治行动。

建立“领导包科室，科室包社区”的全国文明城区创建机制，开展平安社区建设、环境治理建设、社区服务保障建设、社区文化建设、党的建设社区“五大建设”创建目标。联合队站所下沉到社区网格开展联合执法，协调辖区单位文明共建，动

① 一是召开一次地区党风廉政建设工作大会；二是签订一份党风廉政建设责任书，与街道30个科室和28个社区居委会层层签订年度内党风廉政建设责任书；三是每月收看一盘党风廉政建设教育光盘；四是组织一次廉政书法绘画手工作品展；五是对机关、社区新任职人员进行一次集体廉政谈话；六是举办一次社区书记、主任及纪检专职委员业务培训。

员社会力量和志愿者参与。以群众身边环境卫生、环境秩序问题为重点，开展街面环境、社区环境、市场经营秩序、交通秩序等环境秩序专项整治。开展“诚信经营、文明交通、美好家园、道德守礼、亮丽街面”五大专项行动，组织“创建全国文明城区美丽清河”宣传演出和“法律进学校”宣传活动。

（王华）

青龙桥街道

【概况】 青龙桥街道成立于1963年3月，2014年辖区面积18.59平方千米，设21个社区居委会，户籍人口70800人，流动人口54897人。2014年，青龙桥街道以群众路线教育实践活动和全国文明城区创建为统领，以APEC会议和香山论坛服务保障为重点开展工作。

环境建设 投资280万元在颐和园路设计制作广告牌匾81块。对重点路段隔离护栏、指示牌交通设施进行翻新修复。在地铁四号线北宫门站新建774平方米自行车停车场。在小清河、骚子营公交车站新建仿古候车亭。投资190万元对颐和园路、中关村北大街、清华西路、大有庄大街、水磨东街等道路进行整修。投资近40万元新建边沟护网，在树村林地新建围挡，整修破损路面，集中清理多年三不管的垃圾80余车。完成拆违任务台账3.9万余平方米，拆除账外违建113处、1万余平方米。

在中央党校南门外修建与皇家园林风格相匹配的文化广场1500平方米，并将南门外路口局部拓宽。在宫门前街建文化墙54组。在西苑医院东西墙外设计制作文化墙54块。在国防大学门前红山路增设社会主义核心价值观宣传道旗。

整改落实文明城区创建中反馈的353条问题，共查处店外经营和无照经营900余起，拆除和关停“小门店”67家，拆除违规户外广告600余起，查扣黑车黑摩的139辆，清除非法小广告3万余张。

投资近800万元开展文明城区创建环境建设和秩序整治。新增绿化美化面积2400多平方米，更换粉刷交通围栏3100延米，粉刷外立面2700平方米，在颐和园、香山颐和宾馆周边开展交通环境秩序维护。

平安建设 推进颐和园、圆明园周边秩序整治，开展秩序整治200余次，查处无照经营行为85起，查处黑车非法营运行为20起，规范黑导游揽客行为60余起，处理非法一日游小广告团伙15个，收缴小广告7000余份。

通过增加夜间巡逻、加强社区警务室建设、完善社区监控系统、开展平安社区创建等措施使地区发案得到遏制，地区发案率同比下降16%，社区发案率连续三年下降。全年调处各类矛盾纠纷220多起，成功率达95%，妥善解决256名农民工118万元工资拖欠问题。开展安全生产拉网式大检查、食品药品快速检测和食品单位整治工作。

民生建设 对226名协管员进行再整合，90%的协管员下沉到社区网格，重点是8个平房社区网格。按照“一岗多责”要求，对网格内的城管、综治、劳动就业等事件承担“一揽子”处理责任。全年发现并处理网格事件8700多件。成立便民服务中心，初步实现政务服务事项在社区就近受理。9个社区通过三级联动平台共办理政务事项200余件，及时办结率达90%。

举办招聘会3场，提供岗位560个。举办集中职业指导32次，惠及1280多人。完成960人的就业指标任务。地区403名残疾人实现就业，就业率达96%。60多家养老服务商实行送货到社区、送货进家门服务，地区1.5万名老人享受优质服务。建立海淀区第一家由第三方运营的慈善超市旗舰店。关停西苑早市，建立26个社区菜站、开通5个流动菜车点，覆盖地区21个社区。全年为地区企业和群众提供养老、医疗、福利、临时救助等民生保障服务4500多人次。为困难群众、驻区官兵、老年人等特殊群体发放慰问金200余万元，办理老年券、助残券、高龄津贴累计460万元。

基层党建和精神文明建设 机关党总支和地区55个基层党组织、2400余名党员围绕“为民务实清廉”主题，开展教育实践活动。按照“一岗双责”制度的要求，把党风廉政建设责任目标细化到科室、部门。在21个社区、主要路口设计制作社会主义核心价值观、中国梦为主题的围挡和横幅2900平方米、灯箱21组，道旗163面，建成社区室外电子显示屏20个。

举办“五月的鲜花”文艺会演、“青龙杯”门球比赛、“幸福家庭风采”摄影比赛等文体活动。建成拥有4000余册图书的街道阅读中心，新建成3个数字文化社区。

（王京红）

香山街道

【概况】 香山街道成立于1986年2月，辖区面积20.40平方千米，其中山林面积约16平方千米。设有6个社区居委会。户籍人口1.28万人，流动人口近3万人。辖区现有中央单位6个，市属单位23个，驻区部队4个，中学1所，小学2所。香山地区是北京著名的旅游休闲区，有香山公园、北京植物园、卧佛寺、双清别墅、曹雪芹故居等风景名胜和历史古迹。

环境建设 完成北辛村30号至早市胡同路面铺装等20项为民办实事环境工程。开展“阳台植绿”“鲜花进社区”等活动。拆除账内违法建设10处共4124平方米；拆除新生违法建设17处共2196平方米。对所有社区楼栋，尤其是背街小巷开展环境卫生整治，为4个老旧小区院内道路铺设沥青路面、粉刷楼栋的内外墙，为139个楼房单元门安装门禁系统，集中清理196个楼门、2000余户居民的楼道杂物。

街道组织联合执法组对景区周边（环境、治安、交通）各类违规违法行为开展巡查和联合执法40余次，清理游商360户，规范门前三包320家，规范广告牌匾100余块，清理小广告1700余份，扣留黑车2辆，警告教育188人，处罚违章占道停车30余起。

平安建设 全年召开安全生产地区会议8次，走访500余家（次）单位，与辖区80余家生产经营单位和6个社区签订安全生产责任书、消防安全责任书，发现并监督整改各类安全隐患200余个。集中开展矛盾纠纷排查200余次，调解各类矛盾纠纷197件，了结信访案件12件。完成劳动者权益专项检查5次30个单位、涉及劳动者3700余人，解决农民工各类讨要工资事件5起、18人、讨薪金额7万余元。启动社会面等级防控79天，发动地区群防群治力量9.5万余人次参与社会面防控、街面执勤。

民生建设 引入全市首家“幸福彩虹”社区便民综合性服务店，整合便民菜店、老年餐桌、金融网点等多项服务资源。成立香山超市发便民菜站。发放低保金、帮困金43万元，发放残疾人生活困难补助35人、1.44万余元，结算居家养老服务券100多万元。为代管超转、军退人员等400余户家庭发放慰问物质40余万元。办理老年优待证、卡405个，办理居家养老服务券52人、高龄津贴12人。为辖区非本市户籍适龄儿童办理入学登记。

全年采集空岗信息965个，完成职业指导153人次，成功推荐23名失业人员再就业。创建四王府好军嫂就业服务站，为地区军嫂求职和企业用工搭建桥梁。

基层党建和精神文明建设 开展中共十八大精神宣讲进社区等活动。实现党的工作在非公企业100%覆盖，首次建立社会领域党建工作基本数据库。开展纪念建党93周年系列活动和“深入基层知民意、服务群众聚民力”主题活动，推行在职党员到社区报到制度。开展党的群众路线教育实践活动，领导班子针对征求到的159条意见建议，制定整改方案并逐一落实。

推动文化香山建设：举办第七届香山文化论坛，出版《香山村落与民俗》文集；举办“五月的鲜花”、消夏文艺群众文艺会演，开展居民“水果拼盘创意大赛”“粽叶传情、友爱互助”包粽子比赛、厨艺比赛、登山比赛等活动；开展书法、养生、摄影等讲座，组织绘画、舞蹈、时装、电脑、柔力球等培训；为南植社区和六号院社区新建两个公共电子阅览室。

开展“我的梦中国梦”百姓宣讲、周末大讲堂等活动。举办多主题文艺会演和科普知识教育活动。社区青少年宫开课300余课时，3000余人次的青少年儿童享受到免费兴趣教学。

（刘鬃）

西三旗街道

【概况】 西三旗街道成立于2000年3月，辖区面积8.23平方千米，户籍人口9.3万余人，流动人口5.7万余人。有社区居委会27个，辖区为城乡接合部地区，流动人口聚集。

环境建设 以专项整治“九小门店”[①]、集贸市场、社区楼道堆物堆料、路口交通秩序、违章停车、占道经营、违章建设、“门前三包”等为重点，提升地区环境卫生和秩序水平。对商业大街进行立体整治，包括道路画线、侧方位停车、便道安装护栏、规范机动车停放、提升绿化带、规范门脸经营、整治门前广告。拆除违法建设1.5万余平方米，完成账内任务100%。开展露天烧烤专项整治。以“家”文化为主题，投入资金1000余万元建设西三旗公园，公园面积约2.55公顷。改造清河医院公园、永泰公园、轮胎厂公园，绿化总面积7.5万平方米。西三旗东路和西三旗村路建成通车，前屯西路完成基础施工。完成清河医院交通方案周边环境改造。

平安建设 投资80余万元，在建材城联合、永泰园、沁春家园、北新家园、永泰庄地铁站等处安装探头120个。投资180余万元，在悦秀园、北新家园、清缘里、永泰东里、育新花园等社区安装门禁401个。开展对游商占道经营、黑车摩的非法营运的整治。全年联合执法60余次，出动各种执法力量1500余人次，出动执法车辆200余台次。清理群租屋668户。

民生建设 推进政务服务“三级联动”试点，完成112项居民事项标准化梳理，54项便民事项实现“同街通办”，便民服务中心大厅共进驻89项服务，其中三级联动试点事项41项，全年共办结三级联动事项852件。建立“专业养老机构+街道养老中心+社区养老服务站”三级养老体系模式。建成西三旗安居里和金隅翡丽两个养老院、育新花园社区养老照料中心以及北新集团社区和悦秀园社区两个养老服务站，增加

---

① 指小餐馆（15桌以下）、美容美发店、点心店、面包房、熟食店、食品商店（20平方米以下）、浴场、游泳馆及集贸市场中的熟食专柜在内的“九小门店”。

510张养老床位，为老年人提供日托、餐饮、康复、医疗、娱乐等综合性服务。创建1个市级、2个区级“一刻钟便民服务圈”，覆盖居民2.53万人。为1544名符合条件的老人安装“一键式”家庭医生式服务呼叫系统。协调北京公交集团开通微循环89路等专线，覆盖15个社区、8万余人。

社区建设　所辖社区由28个调整为27个。城市服务管理分中心相关人员下沉到社区网格，社会服务管理工作引入第三方考核机制。全年受理各类案件904件，结案887件，结案率98.12%。突出问题涉及道路积水、供水供电、暴露垃圾、物业管理和政策服务等方面。申报建材城联合、悦秀园等4个社区创建市级“六型社区”示范点，申报冶金研究院社区创建区级“六型社区”示范点。街道被中国社会工作协会社区工作委员会授予“第二届全国社区社会建设自主创新百花奖”最佳实践奖称号。

基层党建和精神文明建设　辖区96个基层党组织、3551名党员干部开展群众路线教育实践活动。督导组与指导组“两支队伍”强化基层指导，先后召开38次意见建议座谈会，征求意见建议185条。从规范党内组织生活制度、建立党建定期巡视制度、配备社区专职党务工作者、保障基层党建工作经费、加强党员活动阵地建设等措施上保障基层党建工作责任制的落实。推广“旗舞、旗颂、旗恋”三大主题活动。开展“三个寻找”（即寻找西三旗好声音、西三旗好故事、西三旗出彩人）活动。开展“五月的鲜花”“群众文艺擂台赛”“圆明园文化节”等群众文化活动。开展“最美北京人——三旗榜样”评选和百姓宣讲活动。

以社会主义核心价值观、全国文明城区创建等为主题，利用展板、宣传栏、道旗、LED屏、路口和绿地提示牌等进行宣传。制作文明创建主题动画片、漫画册、为民办实事宣传折页和“文明家庭”靠垫枕等宣传品。在地区5万多户居民中开展创建有奖知识问答和新春送福入户等活动。组织大学生文明礼仪宣讲团开展文明礼仪宣讲活动。

（王小民）

马连洼街道

【概况】　马连洼街道成立于2000年3月，2014年辖区面积10.74平方千米，户籍人口6.4万人，流动人口3.5万人，设有17个社区居委会。辖区属于城乡接合部，是“以居民为主，农民为辅，流动人口密集”的混合居民区。

经济建设　地区注册企业2083家。中关村软件园二期建设全面开工，百度、联想等26家大型高科技企业总部进驻运营。百旺绿谷汽车园年销售额突破60亿元。中国农大国际创业园扩容，面积达到5万平方米。完成肖家河地区拆迁腾退。对6个老旧小区进行改造。新增北京华联龙背村店等社区商业3万平方米。代征房产税415.6万余元。

环境建设　组建30人的专职环境秩序纠察队，加强对地区小门店及重点点位监管，遏制无照经营、店外经营，沿街晾晒行为，治理各类小门店500余户，规范商业街道无证无照小门店270余户。组建16支环境秩序巡查队，对街面小广告、遗落垃圾随时发现，随时消除。拆除各类违建45处共26820平方米，新增违章建设全部拆除，上账拆违任务全部完成。开展环境秩序联合执法186次，出动执法力量3200人次，结案105件。对农大南路、后厂村路等8个路段进行美化提升和综合治理，累计更新修缮人行步道8300平方米，整修粉刷围墙5500平方米，美化新增公益宣传围挡3300延米。建成天秀路“中国梦”精品文化主题墙。绿地改造提升7000余平方米，植树3000余株。新增绿化精品景观8处。实施楼道堆物专项清理行动，清理楼门2049个，清理楼道杂物1500余吨，粉刷楼道4万平方米。创建“文明楼门”活动，举办“道德讲堂”，共开展“树立核心价值观”主题教育实践活动70余次。新增5个垃圾分类小区，社区垃圾分类覆盖率达到90%。开展主题普法宣传活动20次。开展“建立同创联盟 加强区域共建”活动，动员地区单位、驻地部队、科研院所等力量，共同参与全国文明城区创建活动。

平安建设　安装、升级改造11个社区的视频监控系统、门禁系统。为16个社区安装防护设施。落实地铁4号线安河桥北站周边地区挂账整治要求，组织专项打击整治行动212次，检查1050人次，整治各类问题200余起。中小学周边安全防护动用执勤力量5000余人次。截至年底，重点地区发案率同比下降37.7%。实施社区消防安全干预工程建设，成立肖家河应急消防队，完成平房区火警监控二期项目建设，安装烟感和火灾报警器380个。强化企业安全生产主体责任，对100家小微企业进行岗位安全达标培训，开展建筑工地安全检查140多次，对90多家餐饮企业燃气安全进行综合整治。食品药品安全生产检查覆盖率达到100%。开展房屋违法出租问题专项治理联合执法检查38次，清退整治社区内群租房48套，其他违规出租306户。为626名职工追回被拖欠工资521万余元，补签劳动合同132份、涉及农民工34469人，建筑工地劳资纠纷和工资拖欠投诉结案率达到100%。开展非公企业建会、签订工资集体协商202家、签订区域性集体合同 132 家。调解各类纠纷 918 件，调解成功 875 件，调解成功率达到 95%。开展专项矛盾排查 41 次，化解矛盾 38 件，接待群众信访 90 人次，来访批次同比下降 8%，重复访下降 50%，越级访下降 66%。

民生建设 促进 600 名失业人员实现就业，再就业完成率达到 109%。规范保障性住房建档 784 户，申请北京市住房备案资格 42 户。走访慰问民政对象 1500 人次，发放各类补助、优抚、保障资金 200 万元。办理社保业务 7713 笔。新增一老一小参保 570 人次，发放社保卡 440 人。受理外来人口子女入学借读申报材料 429 份，审核通过 358 人。

社区建设 投资 97 万元，新建、改建近 500 平方米社区办公用房。指导茉莉园等 5 个小区成立业委会。招录 30 名专职社区工作者。投入 540 余万元，对 7 个居住小区进行无障碍改造，对梅园等 14 个社区的便民设施进行改造。累计投入 200 万元，完成竹园、百草园等 11 个社区体育生活化社区的创建，为 16 个社区配备标准篮球场、乒乓球长廊、健身器材。益民书屋新增 7 个社区。为 60 岁以上老人免费检查视力 1520 人次。安装生命体征监测仪的社区新增 5 个。

基层党建和精神文明创建 开展党的群众路线教育实践活动。落实在职党员社区报到制度，开展结对帮扶活动。深化党的建设“三级联创”工作，做好基层党组织分类定级。推进非公企业党建，开展“强基础、解难题、促发展”党建工作组工作，开展纪念建党 93 周年系列活动、“共产党员献爱心”捐献活动、“服务连心、邻里守望”活动。

（邓雪萍）

花园路街道

【**概况**】 花园路街道成立于 2000 年 3 月 30 日。辖区面积 6.33 平方千米，社区居委会 30 个，户籍人口 13.5 万人，流动人口 3.8 万人。辖区内各类法人单位 5000 余家，高校、科研院所集中。2014 年，花园路街道围绕年初确定的“12610”工作思路[①]开展工作。引进企业 10 余家，地区新进企业 1000 余家。

环境建设 采取抓住重点、攻克难点，定期联合执法与专项整治相结合的办法加强对辖区的精细化管理，构建环境秩序“1+4+10”治理体系[②]。完成拆违台账任务 3710.7 平方米，拆除新生违法建设及账外违法建设 1852.5 平方米。完成 1.7 万平方米的绿化改造。完成第二批老旧小区 47 栋住宅楼 34.77 万平方米的综合整治。完成第三批 6 个社区 31 栋楼 23.1 万平方米的楼体保温、涂料粉刷、节能窗安装工作。

依托原城市管理监督指挥分中心，整合信息化城市管理、科技创安视频监控、非紧急救助服务、网格化社会服务管理、应急指挥与处置等五项职能，成立花园路街道城市服务管理指挥分中心，形成“五位一体”的公共服务体系。街道信息化城市管理系统共上报案件 20928 件，立案 20801 件，立案率约为 99.39%。

平安建设 启动等级防控 11 次，共计 74 天，发动社区居干、治安志愿者、巡逻队员、民兵等群防群治力量 44.4 万人次，对辖区 33 个立交桥、过街天桥、地下通道等重点部位进行 24 小时看守。受理劳动投诉及仲裁案件 32 件，涉及人数 35 人，涉及金额 136 万余元。处理地区工地群体讨薪案件 6 起，涉及人数 72 人，涉及金额 38 万元。开展法律援助便民活动，调解各类矛盾纠纷 700 余件，调处成功率 100%。

开展安全生产专项整治，发现并处理各种安全隐患 200 余处。开展整治群租房专项治理，拆除隔断 578 间，减少流动人口近 3000 人。全年共开展联合执法 212 次，出动执法力量 5300 余人次，执法车辆 600 余台次，对地区挂账点位、露天大排档等集中整治。检查“三品”[③]经营企业 117 家，查抄、取缔无证小餐饮 68 家。

民生建设 举办职业指导培训班 21 期，培训失业人员 220 余人。为地区 1000 余名残疾人按需提供温馨家园、无障碍改造、康复训练、就业与社会保障等服务。推进“花园路地区人口家庭健康公共服务中心”建设，开展“宝贝计划”工程，开展幸福家庭大讲堂、亲子活动进社区等活动。完成 157 名非京籍适龄儿童入学审核。海淀老龄大学花园路分校成立。配合完成同区通办三级联动试点，街道服务大厅窗口由 17 个增至 34 个，社区服务站能力加强。

基层党建与精神文明建设 开展纪念建党 93 周年庆祝活动及“服务连心、邻里守望”主题活动。成立非公企业联合党委 1 个、党支部 4 个。对 2 个“软弱涣散”党组织进行集中整顿。对规模调整后的社区党组织加强组织领导，推进基层党的建设。以“为民务实清廉”为主题，开展党的群众路线教育

---

① “12610”全年工作思路，即围绕一个目标：建设“美丽海淀东花园”；立足 2 个重点：党的群众路线教育实践活动和全国文明城区创建工作；着力推动 6 个方面的工作：加强作风建设、创新社会管理、改善民生、第三次经济普查工作、繁荣地区文化、推动社会领域党建创新；完成以老旧小区改造为重点的 10 项惠民工程。

② “1+4+10”治理体系，即坚持问题导向这一中心主线，整合街道科室和地区职能部门，建立“环境问题发现平台”“环境秩序整治平台”“环境建设日常维护平台”和“门前三包及日常执法平台”四个平台，凝练贯彻“打、盯、巡、清、劝、宣、教、建、管、疏”十种工作方法。

③ 指药品、食品、化妆品。

实践活动，征求群众意见建议211条。截至年底，办结各类问题107项。建立街面环境秩序、社区管理秩序、九小门店经营秩序、公共场所道德秩序和校园周边环境秩序5个专项治理工作组推进全国文明城区创建。

（石悦）

【花园路街道首届文化艺术节】 4月—8月，花园路街道开展“践行核心价值观 共建海淀东花园”暨“花园路地区首届文化艺术节”社区巡演活动。此次巡演活动共30余场，活动有“共创文明城区书法、绘画创作笔会”“创建文明城区乒乓球友谊赛”“文明健身西山健步走”，还有摄影、舞蹈比赛等。

（石悦）

【“智慧花园路系统”上线】 6月1日，花园路街道智慧花园路协同视频会议系统上线运行。系统包括门户网站、即时通讯和内网OA平台等多项内容。花园路街道门户网站的域名为www.hyljd.cn；微信公众平台名称为“海淀区花园路街道办事处”。新系统能做到“网上留痕”实时记录工作过程，初步实现机关、社区无纸化办公。

（石悦）

田村路街道

【概况】 田村路街道成立于2000年3月30日，辖区面积7.77平方千米，辖区常住户籍人口59820人，流动人口32987人，出租房屋2787户，有社区居委会28个。辖区内有10余个中央单位，79家市属单位，12家区属单位。

环境建设 完成辖区5万余平方米自管绿地全面养护工作，绿地改造、绿化新工2.2万平方米，协助新建绿地4.5万平方米。清运地区积存垃圾渣土和杂物约5200余吨，清运生活垃圾和无主的施工废弃料2000余吨，拆除违规户外广告牌、灯箱240余个，清除地面、墙壁及公共设施上的非法小广告120万余条。拆除账内违法建设13处、41600平方米，拆除新生违法建设39处、5905.38平方米。完成永定路、田村路环境建设项目及阜石路北侧夜景照明工程。对金沟河路、采石北路、双槐树路、旱河路、上庄大街、田村山南路等6条道路进行小修，对乐府江南北门的路牙和广场进行翻新和铺装，修复采石北路东侧步道（阜石路至消防中队段）。配合区住建委完成16个老旧小区改造的设计并协助施工，配合区水务局做好双槐树路北段的污水改造。

平安建设 开展安全生产监督检查597家，执法检查120家，发现隐患182余起，督促整改179起。消防安全检查单位340家次，查处举报投诉35起，下发责令改正通知书等法律文书220余份，实施行政处罚10起。检查六小门店4000余家次，发现火灾隐患4600多处。清理整顿、关闭废品收购站6家。安全生产月活动被评为北京市安全生产月活动“优秀组织奖”。对社会单位和14家建筑工地劳动监察检查358次，出动检查人员678人次，发现纠正问题41件。解决民工群体性（5人以上）讨薪事件6件，涉及农民工168人，涉及金额200余万元。开展“文明交通行动”，加强对6个主要路口的交通秩序维护。专项清理整治132套群租房，拆除隔断间785间，清理租住户692人。投资150万元，对5个社区的监控设施设备进行改造、维修，对所有社区的监控进行维护保养。安装监控标识3000余个。化解阜一社区因监控问题、永定路24号院房屋因产权问题出现的纠纷，稳控山南228号院腾退、玉海园三里社区电改矛盾纠纷。

民生建设 完成为民办实事100项，投入资金3625万元。发放高龄津贴1136人次、14500元。为1882名80岁以上老人发放226万元居家养老补贴。为1297人次发放海淀区残疾人生活补助金525910元，为1500人次发放助残券15万元。组织地区单位、居民开展“送温暖 献爱心”“春雨润海淀 慈善促文明”主题募捐活动，共募集善款17万元及一批衣物。非京籍适龄儿童入学网上登记414人，办理311份借读证明。为185户保障房申请家庭办理登记手续。为81户申请家庭办理公共租赁住房登记手续。

社区建设 在4个社区开展“六型”社区创建工作，在6个社区开展规范化创建工作，在4个社区开展“一刻钟服务圈”创建工作。招录社工29名。完成玉海大厦业委会成立备案工作、玉阜嘉园业主大会召开指导工作。完成社区用房改善面积2000余平方米，工程资金共计130余万元。投入739万元购买办公用房一处。

基层党建和精神文明建设 开展群众路线教育活动，征集199条意见建议，建立台账，落实整改责任。完成为民办实事近百项。

对照“五个好”[①]标准，推进整顿软弱涣散基层党组织工作。建设基层党员轮训站点，制作以“当代时传祥”为主题的党员教育精品课件。落实党组织党员双报到制度，接收在职党员1717人。开展“六个一”[②]活动，党员服务社区先锋模范作用得以发挥。

组织开展学雷锋志愿服务、“最美北京人”百姓宣讲、“中国梦”社区合唱节、“北京榜样”评选、道德讲堂、

---

① 指领导班子好、党员队伍好、工作机制好、工作业绩好、群众反映好。

② 指认领一个服务岗位、联系一户困难群众、参加一次公益活动、提出一条意见建议、当好一名信息员、办好一件好事实事。

周末社区大讲堂、“同筑中国梦，建功核心区”专业文艺演出等活动，新建53组精神文明宣传栏，宣传实践社会主义核心价值观。组织开展“邻里守望温暖海淀”志愿服务活动和田村路地区“搭把手”百对邻里互助行动。

（马然）

【老年快乐周末嘉年华活动】 10月18至19日，地区举办以“传承中华美德•弘扬敬老文化”为主题的2014田村山老年快乐周末嘉年华活动。市体育局、市市民读书指导团、市志愿服务指导中心等30余家社会单位、社会组织和志愿服务机构参与。活动包括“田村山•快乐老来汇”金色年华中心舞台、“尊老•汇文化”老年文化活动展示、“爱老•汇公益”公益服务、“敬老•汇健康”老年体育互动和“助老•汇政策”养老文化宣传等5个主题。

（马然）

上地街道

【概况】 上地街道成立于2000年3月，2014年辖区面积9.52平方千米，有12个社区，常住人口近9万人，其中户籍人口37137人，流动人口52426人。地区注册企业16162家，从业人员约17万人。

经济建设 开展“为企业送法律、送服务”活动，组织召开地区企业招聘会。完成第三次全国经济普查工作，核实企业14666余家。开展创业孵化路演活动，与海淀区人才服务中心、高层次人才发展促进会对接，组织引导企业参与各类人才的招聘和培训活动。推进上地地区中小企业无担保贷款。帮助企业解决人才引进、职工就餐等问题。

环境建设 投资837余万元购置花箱摆放在“三纵三横”主干路网。投资170余万元在树村地区周边等城乡接合部和环境秩序差的重要点位修建文化围墙。开展联合执法567次、9372人次，对主要大街和环境秩序重点点位的无照游商、占道经营等违规行为进行常态化整治。拆除违法建设48处、2.3万余平方米。投资218万元对10条道路破损路面进行修补。投入30万元实施道路微循环改造，协调优化公交线路13条，添建候车亭11个。开展“九小门店”秩序整治，共检查小门店1200余户，取缔573户，规范“门前三包”责任制，签订责任书1027份。

平安建设 投入288万元完成体大颐清园等4个老旧小区技防改造。启动等级防控160天，动员发动群防群治力量20余万人次。收集上报各类信息18000余条，承办2100件，结案率100%。整治群租房101套。针对重点区域组织联合执法300余次，查扣黑摩的101辆、黑车127辆，治安拘留16人。检查餐饮单位、食品流通单位466家次，立案30件，处罚21件，罚没款合计64662.80元。取缔无证餐饮点位174个。地区未发生食品药品安全事故。开展安全生产大检查大整治，检查（复查）生产经营单位1408家，查出安全隐患问题2705个，整改率99%。开展各类矛盾排查26次，受理各类矛盾纠纷661件，解决657件，涉及金额30多亿元。矛盾纠纷数量比上年下降27%，调解成功率99%。

民生建设 投资375万元，解决多个社区服务用房。打造7个市级“一刻钟社区服务圈”，市级社区规范化建设试点3个。投资70万元用于“爱之园”宣传场地改造和社区健身器材增建和更新。建立“爱心慈善超市”，残疾人保障覆盖率100%。仲裁各类劳务纠纷157件，处置农民工的讨薪事件68件，涉及工资金额583万元。实现就业337人，累计核发各类优抚救助补贴和养老金近5000余万元。审核230余名非京籍儿童入学手续。开展“五月的鲜花”文艺会演、社区大讲堂讲座、节俭养德宣传等文化活动。建立社区儿童之家。投资2000余万元完成33项街道折子工程和17件为民办实事项目。投入近千万元推进街道城市服务管理指挥平台和“无线”上地、“智能”物联网等项目建设，初步完成“智慧上地”基础性工作。

基层党建与精神文明建设 开展群众路线教育活动，征求意见建议124条，制定整改方案措施，修订完善各种规章制度35项。开展党建“双促双进”[①]活动。新成立3个非公企业党支部。探索在非公企业党组织中实行党务公开。投入50余万元建成嘉华大厦党群活动中心和明天集团党支部文化活动中心。开展代表联组活动。

对照全国文明城区创建343项指标制定方案，逐级签订创建指标责任书，启动街道机关科室和12个社区包片包点的全天候运行模式，街道干部全年深入一线1.2万余人次。以条幅、宣传栏、黑板报、公益广告、宣传手册和户外大屏幕等形式提高居民对全国文明城区创建的知晓率和参与率。

（任克红）

---

① 指走进基层、走进群众，促科学发展、促社会和谐。

曙光街道

【概况】 曙光街道成立于2004年9月，辖区面积5.45平方千米，户籍人口6万人，地区登记流动人口3.2万人，有社区居委会16个，地区法人单位5000余家。

环境建设 开展街面秩序整治，拆除各类违法建设11097平方米，清理早餐亭10座。治理整顿晴雪园、晨月园、烟树园、金夕园、远大园等小区群租房和小区扰民问题。整治环境卫生死角，清理无主垃圾726车、3267吨。开展万盆花卉进家庭活动。武警蓝靛厂西小区创建为首都绿化美化花园式单位。改造提升10万余平方米绿地。清理占道废旧机动车。在老营房路和蓝靛厂西路开展占道停车试点，缓解世纪城地区乱停车问题。

平安建设 完善社会治安防控体系，社区三类可防性案件（入室盗、入室抢、机动车盗抢）同比下降22%。开展以"爱在曙光，救在身边"为主题防灾减灾宣传周系列宣传活动，开展风险排查和隐患消除，提高地区应对突发事件能力。创建规范化人民调解委员会和青少年普法大讲堂，推动律师参与社区矫正。检查各类餐饮药品经营单位2278户次，检查生产经营单位1200余家，发现各类安全隐患1600余项，整改350起。调解民间纠纷335件，开展矛盾纠纷排查352次，追回劳动者拖欠工资72余万元。在石佛寺地区拆除违法建设房屋建筑面积2万余平方米，清理流动人口4000余人。成立专项整治联合执法队，出动执法人员1750人次，整治违规、无证经营113家。

社区建设 对14个社区的办公场所和居民活动区域进行改扩建。完成3个社区"一刻钟服务圈"示范点创建任务。完成2个社区"六型"社区创建，树立3个社区规范化示范点。

民生建设 完成49件为民办实事工程。完成就业指标602人，推荐就业成功262人，对1505人进行职业指导。发放低保金、困难补助金、申请助学金165万元、医疗救助金102万元、丧葬补贴12.5万元，为487家企业办理保险、支付等相关业务。投资45万元建成曙光街道同区通办三级联动服务点，可受理审批业务41项。办理老年优待卡700余张，发放老年优待券约92万元。发放慰问金、慰问品共计约40万元。开展"春雨行动""春风送暖"募捐月和鲁甸地震献爱心活动募集捐款。为126名重度残疾人发放助残券，750名持证残疾人发放北京市残疾人意外伤害保险服务卡。

基层党建和精神文明建设 组织街道所属120个党组织、2395党员开展群众路线教育实践活动，搜集意见629条，提出整改措施730条。开展"邻里守望、爱在海淀"和"服务连心、邻里守望"服务活动，在社区形成"二级承诺""2+1""阳光之路"等服务机制。组建16支社区党员志愿者队伍，围绕社区环境维护、劝导不文明行为等内容开展志愿服务。开展中国梦主题宣传系列活动，在重要路口和点位增设公益广告。利用曙光街道门户网站和手机应用平台宣传全国文明城区创建工作。完成海淀区第八大人口景观——曙光人口文化"梦之园"的建设，提供传播人口文化载体。建成曙光文化广场，面积1.3万平方米，为居民提供文化、休闲、娱乐场所。

（王雨）

燕园街道

【概况】 燕园街道成立于1981年12月，属大院式街道办事处，受海淀区政府和北京大学双重领导。辖区面积约1.84平方千米，其中北京大学校园面积272.17万余平方米，有社区居委会7个。户籍人口约4.4万人，流动人口5474人。

环境建设 街道联合地区工商所、卫生监督所等执法部门开展联合执法检查。对经营环境秩序实地考察，建立实地考察问题点位动态监管台账。对北京大学校门周边重点区域，制定环境秩序专项整治方案，成立综合检查队，开展集中执法检查6次。完成北大东门周边环境整治，外墙粉刷2000余平方米，绿植补种200平方米。整治畅春园南路占道经营现象。

平安建设 完成对学校南门外快递公司的整治，28家快递企业进入校内指定区域营业。保障暑期、国庆期间"北京大学校园游"的外围秩序，暑期学校累计接待来访25万人次。重点时间段组织实施应急值守100余天，发布各类预警信息百余条。

民生建设 发放低保金和帮困卡407户次39万元。发放地退、军休退休金和无收入地退遗属补助1117人次387万元。开展"春雨行动""春风送暖"、云南鲁甸地震捐款活动。开展同区通办三级联动前期筹备工作。发放失业金248人次328159元。就业91人，职业指导289人，失业监测18人，跟踪指导用人单位20家52次。办理社保卡业务766人次，信息变更278人次。评议通过保障房家庭43户,市级备案40户，三房轮候家庭申请公租房21户，办理市场化租赁补贴7户，公租房意向登记4次共50户，廉租房意向登记1次，经济适用房后期选房9户，办理公租房补贴16户，家庭复核28户，变更11户，购房家庭资格终止1户。为400户1155人投保计划生育家庭意外伤害险。

社区建设　为7个社区及蓝旗营小区的北大教职工488户、共计625人次安装“一键式”家庭医生智能服务终端。投入80余万元，完成11项为民办实事项目。

完成第三次全国经济普查，共登记单位828家，后期核实普查单位劳资、能源、营业收入、定位信息、三证图片等各类信息599条。

基层党建和精神文明建设　组织全体党员干部学习习近平系列重要讲话和中共十八届四中全会精神。开展系列党日活动，推进党风廉政建设。利用社区宣传栏、展板、宣传手册等形式、多渠道向社区居民宣传海淀区全国文明城区创建工作。《老旧小区停车管理问题研究》课题获2013年度海淀区优秀调研成果二等奖。

（张琳娜）

清华园街道

【概况】　清华园街道成立于1980年7月，受海淀区和清华大学双重领导。辖区主体是清华大学校园，包括清华大学科技园，面积3.49平方千米，设9个社区居委会和1个家委会，居民户籍人口27775人，集体户籍人口29309人，流动人口近1万人。辖区内有两院院士近百人，教授、副教授4000多人。

环境建设　对清华大学校内家属区2处主干道以及3处支线道路进行翻修改造，面积1.1万余平方米，增加绿化面积1300余平方米。建设社区楼道单元无障碍设施101处。为东楼社区加装安防门禁系统50套。新增公共区域视频监控探头20个。改造社区公共厕所10座，粉刷社区楼道108幢楼十余万平方米，改造五区平房道路和西楼社区休闲广场近1000平方米，建成荷清苑社区30平方米电子阅览室和西南益民书屋。申报3个体育生活化达标社区。各社区安装“全民健身工程”器材。

建立健全联合执法工作机制，对校园及周边九小门店、无照经营、环境卫生、社区楼道堆物堆料、小广告、绿地斑秃等脏、乱、差问题进行综合整治，遏制新生违法建设23起，清理垃圾渣土上百吨，整治脏乱点上百处，查处无照经营1600余起、户外经营30余起，收缴非法小广告近万份。

社区建设　东楼社区被命名为北京市“六型社区”示范单位。推进荷清苑社区市级示范点建设和蓝旗营社区区级示范点建设。完善西北社区“一刻钟服务圈”建设。东楼社区开展老旧小区自我服务管理试点，协助社区居委会对小区进行服务管理。制定社区志愿服务站各项规章管理制度，完成志愿者网上注册及社区服务项目注册。

推进智慧社区建设。实现93001平台改版升级，增加93001微信平台，开通移动应用，提升平台便捷性；推进北京市智慧社区认证工作，与区政府实现联网联动，全部社区达到认证三星标准。荷清苑、蓝旗营、西楼、西北、南楼5个社区参与北京市第一批智慧社区创建。

平安建设　结合全国文明城区创建和“平安校园”创建工作，完善三级预警防控（三级常规控制、二级加强控制、一级临战控制）、三支队伍（城管巡防队、社区治安巡逻队、社区群众志愿者队）联动以及多部门联合执法的维稳工作机制，在重要节庆日和重点时期，对重点人、重点地区、重点部位进行摸排调查，实现人防、物防、技防无缝衔接，保证零事故。

全年排查调解矛盾纠纷243件，调解成功率达98%。开展3次人民调解员业务培训，提高调解员的法律素养和调解工作技能，荷清苑社区、蓝旗营社区调委会为模范基层调委会组织。

配合市区司法局对辖区的“三类罪犯”进行逐案检查。定期对社区服刑人员开展初始教育、集中教育、约谈走访等工作，强化地区社区服刑人员的法制观念和遵纪守法意识。开展6例居住地核实及社会调查评估等工作，防止脱管漏管。

组织以“讲法制守秩序、普法惠民进万家”“法律伴我行，安居在海淀”“共建文明生态，建设和谐宜居海淀”等为主题的系列法制宣传咨询活动16次，累计参加宣传咨询的居民近万人次，发放各类普法宣传材料3万余份册。

民生建设　办理“社保下沉”相关业务3222人次；社保卡挂失与补办、换卡与申领等服务共计1034人次；“一老一小”医疗保险共计报销88人次57万余元，新参保310人。低保户31户43

人全部参保城乡养老保险和医疗保险。医疗、教育临时救助 36 人次，共计约 8 万元。为符合条件的低保对象申报高等教育救助 9290 元，慈善救助 22500 元。联系招聘单位 22 家，跟踪回访用人单位 71 次，采集单位招聘空岗信息 321 条，188 人实现就业。发放 90 周岁以上老年人高龄津贴 33 人。新办老年优待卡 494 人、老年证 209 人。安装"一按铃"15 人。为 20 位地退困难家庭申请学校涌泉基金。发放 45 位优抚对象、烈属、伤残军人节日慰问金 40200 元，发放 13 位伤残军人革命伤残保健金 163185 元。慰问辖区困难群体 27 人，资金共计 4.4 万元。开展"送温暖献爱心"活动，募集善款 14 万余元。发放残疾人生活补助 207660 元、助残券补助 6.4 万元。为 7 名残疾人申请社会保险补贴总计 33028.02 元，为 15 名重残无业人员申请养老保险补贴总计 1.5 万元。为残疾人家庭送慰问金 23500 元及价值 17363.50 元的食用油，为 64 名残疾人发放轮椅、盲杖等辅助器具。办理计划生育家庭意外伤害保险 598 户，保费 24360 元。向大龄夫妇推荐并提供海淀区免费孕前优生检查项目服务卡。

基层党建及精神文明建设　坚持中心组每两周一次的学习例会制度，每月一次的党支部书记例会制度。鼓励和支持街道各党支部申报学校党委组织部开展的党建创新课题调研、特色活动评比等。街道幼儿园支部"加强兴趣团队建设，创新支部活动形式"以及蓝旗营支部"推动社区为老服务，推动社区文化建设——基层党组织发挥作用之研究"两个项目获得学校党委组织部特色活动支持。街道 4 个党支部达到学校规定的"优秀"标准。

针对群众在群众路线教育实践活动中反映的问题对照整改。开展党风廉政建设宣传教育月活动，修订街道"三重一大"决策制度，强化重大事宜的透明化、民主化决策。

利用宣传栏、围墙、横幅、电子屏和大量海报等媒介宣传全国文明城区创建目标、中国梦、中国传统文化、社会主义核心价值观、未成年人思想道德建设。举办第九届社区文化节、社区歌咏比赛、社区趣味运动会、第九届社区游泳比赛、第十届社区运动会等大型文化、体育活动。组织社区文化干部和社区居民参加海淀区的各类文艺培训 11 场次。老龄大学春秋季学期共招生近 1100 人次，开设书法、绘画、计算机、图片处理、文学等课程，每学期 20 个班共 1200 学时的课程量。开展"夕阳华彩——小品画师生作品展"《清韵华章》诗词朗诵会""全民终身学习活动周"等系列活动。

（杨引琴）

【全国妇联培训学员参观荷清苑社区】 4 月 18 日，全国妇联妇女之家建设专题培训班学员到清华荷清苑社区参观交流。学员们观看荷清苑社区家庭文化建设成果展，参观社区妇女之家，并与社区妇联干部就做好基层妇女工作进行交流和探讨。本次全国妇联妇女之家建设专题培训班由全国妇联人才开发培训中心主办、清华大学老年科学技术工作者协会承办，来自全国各省市、自治区、直辖市的妇女干部 98 人参加。

（杨引琴）

永定路街道

【概况】　永定路街道成立于 1979 年，属大院式街道体制，受海淀区政府和中国航天科工集团第二研究院双重领导。辖区面积 1.45 平方千米，有 16 个社区居委会，户籍人口 47300 人，外来人口 9248 人。

环境建设　投入 1100 余万元，为地区 546 个单元安装门禁系统。投入 400 余万元，在永定路等路段安装机非隔离带，在有关社区安装减速墩等交通设施。投入 300 余万元，完成八街坊、永定路大街、东工业区主干道的绿化改造，面积 2.48 万平方米。完成辖区 4 条道路铺装、6 个社区大门和部分自行车棚改造。完成 4 条道路铺装，铺设沥青 8533 平方米，步道砖 2903 平方米。拆除新生违法建设 34 处、面积 524 平方米。开展小门店经营秩序专项整治，整治店外经营、违规牌匾等问题，签订"门前三包责任书"217 份，拆除违规广告牌 18 块。

平安建设　调处纠纷 400 余件，调解成功 345 件，成功率 87%。加强对重点人群的管理和防控，完成重点时期的辖区维稳工作。治理整顿群租房 28 户，拆除隔断 40 间，清退群租人员 110 余人。开展"安全生产月"活动，每月定期开展安全检查、应急演练。

城市服务管理体系全年共计上报案件 6780 件，受理各类城市管理问题和居民投诉 4210 件，结案 4182 件，结案率 99.3%。修订应急预案和制度 6 份，举行应急演练 8 次，开展应急宣传 70 余次，组织应急培训 4 次，全年未发生较大的突发事件，获得海淀区"应急管理雷达预警系统建设"和"海淀区市民网"试点资格。

民生建设　开发就业岗位 1634 个，失业人员实现就业 370 人，完成全年就业指标的110%。接收失业人员档案403份，办理就业失业登记证390人。发放失业金150万余元。为新增299名社区灵活就业和自谋职业人员办理社会保险补助手续，对950余名自谋灵活就业人员进行管理服务。

地区社区文化中心升级改造完成并投入使用。“快乐健身广场”活动获得2014年海淀区“一街一品”群众体育品牌称号。建成永定路地区幸福家庭活动基地。永定路计生网上服务系统公开计生28项政务服务，被评为海淀区2014年十佳便民服务项目。

为154名地退、军休人员增发补贴110余万元。为64名优抚对象发放慰问金11万元，为24名伤残人员发放伤残抚恤金30万元。为地区62户低保家庭发放低保金82万元，医疗救助、临时救助7万元。通过“捐赠月”等活动募集并上缴捐款45万元、衣物1.7万件。为797户困难家庭发放物品及救助金17万元。为260名残疾人发放助残券、各类补助63.5万元，完成51户家庭无障碍改造、9个社区的室外无障碍改造。建成16个社区志愿服务站、85个志愿服务队，举办“关爱老人行动”等志愿服务活动。六街坊东、九街坊社区获得“北京市六型社区”称号。审核通过非本市户籍适龄儿童在京上学48份。

基层党建与精神文明建设 中心组集中学习18次。完成群众路线教育实践活动整改措施18项，专项整治措施11项，制修订规章制度46项，整改措施完成率100%。

制作发放6类每类1万册的创建全国文明城区宣传折页。开展永定路地区道德模范评选活动，评选出“助人为乐”“见义勇为”“诚实守信”“敬业奉献”“孝老爱亲”等5类道德模范共10人。开展“绘文明海淀，展航天魅力”书画比赛、市民学校、道德讲堂、社区大讲堂等活动。

组织街道团员青年投身地区公益事业，开展“爱心助残义卖”活动。联合航天中心医院在六西社区举办义诊。开展志愿服务示范站建设活动，完善志愿服务项目。建立“两新”组织团支部1个。

（杨明月）

东升镇（东升地区）

【概况】 东升镇的前身为1958年8月成立的东升人民公社。1977年11月，清河、东升两社合并成为东升公社。1984年3月改为东升乡。2001年12月，设东升地区办事处，与乡政府实行两块牌子一套机构。2011年8月12日，撤销东升乡人民政府，设立东升镇人民政府，保留地区办事处职能。镇域面积54.6平方千米，东升地区辖区面积8.32平方千米，有5个村民委员会和6个社区居委会。全镇户籍人口20053人，其中非农业人口16395人，农业人口3658人，流动人口67475人。

经济建设 2014年，镇集体经济总收入18亿余元，增长9.1%；集体经济纯收入8.75亿元，增长7.1%；集体经济增加值10.8亿元，增长7.8%。集体人均所得39011元，同比增长10.3%。集体劳均所得58877元，同比增长5.2%。个人普通股回报率12.5%~16%。中关村东升科技园总收入165亿元，全年区级财政贡献达到9.8亿元。

年内新增企业850家，新注册企业255家，其中注册资金500万元以上企业20家。引进保利世博房地产开发有限公司、广药王老吉药业有限公司。中关村东升科技园与京津科技谷洽谈战略合作，扩展发展空间，增强辐射带动作用。举办“东升杯”全国创业大赛，赛区扩大到北京、天津、河北和广东。对首家华人出境游APP项目“四万公里”等项目进行创业扶持。中关村东升科技园国家重点实验楼项目10月开工。东升博展深度介入新兴产业，投资水木发展医疗产业基金5000万元，投资北京市移动互联网产业投资基金3000万元，投资入股蓝海讯通科技有限公司491万元；与清华工业研究院共同注资成立水木华通公司，开展新能源电动汽车租赁业务，拓展增值服务。东升博展加速器公司获得科技部“国家级科技企业孵化器”认定。

清河顺事嘉业创业园吸引以小米科技为代表的互联网科技企业进驻。小营股份社出资7.4亿元收购中联科公司，取得清河商业中心西区项目50%权益。八家股份社出资6.5亿元收购楔形绿地D地块3.9万平方米产业用房。小营股份社将物管中心重组为鸿运、鸿远两家独立法人公司，组建专业物业公司。全镇有物业经营企业30家，其中二级资质5家，三级资质10家。

2014年全镇关停市场7家，面积12.7万平方米，清退摊位11131个，疏解外来人口3万人。

环境建设 开展街面环境秩序整治行动80余次，清理乱停乱放自行车5100余辆，整治违法占道经营400余起，没收非法小广告3万余张。投资194万元对宝盛北里东、西两个小区3.77万平方米残次绿地进行改造提升。为宝盛里、宝盛北里西区等小区的132个单元、2000户居民安装门禁。开展交通秩序整治，招聘36名文明交通引导员，对大街重要路口和公交站点进行秩序引导。

拆除各类新生违建36处。投入3000万元，实施龙岗路道路整修、黑泉路绿化、八家旱厕改造、马坊生态园新建公厕等环境整治提升项目。启动7次空气重污染应急预警，减少土石方作业，加强工地施工扬尘管理。成立东升镇森林防火指挥部，投入110万元购置防火应急器械。完成观澳园南区和北区垃圾分类对接，实现13个建成小区垃圾分类全覆盖。治理黑泉路排洪沟与蓄洪沟1200延米，新建蓄水池5500立方米，景观绿化3171平方米。

平安建设 投入财政资金800万元，推动基层单位社会管理。将区政府社会治理创新项目资金180万元全部投入村庄社区化建设。在双泉堡成立北京市公安局直属派出所。在观林园、观景园、八家嘉苑周边等地区新建40个高清数字摄像点位。

组建200人应急队伍，并开展综治维稳演练。为全镇取暖户安装9200个一氧化碳报警器。在八家郊野公园周围建设4500延米护栏，安装视频监控设备50台。检查676家用人单位，补签劳动合同319份，接待劳动争议来访53件，办结率100%。处理信访来访事件2256人次，调解法律纠纷428件，成功率98%，解决突发性农民工讨薪事件23件，处理城市管理案件120起，非紧急救助事件260件，城市管理网格案件9534件。

开展“四不两直”[①]检查14次，组织层级安全检查3400人次，消除“三合一”562家，整改隐患2000余项。规范化建设最小防灭火作战单元102个。140家微型企业实现标准化岗位达标，80家企业进行安全隐患市级平台自查自报，2000家社会单位开展火灾隐患自查自纠。打通双泉堡地区及15个小区消防逃生通道，对马坊50亩国有土地及周边安全隐患进行整治。发出督办通知7批次397家，督办整改9处重大火灾隐患。举办海淀区城乡接合部地区安全生产和应急演练，演练模式在全区推广。代表北京市建制镇通过国务院对北京市政府消防年度考核，取得北京市安全生产月最佳组织奖和北京市安全生产先进单位称号。

民生建设 全年新增失业登记人员300人，实现就业285人。为辖区890家企业提供社保服务，办理各项业务4200件。组织各类就业技能培训班六期，培训424人。提高退休人员退休待遇及农保领保人员补贴金，惠及2000余群众。提高爱心家园救助标准，确保51户爱心卡持有家庭每人每月救助金额不低于816元。

完成10件为民办实事任务。投资160万元对5个新建小区进行无障碍设施改造。办理非京籍子女入学证明118份。镇科协被授予北京市科学技术普及工作先进集体，镇红十字会被授予北京市红十字会系统先进集体，前屯社区被评为全国优秀科普社区。

选拔录用社区居委会工作人员30余名。八家嘉苑25号楼地下空间新增2200余平方米社区活动用房，其中1100平方米改造为镇文化活动中心。八家回迁安置房小区完成供暖系统改造，地下停车场正式启用。

基层党建与精神文明建设 开展基层党建工作创新示范项目培育评比活动，镇基层党建工作指导组、中关村东升科技园一站式服务中心、基层服务型党组织建设市级试点三个项目被评为“2014年海淀区农村基层党建创新示范典型”。组织党建工作指导员、专职社工定期开展商务楼宇党建工作走访指导，指导有条件的基层单位组建非公企业党支部。清河村被市委组织部确定为市级基层服务型党组织建设试点单位。

镇处级领导班子、11个党总支、80个党支部和全镇1786名党员参加群众路线教育实践活动。镇领导处级班子提出82项整改任务，完成36项制度的制定，12项制度的修订完善和4项新制度的制定工作列入计划。

各基层党组织通过设置精神文明宣传栏、建筑围挡公益广告、张贴公益广告海报等方式，宣传社会主义核心价值观。组织“最美北京人”百姓宣讲活动15场。开展“百名共产党员小传”朗诵活动10场。开展“社区文明小使者”评选和社区文明劝导活动。加强未成年人思想道德建设，开展“学习践行中国梦、做新时代的雷锋传人”等主题教育活动。创建首都文明村2个，首都文明单位2个。

（韩慧新）

---

① 指在安全检查时不发通知、不打招呼、不听汇报、不用陪同和接待，直奔基层、直入现场。

海淀镇（万柳地区）

【概况】 海淀镇的前身为 1958 年成立的海淀人民公社，1984 年设立海淀乡，2001 年 12 月成立万柳地区办事处，增加居民管理、城市管理及社区管理与服务等职能，与海淀乡实行一套班子、两块牌子的管理模式。2011 年 8 月 12 日，撤销海淀乡人民政府，设立海淀镇人民政府，保留万柳地区办事处。行政辖区面积 4.79 平方千米，下辖 4 个村委会和 2 个居委会。截至 2014 年年底，辖区户籍人口 11240 人，其中农民 5158 人，居民 6082 人，流动人口 17109 人。

经济建设 2014 年海淀镇集体经济总收入 7.9 亿元，同比增长 15%；集体经济纯收入 3.5 亿元，同比增长 17%；劳均所得 40948 元，同比增长 7%。新增税源企业 55 家。

树村"一村一策"项目完成住宅、集体企业的初步测量和专业公司的招投标。万霖科技园项目封顶。上地项目主体、万柳医院、万柳社区公建项目、青龙桥清河八家项目完工。外购亦庄 5300 平方米底商投入运营。

完成集体资产处置，共确认净资产 39.7 亿元，其中专项基金 4 亿元，集体资产份额 7.9 亿元，个人资产份额 27.8 亿元，兑现个人资产份额 20 亿元（不含支付延期利息），申请转股 6051 人，转股金额 7 亿元。"海淀镇经济运营综合管理平台"一期项目运行。成立海淀镇农村集体资产监督管理委员会，完成经济合作总社和各分社审计。5 个经济合作分社召开第一届股东代表大会，成立股份经济合作社。

振海公司共计 2.66 亿元债务（其中本金 8700 万元，利息 1.79 亿元）财务核销，查封和冻结的 6750 万元投资股权由法院解除。基金社遗留问题和万业公司 1.3 亿元贷款问题得到解决。

城乡建设 中央党校西墙外环境整治项目住宅和集体企业腾退基本完成。一亩园地区环境整治项目完成入户调查、确权和相关专业公司投招标。党校西树村安置房和六郎庄 3.95 万平方米安置房项目开工。树村回迁楼开工建设。肖家河安置房项目部分封顶。

北宫门绿化 4 万平方米。新建宫门地区新建停车位 300 余个。正白旗路北口铺设 300 平方米的柏油路，解决道路破损、积水问题。改造万柳汇新家园路面。投资 300 余万元为裕禧隆园小区修缮破损道路。

12 月底，完成西苑万泉河商品市场撤市及树村正白旗市场、5 号地南侧回收市场、农大南路正白旗回收市场和绍林便民市场的关停。

全年开展"三大秩序"整治 12 次，联合执法 120 余次。拆除新生违法建设 8938 平方米，拆除上账违法建设 36 处、12.6 万平方米。

民生建设 海淀镇协调上地、青龙桥等相邻街道，成立协作议事小组，解决交叉地区管理问题。一站式便民服务中心投入使用。柳浪家园文化活动中心多功能厅投入使用。六郎庄新村底商 1500 平方米用于公共服务。

全年救助各类困难群众 360 人次，支出善款 120 万元。新农合参合 2813 人，"一老一小"参保 538 人次。特困补助 256 人次，补偿金额 139.8 万元。支出 63 万元提高农民退休费。为辖区非京籍儿童办理借读证 42 份。新建联合工会 1 个，覆盖企业 3 家，累计新增会员 140 人。

全年办理转工留用人员 81 人，超转人员 51 人。举办招聘会 8 场，采集空岗信息 2700 余个，城乡劳动力实现就业 480 人，困难人员实现就业 239 人。

平安建设 运用网格化社会服务管理信息系统，实现"案卷每周核实督办、待办案卷为零"工作目标，三类可防性案件（盗窃、抢劫、抢夺）为零。开展平安建设宣传 17 次。签订各类安全生产、消防、交通及预防煤气中毒工作责任书 756 份，开展检查 859 次，检查人员密集场所、餐饮经营等单位 1031 家。开展安全生产应急演练 3 次。投入 100 万元为基层单位配备消防车、灭火器等设备。集中整治青龙桥后营九小门店，拆除 30 余户无证经营商户牌匾；清除无证小餐饮 23 户，累计罚没 7.29 万元。展开各类矛盾纠纷排查 8 次。化解调处矛盾纠纷 230 余件，调解成功率 97%。全年领导接访 28 起，接待群众来访 338 件。

基层党建与精神文明建设 加强党风廉政教育，落实改进工作作风、密切联系群众、厉行勤俭节约等要求。压缩"三公"经费 126 万元。全镇 28 个党支部 906 名党员全部参加党的群众路线教育活动。开展"三级联创"活动，落实"三会一课"制度及全镇党组织和党员数据库建设。开展党委中心组领导干部学法 15 次，开展大型系列法制宣传活动 5 次，各类宣传 27 场。妥善处理行政复议案件 3 件。清理政府行政规范性文件 3 件。主动公开政府信息 55 条。

利用 LED 电子屏、宣传栏、围挡等载体，宣传社会主义核心价值观、未成年人思想道德建设、志愿服务等，制作社区宣传栏 80 余处，建设有社会主义核心价值观内容的工地围挡 600 平方米，社区围挡 30 余块，宣传展板 60 余块，电子显示屏 3 块。

启动"海淀镇历史文化村落"项目。开展"枢纽型"社会组织建设。开展"五月的鲜花"、运动会等文化体育活动。组织夏日文化广场活动 12 场，星火工程演出 16 场。

（丛琳）

四季青镇（四季青地区）

【概况】 四季青镇的前身为1958年成立的四季青人民公社，1984年改公社为乡，2004年9月乡改镇。2011年8月12日，成立四季青地区办事处，保留镇的建制。镇域面积40.83平方千米。下辖13个村委会，12个社区居委会，有直属企事业单位33个。镇域内户籍人口8.5万人，外来流动人口约16万人。

经济建设 全镇集体经济总收入约33.1亿元，同比增长6.0%；集体经济纯收入约8.5亿元，同比增长8.3%。集体账内劳均分配36481元，同比增长8.6%；人均分配16106元，同比增长8.7%。5万多平方米的北坞创新园二期和7万多平方米的益园文创基地建成并全部出租。约6万平方米的玉泉慧谷二期建成。近3万平方米的曙光综合楼主体完工。香青园酒店完成改造，新增产业面积1万平方米。"一河十园"获批国家观光休闲农业综合标准化示范区项目。调整和清退低端有形市场，关停拆除中联二手车市场、四海农贸市场、四王府农贸市场、丰户营自发菜市场、石佛寺废品回收市场等8处低端市场。推进集体经济产权制度改革，基本完成清产核资。

城乡建设 香山地区搬迁改造取得阶段性成果。四王府等东部地区一期搬迁改造工作基本完成，共搬迁腾退590个院。西郊轻轨线涉及的19处院落的搬迁准备工作完成，西山隧道红线内宅基地拆迁工作完成。

常青村旧村改造规划方案获得市政府批复。纳入市区棚户区改造的双新、西冉、宝山等村，加快改造规划方案调整报批。对田村、西山村旧村改造改造方案进行论证。各村成立工作组，对村民院落等情况进行摸底。

市级挂账重点村中坞村69幢回迁楼、振兴村19栋回迁楼、门头村11栋回迁楼建设完工，3814户村民办理入住手续。

西山新村一期遗留15幢回迁楼中9幢建成入住，其余6幢回迁楼全部开工建设，西山新村配套小学竣工投入使用。闵庄京泉馨园东里17幢回迁房完工，733户农民办理入住手续。西冉村回迁小区二期10幢回迁房全部开工建设。

环境建设 集中整治重点地区环境秩序。修复维护旱河路、田村路等主次干道3.4万平方米，并对道路两侧的死树斑秃进行集中补栽、补植。开展十次环境整治周、城市清洁日活动，加大对违法小广告、占道经营、私搭乱建的专项整治力度。拆除违建15万平方米，拆除"三山五园"周边各类建筑近10万平方米，疏解外来人口1.5万余人。对宝山村、西冉村、西山村、双新村、巨山村、机场社区周边、锦绣大地市场、永定河沿岸、闵航路、闵庄南路等地区及各小区楼道进行整治。

平安建设 开展经营秩序专项整治，加强对全镇所有小门店的日常管理。持续整治主次干道交通秩序，加大辖区15条道路的管护力度，安装护栏近6800米。出动群防群治力量48250人次、巡防队员14020人次，维护重要时期的安全保障。推行网格化管理模式，提高社会管理精细化水平。持续加大安全生产宣传、检查、监管力度。集中开展重点矛盾纠纷排查调处工作，全镇信访量持续大幅下降。

民生建设 完成田村、蓝靛厂村、香山村东岳老年公寓项目等近3000名农民转非任务。12月19日，全镇整建制农转非试点工作方案获得市政府批准。

开展职业指导培训、职业介绍及就业岗位开发，2300多名城乡劳动力实现就业，完成任务指标的220.3%，实现创建区级"充分就业镇"的目标。为农村劳动力1772人次申请转移就业补贴488余万元。落实住房保障、城乡居民养老、新农合、困难群体帮扶等惠民政策。

基层党建和精神文明建设 开展党的群众路线教育实践活动，查找"四风"问题152条，梳理整改项目20项。全镇122个党支部召开专题组织生活会，3390名党员参加民主评议。集中开展清退会员卡、清理超标办公用房等专项整治。解决群众反映的农转非、棚户区改造等问题。

成立四季青镇志愿服务总队，组织4000余名志愿者参与创文志愿服务活动。组织1083名在职党员到村、社区报到。建立林果所老旧小区综合整治联合党支部推进老旧小区改造。与区选派干部结成3个党建工作组到村、社区帮助解决难题。培育农村党建创新项目，其中巨山村"五让"[①]工作法、双新村"增强服务意识、加快旧村改造"被评为海淀区优秀党建创新项目。

层层签订党风廉政建设责任书。做好廉政宣传教育、监督检查和信访举报查办工作。对2014年新任领导干部进行廉政谈话，组织廉政政策法规考试。四季青镇被区纪委评为廉政文化示范点。加强党务公开，带动政务公开、村（厂）务公开，推进村务监督委员会工作。

全年组织开展各类文化活动40余次，放映农村公益流动数字电影50场，举办星火工程一类演出、夏日金秋文化广场演出等，惠及地区群众2万余人次。开展以"文化让乡村更美丽"为主题的四季青镇第24届农民艺术节，举办文艺团队大比拼活动。开展乒乓球、羽毛球、篮球比赛等体育活动。

（吴燕）

[①] 指让信得过的人当家，让村民有地方说理，让突发事件不隔夜，让工作走在问题前面，让每个村民看到希望。

西北旺镇（西北旺地区）

【概况】 西北旺镇成立于 2003 年 8 月，由原永丰乡、东北旺乡合并而成。2011 年 8 月 12 日，成立西北旺地区办事处，保留镇的建制。镇域面积 51.02 平方千米，辖 16 个村民委员会、10 个社区居委会、3 个农村经济合作社、5 个全额拨款事业单位（农业综合服务中心、文化服务中心、社会保障事务所、水务管理站、农村合作经济经营管理站）、2 个自收自支事业单位（镇敬老院和小星星双语艺术幼儿园）。截至 2014 年年底，有户籍人口 37705 人，其中农业户籍人口 10352 人，非农业户籍人口 27353 人；常住人口 130754 人。

经济建设 2014 年，全镇农村经济总收入 30.1 亿元，同比增长 8.3%；农村集体经济总收入 3.2 亿元，同比增长 100.7%；民营经济总收入 25.8 亿元。农村经济纯收入 6.1 亿元，人均劳动所得 15222 元，同比增长 9.2%。

成立西北旺镇农资委，完成小辛店、西玉河村股份经营合作社的注册。截至年底，完成 13 个村集体经济组织产权制度改革。

组织种植户参加农业新技术培训班 16 期，受训人数 308 人次。协助土井村完成《北京图景周末开心菜园》项目申报。完成 2600 余亩的平原造林任务，种植苗木 10 万余株。全镇累计造林达 5044.5 亩。

城乡一体化建设 “一镇一园”先行起步区 021 地块取得集体土地所有权证，完成施工图设计和土方招标。众唐兴业园项目 T08 地块，完成投资 2.8 亿元。盛景创业园项目取得乡村建设规划条件。

完成安宁庄拆迁项目。推进西北旺新村剩余宅基地腾退安置、西北旺中路（C02 地块）宅基地腾退拆迁、唐家岭地区剩余待拆建筑腾退、北大科技园拆迁等项目工程。协助办理唐家岭地区安置房项目相关手续。完成六里屯定向安置房一期工程和大市政建设，并取得规划意见书、建设用地批准书。完成友谊渠和风格渠治理工程、唐家岭新城和图景嘉园文化活动中心建设等 20 个项目的招标及竣工审计。拆除上账违法建设 90 处、14 万余平方米；拆除新生违法建设 7795 平方米；清理出占压耕地 28 亩。

开展“三大秩序”专项整治行动。完成环境综合整治“三年规划台账”，争取到市、区政策资金 2600 万元，新建、翻修冷泉辅路、玉河路、丰滢路、救助站路、中关村森林公园周边等八条公路。

镇机关 13 个督导组包片督导，解决亮甲店周边楼区、东居物业管理区等一批老大难问题；成立联合执法队、保洁应急队等专门队伍，开展日常巡视，维护重点地区的环境秩序；对未拆迁村、主要社区开展全面检查，集中整治无照经营、占道经营、随意停车、私搭乱建等问题。

平安建设 加强劳动监察，协调解决劳动纠纷 55 件，涉及农民工 1236 人，金额近 1500 万元。全年共调控减少 12067 人，提前超额完成市、区流动人口调控任务指标。实有人口管理工作进入精细化管理。加大矛盾纠纷化解力度，畅通信访渠道，规范信访秩序。发挥司法调解、人民调解的作用，镇司法所获“北京市司法行政系统先进集体”称号。完成全国“两会”、APEC 会议以及重大节假日的安保维稳工作。

民生建设 全年组织走访慰问 2000 余人次，送去慰问金 40 余万元、慰问品 50 余万元。开展“送温暖、献爱心”“扶贫济困基金”“春雨行动”活动募集善款 28 万余元。镇扶贫济困基金全年共帮助低保户、困难户、贫困学生、单亲母亲、伤残士兵以及患大病的困难群众 137 人次 123 万余元。在 5 个社区创办老年餐桌。推进西山林语小区、百旺杏林湾小区无障碍设施改造。组建 2 个镇级便民综合办事大厅，11 个基层便民服务站，基本实现综合管理、一站多能服务职能。西六社区进行社区规范化建设试点工作，建立“一站式服务大厅”；成立老年劝导队、志愿者巡逻队、党员先锋志愿服务队等志愿服务组织。完善冷泉幼儿园、屯佃幼儿园的设施设备、玩教具配备。审核通过非京籍适龄儿童入学 485 件。成立 7 个社区（村）家长学校，开设早教课程。开展科技、文化、法律、卫生“百场讲座进社区”活动。镇妇联获 2014 年度“北京市妇联系统先进集体”称号。

基层党建与精神文明建设 镇党委和 49 个党（总）支部、2177 名党员参加党的群众路线教育实践活动。基层党支部开展“入万户问冷暖，听民意解民忧”活动。选树 8 名镇级“北京榜样”和 17 名基层“北京榜样”。评选出 10 户镇级“最美家庭”，其中“好婆婆”宋秀芝家庭入围“首都最美家庭”候选家庭行列。

开展“文明西北旺、汇聚正能量”社会宣传主题实践活动，“暖心的榜样”“贴心的服务”“舒心的服务”三大系列 22 项活动贯穿全年，举办社会主义核心价值观漫画展，开展“十佳志愿者”“最美家庭”“残疾人文明标兵”等评选表彰活动，以及“服务连心，邻里守望”——第二届邻里节、“道德讲堂”“周末社区大讲堂”“百花争艳闹新春”“五月的鲜花”“全民读书月”等文化活动。建成唐家岭新城和图景嘉园 2 个文化活动中心。举办第十一届全民健身文化体育节和第四届地区全民运动会。

（张丽娟）

温泉镇（温泉地区）

【概况】 温泉镇的前身温泉乡成立于1956年3月，1961年4月成立温泉公社，1984年4月改设温泉乡，1997年5月撤销温泉乡，设立温泉镇。2011年8月12日，成立温泉地区办事处，保留镇的建制。镇域面积33.23平方千米，其中农用地占62.24%。辖7个行政村，10个社区。截至2014年年底，全镇共有户籍人口40961人，其中农业人口6550人、非农业人口34411人，流动人口12012人。

经济建设 2014年，经济总收入15.9亿元，同比增长8%；经济纯收入3.2亿元，同比增长8%；人均收入19223元，同比增长9%。成立温泉镇农村集体资产监督管理委员会。完成太舟坞、东埠头两村“提股增龄”工作，解决因产改基准日时各村土地征占情况不一造成的村级股份社之间各股东的基本份额和劳龄份额悬殊问题。村级土地征占款专项资金大幅增值，村级股份分红较上年提升38%。开展集体土地资源清查和新一轮集体经济合同审计。对土地补偿费使用实行镇、村、银行三方监管，对村自有资金和专项资金支出实行逐级审批。完成第三轮土地承包确权，全镇土地承包确权达99.75%。流转土地6281.65亩，涉及2410户5154人。扶持12个农民专业合作社经营管理向规模化、规范化发展。

温泉南山高端旅游休闲带建设完成200余亩大西山彩化（一期）、8000米旅游骑行道（一期）、亚热带植物展厅等工程；实施旅游通道两侧绿化工程，提升整体景观环境。太舟坞、东埠头、温泉村3个设施农业基地产值达到160万元；杨家庄、温泉、白家疃三个园区晋升为三星级采摘园区，樱桃产值收入达610万元。

镇属集体企业兴业公共服务公司实现保洁流程化、专业化管理经营；宏泉物业经营范围拓展；赢海欣泉等其他镇属集体企业业绩平稳增长。

城乡建设 完成温泉水岸家园安置房小区绿化工程，东埠头、太舟坞两村村民回迁入住。基本完成杨家庄村遗留村民搬迁上楼及补偿工作。完成太舟坞、东埠头、杨家庄3个腾退村农转非工作，实现村民“保障双保险”（即转居后村民既可享受城镇居民的社会养老保障和医疗保障，又可继续享受作为“股东”可分红的集体经济收益）。

“一镇一园”建设。翠湖云中心项目北区东组团引进企业31家，北区西组团24幢、9.57万平方米科研楼全面施工；南区推进351地块集体土地租赁住房项目，完成17幢楼、18.4万平方米的结构封顶。

推进北辰商业中心回购、C地块商业地块回购。完成翠湖科技园D21、D22地块、东埠头沟改造和市政道路等多个项目的征地。

环境建设 完成381亩平原造林任务和6000平方米镇域边角地绿化工程。完成温北路沿线3项环境整治、镇域排洪沟治理等重点工程。全年减少劣质燃煤6908.5吨。关停北京富源喷涂厂等6家产能落后的高污染企业。杨家庄排洪沟完成工程量的70%，西河滩排洪沟完成工程量的30%。全面摸查镇域内水系及污水管线情况。

开展街面环境、社区环境、市场经营秩序、交通秩序等专项整治，整治脏乱点1000余处，清理垃圾1600余吨，清除小广告点位3万余处。查处无照经营、违章停车等各类环境违法行为400余多起，规范门前三包300余家，清理822个单元楼门的堆物堆料。建立“环境整治周”、环境卫生秩序专项考核检查等长效机制。

整治太舟坞商圈，建成规范停车场，实施太舟坞商业区消防隐患治理工程。修补、重铺镇域内1.11万平方米道路。

平安建设 建成集视频监控与应急指挥于一体的温泉镇科技创安监控指挥中心。推进网格社会服务管理，配置下沉力量，建立每月双向反馈机制。

实施山区防火路拓宽及防火路涵桥工程。完成颐阳一区西侧排水沟改造，消除汛期积水隐患。

全年拆除违法建设约4万平方米，其中国土卫片案件数较上年下降50%。开展安全生产隐患排查整改和标准化建设，加强食品药品日常监管、专项整治和风险监督。

加强拆迁腾退等重点矛盾纠纷排查化解，全年信访事项完结率95%，司法调解镇、村各类纠纷416件。启动“法律顾问”试点。全年组织法制宣传教育活动95场次，受教育人数达48344人次。

民生建设 3834名农村劳动力实现就业，就业率为97.3%。建立“一对一”就业、再就业帮扶管理模式，全年帮扶588名失业人员实现就业、再就业。

推进“同区通办、三级联动”政务服务体系建设，41个便民服务事项上线运行。新型农村合作医疗参合人数6500人，参合率100%。恢复农村医疗室，为地区群众提供送医送药便民诊疗服务7196人次。

投入约100万元教育经费帮扶优秀学生及困难学生家庭。完成非京籍适龄儿童入学五证审核。为3个残疾人家庭进行危房改造，为3个小区进行无障碍设施改造。开展“心灵家园”系列活动，为失独及独生子女伤残家庭进行体检。

建设完成老年照料中心，为地区老人推出日间照料、健康管理、助浴、助餐等多种服务项目。完成1122名享受养老服务券老人券改卡信息采集并及时发放高龄津贴。与空巢老人、孤寡老人开展一对一结对帮扶活动。完成老年医院老旧小区改造工程，为凯盛家园社区引入流动菜车，为颐阳一区、二区1666户居民安装信报箱。

基层党建与精神文明建设 开展党的群众路线教育实践活动。聚焦“四风”突出问题，开展正风肃纪专项整治行动。压缩“三公经费”，公费接待费用同比减少 39.5%，公务用车维护经费同比减少 17.9%。

开办道德讲堂，开展诚信教育、“身边好人评选”和“北京榜样推荐”等活动。推进“低碳环保”“邻里互助”等十类家庭文明微行动。举办文艺演出、电影放映等文化活动 350 余次，艺术培训 1000 余学时，参与文化活动和培训的群众 6000 余人次，群众参与率达 70%。为镇图书馆、各村益民书屋配置 2000 余册图书。举办“五月的鲜花”、优秀民间文体组织展示、农民艺术节等群众文体活动。开展“五四”主题活动和系列志愿服务活动。

（彭秋艳）

【与丹江口市习家店镇缔结友好乡镇】 10 月 14 日，温泉镇与湖北省丹江口市习家店镇签订协议，缔结为友好乡镇。双方以“真诚友好、优势互补、加强协作、互利共赢”为原则，就农业、旅游业等方面进行交流合作。

（彭秋艳）

【成立温泉水岸家园地区工委】 2014 年，温泉镇成立温泉水岸家园地区工委（管委会），下设太舟坞村、东埠头村 2 个集体经济组织党支部及水岸家园居民党支部（社区居委会）。通过构建“以党组织为核心、村居相互融合、各类社会组织协调发展”的社区服务体系，形成“党组织统领全局、管委会进行管理、社区服务站提供服务”的工作格局。

（彭秋艳）

苏家坨镇（苏家坨地区）

【概况】 苏家坨镇成立于 2003 年 8 月，由原苏家坨乡、北安河乡、聂各庄乡 3 乡合并而成。2011 年 8 月 12 日，成立苏家坨地区办事处，保留镇的建制。全镇共有 19 个村委会、7 个社区居委会、3 个农村经济合作社、6 个事业单位。截至 2014 年年底，有户籍人口 36094 人，其中农业人口 14028 人，非农业人口 22066 人；外来流动人口 12121 人。镇域面积 84.51 平方千米。区域内旅游资源丰富，形成集自然山水、历史人文、都市休闲、民俗旅游为一体的旅游产业带。

经济建设 2014 年，农村经济总收入 24 亿元，同比增长 8.1%；经济纯收入 55980 万元，同比增长 7.45%；农民人均收入 14283 元，同比增长 9.9%；镇村两级集体经济收入 41734 万元，同比增长 17%。新增 3 家纳税企业，实现企业一次性纳税 811 万元。

“一镇一园”项目完成 S1 地块商业策划、成本测算和市场调研，与北京协同创新研究院达成初步合作框架协议；紫云台香草园、西山风景长廊南端综合服务区、苏家坨镇骑游示范线路和中法遗址群周边环境整治等重点旅游项目落地实施。苏家坨镇获得“北京市休闲农业与乡村旅游示范乡镇”称号。

与东升镇合作，合资成立柳林智慧农业科技发展有限公司，一期工程基本完工。申报支农产业化类项目 4 个，柳林村田间路、车耳营村观光采摘园环境整治项目进入收尾阶段。

组建成立镇农资委。推进集体产权制度改革和土地清查，完成基层单位清产核资初审，集中清理整顿集体土地上企业经营及租赁问题。开展村级土地征占地款专项审计和 2012–2013 年财务审计；以保洁、物业公司为重点，培育镇属集体企业。

城乡建设 周家巷、南安河村宅基地腾退分别完成 93.5% 和 80%，北安河村非宅腾退进展顺利。前沙涧定向安置房项目 S6–2、S12–5 地块共 34.5 万平方米实现结构封顶。与中建股份合资成立中建新牧（北京）置业发展有限公司，共同建设北安河安置房。

七王坟新农村改造试点方案落地实施，142 户签订住宅改造协议，签约比例达到 80%。车耳营村新农村建设前期准备工作展开。

整顿 13 个再生资源回收站，关闭北安河市场，规范管理台头、后沙涧市场并缩减规模，疏解流动人口 2001 人。

完成中国纪检监察学院东侧、北安河村垃圾场及大西山旅游路等三条道路及海淀驾校周边环境整治。清理整治 140 余处脏乱点、881 个单元楼门的堆物堆料。拆除违法建设 11.5 万平方米。完成平原造林任务 1740.7 亩、彩叶工程 1100 亩。完成前、后沙涧沟和全镇排水沟综合治理。苏家坨镇获评 2014 年度首都城市环境建设样板单位。

平安建设 深化重点领域和安全生产专项整治，检查生产经营单位 748 家，整改问题 285 处。加强交通秩序整治，严格查处燃油两轮摩托车、电动（燃油）三轮车（含三轮农用车）及黑摩的违法上路行为。在主要交通路口开展文明引导，倡导居民文明出行。开展平安创建，对辖区内洗浴、餐厅、网吧、出租房等社会治安重点地区开展防恐反恐、消防安全专项整治。构建信访主管领导牵头、信访办协调、包村领导、相关科室和村共同参与的“大信访”工作格局，排查调处各类矛盾纠纷 333 件，调解成功率 98%。推行网格化管理服务，上报工作信息 23289 条。推进地区网格化图像信息系统建设，实现镇域内 32 所中小幼学校视频监控全覆盖。

民生建设 完成 12 项镇级惠民实事。实施苏家坨卫生院改造工程，完成柳林幼儿园改造和柳林养老照料中心主体建设。完成农商行和国税地税两栋职工宿舍楼老旧小区改造，180 户居民实现通气。投入 70 余万元在 3 个小区新建自行车棚 48 个。推动“减煤换煤、清洁空气”工作，完成 1.6 万吨优质燃煤替代任务，地区受惠群众 3877 户、11505 人。

新型农村合作医疗保险参合率达到 100%。发放大病医疗救助、危房改造等各类补助金 228 万元。完成居家养老（助残）服务券改卡工作，发放补贴

158万元。

推进“同区通办、三级联动”工作，完成镇便民服务中心标准化建设和村居服务站硬件设备及网络安装。协调落实三个新建社区办公和服务用房5963平方米。成立楼门组长和社区文明劝导队。

基层党建与精神文明建设 开展中心组学习33次，举办党员干部素质能力提升工程专题讲座7期，开展党务干部业务工作专题培训5期。开展群众路线教育实践活动，征集镇领导班子成员意见建议124条、基层党组织意见建议278条，完成12项整改任务。落实在职党员到社区（村）报到和党代表、党员联系群众制度。建立非公党建“孵化器”18个。

西埠头村活动室升级改造并投入使用。为10个村居、驻镇单位安装轨道棋15套，更新10个村居全民健身设施。开展立夏习俗、端午邻里节、小年俗和五月的鲜花、夏日文化广场、乒乓球赛等文体活动。

（王溪）

【七王坟村启动新农村建设工作】 7月17日，苏家坨镇七王坟村正式启动新农村建设工作。新农村建设将以改善村民居住条件、提升村民收入水平为目标，本着就地改造、自愿参与的原则，按照“政府补贴一部分，村民承担一部分”的模式解决村民住宅改造资金来源，合法依规推进村民住宅改造和产业发展。

（王溪）

【苏家坨镇骑游示范线路一期竣工】 8月20日，苏家坨镇骑游示范线路一期竣工，线路以大觉寺路口为起点，沿西山风景长廊，途经鹫峰、阳台山、海淀驾校、翠湖北路、稻香湖路、北清路，以西山风景长廊南端综合服务区为终点，串联辖区7个村、2个景区，全程27千米。一期完成骑行道路、引导标识等基础设施建设，在柳林村北林地内建成1630平方米的越野趣味骑行区及休息驿站。

（王溪）

上庄镇（上庄地区）

【概况】 上庄镇的前身是1956年成立的白水洼乡，1961年4月成立上庄公社（与西郊农场合一），1984年4月改上庄乡，1998年11月乡与农场分离，2003年8月撤乡设镇。2011年8月12日，成立上庄地区办事处，保留镇的建制。镇域面积38.45平方千米。常住人口5.3万人，其中户籍人口25096人，其中农业户4820户，农业人口11167人，非农业户6677户，非农业人口13929人，流动人口约2.8万人。下辖20个村民委员会，1个社区居委会，7个事业单位（社保所、农经站、敬老院、幼儿园、水管站、农业服务中心、文化服务中心），1个商贸公司（泰丰商贸公司），1个物业管理公司（诚泰兴业物业管理公司），1个开发公司（上诚永泰置业有限公司）。

经济建设 2014年，地区经济总收入120816万元，同比增长9%；纯收入38290万元，同比增长29%；农民人均劳动所得12172元，同比增长9%。

C02地块农民回迁房一标段完工，四标段部分完成结构封顶，项目周边道路基本建成。威凯公司完成B18地块安置房建设。二炮、稻香湖再生水厂、海淀北部燃气冷热电三联供工程及C14周边道路工程等项目完成征地补偿。翠湖南路、核心区东路施工单位进场，翠湖南路东马坊段宅院腾退完成。第四代国际海事卫星地面站工程征地完成腾退面积78%。与261医院签署东岳庙土地置换合作意向书。推动一镇一园、上庄路改扩建、村庄改造等重点项目。

推进都市农业示范镇创建，围绕农业生态休闲功能和田园特色，支持各农业园区升级发展。争取市、区项目，支持京西稻保护性种植，并完成方案设计。争取市农业综合开发治理项目及区支农资金项目，支持特色农业园区改善生产条件，提质增效。

引入新注册企业9家，其中注册资本金1000万元以上4家。诚泰兴业公司固定资产达600万元。完成全国第三次经济普查。完成村级财务审计和征地款专项审计。基本完成土地清查与土地承包合同清查。

城乡建设 加强“一街两岸三路”环境综合整治，政府街重点整治无照经营、占道经营和车辆乱停乱放问题；上庄水库两岸环境综合整治，取缔露天烧烤和无照摊贩；对上庄路、沙阳路实施环境总体整治。推进“一村一街”环境建设，在7个村试点推行保洁工作公司化外包，将村与村连接道路纳入保洁范围。对政府街、沙阳路、261医院门前、上庄家园小区、东马坊市场、皂甲屯至双塔村沿线实施环境秩序专项整治。拆除违法建设40720平方米，整治压占土地11处，清理面积70亩。

区财政支持近700万元，完成东小营南路和东马坊中路（早市）提升改造。投入300万元实施沙阳路沿线环境提升改造工程。李家坟村开展村庄美化绿化亮化工程，获市级“美丽乡村”称号。罗家坟村南环境提升改造项目完成设计方案。配合实施绿心启动区南沙河滨水绿廊景观改造工程建设，完成土地流转任务的95%以上。实施平原造林1246亩。完成上庄后河（沙阳路南—皂甲屯西）防洪改造工程。完成南沙河下游整治方案。推进“清洁空气”行动三年计划，完成优质燃煤替代1.68万吨。罗家坟村煤改电试点项目完成外电源改造。

平安建设 健全网格化管理体系，通过网格协调联动提升社会管理和服务的能力。对安全生产实施常态化管理。开展防汛、防火应急实战演练。疏解西马坊市场和东马坊早市（路西）等有形市场，疏解流动人员400余人。

民生建设 2014年政府资金在民

生领域的投入1500万元，同比增长50%。投入230万元用于新型农村合作医疗补助，低保、残疾人、困难家庭帮扶和老年人体检。发放无保障老人福利养老金1865人783万元。为全镇3129人次独生子女父母发放各项奖励费、帮扶金55.62万元。建成社区服务中心和两处社区活动站。向各类困难人员1500余人开展送温暖活动。

对辖区内1200余盏太阳能路灯进行维修。在馨瑞家园建成便民菜店。推动梅辛路（上庄路以东段）安装市政路灯，并完成布线等基础工作。新建和完善文体活动场所5处，扶持18支特色团队。为非本市户籍适龄儿童办理借读证明251份。

全年实现城乡劳动力就业881人、困难人员就业202人。为1135人办理灵活就业社会保险补贴603.5万余元，为1929人办理农村劳动力转移就业补贴461.46万元，为383人次办理自主创业人员社会保险补贴近233.40万元，为352人次办理农村自主创业补助85.16万元。新型农村合作医疗参合8834人，参合率99.92%。城乡居民养老保险参合率100%。西马坊村整建制农转非申请报至市政府。

实施村级组织规范化建设项目，改善村级组织办公环境和条件。完成三嘉信苑、馨瑞家园居委会办公场所改造并交付使用。完成13名社区工作者招录。建成7家村级群众服务站。

基层党建与精神文明建设　开展党的群众路线教育实践活动，整改“四风”方面突出问题，“三公”经费支出同比减少约45%。建立镇农资委，统揽监管农村集体资产、资源和资金。新建3处普法宣传阵地。

落实“日检查、周调度、月考评”机制，协调各相关责任主体按照全国文明城区创建指标要求开展工作。建立问题清单，各项整改措施落实到位。采取设立户外大型宣传屏、张贴宣传画、发放宣传手册等途径提高群众对全国文明城区创建工作的知晓率、认同感和参与度。

（李国祥）

玉渊潭农工商总公司

【概况】　玉渊潭农工商总公司是拥有酒店、物业、置业三大集团，集实业投资与资本运营为一体的集团企业。2014年，总公司以建设中关村玉渊潭科技商务区为主线，推进产业升级和项目建设，完成集体总收入26.40亿元，完成集体净利润5.15亿元，上缴国家税金3.82亿元，员工劳均分配58803.46元。

重点项目建设　中关村玉渊潭科技商务区引进北京市知识产权法院、铁塔集团、国新基金、金融咖啡、天士力集团等单位。12月3日，中关村互联网文化创意产业园开园。

西南饭店改造项目、阜石路商务楼项目、五路商务楼项目开工建设。完成玲珑巷及五路居综合整治，五路居安置房项目11月主体结构封顶。

经营管理　公司与北京市地质工程勘探院、中关村股权投资协会确定战略合作模式。出资发起中关村开放实验室科技发展投资基金，参与组建中关村天合科技成果转化促进中心。物业集团控股中关村互联网文化创意产业园运营管理公司，酒店集团输出品牌管理，在拓展管理业务收入上进行尝试。

调增退休人员养老补差及农转非退休人员农龄生活补助费标准，全年共支出退休人员的生活费、药费、退休管理费及农龄生活补助费4100余万元。

基层党建与文化建设　开展党的群众路线教育实践活动，通过整改落实，加强建章立制，提高管理执行力，推动公司的发展。开展“党员先锋示范岗”创建活动、“挖掘亮点，凝聚智慧”党建创新项目征集活动。完成所属党组织、工会的换届选举。

组织4期领导干部培训班，开展“三中全会及两会后经济形势与深化改革探讨、十八届四中全会精神解读”等专题学习。

（孟欣）

人 物

先进人物

全国五一劳动奖章获得者
（2014年，共1人）

侯春仃 北京市保安服务总公司海淀分公司建行保安队 队长

中国好人榜“身边好人”
（2014年，共4人）

张佳鑫 北京邮电大学在读博士生
郭汉华 首汽集团股份有限公司出租车司机
张喜忠 北京老兵保洁服务中心党支部书记
冷 宽 海军原副政委

首都劳动奖章获得者
（2014年度，共18人）

王 永 品牌联盟（北京）咨询股份公司 董事长
王 海 北京永旺达保洁服务中心清洁服务队 队长
王振和 北京市西山农场 党委书记、场长
王 鹏 北京市公安局海淀分局花园路派出所 民警
白云飞 北京兴科迪科技有限公司 总经理
李 伟 北京高阳圣思园信息技术有限公司 主任工程师
朱志强 北京湘鄂情集团股份有限公司定慧寺餐饮分公司办公室主任
李景祥 中共北京市海淀区区委委员、北京市规划委员会海淀分局 党组书记、局长
张玉强 北京实创科技园开发建设股份有限公司二级建设项目经理部 经理
张 欧（女） 深圳玛丝菲尔时装股份有限公司当代店店长
陈 姗（女） 北京市海淀区五一小学 校长
苗盛福 北京西金物业管理有限公司 冷藏制冷工
侯 凯 新奥特（北京）视频技术有限公司 软件研发工程师
查志军 北京市海淀区档案局管理科 主任科员
唐 嵘（女） 北京甘家口大厦有限责任公司 楼层经理
梁丰辉（女） 北京市海淀区民政局优抚科 科长
焦邵华 北京四方继保自动化股份有限公司平台与技术研发中心 主任
薄 利 北京北冶功能材料有限公司热加工分厂热轧班班长

首都精神文明建设奖获得者
（2013—2014年度，共8人）

任士荣 空政文工团原国家一级演员
谭 飞 公安海淀分局曙光派出所便衣打击队长
李云林 北京市海淀医院功能神经科主任
唐 琦 北京甘家口大厦有限责任公司商品部主任
张怀亮 海淀区北太平庄执法监察队队员
许培军（女） 海淀区翠微小学书记、校长
张京玲（女） 海淀区中关村街道党工委书记
高念东 海淀区东升镇党委书记

第七届“海淀十大杰出青年”
（按姓氏笔画顺序）

任智慧（女） 北京市海淀区环境卫生服务中心三队化验员
宋春光 北京市公安局海淀分局刑侦支队民警
张志山 北京大学第三医院骨科医生
泽旺多吉 中国人民解放军总政治部歌舞团男高音演员
季逸超 北京信息科技大学学生
南 凯 中国科学院计算机网络信息中心副主任
祝 林 华润置地五彩城总经理
赵 畅 北京市六一中学校长
徐 志 上地街道东馨园社区党支部书记、居委会主任、社区青年汇总干事
蒋 磊 北京铁血科技有限责任公司创始人兼总裁

海淀区见义勇为积极分子（模范群体）（2014年度，共10人）

马哈牙　刘　燃　柳冬阳　周　阳　罗燕翔
马　昀　张立新　郭滢哲　郭浩然　王　洋

感动海淀十大文明人物（2014年度，共10人）

柳春英（女）　海淀街道小南庄社区居委会主任兼党委书记
于大龙　海淀街道城管队协管队员
王红霞（女）　海淀区培智中心学校副校长
李宗华　海淀环卫中心转运站清运分队分队长
李敏（女）　北京市上地医院妇产科副主任医师
杨淑兰（女）　石油大院居委会退休居干
秦卫平　海淀公安分局中关村西区派出所芙蓉里社区民警
袁日涉（女）　首都师范大学本科在读学生
郭红阳　北京美尔斯通科技发展股份有限公司工会主席
康晓峰　海淀区城市管理综合行政执法监察局

区政权机关、党派、群众团体、垂直领导单位、直属事业单位及街镇领导（负责人）

中共海淀区委员会

书　记　隋振江
副书记　孙文锴　刘　鸿（女，1月免）　刘长利（1月任）
常　委　隋振江　孙文锴
刘　鸿（1月免）　刘长利
杨智慧（1月免）　尹燕京
李彦来　吴祖安
刘　勇（1月任）　芦育珠（女）
穆　鹏　陈名杰
彭玉敬（1月任，挂职两年）
傅首清（3月任）

海淀区人民代表大会常务委员会

主　任　关成启（满族）
副主任　王鲁豫　臧桂武　朱春生
杨　莉（女）　邓佑玲（女，土家族）

海淀区人民政府

区　长　孙文锴
常务副区长　穆　鹏
副区长　刘长利（12月免）　傅首清
陈　双（女）　孟景伟
徐永全　龚宗元
王光贤（9月免）　王际祥（12月任）

中国人民政治协商会议北京市海淀区委员会

主　席　彭兴业（满族）
副主席　刘　恪（女）　丁志明　肖熙之
王训练　张维佳　王玉梅（女）

中共海淀区纪律检查委员会（与区监察局、区预防腐败局合署办公）

书　记　芦育珠（女）
副书记　王　锋（3月免）
刘志平（3月任）
曾　涛
佟　刚（满族）
区监察局局长　刘志平（兼，3月任）
区预防腐败局局长　刘志平（兼，3月任）

北京市海淀区人民法院

院长、党组书记　鲁　为

北京市海淀区人民检察院

检察长、党组书记　王　伟

海淀区民主党派·工商联

中国国民党革命委员会北京市海淀区工作委员会
主任委员　汤维建
中国民主同盟北京市海淀区委员会
主任委员　张维佳
中国民主建国会北京市海淀区委员会
主任委员　王玉梅（女）

中国民主促进会北京市海淀区委员会
主任委员　邓佑玲（女，土家族）
中国农工民主党北京市海淀区委员会
主任委员　徐凤芹（女）
中国致公党北京市海淀区委员会
主任委员　宛金章（回族）
九三学社北京市海淀区委员会
主任委员　王训练
台湾民主自治同盟北京市海淀区工作委员会
主任委员　陈丽珠（女）
北京市海淀区工商业联合会
主席　陈　双（女）
党组书记　卢克玉

群众团体

区总工会　主席　惠远霖（12月免）　李国祥（12月任）
团区委　书记　张　鑫（2013年9月免）
梁　爽（2013年12月任，2014年8月免）
米　佳（9月任）
区妇联　主席　车苇歆（女）
区文联　主席　卫汉青
区侨联　主席　石　岳（女）
区残联　理事长　张春华
区科协　主席　白春礼（中国科学院院长）
常务副主席　李云飞
区红十字会　会长　傅首清（兼）
常务副会长　黄春明

中关村科技园区海淀园管理委员会（海淀区科学技术委员会，挂核心区管委会牌子）

主任　孟景伟（兼）
常务副主任（区科委主任）　梁　捷（女）
副主任　李长萍（女）
胡　岩
孟　涵
阎秀敏（女）
唐　颖（女，兼）
黄　英（女）
办公室　主任　胡　岩
科技发展处　处长　付晓明
产业规划发展处　处长　孟　涵
服务体系建设处　处长　阎秀敏（女）
对外合作处　处长　黄　英（女）
企业发展促进处（区经济和信息化办公室）
处长（主任）　何建吾
知识产权处（海淀区知识产权局、行政审批处）
处长（局长）　王　英（女）
投资促进处（区投资促进局）
处长（局长）　李长萍（女）

中共北京市海淀区委海淀园工作委员会

书　记　刘永水
副书记　梁　捷（女）　龚茂淑（女）
纪工委书记　刘向鑫（女，2013年12月任）

北部地区开发建设委员会办公室

主　任　董殿毅
副主任　张志华　张飞虎（2012年6月免）
肖敏鹏　申桂芳（女）
高志庆（9月任）　张春明（兼）
杜陈生（兼）　陈晓智（兼）
林　航（女，兼）　魏　星（兼）

区机关各部门、街镇及直属事业单位

区委系统

区委办公室　主任　李彦来
常务副主任　张　炜
组织部　部长　杨智慧（1月免）
刘　勇（1月任）
常务副部长　李国祥
宣传部　部长　陈名杰
常务副部长　牛爱忠
区委区政府研究室
主任　张启兵
统一战线工作部　部长　杨智慧（1月免）
彭玉敬（3月任，挂职两年）
常务副部长
林　虹（女，2013年9月免）
杨志洪（3月任）
对台工作办公室　主任　杨志洪（3月免）
王　锋（3月任）
区委政法委员会　书记　刘　鸿（1月免）
刘长利（1月任）
常务副书记　周建欣（8月免）
王勇禄（8月任）
副书记　尹燕京（兼）

刘长利（1月免）
李　军
王际宝
米群岛（5月免）
赵明远（兼）

区维护社会稳定工作领导小组办公室（为区委政法委内设机构）　主任　周建欣（8月免）
王勇禄（8月兼）

社会管理综合治理委员会办公室（与政法委合署办公）
主任　王际宝

区流动人口和出租房屋管理委员会办公室
主任　朱元久（8月免）
孙金春（9月任）

区直属机关工作委员会　书记　汤新秀（女）

区精神文明建设委员会办公室　主任　吴琢如（女）

区委防范和处理邪教问题领导小组办公室（挂区政府防范和处理邪教问题办公室牌子）
主任　米群岛（5月免）
朱元久（8月任）

老干部局　局长、党组书记　张维明

人民武装部　部长　吴祖安
政委　田敬军

中共海淀区委党校（海淀区行政学院）
校长、院长　刘　鸿（女，兼，1月免）
刘　勇（兼，1月任）
常务副校长（常务副院长）
许　云

区党史地方志办公室　主任　李　强

区机构编制委员会办公室　主任　曹学明

区人大常委会机关

办公室　主任　李劲涛（蒙古族）

研究室　主任　俞昌吉（朝鲜族）

代表联络室　主任　孙大钧

财政经济工作委员会办公室　主任　白　莉（女）

内务司法工作委员会办公室　主任　范　联

教科文卫工作委员会办公室　主任　郭景玉

城建环保工作委员会办公室　主任　郭少东

农村工作委员会办公室　主任　赵德法

区政府系统

区长助理　姜庆国（7月免，挂职）
闵祥强（4月免，挂职）
刘　军（8月任，挂职）

区政府办公室　主任　王际祥

区商务委员会　主任、党组书记　甄　蕾（女，8月免）
王　澎（女，8月任）

区教育委员会（与区委教育工作委员会、区政府教育督导室合署办公）
书　记　张卫光
主　任　尹丽君（女，回族）

教育督导室　主任　尹丽君（女，回族，2月免）
王建忠（2月任）

区综合行政服务中心　主任　马学印

区民政局　局长　程培衡
党组书记　南顺弟

区司法局　局长　周玉鑫
党组书记　李良轩

区财政局　局长　刘圣国
党组书记　孙俊宏（女）

区人力资源和社会保障局
局长　李大成
党组书记　苏德琴

区城市服务管理指挥中心（挂区突发事件应急委员会办公室牌子）
主任、党组书记　张泽根

区市政市容管理委员会（挂交通委员会牌子）
主任　周培芳（4月免）
李　伟（7月任）
党组书记　任文彪

区住房和城乡建设委员会
主任　骆远骋
党组书记　骆远骋（3月免）
张世芳（3月任）

区房屋管理局　局长　骆远骋（兼）

区人民政府房屋征收办公室　主任　王继军（女，3月任）

区农村工作委员会（挂区动物卫生监督管理局牌子，与区委农村工作委员会合署办公）
主任、书记　王桐慧

区文化委员会　主任　陈　静（女）
党组书记　刘建朝

区委卫生工作委员会（2015年6月成立）
书记　张希俊（2014年8月任，2014年12月免）
杨剑飞（2014年12月任）

区卫生和计划生育委员会（7月设立）
主任　甄　蕾（女，8月任）

区卫生局（7月撤销）、区政府公共服务委员会
局长、主任　段安安（8月免）
主任　杨剑飞（8月任）
党组书记、党委书记　张希俊（8月免）

区人口和计划生育委员会（7月撤销）
主任　刘　彦（女，8月免）

区发展和改革委员会

主任、党组书记 董殿毅
金融办公室 主任、党组书记 唐 颖（女）
区人民政府国有资产监督管理委员会
主任、党委书记 张连仲
区审计局 局长 王传敏
党组书记 常印怀
区安全生产监督管理局
局长 王勇禄（9月免）
田一川（9月任）
党组书记 曾子锋
区环境保护局 局长 仲良喜
党组书记 刘培恩
区统计局 局长 王凌志
党组书记 刘精明
区水务局 局长 孙继光
党组书记 翟小凡（女）
区旅游发展委员会 主任 黄亦红
区体育局 局长 马士起（3月免）
李景奇（4月任）
党组书记 刘和平
区民族宗教侨务办公室 主任 刘希英（女，回族，8月免）
田桂茹（女，满族，8月任）
区法制办公室 主任 刘秀荣（女）
区社会建设工作办公室（与区委社会工作委员会合署办公）
主任 陈 刚
书记 高 峰
区信访办公室 主任 孙 鹏（8月免）
陈爱清（9月任）
区民防局 局长、党组书记 韩顺新
区城市管理综合行政执法监察局
局长 李四友（8月免）
孙 鹏（8月任）
党组书记 李四友（8月任）
区新闻中心 主任 王言敏
区环境卫生服务中心 主任 郑秀山
党委书记 杨畜翩
区园林绿化局（海淀区绿化委员会办公室）
局长（主任）、党组书记 沙海江
区房屋土地经营管理中心 主任 许 立
党委书记 张俊成
圆明园管理处 主任 曹宇明（女）
党委书记 王 强
区机关事务管理处 处长 赵玉宝
区地震局 局长 郑国强
区档案局（馆） 局长（馆长） 王京彦（女）
党组书记 崔仲军
区农村合作经济经营管理站（与区农村经济与集体资产管理办公室实行一套机构两块牌子合署办公）
站长 王彩霞（女）
党组书记 王桐慧（兼）

区政协机关

秘书长 吴宝华
办公室 主任 刘 玲（女）
研究室 主任 黄 英（女）
专委会工作一室主任 李 强（7月免）
专委会工作二室主任 吴明波
专委会工作三室主任 李燕生
专委会工作四室主任 周文健（女）
王建中（2013年5月免）
专委会工作五室主任 王欣焕（女）
专委会工作六室主任 陈跃年

垂直领导单位

北京市公安局海淀分局 局长 尹燕京
政委 朱益军（3月免）
刘少波（3月任）
北京市公安局公安交通管理局海淀交通支队
队长 刘春利
政委 刘保君
海淀区消防支队 队长 柳国忠（2月免）
孔凡全（2月任，9月免）
史 翀（9月任）
政委 李久义
北京市国家安全局海淀分局 局长 赵明远
北京市工商行政管理局海淀分局
局长、党组书记 刘树昌
海淀区国家税务局 局长、党组书记
胡文学
海淀区地方税务局 局长、党组书记
郭筑明
海淀区食品药品监督管理局
局长 李红杰
党组书记 徐 来（6月免）
李红杰（6月任）
海淀区质量技术监督局
局长、党组书记 张厚明
海淀区气象局 局长、党组书记 段欲晓（2月任）
北京市规划委员会海淀分局
局长、党组书记 李景祥
海淀区烟草专卖局局长、党组书记 李学治
北京市国土资源局海淀分局
局长、党组书记 梁桂明
海淀出入境检验检疫局 局长 赵金生
国家工商行政管理总局商标局驻中关村国家自主创新示范区办事处 主任 田明珠（女）

街 道

万寿路街道	党工委书记	李 泉
	办事处主任	张 伟
羊坊店街道	党工委书记	王国强
	办事处主任	王 澎（女，8月免）
		孙笑庸（8月任）
甘家口街道	党工委书记	赤 飞（满族）
	办事处主任	李振山
八里庄街道	党工委书记	田桂茹（女，满族，3月免）
		李卫华（3月任）
	办事处主任	贺 捷
紫竹院街道	党工委书记	白建平
	办事处主任	王曼谕（女）
北下关街道	党工委书记	李旭东
	办事处主任	毕淑琴（女）
北太平庄街道	党工委书记	郭 森
	办事处主任	齐明军
海淀街道	党工委书记	陈国启
	办事处主任	高 毅
中关村街道	党工委书记	张京玲（女）
	办事处主任	张 鑫
学院路街道	党工委书记	刘佩金
	办事处主任	刘志平（3月免）
		张之放（6月任）
清河街道	党工委书记	张西渭
	办事处主任	张立红（女）
青龙桥街道	党工委书记	魏开锋
	办事处主任	张长宇（9月免）
		张文涛（9月任）
香山街道	党工委书记	张晨光（3月免）
		胡淑彦（女，3月任）
	办事处主任	张建水
西三旗街道	党工委书记	刘振华
	办事处主任	王志伟
马连洼街道	党工委书记	李劲松
	办事处主任	朱利忠
花园路街道	党工委书记	王玉方
	办事处主任	胡宗江
田村路街道	党工委书记	寇 平
	办事处主任	冯志明
上地街道	党工委书记	杨剑飞（8月免）
		王京立（8月任）
	办事处主任	王京立（8月免）
		冀国瑞（8月任）
曙光街道	党工委书记	林德江
	办事处主任	梁 珍（女）
燕园街道	党工委书记	严敏杰
	办事处主任	李贡民
清华园街道	党工委书记	高 斌
	办事处主任	王京春
永定路街道	党工委书记	李晓红（女，12月免）
		王新明（12月任）
	办事处主任	崔向阳（11月免）
		李啸龙（11月任）

镇（地区）

东升镇（东升地区）		
	党委（党工委）书记	高念东
	镇长（办事处主任）	武 凯
海淀镇（万柳地区）		
	党委（党工委）书记	李景奇（3月免）
		赵 寒（5月任）
	镇长（办事处主任）	赵 寒（8月免）
		梁 爽（8月任）
四季青镇（四季青地区）		
	党委（党工委）书记	胡淑彦（女）
	镇长（办事处主任）	苏国斌
西北旺镇（西北旺地区）		
	党委（党工委）书记	赵小云（女，满族）
	镇长（办事处主任）	魏 星
温泉镇（温泉地区）		
	党委（党工委）书记	方海强
	镇长（办事处主任）	林 航（女）
苏家坨镇（苏家坨地区）		
	党委（党工委）书记	祝的春
	镇长（办事处主任）	张春明
上庄镇（上庄地区）		
	党委（党工委）书记	魏怀中
	镇长（办事处主任）	杜陈生
玉渊潭农工商总公司		
	党委书记	杨 琪
	总经理	刘凤英（女，10月免）
		杨 琪（10月任）

逝世知名人物

魏寿昆

2014年6月30日，北京科技大学创建者之一，冶金学家、教育家、中国冶金物理化学学科的奠基人之一，中国科学院院士魏寿昆教授在北京逝世，享年107岁。

魏寿昆，字镇雄，1907年9月16日生于天津。1929年毕业于北洋大学矿冶系，获工学学士学位，后留校任教；1935年获德国德累斯顿工业大学化学系工学博士。1935年至1936年在德国亚琛工业大学钢铁冶金研究所从事研究工作。1936年受聘为北洋工学院矿冶系教授。1946年至1952年担任北洋大学教授、系主任、工学院院长，唐山交通大学教授、系主任，天津大学副教务长。1952年参与筹建北京钢铁学院，并先后担任教务长兼冶炼系主任、图书馆馆长，副院长等职。1956年被教育部批准为一级教授，1980年当选中国科学院技术科学学部委员（1993年改称院士）。曾任北京市政协委员、常委；九三学社中央常委兼文教委员会主任、中央参议委员会常委、中央顾问。

魏寿昆在冶金过程理论和实践，特别是在高温活度理论、选择性氧化、固体电解质电池定氧、冶金热力学在我国特有矿产综合提取金属中的应用等领域做出了开创性工作，共发表学术论文140篇、专著5部，获国家自然科学奖、何梁何利基金科技进步奖等多项奖励；曾任中国金属学会筹备委员会秘书长，长期担任中国金属学会、中国有色金属学会常务理事，冶金过程物理化学学会理事长，中国高等教育学会理事，日本铁钢学会名誉会员，国务院学位委员会评议组成员等。

汤一介

2014年9月9日，哲学家、哲学史家、哲学教育家、北京大学哲学社会科学教授、“《儒藏》编纂与研究”重大专项首席专家、《儒藏》总编纂、中央文史研究馆馆员、加拿大麦克玛斯特大学荣誉博士、日本关西大学荣誉博士，北京大学哲学系哲学教育终身成就奖、孔子文化奖、吴玉章人文社会科学终身成就奖获得者汤一介因病在京逝世，享年88岁。

汤一介，男，1927年2月16日生于天津，湖北省黄梅人。1951年毕业于北京大学哲学系。北京大学原哲学系教授、博士生导师，中国哲学与文化研究所所长，《儒藏》编撰中心主任；兼任中国文化书院院长、中国东方文化研究会副理事长、中国炎黄文化研究会副会长、中华孔子学会副会长。1983年任美国哈佛大学访问学者，1986年任纽约州立大学宗教研究院研究员，1990年获加拿大麦克马斯特大学（McMaster University）荣誉博士学位，2006年获日本关西大学荣誉博士学位。曾先后在美国俄勒冈大学（1986年）、麦克马斯特大学（1986年、1990年）、香港科技大学（1992年）、澳大利亚墨尔本大学（1995年）等校任客座教授。1996年任荷兰莱顿大学汉学院胡适讲座主讲教授，1997年任香港中文大学钱宾四学术讲座主讲教授。

汤一介一生致力于中国哲学史和中国佛教史的研究，学术专著有《郭象与魏晋玄学》《早期道教史》《魏晋南北朝时期的道教》《中国传统文化中的儒道释》《儒道释与内在超越问题》《儒教、佛教、道教、基督教与中国文化》等；学术随笔有《在非有非无之间》《汤一介学术文化随笔》《非实非虚集》《昔不至今》《郭象》《当代学者自选文库：汤一介卷》《佛教与中国文化》《生死》《和而不同》《我的哲学之路》《LaMort》等；主编《20世纪西方哲学东渐史》丛书；2003年发起并主持儒藏工程。此外还撰写有学术论文200余篇。

汤一介长期在北京大学任教。

李荻生

2014年9月30日，北京市政协原副主席李荻生因病在京逝世，享年76岁。

李荻生，男，1938年5月生，吉林省延吉市人，1964年毕业于清华大学工程化学系。1964年至1972年，任清华大学团委干部。1972年后任兰州化学工业公司党委办公室干部、副主任。1981年后任北京轻工业学院党委宣传部部长。1985年后任中共北京市委教育工委大学处处长。1989年至2003年，历任中共北京市海淀区委副书记、区委书记，第九届北京市政协副主席，其间兼任中共北京市海淀区委党校校长、北京市新技术产业开发试验区工委书记、海淀区人大常委会主任。2003年1月退休。李荻生是第十、十一届北京市人大代表，是中国共产党第十五次全国代表大会代表。

丁伟岳

2014年11月11日，中国民主建国会会员、中国科学院院士、中国科学院数学与系统科学研究院研究员、北京大学数学科学学院教授丁伟岳因病在京逝世，享年70岁。

丁伟岳，男，1945年4月26日生于上海，祖籍浙江舟山。1968年毕业于北京大学数学力学系。1981年获中国科学院数学研究所硕士学位，1986年获该所博士学位。1997年当选为中国科学院院士。中国科学院数学与系统科学研究院数学研究所研究员。曾担任第九届、第十届全国政协委员，中国民主建国会中央常务委员，中国数学会副理事长，北京大学数学及其应用教育部重点实验室主任，中国科学院数学研究所学术委员会主任，北京大学数学研究所所长等职务。

丁伟岳在几何分析领域课题上做出了成果。他推广了Poincare-Birkhoff定理并将其应用于常微分方程周期解的存在性问题；他在Nirenberg问题研究上取得了突破性进展，首次证明了该问题有解的充分条件；他在调和映射的存在性问题和热流方法、Kahler-Einstein度量的存在性等一系列问题上也取得了有国际影响的结果。

统计资料（选编）

海淀区主要经济指标

项目	单位	2014 年	2013 年
人口与就业			
人口			
年末户籍人口	万人	238.50	235.30
年末常住人口	万人	367.80	357.60
户籍人口自然增长率	‰	8.50	7.10
户籍人口机械增长率	‰	9.10	17.30
劳动就业			
城镇登记失业率	%	0.78	0.70
失业人员再就业率	%	69.10	70.40
宏观经济			
国民经济核算			
海淀生产总值	亿元	4290.00	3835.20
第一产业	亿元	2.00	2.10
第二产业	亿元	574.40	505.60
第三产业	亿元	3713.70	3327.50
人均地区生产总值	美元	19062.00	17051.40
投资			
全社会固定资产投资总额	亿元	841.70	775.10
房地产投资	亿元	218.10	353.30
住宅	亿元	119.30	183.80
房屋施工面积	万平方米	1011.90	1020.20
房屋竣工面积	万平方米	226.80	191.90
财政			
区域财政收入	亿元	2092.85	1867.36
区级财政收入	亿元	373.97	336.19
区级财政支出	亿元	470.77	457.98
产业			
农村经济			
农业总产值（现价）	亿元	5.90	5.80
农村经济总收入	亿元	257.90	235.30
农村经济纯收入	亿元	60.80	54.60

海淀区主要经济社会指标（续）

项目	单位	2014 年	2013 年
工业			
工业企业总产值（现价）	亿元	2211.2	1708.3
建筑业			
建筑业总产值	亿元	1528.0	1444.1
商业			
社会消费品零售额	亿元	1960.8	1614.0
文化创意产业			
文化创意产业收入合计	亿元	4795.0	4222.1
旅游业			
旅游业营业收入	亿元	464.6	443.3
对外经济贸易			
新批项目数	家	337	216
合同外资额	亿美元	32.6	15.2
实际利用外资额	亿美元	16.0	16.0
海关进出口总额	亿美元	342.1	401.4
进口额	亿美元	237.1	310.8
出口额	亿美元	105.0	90.6
金额			
银行存款余额	亿元	21172.3	19595.8
城乡居民储蓄存款余额	亿元	4866.3	4690.9
银行贷款余额	亿元	5792.8	5418.0
教育、科技、卫生			
教育			
中小学学校数	所	210	211
小学	所	122	122
普通中学	所	77	76
职业中学	所	11	13
中小学毕业生数	人	55504	84885
小学	人	20912	20621
普通中学	人	30880	30950
职业中学	人	3712	33314

海淀区主要经济社会指标（续）

项目	单位	2014年	2013年
科技			
技术合同成交总额	亿元	1366.7	1248.5
专利申请数	个	46699	41325
专利授权量	个	22434	21372
卫生			
卫生机构个数	个	1036	1051
卫生机构病床数	万张	1.14	1.06
卫生技术人员数	万人	2.86	2.76
每千人拥有执业医生人数	人	2.8	2.7
每千人拥有护士人数	人	3.4	3.3
每千人拥有医院床位数	张	2.9	3.0
生活与环境			
人民生活			
城镇居民人均可支配收入	元	50088.4	45952.7
城镇居民人均消费性支出	元	31783.9	29429.5
农村居民人均纯收入	元	27098	24673
农村居民人均消费性支出	元	20193	19307
劳动工资			
城镇单位从业人员平均人数	人	1618324	1569790
城镇单位在岗职工工资总额	亿元	1671.0	1479.9
城镇单位在岗职工平均工资	元	118914	109113
城市公共事业			
万元GDP能耗	吨标煤	0.16	0.22
城市绿化覆盖率	%	51.6	49.7
污水处理率	%	97.0	95.3
人均绿地面积	平方米	34.1	47.3
园区经济			
海淀园			
总收入	亿元	14449.46	12533.58

城镇单位从业人员与劳动报酬情况

项　目	从业人员平均人数（人）	从业人员劳动报酬总额（万元）	从业人员平均劳动报酬（元）
合计	1618324	18366746	113492
按行业分			
农、林、牧、渔业	2591	13701	52879
采矿业	72	342	47500
制造业	133173	1404894	105494
电力、燃气及水的生产和供应业	3147	25335	80505
建筑业	84178	733943	87189
批发与零售业	107563	972523	90414
交通运输、仓储和邮政业	101359	910215	89801
住宿和餐饮业	55234	280025	50698
信息传输、软件和信息技术服务业	382742	5490802	143460
金融业	41944	627940	149709
房地产业	62177	457402	73565
租赁和商务服务业	88785	1001388	112788
科学研究和技术服务业	227750	2948938	129481
水利、环境和公共设施管理业	17926	145116	80953
居民服务和其他服务业	18500	106696	57674
教育	162947	1748606	107311
卫生和社会工作	31829	411229	129199
文化、体育和娱乐业	44891	705450	157147
公共管理、社会保障和社会组织	51516	382201	74191

工业企业主要经济指标

单位：万元

项目	企业单位数（个）	亏损企业（个）	规模以上工业总产值（当年价格）	工业销售产值（当年价格）
合　计	**474**	**63**	**22112305**	**21208509**
按隶属关系				
中央企业	43	8	5226141	5087242
地方企业	416	55	15989621	15264823
按注册类型				
内资	388	53	11681311	11338438
国有	14	3	1218743	1116797
集体	4	2	17035	16613
股份合作	2			
有限责任公司	155	24	4221812	4154547
股份有限公司	81	9	5201002	5053612
私营	132	15	1011627	985776
其他				
港澳台商投资	21	1	8357872	7859069
外商投资	50	9	1176579	1154558

工业企业主要经济指标（续）

项目	从业人员平均人数（人）	固定资产合计	固定资产原价
合计	13001	2308416	3946605
按隶属关系			
中央企业	31162	723356	1214011
地方企业	97423	1345046	2425345
按注册类型			
内资	97775	1756307	2850247
国有	6048	80977	193129
集体	496	4323	8077
股份合作	***	***	***
有限责任公司	30643	350520	685714
股份有限公司	44894	1160585	1721549
私营	15304	156003	235164
其他			
港澳台商投资	16900	149412	342995
外商投资	13910	162684	446114

工业企业主要经济指标（续）

项目	营业收入	利润总额	营业成本	营业税金及附加	主营业务税金及附加
合计	26655692	1736161	22203099	124916	122368
按隶属关系					
中央企业	5859482	581095	4905337	58658	58474
地方企业	19814440	1091344	16448183	64737	62373
按注册类型					
内资	13160836	1374132	10242353	106216	103674
国有	1173224	154994	953415	6266	6010
集体	20123	849	15816	127	87
股份合作	***	***	***	***	***
联营					
有限责任公司	4606371	306905	3692404	20611	20144
股份有限公司	6225175	788453	4835468	71827	70084
私营	1120900	120628	734765	7106	7070
其他					
港澳台商投资	11228965	135330	10187667	8975	8975
外商投资	1284120	162977	923500	8204	8198

文化创意产业情况

单位：个

项　目	2013年	2014年	2014年为2013年的%
单位数	**2686**	**2680**	**95.0**
文化艺术	75	69	91.5
新闻出版	172	155	94.0
广播、电视、电影	96	88	95.0
软件、网络及计算机服务	1598	1659	94.2
广告会展	199	172	102.1
艺术品交易	5	7	62.5
设计服务	235	227	97.5
旅游、休闲娱乐	172	162	104.2
其他辅助服务	134	141	85.9

文化创意产业情况（续表）

单位：亿元、人

项　目	2013年	2014年	2014年为2013年的%
从业人员	**507333**	**533854**	**103.3**
文化艺术	7124	6576	92.3
新闻出版	18603	18540	99.7
广播、电视、电影	25964	25610	72.3
软件、网络及计算机服务	384301	406475	105.8
广告会展	11178	10912	97.6
艺术品交易	329	320	97.3
设计服务	29870	34177	114.4
旅游、休闲娱乐	14129	14492	102.6
其他辅助服务	15835	16752	105.8
资产总计	**6713.3**	**8023.5**	**119.5**
文化艺术	123.0	132.9	108.0
新闻出版	308.3	344.8	111.8
广播、电视、电影	1310.3	1472.0	112.3
软件、网络及计算机服务	4316.2	5331.0	123.5
广告会展	167.9	208.8	124.4
艺术品交易	7.8	7.6	97.4
设计服务	274.3	287.0	104.6
旅游、休闲娱乐	89.4	109.3	122.3
其他辅助服务	116.0	130.0	112.1
收入合计	**4222.1**	**4795.0**	**113.6**
文化艺术	37.7	41.1	109.0
新闻出版	166.2	175.2	105.4
广播、电视、电影	489.8	526.3	107.5
软件、网络及计算机服务	2846.5	3294.3	115.7
广告会展	188.7	227.8	120.7
艺术品交易	14.1	11.6	82.3
设计服务	140.2	136.9	97.6
旅游、休闲娱乐	100.7	123.3	122.4
其他辅助服务	238.3	258.6	108.5

文化创意产业情况（续表）

单位：亿元

项目	2013年	2014年	2014年为2013年的%
税金合计	**238.6**	**274.3**	**115.0**
文化艺术	0.5	0.8	160.0
新闻出版	9.7	11.7	120.6
广播、电视、电影	22.8	23.7	103.9
软件、网络及计算机服务	181.1	213.8	118.1
广告会展	8.2	9.7	118.3
艺术品交易	0.4	0.5	125.0
设计服务	8.5	6.2	72.9
旅游、休闲娱乐	2.4	2.7	112.5
其他辅助服务	5.0	5.2	104.0
利润总额	**486.1**	**558.4**	**114.9**
文化艺术	–0.2	0.5	–
新闻出版	24.1	26.3	109.1
广播、电视、电影	26.2	28.4	108.4
软件、网络及计算机服务	398.6	489.4	122.8
广告会展	8.2	8.1	98.8
艺术品交易	0.4	0.3	75.0
设计服务	19.4	–1.3	–
旅游、休闲娱乐	1.6	1.3	81.3
其他辅助服务	7.7	5.3	68.8

海淀园主要经济指标增长情况

项目	单位	2013年	2014年	2014年为2013年的%
总收入	**亿元**	**12533.58**	**14449.46**	**115.3**
技术收入	亿元	2365.68	2620.89	110.8
产品销售收入	亿元	3331.94	3889.69	116.7
商品销售收入	亿元	5239.64	6300.41	120.2
实缴税费总额	亿元	490.31	522.02	106.5
出口总额	亿美元	110.15	106.44	96.6
利润总额	亿元	938.42	1142.26	121.7
园区企业数	个	9051	8007	88.5
年收入亿元以上企业数	个	1057	1107	104.7
从业人员期末人数	万人	86.45	85.77	99.2
孵化器数	个	48	90	187.5
累计孵化企业数	个	8776	11025	125.6
加速器数	个	6	7	116.7
大学科技园数	个	19	17	89.5
国家级大学科技园	个	13	13	100.0

海淀园高新技术产业情况

项　目	单位	2013年	2014年	2014年为2013年的%
总收入	亿元	7079.64	8857.79	125.1
电子与信息	亿元	217.75	192.17	88.3
生物工程和新医药	亿元	1442.65	1186.17	82.2
新材料及应用技术	亿元	578.63	511.91	95.4
先进制造技术	亿元	809.68	892.78	110.3
新能源与高效节能技术	亿元	311.39	344.68	110.7
利润总额				
电子信息	亿元	536.40	652.72	121.7
生物工程和新医药	亿元	28.43	23.51	82.7
新材料及应用技术	亿元	74.42	70.86	95.2
先进制造技术	亿元	55.22	70.09	126.9
新能源与高效节能技术	亿元	44.42	40.49	91.2
环境保护技术	亿元	33.37	46.07	138.1
实缴税费总额				
电子信息	亿元	308.70	318.17	103.1
生物工程和新医药	亿元	13.28	13.16	99.1
新材料及应用技术	亿元	19.45	16.74	86.1
先进制造技术	亿元	28.01	29.57	105.6
新能源与高效节能技术	亿元	26.24	26.03	99.2
环境保护技术	亿元	14.72	18.77	127.5
出口创汇总额				
电子信息	亿美元	48.07	52.43	109.1
生物工程和新医药	亿美元	3.41	1.65	48.4
新材料及应用技术	亿美元	18.30	9.31	50.9
先进制造技术	亿美元	9.66	2.26	23.4
新能源与高效节能技术	亿美元	3.20	2.47	77.2
环境保护技术	亿美元	0.12	0.16	133.3

城镇居民家庭基本情况

项目	单位	2013年	2014年	2014年为2013年的%
平均每人年可支配收入	元	45952.7	50088.4	109.0
平均每人月可支配收入	元	3829.4	4174.0	109.0
平均每人月消费性支出	元	2452.5	2648.7	108.0
人均现住房总建筑面积	平方米	32.56	32.62	100.2
人均现住房总使用面积	平方米	24.48	24.53	100.2
城镇居民家庭恩格尔系数	%	29.9	29.1	-

农村居民家庭基本情况

项　目	单位	全区平均	低收入户20%	中低收入户20%	中等收入户20%	中高收入户20%	高收入户20%
平均每户常住人口	人	3.1	3.4	3.3	3.0	3.0	2.8
平均每户整半劳动力数量	人	2.0	2.1	2.2	1.9	1.9	2.0
平均每一劳动力负担人口	人	1.5	1.6	1.5	1.6	1.6	1.4
人均住房面积	平方米	50.7	51.8	43.3	49.8	49.4	60.4
人均总收入	元	27359	15883	20973	25295	32527	45074
人均纯收入	元	27098	14896	20818	25294	32496	45047
人均生活消费支出	元	20193	13876	19038	18408	23505	27447
平均每个劳动创造纯收入	元	41594.3	24560.5	30617.2	39586.0	51631.1	63563.5
农村居民家庭恩格尔系数	%	30.4	32.3	31.9	32.5	27.8	28.8

附 录

海淀区行政区划基本情况

序号	地 区	社区居委会	村委会	辖区面积（平方公里）
	全区	568	84	430.77
1	万寿路街道	35		8.78
2	羊坊店街道	31		6.61
3	甘家口街道	24		6.49
4	八里庄街道	31		6.49
5	紫竹院街道	22		6.23
6	北下关街道	31		6.04
7	北太平庄街道	37		5.17
8	海淀街道	32		6.90
9	中关村街道	30		5.28
10	学院路街道	27		8.49
11	清河街道	27		9.37
12	青龙桥街道	21		18.59
13	香山街道	6		20.40
14	西三旗街道	27		8.23
15	马连洼街道	17		10.74
16	花园路街道	30		6.33
17	田村路街道	28		7.77
18	上地街道	12		9.52
19	曙光街道	16		5.45
20	燕园街道	7		1.84
21	清华园街道	9		3.49
22	永定路街道	16		1.45
23	东升镇	6	5	8.28
24	海淀镇	2	4	4.79
25	四季青镇	11	13	40.83
26	西北旺镇	11	16	51.02
27	温 泉 镇	12	7	33.23
28	苏家坨镇	7	19	84.51
29	上 庄 镇	3	20	38.45
备注	海淀区对外公布面积为430.77平方公里，本表各街镇面积为2006年2月13日北京市测绘设计研究院制图中心图测数据，精确到小数点后第二位。			

2014年中共海淀区委文件目录

文号	发文日期	标题
京海发〔2014〕1号	2014年1月8日	中国共产党北京市海淀区第十一届委员会第五次全体会议决议
京海发〔2014〕2号	2014年1月26日	中共北京市海淀区委、北京市海淀区人民政府关于授予海淀区国家税务局等20个单位“海淀区创建学习型组织示范单位”称号的决定
京海发〔2014〕3号	2014年2月7日	中共北京市海淀区委印发《中共海淀区委常委会2014年工作要点》的通知
京海发〔2014〕4号	2014年2月11日	中共北京市海淀区委关于在全区深入开展党的群众路线教育实践活动的实施意见
京海发〔2014〕5号	2014年2月14日	中共北京市海淀区委关于调整十一届区委常委工作分工的通知
京海发〔2014〕6号	2014年3月17日	中共北京市海淀区委印发《关于成立区委全面深化改革组织领导机构的工作方案》的通知
京海发〔2014〕7号	2014年3月25日	中共北京市海淀区委关于彭玉敬同志工作分工的通知
京海发〔2014〕8号	2014年4月28日	中共北京市海淀区委关于调整彭玉敬、傅首清同志工作分工的通知
京海发〔2014〕9号	2014年6月16日	中共北京市海淀区委关于印发《海淀区贯彻落实〈2013—2017年全国干部教育培训规划〉的实施意见》的通知
京海发〔2014〕10号	2014年6月27日	中共北京市海淀区委 北京市海淀区人民政府 印发《关于进一步加快核心区自主创新和战略性新兴产业发展的意见》的通知
京海发〔2014〕11号	2014年8月18日	中共北京市海淀区委关于印发《海淀区培育和践行社会主义核心价值观实施方案》的通知
京海发〔2014〕12号	2014年9月25日	中共北京市海淀区委印发《关于进一步加强海淀区基层服务型党组织建设的意见》的通知
京海发〔2014〕13号	2014年10月9日	中共北京市海淀区委关于印发《海淀区落实〈北京市贯彻落实建立健全惩治和预防腐败体系2013-2017年工作规划的实施意见〉的实施方案》的通知
京海发〔2014〕14号	2014年12月21日	中共北京市委组织部、中共北京市委教育工作委员会、北京市发展和改革委员会、北京市科学技术委员会、北京市经济和信息化委员会、北京市人力资源和社会保障局、北京市知识产权局、中关村科技园区管理委员会、北京市科学技术协会、中共北京市海淀区委员会、北京市海淀区人民政府《关于进一步促进海淀区央地人才协同发展的实施意见》
京海发〔2014〕15号	2014年12月10日	中共北京市海淀区委关于调整芦育珠、陈名杰同志工作分工的通知

2014年海淀区人民政府文件目录

文号	发文日期	标题
海政发〔2014〕1号	2014年1月22日	关于印发2014年区政府工作报告的通知
海政发〔2014〕2号	2014年1月24日	关于印发北京市海淀区国民经济和社会发展第十二个五年规划纲要（修订）的通知
海政发〔2014〕3号	2014年1月24日	关于建立本区征收拆迁腾退数据统计及报送制度的通知
海政发〔2014〕4号	2014年2月11日	关于印发《海淀区2014年保障性安居工程用地供应计划》的通知
海政发〔2014〕8号	2014年3月25日	关于印发本区智慧教育中长期发展规划（2014–2020年）的通知
海政发〔2014〕9号	2014年4月2日	关于印发《海淀区2014年人口和计划生育工作要点》的通知
海政发〔2014〕10号	2014年4月11日	关于印发本区2014年全社会固定资产投资推进方案的通知
海政发〔2014〕11号	2014年4月29日	关于印发区政府依法行政工作报告的通知
海政发〔2014〕12号	2014年6月3日	关于印发2014年区政府投资建设项目安排方案的通知
海政发〔2014〕14号	2014年6月12日	转发《国务院关于对稳增长促改革调结构惠民生政策措施落实情况开展全面督查的通知》的通知
海政发〔2014〕15号	2014年7月22日	关于加强海淀区综合行政服务大厅运行管理的意见
海政发〔2014〕16号	2014年7月22日	关于印发本区综合行政服务大厅功能定位和入驻工作实施方案的通知
海政发〔2014〕19号	2014年8月29日	关于印发安全生产“一岗双责”暂行规定的通知
海政发〔2014〕20号	2014年8月28日	关于公布海淀区第四批区级文物保护单位的通知
海政发〔2014〕21号	2014年10月9日	关于废止若干文件的通知
海政发〔2014〕22号	2014年10月11日	关于授予海淀区见义勇为积极分子和海淀区见义勇为权益保护工作先进单位称号的决定
海政发〔2014〕23号	2014年10月20日	关于印发2014年海淀区政府投资建设项目全年安排调整方案的通知
海政发〔2014〕24号	2014年10月20日	关于印发促进我区红十字事业发展的意见
海政发〔2014〕25号	2014年11月13日	关于修订本区行政案件复议应诉工作规定的通知
海政发〔2014〕26号	2014年11月17日	关于印发《北京市海淀区房屋土地经营管理中心事业单位改革实施方案》的通知
海政发〔2014〕27号	2014年11月17日	关于印发《北京市海淀区文化委员会所属事业单位改革实施方案》的通知
海政发〔2014〕28号	2014年11月17日	关于印发《中关村核心区加快先进工业发展三年行动计划（2014–2016年）》的通知
海政发〔2014〕30号	2014年11月17日	关于印发《海淀区企业信用体系建设三年行动计划（2014–2016年）》的通知
海政发〔2014〕32号	2014年12月2日	关于印发《海淀区二期学前教育三年行动计划（2014–2016年）》的通知
海政发〔2014〕33号	2014年12月1日	关于印发《海淀区推进科技产业军民融合发展三年行动计划（2014–2016年）》的通知

文号	发文日期	标题
海政发〔2014〕34号	2014年12月5日	关于印发《区政府党组党的群众路线教育实践活动整改方案》的通知
海政发〔2014〕35号	2014年12月5日	关于印发《中关村核心区促进企业国际化发展三年行动计划（2014–2016年）》的通知
海政发〔2014〕36号	2014年12月8日	关于印发《海淀区智慧海淀建设项目管理办法》的通知
海政发〔2014〕37号	2014年12月17日	关于印发《中关村核心区实施知识产权战略三年行动计划（2014–2016年）》的通知

年度十大网络流行语[①]

顶层设计

原是系统工程学概念，意思是从顶层开始，对工程项目的各个层次、各个要素、各个方面统筹规划，以便高效快捷地实现目标。后广泛应用于政治、经济、军事等各领域。作为一个政治名词，“顶层设计”指的是政府的“战略管理”，其核心是整体性、全面性、长远性以及重大性、全局性目标的设定，是政府统筹内外政策和制定发展战略的重要思维方式。顶层设计离不开设计师。邓小平是公认的中国改革开放和现代化建设的总设计师；如今，人们称习近平为实现中华民族伟大复兴的中国梦的顶层设计师。

新常态

顾名思义就是“新出现的常态”，译自英语的”New Normal”。它本来描述的是2008年世界金融危机之后西方经济恢复缓慢而痛苦的过程，有人概括为“一低两高”，即“低增长、高失业、高债务”。我国经济正处于增长速度换档期、结构调整阵痛期、前期刺激政策消化期，有人总结为“中高速、优结构、新动力、多挑战”，这就是中国经济的“新常态”。“新常态”一经流行，已不再局限于经济领域，各行各业都在使用。例如“立法先行成为治国理政的新常态”“平安幸福成西藏新常态”“候鸟式养老已成为东北老人生活的新常态”。

打虎拍蝇

书面语称“打虎拍蝇”，口语则称“老虎苍蝇一起打”。“老虎”和“苍蝇”是两个比喻，“老虎”喻指位居高层的腐败官员，“苍蝇”喻指身处基层的腐败官员。“打老虎”“拍苍蝇”，反映了党中央在惩治腐败这一大是大非问题上的原则立场和政策措施，既形象又深刻。顺天时而得民心。

断崖式

高峻、陡峭的山崖断裂，必然会形成猛烈而快速的山体滑坡，后果不堪设想。因此，人们用“断崖式”形容幅度大、势头猛的下行状态，运用范围十分广泛。如反腐领域有“断崖式降级”，股市有“断崖式暴跌”，楼市则有“断崖式降价”，还有人把气温大幅度下降说成“断崖式降温”，等等。

你懂的

本是网络用语。2014年3月2日，全国政协新闻发言人在回答关于周永康的提问时说：“无论什么人，无论职位有多高，只要触犯党纪国法，就要严厉惩处。我只能回答成这样了，你懂的。”发言人睿智而幽默的回答引发了一阵笑声。于是“你懂的”走出网络，在全社会流行。“你懂的”主要用于两种场合。一是由于许多人都知道，说话人不必多说或无须明说。二是由于涉及敏感话题，说话人不愿说、不能说或者不便说。当下，“你懂的”成为一个有几分“神秘”而又十分管用的社交应对语。

① 摘自上海世纪出版集团出版的《咬文嚼字》杂志2015年2期。

断舍离

来自日本的“汉字词”。日本家政咨询师山下英子著有《断舍离》一书，倡导通过“做减法”，收拾好自己居住的房屋，让自己生活在宽敞舒适自由的空间，从而寻求压力的缓解和心灵的释放。随着图书的畅销，“断舍离”成为时尚新词，意思是“断绝不需要的东西，舍弃多余的废物，脱离对物品的迷恋”。如今，“断舍离”已成为一种现代生活的理念，延及社会生活的方方面面。如有医生说“治疗高血压要断舍离”。有教师说“上好语文课也要断舍离”，等等。

失联

“失去联系”“失去联络”的意思。2014 年 3 月 8 日，马来西亚航空公司一架载有 239 人的波音 777-200 飞机与管控中心失去联系，下落不明。新闻报道中反复出现“失去联系”“失去联络”的说法。为了简便，一个新的缩略词“失联”应运而生，由于言简意明，在一段时间里，“失联”一词几乎天天见于媒体，如今家喻户晓。

神器

我国古代神话传说中，有“十大神器”的说法，比如盘古开天地的神器叫“开天斧”，女娲补天的神器叫“补天石”。古代人类对宇宙间许多现象无法认知，难以解释，只好归功于“神”的力量。如今将某种新器物或高科技产品称为“神器”，目的是强调其独特的神奇功效。报载，为了便于民警取证执法，上海交警部门推出了“可视化执法记录仪”“新型锁车器”等多种高科技“执法神器”。“神器”成为备受青睐的潮语。

高大上

“高端大气上档次”的缩略。电视剧《武林外传》和电影《甲方乙方》都使用过“高端大气上档次”这个七字短语，后凝结为三字词“高大上”。2013 年开始流行，但尚未达到大众耳熟能详的地步。2014 年，“高大上”不断升温，使用频率和知晓率大幅提升，迅速成为喜闻乐见的全民流行语。适用范围也十分广泛，人（比如一位作家）、事（比如一场友谊赛）、物（比如一部手机），都可以用“高大上”来形容。

萌萌哒

即“萌萌的”，本为网络词语，后演化为大众流行语。“萌”即可爱，重叠为“萌萌”，则是很可爱的意思。“哒”读 da，本为音译用字，谐音“的”，显得俏皮、幽默而亲切。“萌萌哒”三字连用，意为太可爱了，人、事、物均可使用。习近平主席访问大洋洲期间，新华社发布的一张彭丽媛怀抱可爱的澳大利亚珍稀动物考拉熊照片，被网友赞为“萌萌哒”。

索 引

说 明

本索引采取主题索引也称内容分析索引法编纂。主题词以正文中出现的专业名词、名词词组为主。

本索引按汉语拼音音序排列，汉字打头的标目按首字母的音序音调依次排列，首字相同时，则以第二字排序，依此类推；以阿拉伯数字打头的主题词，排在最前面；以英文字母打头的主题词，列于其后。

索引词条后的阿拉伯数字表示内容所在的页码，数字后的英文字母（a、b、c）表示正文中的栏别（从左至右）。

同一主题的内容在文中多处出现的，在索引中按页码顺序依次列出。

《党和国家领导人在海淀》《特载》《规范性文件选载》《区情概述》《大事记》《人物》《统计资料（选编）》《附录》8 个栏目内容不在索引范围内。